Mito e Rito

Dados Internacionais de Catalogação na Publicação (CIP)
(Câmara Brasileira do Livro, SP, Brasil)

Ries, Julien
  Mito e rito : as constantes do sagrado / Julien Ries ; tradução Silvana Cobucci Leite. – Petrópolis, RJ : Vozes, 2020.

  Título original: Mito e rito : le constanti del sacro
  ISBN 978-85-326-6270-5

  1. Arquétipos 2. Mitos 3. Pluralismo religioso 4. Religião – História 5. Religião e sociologia 6. Religiões 7. Religiosidade
  I. Leite, Silvana Cobucci. II. Título.

19-28807 CDD-291

Índices para catálogo sistemático:
1. Sociabilidade religiosa : Religiões : História   291

Iolanda Rodrigues Biode – Bibliotecária – CRB-8/10014

JULIEN RIES

Mito e Rito
As constantes do sagrado

Tradução de Silvana Cobucci Leite

EDITORA
VOZES

Petrópolis

© 2008, Editoriale Jaca Book SpA, Milano

Título do original em italiano: *Le costanti del sacro – Mito e rito*

Direitos de publicação em língua portuguesa:
2020, Editora Vozes Ltda.
Rua Frei Luís, 100
25689-900 Petrópolis, RJ
www.vozes.com.br
Brasil

Todos os direitos reservados. Nenhuma parte desta obra poderá ser reproduzida ou transmitida por qualquer forma e/ou quaisquer meios (eletrônico ou mecânico, incluindo fotocópia e gravação) ou arquivada em qualquer sistema ou banco de dados sem permissão escrita da editora.

CONSELHO EDITORIAL

Diretor
Gilberto Gonçalves Garcia

Editores
Aline dos Santos Carneiro
Edrian Josué Pasini
Marilac Loraine Oleniki
Welder Lancieri Marchini

Conselheiros
Francisco Morás
Ludovico Garmus
Teobaldo Heidemann
Volney J. Berkenbrock

Secretário executivo
João Batista Kreuch

Editoração: Maria da Conceição B. de Sousa
Diagramação: Raquel Nascimento
Revisão gráfica: Nilton Braz da Rocha / Nivaldo S. Menezes
Capa: Renan Rivero

ISBN 978-85-326-6270-5 (Brasil)
ISBN 978-88-16-40825-8 (Itália)

Editado conforme o novo acordo ortográfico.

Este livro foi composto e impresso pela Editora Vozes Ltda.

Sumário*

Introdução – A dimensão antropológica do sagrado, 9

Primeira parte
O mito

1 Em busca do sentido do mito, 15

I – O sentido do termo grego *mythos**, 15

II – O mito como explicação das origens*, 16

III – Do mitograma ao mito – A primeira grande experiência do sagrado*, 20

IV – O mito e sua mensagem no comportamento do homem das sociedades arcaicas*, 23

2 Os mitos cosmogônicos e os mitos da queda, 39

I – Peregrinação e pensamento mítico*, 39

II – O mito cosmogônico, fundamento de todos os mitos*, 46

III – Mitos da queda*, 51

3 Mito, mitologia, mitografia, 81

I – A antiguidade clássica – O mundo grego e romano*, 81

II – A antiguidade cristã*, 112

4 Mito, mitologia, mitografia e pensamento moderno, 138

I – Os inícios da mitografia moderna – A pesquisa do século XIX*, 138

II – Mito e Bíblia – A tese de Rudolf Bultmann*, 157

III – Mito e psicanálise*, 174

IV – Mitos, simbolismo e método estrutural*, 196

---

* Neste Sumário, assim como na divisão em capítulos no interior do volume e no Índice geral, os asteriscos indicam os escritos originais do autor, cuja fonte é explicitada em nota a cada texto e no Índice dos textos originais do presente volume.

5 O mito e o sagrado no pensamento e na vida do homem religioso, 218

I – A pesquisa de Mircea Eliade*, 218

II – O mito, sua linguagem e sua mensagem*, 241

Epílogo – Mitos modernos fundadores de violência*, 262

Referências gerais sobre o mito, 273

Segunda parte
O rito

1 Sentido do rito, 281

I – Ritos*, 281

II – O rito e o homem*, 284

III – O rito na vida do *homo religiosus**, 288

2 Ritos na vida do homem pré-histórico, 293

I – Cultos funerários arcaicos: o homem de neandertal e do paleolítico superior*, 293

II – Ritos funerários do Neolítico*, 295

III – As casas sacralizadas e os santuários*, 298

IV – O culto das deusas neolíticas*, 300

V – Inscrições rupestres, menir e culto astral*, 303

VI – As religiões de tradição oral, hoje*, 306

VII – Mana, totem e tabu*, 309

VIII – A "magia" da caça*, 313

IX – Os primeiros utensílios, o fogo, os ritos*, 315

X – As estruturas do comportamento religioso*, 316

3 Ritos de iniciação, 320

I – Os ritos de iniciação e o sagrado*, 320

II – O homem, o rito e a iniciação segundo Mircea Eliade*, 329

III – Os ritos de iniciação na vida do homem religioso*, 340

IV – Os ritos de iniciação à luz da história das religiões*, 359

4 Ritos e religiões não cristãs, 377

I – Idolatria*, 377

II – A controvérsia sobre os ídolos, a antropologia patrística e as origens da iconografia cristã*, 398

III – A controvérsia dos ritos*, 416

5 Ritos de bênção e de cura, 426

I – Bênção*, 426

II – Os terapeutas de Alexandria – Filosofia e cura da alma segundo Fílon*, 441

III – Os ritos de saúde/salvação nas religiões do passado – Interferências histórico-religiosas entre saúde e salvação*, 445

6 Ritos, rituais, cultos e peregrinações, 461

I – A civilização do indo e a religião pré-védica*, 461

II – A Oração de Bēma na Igreja de Manes*, 463

III – Tempo sagrado e simbologia ritual da peregrinação*, 479

7 Morte, imortalidade e culto dos mortos, 484

I – Imortalidade*, 484

II – Vida e sobrevivência nas civilizações orientais – Introdução ao tema de uma pesquisa*, 540

III – Morte e sobrevivência segundo as doutrinas de manes*, 546

Epílogo – Uma nova antropologia religiosa fundamental, 563

Índice dos textos originais do presente volume, 583

Índice dos nomes e dos principais lugares, 587

Índice geral, 605

Introdução

A DIMENSÃO ANTROPOLÓGICA DO SAGRADO

No clima efervescente do século XV italiano, agitado por diversas correntes de pensamento, aparece Giovanni Pico della Mirandola, um prodígio de inteligência e sabedoria, nascido em 24 de fevereiro de 1463. Em 7 de dezembro de 1486, o texto de novecentas teses que ele redigiu durante sua estada em Paris e que se prepara para defender publicamente em Roma está afixado nas universidades italianas. Pico planejava introduzi-las com um discurso público intitulado *Oratio de hominis dignitate*. A discussão da tese foi proibida e a publicação desse discurso só acontece após a morte de seu autor. Desde a primeira frase, Pico afirma que não existe nada mais admirável que o homem, porque ele é *faber sui*, o transformador de si mesmo e do mundo. Verdadeiro manifesto do humanismo cristão, o *De hominis dignitate* constitui uma antropologia filosófica que terá grandes repercussões e as novecentas teses de Pico fazem dele um precursor da história comparada das religiões[1].

Em seu *Fragments d'un jornal*, Mircea Eliade cita as palavras pronunciadas no congresso de história das religiões de Boston em 1968: "O sagrado é um elemento da *estrutura* da consciência e não um momento da história da consciência. A experiência do sagrado está indissoluvelmente ligada ao esforço realizado pelo homem para construir um mundo que tenha um significado. As hierofanias e os símbolos religiosos constituem uma linguagem pré-reflexiva. Tratando-se de uma

---

1. GARIN, E. "*La dignitas hominis* e la letteratura patristica". In: *La Rinascita* I, 4, 1938. • NAPOLI, G. *Giovanni Pico della Mirandola e la problematica dottrinale del suo tempo*. Roma/Paris: Desclée de Brouwer, 1965. • LAZZARINI, R. "Il significato dell'uomo come *indiscretae opus imaginis*". In: *Studi pichiani*. Módena, 1965.

linguagem específica, *sui generis*, ela necessita de uma hermenêutica própria"[2]. Essas afirmações, feitas em 24 de junho de 1968, são bastante esclarecedoras para a antropologia religiosa e a história comparada das religiões.

Se a antropologia é a ciência do homem e um discurso sobre o homem, a antropologia religiosa vai além dos fatos religiosos para se dedicar à compreensão do homem que vive o sagrado. Ela pretende estudar o homem a partir das suas representações, da sua condição específica e do lugar que ele deseja ter no universo. Para tanto, é necessário analisar os fatos culturais e os fatos religiosos, bem como o discurso sobre o homem, para chegar às estruturas do pensamento do *homo religiosus* e poder compreender as relações que ele mantém com uma realidade misteriosa que o supera.

Consideramos este *homo religiosus* como o conhecemos através dos fatos e dos feitos da história. Se analisamos as suas pinturas encontradas em centenas de grutas descobertas até agora, suas milhares de inscrições rupestres e seus desenhos, se examinamos seu comportamento em relação aos mortos, se procuramos interpretar os gestos de suas mãos elevadas para a abóbada celeste, somos obrigados a pensar numa experiência de relação vivida de maneira consciente pelo homem arcaico, num comportamento relacional com uma Realidade misteriosa e supraterrena. Identificado já através dos vestígios culturais deixados desde os tempos pré-históricos, ao longo de milhares de anos, ele nos informa sobre essa realidade através de um discurso que chegou até nós graças a alguns sinais e símbolos: é a escrita mediante a qual ele transmite seus mitos, suas orações, seus ritos e suas crenças. Assim os livros sagrados da humanidade constituem um prodigioso patrimônio que historiadores e outros especialistas tentam analisar para compreender o discurso com que o *homo religiosus* e *symbolicus* traduziu a própria experiência religiosa. O conjunto desse discurso é coerente do Paleolítico até os nossos dias, algo que nos leva a pensar numa unidade da experiência espiritual da humanidade. Paul Ricoeur e Mircea Eliade insistiram na lógica do sentido do universo sagrado que o discurso do *homo religiosus* reflete. O cosmos tem para o homem um significado no qual se fundamenta a lei das correspondências: colina originária e templo, hierogamia celeste e casamento humano, fertilidade do solo e fecundidade da mulher.

---

2. ELIADE, E. *Fragments d'un journal*, 1. 3 vols. Paris: Gallimard, 1973, 1981, 1991 [trad. it. do vol. I: *Giornale*. Org. de L. Aurigemma. Turim: Boringhieri, 1976].

Nossa breve reflexão introduz a publicação de três volumes: *O homem e o sagrado na história da humanidade*; *O homem religioso e sua experiência do sagrado*; *As constantes do sagrado* (tomo 1: *Símbolo*; tomo 2: *Mito e rito*)[3].

O segundo tomo do quarto volume comporta duas partes. A primeira diz respeito ao mito, uma constante importante e permanente do sagrado. A mitologia existe há três milênios, mas a questão do mito é uma das questões que a nossa sociedade ainda se coloca. Levando em conta os ensinamentos de Carl Gustav Jung, Georges Dumézil e Paul Ricoeur, Mircea Eliade fez uma síntese das pesquisas históricas e fenomenológicas, que termina com uma hermenêutica eficaz. A segunda parte do segundo tomo do quarto volume apresenta uma análise do rito na vida do *homo religiosus*. O rito é um ato simbólico mediante o qual o homem procura estabelecer um contato com a Realidade transcendente, com o mundo divino, com Deus. Desde os primeiros textos religiosos dispomos de rituais: sagrado, mito e rito são inseparáveis.

---

3. Pesquisas ricas e exaustivas sobre o sagrado, o símbolo, o mito e o rito podem ser encontradas nos seguintes volumes: DI BONAVENTURA, A. (org.). *IL sacro*: l'architettura sacra oggi – Congresso Internazionale di Pescara, 1989. Pescara: Stauros, 1990, p. 223-319. • RIES, J. *il senso del sacro nella cultura e nelle religioni*. Milão: Jaca Book, 2006, p. 87-102. • TERRIN, A.N. *Il rito –* Antropologia e fenomenologia della ritualità. Bréscia: Morcelliana, 1999, bibliografia, p. 403-427. Cf. tb. a bibliografia em *Definizione e classificazione*, p. 19-67, em *Spazio e rito*, p. 191-216, apud *Tempo e rito*, p. 217-255.

Os volumes II, III e IV da *Opera Omnia*:

• O homem e o sagrado na história da humanidade

• O homem religioso e sua experiência do sagrado

• As constantes do sagrado

    1 Símbolo

    2 Mito e rito

são compostos de artigos, intervenções em congressos e seminários, contribuições em trabalhos enciclopédicos, capítulos de obras anteriormente publicadas, que o Autor organizou segundo uma ordem temática e lógica para cada um dos três volumes.

As inevitáveis retomadas de temas e argumentos, ainda que sempre com enfoques, nos diferentes capítulos dos três volumes devem-se à decisão de reproduzir os textos originais (cf. Índice, p. 583-586) sem fazer cortes.

A identificação do sagrado como dimensão do homem, a dimensão antropológica do sagrado, é o que os três volumes abordam, discutem e desenvolvem; sendo este âmbito do saber e da pesquisa ainda objeto de debate acadêmico e cultural, considerou-se aconselhável a publicação integral das intervenções e dos escritos.

PRIMEIRA PARTE

O mito

1
Em busca do sentido do mito

I – O sentido do termo grego *mythos**

Em grego antigo, o vocábulo *mythos* tem duas acepções gerais: palavra e relato[1].

À primeira acepção correspondem os seguintes significados: palavra, palavra pública, conversa, objeto da conversa, pensamento, pensamento expresso, mensagem.

À acepção que indica "relato" correspondem os seguintes significados: narração, ficção oposta à realidade, fábula, enredo de uma comédia ou de uma tragédia.

A etimologia remete à raiz indo-europeia *meudh*, *mudh*, que faz referência ao lembrar-se, ao pensar, ao pensamento[2].

O significado é duplo:

1) O pensamento não expresso, a ideia = *Gedanke*;

2) O pensamento expresso = *Wort*, ou seja:

a) a "palavra" no seu sentido mais amplo: sentença, discurso, resposta, proposição, promessa;

b) o conteúdo dessa "palavra": a mensagem, a história, a relação dos fatos, o relato nas suas diversas formas (história antiga, lenda, conto, fábula, epopeia).

---

* In: *Il mito e il suo significato*. Milão: Jaca Book, 2005, p. 21-22.

1. LIDDELL, H.G. & SCOTT, A. *A Greek-English Lexicon*. Oxford: Clarendon Press, 1996, *sub voce*.

2. *Theologisches Wörterbuch zum Neuen Testament* – Heraugesgeben von Gerhard Kittel und Gerhard Friedrich, Stuttgart, 1942, IV, p. 772-775 [ed. it., *Grande Lessico del Nuovo Testamento*. Org. de E. Montagnini, G. Scarpat e O. Soffritti. Bréscia: Paideia, 1965-1992].

No início, no dialeto jônico de Homero, o termo *mythos* teria tido o mesmo significado que a palavra *logos* no dialeto ático. Logo, porém, no mundo grego, o uso acabou opondo *mythos* e *logos*. *Logos* é a expressão da verdade: *aletheia*. *Mythos*, ao contrário, significa "alguma outra coisa", diferente da verdade.

Assim, temos uma tripla oposição:

• *mythos*: as histórias do maravilhoso; *logos*: uma história verdadeira;

• *mythos*: o mito filosófico de uma ideia; *logos*: a sua expressão didática;

• *mythos*: o mito popular; *logos*: o substrato de verdade que se encontra no *mythos*.

II – O mito como explicação das origens*

1 Mito e mitografia

No século VIII a.C., Homero (*Ilíada* e *Odisseia*) e Hesíodo (*Teogonia, Os trabalhos e os dias*) fornecem os primeiros documentos mitológicos gregos nos quais é descrito o nascimento dos deuses e, mediante a ação destes, o nascimento do cosmos. Dois séculos mais tarde os filósofos jônicos (Tales, Heráclito) empreendem uma crítica severa a essa teogonia e a essa cosmogonia, e na origem das coisas estabelecem a existência de um princípio: para Heráclito de Éfeso trata-se do *logos*, uma inteligência divina. Platão (428-347 a.C.) reúne num sistema as críticas contra os mitos populares, mas ele mesmo cria mitos filosóficos com o objetivo de oferecer aos homens algumas imagens da verdade. No século III, Evêmero seculariza os mitos considerando-os como relatos lendários relativos a alguns personagens históricos e a alguns acontecimentos reais, uma teoria que será retomada pelos apologetas cristãos e pelos Padres da Igreja com a finalidade de mostrar a inconsistência dos deuses pagãos. Mas a corrente de pensamento neoplatônica reagirá energicamente contra tal posição: para Plutarco, para Máximo de Tiro, para Plotino e Porfírio, o mito é uma imagem que reflete a verdade, preserva seu mistério e, todavia, inicia o homem nos segredos divinos (PÉPIN, 1976).

---

* In: *Le religioni, le origini*, 32, 1993, p. 123-126. Milão: Jaca Book.

Depois dos longos séculos da Idade Média, durante os quais apenas se conservou a memória dos mitos (SEZNEC, 1980), o Renascimento retoma os documentos do mundo antigo e os compara com os relatos das origens transmitidos pela Bíblia. Esse trabalho comparado continua no Século das Luzes. Mas em sua obra *Ciência nova* (1725) G.B. Vico procura nos mitos uma chave de leitura que permita compreender as culturas, as civilizações e as religiões antigas. Por intermédio dos mitos ele determina as eras da humanidade (infância, adolescência, idade adulta) e nos mitos descobre um simbolismo que reflete verdades eternas. No decorrer do século XIX sucedem-se descobertas que levam à constituição dos grandes repertórios mitográficos dos povos, os quais serão completados no século XX. Iniciada por Vico, a hermenêutica do mito continua a se desenvolver. Os hermeneutas românticos querem descobrir uma linguagem comum ao gênero humano. Nesta linguagem simbólica, expressão de uma verdade e de verdades, eles buscam também uma mensagem. Schelling (1945) insiste no conteúdo profético do mito, o qual, a seu ver, se situa no processo de uma revelação que ilumina a humanidade. Nas pesquisas mitográficas do século XX, a história, a fenomenologia e a hermenêutica traçaram infinitos sulcos num campo já aberto há três milênios. Ao lado dos estudiosos dedicados à definição de uma linguagem – como, por exemplo, Claude Lévi-Strauss –, alguns hermeneutas providos de uma ampla documentação forneceram numerosas chaves interpretativas e colocaram a mensagem do mito sob uma nova luz. A esse respeito, a obra de M. Eliade, de G. Dumézil e a de P. Ricoeur parecem decisivas para a hermenêutica dos mitos (LIMET & RIES, 1983).

2 Natureza e função do mito

M. Eliade começou a sua pesquisa desenvolvendo um procedimento histórico duplo: primeiro ele interrogou os mitos ainda vivos nas etnias atuais; em seguida levou em consideração os mitos dos povos que tiveram um papel importante na história – Grécia, Egito, Oriente Próximo, Índia –, mas entre os quais os mitos já se transformaram e enriqueceram. Por fim, juntamente com P. Ricoeur, tentou penetrar no mito e, mediante uma pesquisa fenomenológica e hermenêutica, descobrir seu sentido.

O mito narra acontecimentos que remontam às origens, no tempo primordial e fabuloso dos inícios. Assim fazendo, ele se refere a realidades que existem no mundo e cujas origens ele explica: cosmos, homem, plantas, animais, vida. Falando da intervenção de Seres sobrenaturais, ele descreve a irrupção do sagrado no mundo. De fato, o mito é "uma história santa dos povos", estruturada mediante um sistema de símbolos. Ele é um significante (ELIADE, 1974).

Graças ao mito, o homem se situa no interior do cosmos, mas o mito se torna para ele um modelo e estabelece um comportamento que determina as ações humanas. Revelando a existência e a atividade de Seres sobrenaturais, de Antepassados primordiais, o mito estabelece um comportamento conforme a tais modelos. O homem deve cumprir novamente o ato inicial, porque este é um arquétipo. A repetição do ato inicial projeta o homem no tempo primordial. Ela abole o tempo profano para atingir o tempo sagrado das origens.

O mito permite que a ação humana realize uma experiência do sagrado. Ele tem a função de despertar e de manter a consciência de um mundo diferente do mundo no qual se desenvolve a vida de todos os dias. Isso pressupõe uma iniciação, cerimônia de importância capital, pois sem o conhecimento é impossível viver e reviver o acontecimento primordial.

3 Mito e origens

Os mitos *cosmogônicos* constituem a história santa dos povos, uma história coerente que revela o drama da criação do cosmos e do homem e os princípios que regem o processo cósmico e a existência humana. Através dos mitos cosmogônicos, o homem arcaico assume à sua maneira, e num simbolismo muito rico, uma história das origens. Graças a esses mitos, nós compreendemos a estrutura da vida cultural e religiosa dos povos arcaicos.

Os mitos das *origens* narram e justificam uma situação nova que constitui uma modificação do mundo criado. Entre estes estão as genealogias, os mitos sobre as curas, os mitos sobre a origem dos medicamentos e das ciências médicas, mas também os mitos sobre o nascimento das instituições e das sociedades. Entre estes mitos incluem-se também aqueles referentes às mudanças da condição humana, as mitologias solares e astrais, os mitos sobre a origem da morte, os mitos sobre a vegetação e sobre a fertilidade.

Os mitos sobre a *renovação do mundo* são importantes no antigo Oriente Próximo, no pensamento indo-europeu e em numerosas sociedades tradicionais.

Esses mitos estão centrados no movimento das estações, no ano novo, na entronização do rei, no bode expiatório, na iniciação. Eles constituem uma chave interpretativa das pinturas parietais das cavernas e das inscrições rupestres.

Os mitos *escatológicos*, muito numerosos, narram as catástrofes cósmicas: dilúvios, terremotos, desmoronamento de montanhas, destruições do mundo. No entanto, eles frequentemente se encerram com a imagem de uma nova criação.

4 *O mito e sua mensagem*

Para compreender a colocação e o papel das mensagens do mito, é preciso ter presente a estrutura simbólica do próprio mito e levar em conta a importância da iniciação nas várias culturas.

O mito é uma expressão simbólica através da qual o homem interpreta as relações entre o tempo atual e as origens. Por meio do relato mítico, o homem percebe o tempo primordial como uma era de ouro no decorrer da qual o caos se transformou em cosmos. É o tempo da criação realizada por Seres sobrenaturais, o tempo da origem do clã e das suas instituições, o tempo sagrado por excelência ao qual é preciso se iniciar. Essa mensagem da história santa é o fundamento da crença do homem na divindade.

Um segundo aspecto da mensagem do mito diz respeito à possibilidade e à necessidade para o homem de atingir o tempo da época áurea, com o objetivo de regular estavelmente a própria vida, de dotá-la de sentido, significado e eficácia. Nesta nostalgia das origens, mediante a celebração ritual do mito o homem se esforça para se ligar ao tempo das origens.

Um terceiro aspecto da mensagem mítica é a sua determinação do comportamento do homem na sua vida cotidiana, graças à imitação humana dos modelos. As ações humanas devem referir-se a arquétipos; isso lhes confere coerência, sentido e eficácia. Na Índia védica, por intermédio do sacrifício, os sacerdotes e os ofertantes saíam do tempo profano e, através do retorno ao tempo da época áurea, alcançavam a conquista da imortalidade. No Egito faraônico, o mito de Osíris produzia a passagem da morte à vida supraterrena graças ao rito do embalsamamento, que tinha o objetivo de recriar um corpo imortal. Os mitos agrários e as festas do Novo Ano restituíam a vida à natureza e à vegetação, e eram colocados na origem da fertilidade e da fecundidade.

Referências

[acrescentadas pelo autor, 2007]

ELIADE, M. *Aspects du mythe*. Paris: Gallimard, 1963 [trad. it., *Mito e realtà*. Trad. e prefácio de G. Cantoni. Turim: Borla, 1966 [Milão: Rusconi, 1974] [ed. bras., *Mito e realidade*. Trad. de Polla Civelli. São Paulo: Perspectiva, 2012].

_____. *Traité d'histoire des religions*. Paris: Payot, 1948, p. 47 [6. ed., 1974] [trad. it., *Trattato di storia delle religioni*. Org. de P. Angelini, V. Vacca e G. Riccardo. 2. ed. Turim: Bollati Boringhieri, 1999] [ed. bras., *Tratado de história das religiões*. Trad. de Fernando Tomaz e Natalia Nunes. São Paulo: WMF Martins Fontes, 2016].

III – Do mitograma ao mito – A primeira grande experiência do sagrado*

Presente no Oriente Próximo há aproximadamente 92 mil anos (vejam-se os túmulos de Skhul e de Qafzeh em Israel), o *Homo sapiens sapiens* chega à Espanha há cerca de 40 mil anos e na França (na Dordonha) há mais ou menos 35 mil anos, quando se extingue o *Homo sapiens neanderthalensis*. É o criador da arte das grutas. As obras artísticas que produziu são testemunhos do seu pensamento, do seu comportamento mental e da sua ideologia, bem como um reflexo dos clãs e da sociedade na qual vivia. Os homens de Cro-Magnon pertencentes à civilização magdaleniana da Dordonha, com mais de 150 grutas consideradas santuários (as *catedrais da pré-história*) realizaram a arte franco-cantábrica, a primeira maravilha da história da humanidade. Graças a seu nível cultural, esses homens, nossos antepassados, se expandiram em toda a Europa e depois no resto do mundo. A arte parietal magdaleniana (de 25 mil a 8 mil anos atrás) constitui o apogeu do Paleolítico, com Lascaux e Rouffignac, na França, e Altamira, Monte Castillo, Santimamiñe, na Espanha.

Em 1962, Annette Laming-Emperaire publicou o livro *La signification de l'art rupestre paléolithique*, onde apresentou uma hipótese ousada: "a organização figurativa dos tetos e das paredes das grutas não poderia se referir a um tema geral de mitologia cujos personagens seriam cópias de animais?" André Leroi-Gourhan, seduzido por essa chave de leitura, estudará a função do *homo symboli-*

---

* In: *Il mito e il suo linguaggio*. Milão: Jaca Book, 2005, p. 43-47.

cus desenvolvida na arte franco-cantábrica por mais de vinte milênios. A seu ver, essa arte figurativa é inseparável de uma linguagem que explica e liga as figuras pintadas, chamadas *mitogramas*. Um mitograma é um enunciado de símbolos situados e animados por um discurso. As figuras servem para fornecer um apoio visual àqueles que conhecem os protagonistas do mito, comentadores encarregados de correlacionar as figuras entre si e de explicar a ação dos personagens.

A. Leroi-Gourhan interrogou por muitos anos a arte das cavernas com o objetivo de identificar nela um reflexo da organização da sociedade paleolítica. Constatou que a lista dos animais representados é constante nos seus atributos principais, mas varia nos sujeitos secundários: encontra-se sempre uma díade fundamental constituída pelo cavalo e por um boi e completada por outro herbívoro. Estamos diante de um *corpus* de tradições complexas, mas solidamente estruturadas. As 150 grutas decoradas, espalhadas por um vasto território no decorrer de tantos milênios, provam a longa duração de um alto nível de cultura numa sociedade estável, organizada talvez com um sistema nômade fechado. O fato de a cultura ter ocupado um lugar central nessa sociedade é confirmado pela variedade e pela riqueza da arte móvel. A função artística devia estar em conexão com as estruturas sociais.

A própria gruta constitui um componente da mensagem, através do uso que se faz dela, da maneira em que as figuras ali estão dispostas, do jogo da luz e das sombras. A passagem da luz para a escuridão parece ter sido o símbolo da passagem de um mundo para outro. Por outro lado, as representações dos animais que ali se encontram não são um quadro de tema relativo à caça e tampouco um catálogo da fauna, mas o resultado de uma escolha precisa e pertinente efetuada em relação a certa ideologia. É preciso levar em conta todos esses elementos no contexto de uma mitologia da pré-história, e acrescentar aquelas justaposições de figuras que constituem os mitogramas – animais, homens e mulheres – que adquiriam seu verdadeiro significado apenas no momento que eram animados por um discurso de que já não dispomos. Mircea Eliade considera plausível afirmar que certo número de mitos, a começar pelos mitos cosmogônicos e pelos mitos das origens, eram familiares às populações do Paleolítico superior. Além disso, é preciso também considerar alguns indícios externos. Em Lascaux e em outras grutas, vestígios de passos de jovens levam a pensar em cerimônias de iniciação que teriam comportado diversos ritos de passagem destinados a modificar a consciência de adolescentes com o objetivo de fazê-los passar à fase de adultos. Será que não nos encontramos aqui diante de uma tradição referente a mistérios do clã ou da tribo? Aos olhos de Leroi-Gourhan "a extraordinária constância do dispositivo simbólico é a prova do fato de que existia uma mitologia constituída muito cedo". De acordo com Louis R. Nougier, "as paredes das grutas e das cavernas fornecem suportes duradouros para inumeráveis grafias [...]; constituem a primeira literatura em imagens".

Nos primórdios dos tempos históricos – no III milênio a.C. – com a invenção da escrita, textos sumérios escritos em tabuletas de argila e hieróglifos gravados nas pirâmides do Vale do Nilo informam-nos sobre os mitos do Oriente Próximo e do Egito. A partir desses primeiros documentos escritos, retrocedendo e passando para o Neolítico, podemos chegar a interrogar os mitogramas das grutas do Magdaleniano. Assim, entre 12500 e 10000 a.C., do Eufrates ao Sinai se estende a civilização natufiana, que constitui a época preparatória para a neolitização, caracterizada pela sedentarização progressiva e pelo surgimento das primeiras aldeias e das sepulturas coletivas. Por volta do ano 8000, no Eufrates, em Mureybet, aparecem os primeiros ídolos. As figuras simbólicas pintadas nas cavernas são substituídas por figuras em argila. Dois motivos se distinguem dos outros: o da deusa e o do touro, que estão na origem de dois grandes cultos. A agricultura se organiza e o homem se torna o produtor de seus meios de subsistência.

O homem neolítico toma consciência dos ciclos naturais de reprodução do mundo dos seres vivos. Na Anatólia, a cidade agrícola e artesanal de Çatal Hüyük, criada por volta do ano 7100, desenvolve uma grande atividade religiosa, com a presença dos primeiros santuários, que testemunham uma valorização sacral do espaço, e com um número impressionante de deusas-mães e de representações humanas cujos braços e mãos estão elevados em direção ao deus-touro. O *homo religiosus* estreia na representação do divino. Graças a esta nova revolução dos símbolos elabora-se uma verdadeira religiosidade, que desembocará numa explosão do sagrado.

Conclusões

O conjunto dos fatos e dos documentos reunidos mostra a importância dos milênios que transcorreram desde o início da arte das cavernas até o final do

Neolítico. Os mitogramas das grutas decoradas levam-nos a compreender que as origens do pensamento mítico encontram-se nas profundezas do Paleolítico. Pintados na rocha, os mitogramas constituem indícios da existência de relatos míticos ou até de mitos fundadores que, num contexto iniciático, revelavam "uma história santa das origens do cosmos, dos animais e do homem". Trata-se de uma mudança na consciência do homem arcaico que, graças aos mitos, faz a experiência do sagrado. O pano de fundo é a existência de comunidades e clãs, ligados por ritos de iniciação que criam tradições, reflexo das primeiras instituições. Entre os anos de 12500 e 8000, a saída das cavernas e a sedentarização – subsequentes a um aquecimento da atmosfera –, a criação das aldeias do Oriente Próximo, a invenção do cultivo de tubérculos, raízes, árvores frutíferas e depois cereais levam a uma profunda mudança na vida psíquica do homem. É o começo do Neolítico, com o surgimento da representação do divino (deusa e touro), a formação de novos mitos e a criação de uma verdadeira mitologia, linguagem e mensagem do sagrado. Para o *homo neolithicus* a experiência vivida do sagrado desemboca numa religião com crenças, novas ideias religiosas e cultos com gestos e ritos. O *homo religiosus* torna-se *homo orans*.

Referências

[acrescentadas pelo autor, 2007]

CAUVIN, J. *Naissance des divinités, naissance de l'agricolture* – La revolution des symbols. Paris: CNRS, 1994 [trad. it., *Nascita delle divinità e nascita dell'agricoltura* – La rivoluzione dei simboli nel Neolitico. Org. de M. Fiorini. Milão: Jaca Book, 1997] [ed. port., *Nascimento das divindades, nascimento da agricultura*: a revolução dos símbolos no Neolítico. Trad. de Pedro Filipe Henriques. Lisboa: Instituto Piaget, 1999].

IV – O mito e sua mensagem no comportamento do homem das sociedades arcaicas*

O título desta palestra restringe o nosso campo de pesquisa, mesmo no interior do vasto campo dos estudos atuais dedicados ao mito. De fato, nossa pesqui-

---

* Le mythe et son message dans le comportement de l'homme des sociétés archaïques. In: *Prehistoric Art and Religion, Valcamonica Symposium '79* – The Intellectual Expression of Prehistoric Man. Centro Camuno/Milão: Capo di Ponte/Jaca Book, 1983, p. 139-149.

sa se limita às sociedades arcaicas, ou seja, às sociedades que se encontram na própria *arché*, na fase inicial de seu desenvolvimento, sejam elas sociedades pré--históricas ou sociedades etnológicas de hoje. Vamos tentar circunscrever melhor a mensagem que o mito transmite ao homem, uma mensagem que condiciona também o seu comportamento.

1 A natureza do mito: abordagens

Algumas orientações da pesquisa

No âmbito deste breve estudo não podemos nos deter nas numerosas teorias sobre a natureza do mito. Os filósofos jônicos já consideraram os mitos de Homero e de Hesíodo como tentativas de explicação do universo como relatos populares que dão uma resposta provisória às perguntas feitas pelo homem, curioso por conhecer a razão das coisas. Nessa perspectiva, o mito tem uma importância vital apenas num mundo desprovido de conhecimentos científicos. Uma ampla corrente historicista, que tem início com Evêmero e retoma força logo após o Renascimento, viu no mito um conjunto de lendas e de relatos referentes a personagens e acontecimentos anteriores aos primeiros fatos históricos conhecidos: mitos cosmogônicos, divinos ou heroicos. No início de nosso século, a escola durkheimiana começa a considerar o mito como uma representação coletiva de origem social. O mito não seria um simples relato, mas o produto da reação da sociedade, o objeto de uma crença comum, repleto de virtualidade e de ação.

As ciências humanas recentes enfrentaram de maneira diferente o estudo do mito. Segundo C.G. Jung, a mitologia deve ser compreendida como situada no âmbito de uma teoria simbólica (JUNG, 1968). Na origem do mito encontram--se arquétipos que representam o conteúdo do inconsciente coletivo, aquele estrato profundo da alma que é inato e comum a todos os indivíduos. O mito é uma expressão desses arquétipos. Consequentemente, sua origem é psíquica. Ela deve ser buscada nas profundezas da alma humana. Em outra direção, sob a influência dos estudos sociológicos, psicológicos, geológicos e linguísticos, C. Lévi-Strauss construiu uma explicação estrutural do mito (LÉVI-STRAUSS, 1964, 1966, 1968, 1971). O mito é palavra; faz parte integrante da linguagem e, portanto, tem lugar no conjunto das modalidades em que atua o espírito humano. Repetindo-se incansa-velmente no mundo, os mitos se produzem em série ilimitada de variantes, que giram em torno das mesmas estruturas. O mito é uma metalinguagem, ou seja, possui um significado distinto daquele do discurso que o constitui. Seu sentido encontra-se essencialmente nas relações que existem entre seus elementos: fonemas, morfemas, semantemas, mitemas. Admitindo uma teleologia do mito, Lévi-Strauss se recusa a buscar nele um significado que seria revelador de uma mensagem relativa às aspirações religiosas da humanidade. Na sua concepção estrutural, os mitos não dizem nada sobre a ordem do mundo, e menos ainda sobre o seu destino.

O historiador das religiões considera as explicações científicas, históricas, sociais, psicológicas ou estruturais do mito como elementos úteis para compreender a natureza do relato mítico e sua inserção em determinado contexto sociocultural. No entanto, ele considera que o mito não deve ser estudado nem pelo sociólogo, nem pelo etnólogo, nem pelo psicólogo. Já nos primeiros séculos da nossa era, os neoplatônicos, e depois no século XIX os mitógrafos simbolistas, atribuíram ao mito uma função religiosa. Continuando a sua pesquisa nesse caminho, em referência à própria disciplina, o historiador das religiões tenta situar o mito no contexto das sociedades arcaicas, procurando ver como, graças aos mitos, o homem se esforçou para definir e viver o seu modo de ser no mundo. Com essa pesquisa, ele chega a ver no mito um elemento essencial no interior das civilizações arcaicas. De fato, o mito oferece ao homem um modelo de comportamento e confere à sociedade uma dimensão de universalidade. Consequentemente, aos olhos do historiador das religiões o mito tem uma função religiosa e social. Confere coerência à sociedade arcaica e revela ao homem dessa sociedade as estruturas do mundo, oferecendo-lhe algumas regras de conduta.

A estrutura religiosa do mito

Paul Ricoeur sintetizou a pesquisa atual dos historiadores das religiões numa definição do mito que traça ao mesmo tempo a sua estrutura e a sua função: "Um relato tradicional que leva a acontecimentos surgidos na origem dos tempos e destinados a fundar a ação ritual dos homens de hoje e, de modo geral, a instituir todas as formas de ação e de pensamento através das quais o homem compreende a si mesmo no seu mundo" (RICOEUR, 1960). Mircea Eliade ressaltou várias vezes essa dupla articulação do mito. De um lado, "o mito conta uma história sagrada; relata um evento que teve lugar no tempo primordial, o tempo fabuloso dos inícios" (ELIADE, 1963, p. 15). Sob esse aspecto de história santa, o mito narra um evento e relata as ações de deuses, de deusas, de heróis civilizatórios, de antepassados. Põe em cena Seres sobrenaturais que habitam lugares diversos dos ocupados pelos simples mortais. Revela a atividade deles mostrando a irrupção do sagrado no mundo, uma irrupção que se torna criadora do mundo em que vive o homem das sociedades arcaicas. Por outro lado, o mito se torna fundador da ação humana, à qual oferece um modelo a ser imitado: "Como o mito relata as *gesta* dos Seres sobrenaturais e a manifestação de suas potências sagradas, ele se torna um modelo exemplar de todas as atividades humanas significativas" (ELIADE, 1963, p. 16).

Eliade e Ricoeur coincidem em ver o mito como um evento primordial que constitui um ato fundador e arquetípico. Aos olhos do homem arcaico, esse ato fundador é não apenas constitutivo do mundo com a irrupção do sagrado, mas é exemplar e arquetípico para o comportamento humano. Assim, de um lado, o mito dá ao homem um conhecimento da origem e das estruturas do mundo e, de outro, modelos para sua vida pessoal, religiosa e social. A história narrada está em ruptura com o desenvolvimento profano do tempo e da vida. Tal definição fenomenológica do mito distingue este último das fábulas e dos relatos que narram eventos do mundo profano, enquanto o mito se situa no âmbito do sagrado, numa realidade sobrenatural, num mundo de transcendência. Primordialidade, arquétipo, teofania são, portanto, características essenciais do mito.

2 As categorias do mito

Mircea Eliade insistiu várias vezes no perigo de enrijecer o mito num protótipo único, algo que leva às desventuras de que não escaparam, no passado, os teóricos da mitologia. Foi por esse motivo que ele tratou tanto da morfologia como das funções dos mitos. Esse método permite evitar o monolitismo e capta mais adequadamente qual é o lugar do mito na experiência espiritual da humanidade arcaica (ELIADE, 1969).

Os mitos cosmogônicos

Em geral, os mitos são relatos de criação: mostram a maneira como algo surgiu. A cosmogonia é modelo exemplar de toda criação, e isso enfatiza a importância dos mitos cosmogônicos. Eles constituem a história santa dos povos sem escrita, uma história coerente, que revela o drama da criação do mundo e do homem. Eliade fez um amplo inventário dos mitos cosmogônicos, distribuindo-os em quatro categorias (ELIADE, 1969):

a) Alguns mitos cosmogônicos narram a criação através do pensamento, da palavra ou do calor. Neste âmbito encontramos numerosos mitos que fazem o mundo derivar diretamente do criador: mitos indígenas dos Estados Unidos, mitos egípcios, mitos védicos, mitos polinésios.

b) Outros mitos cosmogônicos põem em cena um personagem imerso no oceano primordial, de onde traz a matéria necessária para a criação. Na Índia encontramos o mito de Prajāpati, do qual existem alguns paralelos entre as populações aborígenes da Índia e da Malásia. Eliade insere nesta categoria as elaborações dualistas da Ásia Central e da Ásia Setentrional, até da América do Norte: no decorrer da criação o auxiliar divino se transforma em adversário do criador, o que explica o bem e o mal presentes na criação.

c) Numa terceira série de mitos cosmogônicos, a criação se realiza graças à divisão da matéria primordial: assim se explica a separação do Céu e da Terra nos mitos sumérios. O mito de Hesíodo apresenta o caos originário do qual emerge um ovo de prata. Algumas tradições egípcias e fenícias levam em conta esta separação presente nas origens.

d) Conhecemos uma quarta modalidade mítica da criação: o desmembramento de um gigante ou de um monstro. Em alguns mitos assistimos à imolação livremente consentida, como é o caso do sacrifício védico do *Puruṣa* que se perpetuou na mitologia escandinava dos *Æsir* e na teologia masdeísta. Em outros casos, o deus obtém a vitória e procede ao fracionamento do monstro: é o mito babilônico do monstro Tiamat, cortado em dois por Marduque que o divide para criar o céu e a terra. O mito do combate divino encontra-se no Oriente Próximo, na Grécia e na Índia (ELIADE, 1971, p. 150-177).

Etnólogos como Lang, Frazer, Lévy-Bruhl, Malinowski e Lévi-Strauss interessaram-se particularmente pelo estudo dos mitos cosmogônicos, o que nos proporcionou a constituição de uma abundante documentação. No entanto, Eliade faz uma recriminação às pesquisas etnológicas: a seu ver, elas limitaram o estudo da cosmogonia aos povos primitivos, enquanto neste âmbito existe uma vasta literatura entre os povos indo-europeus e semíticos. Pode-se afirmar que os mitos cosmogônicos representam a história sagrada dos povos antigos: uma história coerente, que revela o drama da criação do mundo e os princípios que regem o processo cósmico e a existência humana.

Os mitos de origem

Os mitos de origem ou de transformação narram o surgimento das instituições e das sociedades. Contudo, com eles já não estamos na primordialidade total, pois estamos situados no tempo posterior à cosmogonia. O mito de origem relata e justifica uma situação nova, que não existia no início. A essa categoria pertencem os mitos que, numa concepção cíclica do tempo, mostram o fim de um mundo antigo e o advento de um mundo novo.

Nos mitos de origem, Eliade insere os mitos de criação do homem ou de modificação da condição humana, a mitologia solar e astral, os mitos sobre a origem da morte, os mitos de transformação do mundo, os mitos que narram as aventuras dos deuses e dos homens. Esta categoria dos mitos de origem é muito ampla, uma vez que nela encontramos também toda a mitologia do politeísmo, os mitos da vegetação e da fertilidade, as genealogias, os mitos sobre a origem dos medicamentos e dos tratamentos primitivos. Todos esses mitos justificam a existência de uma situação nova, que representa uma modificação do cosmos.

Os mitos de renovação

Estes mitos dizem respeito à *renovatio mundi*. Eliade dedicou um estudo muito aprofundado ao *mito do eterno retorno*, que ocupa um lugar central nas civilizações do antigo Oriente Próximo, no pensamento indo-europeu, em numerosas sociedades tradicionais. Algumas pinturas rupestres das civilizações pré-históricas provavelmente devem ser inseridas na perspectiva dos mitos de renovação, pois os estudiosos de pré-história apontam alguns casos em que estas pinturas eram retocadas na primavera. Os mitos da *renovatio mundi* talvez nos deem uma chave para a interpretação de uma parte das inscrições rupestres. Esses mitos voltam com o movimento das estações, da entronização do rei, do ano novo, do bode expiatório, da iniciação dos membros do clã. Assim se explicam, de um lado, sua importância para a vida das populações arcaicas e, de outro, o lugar do ritual na sua celebração.

A dramatização desses mitos às vezes é marcada por um retorno coletivo dos mortos e por excessos orgiásticos. Os mitos de renovação conservaram-se nas religiões do antigo Oriente Próximo, particularmente na Mesopotâmia, na Fenícia e no Egito. Eliade apreendeu a importância desses mitos no contexto da regeneração do tempo. O novo ano assinala o fim de um período e o início de um período novo. Daí a importância do ritual: expulsão dos demônios, remissão dos pecados, iniciação dos jovens, reanimação do fogo (ELIADE, 1949, p. 83-136).

Os mitos escatológicos

Encontramo-nos na presença de mitos que narram cataclismos cósmicos. São extremamente numerosos. Entre eles se situam os mitos do dilúvio, muito difundidos exceto na África. O dilúvio é muitas vezes vinculado a uma culpa que provocou a cólera dos deuses. Nos mitos diluvianos, a destruição do mundo é colocada em relação com a criação de um mundo novo e uma regeneração da humanidade.

Ao lado dos mitos que apresentam a destruição do mundo com o dilúvio, outros mitos escatológicos narram a destruição da humanidade por meio de cataclismos cósmicos como terremotos, desmoronamentos de montanhas, epidemias catastróficas.

Os mitos escatológicos que se referem a um fim futuro são pouco numerosos entre os primitivos. Talvez, de acordo com Eliade, os etnólogos não tenham distinguido com clareza a referência ao passado ou ao futuro. Segundo as tradições astecas, já houve três ou quatro destruições do mundo. A última é esperada. Esses mitos escatológicos parecem expressar a ideia de uma degradação progressiva do cosmos, que necessita da sua destruição e da sua recriação. Eliade considera que os movimentos proféticos e os milenarismos atuais das sociedades tradicionais constituem uma transposição desses mitos escatológicos (ELIADE, 1963, p. 71-87).

3 A mensagem do mito

As abordagens da natureza do mito, a análise da sua estrutura e suas classificações não esgotam a sua riqueza, assim como a química ou a biologia não esgotam o estudo da matéria ou daquilo que é vivo. O historiador das religiões não hesita em enfrentar o exame da mensagem mítica, uma vez que aos seus olhos esta última não pode limitar-se a uma simples teleologia da estrutura.

Mito e arquétipo

Na perspectiva de Jung, na origem do mito encontram-se os arquétipos do inconsciente coletivo. Esse inconsciente é um estrato profundo da alma; é inato. No seu conteúdo e no seu processo, este inconsciente é comum a todos os indivíduos. Os arquétipos constituem o conteúdo deste inconsciente. São *Urbilder*, *Motive*, o produto de uma tradição que remonta a um mundo arcaico. São forças vitais que contêm uma linguagem em parábolas, uma linguagem simbólica que transmite dados muito antigos da vida primitiva da humanidade. Entre os povos primitivos, esses arquétipos têm um papel importante, já que é através deles que o primitivo percebe a realidade física e que o mundo mítico dos antepassados toma corpo na consciência coletiva. Assim, os mitos constituem a vida psíquica da tribo primitiva: formam a sua alma e a sua religião. De acordo com Jung, os mitos encontram a própria explicação nesses motivos dominantes energéticos do inconsciente coletivo, que em alguma medida são um órgão psíquico estrutural (JUNG, 1950).

Eliade acompanhou de muito perto a pesquisa de Jung. Também levou em conta os resultados obtidos por L. Lévy-Bruhl sobre o papel do simbolismo na mentalidade primitiva e sobre as funções de imitação-participação inerentes ao mito. Em seu estudo sobre o arquétipo, antes de tudo constituiu a sua documentação relativa aos arquétipos celestes nas religiões do Oriente Próximo: na Mesopotâmia, o Tigre tem o seu modelo na estrela Anunit; no Egito, os nomes dos deuses egípcios são dados a eles segundo os campos celestes; no Irã, na tradição zurvanita, cada fenômeno terrestre corresponde a uma realidade celeste. Até as cidades têm seu arquétipo celeste: é o caso de Nínive, Assur, Jerusalém. Esta ideia do duplo cósmico encontra-se em algumas práticas da Índia védica, particularmente no sacrifício, que confere força e eficácia ao se coadunar com um arquétipo. A esses elementos, que representam uma documentação impressionante, é preciso acrescentar o simbolismo arquitetônico do centro, que, na Índia, no Irã, na Mesopotâmia, no Egito, em Roma, constitui o âmbito do sagrado, porque relembra o ato cosmogônico por excelência, a criação (ELIADE, 1952).

Baseando-se nesta documentação, por ele reunida e interpretada, Eliade passa a estudar o arquétipo no interior da ação humana. Ele ressalta que nas civilizações asiáticas, de um lado, e nas culturas tradicionais, de outro, a ação humana se refere a um arquétipo que lhe confere sua eficácia. De fato, a ação humana é considerada real no sentido total da palavra na medida em que repete uma ação realizada nas origens. Eliade vê no arquétipo um "estado puro", um momento primário, o que existiu no início. Leva-nos a mergulhar nos tesouros imemoriais da humanidade arcaica. Para Eliade, porém, não se trata de inconsciente coletivo, mas de transconsciente, já que aos olhos do *homo religiosus* o arquétipo se apresenta como um modelo primordial cuja origem se encontra num mundo sobrenatural. É um ser, um objeto, um ato de que participa e do qual recebe a sua realidade. De acordo com Eliade, com o arquétipo o homem religioso tem consciência de entrar em relação com a transcendência. Enquanto Jung fala de psicologia, Eliade fala de ontologia.

Esta análise do arquétipo leva Jung e Eliade a ver no mito um modelo cuja influência deve marcar a condição e a existência humanas. Lévy-Bruhl já insistira na noção de imitação na função simbólica: era a sua teoria de participação-imitação, essencial para a vida da sociedade primitiva. Assim, a pesquisa etnológica de Lévy-Bruhl, a pesquisa psicológica de Jung, a pesquisa histórico-fenomenológica de Eliade levam ao mesmo resultado: ressaltam um elemento essencial no mito, ou seja, a noção de modelo para o comportamento humano.

O mito transmite uma mensagem

O mito é um dos meios de expressão de que dispõe o homem arcaico. Esse meio de expressão à base de imagens e de símbolos é um elemento capital da vida social e religiosa do primitivo. Faz parte do seu sistema de pensamento, um sistema que comporta uma verdadeira coesão. Não é um sistema pré-lógico, como julgava Lévy-Bruhl, mas um sistema baseado numa lógica não conceitual, uma lógica simbólica. Nesse sistema já encontramos os fatores que correspondem às nossas ideias de valor, de realidade, de transcendência. Nossa reflexão filosófica sobre a estrutura do mundo apenas prolonga a reflexão do homem arcaico. Os estudos de Eliade dedicados ao tempo são uma notável ilustração dessa doutrina sobre o pensamento primitivo e sobre sua coesão interna. Graças ao mito, o homem arcaico apreende a relação entre tempo atual e origens. A repetição de um ato primordial abole o tempo profano e projeta o homem no tempo mítico, o tempo sagrado. Essa noção de tempo ajuda-nos a compreender melhor o pensamento arcaico indo-europeu em referência ao sacrifício védico: através do sacrifício, os sacerdotes e os que fazem as ofertas saem do tempo profano para participar do tempo das origens: é a conquista da imortalidade.

A mensagem do mito passa através do simbolismo, no qual se integra e por meio do qual se expressa o pensamento do homem arcaico. O mundo fala ao homem por intermédio do símbolo. Essa linguagem não é nem objetiva nem utilitarista, mas desvela alguns dados fundamentais: "Os símbolos podem revelar uma modalidade do real ou uma estrutura do mundo que não são evidentes no plano da experiência imediata" (ELIADE, 1962, p. 254). Eliade ilustrou essa ideia com seu estudo sobre o simbolismo da água e sobre os principais significados da árvore cósmica. O homem compreendeu esta linguagem: toda a documentação sobre a água e sobre a árvore cósmica transmitida pelas mais diversas civilizações é a prova disso.

Na sua interpretação do conhecimento simbólico do primitivo, Lévy-Bruhl falara de experiência mística, ou seja, do sentimento de um contato imediato com as realidades visíveis. Deduzia essa experiência do sentimento de um duplo pertencimento, um ao mundo visível, o outro ao mundo invisível. A seu ver, o símbolo permite a conjunção dos dois mundos, dando ao primitivo a consciência de uma participação do visível ao invisível (LÉVY-BRUHL, 1938).

Eliade apresenta o problema de maneira diferente. Para ele, não se deve limitar o papel do símbolo junto ao primitivo a uma função de participação, a uma simples função cratofânica análoga às teorias sobre o *mana*. O papel do símbolo é compreendido numa dialética entre sagrado e profano. De fato, o homem arcaico insere sua vida num mundo que veio à existência graças aos atos criadores primordiais que fundaram sua etnia, sua civilização, suas instituições. Com base nesse fato, o primitivo sente que sua vida se insere numa história santa, e, portanto, toda a sua lógica simbólica é religiosa, uma vez que os símbolos estão voltados para uma estrutura do cosmos: estamos no âmbito do sagrado (ELIADE, 1968).

Nesta lógica, o símbolo exerce uma função unificadora. Revela uma perspectiva na qual realidades heterogêneas se deixam articular num todo. Além disso, o símbolo preserva o contato com as fontes profundas da vida e confere um significado à existência humana. Enfim, com o símbolo o homem arcaico capta a solidariedade entre as estruturas da existência humana e as estruturas cósmicas.

A descoberta da estrutura simbólica do mito permite esclarecer a sua função de revelação. Com o símbolo, o mundo fala ao homem uma linguagem que cria uma abertura para um mundo trans-histórico. Esse mundo ultrapassa a realidade particular, a experiência profana: é o mundo da realidade exemplar, o das origens. O mito explica simbolicamente e, portanto, faz ver, revela como eventos primordiais fundaram as estruturas do real. Revela esta ontologia de modo dramático, ou seja, não conceitual. A revelação oferecida pelo mito interpela o homem na sua totalidade. Revela-lhe o significado da condição humana enquanto modalidade de existência própria no universo (ELIADE, 1962).

4 Mensagem mítica e comportamento humano

A comunicação da mensagem representa para o homem a aquisição de um novo conhecimento, que lhe descortina algumas realidades inesperadas: a estrutura do mundo, uma experiência diferente da experiência profana. Graças a esse conhecimento, o homem arcaico descobre as normas para o próprio comportamento.

Modelo mítico e ação humana

Na concepção do *homo religiosus* das sociedades arcaicas, a ação humana se refere a um arquétipo que lhe confere a sua eficácia. Em decorrência disso, o homem quer refazer o ato inicial. Uma ilustração clara dessa mentalidade encontra-se no mito osírico, o qual, no Egito, está diretamente ligado com a prática do embalsamamento.

O homem arcaico tem a nostalgia da primordialidade. Tenta alcançar a "primordialidade existencial", ou seja, a condição humana das suas origens, e por meio dessa primordialidade existencial a totalidade primordial, isto é, a primordialidade que precede a existência. Manifesta-se assim a nostalgia do homem primitivo e a importância que ele atribui ao tempo primordial. O homem arcaico tem consciência da importância da realidade primordial que se encontra na origem do cosmos e da vida: para ele é o sagrado por excelência, é a irrupção do sagrado que fundou o mundo. A consciência dessa primordialidade leva o homem arcaico a regular o seu comportamento para reencontrar cada vez mais essa realidade absoluta, oposta ao mundo profano: uma realidade potente, rica e significativa (ELIADE, 1965).

O mito tem a função de apresentar ao homem um modelo para suas atividades, pois o comportamento humano recebe a sua forma e, em última instância, sua realidade do comportamento primordial revelado pelo mito. O homem repete os gestos que foram estabelecidos nas origens pelos antepassados míticos. Lévy-Bruhl insistira na experiência mística do primitivo, que faz referência a um mundo sobrenatural que de algum modo duplica o mundo natural (LÉVY-BRUHL, 1935). Nessa perspectiva, a ação humana se encontra numa situação de participação que a priva de uma parte de sua liberdade.

Eliade foi além dessa teoria da participação, insistindo no valor do modelo mítico aos olhos do homem primitivo. Este último não faz apenas uma experiência de participação, mas uma verdadeira experiência do sagrado. A ação humana é uma ação livre que toma como modelo o evento exemplar. O ato recebe o seu valor da conformidade ao arquétipo. Estamos na presença de uma autêntica ontologia arcaica, na qual o mito fornece ao homem os modelos para suas ações.

Eficácia mítica e importância do ritual

Lévy-Bruhl insistiu na função dos mitos como ação eficaz para garantir a presença do antepassado mítico. Eliade considera necessário ir mais longe. Não apenas existe uma presença do arquétipo, mas essa presença confere à ação humana toda a sua eficácia. A repetição dos modelos, imitando a ação das origens, mantém o mundo no real. A reatualização ininterrupta dos gestos exemplares dá ao mundo e à vida uma dimensão nova, que permite colocar o objeto em relação com a realidade primordial. O mito de Osíris no Egito é um mito de fertilidade: com o ritual, esse mito liga a ação da semeadura e do crescimento à ação primordial de Osíris, que fecunda a terra e, como ingressou na sobrevivência à morte, abre para cada homem o caminho de tal sobrevivência. Todos os rituais embalsamadores e funerários presentes no antigo Egito vinculam-se ao mito osírico.

O significado do ritual explica a importância das festas, das inscrições e das pinturas rupestres na vida do homem arcaico. A correlação do ritual com a mensagem mítica nos dá também a dimensão autêntica das práticas de iniciação.

Trata-se de introduzir o adolescente na comunidade e de lhe revelar os valores espirituais da existência. A tradição dos mitos leva-o a conhecer gradualmente a origem das instituições, e as diversas cerimônias o colocam em contato com a realidade sagrada. É a passagem da condição profana para uma nova existência.

Comportamento mítico e virtude criadora

A insistência de Lévy-Bruhl na função mítica de imitação-participação levou a crer que o homem primitivo é prisioneiro dos mitos e que, portanto, a sociedade arcaica está condenada a uma total imobilidade (LÉVY-BRUHL, 1963). Eliade enfrentou esse problema. Começa enfatizando que a etnologia demonstra o contrário e não conhece um único povo que tenha permanecido na fase do imobilismo. "À primeira vista, o homem das sociedades arcaicas limita-se a repetir indefinidamente o mesmo gesto arquetípico. Na realidade, conquista incansavelmente o mundo, o organiza, transforma a paisagem natural em ambiente cultural. Graças ao modelo exemplar revelado pelo mito cosmogônico, o homem, por sua vez, se torna criador. Ainda que pareçam destinados a paralisar a iniciativa humana, apresentando-se como modelos intangíveis, os mitos na realidade incitam o homem a criar, abrem continuamente novas perspectivas ao seu espírito inventivo" (ELIADE, 1963, p. 173). De fato, os estudos etnológicos mostram até que ponto as populações sem escrita deram prova de espírito inventivo, fizeram descobertas, migraram, modificaram as formas de viver. Diversas influências as levaram a reagir de maneira criadora. Essas criações se realizaram a partir dos mitos (ELIADE, 1958).

Ao final desta breve pesquisa, é hora de chegar a algumas conclusões. O estudo do comportamento do homem das sociedades arcaicas levou-nos a considerar o mito e sua mensagem à luz das pesquisas recentes de história das religiões. Na perspectiva do mito, considerado pelas populações arcaicas como uma história santa que leva a eventos primordiais destinados a fundar a ação ritual, vimos como o *homo religiosus* das sociedades primitivas adapta o seu comportamento na imitação de um modelo transumano e na repetição de um roteiro exemplar. À luz dos mitos, o homem toma consciência da sua situação no mundo. Sua ação se conforma aos paradigmas constituídos pela ação dos personagens míticos, que conferem valor e sentido à existência humana. Mito, rito e símbolo são os elementos constitutivos dessa experiência espiritual, que por meio de uma volta às origens e à primordialidade representa para o homem arcaico uma autêntica experiência de salvação.

5 Síntese final

O mito está ligado ao comportamento e à vida do homem arcaico. O mito se apresenta como uma história verdadeira, sagrada e exemplar que fornece ao homem e à sociedade um modelo útil para o comportamento individual e social. Os mitos cosmogônicos, com seu tema central da origem paradisíaca, constituem uma história santa que revela as origens do mundo, o nascimento da cultura, da civilização e da vida religiosa. Os outros mitos de origem representam uma justificação da situação que existe de fato: genealogias, situação geográfica ou social, alimentação, trabalho etc.

Os mitos de renovação explicam a necessidade de retornos periódicos, criadores de vida: entronização de reis, mitos do ano novo ou das estações. Os mitos escatológicos narram as catástrofes do passado e às vezes as projetam no futuro. Será que as gravuras rupestres e as pinturas não são muitas vezes representações simbólicas de mitos? Se o antropólogo pode se contentar em desvendar as estruturas dos mitos, o historiador das religiões quer ir além. Com base na pesquisa fenomenológica, arrisca-se no campo da hermenêutica. Tende a desvendar também a intenção significante do mito e apreender sua mensagem para o homem religioso arcaico.

Se o mito tem todas as estruturas da linguagem, ele tem também o sentido dela. Os mitos cosmogônicos revelam as atividades criadoras dos seres divinos e fundam o comportamento do homem graças à representação de modelos. O homem se considera encarregado de continuar essa atividade das origens, que lhe parece exemplar e normativa. Daí a necessidade de reatualizar ininterruptamente alguns gestos primordiais: as festas do ano novo, as festas sazonais e as numerosas aplicações do ritual. O comportamento do homem arcaico se coloca em relação com um arquétipo que lhe é apresentado pelo mito e que confere força e eficácia à ação humana. Enquanto história das origens, o mito tem uma função instauradora. Estabelece uma relação entre o tempo atual e o tempo primordial. No seu comportamento, o homem imita o arquétipo e reatualiza o esboço exemplar.

Assim, ele realiza uma ruptura no desenvolvimento do tempo profano e atinge o tempo primordial, portador de vida. Não seriam os ritos de iniciação das sociedades arcaicas uma transformação ontológica do ser humano em relação à mensagem fornecida pelo mito? Daí os graus de iniciação destinados a tornar conhecida a história sagrada do mundo e do clã. A tradição dos mitos constitui um elemento essencial em toda a iniciação, seja iniciação à vida social, seja iniciação a um estado particular de vida (militar, sacerdotal etc.). Os mitos escatológicos fundam as estruturas de um mundo novo. Assim, por sua colocação em referência ao *Urzeit* e ao *Endzeit*, o mito dá ao homem arcaico os dados indispensáveis para o seu comportamento.

Referências

ELIADE, M. (1971). *La nostalgie des origines* – Méthodologie et histoire des religions. Paris: Gallimard [orig., *The Quest* – History and Meaning in Religion. Chicago/Londres: The University of Chicago Press, 1969] [trad. it., *La nostalgia delle origini* – Storia e significato nella religione. Org. de A. Crespi Bortolini, 2. ed. Bréscia: Morcelliana, 1972].

_____ (1969). Les mythes de la création. In: *Création* – Encyclopaedia Universalis. Vol. V, Paris, p. 60-64.

_____ (1968). *Traité d'histoire des religions*. 4. ed. Paris: Payot [trad. it., *Trattato di storia delle religioni*. Org. V. Vacca, G. Riccardo e P. Angelini. 2. ed. Turim: Bollati Boringhieri, 1999].

_____ (1965). *Le sacré et le profane*. Paris: Gallimard [orig., *Das Heilige und das Profane* – Vom Wesen des Religiösen. Hamburgo: Rowohlt, 1957] [trad. it., *Il sacro e il profano*. Org. de E. Fadini. 3. ed. Turim: Boringhieri, 1984].

_____ (1963). *Aspects du mythe*. Paris: Gallimard.

_____ (1962). *Méphistophélès et l'androgyne*. Paris: Gallimard [trad. it., *Mefistofele e l'androgine*. Org. de E. Pinto. Roma: Mediterranee, 1971].

_____ (1958). *Prestiges du mythe cosmogonique*, XXIII (*Diogène*), p. 3-17. Paris.

_____ (1957). *Mythes, rêves et mystères*. Paris: Gallimard [trad. it., *Miti, sogni e misteri*. Org. de G. Cantoni. 3. ed. Milão: Rusconi, 1990].

_____ (1952). *Images et symboles. Essais sur le symbolisme magico-religieux*. Paris: Gallimard [trad. it., *Immagini e simboli* – Saggi sul simbolismo magico-religioso. Org. de M. Giacometti. Prefácio de G. Dumézil. Milão: Jaca Book, 1980].

_____ (1949). *Le mythe de l'éternel retour* – Archétypes et repetition. Paris: Gallimard [trad. it., *Il mito dell'eterno ritorno*. Org. de G. Cantoni. Milão: Rusconi, 1975].

JUNG, C.G. (1950). *Types psychologiques*. Genebra: Lib. Universitaire [orig. *Psychologische Typen*. Org. de M. Niehus-Jung et al. Düsseldorf: Solothurn, 1995 [trad. it., *Tipi psicologici*. Org. de F. Bassani. Intr. de M. Trevi. Milão: Mondadori, 1993].

JUNG, C.G. & KÉRENYI, K. (1968). *Introduction à l'essence de la mythologie*. Paris: Payot [orig., *Einführung in das Wesen der Mythologie*. Amsterdã/Leipzig, 1941 [trad. it., *Prolegomeni allo studio scientifico della mitologia*. Org. de A. Brelich. 6. ed. Turim: Bollati Boringhieri, 1994].

LÉVY-BRUHL, L. (1963). *La mythologie primitive*. 2. ed. Paris: PUF [trad. it., *La mitologia primitiva*. Org. S. Lener. Roma: Newton Compton, 1973].

_____ (1939). *L'experiénce mystique et les symboles chez les primitifs*. Paris: Félix Alcan.

LÉVI-STRAUSS, C. (1971). *L'homme nu* – Mythologiques 4. Paris: Plon [trad. it., *L'uomo nudo*. Org. de E. Lucarelli. Milão: Il Saggiatore, 1974].

_____ (1968). *L'origine des manières de table* – Mythologiques 3. Paris: Plon [trad. it., *Le origini delle buone maniere a tavola*. Org. de A. Bonomi, e E. Lucarelli. Milão: Il Saggiatore, 1971].

_____ (1966). *Du miel aux cendres* – Mythologiques 2. Paris: Plon [trad. it., *Dal miele alle ceneri*. Org. de A. Bonomi. Milão, Mondadori, 1970].

_____ (1964). *Le cru et le cuit* – Mythologiques 1. Paris: Plon [trad. it., *Il crudo e il cotto*. Org. de A. Bonomi. Milão: Il Saggiatore, 1966].

RICOEUR, P. (1960). *Finitude et culpabilité* – II: *La symbolique du mal*. Paris: Aubier-Montaigne, p. 12-13 [trad. it., *Finitudine e colpa*. Org. de M. Girardet. Introdução de V. Melchiorre. Bolonha: Il Mulino, 1970].

2
Os mitos cosmogônicos e os mitos da queda

I – Peregrinação e pensamento mítico*

Os especialistas das religiões e das ciências humanas que se dedicam às peregrinações para identificar sua fenomenologia ressaltam nelas a conjunção de três fatos fundamentais: a existência de um lugar consagrado onde tem lugar uma reunião; o deslocamento coletivo ou individual para esse lugar; o objetivo do deslocamento, que é a obtenção de um bem material ou espiritual. Assim, em toda peregrinação intervêm o espaço sagrado e o itinerário para um lugar sagrado para um encontro com o sagrado. Toda peregrinação é marcada pela busca do sagrado empreendida pelo *homo religiosus*.

Em *La symbolique du mal* (II, 12-13), Paul Ricoeur sintetizou nestes termos a estrutura e a função do mito: "Um relato tradicional que diz respeito a eventos ocorridos na origem dos tempos, destinado a fornecer as bases da ação ritual dos homens de hoje e, em sentido geral, a instituir todas as formas de ação e de pensamento por meio das quais o homem compreende a si mesmo no seu mundo". No mito temos uma história santa, ou seja, a narração de um evento primordial que constituiu uma irrupção do sagrado, criadora ou transformadora do mundo. O relato fornece modelos à ação humana. Entende-se como arquetípica e exemplar. Todo mito é uma hierofania.

---

* Pélerinage et pensée mythique. In: CHÉLINI, J. & BRANTHOMME, H. *Histoire des pélerinages non chrétiens* – Entre magique et sacré. Paris: Hachette, 1987, p. 33-42.

1 Tentativa de tipologia do mito

Os mitos "cosmogônicos" gozam de um prestígio particular entre todos os povos, pois narram a origem do cosmos e da vida. Eliade classificou a apresentação mítica da criação em quatro categorias: a criação por meio do pensamento ou da palavra; a criação através de uma queda cosmológica; a cosmogonia realizada mediante a divisão ou a separação de uma matéria primordial (par céu-terra, caos, ovo primordial); enfim, a cosmogonia através do sacrifício de um gigante[1].

Em relação a todos os chamados mitos "de origem", o mito cosmogônico tem um papel central. Constitui a história santa dos povos. Nesses mitos, marcados pela coerência, encontramos o relato da criação, mas também os princípios que regem o cosmos e a existência humana.

Encontramos em seguida os mitos "de origem", que narram a origem das instituições e das sociedades. Deixamos o tempo primordial e estamos num tempo no decorrer do qual é criada uma nova situação. Esses mitos são numerosos: criação ou modificação da condição humana; mitologia solar ou astral; origem da morte; transformação do mundo; aventuras dos deuses e dos humanos; mitos de vegetação, de fertilidade; mitos relativos aos diversos tratamentos terapêuticos.

Os mitos de "renovação" expressam a nostalgia das origens. Concentram-se numa volta às fontes para nelas encontrar as forças necessárias para reconstruir um mundo que se deteriora e se esgota. Os mitos de renovação baseiam-se nos mitos cosmogônicos ou nos mitos de origem. De fato, eles preconizam um retorno a uma situação inicial. É com a imitação do arquétipo que a força criadora primordial regenera o mundo ou a sociedade. Imitação do arquétipo, reprodução dos feitos primordiais, retorno à época das origens constituem os dados essenciais dos mitos de renovação: regeneração do tempo, nova criação, reatualização da cosmogonia. É o mito de renovação que envolve a maior parte das nossas pesquisas sobre a peregrinação.

---

1. ELIADE, M. *La nostalgie des origines*. Paris: Gallimard, 1971, p. 150-177 [orig., *The Quest. History and Meaning in Religion*. Chicago/Londres: The University of Chicago Press] [trad. it., *La nostalgia delle origini* – Storia e significato nella religione. Org. de A. Crespi Bortolini. 2. ed. Bréscia, Morcelliana, 1980]. • ELIADE, M. *Le mythe de l'éternel retour* – Archétypes et répétition. Paris: Gallimard, 1949, p. 83-136 [trad. it., *Il mito dell'eterno ritorno*. Org. de G. Cantoni. Milão: Rusconi, 1975].

Os mitos "escatológicos", enfim, narram cataclismos cósmicos; fazem referência a uma destruição da humanidade que se situa num passado distante. Um mito escatológico realmente universal é o do dilúvio. Conhecemos poucos mitos relacionados a cataclismos que deverão ocorrer no futuro.

2 Linguagem e mensagem do mito

O mito é uma linguagem e uma mensagem

A linguagem é o fato cultural por excelência. É um produto da cultura, uma parte da cultura e a condição da cultura. Toda linguagem constitui um sistema simbólico. Como método de abordagem da linguagem do mito, Claude Lévi-Strauss escolheu o uso do modelo linguístico. A realização da análise estrutural levou-o a ver nos mitos variantes que giram em torno das mesmas estruturas[2]. Georges Dumézil, Mircea Eliade e Paul Ricoeur situam a linguagem do mito de maneira totalmente diferente: para eles, os mitos relatam acontecimentos que se desenvolveram nas origens, no tempo primordial ou ao menos na noite dos tempos; centrado no arquétipo e no tempo primordial, o mito é um elemento da memória da humanidade.

Se atualmente existe unanimidade sobre a questão da linguagem do mito, não se pode dizer o mesmo da sua mensagem. De acordo com Lévi-Strauss, os mitos não afirmam nada sobre a origem do mundo, sobre a natureza do real, sobre a origem do homem, sobre o seu destino. Em compensação, inúmeros historiadores das religiões orientam suas pesquisas para a mensagem. Relatos de eventos primordiais, os mitos devem ser considerados modelos fundadores e exemplares para o homem e a sociedade. De fato, sua função é criar formas de pensamento e de ação por meio das quais o homem compreende a sua situação no mundo e orienta a sua vida e os seus atos. Nessa perspectiva, o mito tem uma função simbólica: ajuda o homem a descobrir os seus vínculos com o sagrado. É o reflexo de uma experiência de solidariedade universal aberta para o divino.

---

2. LÉVI-STRAUSS, C. *Anthropologie structural*. Paris: Plon, 1958 [2. ed., 1972] [trad. it., *Antropologia strutturale*. Org. de P. Caruso. 8. ed. Milão: Il Saggiatore, 1980]. • LÉVI-STRAUSS, C. *L'Homme nu* – Mythologiques 4. Paris: Plon, 1971 [trad. it., *L'uomo nudo*. Org. de E. Lucarelli. Milão: Il Saggiatore, 1974].

Mito, rito e símbolo

Todo mito é palavra e relato. Os dois elementos se referem a eventos primordiais. Linguagem simbólica e discurso revelam uma experiência de solidariedade entre o homem e o divino; o mito é portador de uma mensagem. Esta última não se limita a uma simples teleologia da estrutura mítica, uma vez que tal limitação não permitiria compreender o incomparável tesouro dos mitos transmitidos desde o Neolítico. O mito faz referência a um arquétipo que imerge o homem nos tesouros imemoriais das origens. Os trabalhos de Mircea Eliade e de Carl Gustav Jung evidenciaram o valor e a função do arquétipo. A convergência dos resultados de duas pesquisas realizadas com métodos e disciplinas diferentes nos dá uma grande segurança nesse âmbito: no mito está presente a referência a um arquétipo que confere força e eficácia à ação humana.

Na história dos povos e das civilizações encontramos sempre a presença do homem religioso. Ele acredita na existência de uma realidade que transcende o mundo e confere a este mundo e ao homem que nele vive uma dimensão específica, a dimensão religiosa. O rito tem lugar no interior de uma expressão simbólica que permite um contato vital com a realidade transcendente. Com o rito o homem tenta estabelecer vínculos com essa realidade. O ato ritual está ligado a uma estrutura simbólica através da qual acontece a passagem da imaginação para a realidade, do signo para o ser. Com os ritos, o homem religioso traduz em atos a mensagem revelada pelos mitos. Por meio da explicação do conjunto simbólico do ritual, ele tenta ordenar a sociedade para manter sua coesão e para permitir ao grupo e a qualquer pessoa o encontro com o sagrado.

O mito do eterno retorno

Graças à mensagem transmitida pelos mitos, o *homo religiosus* percebe a existência e o valor de um estado primordial, no interior do qual descobre arquétipos e modelos. Com esses arquétipos enfrenta a condição humana na qual vive, dando-se conta da perda de uma época áurea situada nos tempos primordiais. Em decorrência disso, tenta fazer um retorno ao modelo originário, sair do tempo atual para alcançar o grande Tempo. O ritual procede à imitação do arquétipo, à abolição do tempo profano, à repetição dos gestos paradigmáticos. Correlacionando o ritual com a mensagem do mito, o homem passa da condição profana a uma existência nova. Para o homem das sociedades arcaicas, o mito permite realizar uma experiência de salvação.

3 Peregrinação e sagrado

Toda peregrinação tem lugar numa experiência religiosa específica, que chamamos experiência de salvação. Os níveis de tal experiência são extremamente diferentes. No nível mais baixo situamos a cura de uma doença ou a obtenção de um favor. No topo estão os encontros entre o homem e a divindade vividos nas diversas religiões: a *bhakti* hindu, os mistérios de Elêusis, o encontro com Ísis vinda da penumbra do santuário para o sagrado do seu templo, a visão da glória de Javé no templo de Jerusalém, o encontro de Cristo na Eucaristia celebrada num lugar sagrado. Para o fiel, esse encontro é essencial, estando na origem de uma renovação na sua vida. Toda peregrinação se situa no quadro específico da vida religiosa do homem. Desde que existe a peregrinação existe a manifestação do sagrado, um fenômeno que o historiador das religiões denomina hierofania.

Em toda hierofania intervêm três elementos: um objeto tomado no interior da realidade cotidiana; a realidade misteriosa, invisível e transcendente; o objeto mediador saído do uso profano e revestido de sacralidade. O objeto ou o ser com a intermediação do qual a realidade transcendente se manifesta conserva a sua natureza: a pedra sagrada continua a ser uma pedra, o sacerdote continua a ser um homem. A realidade numinosa é o mistério do absoluto, do divino, de Deus. O elemento central de toda hierofania é o objeto ou ser revestido de uma nova dimensão, a sacralidade. Nesse nível se situa a manifestação misteriosa que separa o objeto ou o ser do mundo profano. Toda peregrinação se situa num contexto hierofânico.

O espaço sagrado

Para a experiência profana, o espaço é homogêneo. Não é o que acontece na experiência vivida pelo homem religioso. De fato, quando o sagrado se manifesta numa hierofania, assiste-se a uma ruptura na homogeneidade do espaço: se constitui um centro. Criado pela manifestação do sagrado, este centro se torna um lugar privilegiado.

Nos mitos, o simbolismo do centro está presente de maneira permanente: espaços e lugares sagrados, templos, santuários, grutas, cavernas, territórios, montanhas, bosques, fontes, rios. Essa multiplicidade parece trair no homem religioso o desejo de se encontrar permanentemente numa área cósmica que lhe permite a comunicação com o "Céu". Todo acesso a esse centro tem um valor iniciático, pois permite passar do profano ao sagrado, do efêmero à durabilidade, do ilusório à realidade. Nos mitos, a abordagem ritual a um centro é comparada à conquista de uma nova existência, real, duradoura. Trata-se realmente de uma passagem do profano ao sagrado.

O espaço sagrado constitui um elemento essencial de toda peregrinação, e nele se encontra todo o valor do simbolismo do centro. Os peregrinos tomam caminhos muitas vezes repletos de perigos, caminhos que devem conduzi-los a lugares sagrados nos quais encontrarão o "divino". Esses lugares podem ser fontes ou rios, cuja água vivificante é criadora, purificadora, regeneradora. Outras peregrinações se dirigem para o topo das montanhas, cujo simbolismo está ligado a uma estada divina ou ao encontro com o Céu. Porções de território ou santuários foram consagrados pela presença de um fundador religioso, de um corpo de santo venerado em particular ou de uma hierofania de qualidade excepcional, como é o caso do Monte das Oliveiras ou do Sinai. Os itinerários percorridos e os caminhos dos peregrinos são significativos: não se escolhem estradas fáceis, uma vez que se trata de uma verdadeira conquista a ser realizada. Todo lugar de peregrinação prolonga e reflete o simbolismo próprio do centro do pensamento mítico.

O tempo sagrado

Nos mitos, o tempo não é homogêneo: divide-se em tempo sagrado e em tempo profano. O tempo profano é a duração comum, na qual se inserem os atos despojados de significado religioso. O tempo sagrado, ao contrário, deriva da valorização proporcionada por um acontecimento primordial ou por sua repercussão na vida do homem religioso e do seu grupo. O homem considera esse tempo como suscetível de retornar: com a festa, torna-o periodicamente presente. Toda festa reatualiza um evento primordial e, portanto, torna atual o *Illud tempus* durante o qual o evento aconteceu; assim, o tempo sagrado é reversível e recuperável, santificado e santificador. Insere-se no desenvolvimento do tempo histórico, no qual provoca uma ruptura. Tem uma qualidade superior ao tempo profano. Os mitos cosmogônicos mostram de modo evidente o valor e a reversibilidade do tempo sagrado. O tempo da criação do cosmos é um tempo primordial, no decorrer do qual atuaram as divindades. O cosmos é usado; portanto, é necessário regenerá-lo periodicamente. Essa reatualização da cosmogonia mítica constitui uma retomada do tempo primordial graças ao ritual. É o sentido profundo das festas da primavera ou das festas do ano novo, como o *akitu* da Babilônia: no decorrer da cerimônia recitava-se de modo solene, na presença do rei, o poema da criação, o *Enuma eliš*.

Todo evento acontece no decorrer do tempo. O tempo da origem, o da realização autêntica do evento fundador, tem um valor especial e uma função exemplar. Os fatos que estão na origem da sacralidade de um lugar de peregrinação criaram um início. Deram um sentido aos feitos que ali se realizaram. O homem religioso tenta se tornar contemporâneo desses eventos. Na sua marcha rumo ao lugar sagrado, para participar da eficácia do evento primordial, o peregrino atinge o *Illud tempus*, o tempo no decorrer do qual se desenvolveu o evento. Sua fé lhe dá a certeza da reversibilidade do tempo e do evento. Esta repetição abole provisoriamente a duração profana e a transforma em tempo sagrado, ou seja, em "eternidade".

O tempo sagrado da peregrinação permite também reencontrar a pureza originária: torna-se tempo de perdão dos pecados, de eliminação de toda impureza e de renovação interior. Com o seu caminho no tempo sagrado, o peregrino ingressa numa existência renovada. Tornando-se contemporâneo do evento fundador, é isentado das próprias culpas em vista de uma vida nova. Assim, a peregrinação se torna simbolicamente o tempo de um novo nascimento espiritual.

Na Igreja de Manes, a festa de Bēma realizava de modo exemplar a junção do tempo sagrado e do espaço sagrado, em função de um mito gnóstico de criação do cosmos e de salvação da luz[3]. Todo ano, por ocasião da celebração do martírio do profeta da Babilônia, seus fiéis se reuniam ao redor de um trono de cinco degraus (*bēma*) que ficava acima da grande imagem do Fundador. Vindos de diversos horizontes e de caminhos missionários percorridos pelos eleitos,

---

3. RIES, J. Le fête de Bêma dans l'Église de Mani. In: *Revue des Études Augustiniennes*, n. 22, 1976, p. 218-283. Paris. LÉVI-STRAUSS, C. La prière de Bêma dans l'Église de Mani. In: LIMET, H. & RIES, J. (orgs.). *L'experiénce de la prière dans les grandes religions*. Louvain-la-Neuve: Centre d'Histoire des Religions, 1980, p. 375-390.

todos os fiéis se reuniam no início para uma noite de orações e de cantos em preparação para o grande dia. O dia de Bēma, que comemorava a morte terrena e o retorno triunfal de Manes no Reino da Luz, era ao mesmo tempo dia de perdão e dia de triunfo da gnose. Aos eleitos e aos catecúmenos reunidos oferecia a pureza indispensável para a salvação, inaugurando ao mesmo tempo o novo ano missionário da Igreja gnóstica.

4 Peregrinação e comportamento mítico

O que acabamos de dizer do mito, da sua linguagem, da sua mensagem, do lugar sagrado, do simbolismo do centro e do tempo sagrado mostra a importância do comportamento mítico na vida do homem religioso. Reencontramos esse comportamento em toda peregrinação. O peregrino deixa as suas ocupações habituais e se dirige para um lugar sagrado, um centro no qual pode realizar simbolicamente o encontro entre o Céu e a terra. Abandona o tempo profano para entrar no tempo do evento primordial. Seu caminho é difícil, sua peregrinação está repleta de perigos. Mas a sua fé o conduz ao lugar sagrado, no qual o ritual lhe permitirá realizar uma renovação da sua vida.

O comportamento mítico do peregrino nada tem de pueril, uma vez que desse modo o homem manifesta sua crença numa realidade absoluta, que transcende este mundo, nele se manifesta e lhe confere a sua dimensão autêntica.

II – O mito cosmogônico, fundamento de todos os mitos*

As cosmogonias são o conjunto das teorias, dos mitos e das explicações que dizem respeito à origem e ao nascimento do cosmos, assim como à organização original do universo. Nesse campo, o papel dos mitos cosmogônicos é fundamental, pois constituem a história sagrada dos povos. Eles revelam a criação do mundo e do homem, os princípios que governam o cosmos e as normas éticas do comportamento humano. Os mitos cosmogônicos existem em todas as culturas e trazem a marca específica de cada uma: o imaginário delas condicionado pelo ambiente, o sistema de símbolos próprio da identidade cultural e religiosa, a transposição em dimensões rituais adaptadas a cada sociedade.

---

* In: *Il mito e il suo linguaggio*. Milão: Jaca Book, 2005, p. 51-90.

O conhecimento dos mitos cosmogônicos chegou até nós por intermédio dos textos antigos e das tradições orais dos chamados povos sem escrita. Para encontrar os mitos cosmogônicos da pré-história, é preciso alcançar a memória arcaica dos povos. As descobertas pré-históricas trouxeram à luz uma parte importante dessa memória conservada nos arquivos da terra: arte parietal, grutas pintadas do Paleolítico superior, inscrições e gravuras rupestres neolíticas. Recuperamos mais de trinta milênios anteriores à escrita. Graças ao inventário da arte rupestre em todo o mundo, realizado com o incentivo de Emmanuel Anati, este vasto campo se abre para os estudiosos. Há dois caminhos de abordagem. O primeiro é aquele que se dirige às áreas culturais em relação às quais, graças aos antigos textos escritos, temos uma versão dos mitos cosmogônicos: é o caso do Oriente Próximo e do Oriente Médio e do mundo mediterrâneo. Tomando como ponto de partida esses mitos, será possível chegar às gravuras rupestres e à arte das cavernas para ali descobrir mitogramas em que é possível encontrar elementos suscetíveis de ser interpretados no sentido de uma cosmogonia. O segundo caminho refere-se às áreas culturais nas quais os mitos ainda hoje são transmitidos pela tradição oral. As etnias herdeiras desses mitos são ao mesmo tempo portadoras da memória das mais antigas tradições ancestrais, graças às quais podemos esclarecer diversos aspectos relativos à arte rupestre de sua cultura (E. Anati, 1989).

Lancemos agora um olhar a alguns textos cosmogônicos do antigo Oriente Próximo.

O Egito fez da emersão de uma ilha o primeiro ato da criação. O *Nun* primordial, o oceano, é anterior a tal emersão; a terra se eleva acima dele. O tema arcaico da pequena colina inicial marca o mundo imaginário do egípcio que, desde tempos imemoriais, assiste a cada ano à cheia e à vazante do Nilo. Além disso, todas as cosmogonias egípcias atribuem ao Sol um papel divino de criação: nos mitos cosmogônicos se manifesta a transcendência do demiurgo criador.

As cosmogonias súmero-acádicas apresentam um fato essencial: o céu foi separado da terra. Um bloco compacto foi dividido em três: céu, terra, infernos. Na Suméria aparecem três deuses: Enlil, Enki e An, uma Tríade suprema, mas o Deus-Céu é o Deus supremo. O homem é criado para libertar os deuses de seus trabalhos; eles o moldaram da argila. Às vezes, o mundo das origens é representado como uma montanha que une a terra ao céu antes de sua separação. Nos textos encontrados em Ras Shamra, a antiga Ugarit, a criação do mundo é obra do deus

El, "o criador das coisas criadas". A cosmogonia bíblica, ao contrário, mesmo participando da mesma área, já é teológica: um Deus criador continua a governar o mundo. É a ruptura com o pensamento mítico.

As regiões do Oriente Próximo e do Oriente Médio antigo onde foram descobertos os mais antigos textos escritos que relatam mitos cosmogônicos são também as áreas da sedentarização inicial, das primeiras aldeias, das primeiras cidades e das primeiras representações da divindade (CAUVIN, 1978). Mais de dois milênios antes do surgimento da escrita, ali encontramos um par de símbolos, a mulher e o touro, duas verdadeiras divindades que dominam a arte anatoliana (Çatal Hüyük, Halaf) e que influenciarão todo o Oriente Próximo mediterrâneo. Em Çatal Hüyük, essas divindades se impõem ao mundo dos homens e dos animais, como verdadeira manifestação de sua transcendência, através da arte. Não temos aqui, no VII milênio a.C., o que encontraremos por volta de 2600 a.C. em alguns selos de Moenjodaro: a Grande Deusa que reina sobre o mundo dos homens e dos animais? (CASAL, 1969). A arte neolítica anatoliana reflete uma firme posição do *homo religiosus*: a crença numa ou várias divindades às quais os seres estão submetidos. Não é esse o lugar e a época da elaboração dos grandes mitos cosmogônicos? (CAUVIN, 1987). Tal fermento criativo demorará alguns milênios para se aperfeiçoar e chegar às populações da área mediterrânea oriental. Assim que aparecem os primeiros textos escritos, eles esclarecem os documentos arqueológicos e se descortina todo um universo de símbolos e significados. As raízes dos mitos cosmogônicos egípcios, sumérios, acádicos, anatolianos e cananeus encontram-se no húmus neolítico.

A arte das cavernas também pode nos fornecer algumas indicações sobre o pensamento cosmogônico dos paleantropos. As grutas decoradas foram consideradas santuários onde se realizavam ritos de iniciação. Parece que durante tais cerimônias os tetos pintados desempenhavam um papel importante. Mircea Eliade julga que os mitos cosmogônicos e os mitos de origem podiam ser familiares às populações paleolíticas: trata-se de temas míticos como as águas primordiais e o criador, a ascensão ao céu, o arco-íris, o símbolo da montanha cósmica, a origem dos animais. Os tetos das grutas são precisamente uma referência simbólica à sacralidade da abóbada celeste (ELIADE, 1979).

Passemos agora a exemplificar em imagens alguns temas cosmogônicos que são os mais difundidos e persistentes nas diversas civilizações.

1 A montanha cósmica

O mito remete sempre ao início de todas as coisas. De modo completo ou fragmentário, é sempre a narrativa de uma criação. Eis por que a cosmogonia é um tema mítico tão frequente na história dos homens: ela lança os alicerces de todos os outros mitos. As mais diferentes e longínquas civilizações atribuem à montanha um amplo leque de significados. Suas próprias características, como a altitude, a verticalidade, a inacessibilidade, as proporções grandiosas, levam os homens a lhe atribuir um simbolismo profundo. Quase todas as tradições, ainda que de maneiras bastante diversificadas, consideram algumas montanhas como o centro do mundo, o lugar misterioso a partir do qual tudo começou. São montanhas cósmicas: unem o céu e a terra, são o pilar do mundo, o *axis mundi*. Entre as várias representações usadas pelas diversas culturas para indicar nos mitos cosmogônicos o *axis mundi*, o centro e o ponto mais alto do universo, a montanha cósmica é predominante. Ela encerra tal significado que sua imagem é de algum modo "continuada". Desse modo, outras montanhas, mesmo que não desempenhem um papel específico nas cosmogonias, participam de tal imagem originária, enquanto expressões de estabilidade indefectível, solidez e permanência. Mas também realidades como palácios, templos e até cidades inteiras imitam ou recriam a forma da montanha cósmica. Assim, a plenitude primordial da vida passa a fazer parte do cotidiano, se renova, para garantir aos homens a possibilidade de poder haurir dela em parte, estabelecendo um contato que os une.

2 Caos aquático e monstros

O caos alimentou as mitologias mais distantes, mas sempre esteve ligado à origem do mundo. Mesmo quando aparece em situações apocalípticas, está vinculado a uma destruição regressiva ao estado inicial, que, contudo, prenuncia um novo início. Na história humana, o caos mitológico pode ser evocado por qualquer situação natural extrema e selvagem, mas a evocação mais difundida é a aquática. Muitos mitos representam o estado primordial originário com uma turbulência obscura, úmida e indistinta. Além disso, o caos dos primórdios não raro se reveste de personificações, frequentemente com figuras míticas de monstros híbridos, sempre repletos de múltiplos significados. Isso sugere que não é possível opor completamente o caos como desordem inicial e o cosmos como ordem. Geralmente tais representações multiformes do caos convidam a pensar que, se um mito situa o caos na origem do universo, não é menos verdadeiro que se vê este último permanecer no mundo como fator de perturbação, de luta ou de transformação.

3 *O céu* in illo tempore

A abóbada celeste, com sua altura, extensão e capacidade de fornecer luz e água, desde a pré-história foi fonte de reflexão e expressão artística para o homem. Não é de admirar que a encontremos nos relatos míticos dos primórdios, mesmo com concepções distintas e com detalhes diferentes. Nesses casos, o céu é o do tempo primigênio, é o céu *in illo tempore* que tem a ver com o início de toda realidade. Muitas vezes as narrativas daquele passado remoto falam de um céu que ficou muito próximo da terra até que bruscamente se afastou. Provocada por um erro primordial, tal separação só poderá ser recuperada por poucos privilegiados e por especialistas do sagrado, como os xamãs que restabelecem uma comunicação entre céu e terra levantando voo, em êxtase. Nos mitos de criação, o céu dispõe os homens a enfrentar o problema de sua distância das divindades que se considera que habitem aquele espaço mítico. De fato, muitas culturas preveem uma viagem para o céu que pode ocorrer de vários modos: por uma escada, uma árvore, uma corda, um caminho íngreme. Nesses ritos de ascensão, o homem tenta se reapropriar de uma condição perdida, assim como acontece quando ele, na expectativa de um benefício que o homem sagrado pode lhe proporcionar, assiste ao voo do xamã e desse modo indiretamente participa dele.

4 *O ovo cósmico*

Muitos mitos, referindo-se aos inícios do universo, falam de uma espécie de embrião, de uma matriz ovoide que potencialmente e de modo misterioso encerra em si toda a multiplicidade de todas as formas cósmicas, da qual emerge o mundo e às vezes o primeiro ser criado. Embora em diversos relatos míticos tal matriz possa assumir o aspecto de uma massa informe de carne ou de um recipiente vazio, de um saco ou de um casulo, ela é mais completamente representada pelos mitos que nos falam de um ovo cósmico. O ovo em si sempre suscitou admiração nas culturas de todo o mundo: para os homens da Antiguidade, sua casca perfeita e elíptica que esconde uma vida em formação, seu fechar-se para fazê-la aparecer já completa não podia deixar de ser a melhor imagem de um verdadeiro início. Eis por que tantas populações confiaram ao ovo cósmico um papel crucial em seus mitos cosmogônicos. Assim, na Oceania, África, Índia, Japão e Grécia encontramos o mito do ovo cósmico, mas também, e sempre com diversas declinações narrativas, no Egito e na China. Em muitas tradições, portanto, o mundo dos primórdios se apresenta como um mundo-ovo no interior do qual tem início o processo da vida. Além disso, a simbologia do ovo, que conota um estado de perfeição primordial, percorreu a história e chegou até nós em várias crenças e tradições populares.

5 O casal primordial

Nos mitos cosmogônicos às vezes se encontra a descrição de companheiros primordiais que, depois de uma primeira fase cósmica indefinida e confusa, aparecem executando uma atividade criadora. São os pais do mundo. Podem encarnar o princípio masculino e o princípio feminino, mas também uma intrínseca duplicidade cosmológica, não necessariamente ligada à diferenciação sexual, situada na origem do mundo. O relato mítico, como de costume, quer revelar uma verdade paradigmática referente à condição dos homens: uma potencialidade de tensão no interior de uma dualidade, muitas vezes também de ruptura ou separação, potencialidade que não é propriamente generativa, mas desencadeia o dinamismo das comunidades humanas. Nas sociedades tradicionais o casal primordial é frequentemente vivido como casal de antepassados, em cuja vitalidade, diferenciação e complementaridade o homem busca a percepção de si mesmo presente na vida comum. Assim, também em muitas culturas pré-históricas os emblemas da duplicidade são a tal ponto repletos de vida que aludem à abundância e à potência, uma potência dupla precisamente, que se remete a um conceito cosmogônico.

III – Mitos da queda*

A ideia de queda aparece nos mitos, nas tradições e nas religiões de inúmeros povos, e apresenta um grande número de temas ligados entre si, de im-

---

* Caduta. In: ELIADE, M. (org.). Enciclopedia delle religioni. Ed. temática europeia. Org. de D. Cosi, e L. Saibene e R. Scagno. Vol. 4. Milão: Jaca Book, 1997, p. 84-97.

portância fundamental na história do pensamento religioso. Em geral a queda é considerada um incidente ocorrido após a gênese ou criação do mundo, capaz de trazer consequências que incidem na atual condição humana. Tal incidente explica a nova situação do mundo, reconhecida como um estado de declínio ou de degradação, se comparada com a condição originária do homem e do cosmos. Esta concepção fundamental da queda assume formas diferentes no interior de culturas e religiões diversas.

1 Pontos de vista sobre o mito da queda

O tema da queda pode ser considerado dos seguintes pontos de vista: 1) do tempo histórico e do seu desenvolvimento; 2) da teogonia; 3) da cosmogonia; 4) da antropogonia, que compreende a criação do homem e sua condição atual.

Tempo histórico

Se considerada do ponto de vista temporal, a queda se situa a meio-caminho entre *Urzeit* e *Endzeit*, entre o início e o fim da criação. No interior do tempo histórico, encontra-se com muita frequência nos inícios do tempo, concebidos como uma época áurea em relação à qual a queda e suas consequências representam uma ruptura ou mesmo uma degradação. Esta concepção histórica e temporal da queda pode ser encontrada em várias tradições populares, bem como nos mitos da época áurea e do paraíso perdido.

Teogonia

O aspecto teogônico da queda se ocupa da degradação do divino e está presente em numerosos mitos relativos à origem dos deuses, à vitória deles sobre o Caos, ou seja, a vitória das forças mais recentes do campo divino sobre as mais antigas. Coextensiva à criação, a queda, assim como a teogonia a apresenta, comporta a identificação do mal com o Caos, de um lado, e da salvação com a criação, de outro. Essa concepção da queda encontra-se principalmente nos mitos teogônicos súmero-acádicos, que narram a vitória da ordem sobre o Caos preexistente, assim como no mito egípcio da luta entre Seth e Hórus. Em sentido estrito, esses mitos teogônicos não são autênticos mitos da queda, mas dois temas neles recorrentes justificam sua inclusão numa tipologia dos mitos sobre esse tema. Em primeiro lugar, eles enfatizam a celebração ritual da manutenção da criação e da ordem cósmica, como na festa de *akitu* na Babilônia. Em segundo lugar, apresentam, através de uma variedade de mitos, o tema da degradação da divindade, decorrente da queda de alguma parte da substância divina na matéria, no corpo ou na escuridão. Esse tema se revela central nas três formas mais importantes de dualismo religioso: o orfismo, o gnosticismo e o maniqueísmo.

Cosmogonia

Do ponto de vista da cosmogonia a queda é vista como um incidente que se verifica após a gênese do mundo, que comporta a intervenção de forças cósmicas e explica a condição atual da terra ou do universo. São exemplos desse ponto de vista cosmogônico sobre a queda os mitos que narram a progressiva degradação do universo, e sua destruição ou recriação no decorrer de ciclos que se sucedem. Um importante elemento desse tipo de queda é o dilúvio, e as tradições religiosas de todo o mundo contêm inúmeros exemplos dele.

Antropogonia

O ponto de vista mais denso de significado sobre a queda é, contudo, o fornecido pela antropogonia. De acordo com essa perspectiva, a condição humana atual – um estado de degradação em comparação com a época áurea da humanidade – é explicada como consequência de uma queda, um evento trágico que irrompeu na história do homem. Em torno dele se agrupam aqueles mitos e aqueles símbolos que procuram explicar as origens da doença e da morte e a natureza trágica da condição humana após a queda.

A partir desses quatro pontos de vista é possível desenvolver uma tipologia que permita tornar compreensíveis as miríades de mitos da queda presentes nas culturas de todo o mundo. Além disso, tais perspectivas esclarecem o aspecto fundamental da ideia de queda e o significado que ela implica, assim como se depreende de tais mitos: a condição humana atual encontra uma explicação graças ao incidente que se verificou depois da criação, pondo fim à época áurea.

Os mitos da queda mostram com clareza três elementos essenciais: 1) a ideia de uma época áurea primordial; 2) o incidente que constitui uma ruptura ou uma degradação da harmonia originária; 3) a explicação da condição humana atual. Com base nesses três elementos é possível traçar um quadro histórico-fenomeno-lógico das tradições que se ocupam da queda. Contudo, é necessário acrescentar uma última observação antes de proceder à análise de tal quadro. A compreensão da complexidade dos problemas relativos à queda não deve levar a perder de vista a íntima relação de tal conceito com o problema do mal; toda concepção da queda implica algo em relação à origem do mal, além de deixar entender que de algum modo será possível derrotá-lo, com a recuperação daquela condição que existia antes da própria queda. Portanto, uma dimensão ética e filosófica se insere na ideia da queda e se torna coextensiva a ela, chegando a constituir parte integrante de um enfoque hermenêutico que se esforça para explicar suas relações com o erro ou com a culpa. No entanto, a extensão concedida a este artigo não permite levar em conta também esses aspectos da queda.

2 Religiões arcaicas e tradições orais

O mito de um paraíso terrestre, onde o homem goza da imortalidade, faz par-te da cosmogonia e das descrições dos primórdios do mundo em muitas culturas. O tema dominante deste mito, que apresenta muitas variações, é o do homem pri-mordial que desfruta de uma felicidade e de uma liberdade que estará destinado a perder após a queda.

A cosmogonia jorai das populações autóctones da Indochina nos fornece uma descrição idílica do homem das origens. Vivendo junto com o deus Oi Adei, o homem gozava de uma existência imune à morte num paraíso no interior do qual podia voar como um pássaro e conversar com as plantas e os animais, em que feixes de vime trançados cresciam nas árvores e as enxadas revolviam o solo sozinhas. O homem só precisava alimentar os próprios instrumentos de traba-lho; mas ele preferiu se embebedar e negligenciou esta tarefa, de modo que os instrumentos se rebelaram. Na cosmogonia sre da Indochina, o homem não tem necessidade de trabalhar no paraíso terrestre, uma vez que o deus Ong Ndu o tor-nou imortal; mas quando o casal primordial deixa de cumprir a ordem divina de escavar um poço, é punido por sua desobediência com a dor, a velhice e a morte.

As cosmogonias dos bantus da região de Mayombe, ao norte do Rio Congo, berço da antiga civilização homônima, contêm algumas narrativas significativas sobre a queda. Na tradição yombe, quem põe termo à época áurea do homem é Nzondo, um espírito responsável também pela criação mágica do Rio Zaire após um dilúvio. Nzondo expulsou os homens de sua moradia originária, dispersando-os pela terra, e desencadeando a série de desastres que desde então perseguem a raça.

Segundo um mito dogon do Mali, outrora o céu e a terra estavam muito próximos. Mas o deus os separou tornando os homens mortais, depois de ter sido perturbado pelo barulho das mulheres que trituravam o milho. Analogamente, num mito de Camarões e de Burkina Faso (Alto Volta), a abóbada celeste antigamente estava ao alcance da mão do homem, mas quando uma mulher que carregava um feixe de lenha se chocou com ela e pediu ao deus que a tirasse dali, este a levou tão para o alto que deixou a humanidade à mercê da morte. Esses mitos nos falam de um paraíso perdido, mas também enfatizam a rejeição divina de uma humanidade desobediente, de um deus que entrega o homem à morte como punição por uma quantidade de pecados, que vão da violação de uma proibição divina à mentira, ao furto, a rivalidades domésticas, à falta de caridade. A morte é interpretada como o castigo divino provocado pela desobediência humana. Mitos desse tipo encontram-se entre os diolas no Senegal, os nupes na Nigéria, os bena-kaniokas no Zaire e os anyis na Costa do Marfim.

Os mitos que interpretam a queda como um destino, embora sejam menos frequentes que aqueles que a veem mais como um castigo, estão presentes significativamente também na África Subsaariana. Comportam como arquétipo uma mensagem transmitida de maneira equivocada – uma mensagem divina de imortalidade que chega até os homens tarde demais, ou que é abreviada ou recebida de forma alterada. Aqui a separação originária entre céu e terra assume o lugar do paraíso terrestre em cujo interior o deus e o homem viviam juntos; é deus que do céu envia mensagens ao homem na terra. Num mito dos tsongas é um camaleão que transmite a mensagem divina da vida eterna, enquanto o lagarto gigante Gala-gala traz a mensagem da morte. O lagarto, que se movimenta mais rápido, chega antes, e o homem se torna mortal. Numa versão bete do mesmo mito, proveniente da Costa do Marfim, o lagarto recomenda ao camaleão que ande mais lentamente. Nesses mitos os mensageiros são sempre representados por animais e a mensagem da mortalidade é sempre a primeira a chegar. Outros mitos deslocam o acento para a mudança ou a deterioração da mensagem durante o processo de transmissão; encontram-se exemplos desse tipo entre os mossis de Burkina Faso, os ashantis de Gana, os kabiyes no Togo e os quicuios no Quênia.

Na Austrália, os arandas consideram os próprios antepassados totêmicos como fundadores heroicos de civilização que deram forma à paisagem natural, dividindo entre os homens as existências individuais mediante a criação de embriões separados e destinados a viver numa mítica época áurea, sem ser tocados pelos sofrimentos próprios do gênero humano dos nossos dias. Tais progenitores eram imortais e os que aparentemente morriam em batalha na realidade iam para o céu, para se tornar *tjurunga*, entidades sagradas dotadas de força e capacidade criadora, capazes de viajar para frente e para trás, acima e abaixo da terra. Uma vez finalizada sua tarefa de criação, exaustos e dominados por um cansaço que superava suas forças, esses antepassados míticos mergulhavam nas entranhas da terra. Mas antes de desaparecer conseguiam impor, por uma de suas ações, os rudimentos da morte, de modo a levar os homens a conhecer ao mesmo tempo a morte e as tribulações da condição humana. O mito da garça Urbura explica a permanência da morte. Quando o primeiro mortal tentou deixar a própria tumba, Urbura o feriu com as garras, enfiou-lhe uma lança na garganta e prendeu-o na terra, estabelecendo assim, para sempre, a condição humana como sujeita à morte.

Comum aos mitos da queda e à nostalgia de uma época áurea irremediavelmente perdida é o ponto de vista segundo o qual a condição humana originária teria sido de tipo paradisíaco. O céu estava próximo da terra e para chegar até lá o homem só precisava subir numa montanha, numa árvore, numa escada ou até num cipó (ELIADE, 1960). Gozando da amizade tanto dos deuses quanto dos animais – cuja língua conseguia falar –, o homem vivia uma vida imortal, livre, espontânea e perfeitamente feliz.

Uma segunda opinião comumente compartilhada é aquela segundo a qual tal paraíso teria sido perdido em decorrência de uma queda. Esta última se configura muitas vezes como um incidente, como na Austrália, onde os mitos da tribo aranda limitam-se a informá-la. Em várias tradições africanas o incidente é equiparado ao sono: o deus pedira aos homens que ficassem acordados durante a noite, à espera de uma mensagem de sua parte, mas quando a mensagem chegou eles estavam dormindo. Se o sono é concebido como símbolo da morte, o incidente do sono explica ao mesmo tempo tanto a precariedade da condição humana quanto o surgimento da morte.

A queda também pode derivar de erros humanos. Uma vez mais, a documentação mais importante encontra-se na África Subsaariana. Um mito masai, difundido tanto na África como em Madagáscar, fala de um pacote entregue pelo deus aos homens com a proibição de abri-lo; impelidos pela curiosidade, eles desrespeitaram a proibição, libertando assim a doença e a morte. A proibição divina assume formas diferentes entre outras tradições. Numa história dos pigmeus da África Central, a proibição diz respeito ao olhar; num relato dos lubas do Zaire, o consumo de determinados frutos; num mito dos lozis do Zaire e do Malawi, o fascínio exercido por um jogo violento.

Às vezes a culpa do gênero humano é mais bem compreendida em termos antropológicos, como em mitos que descrevem o furto ou a mentira, ou em outros que enfatizam a falta de caridade, ou enfim na propensão do grupo racial à violência doméstica, como ocorre num mito dos chigas de Uganda. A curiosidade do casal primordial que aspira a conhecer os segredos dos deuses é um tema mítico que aparece com frequência na África, onde os mitos da queda também acentuam a coesão entre o indivíduo e o grupo (THOMAS, 1982, p. 32-48).

3 Civilizações antigas

Nas grandes civilizações antigas também se encontram formas importantes de abordar o tema da queda. Esta seção examina os mitos e as tradições presentes nas antigas civilizações egípcia, suméria e babilônica, indiana, iraniana e grega.

Egito

O pensamento religioso egípcio também revela uma consciência de uma época áurea existente nos primórdios da humanidade. O estudo dos textos antigos consolidou a hipótese de que esta época era concebida como dividida em duas fases, a primeira das quais constituía o *Urzeit*, o tempo primordial antecedente à criação. O conceito de tempo primordial encontra expressão em fórmulas como "o que ainda não existia" (*nhprt*), ou segundo as palavras dos Textos das Pirâmides 1040 e 1043, "quando o céu ainda não existia... não existiam a morte nem a desordem". Em contraste com esse tempo mítico primordial encontramos o tempo que se segue a ele, a época da criação e de deuses criadores como Rá e Osíris (OTTO, 1969, p. 96-99).

Seja qual for o valor dessa hipótese, o tempo da criação ou *Schöpfungszeit* era certamente considerado uma época áurea. Uma quantidade de textos permite corroborar tal interpretação com certa segurança. "A lei foi estabelecida naquele tempo. A justiça (Maat) desceu do céu na terra naquele tempo e uniu-se a todos os que habitavam a terra. Havia abundância na terra; as barrigas estavam cheias, e não existiam anos de escassez nas Duas Terras. Os muros não caíam, os espinhos não feriam no tempo dos deuses primordiais" (KÁKOSY, 1964, p. 206). Uma inscrição do templo de Edfu usa palavras muito semelhantes: "Não havia pecado na terra. O crocodilo não se apoderava de nenhuma presa, a serpente não picava no tempo dos deuses primordiais". Essa época áurea é traçada em outras inscrições de templos e se encontra também nos Textos dos Sarcófagos; trata-se, na verdade, de uma doutrina muito antiga, na qual os mitos da época áurea e da queda estão ligados ao problema da morte.

Três grandes cosmogonias egípcias relatam a criação do mundo. Na teologia de Memphis é a palavra do deus Ptah que cria todas as coisas; em Heliópolis, a criação acontece com a separação do céu e da terra por parte de Rá-Atum; em Hermópolis Magna o criador é o deus Thot, que dá forma a um ovo do qual emerge o sol, destinado a organizar o cosmos. A teologia de Memphis esclarece que, criando o cosmos, os deuses, os ícones e os cultos, Ptah estabelece uma ordem cósmica definitiva, na qual Maat, o princípio da ordem, assume o lugar da desordem (Texto das Pirâmides 265, 1775b).

O mito da vaca celeste, de origem arcaica ainda que conhecido por um texto do Novo Reino, constitui o testemunho mais significativo da doutrina egípcia da queda. O mito fala das injúrias desferidas pelos homens contra o deus Rá (chamado de várias maneiras "Rá dos ossos de prata", "Rá dos membros de ouro", "Rá dos cabelos de lápis-lazúli") e na tentativa por parte deste último de determinar seu castigo durante um concílio secreto dos deuses, realizado no Caos primordial ou Nun. Deste trono, Rá fixou o próprio olhar furioso sobre os homens rebeldes, a conselho dos deuses; imediatamente, seu olho se transformou na deusa Hathor, a partir de então chamada Sekhmet, a Poderosa; esta última organizou o massacre dos rebeldes, que se dispersaram no deserto. Rá, no entanto, preferiu salvar os sobreviventes; depois de ordenar que lhe trouxessem romãs, extraiu seu suco e ao amanhecer levou-o à área do dilúvio, sobre a qual recaía a ameaça do extermínio da humanidade. Ali decidiu poupar o gênero humano, mas ao mesmo tempo optou por se retirar para a sede suprema, nos céus, e assentou-se no dorso de Nut, a abóbada celeste transformada em vaca, atribuindo a Thot o papel de escriba e a tarefa de civilizar o gênero humano.

O livro *Que meu nome floresça* (ou *Livro do nascer do dia* ou *Livro dos mortos*) é outro testemunho importante da doutrina egípcia da queda. O capítulo 17, que alude aos inimigos de Rá, declara: "Eu era o Todo quando morava em Nun, e eu sou Rá... Quando pela primeira vez Rá apareceu como soberano de tudo o que tinha sido criado, quando as rebeliões de Shu ainda não existiam, ele se encontrava na colina de Hermópolis, e naquela época, em Hermópolis, foram confiados a ele os filhos da queda". A essa passagem, que narra a revolta contra Rá, correspondem as linhas iniciais do capítulo 175, que falam da desordem criada pelos filhos de Nut: "Ó Thot, que devo fazer com os filhos de Nut? Eles fomentaram a guerra, provocaram litígios, causaram desordem, realizaram massacres... Tornaram ínfimo o que havia sido grande em tudo o que eu tinha criado. Mostra a tua força, Thot, diz Atum... Encurta os anos deles, diminui os meses deles. Porque eles em segredo destruíram tudo o que criaste".

Os textos como os considerados acima demonstram claramente que o Egito dos faraós conhecia desde tempos muito antigos uma doutrina da época áurea, uma época seguida pela queda que explicava a condição humana atual, ou *Jetztzeit*, que era de morte e de degradação. Não obstante, a teologia egípcia que considerava a realeza a continuação divina de Maat, a ordem cósmica e moral, exerceu uma influência preponderante sobre os três milênios da história do Egito sob os faraós e os Ptolomeus, e embora toda época histórica terminasse com um período de desordem, a própria desordem promovia o restabelecimento da sociedade egípcia sob um novo reino de faraós.

No Egito, vida e sobrevivência eram inseparáveis, e o otimismo que percorre toda a cultura egípcia é evidenciado pela ausência de tradições que se ocupem das grandes calamidades cósmicas como o dilúvio.

Havia, contudo, também um lado obscuro do pensamento egípcio, segundo o qual se narra que o mal, personificado no deus Seth, existia antes da criação do homem. A partir disso, alguns egiptólogos interpretam os versos acima citados do capítulo 175 do livro *Que meu nome floresça*, com referência aos filhos de Nut, como uma alusão ao litígio entre os deuses e uma prova da existência de um pecado primordial que estava na origem da queda.

Suméria e Babilônia

As numerosas tradições mesopotâmicas que se ocupam da origem dos deuses, do cosmos e do homem remontam ao período sumério, bem antes do III milênio a.C., e no decorrer do tempo confluem completamente num acervo de mitos sumérios, acádicos e babilônicos. Portanto, é possível apresentar tais tradições como um conjunto coerente, selecionando exemplos característicos dos três grupos de mitos.

Samuel Noah Kramer (1981) identifica o primeiro documento sobre a época áurea na história suméria intitulada *Emmerkai e o Senhor de Aratta*. O relato fala de "um tempo mítico", antes da queda, quando a humanidade vivia em paz e harmonia, sem medos e sem rivais. Naquela época, antes da criação da serpente ou do escorpião, da hiena ou do leão, do lobo ou do cão selvagem, todos os povos do universo veneravam um único deus, Enlil. Mas os deuses provocaram a queda do homem quando Enki fez um encantamento maldoso, apoderando-se do império de Enlil.

O poema da criação *Enuma eliš*, datável em torno de 1100 a.C., mas que na realidade remonta à primeira dinastia babilônica dos inícios do segundo milênio, relata a origem dos deuses antes de passar à descrição da origem do mundo ou do homem, e mostra que a discórdia e o delito existiam entre os deuses desde o momento de sua criação. Os deuses mais jovens uniram as próprias forças contra sua própria mãe, Tiamat; comportaram-se como rebeldes, espalhando o terror nas moradas celestes superiores. A deusa Ea fez cair num sono profundo o deus Apsu – que, por sua vez, se seu projeto não tivesse encontrado obstáculos, teria matado os outros deuses –, para depois desnudá-lo com o objetivo de privá-lo de sua força e finalmente levá-lo à morte. O mito de Atrahasis, datável em torno do reinado do rei babilônico Ammisaduqa (1646-1626 a.C.) traz outra versão dos mesmos eventos, segundo a qual foram os deuses que declararam guerra a Enlil, reunindo-se em armas diante do seu templo para a batalha decisiva.

Nesses dois mitos o mal ocupa a mesma extensão em relação à primeira geração divina e a desordem tem início no próprio mundo divino, quando os deuses mais jovens matam a própria mãe, Tiamat (que, por sua vez, planejava matá-los). Desse ponto de vista, os responsáveis pelo mal são os deuses, e a ordem só surge entre eles com a chegada do deus Marduque, que constitui o princípio de um mundo divino ordenado. Portanto, o homem se limita a encontrar o mal no mundo, sem ser ele sua causa. Tanto o mito de Atrahasis como o poema *Enuma eliš* demonstram que os deuses criaram o homem com a intenção de impor sobre seus ombros pesados fardos: a necessidade de obter alimento, de construir cursos d'água, diques, canais e assim por diante. No texto de Atrahasis, o deus Weilu é morto pelos outros deuses, que misturam sua carne e sangue com a argila dando forma ao homem, sobre o qual impõem imediatamente o "cesto", ou seja, o encargo do trabalho, dos deuses; num relato datável por volta do século XVII a.C., encontrado num texto bilíngue do reinado do Rei Tiglath-Pileser I (1114-1076), An, Enlil e Enki matam os deuses Alla e criam do sangue dele a humanidade, à qual impõem tarefas anteriormente realizadas pelos próprios deuses.

Como revelam esse e outros textos semelhantes, o pensamento mesopotâmico concebia a condição humana como totalmente subordinada aos deuses, senhores absolutos do mundo. Este pensamento dualista nos apresenta uma humanidade plasmada a partir do sangue de um deus assassinado e da mera argila, desconhecedora da queda originária, mas igualmente destinada apenas à submissão diante dos deuses, subordinada ao poder divino. Os deuses reservam só a si mesmos uma vida imune à morte e feliz, impondo ao homem uma existência precária que tem fim com a morte, ela mesma fruto de uma decisão divina. Os mortos, por sua vez, levam uma existência sombria no reino do deus Nergal.

Dois textos antigos nos fornecem as versões acádica e babilônica do dilúvio na Mesopotâmia. A primeira, datável dos inícios do III milênio, foi encontrada numa tabuleta suméria descoberta entre as ruínas de Nippur; a segunda encontra-se na tabuleta 11 da *Epopeia de Gilgamesh*.

A tabuleta suméria descreve a criação do mundo e do homem e a construção das primeiras cidades, inclusive Eridu e Shuruppak. A história um tanto fragmentária do dilúvio conta que os deuses decidiram produzir uma inundação catastrófica, da qual só é salvo o piedoso soberano Ziusudra. Depois do desastre, este sacrificou um boi e uma ovelha ao deus solar Utu, reconciliando o homem com os deuses.

Na versão babilônica da *Epopeia de Gilgamesh*, o homem salvo do dilúvio é Utnapishtim, a quem os deuses conferem a imortalidade. Depois do dilúvio, a controvérsia que dividira os deuses recomeça, e Enlil, senhor da terra e do céu que tinha sido a causa do dilúvio, quer destruir o único sobrevivente; mas Ea e Ishtar, que protegem o gênero humano, intervêm para salvar Utnapishtim.

Em nenhuma das duas versões do dilúvio surge o problema de uma responsabilidade humana do desastre cósmico; como nas narrativas mesopotâmicas sobre a criação do homem, as relativas ao dilúvio ocupam-se unicamente da teogonia e das contendas entre os deuses. O mito de Atrahasis aponta o motivo que levou a divindade a suscitar o dilúvio – o rumor e a perturbação provocados pelo número de seres humanos em contínuo crescimento –, mas esse motivo é análogo ao subjacente ao primeiro litígio dos deuses. Portanto, seja qual for o motivo da má vontade dos deuses diante da humanidade, as fragilidades humanas que se manifestam na época da queda são simplesmente parte de um Caos ordenado pela divindade. Em última análise, os mitos da queda no pensamento súmero-babilônico estão intimamente ligados aos mitos teogônicos e cosmogônicos nos quais a queda, como qualquer outro acontecimento, deriva da vontade dos deuses.

Índia antiga

Na Índia, onde o passado foi muito mais conhecido por intermédio dos mitos que graças à interpretação histórica dos eventos efetivamente ocorridos outrora, os documentos mais importantes da história mítica são os *Purāṇa*, ou "antigas histórias". Uma parte das reflexões contidas no *Vāyu Purāṇa* ocupa-se dos quatro *yuga* ou eras do mundo. A era atual, o quarto *yuga*, chama-se *kaliyuga*. A primeira era, chamada *Kṛtayuga* ou *satyayuga*, é descrita pelo *Vāyu Purāṇa* como uma época áurea, no decorrer da qual Prajāpati criou todas as coisas a partir de uma superabundância de luz e de inteligência. Durante tal *yuga*, uma era perfeita que durou quatro mil anos (mais quatrocentos outros para o alvorecer e o pôr do sol), todas as criaturas viviam numa condição de perfeição espiritual, fazendo o que queriam, livres do calor e do frio, cansaço e sofrimento, desconhecedoras tanto do justo como do injusto. Dotadas de formas semelhantes entre si, seus prazeres, seu período de existência e seus corpos eternamente jovens garantiam-lhes uma vida de abundante felicidade, alegria e luz, inconsciente da divisão em classes e em diferentes tipos de seres. Tudo o que o espírito desejava brotava da terra, e cada um se alimentava de verdade, tolerância, satisfação e contentamento.

O *Vāyu Purāṇa* não descreve uma queda desta época áurea, e sim um declínio. A segunda era, *tretāyuga*, ainda constituía, ao menos no começo e parcialmente, uma época áurea; os seres ainda viviam sem conhecer o sofrimento, felizes e satisfeitos. Com o passar do tempo, contudo, tendiam a se tornar gananciosos; deixavam apodrecer as árvores frutíferas e o mel que outrora os alimentara com facilidade. Afligidos ora pelo vento, ora pelo calor ou pelo frio, os homens passaram a construir casas, depois aldeias e cidades. As chuvas começavam a se tornar excessivas, dando lugar a torrentes e rios e a uma pútrida vegetação luxuriante. O gênero humano foi então dividido em quatro classes: *brāhmaṇa, kṣatriya, vaiśya* e *śūdra*. Como os homens já não conseguiam cumprir os próprios deveres, cabia aos *brāhmaṇa* distribuir funções específicas para cada classe. Os *brāhmaṇa* estavam destinados a realizar sacrifícios a pedido de clientes, a ler os Veda e a receber ofertas; os *kṣatriya*, a exercer o poder, ocupar-se da guerra e administrar a justiça; os *vaiśya*, a cuidar do gado, do cultivo dos campos ou do comércio; os *śūdra*, a se ocupar das várias atividades artesanais. Os *brāhmaṇa* introduziram e deram um nome também às quatro fases da vida: em primeiro lugar, a busca do saber, seguida da vida doméstica, depois do retiro nas florestas e finalmente da renúncia.

Segundo o *Vāyu Purāṇa*, é claro que por volta do final do segundo *yuga* as condições do homem e do cosmos eram tais que se podia considerar perdida a época áurea, vítima não de uma queda no significado comum do termo, e sim de um progressivo declínio, e dos efeitos negativos do tempo. À medida que as diferenças começavam a se manifestar entre eles, os homens perdiam sua vitalidade originária, entregavam-se às paixões, aos vícios e à cobiça e deixavam de cumprir com zelo os próprios deveres. O *Vāyu Purāṇa* enfatiza o papel da responsabilidade humana nesse declínio ao mesmo tempo cósmico e social.

A partir do século VI a.C., a ideia do *karman*, peculiar ao pensamento religioso hinduísta, é empregada para explicar o declínio da condição humana. Ligada ao conceito de *saṃsāra*, o ciclo incessante dos renascimentos, a ideia ética de *karman*, que pouco a pouco tomava o lugar das mais antigas concepções ritualísticas dos Veda, colocava a alma humana sob o império de renascer em forma animal, humana ou divina. Por meio das próprias ações, o homem era assim responsabilizado por seu próprio declínio e pelas repercussões que tal declínio estava destinado a suscitar no cosmos. Considerando o homem responsável pela própria posição no universo, a lei do *karman* se torna uma lei de retribuição das ações.

O conceito indiano de dilúvio, de "desastre cósmico", surge no interior de uma concepção cíclica do tempo – análoga à ideia de um *karman* que comporta a destruição periódica e o renascimento do cosmos. A mais antiga entre as numerosas versões indianas sob forma de dilúvio é aquela fornecida pelo *Śatapatha Brāhmaṇa* (1,8,1), que apresenta a história de Manu, o primeiro homem, que sobreviveu ao dilúvio, num contexto tipicamente védico. Avisado da catástrofe por um peixe, Manu toma o animal sob sua proteção e é salvo por ele no momento que as águas sobem levando consigo todos os outros seres. Deixado sozinho, Manu oferece o sacrifício *pāka*, e depois de um ano nasce uma mulher: sua filha, a quem dá o nome de Iḍā, a oferta; por intermédio dela, Manu procriará uma descendência, a humanidade renovada.

Irã antigo

O *Avesta* preserva a lembrança de que o Irã antigo tem uma época áurea situada no início dos tempos, durante o reinado do primeiro soberano, Yima (*Vendidad* 2,1-20; *Yasna* 9,4-5; *Yasht* 9,9; 13,130; 15,15; 17,29; 19,32). De acordo com *Yasna* 9,4, Yima, o bom pastor, o mais glorioso dos mortais sujeitos ao nascimento, dirigiu o próprio olhar benévolo para todas as criaturas; no seu reinado não houve seca, calor ou frio, o alimento sempre foi abundante, e homens e animais viviam juntos sem conhecer cobiça, velhice ou morte. O *Vendidad* (2,7) diz que Ahura Mazdā levou a Yima os dois atributos que simbolizavam a prosperidade do reino, um selo dourado e uma espada incrustrada de ouro. Yima pediu-lhe também um reinado de mil anos de imortalidade no mundo criado pelo Senhor. Por três mil anos depois da criação, o mundo continuou a encher-se de homens e de animais; em seguida, Yima, avançando ao longo do caminho do sol, golpeou a terra com o próprio selo e a perfurou com a espada, e a terra aumentou a própria extensão num terço; ele repetiu esse ato depois de seiscentos invernos, e novamente a terra se ampliou num terço; ao repetir a operação uma terceira vez, a terra estendeu a própria superfície três vezes as dimensões originárias (*Vendidad* 2,7; 2,8s.; 2,10s.; 2,17-19). Assim termina a história do paraíso de Yima, que num texto pahlavi (*Dēnkard* 8,1,24) é comparado ao céu supremo.

O texto avéstico *Yasht* (19,34-38) descreve a queda que marcou o fim de tal felicidade. No momento em que Yima começou a apreciar palavras falsas e enganosas, de repente a luz celeste (*khavarenah*) – símbolo da divindade, sinal dos eleitos, marca do poder – o abandonou. Desse modo, ele perdeu os três símbolos da glória que acompanham essa luz, os símbolos do sacerdote, do guerreiro e do pastor-agricultor. À luz do contexto indo-iraniano, a perda desses três símbolos representa o desaparecimento das três grandes funções indo-europeias da soberania, do poder e da fecundidade. Confuso e transtornado, Yima caiu ao chão e se tornou um mortal.

A razão da queda, a "mentira contra a verdade", é ressaltada em *Yasht* 19,34; a mentira privou Yima da sua aura de luz, deixando-o indefeso à mercê do Espírito Maligno, que lançou contra ele os demônios, obrigando-o a fugir. Na verdade, Yima cometeu dois erros: o primeiro era a "mentira e o erro", ou seja, *druj*, unanimemente condenado pela tradição masdeísta e ainda recriminado no maniqueísmo, uma vez que Manes ensinou que a mentira e o engano constituem o mal que habita na matéria e nas trevas; o segundo era a ofensa a Deus provocada pelo orgulho (WIDENGREN, 1968, p. 72). Como neste mito antiquíssimo Yima representa o arquétipo de monarca cósmico detentor da soberania sobre homens e deuses, o rei trifuncional que corresponde às três classes da sociedade, sua queda está destinada a marcar a um só tempo o cosmos e a condição humana.

A descrição do encontro de Yima com Ahura Mazdā (*Vendidad* 2,21s.) fala de rígidos invernos caracterizados por um frio glacial e por abundantes nevascas; não falta (*Bundahishn* 7) o relato do que poderia ser definido como dilúvio; e al-Mas'ūdī († 957) relata que, segundo uma tradição, o dilúvio acontece na época de Yima. No século XIX, estudiosos como C.P. Tiele, François Lenormant e A.V. Rydberg vislumbraram em tudo isso uma alusão à evidente existência de um dilúvio; mas nos primeiros anos do século XX Nathan Söderblom, no decorrer de uma aprofundada análise do problema, demonstrou que é impossível saber se os invernos devastadores recordados nas passagens acima citadas deviam ser considerados parte de um passado real antes de ser utilizados para simbolizar o fim do mundo, sucessivamente incorporado na escatologia masdeísta. Söderblom tendia a reconhecer um significado estritamente escatológico ao mito do *vara* de Yima e do inverno de Mahrkuska; mais recentemente, Geo Widengren observou que nos poucos vestígios do dilúvio ligados ao mito de Yima assiste-se à mistura de dois temas: o da época áurea de Yima e o de um período em que alguns privilegiados entre o gênero humano encontraram refúgio no *vara* porque os invernos punham sua existência em risco (WIDENGREN, 1968, p. 70ss.). Reexaminando as provas disponíveis, Mary Boyce ainda considera o relato do *vara* de Yima um quebra-cabeça, mas afirma que, como a redação do *Vendidad* na época pártica é relativamente recente, a história avéstica é muito provavelmente contaminada pelas narrativas mesopotâmica e bíblica do dilúvio universal (BOYCE, 1975, p. 92-96).

Grécia antiga

O termo *época áurea* (grego: *chryseon genos*) deriva do antigo mundo grego. Hesíodo narrou o mito da época áurea, destinado a sucessivas reelaborações por parte dos poetas gregos e latinos que se seguiram, em *Os trabalhos e os dias*. O mito conta que houve cinco raças de homens, correspondentes às cinco eras do mundo: a do ouro, da prata, do bronze, dos heróis e por fim do ferro. Criados enquanto no céu reinava Cronos, os membros da raça do ouro viviam como deuses na terra, perfeitamente felizes e seguros, ao abrigo de qualquer ofensa, cansaço, sofrimento ou doença. A terra produzia em abundância tudo o que o homem podia desejar e, embora esta primeira estirpe humana não fosse imortal, a morte equivalia a mergulhar no sono. Essa época paradisíaca, durante a qual os seres humanos gozavam da amizade e das bênçãos dos deuses, chegou ao fim com a queda de Cronos; em seguida, Zeus transformou esses primeiros homens em deuses benévolos.

Platão elaborou algumas reflexões sobre as condições que caracterizavam a época áurea no *Político* (271cd-272a); a seu ver, nessa época os deuses eram responsáveis pelas diversas partes do cosmos, e os demônios serviam de guardiães das várias espécies e grupos de animais; o clima terrestre era sempre temperado e todas as coisas tinham a finalidade de servir aos homens, que viviam de frutos nascidos das árvores. Não havia cidades, nem tampouco mulheres ou crianças, uma vez que os homens renasciam da terra sem conservar a lembrança de suas vidas precedentes.

Mais tarde, Horácio, Virgílio e Ovídio se apoderaram desse tema, adaptando-o à história lendária de Roma; assim, Cronos se torna Saturno, e afirma-se que o Lácio era chamado Ausônia na época áurea, uma época durante a qual – segundo os poetas latinos – havia uma perpétua primavera e, não existindo o furto e a mentira, as casas não tinham portas.

Quatro outras raças seguiram-se à da época áurea. Extremamente lenta em atingir a maturidade, a raça de prata perderá a qualidade da vida que caracterizava a época precedente. Apesar de criados pelos deuses olímpicos, os homens de tal estirpe não conseguiam deixar de cometer excessos insensatos, recusando-se até a oferecer sacrifícios aos deuses: e Zeus os enterrou, transformando-os nos espíritos do mundo hipogeu. Em seguida criou a raça de bronze, constituída por guerreiros que não conheciam o medo, dedicados à violência a ponto de se autodestruir, à qual se seguiu a estirpe dos heróis, fundadores de famosas cidades, que combateram sob as muralhas de Troia e de Tebas, destinados a terminar os seus dias nas Ilhas dos Bem-aventurados. Por último vem a raça dos homens de hoje, a estirpe do ferro, cuja existência efêmera e vulnerável é assolada pela doença e pela necessidade.

O mito das estirpes humanas, que remete ao dos quatro *yuga* indianos, é assim como este último mais um mito do declínio do que da queda; como o *Vāyu Purāna*, o texto de Hesíodo enfatiza a progressiva degeneração. Pouco a pouco a humanidade está destinada a perder as virtudes e as qualidades que são apanágio do período primordial; o vigor e a capacidade de resistência diminuem, e por fim é perdida a longevidade que caracterizava a primeira era. Análises recentes do mito também permitiram explicar o mal como era concebido por Hesíodo: o orgulho humano, a *hybris* que o impele a se recusar a oferecer sacrifícios aos deuses e a negligenciar a *dike* ("justiça").

Na *Teogonia*, Hesíodo descreve o triunfo do cosmos ordenado sobre o Caos e proclama a soberania do poder de Zeus, que se impõe ao mesmo tempo sobre o universo e sobre os outros deuses do Olimpo, aos quais são distribuídos funções e privilégios. Em *Os trabalhos e os dias*, antes de narrar o mito das estirpes humanas, conta-nos a história de Pandora, a primeira mulher, criada por vontade de Zeus com o objetivo de levar aos homens o castigo. Todos os deuses do Olimpo se uniram para conferir ao homem esse dom especial. Zeus a enviou ao ingênuo Epimeteu, que, seduzido por sua beleza, casou-se com ela.

Confrontado com o problema de explicar como os homens podiam nos primórdios ter desfrutado de uma terra que não conhecia angústias, tribulações ou doenças, Hesíodo relata então que, quando Pandora acabou de chegar à terra, o lugar se viu acometido da insaciável curiosidade de saber o que continha o jarro que ela trouxera consigo. Tirou, portanto, a tampa, e assim libertou no mundo todos os males presentes e futuros da humanidade, limitando-se a deixar no fundo do recipiente a esperança, depois de recolocar a tampa no lugar. A partir de então, o gênero humano foi atingido por inúmeras desgraças: portanto, ninguém pode escapar dos desígnios de Zeus, conclui Hesíodo (*Os trabalhos e os dias* 90-102, 105). No mito de Pandora, os temas da *hybris* e do destino confluem e a descrição da queda serve para demonstrar que existe uma ligação fundamental entre a vontade divina e o destino do homem.

Orfeu parece uma figura do tipo religioso arcaico, reconduzida em certas tradições à era dos primórdios e capaz de confrontar duramente os deuses do Olimpo. A teogonia e a cosmogonia de Hesíodo opõem um universo ordenado, ao qual Zeus conseguiu impor o próprio domínio, a um Caos primordial antecedente. Por outro lado, a teogonia órfica nos apresenta um Eros primordial, também conhecido como Protógono ("primogênito") ou Fanes ("luz"), que por sua vez cria a noite, Urano, Cronos, Zeus e finalmente Dioniso.

A antropogonia órfica, como é encontrada em fontes que remontam ao final da Antiguidade, conta um mito de Dioniso destroçado pelos Titãs, que dividem entre si o cadáver do deus para devorá-lo. Zeus lança contra eles os seus raios flamejantes para castigá-los e os mata, para depois criar das cinzas deles a estirpe dos homens de hoje. Estes últimos, portanto, caracterizam-se tanto pela natureza maldosa dos Titãs quanto pela natureza divina de Dioniso, assimilada pelos Titãs que haviam consumido suas carnes. O neoplatônico Proclo fala de três raças humanas: a estirpe de ouro governada por Fanes, o deus dos primórdios das coisas; a raça de prata dominada por Cronos e a titânica, criada por Zeus dos membros dos Titãs punidos por seu crime. O próprio Platão já fizera referência a tal estirpe, originariamente titânica, que se recusara igualmente a prestar obediência às leis e aos genitores e a cumprir os juramentos, demonstrando desprezo pelos deuses. Tanto Diodoro Sículo como Fírmico Materno confirmam esses elementos fundamentais do mito órfico; e o dualismo da antropogonia órfica, na qual a história dos Titãs é apresentada como um mito etiológico que explica a presente condição humana, foi ulteriormente confirmado pela descoberta, ocorrida em 1962, do papiro de Derveni, do século IV.

O orfismo explica a condição humana servindo-se do mito dualista da alma em exílio. O homem é composto por uma alma divina, filha do céu, e por uma natureza maldosa de tipo titânico; a tragédia inerente à sua condição deriva de tal mistura, que por sua vez procede de um ato criminoso antecedente, pré-humano. O mal representa a herança de um evento que está na origem da natureza ambígua do homem; tem sua origem no assassinato de Dioniso, que representa ao mesmo tempo a morte do deus e a participação de sua natureza divina por parte dos seus assassinos. O pecado original, a culpa que determina a queda, é o assassinato, e com a morte violenta de Dioniso, por mãos criminosas, a alma experimenta uma brutal queda no interior do corpo, que se torna a sua prisão (cf. RICOEUR, 1960, p. 264-279; trad. it., 1960).

O mito de Deucalião e Pirra apresenta-nos a versão helênica do dilúvio, mas a fragmentariedade dos textos gregos não nos permite compreender quais motivos levam Zeus a suprimir a humanidade. No entanto, como o surgimento da mitologia romana comportou a incorporação da mitologia grega (fenômeno discutido por Georges Dumézil, *La religion romaine archaïque*. Paris, 1966, 2. ed. 1974, p. 63-75; trad. it., *La religione romana arcaica*. Milão, 1977, p. 57-67), somos legitimados, portanto, a buscar os motivos da ação de Zeus na mitologia romana, especialmente nas *Metamorfoses* de Ovídio, que nos fornecem o relato mais completo da versão grega do dilúvio (*Metamorfoses* 1,318-320, 395; 7,352-356). Retomando o tema hesiódico das eras do mundo, Ovídio enfatiza a progressiva perversão dos homens por causa do crime e da luxúria. Antes de destruir a humanidade, Zeus visitou Licaonte, monarca da Arcádia, que lhe ofereceu um banquete de carne humana; incapaz de se conter diante desse ultraje, o deus eliminou todas as criaturas juntamente com suas cidades e quase toda a superfície terrestre, submergindo-as com o dilúvio. Só o casal constituído por Deucalião e sua esposa Pirra foi salvo, e a partir deles Zeus reconstituiu o gênero humano.

4 Religiões universais

Cada uma das religiões universais que serão objeto de discussão nesta seção, ou seja, o gnosticismo e o maniqueísmo, bem como os três grandes monoteísmos representados pelo judaísmo, pelo cristianismo e pelo islamismo, dão muita atenção à ideia de queda.

Gnosticismo e maniqueísmo

Do século II d.C. em diante assiste-se ao amadurecimento do gnosticismo, movimento religioso que se compõe de certo número de seitas diferentes, no interior da Bacia do Mediterrâneo e no Oriente Próximo. O elemento central da especulação gnóstica no âmbito metafísico é uma doutrina dualista, segundo a qual o homem é detentor de uma centelha divina que, não obstante tenha origem superior, caiu na matéria, no corpo, que a mantém prisioneira no mundo terrestre. Assim, o mito da queda é parte integrante do ensinamento gnóstico. Toda seita gnóstica garantia a salvação por meio de uma crença específica e de ritos de iniciação a determinados mistérios dualistas. Estes últimos constituíam a gnose particular de cada vertente. Compreendida tão somente pelos adeptos que a ela eram iniciados gradativamente, tal gnose determinava uma espécie de identidade do iniciado com os instrumentos da própria salvação e com a substância divina.

Por pretender ser o detentor da gnose mais perfeita, o maniqueísmo desempenha um papel particular no espectro do pensamento gnóstico. Seu fundador Manes (216-277) ensinava que ele era, como dispensador da gnose, o maior dos profetas, capaz de divulgar a revelação definitiva, enviado pelo Espírito Santo, depois das provas e dos fracassos de seus predecessores – entre os quais figuram principalmente Zaratustra, Buda e Jesus –, para estabelecer a Igreja do fim dos tempos, a Igreja da luz, e para fornecer aquela revelação última destinada a iluminar todos os homens. De acordo com Manes, a alma, centelha separada da luz divina e mantida prisioneira pela matéria, teria de se libertar da treva do corpo para poder voltar ao reino da luz da qual provinha.

A gnose maniqueísta apresenta uma concepção muito clara do início, do meio e do fim, as três subdivisões do tempo. No início existiam duas naturezas radicalmente opostas, a luz e a escuridão, princípios eternos e incriados. Essas duas naturezas deram origem a duas terras, dois reinos diferentes. O reino da luz situa-se no alto, numa cidade de incomparável beleza, na morada do Pai da Grandeza; o sopro do espírito difunde a vida e a luz nesse reino, no qual todas as coisas transmitem paz e bênção. Mas abaixo deste, separado por uma fronteira intransponível, encontra-se o reino da escuridão, o domínio da matéria e dos demônios, reino governado pelo Príncipe das Mentiras. Obviamente a gnose maniqueísta apresenta a época áurea no âmbito de um radical dualismo gnóstico.

Em outras formas de gnose o dualismo surge sobre um pano de fundo monista, uma vez que se considera que o mundo superior – eterno, imutável e incorruptível – existiu antes do mundo inferior. De fato, muitos escritos gnósticos fazem referência ao Pleroma, o mundo superior em toda a sua plenitude, que provém de um ser que constitui a fonte de todas as coisas. O Pleroma gnóstico representa a união de todos os Éons que emanam do Todo e constitui, juntamente com o Primeiro Pai, o universo harmonioso feito de luz e paz.

O símbolo da queda é onipresente nos textos gnósticos; na realidade a queda pré-cósmica de uma partícula do princípio divino representa a razão subjacente à gênese do cosmos e do homem (JONAS, 1963). As diversas especulações metafísicas que explicam essa queda geralmente têm em comum a convicção de que o princípio divino enfrentou voluntariamente a descida, e consequentemente a culpa passou a existir no momento em que os Éons se dirigiram ao mundo inferior. Voltando-se para a matéria tomada por um ardente desejo de conhecê-la, a alma mergulhou nela, e acabou sendo fagocitada por ela. Daí provém a queda que deu origem ao cosmos, contribuindo para aprisionar ainda mais a alma na matéria.

Nos escritos gnósticos, grupos importantes de símbolos que se referem ao cativeiro descrevem o trágico destino desta alma dualista aprisionada. Um grupo de símbolos transmite a ideia de angústia ou perigo: violência, medo e os ferimentos ou mordidas provocados por animais; outro faz referência ao esquecimento que atinge a alma: torpor, sono, morte, treva, embriaguez, inconsciência, ignorância. Assim como a mordida de uma serpente provoca uma infecção que debilita o corpo, o veneno da escuridão provoca uma infecção da alma que faz com que esta última perca a consciência da própria origem divina. Segundo uma imagem amplamente empregada, a alma cai adormecida no seio da matéria, e o verbo gnóstico se esforça para despertá-la; daí a grande importância que tal movimento atribui ao próprio papel de advertência. Características dos escritos gnósticos são também as imagens empregadas por Valentim na descrição da maneira como se comportou Sophia ("sabedoria") após sua queda no erro. Na sua qualidade de éon mais jovem do Pleroma, Sophia é responsável pela própria queda, por meio da paixão que a desviou, e está na origem de uma queda que trouxe consigo o mundo inferior do Demiurgo, criador do mundo material.

Autêntico gênio religioso, detentor de uma imaginação fora do comum, Manes reuniu alguns mitos cosmogônicos orientais, gerando de sua colisão uma síntese no interior da qual se pode incluir todo o âmbito da cosmogonia, da soteriologia e da escatologia dualistas.

De acordo com o ensinamento desse mestre, no princípio o Príncipe das Trevas, ciumento e invejoso do Pai, lançou um grito de guerra contra o reino da luz, dando assim o sinal do início de um gigantesco conflito cósmico. O Homem Primordial, a primeira emanação do Pai, marchou contra as forças da escuridão, mas depois de ter sido ferido e derrotado caiu entre as fileiras dos arcontes (regentes do cosmos). Nisso consistiu a queda, o momento em que a alma viva, a partícula divina do Homem Primordial, mergulhou nas trevas; foi também o início da segunda divisão do tempo, aquela intermediária, quando o princípio divino cai na matéria e a natureza mista do homem sofreu um processo de cristalização. De agora em diante a salvação constituiria uma necessidade imperiosa. A libertação do Homem Primordial dessa condição de queda constitui o protótipo da salvação para cada alma; e a segunda emanação do Pai, o Espírito Vivente (também chamado Amigo da Luz ou o Grande Arquiteto), estende a sua mão direita para o Homem Primordial e o conduz de volta ao reino da luz. Mas a queda determina uma série de consequências permanentes, uma vez que uma parte da luz permanece prisioneira no reino inferior.

O primeiro instante da era intermediária, o momento da queda, é seguido pelo momento da criação e da libertação de outra partícula de luz, como parte do castigo dos arcontes. O Espírito Vivente prendeu os arcontes e partiu-os em pedaços; com suas peles construiu a abóbada celeste, com os ossos as montanhas, com a carne e os excrementos a terra, e com a luz tomada deles criou o sol, a lua e as estrelas. Quando um Terceiro Mensageiro desceu do alto sob a forma de uma virgem luminosa, o sêmen dos arcontes excitado por tal aparição cai na terra, produzindo as árvores e a vegetação. Em seguida foram criados os animais, e finalmente o primeiro casal, por obra dos demônios. O casal era constituído por Adão e Eva, criaturas de natureza mista, cuja descendência, contudo, estava destinada a trazer em si a maior parte da luz.

O terceiro período da era intermediária é o momento dos mensageiros da gnose, o momento da verdadeira hipóstase divina veiculada pela quarta emanação do Pai, Jesus, o Esplendor, um ser cósmico transcendente, a quinta Grandeza do Reino, vida e salvação dos homens. Os mensageiros da gnose se sucederam um ao outro a começar de Sethel, filho de Adão, para continuar com Jesus (aqui considerado figura histórica), que nesse meio-tempo anunciou e enviou Manes, o mensageiro final. A partir de então, tudo ficaria pronto para a terceira divisão do tempo, a final, quando todas as coisas voltariam a ser como haviam sido nos primórdios, e a separação total entre o reino da luz e o das trevas seria restabelecida.

Os mitos orientais da queda reunidos por Manes constituem um único grande mito da queda e da redenção da alma divina. Toda alma humana é parte da divina, parcialmente aprisionada nos corpos, nas plantas, nas árvores e na terra; em todas essas porções submetidas ao cativeiro, a alma divina é a alma do mundo e o terceiro representante de Jesus, *Jesus patibilis*. No grande mito maniqueísta da queda reencontra-se o mito gnóstico da alma exilada; mas ao contrário da maior parte da crença gnóstica, no maniqueísmo a alma não é responsável pela própria queda e pelo consequente exílio no interior do corpo, uma vez que este último é parte de um processo maior, a queda cósmica da luz. A esse mito cósmico da queda corresponde uma salvação igualmente cósmica, por meio de uma gnose acessível a cada alma no interior de uma Igreja que constitui ao mesmo tempo a sede e o instrumento da salvação individual, uma Igreja que assume a tarefa de proclamar a mensagem da queda e de difundir o chamado da salvação, bem como de despertar os homens e de iniciá-los nos mistérios dualistas.

Judaísmo

Na mensagem bíblica, é central a perspectiva segundo a qual a criação do homem e do cosmos é obra de um Deus único e transcendente que, mediante um ato livre de vontade, leva a termo uma criação que assinala por si só o início do tempo.

O Gênesis oferece-nos dois relatos distintos da criação. A Bíblia começa com a chamada narrativa sacerdotal da criação, a "obra dos seis dias" (Gn 1,1-31; 2,1.3). Nessa cosmogonia, o Caos primordial é substituído pela ordem mediante a faculdade criadora do verbo divino. A narrativa sacerdotal enfatiza a transcendência do Deus criador e apresenta sua atividade criativa em ordem de importância ascendente; embora a criação do mundo e a dos reinos animal e vegetal sejam consideradas "boas", o trabalho que coroa a obra dos primórdios é a criação do homem. A segunda versão da criação, a chamada javista (Gn 2,4-25), não alude à criação do céu e da terra, mas fala antes de um deserto tornado fértil por Javé;

enfatiza a ação de Deus, ao dar forma ao primeiro homem a partir da argila, insuflando em suas narinas o sopro da vida. É na versão javista que Deus planta um jardim no Éden, onde o homem representa uma criatura de importância incomparável, uma vez que o restante da criação é constituído em função dele. Consideradas em seu conjunto, as duas narrativas da criação fornecem uma explicação genética de alguns aspectos importantes da condição humana; em ambas, o homem ocupa uma posição privilegiada no interior da criação. As histórias da Bíblia atribuem grande importância à liberdade do homem, não sujeito ao controle do destino.

O termo hebraico *gan* – em grego *paradeisos*, vinculado ao iraniano *pairidaēza* – designa o lugar em que, segundo Gn 2,8, Deus colocou o homem. A narrativa javista da criação fala de uma terra árida na qual Javé fez cair a chuva, e depois pegou o homem e o colocou no jardim do Éden, criado especialmente para ele. Este jardim tem o aspecto de um oásis num deserto oriental, embora alguns estudiosos liguem seu nome ao vocábulo sumério *edin*, que muitos assiriólogos interpretam como "planície" ou "campo". O termo *paradeisos* empregado pela versão grega da Bíblia indica os jardins recreativos e as reservas de caça régias do Irã e da Ásia Menor. Para o leitor grego, o termo sugere a imagem de um jardim repleto de frutas e árvores frutíferas. Certamente o jardim bíblico representa o arquétipo de todas as regiões caracterizadas por uma vegetação luxuriante (Gn 13,10; Is 51,3; Ez 31,8).

O texto de Gn 2,10-14, que cita os quatro rios que saem do Éden, deve ser claramente entendido como concebido para encontrar uma colocação simbólica do jardim no centro do cosmos; um relato mitológico mesopotâmico também situa uma residência divina na nascente comum dos rios. O texto bíblico se esforça para estabelecer uma relação entre jardim divino e terra humana, enfatizando a admirável fertilidade da primeira morada do homem. O jardim do Éden é igualmente caracterizado pela presença de duas plantas especiais – a árvore da vida e a árvore do conhecimento do bem e do mal (Gn 2,16s.). A árvore da vida faz parte de um grupo mais amplo de símbolos mesopotâmicos, conhecidos por meio de uma infinidade de textos. A árvore do conhecimento do bem e do mal, em contrapartida, não tem nenhum paralelo em outros textos antigos; é um elemento específico da narrativa javista da criação e contribui para dar importância à relação que se estabelece entre a vida e a obediência a Deus.

Adão e Eva vivem uma vida paradisíaca no jardim, unidos em harmonia entre si e em paz com os animais, como nos mitos mesopotâmicos da época áurea. Tanto a versão sacerdotal como a javista acentuam a situação privilegiada do homem no Éden – sua intimidade com Deus, a esperança de imortalidade, sugerida pela árvore da vida – e evocam a harmonia que ali reina, claramente percebida nas relações que o homem mantém com o resto da criação, bem como na sua vida repleta de facilidades. A presença da árvore do conhecimento do bem e do mal no Éden mostra que a obediência a Deus é condição essencial para manter essa situação de privilégio. O texto bíblico atribui grande importância a considerações que se revelam ausentes em todos os outros mitos da época áurea, e que dizem respeito à liberdade, à escolha moral diante do bem e do mal. Por meio de uma escolha ética, o homem determina a própria posição diante de Deus e ao mesmo tempo a direção que tomará o próprio destino.

O teste do homem no Éden está ligado ao problema da liberdade humana. Segundo a linguagem do mito, Gn 2–3 descreve a situação do homem no mundo e diante de Deus. O jardim do Éden é o lugar no qual o homem vive em estreita familiaridade com Deus, mas é também o microcosmos simbólico no qual lhe foi atribuída a soberania, e em que ele experimenta o livre-uso de todas as outras coisas criadas; portanto, a conquista e a humanização do mundo se tornarão condição da sua vocação. A proibição de se alimentar dos frutos da árvore do conhecimento pertence a uma ordem diferente, porque concerne à atitude básica humana sobre a consideração do valor das coisas terrestres, e o juízo do homem em relação à sua situação diante de Deus (Gn 3,5-6). O resultado será a expulsão do paraíso.

A história do Éden enfatiza a desobediência a Deus por parte do casal primordial e sua consequente expulsão do jardim, bem como a perda da condição de privilégio do Éden para si mesmos e para sua descendência. A culpa deles apresenta-se, portanto, como protótipo daquela parte do pecado humano que é universal. A essência da *hybris* manifesta-se como desejo de ser iguais a Deus; quando este anseio se transforma em ação tem lugar a queda, que introduz o homem nos sofrimentos da sua condição atual. O documento javista afirma, tanto diretamente como por meio simbólico, que a experiência humana do mal teve um início, que coincide com o próprio início da história do homem, que é história da liberdade. Embora o primeiro exercício de tal liberdade tenha desembocado numa catástrofe, por meio dele o homem inaugurou o drama da escolha, que atribui a sua vida e a sua relação com Deus um significado particular. Os livros da Bíblia que se seguem e os textos apócrifos retornam frequentemente à lição da queda (Ez 28; Dt 30,15-20; Pr 3,2; 3,22; 6,15; 10,25, Eclo 37,3; Sb 1,13s.; 10,1-2).

Os que editaram Gn 4–11 viram na expulsão do homem do Éden não apenas a perda do paraíso e a transformação da condição humana, mas também a fonte de toda uma série de males que em seguida atormentariam a humanidade. Desse modo, a cada fase de desenvolvimento da civilização, a cada processo de institucionalização daqueles desenvolvimentos sociais que davam forma à vida do homem na Antiguidade, o texto bíblico pontualmente nota a corrupção do gênero humano, descrita de diferentes modos em termos de conflito fratricida, poligamia, hostilidade gratuita, ou divisão das nações e das línguas (Gn 4,8; 4,19; 4,23s.; 11,5-9). A partir da queda, no coração dos homens nasce o mal, destinado a permanecer para sempre no coração da história, força inevitável no âmbito das atividades humanas.

O mais importante evento bíblico que assume as características de uma queda universal é o dilúvio (Gn 6,58; 14). A história bíblica de Noé retoma com força elementos já presentes na *Epopeia de Gilgamesh*, mas seus redatores se apoderaram dos temas mesopotâmicos, reinterpretando-os com a intenção de transformá-los num episódio da história sagrada, para oferecer uma demonstração da progressiva degeneração da humanidade capaz de justificar o dilúvio. Tanto a versão javista como a sacerdotal apresentam notáveis pontos de discordância em relação ao relato mesopotâmico. Este último não vê no dilúvio nada mais do que uma deliberação dos deuses, nauseados com uma humanidade pusilânime. Na Bíblia, a recordação do dilúvio serve de protótipo para o juízo de Deus diante da humanidade pecadora; enfatiza-se a situação do homem como ser dotado de responsabilidade, e a humanidade não é abandonada aos caprichos de um destino cego. Nesse mito da queda universal, é prefigurada uma nova aliança, em que o *Urzeit* é substituído pelo *Endzeit*.

Gn 6,1-4 contém a história dos *benei Elohim* que desposam as filhas dos homens. Esse texto, por si só insólito, pressupõe uma tradição oral e talvez também a presença de textos escritos anteriores. Apresenta-se como uma espécie de introdução ao dilúvio e pode ser interpretado como uma prova ulterior dos pecados que o provocarão, mas constitui também o ponto de partida de numerosas especulações a propósito da queda dos anjos. A interpretação rabínica viu nos *benei Elohim* os "filhos de Deus", anjos que, por se terem manchado de culpas com as filhas dos homens, foram relegados às entranhas da terra; no momento do juízo final serão lançados ao fogo.

Cristianismo

Várias alusões à queda do homem aparecem em diversos pontos do Novo Testamento, embora os Evangelhos refiram-se explicitamente a ela apenas em Mt 19,4-6, Mc 10,6-8, Jo 3,5 e 8,41-44. É sobretudo Paulo quem se mostra interessado na relação entre queda e pecado. Nos capítulos 1 a 3 da Epístola aos Romanos ele afirma que ninguém poderá escapar do domínio do pecado, e no capítulo 7 apresenta uma longa descrição da condição humana no paraíso terrestre, onde os homens ainda ignoravam tanto o desejo quanto a morte, e a contrapõe à situação atual a que foram reduzidos graças à morte e ao pecado. Afirma, portanto, que a presente condição humana deriva do primeiro pecado, aquele cometido por Adão e Eva no paraíso terrestre (Rm 7,13-15); e na Primeira Epístola aos Coríntios (15,21s.) opõe o primeiro Adão, autor da morte, ao segundo Adão, Cristo, autor da vida. Em geral, pode-se dizer que Paulo vislumbra no relato do Éden não apenas o castigo hereditário para o gênero humano, constituído pelo sofrimento e pela morte, mas também a condição humana igualmente hereditária de queda, uma situação de pecado que se transmite a toda a humanidade.

Islamismo

O Alcorão contém passagens que demonstram a importância que o islamismo atribui ao conceito de um Deus criador e onipotente. Deus é criador (*al-khāliq*), e aliás criador por excelência (*al-khallāq*); todas as coisas são criadas em virtude de uma resolução divina que precede a sua existência. O Alcorão descreve um Deus que cria por meio do verbo, uma palavra criativa, eterna e onipresente (surata 11,7 e 41,8-11).

Deus criou o homem e o chamou *khalīfah*, vigário ou vice-rei (2,30). Adão, *khalīfat Allāh*, vigário de um Deus que o colocou no centro do mundo, é a criatura preeminente, embora, por ter sido feito de lama e argila, deva tudo a Deus (15,26).

Muitos versos do Alcorão ressaltam a preeminência da dignidade humana; até os anjos devem se prostrar diante do homem (2,34), e quando o anjo mau Iblīs se recusa a fazê-lo, Deus o condena à queda juntamente com outros anjos (15,26-35; 17,61-67). O Alcorão destaca também a continuidade da criação: como todo homem é criado por Deus, a atividade criadora deste último é permanente.

Deus colocou Adão e sua esposa no meio de um jardim onde podiam colher os frutos das árvores, mas proibiu-os de se aproximar de uma delas, sob pena de decair à condição de pecadores (2,35). Mas o demônio obrigou Adão e sua esposa a pecar, fazendo-os comer o fruto da árvore e determinando assim sua expulsão do lugar onde Deus os colocara. Deus lhes disse: "Deixai o jardim. Agora sois inimigos um do outro, e na terra tereis vida e gozo transitórios" (2,36). Os episódios corânicos sobre Adão recordam o Gênesis: a criação a partir da terra, o título de vigário, a tentação, a queda e a expulsão do paraíso. O único que não está presente na Bíblia é o episódio de Iblīs.

A surata 7 menciona a história da queda e do castigo (7,18-24). Aqui é o demônio que sugere ao homem infringir a proibição divina a fim de obter a imortalidade. Depois que Adão pecou, Deus declara que a partir daquele momento os homens nascidos do casal primordial serão inimigos uns dos outros (2,36; 7,23). O Alcorão narra também a história do primeiro conflito fratricida que ocorre entre os dois filhos sem nome de Adão, que os autores muçulmanos mais tarde chamarão Qābīl e Hābīl.

No Alcorão, Noé aparece como um grande profeta que se opõe aos infiéis (11,25-36; 23,23-26). Ele recebe de Deus a ordem de construir uma arca para poder sobreviver ao dilúvio; mas, ao contrário do que ocorre no Gênesis, que acentua o caráter universal do evento, o Alcorão parece querer restringir o castigo divino à própria estirpe de Noé, que se manchara de impiedade. Para o Alcorão, o castigo dos ímpios é ao mesmo tempo sinal e advertência.

5 Conclusões

A reflexão sobre a queda preocupa constantemente o *homo religiosus*. Na sua "nostalgia das origens", ele se dirige instintivamente a uma história sagrada primordial, na qual encontra os traços de uma época áurea que correspondem à condição humana dos primórdios. O homem se dá conta de que sua situação presente já não corresponde àquela de tal época áurea e procura dar uma explicação do evento que se verificou, ou seja, a ruptura do equilíbrio primordial, e das suas consequências.

Este artigo procurou apresentar o tema da queda assim como é encontrado no pensamento religioso da maior parte da humanidade, embora tenha sido necessário limitar a discussão dos mitos da queda aos que descreviam o evento em relação a uma suposta época áurea – época que obcecou a memória do homem – e que colocam a queda e a condição humana presente a meio-caminho entre *Urzeit* e *Endzeit*. Dedicamos a maior parte de nossa atenção aos mitos sobre a queda do homem; mas também levamos em conta mitos sobre a queda cósmica ou a de divindades inferiores, quando pertinentes.

A nostalgia das origens das coisas constitui com toda evidência uma característica permanente da memória coletiva do gênero humano e a representação da época áurea fornece o arquétipo mediante o qual essa nostalgia encontra reiterada expressão. Como se pode notar pelos estudos relativos a diversos povos e culturas, em todos os lugares o homem procurou fornecer uma explicação da sua condição atual recorrendo ao contraste que ela evoca em relação a uma suposta situação primordial. À luz de tal contraste, criaram-se classificações e interpretações do patrimônio mítico, histórico e simbólico da humanidade, que se referem à história sagrada.

Referências

BAUMANN, H. *Schöpfung und Urzeit des Menschen im Mythos der afrikanischen Völker*. Berlim: Reimer, 1936.

BOYCE, M. *A History of Zoroastrianism*, I. Leiden: Brill, 1975.

DEXINGER, F. *Sturz der Göttersöhne; oder, Engel vor der Sintflut?* – Versuche eines Neuverständnisses von Genesis 6,24 unter Berüchsichtigung der religionsvergleichenden und exegesegeschichtlichen Methode. Viena: Herder, 1966.

ELIADE, M. *Traité d'histoire des religions*. Paris, 1948 [6. ed., 1974] [trad. it., *Trattato di storia delle religioni*. Org. de V. Vacca, G. Riccardo e P. Angelini. 2. ed. Turim: Bollati Boringhieri, 1999 [ed. bras., *Tratado de história das religiões*. Trad. de Fernando Tomaz e Natalia Nunes. São Paulo: WMF Martins Fontes, 2016].

_____. La nostalgie du Paradis dans les traditions primitives. In: *Mythes, rêves et mystères*. Paris: Gallimard, 1957 [trad. it., *Miti, sogni e misteri*. Org. de G. Cantoni. 3. ed. Milão: Rusconi, 1990].

FELDMANN, F. *Paradies und Sündenfall*. Münster: Aschendorff, 1913.

FRAZER, J.G. *Folk-lore in the Old Testament*: Studies in Comparative Religion, Legend and Law, I-III. Londres: Macmillan, 1923.

JONAS, H. *The Gnostic Religion* – The Message of the Alien God and the Beginning of Christianity. Boston: Beacon, 1958, 1965 [trad. it., *Lo gnosticismo*. Org. de R. Farina. Turim: SEI, 1975, 1991].

KÁKOSY, L. Ideas about the Fallen State of the World in Egyptian Religion – Decline of the Golden Age. In: *Acta Orientalia*, 17, 1964, p. 205-216.

KRAMER, S.N. *From the Tablets of Sumer*. Indian Hills/Col. 1956 [republicado com o título *History begins at Sumer*. Londres, Thames & Hudson, 1958 [3. ed., Filadélfia: University of Pennsylvania Press, 1981] [trad. it., *I Sumeri agli esordi della civiltà*. Milão: A. Martino, 1958; Roma: Newton & Compton, 1997].

LAMBERT, W.H. & MILLARD, R. *Atra-Hasīs* – The Babylonian Story of the Flood. Oxford: Clarendon, 1969.

OTTO, E. Das goldene Zeitalter in einem aegyptischen Text. In: *Religions en Egypte hellénistique et romaine*: Colloque de Strasbourg, 16-18 mai 1967. Paris: PUF, 1969.

RICOEUR, P. *La symbolique du mal* – I-II: Philosophie de la volonté; finitude et culpabilité. Paris: Aubier-Montaigne, 1960 [trad. it., *Finitudine e colpa*. Org. de M. Girardet. Introdução de V. Melchiorre. Bolonha: Il Mulino, 1970].

SÖDERBLOM, N. *La vie future d'après le mazdéisme à la lumière des croyances parallèles dans les autres religions* – Étude d'eschatologie comparée. Paris: E. Leroux, 1901.

THOMAS, L-V. *Le mort africaine*: idéologie funéraire en Afrique noire. Paris: Payot, 1982.

WIDENGREN, G. *Die Religionen Irans*. Stuttgart: Kohlhammer, 1965.

3
Mito, mitologia, mitografia

I – A antiguidade clássica – O mundo grego e romano*

1 A religião grega – As grandes etapas

O período neolítico (4500-2600 a.C.), com influência anatoliana

A religião desse período chegou até nós sobretudo através de vestígios arqueológicos, em especial estátuas de deusas.

O culto da deusa-mãe orienta-nos para uma religião da fecundidade e da fertilidade, importada do Oriente. Nas tumbas, numerosos vestígios de ofertas nos mostram uma crença na sobrevivência após a morte.

A religião cretense

No início do II milênio a.C., importantes levas de populações indo-europeias invadem a Grécia. Aqui, elas encontram cultos que perpetuam as tradições religiosas do período neolítico (4500-2600 a.C.): cultos de fecundidade e de fertilidade centrados nas deusas-mães do mundo anatoliano e mediterrâneo, as "Vênus neolíticas", segundo a terminologia consagrada. No momento em que chegam os indo-europeus, esses cultos neolíticos haviam assumido uma forma mais evoluída, que conhecemos sobretudo graças às descobertas arqueológicas efetuadas em Creta. A religião cretense, que se difundiu no Mediterrâneo no início do II milênio a.C., apresenta um panteão caracterizado por uma nítida predominância

---

* In: *Il mito e suo significato*. Milão: Jaca Book, 2005, p. 31-59.

de deusas. Trata-se de uma religião naturista, com seus mitos e seus cultos, com a personificação da vegetação, seus santuários e suas grutas, seus palácios e suas criptas, suas ofertas e suas danças, seu culto dos mortos e seus ritos de hierogamia. Esta religião marcará profundamente a devoção grega.

Na religião cretense, encontramos numerosos mitos. Trata-se de uma religião naturista na qual os mistérios da hierogamia são orientados para a fecundidade anual da terra. Constata-se a presença de dois tipos de santuários: o santuário na natureza, no topo das montanhas, nas grutas, à beira-mar, e os santuários domésticos. Não se construíam templos nos aglomerados habitacionais.

O período micênico

Os aqueus, invasores indo-europeus do início do II milênio, trazem algumas novidades relevantes: o cavalo, uma cerâmica refinada e um patrimônio espiritual muito diversificado. Trata-se de uma religião patriarcal com um panteão essencialmente masculino de deuses celestes sobre os quais se impõe Zeus, o Dyauth dos antigos arianos. Em seguida a arqueologia leva-nos a descobrir uma brilhante civilização que, a partir de 1580 a.C., se desenvolve por três séculos no Peloponeso, na Beócia e na Ática: é a civilização micênica, introduzida ou favorecida pela segunda onda indo-europeia. Estabelece-se, assim, uma harmonia entre os cultos cretenses e a religião micênica. Esta fase da civilização micênica, que vai de 1580 a 1100 a.C., representa um acontecimento essencial na vida religiosa grega e a descoberta das tabuletas de Pilos nos permite conhecê-la melhor. A religião micênica realizou uma harmoniosa fusão da herança cretense com a indo-europeia.

Os deuses e as deusas das duas civilizações se encontram. A sociedade indo-europeia sofre uma forte influência da sociedade cretense, cuja religião é mais espiritual. O panteão se forma com a associação ou a fusão das divindades cretenses e indo-europeias. Ao lado dos deuses e das deusas aparece uma demonologia muito importante. A formação dos mitos gregos toma impulso. O período micênico lança os alicerces decisivos da civilização e da religião grega: as divindades principais, os cultos, os mitos, a Acrópole de Atenas, os grandes santuários como Delfos, Olímpia, Elêusis, Delos. O culto se caracteriza pela oferta às divindades, a presença de numerosos sacerdotes, danças e procissões, cerimônias funerárias.

As prestigiosas tumbas micênicas atestam uma forte crença na imortalidade. A partir dessa época, constata-se também a importância da iniciação para garantir uma imortalidade bem-aventurada. Essa religião foi encontrada graças às escavações arqueológicas de Micenas e de Pilos, com a descoberta das famosas tabuletas micênicas (1952). Nelas se menciona a maior parte das divindades que reencontraremos alguns séculos mais tarde, a partir de Homero e Hesíodo, nas fontes gregas. Nesse sincretismo, a teologia cretense orientada para a fecundidade, a imortalidade e a hierogamia parece predominante em relação à teologia indo-europeia com seus deuses do céu. Ao lado dos deuses e das deusas há inúmeros mitos que, ao menos aparentemente, se desenvolvem sobre um substrato histórico. O culto assume mais importância; o termo *hieron*, que aparece nas tabuletas, indica um lugar de culto, erigido tanto em meio à natureza como numa construção ou numa casa.

A religião dos dórios

Por volta do ano 1100 a.C., a civilização cretense-micênica desaparece, talvez em decorrência da chegada de novos invasores, os dórios: uma sociedade guerreira indo-europeia subdividida em três tribos. O mundo grego ocupa as costas ocidentais da Ásia Menor e as ilhas do Egeu. Os gregos trazem o alfabeto dos fenícios e formam-se as primeiras cidades, governadas por um tirano. O caráter indo-europeu do panteão se acentua: Zeus surge em primeiro plano. Ao deus lício Apolo são dedicados diversos santuários, como Delos e Delfos. Afrodite, transposição da deusa Astarte da Fenícia – deusa do amor e da fecundidade – chega à Grécia passando por Creta. Hécate, deusa cária, e Cibele, deusa frígia, não demoram a ser adotadas. A iniciação religiosa dos jovens ocupa um espaço cada vez mais relevante na sociedade dórica, na qual se reduz o papel da mulher. De fato, a concepção patriarcal da sociedade indo--europeia se impõe claramente na cultura e na religião. Por dois séculos dois fatores exercem sua influência na religião grega: a nova corrente de pensamento indo-europeia vinda com os dórios recoloca em evidência o papel dos deuses do céu e em especial o de Zeus, enquanto os cultos asiáticos penetram no mundo grego: Apolo, Ártemis, Afrodite, Cibele são divindades asiáticas que se instalam na Hélade.

A religião da cidade

Por volta do ano 800 a.C., outra mudança relevante acontece na Grécia: a constituição da *polis*, a cidade grega caracterizada pelo culto das divindades protetoras veneradas nos santuários urbanos. Essas divindades, chamadas "políades", devem velar sobre a cidade: seu culto tem um caráter nitidamente político. No entanto, a religião popular se volta para Dioniso e seu culto, assim como para Deméter e Core, cujos mistérios celebrados em Elêusis encontram um sucesso crescente. Constata-se, portanto, a formação de uma dupla corrente religiosa, a da cidade com as divindades políades e a do povo com os mistérios e as iniciações. Os mistérios insistem na salvação pessoal: identificam o iniciado com a criança divina nascida da deusa-mãe e afirmam garantir sua imortalidade. Com toda a evidência, essas práticas se situam na esteira do pensamento cretense-micênico. Dramas sagrados e mitos encontram grande difusão; a hierogamia ressurge nas festas de primavera. Em 776 a.C. inauguram-se os jogos olímpicos, cujo caráter iniciático, com a exaltação da força e da vitória, deriva da tradição naturista cretense. Por outro lado, a mântica cria uma teologia baseada nos oráculos proferidos pelos deuses: é o caso de Delfos com Apolo e de Dodona com Zeus. Nas fronteiras da religião, o misticismo órfico reúne fiéis que desejam passar por uma ascese purificadora com o objetivo de preparar uma vida eterna feliz.

No século VIII a.C. aparecem documentos importantes para o futuro do pensamento religioso grego. A *Ilíada* e a *Odisseia* atribuídas a um único poeta, Homero (cf. os debates da famosa "questão homérica"), põem em cena o vasto panteão grego nas suas relações com os seres humanos. Homero descreve os deuses e as deusas como potências que intervêm na vida dos homens. Escrevendo para um público culto, apresenta os deuses sob o duplo aspecto religioso e épico, e ele mesmo parece assumir uma atitude moderadamente crítica. Hesíodo, pouco posterior a Homero e cidadão de um vilarejo da Beócia, é a testemunha de uma profunda transformação social e religiosa. Em *Os trabalhos e os dias*, um poema escrito em homenagem à terra, Hesíodo mostra Zeus como protetor dos homens e mestre dos juízes: o texto é um precioso testemunho da religião popular. A *Teogonia* constitui a mais antiga exposição integral da mitologia grega. Hesíodo acredita nos deuses de maneira piedosa e ingênua. Graças a ele e a Homero podemos conhecer numerosas tradições religiosas da Hélade arcaica.

A religião da Grécia clássica (séculos V-IV a.C.)

Com a vitória dos gregos nas guerras persas, a religião cívica tem um novo impulso: o fervor religioso se dirige para os deuses protetores das cidades, cujos santuários são reconstruídos. Assim, a unidade religiosa passa a ser a cidade. Enquanto a religião doméstica é confinada à vida privada, a cidade organiza um conjunto de cerimônias fundadas nas tradições religiosas antigas: desse modo, religião e patriotismo se fundem.

O grego tem cada vez mais a sensação de uma religião e uma cultura comuns. Os grandes santuários pan-helênicos de Atenas, Olímpia, Delfos, Delos e Dodona testemunham a universalidade dos deuses e das crenças. Para esses santuários, administrados por colégios sacerdotais bem organizados, afluem fiéis e riqueza. O Apolo de Delfos faz sua voz ecoar em toda a Grécia. As divindades aqueias de Homero tornaram-se os deuses da nação grega: a religião constitui a ligação mais forte entre os gregos do período clássico. Acima da religião de cada cidade existe uma religião dos gregos, um pensamento religioso grego.

Essa religião é a religião de uma elite. Píndaro, o poeta de Tebas, mostra-nos os deuses de Homero circundados por uma auréola. Ésquilo fala dos deuses do Olimpo, defensores da justiça. Para Sófocles, a felicidade do homem reside na submissão aos decretos divinos: o *Édipo rei* mostra a onipotência divina, o *Édipo em Colono* põe em cena os deuses como autores da salvação. Platão é a testemunha de uma religião espiritual e mística que prepara as almas para a fé. No entanto, surge uma corrente de ceticismo: os sofistas começam a criticar os deuses e os mitos. Assim, os processos por impiedade se multiplicam enquanto a secularização avança lentamente.

Contudo, a religião popular, menos conhecida, permanece muito viva. Dioniso é o deus das energias vegetativas e do entusiasmo: as Dionisíacas, festas muito alegres, se multiplicam sobretudo no campo. No final do século V, as *Bacantes* de Eurípides tratam de ritos muito ousados presentes nas celebrações dos mistérios dionisíacos: desmembramento das vítimas do sacrifício e consumo de sua carne crua. Afrodite, deusa do amor, às vezes é associada ao culto dionisíaco. Asclépio de Epidauro atrai os doentes, que experimentam a incubação noturna no dormitório sagrado. Ao lado desse deus que sente compaixão pelas misérias humanas se colocam as divindades trácio-frígias como Sabácio e Átis. Os deuses do Oriente

Próximo também desfrutam de grande popularidade: Adônis vem da Fenícia para comover os corações femininos, Ísis se torna a deusa bondosa. Os cultos mistéricos, as liturgias que suscitam fortes emoções, a difusão da astrologia são os sinais de uma corrente mística popular que se tornará um terreno privilegiado para o encontro da Grécia e do Oriente na época de Alexandre Magno. A piedade grega, associada à ideia de justiça, sobretudo depois de Hesíodo, se dirige também para a felicidade e a alegria.

A religião grega na época helenística

Ao falar de época helenística referimo-nos aos séculos que vão das conquistas de Alexandre ao triunfo do cristianismo. No decorrer desses seis séculos encontramo-nos diante de um pensamento religioso e de cultos de aspectos diversificados. A religião da época helenística sofre a influência das grandes transformações políticas decorrentes dos feitos de Alexandre: a conquista macedônia representa uma verdadeira revolução religiosa. A cidade dá lugar aos estados; a religião da cidade se modifica e se torna cosmopolita.

Os deuses orientais ingressam no mundo dos helenos. Os reis selêucidas e lágidas restauram os templos da Ásia e do Egito. Eles admiram os deuses orientais, suas festas, seus ritos. O mundo grego, cada vez mais secularizado, é seduzido pela atmosfera religiosa oriental. Por conseguinte, ao lado dos deuses do Olimpo e das divindades políades protetoras das cidades, posicionam-se também alguns deuses estrangeiros. Os cultos egípcios, preferidos pelos lágidas, exercem um verdadeiro fascínio sobre os gregos. Assim, o culto egípcio de Osíris-Ápis é transformado por Ptolomeu I Sóter que realiza sua fusão com o culto de Zeus--Dioniso (trata-se de uma verdadeira síntese entre a religião grega e a egípcia). Ísis e Serápide passam a fazer parte da religião dos mistérios. Por intermédio de Cibele, a *magna mater* dos frígios à qual é associado o esposo Átis, os cultos anatolianos fazem um retorno triunfal à Grécia.

Perdido nesses grandes impérios, enfraquecido diante da secularização dos mitos realizada por Evêmero, o homem religioso procura cada vez mais o contato com um deus salvador. O culto dos soberanos, iniciado com Alexandre e caracterizado pelas teologias régias do Egito, da Mesopotâmia e do Irã, tenta preencher o vazio religioso cada vez maior. No entanto, esse culto fica muito próximo das esferas políticas e não satisfaz as necessidades religiosas de um mundo em efervescência. Em contrapartida, os cultos orientais dos deuses salvadores e curadores encontram um grande sucesso: Asclépio, Serápide e Ísis colocam-se lado a lado com Zeus, Dioniso e Afrodite. Paralelamente a esses cultos iniciáticos e à celebração dos mistérios, desenvolvem-se as especulações astrais babilônicas sobre as divindades e os planetas. Também exercem grande atração no mundo mediterrâneo as religiões cósmicas que regulam as estações e os destinos dos homens: temos uma prova disso no culto de Mitra.

À medida que o movimento cultural helenístico progride, o pensamento religioso sofre importantes modificações. O abandono do culto poliádico e o vazio religioso criado pela secularização e pelo culto dos soberanos aceleram um movimento que já começara na época clássica: aquele que consiste na constituição de associações religiosas. As primeiras, os "orgeones", formaram-se em torno de um deus, escolhido livremente. Na época helenística multiplicam-se os "tíasos", confrarias nas quais homens e mulheres, gregos e estrangeiros, se consagram ao culto de uma divindade. Outros grupos, denominados "eranoi", são cenáculos muito populares em que o elemento feminino desempenha um papel preponderante. No número cada vez maior dessas associações manifestam-se duas características da época helenística: de um lado, a mistura das idades, dos sexos, das condições sociais, das nacionalidades; de outro lado, uma identidade de fé e de piedade obtida graças à iniciação.

2 Os mitos gregos – Os testemunhos mais antigos: Homero e Hesíodo

Homero

Trata-se do mais antigo poeta épico da Jônia e o primeiro cuja obra chegou até nós. Tendo vivido no século VIII, Homero é um aristocrata que escreve para aristocratas, no contexto da época em que é introduzido o alfabeto proveniente do Oriente, talvez por intermédio da colônia grega estabelecida em Al-Mina na Síria por volta de 800-775 a.C.

Homero deixou dois poemas, a *Ilíada* e a *Odisseia*. A primeira é um grandioso afresco que tem como tema a Guerra de Troia, enquanto a segunda narra as aventuras de Telêmaco e de Ulisses. Esses dois poemas exprimem uma mitologia bem consolidada.

Homero descreve os deuses como potências que intervêm na vida humana. Eles têm os mesmos sentimentos dos humanos, como raiva, ciúme, amor; são grandes, fortes, imortais. Moram no Olimpo. Homero conta suas aventuras apresentando-os para seu público – um público culto que se interessa pela epopeia – sob o duplo aspecto religioso e épico. No entanto, a descrição dos escândalos do Olimpo parece constituir uma prova de que ele assume uma atitude crítica diante deles.

Seja como for, a *Ilíada* e a *Odisseia* são os documentos fundamentais da mitologia grega. O culto será inspirado neles e por dez séculos nos esforçaremos para refletir sobre a mitologia de Homero, que, entre oposições e aceitações, terá um poder de difusão extraordinário.

Hesíodo

Os trabalhos e os dias é um poema escrito para glorificar a terra. Hesíodo, que toma como ocasião para a redação da obra um processo que perdeu contra seu irmão Perseu, fala ali dos deuses, sobretudo de Zeus, protetor dos homens e mestre dos juízes.

A *Teogonia* narra a gênese das coisas e dos deuses. É a mais antiga exposição completa da mitologia grega. Hesíodo acredita nos deuses de modo ingênuo. No início era o Caos; em seguida nasceram Gaia, Tártaro, Eros e, do Caos, Érebo e Noite. Gaia gera Urano e se une a ele para dar vida aos doze Titãs, entre os quais Cronos, que depõe Urano e institui uma época áurea para a humanidade. Cronos gera Zeus que será soberano definitivo da humanidade. Hesíodo fornece assim uma imponente galeria de figuras mitológicas: ele cria realmente o panteão helênico.

Os poetas e o culto se apoderam do patrimônio deixado por Homero e Hesíodo. O culto se organiza em toda a Grécia. Ao lado dos grandes centros alimentados pela devoção das multidões e pelos elementos provenientes de Homero e Hesíodo, há mitos menores e populares nas aldeias: os cultos locais.

Os poetas cantarão os mitos. Ésquilo nasce em Elêusis em 525 a.C., morre em Gela (Siracusa) em 456 e compõe 86 dramas que se remetem à *Teogonia* de Hesíodo. Sete dessas obras foram conservadas. Sófocles, que nasceu em Colono, nas proximidades de Atenas, em 494 a.C., e morreu em Atenas em 406, compõe 123, dos quais sete ainda se conservam; os mais célebres são *Antígona*, *Édipo rei*, *Electra*, *Filoctetes*.

O culto dá aos mitos um significado moral. É o problema da religião grega. Os poetas dão ao mito um significado exemplificativo, aproximando-nos da epopeia.

Homero e o problema dos mitos

Os modernos se perguntaram por muito tempo sobre a personalidade de Homero. É a famosa questão homérica: a *Ilíada* e a *Odisseia* são obra de um único poeta ou não?[1]

Na epopeia homérica, os deuses são imortais. São mais poderosos que os homens, mas estão sujeitos às mesmas paixões deles. A *Odisseia* põe em cena especialmente Zeus, Atena e Poseidon. A *Ilíada* apresenta os deuses polarizados em dois campos opostos, mas que se enfrentam numa perspectiva cavalheiresca. Destina-se a uma plateia culta.

Para Homero, um poeta e um aristocrata que escreve para aristocratas, os deuses são potências que intervêm na vida dos homens; manifestamente, a documentação provém de tradições anteriores, da época micênica.

Hesíodo, pensador religioso

Hesíodo, camponês que reflete os humores da plebe da Beócia, fala dos deuses e sobretudo de Zeus, protetor dos homens e mestre dos juízes, de modo totalmente diferente. Hesíodo é piedoso, e deixa-nos os primeiros documentos do pensamento religioso grego *stricto sensu*.

Em *Os trabalhos e os dias* o mito enumera cinco raças: de ouro, de prata, de bronze, dos heróis, de ferro. A análise do mito das raças mostra que estamos na presença de três níveis conformes ao pensamento indo-europeu arcaico. Como demonstrou J.-P. Vernant[2], em lugar de cinco raças que se aproximaram no tempo temos uma divisão tripartida. O ouro e a prata são dois aspectos da monarquia: trata-se da função da soberania. Os homens da raça de ouro não conhecem a guer-

---

1. Cf. o verbete Homère. In: *Encyclopédie Universelle*, VIII, p. 490ss.

2. Cf. VERNANT, J.-P. *Mythe et pensée chez les Grecs*. Paris: Maspero, 1965 [trad. it., *Mito e pensiero presso i Greci* – Studi di psicologia storica. Org. de M. Romano e B. Bravo. Turim: Einaudi, 2001] [ed. bras., *Mito e pensamento entre os gregos* – Estudos de psicologia histórica. Trad. de Haiganuch Sarian. Rio de Janeiro: Paz e Terra, 1990].

ra nem o trabalho da terra; são contemporâneos de Cronos, deus soberano; eles encarnam a monarquia justa e a soberania que respeita a justiça. Os homens de prata, ao contrário, representam as pessoas injustas e insensatas que se recusam a reconhecer os deuses do Olimpo. Trata-se de uma soberania iníqua que, na sua *hybris*, se opõe à soberania da *dike*, da justiça.

O bronze e os heróis representam dois polos da guerra. As duas categorias de homens constituem dois modelos antitéticos de combatentes. Os homens de bronze, violentos, combatem entre si e acabam desaparecendo. Os heróis são guerreiros justos que se colocam a serviço do poder exercido pelo Bom Soberano. Desse modo, terão acesso à morada dos bem-aventurados, onde viverão em paz. Com a era de ferro se sai do mundo mítico para entrar na vida humana com todas as suas oposições e contradições; *dike* e *hybris* se enfrentam. É a luta entre o bem e o mal. O homem vive em meio à injustiça social e, nesse contexto, Hesíodo propõe uma solução para a felicidade: o trabalho da terra. O poeta retomou o esquema indo-europeu das três funções para lhe conferir uma interpretação religiosa.

A segunda obra de Hesíodo, a *Teogonia*, pertence à mesma vertente religiosa. O poeta mostra o surgimento de um mundo ordenado sobre o pano de fundo do caos primordial. Além disso, a *Teogonia* canta o poder do deus soberano que domina o universo e obtém a vitória sobre as forças adversárias. Zeus trava batalha contra os tiranos e contra a desordem representada pelo monstro Tifeu. Depois de sua vitória contra essas forças hostis, torna-se o senhor do Olimpo: sua soberania é definitivamente estabelecida. Sua esposa será Têmis, a justiça: de agora em diante, haverá estabilidade, continuidade, ordem.

Não faremos a análise dessa documentação mitológica de Homero e de Hesíodo. Nosso objetivo é ver como esses mitos, herança dos séculos precedentes, foram interpretados pelo mundo grego.

Contra essa mitologia de Homero e de Hesíodo celebrada pelo culto e pelos poetas se levantam os críticos do mito: os filósofos, que se predispõem a se opor aos poetas e aos mistagogos. Eles criticarão os mitos com o objetivo de desvincular a divindade do conjunto fantástico constituído pela mitologia, que lhes parece indigno dos deuses. Com os filósofos começa a crítica do mito.

3 A crítica filosófica

Os filósofos jônicos

Esses filósofos propõem uma exegese dos mitos baseada na alegoria física. Para eles, os mitos de Homero encobrem noções científicas; os deuses da epopeia são elementos do universo que foram personificados. Denominados *physikoi*, eles contrapõem à teologia de Homero e de Hesíodo uma filosofia naturalista.

Tales de Mileto (cerca de 640-548 a.C.)

Sábio que se dedicou a todas as formas da vida intelectual, Tales levanta algumas questões acerca da força e do poder dos deuses. Matemático e filósofo, ele depõe os mitos como elementos originários do universo e busca um princípio – uma *arché* – das coisas, identificando-o na água. Suas pesquisas geológicas levam-no a atribuir aos terremotos uma origem nos movimentos telúricos e o induzem, portanto, a desferir um duro golpe em Poseidon, o deus que faz a terra tremer. No entanto, Tales não é ateu: acredita nos deuses, mas priva-os de muitos aspectos míticos.

Heráclito de Éfeso (cerca de 540-480 a.C.)

Descendente de uma família principesca, Heráclito exerceu também funções sacerdotais. Assim, nada tem de ateu, mas acusa Homero e Hesíodo de terem atribuído aos deuses tudo o que os homens condenam: o furto, o adultério, o engano. Como Tales, Heráclito busca uma origem das coisas, e a encontra num princípio espiritual que denomina *logos*. Esse *logos* é uma inteligência divina acima de todos os elementos, como a água, o fogo etc. O termo, introduzido assim no pensamento grego, se tornará célebre e passará a ser um elemento purificador da concepção da divindade entre os gregos.

Sócrates, a sua Escola e Platão

Sócrates (470-399 a.C.)

Nascido nas proximidades de Atenas num ambiente modesto, Sócrates não escreveu nada, mas formou discípulos, o mais célebre dos quais é Platão. De fato, é por meio dos *Diálogos* de Platão que conhecemos Sócrates. Espírito fundamentalmente moral e religioso, ele queria reformar a sociedade tentando persuadir cada homem da sua ignorância através do exercício do método da ironia e da maiêutica. No entanto, foi considerado um ateu que encorajava a falta de respeito pelos deuses e por esses motivos foi condenado à morte.

Platão (428-347 a.C.)

Em 408, Platão encontra Sócrates, que exercerá sobre ele uma influência determinante. Após a morte do mestre, Platão deixa a Grécia por três anos, para depois retornar e reunir em torno de si um grupo de discípulos. Escreve vinte e oito *Diálogos*, que constituem uma obra filosófica de grande alcance.

Exerce, antes de tudo, uma crítica negativa do mito, reunindo e organizando, sobretudo nos livros II e III da *República*, as objeções contra Homero. Aconselha o legislador a vigiar os mitos dos poetas, por quatro razões: esses mitos apresentam os deuses como autores do mal e lhes atribuem condutas viciosas; apresentam as metamorfoses dos deuses transmitindo conceitos equivocados, indignos da divindade; apresentam uma vida dos mortos no Hades muito sombria e assim acabam tendo uma influência negativa sobre os guerreiros, aos quais se deve, ao contrário, prometer a felicidade no além; dão um mau exemplo aos jovens: imorais, eles representam os deuses como seres litigiosos, desobedientes, de conduta escandalosa.

Platão não acredita no mundo dos deuses da mitologia. Ele afirma a ideia da divindade como perfeição; além disso, é defensor da manutenção do culto, necessário à cidade.

Sua crítica do mito não é, contudo, apenas negativa; ao contrário, ela tem aspectos muito positivos. Platão quer purificar a mitologia transmitida por Homero e por Hesíodo, eliminando dela tudo aquilo que contraria seus princípios filosóficos. Para purificá-la, introduz mitos filosóficos: relatos em que se encontram o simbolismo, a liberdade de exposição e a prudente imprecisão do pensamento. Assim, ao lado da linguagem racional – da dialética – Platão utiliza uma linguagem mítica à qual não atribui o mesmo valor da primeira, mas que lhe permite "transmitir" uma série de verdades.

Eis alguns exemplos de mitos platônicos: no *Fedro*, o mito de Tot; no *Banquete*, o mito de Alceste e de Orfeu; no *Fédon*, o mito geográfico do destino das almas.

Foram propostas diversas hipóteses sobre o valor a ser atribuído aos mitos em Platão: indicaremos algumas, a título de exemplo, para mostrar a complexidade do problema:

a) Pensou-se que os mitos serviam para esconder a incredulidade de Platão. Impressionado com a morte de Sócrates, o filósofo teria ocultado a própria incredulidade sob o disfarce de seus mitos.

b) Os mitos dariam um fundamento religioso à filosofia platônica: em outros termos, fariam de Platão o primeiro teólogo. Platão teria tentado uma síntese entre a religião dos mistérios e a especulação naturalista da filosofia jônica. Deparando-se, por um lado, com a corrente mitológica de Homero, Hesíodo, Ésquilo, Sófocles, e com a celebração dos mistérios, e, por outro, com o pensamento crítico de Tales de Mileto e de Heráclito de Éfeso, ele teria querido unificar as duas correntes. Seus mitos seriam, portanto, uma tentativa de síntese entre a religião e a filosofia[3].

c) Schleiermacher[4] vê nos mitos de Platão um mero instrumento pedagógico destinado a facilitar a compreensão da sua doutrina.

d) Há também a tese que afirma a função moralizadora dos mitos platônicos[5]. Platão se considera encarregado de uma missão para com os homens: quer educá-los, e seus mitos são um gênero literário de tendência moral.

e) Os mitos platônicos têm uma função escatológica. Por meio de sua dialética, Platão se esforça para explicar o ser. Com seus mitos, tenta uma explicação do devir[6].

---

3. Cf. BAUR, F.C. *Das Christliche des Platonismus oder Sokrates und Plato*. Tübingen: Fues, 1837. • WINDELBAND, W. *Platon*. 7. ed. Stuttgart: Frommann, 1923 [trad. it., *Platone*. Org. de M. Graziussi. Palermo: Sandron, 1914].

4. SCHLEIERMACHER, F.D.E. *Platonswerke*. Berlim, 1817.

5. Cf. HIRZEL, R. *Der dialog*: ein literahistorischer Versuch. Leipzig, 1895. • TEICHMÜLLER, G. *Die Platonische Frage*: eine Streitschrift gegen Zeller. Gotha: Perthes, 1876. • COUTURAT, L. *De platonicis mythis*. Paris: F. Alcan, 1896.

6. Cf. DEUSCHLE, J. *Die platonische Mythen*. Hanau, 1854. • SUSEMIHL, F. *Die Genetische Entwickelung der platonischen Philosophie*. Leipzig: Teubner, 1855. • FISCHER, A. *De mythis platonicis*. Königsberg: Univ. Diss., 1865. • FORSTER, E. *Die platonische Mythen*. Rastatt, 1873.

f) De acordo com Frutiger[7], Platão está próximo do tempo em que os gregos pensavam recorrendo a imagens. O mito é um gênero literário dotado de notável prestígio. Assim, Platão utiliza materiais preexistentes que extrai da tradição mitológica grega. Poeta tanto quanto filósofo, serve-se do gênero literário para expressar o seu pensamento: desse modo, a influência da tradição literária, o pensamento político de Platão e a utilidade pedagógica explicariam a criação de mitos por parte dele.

Aristóteles (384-322 a.C.)

Discípulo de Platão, Aristóteles é um espírito científico. Além disso, é o fundador da lógica e da moral humana do justo meio. Nos mitos ele vê a lembrança deformada de antigas especulações filosóficas, uma espécie de expressão simbólica de uma teologia panteísta útil para fornecer uma instrução moral às massas.

A crítica filosófica dos mitos: observações conclusivas

A mitologia de Homero e de Hesíodo está ligada à poesia. A partir do século VII desenvolve-se a filosofia, que se opõe à poesia e à mitologia. Se esta última se situava no nível dos deuses, a filosofia situa-se, ao contrário, no nível do mundo, do qual pretende oferecer uma explicação de alcance universal.

Os mitos são reinterpretados em função das exigências políticas e éticas. Assim, a mitologia encontra-se numa posição de dependência em relação à política, à ética e à filosofia. É nessa perspectiva que é preciso compreender a mitologia no interior da filosofia de Platão. Sobre ela foram particularmente relevantes as pesquisas de Luc Brisson[8].

Brisson distingue dois percursos em Platão: o primeiro se encontra na *República*, em que o mito tem uma dupla função: no indivíduo, deve promover a harmonia entre a parte racional da alma e a parte irascível; na cidade, deve promover a harmonia entre a classe dos guardiães e a dos filósofos. O segundo está

---

7. FRUTIGER, P. *Les mythes de Platon* – Étude philosophique et littéraire. Paris: F. Alcan, 1930.

8. Sintetizadas em BRISSON, L. *Platone* – Mitologia e filosofia. In: *Dizionario delle Mitologie e delle Religioni*, II. Milão: Rizzoli, 1989, p. 1.374-1.387.

presente nas *Leis*. Aqui Platão apresenta outra organização da Cidade, dirigida por leis e por um colégio de magistrados. A educação por meio da música e do mito constitui um elemento fundamental do governo: ela facilita a persuasão em vista do respeito às leis.

De acordo com Brisson, a função do mito em Platão, contudo, permanece fundamentalmente a mesma: "criar na alma aquele estado, marcado pela alegria ou pela tristeza, que facilita a persuasão do elemento irracional – acessível a essa influência – por parte da razão".

Jean Pépin falou do paradoxo platônico[9]. Platão não gostava de Homero: aos seus olhos, a teologia homérica não é adequada para fundar uma devoção válida; daí provêm os requisitórios presentes na *República*. Para Platão, os poetas, a começar por Homero, não alcançam a verdade.

No entanto, Platão recorreu ao mito, ao qual atribui um valor na medida em que ele é uma imagem da verdade e não uma ficção gratuita. Para Platão, portanto, a mensagem veiculada pelo mito é particularmente importante[10].

4 O evemerismo: interpretação histórica dos mitos

A influência de Alexandre Magno

Evêmero, amigo do Rei Cassandro da Macedônia (311-296 a.C.), foi encarregado de uma missão na Índia. Enquanto isso, o mundo grego era marcado por um acontecimento de particular relevo: as conquistas de Alexandre. Foi uma verdadeira guinada na história da civilização, da cultura e da religião do mundo mediterrâneo. As conquistas de Alexandre provocaram o fim da cidade grega: começava a *ecumene* do helenismo. Os deuses orientais entram na Grécia; começa a invasão das doutrinas religiosas da Ásia, em particular das religiões da Mesopotâmia e da Índia. Além disso, o Egito também terá um papel a desempenhar.

---

9. PÉPIN, J. *Mythe et allégorie* – Les origines grecques et les contestations judéo-chrétiennes. 2. ed. Paris: Études Augustiniennes, 1976, p. 112-121.

10. Cf. SCHUHL, P.M. *Études sur la fabulation platonicienne*. Paris: Vrin, 1947. • DE MARIGNAC, A. *Imagination et Dialectique* – Essai sur l'expression du spirituel par l'image dans les dialogues de Platon. Paris: Les Belles Lettres, 1951.

A partir dessa época vemos na Grécia dois novos conceitos provenientes da Ásia e do Egito: o primeiro é a ideia de transcendência divina, expressa pela palavra *hagios*. Esse termo terá uma brilhante carreira pelo fato de que a Septuaginta o utilizará para traduzir o hebraico *qādoš*, expressão do sagrado. O segundo é o conceito de *Soter*, Salvador. Os deuses orientais são deuses salvadores; eles trazem a marca dos monarcas orientais, salvadores de seu povo.

Outro evento deve ser ressaltado: a divinização de Alexandre. Conquistador e civilizador, Alexandre foi verdadeiramente o grande homem do século, a ponto de ser considerado um deus. Sua apoteose influenciará a exegese do mito.

Evêmero

Numa obra perdida, *Hiera agrapha*, as *Coisas sagradas*, Evêmero descreve uma ilha do Oceano Índico na qual se encontra uma cidade, Pancaia. Nessa cidade, Evêmero teria visto uma coluna de ouro com uma inscrição também em letras de ouro. Depois teria decifrado a inscrição: era o relato da vida de Zeus, o grande benfeitor da humanidade. Zeus realizou cinco viagens nos países do mundo, levando aos homens a civilização; nos tempos antigos, ele era um homem, um homem que se tornara deus.

O romance político de Evêmero contém uma interpretação histórica do mito segundo a qual personalidades humanas que prestaram grandes serviços à humanidade são divinizadas. Os mitos são relatos maravilhosos de acontecimentos históricos deformados por sua distância no tempo e pela imaginação do escritor. A mitologia é, portanto, uma história poética e os deuses são apenas homens que o temor ou a admiração de seus concidadãos acabaram colocando nos altares. Os seres sobrenaturais da mitologia realmente existiram e os mitos são os acontecimentos da vida de tais seres, romanceados e deformados pelos mitólogos.

A posição de Evêmero

Supõe-se que Evêmero quis sustentar e justificar o culto dos soberanos, que assumia cada vez mais importância na época helenística. Além disso, talvez quisesse dar uma espécie de lição aos soberanos, convidando-os a se comportar de maneira a merecer a divinização. A obra de Evêmero situa-se na origem de toda uma corrente de secularização dos deuses. O princípio de Evêmero tem uma derivação histórica (de fato, o estoicismo expressava-se com uma grande atividade literária no século IV a.C.). Em seu *De natura deorum*, Cícero menciona essas teorias, que atribui ao historiador Lucílio Balbo: certos deuses são homens que se distinguiram por grandes obras boas; em outros casos, nascem de certas realidades físicas.

Evêmero estendeu essa explicação a todos os deuses da mitologia. De acordo com o testemunho de Sexto Empírico, que fala de Evêmero, o ateu, este último teria atribuído aos deuses uma dupla origem: de um lado, antes dos tempos históricos, os mais poderosos e os mais astutos dos chefes se atribuíram indevidamente uma dignidade divina; de outro lado, a divindade foi conferida voluntariamente pelo povo, após a morte deles, aos reis mais valorosos e aos inventores que haviam contribuído para melhorar as condições de vida[11].

Assim, Evêmero realiza uma exegese historicizante do mito, ou seja, de Homero e de Hesíodo.

Paléfato e Diodoro Sículo

Paléfato é um gramático alexandrino do século II a.C., autor de um tratado cuja parte essencial se perdeu. Ele retoma Evêmero, mas de maneira matizada: busca na mitologia o fundo de verdade positiva da qual os mitos seriam a amplificação poética.

Diodoro Sículo (no início da Era Cristã) adotou as teses de Evêmero. Em sua *Biblioteca histórica* distingue, de um lado, os mitos divinos, nos quais vê tanto uma teologia como uma fantasia criada pelos poetas, e de outro lado os mitos heroicos. Apenas estes últimos fundamentam-se na realidade. Além disso, Diodoro divide os deuses em celestes e terrestres, e considera que estes últimos foram criados pela divinização decorrente dos benefícios que eles trouxeram. A esta segunda categoria pertencem os heróis e os semideuses. Assim, Diodoro só considera propriamente divina uma parte do panteão. Seu evemerismo é, portanto, limitado na medida em que Diodoro se serve dele apenas para explicar a apoteose

---

11. Cf. PÉPIN, J. *Mythe et allégorie*. Op. cit., p. 148.

de certas dinastias régias. Os Padres da Igreja recorrerão amplamente a Evêmero para sustentar a falta de fundamento do paganismo e a inutilidade de seus deuses.

5 A mitologia romana

As origens e a religião etrusca

Por volta do ano 700 a.C. surge no centro da Itália um povo construtor de cidades, dedicado ao comércio e às artes, que rapidamente se impõe sobre os outros povos disputando com os gregos a hegemonia marítima e acabando por conquistar o centro e o sul da Itália: trata-se dos etruscos. De onde vinham? Em torno do ano de 450 Heródoto afirma que, durante o século XIII a.C., uma parte do povo lídio, impelido pela escassez de alimentos, abandona a Ásia Menor para se instalar no Mediterrâneo. Os escritores gregos e romanos retomam Heródoto; em seus testemunhos fundamenta-se a explicação moderna da origem hitita dos etruscos. No entanto, na mesma época de Heródoto, o retor grego Dionísio de Halicarnasso afirma que os etruscos são um povo autóctone da Itália. Essa ideia é defendida por alguns modernos para os quais os etruscos vieram da Europa descendo na península pelas passagens alpinas. O problema até agora não obteve respostas definitivas. Além disso, não obstante dez mil inscrições e um texto escrito numa atadura de linho de uma múmia egípcia conservada em Zagreb, a língua etrusca – cujo sistema alfabético é parecido com o grego – só revela os seus segredos muito lentamente.

Restaram fragmentos de três categorias de documentos. Em particular, é do tratado de Cícero sobre a divinização que provém a maior parte das nossas informações. O haruspicismo é a interpretação dos dados reunidos pelos sacerdotes etruscos após a inspeção das entranhas das vítimas dos sacrifícios. Os *Libri fulgurales* tratavam da interpretação dos temporais. Os rituais, por sua vez, transmitiam os princípios religiosos. A descoberta do fígado de Piacenza, em 1877, proporcionou notáveis avanços no estudo das artes divinatórias. Trata-se de um fígado de carneiro em bronze que reproduz um mapa celeste: o microcosmos em relação com o macrocosmos. Os sacerdotes etruscos, os harúspices, eram encarregados de identificar os pressságios, de descobrir a vontade dos deuses, e portanto o destino. A religião etrusca apresenta-se assim como uma religião na qual a adivinhação, a expiação e a purificação constituem alguns dos elementos essenciais. O sagrado reside na descoberta da vontade dos deuses e em colocá-la em prática. Os deuses etruscos apresentam aspectos diferentes, próximos tanto dos deuses gregos como dos deuses itálicos.

A religião romana sob a monarquia (753-509 a.C.)

Roma formou-se durante o reinado dos Tarquínios, reis etruscos. O rei é o grande sacerdote, o juiz supremo, o comandante da cidade e do exército: tem a coroa de ouro, o anel de ouro, o cetro.

Diante dele marcham os litores que trazem nas costas os feixes: a vara para fustigar e o machado, símbolo de poder. A população é dividida em *gentes*, por sua vez subdivididas em *familiae*, reunidas em torno de um *pater familias*. O patriciado é formado pelas *gentes* mais influentes. A plebe é constituída pela massa dos estrangeiros ou por clientes provenientes de *gentes* desaparecidas.

As pesquisas de Dumézil levam-nos a encontrar em Roma, desde o período arcaico, a presença de uma ideologia trifuncional. Analisando a primeira *Elegia romana* de Propércio (IV, I, 9-32), o erudito francês identifica nela a presença, nas origens de Roma, de três chefes: Rômulo, filho divino e beneficiário das promessas de Júpiter; Lucumão, seu aliado etrusco, técnico da guerra; Tito Tácio, o chefe dos sabinos. Assim, a lenda das origens mostra-nos em Roma, antes dos etruscos, três tribos: os *Ramnes*, companheiros latinos de Rômulo e Remo, presentes ao lado do *rex-augur* Rômulo, o fundador da cidade; os *Luceres*, os aliados etruscos, especialistas na arte militar, chefiados por Lucumão; os sabinos de Tácio, proprietários de grandes rebanhos. Eis-nos diante do componente trifuncional que garante as três atividades fundamentais do mundo ário.

Dumézil verdadeiramente renovou o estudo da religião romana arcaica. Partindo do princípio de que não existe religião sem teologia ou discurso sobre os deuses, ele começou esclarecendo o conceito de deus. Em Roma, dois termos designam a divindade: *numen* e *deus*. Até o tempo de Augusto e de Cícero, *numen* é utilizado com o genitivo de um nome divino e unicamente com o objetivo de expressar uma vontade específica de um deus. A partir de Augusto, *numen* se tornará o nome poético da divindade. Além disso, designará tanto os diversos domínios do deus como o mistério invisível. Em Roma, é o termo *deus* que é antigo e importante. Essa palavra ária arcaica encontra-se na maior parte das línguas indo-europeias e designa sempre um ser pessoal e não um sagrado difuso. A conservação do vocábulo *deus* em Roma deriva da herança indo-europeia e mostra claramente que os romanos da pré-história, analogamente a seus antepassados ários, consideraram seus deuses como seres pessoais. Com isso cai por terra a teoria "pré-deísta" que afirma que os romanos teriam encontrado o conceito de deus pessoal meditando sobre as cinzas do *mana*.

Realizando o estudo propriamente dito do pensamento religioso, Dumézil insiste no próprio conceito de religião. Esta só pode ser concebida como um sistema no qual a teologia ocupa o lugar de honra e cujo conjunto explica o funcionamento do mundo. Além disso, de acordo com Dumézil, caso se queira compreender a Roma arcaica é preciso tentar apreender sua religião como um sistema e situá-la no contexto indo-europeu marcado pela concepção fundamental do jogo harmonioso das três funções. Além disso, é necessário saber que o simbolismo representa em certo sentido o elemento propulsor de todo pensamento religioso, assim como de toda linguagem articulada ou gestual. O símbolo permite que nos aproximemos mais diretamente da pesquisa de uma teologia, aquela das três funções, em lugar de nos esforçarmos para explicar todos os numerosos deuses secundários, os *Sondergötter*, cuja lista foi fornecida por Varrão e que os "pré-deístas" consideram particularmente antigos pelo fato de que os extraem do *mana*. Para Dumézil, esta lista impressionante de pequenos deuses é uma produção proveniente dos rituais rurais. Esses deuses são agentes secundários, *indigitamenta*, que se ocupam de diversas pequenas funções. Não têm culto nem sacerdotes. Na religião romana chegaram apenas tardiamente.

No período das origens da religião romana encontramos a tríade arcaica Júpiter, Marte, Quirino, expressão romana da ideologia ária das três funções. Para entrar na estrutura teológica dessa tríade divina, Dumézil analisa as funções dos *flamines* vinculados aos três deuses em questão. O *flamen* é o assistente oficial do culto. Em Roma, dos quinze *flamines*, três são definidos como *maiores*: o *flamen dialis*, o *flamen martialis*, o *flamen quirinalis*.

A dupla contribuição de esclarecimento que provém das tribos das origens e dos três flâmines maiores permite a Dumézil a realização de um estudo detalhado da tríade arcaica. Júpiter é o patrimônio comum dos povos itálicos. Seu nome latino vincula-se ao Dyauh védico e ao Zeus grego. É o céu, é a paternidade universal. Na Roma arcaica, Júpiter exerce as funções da soberania: testemunha e avalista dos pactos na vida pública e dos juramentos na vida privada; deus da paz no ritual fecial; deus soberano que recebe os *summa* nos idos de cada mês; soberano celeste e luminoso ligado ao *rex*, mas fora de qualquer contexto de guerra.

O deus da guerra, o deus da segunda função, é Marte. O primeiro ciclo anual das festas de Marte inaugura, na primavera, a estação "marcial" que se encerrará com o sacrifício do cavalo previsto para o ritual de outubro. Uma regra, que não prevê nenhuma exceção, proíbe a construção de santuários ao deus Marte no interior de Roma, onde existia – apenas na *Via Regia* – o *sacrarium Martii*, santuário dos objetos sagrados do deus. Todos os templos do deus Marte encontravam-se no Campo de Marte. A separação das funções de Júpiter e Marte evidencia-se claramente com a *indictio belli* feita pelos feciais.

A terceira função tem como deus Quirino, o deus dos *covirites*, os cidadãos considerados em sua organização civil e política. Na época histórica ele é objeto de uma fusão com Rômulo divinizado.

O significado da herança indo-europeia em Roma

A Roma arcaica revela a presença de uma ideologia ária e de uma teologia tripartida. É a derrocada das teorias "pré-deístas", animistas e de todas as especulações sobre o *mana*. Chegando à península, os itálicos tinham uma ideologia e uma teologia, herança de um distante passado ário. Além disso, na época mais antiga e além de qualquer atividade mágico-ritual, os romanos tinham um verdadeiro pensamento religioso em relação com a ideologia das três funções: soberania, força, fecundidade. No entanto, se existe correlação entre o religioso e o social, não há uma redução do religioso ao social. Tanto a teologia como a ideologia são a expressão de uma estrutura fundamental do pensamento indo-europeu que organiza a realidade no âmbito das três funções. É a teologia trifuncional que estrutura e equilibra toda organização social.

Uma segunda conclusão deriva da pesquisa de Dumézil. Na antiga Roma, os três deuses, Júpiter, Marte e Quirino, são a garantia do equilíbrio harmônico das três funções. É nesse contexto indo-europeu que se situa a ideologia régia romana. Na sua pessoa o rei reúne as três funções: ele é soberano, guerreiro e se ocupa de alimentar o seu povo. Enquanto soberano, entra em contato com o Céu que, por intermédio dos áugures, lhe envia os sinais do mundo invisível. No âmbito da função guerreira, ele é o comandante do exército; ele pede ao deus: "*Mars, vigila*". Por suas funções régias é também responsável pelo abastecimento alimentar da Cidade: é ele quem alimenta o seu povo. O rei encarna harmoniosamente as três funções. Como na Índia védica em que o brâmane é o capelão do *rājah*, em Roma ao *rex* estão ligados os três flâmines maiores, servidores dos deuses Júpiter, Marte e Quirino. No interior da estrutura trifuncional cada flâmine está ligado a um único deus. Esses flâmines não vivem segundo uma colegialidade sacerdotal, não atuam juntos. Cada flâmine é identificado a um terceiro do invisível e em si mesmo encerra o sagrado das potências místicas que constituem a sua função. Daí deriva para ele todo um conjunto de obrigações e de interdições permanentes. Com a ideologia régia a que estão associadas as três funções sacerdotais, encontramo-nos na presença da segunda vertente do pensamento religioso romano: uma teologia simbólica e um culto que regulam as relações do mundo com os deuses.

Uma terceira conclusão diz respeito à linha de evolução que seguirá a religião romana arcaica formada por um conjunto de crenças, de ritos e de instituições implementadas no Lácio na metade do século VIII a.C. Uma religião muito próxima da política na medida em que desempenha um papel essencial na organização da cidade. Esse fato explica a evolução da religião romana no decorrer dos séculos até o seu desaparecimento por ocasião da conversão do Império ao cristianismo. Sob a República essa religião receberá uma nova forma em relação à religião régia. Outra grande mudança será introduzida sob o Império com o culto dos soberanos. Pode-se falar, portanto, de uma religião romana arcaica na época dos reis, de uma religião romana sob a República, de uma religião romana imperial. No entanto, é necessário saber que a herança indo-europeia que permitiu forjar as primeiras instituições jamais desaparecerá. E existe um conjunto de noções características do mundo romano que se conservarão por toda a história da Roma pagã.

Uma quarta conclusão diz respeito ao culto. Para compreender melhor a influência da herança indo-europeia sobre o culto da Roma arcaica é suficiente considerar a importância dos fogos no culto público. Na Índia védica, existem três fogos: o fogo *gārhapatya*, fogo do chefe da casa; o fogo *āhavaniya*, encarregado de levar as ofertas aos deuses; no Sul, o fogo *dākskināgni*, o fogo que vigia contra o inimigo.

Em Roma, encontramos três importantes correspondências. Em cada lugar de culto e para cada operação sagrada encontram-se dois fogos, o do chefe da casa e o das ofertas. Sobre o altar, *ara*, *altaria*, a oferta é queimada e transmitida aos deuses. Ao lado do altar, para receber o incenso e o vinho encontra-se um fogo portátil, o *foculus*, que se une ao fogo doméstico. Mas é em relação à Cidade que a antiga doutrina dos fogos é particularmente significativa. Na casa das Vestais arde o *ignis Vestae*, um fogo que nunca deve ser apagado porque é o símbolo do arraigamento de Roma na terra. Se ele se extingue, é preciso reacendê-lo extraindo-o da pedra. A casa das Vestais onde queima esse fogo é redonda: a forma do fogo doméstico na Índia. Essa casa traz o nome de *aedes*, enquanto os santuários dos deuses são *templa* quadrangulares, sobre cujos altares arde o fogo das oferendas. Assim, afirma Dumézil, em Roma ressurgia a oposição do redondo e do quadrado que a doutrina hindu explica com o simbolismo deste mundo em relação ao outro mundo, da terra (redonda) e do céu (quadrado).

Além desses dois fogos, Roma conhecia um terceiro, o fogo que destrói e devora. É *Volcanus*, o deus encarregado de receber, para destruí-las, as armas arrebatadas dos inimigos. Aqui estamos precisamente no contexto da segunda função. Desse modo, em Roma os três fogos evocam as três funções árias: o fogo das Vestais é o fogo doméstico da fecundidade; o fogo das ofertas nos templos é o fogo sagrado do culto; o fogo de Vulcano é a recordação do fogo guerreiro.

A religião romana sob a República (509-29 a.C.)

Com a República é introduzido o conceito de *libertas*, com a concepção dos direitos pessoais e políticos do cidadão romano. Trata-se de uma importante modificação que terá repercussões na vida religiosa. As instituições da República devem manter o equilíbrio que na concepção indo-europeia dependia do *rex*. Dois cônsules, eleitos por um ano, exerciam a colegialidade do poder supremo, acompanhado pelos magistrados e pelas assembleias do povo. Criado sob a monarquia, o *Senatus* é formado pelos *patres familiarum* designados pelos censores, que, a cada cinco anos, faziam o recenseamento da população, vigiando também a moralidade, ajudados pelos questores e pelos edis. O Senado dispõe da *auctoritas* e dirige a vida de Roma tanto interna como externa. Durante os dois primeiros séculos da República, a plebe lutou pelos próprios direitos, com o apoio dos tribunos da plebe que dispunham do direito de *intercessio*. No século IV a.C. as reivindicações foram atendidas e os tribunos se aliaram ao Senado.

No ano de 405 Roma inicia o Cerco de Veios, conquista a cidade e entroniza a deusa Juno no Palatino. Depois do saque de Roma realizado pelos gauleses, os romanos se recuperam e dão início à conquista do Lácio. As duas guerras púnicas, a de 241 e a de 219, trazem a miséria. No ano de 202 Aníbal é derrotado em Zama na África. Roma é salva, mas a religião mudou: depois de tantas derrotas, a angústia se difundiu. Nessa crise social, sobretudo no decorrer da segunda guerra púnica, Roma buscou a proteção dos deuses estrangeiros. É a invasão dos cultos gregos: Apolo de Delfos, Vênus, Cibele, a *Magna Mater*. Em 186, o Senado ordena uma repressão contra o culto de Dioniso. É o sinal da conquista por parte do mundo grego, que continua a se ampliar. Em 46 a.C., César, grande conquistador do Oriente e do Ocidente, se faz proclamar *Imperator* e dá início a uma importante reforma, mas é assassinado por Marco Bruto em 44. As guerras de sucessão se estendem até 29 a.C., data em que Otaviano instaura o Império.

Durante o período republicano, o número dos deuses continuou a aumentar não obstante o obstáculo constituído pela fixação de um calendário festivo – estabelecido desde a época da monarquia – pelos pontífices, com observâncias litúrgicas. A inquietação e a busca da eficácia religiosa abriram as portas para os cultos estrangeiros.

Mesmo insistindo no ritualismo contratual, a religião romana da República confere o sentido do mistério ao longo da existência cotidiana do fiel. Ao lado desse mistério cotidiano existe o mistério do anômalo: os *prodigia*, fenômenos extraordinários; os *portenta*, fenômenos estranhos e contrários às leis naturais; os *monstra*, fenômenos que manifestam a vontade dos deuses. Bayet[12] insiste no sentimento de participação da vida secreta da natureza. A esse sentido do mistério se acrescentam o temor e a cautela diante das forças ocultas. É preciso proteger-se das forças hostis. A *pietas* pressupõe o respeito do divino e, por parte do fiel, a vontade de se colocar na condição de encontrá-lo. Todo ato religioso exige a *pietas*. A *pax deorum* constitui o fundamento das orientações religiosas dos romanos.

Além disso, é necessário observar as importantes mudanças trazidas pelo helenismo. Um primeiro elemento é a helenização mitológica da religião romana. A mitologia latina, já pobre, se esgota e dá lugar aos mitos gregos. O teatro se

---

12. Cf. BAYET, J. *Histoire politique et pshychologique de la religion romaine*. 2. ed. Paris: Payot, 1969.

beneficiará disso. Por fim, o helenismo acentuará o sentido cósmico da religião romana, com o abandono ao destino pregado pelo epicurismo ou o encadeamento fatal dos fenômenos afirmado pelo estoicismo. Esta dinâmica de helenização comporta o aumento da difusão das doutrinas astrológicas e o recurso maciço aos oráculos. O Senado Romano, inquieto, vota decretos de expulsão contra os filósofos e os retores gregos em 173, em 161 e em 92.

Nos últimos tempos da República o ritualismo exacerbado provoca duas reações: por um lado, o apelo a forças emotivas veiculadas pelos cultos estrangeiros; por outro, o impulso para o racionalismo das classes dirigentes e a tendência à superstição por parte do povo. Essa decomposição do patrimônio religioso romano abre caminho para as religiões orientais da Ásia Menor, da Síria e do Egito.

A religião romana sob o Império (29 a.C.-407 d.C.)

Em janeiro do ano 29 a.C. a *Res Publica* é restaurada por Otaviano. O Senado volta a ser a instância suprema, mas confere a Otaviano numerosos poderes e o proclama *Augustus*: sagrado e divino. Ele é o *princeps*: é o início do principado e do século de Augusto. O Alto Império durará de 29 a.C. a 192 d.C. O Baixo Império começará em 193 com Septímio Severo para se encerrar em 407 com a divisão do Império entre Oriente e Ocidente.

Augusto se apresenta como restaurador da religião nacional com o retorno às tradições. Declara-se filho de Júpiter, criador de ordem e de prosperidade, grande pontífice encarregado de lutar contra a decadência. Insiste no comportamento tradicional, o *mos majorum*, revaloriza o sacerdócio e organiza diversos colégios. Ao mesmo tempo, põe um freio na expansão dos cultos egípcios, mesmo reconstruindo o templo da *Magna Mater*. Unindo à sua pessoa a religião romana, faz do palácio imperial a sede administrativa da religião. Ao lado do seu palácio do Palatino, que o vincula a Rômulo, Augusto faz construir um templo dedicado a Apolo: latinidade e helenismo próximos. Em seu palácio eleva uma estátua e um altar à deusa Vesta. É a conjunção do sacerdócio e do poder: uma nova ideologia nasceu. Falta um passo para criar o culto imperial, e Augusto não hesita: apresenta-se como o *Imperator* e assume para si a ideologia do *Soter* das monarquias helenistas. O culto dos soberanos entra na religião romana: Augusto tem seu flâmine, seu colégio sacerdotal e seu culto.

A fundação do principado de Augusto é um evento político e religioso. César iniciara sua reforma fazendo-se eleger pontífice máximo e colocando-se sob a proteção de Apolo e do seu próprio *Genius*. Fazendo-se conferir o título de *Augustus*, abençoado pelos deuses, Otaviano se atribui um caráter sagrado. Assumindo o título de *Imperator* reverte em seu benefício a teologia romana do triunfo: torna-se rei divino, detentor da monarquia universal que recebeu dos deuses protetores de Roma. No século II d.C. os imperadores júlio-claudianos apresentam-se como filhos prediletos de Júpiter Optimus Maximus. No século III a teologia solar dará uma maior sacralização ao poder imperial. O imperador se apresenta como uma teofania do deus solar: trata-se de uma verdadeira sacralização do poder imperial. Nas fileiras do exército o culto do imperador se torna obrigatório.

Quando Augusto morre em 14 d.C., a religião romana está, portanto, profundamente mudada. O novo calendário das festas e dos cultos insere na história de Roma as comemorações de Augusto; os *sacra romana* são retomados; a helenização é reiniciada com um novo ritmo. Nas províncias orientais do Império as divindades gregas e as de Roma são assimiladas. Nas províncias ocidentais conferem-se nomes latinos às divindades dos celtas, dos germanos e dos ibérios. É a *interpretatio romana* que, segundo J. Bayet[13], contribuiu muito para a coesão do Império e a expansão de uma cultura comum. O culto imperial vai se orientando para a apoteose do imperador falecido e para a multiplicação das divindades.

A pobreza da mitologia romana

A mitologia romana parece pobre em comparação com a mitologia grega: a grande singularidade dos deuses romanos é sua espoliação. O panteão romano apresenta-se com uma relativa nudez. Com a aniquilação da Grécia no século II a.C., o predomínio de Roma aumenta sem cessar. A mitologia grega se latiniza. De conquista em conquista, os romanos adotam os deuses estrangeiros juntamente com seus mitos. Júpiter e Vênus usarão a máscara de Zeus e Afrodite.

Mas quais são as causas desse caráter despojado? Dionísio de Halicarnasso, que chegou a Roma em 31 a.C., escreve um livro sobre as *Antiguidades romanas*. Ele atribui a Rômulo um processo de purificação dos mitos que é realizado

---

13. BAYET, J. *Histoire politique*. Op. cit.

em Roma e expressa o admirado espanto dos filósofos de seu país diante dessa ausência de mitos.

Dumézil[14] considera que a invasão da mitologia grega em Roma contribuiu para o desaparecimento da mitologia romana. Assim, a Roma de Rômulo e Remo tinha mais conhecimento de mitologia do que a Roma do Império. No entanto, tal mitologia não era literária: Roma era carente de poetas. A religião romana estava essencialmente ligada ao rito. Tratava-se de interpretar a voz dos deuses: era uma religião utilitária, inserida no horizonte da cidade. Júpiter Optimus Maximus, chefe supremo do panteão, dirigia os acontecimentos do mundo e da cidade.

As teorias de Evêmero circulavam em Roma. Em seu *De natura deorum*, II, 24, Cícero (106-43 a.C.) fala da crença popular que leva ao céu os homens que se distinguiram por terem realizado feitos de ordem superior. Assim, afirmava, Hércules, Castor e Pólux, Líber tornaram-se deuses.

Referências indicativas

I – As fontes

HOMERO. *Iliade*. Org. de Rosa Calzecchi Onesti. Turim: Einaudi, 1990.

_____. *Odissea*. Org. de Rosa Calzecchi Onesti. Turim: Einaudi, 1989.

Opere di Esiodo. Org. de Aristide Colonna. Turim: Utet, 1983.

II – Obras básicas

BUFFIÈRE, F. *Les Mythes d'Homère et la pensée grecque*. Paris, 1956. Obra fundamental. Excelente bibliografia às p. 633-642.

DETIENNE, M. *Les Jardins d'Adonis* – La mythologie des aromates en Grèce. Paris: Gallimard, 1972 [trad. it., *I Giardini di Adone*, org. L. Berrini Pajetta, Turim. Einaudi: 1982].

DUMÉZIL, G. *La religion romaine archaïque*. 2. ed. Paris. Payot, 1974, p. 700 [trad. it., *La religione romana arcaica*, org. F. Jesi. Milão: Rizzoli, 2001].

_____. *Mythe et épopée*. 3 vols. Paris: Gallimard, 1968-1973 [trad. it., *Mito e epopea*: la terra alleviata, org. P. Fabbri. Turim: Einaudi, 1982].

---

14. Cf. DUMÉZIL, G. *La religion romaine archaïque*. Paris: Payot, 1966 [2. ed., 1974] [trad. it., *La religione romana arcaica*. Org. F. Jesi. Milão: Rizzoli, 2001].

FESTUGIÈRE, A.J. *Epicure et ses dieux*. Paris, 1946 [trad. it., *Epicuro e i suoi dei*, org. P. Sartori Treves. Bréscia: Morcelliana, 1952].

FRUTIGER, P. *Les Mythes de Platon*. Paris: F. Alcan, 1930.

GRAVES, R. *Les mythes grecs*. Paris: Fayard, 1967 [ed. orig. 1958; trad. it., *I miti greci*, org. E. Morpurgo. Milão: Longanesi, 1998].

GRIMAL, P. *Dictionnaire de la mythologie grecque et romaine*. 4. ed. Paris: PUF, 1969, p. 578 [trad. it., *Dizionario di mitologia greca e romana*, prefácio de C. Picard, org. C. Cordie. Bréscia: Paideia, 1987].

LAVEDAN, P. *Dictionnaire illustré de la mythologie et des antiquités grecques et romaines*. Paris: Hachette, 1931 [3. ed., 1964].

MIREAUX, E. *Les Poèmes homériques et l'histoire grecque*. 2 vols. Paris: Albin Michel, 1948-1949.

NILSSON, M.P. *Geschichte der griechischen Religion*. 2 vols. 3. ed. Munique: Beck, 1974.

PÉPIN, J. *Mythe et allégorie* – Les origines grecques et les contestations judéo-chrétiennes. 2. ed. Paris: Etudes Augustiniennes, 1976, p. 587. Bibliografia sistemática bem-estruturada às p. 517-548.

REINACH, S. *Cultes, Mythes et religions*. 5 vols. Paris: E. Leroux, 1905-1923.

ROSCHER, W.H. *Ausführliches Lexicon der Griechischen und Römischen Mythologie*. 6. vols. Leipzig: Teubner, 1884-1937. Esta obra constitui uma verdadeira enciclopédia da mitologia grega e romana.

VERNANT, J.-P. *Mythe et pensée chez les Grecs*. 2 vols. Paris: Maspero, 1971 [trad. it., *Mito e pensiero presso i Greci* – Studi di psicologia storica. Org. de M. Romano e B. Bravo. Turim: Einaudi, 2001].

_____. Grecia – Il problema mitológico. In: *Dizionario delle mitologie e delle religioni*, II. Milão: Rizzoli, 1989, p. 835-841.

Estes trabalhos básicos permitem a realização de pesquisas mais aprofundadas aos que o desejarem.

III – Compêndio bibliográfico sobre a religião grega

1 Alguns artigos de enciclopédias

Encyclopaedia Universalis. Art. de P. Lévêque e A.J. Festugière. La religion grecque. Vol. 7, p. 1.024-1.040.

Histoire des religions. Vol. 3. Paris: Bloud et Gay, 1955. Art. de E. Des Places. Les religions de la Grèce antique, p. 149-292.

QUILLET, A. *Histoire générale des religions* – Vol. Grèce-Rome. Paris: Quillet, 1944: Art. de J. Charbonneaux. La religion égéenne préhellénique, p. 3-23. • Art. de A.J. Festugière. La religion, p. 25-147. • Art. de M. Nilsson. La mythologie, p. 149-289. • Na edição de 1960, art. de A.J. Festugière. La religion, p. 465-757.

2 Obras sobre a religião grega

BREMMER, J.N. *Greek Religion*. Oxford: Oxford University Press, 1994 [trad. it., *La religione greca*. Posfácio de G. Casadio. Cosenza: Lionello Giordano, 2002].

BREMOND, A. *La piété grecque*. Paris: Bloud et Gay, 1914.

BRUIT ZAIDMAN, L. *Le commerce des dieux* – Eusebeia, essai sur la piété en Grèce ancienne. Paris: La Découverte, 2000.

BRUIT ZAIDMAN, L. & SCHMITT PANTEL, P. *La religion grecque*. Paris: Armand Colin, 1989 [trad. it., *La religione greca*. Org. de G. Viano Marogna. Roma/Bari: Laterza, 1992].

BURKERT, W. *La religione greca*. Ed. atual. Org. de G. Arrigoni. Milão: Jaca Book, 2003.

CHAUVIN, P. *La mythologie grecque*. Paris: Flammarion, 1998.

DES PLACES, E. *La religion grecque*. Paris: Picard, 1969.

DETIENNE, M. & SISSA, G. *La vie quotidienne des dieux grecs*. Paris: Hachette, 1989 [trad. it., *La vita quotidiana degli dei greci*. Org. C. Gaspari. Roma/Bari: Laterza, 2005].

DUMORTIER, J. *La religion grecque*. Lille: Catholicité, 1947.

FESTUGIÈRE, A.J. *La vie spirituelle en Grèce à l'époque hellénistique*. Paris: Picard, 1977.

_____. *Études de religion grecque et hellénistique*. Paris: Vrin, 1972.

GRAF, F. *Griechische Mythologie* – Eine Einführung. 4. ed. Munique/Zurique: Artemis, 1997.

GRIMAL, P. *La mythologie grecque*. Paris: PUF, 1953 [trad. it., *La mitologia greca*. Org. de G. Falco. Milão: Garzanti, 1962].

HÄGG, R. *The Role of Religion in the Early Greek Polis*. Estocolmo: Paul Astroms Forlag, 1996.

JOST, M. *Aspects de la vie religieuse en Grèce* – Du début du Ve siècle à la fin du IIIe siècle av. J.-C. 2. ed. Paris: Sedes, 1992.

LÉVÊQUE, P. & SÉCHAN, L. *Les grandes divinités de la Grèce*. 2. ed. Paris: Colin, 1990.

MARCONI, M. La mythologie de la Grèce archaïque. In: *Encyclopédie des religions*, p. 125-145.

MARTIN, M. & METZGER, H. *La religion grecque*. Paris: PUF, 1976.

NILSSON, M.P. *Les croyances religieuses de la Grèce antique*. Paris: Payot, 1955.

OTTO, W. *Les dieux de la Grèce*. Paris: Payot, 1981 [trad. it., *Gli dei della Grecia –* L'immagine del divino riflessa dallo spirito greco. Org. de G. Federici Airoldi. Florença: La Nuova Italia, 1968].

PARKER, R. *Athenian Religion –* A History. Oxford: Clarendon Press, 1996.

PICARD, C. *Les religions préhelléniques –* Créte et Mycènes. Paris: PUF, 1948.

PIRENNE-DELFORGE, V. Religion grecque. In: LEHMANN, Y. (org.). *Religions de l'antiquité*. Paris: PUF, 1999, p. 79-175.

PRICE, S. *Religions of the Ancient Greeks*. Cambridge: Cambridge University Press, 1999 [trad. it., *Le religioni dei greci*. Org. de M. Serra. Bolonha: Il Mulino, 2002].

ROBERT, F. *La religion grecque*. Paris: PUF, 1981.

RUDHARDT, J. *Notions fondamentales de la pensée religieuse et actes constitutifs du culte dans la Grèce classique*. 2. ed. Paris: Picard, 1992.

SAÏD, S. *Approches de la mythologie grecque*. Paris: Nathan, 1993 [trad. it., *Introduzione alla mitologia greca*. Org. de M.T. Ricci. Roma: Riuniti, 1998].

SCARPI, P. La religione greca. In: FIROLAMO, G. (org.). *Storia delle religioni –* Le religioni antiche. Roma/Bari: Laterza, 1994, p. 283-330.

SFAMENI GASPARRO, G. Le religioni del mondo ellenistico. In: FIROLAMO, G. (org.). *Storia delle religioni –* Le religioni antiche. Roma/Bari: Laterza, 1994, p. 409-452.

SIMON, E. *Die Götter der Griechen*. Munique: Hirmer, 1998.

SPILLER, L. La religion grecque classique et hellénistique. In: *Encyclopédie des Religions*, p. 147-160.

IV – Compêndio bibliográfico sobre a religião romana

1 Obras gerais

HILDEGARD TEMPORINI (org.). *Aufstieg und Niedergang der Römischen Welt*. Trata-se de uma obra coletiva realmente importante. É possível consultar a série de volumes publicados e a bibliografia elaborada pelos autores.

2 Outros trabalhos

Remetemos aos trabalhos de Georges Dumézil e aos de Huguette Fugier.

BAYET, J. *Histoire politique et psychologique de la religion romaine*. Paris: Payot, 1969. Cf. a bibliografia ali publicada, às p. 291-312 [trad. it., *La religione romana* – Storia politica e psicologica. Org. de G. Pasquinelli. Turim: Bollati Boringhieri, 1992].

BEARD, M.; NORTH, J. & PRICE, S. *Religions of Rome*. 2 vols. Oxford: Oxford University Press, 1998.

BLOCH, R. *Recherches sur les religions de l'Italie antique*. Genebra: Droz, 1976.

BOISSIER, G. *La Religion romaine d'Auguste aux Antoins*. 2. vol. Paris, 1874.

CANCIK, H. La religione romana. In: FILORAMO, G. (org.). *Storia delle religioni* – Le religioni antiche. Roma/Bari: Laterza, 1994, p. 349-408.

CARCOPINO, J. *Aspects mystiques de la Rome païenne*. Paris: L'Artisan du Livre, 1941.

CHAMPEAUX, J. *La religion romaine*. Paris: Le Livre de Poche, 1998 [trad. it., *La religione dei romani*. Org. de N. Salomon. Bolonha: Il Mulino, 2002].

CUMONT, F. *Les religions orientales dans le paganisme romain*. 4. ed. Paris, 1929 [trad. it., *Le religioni orientali nel paganesimo romano*. Org. de L. Salvatorelli. Bari: Laterza, 1967].

GAGE, J. *La Chute des Tarquins et les débuts de la République romaine*. Paris: Payot, 1976.

GRIMAL, P. *La civilisation romaine*. Paris: Arthaud, 1960 [trad. it., *La civiltà romana*. Org. de J.-P. Le Divelec. Florença: Sansoni, 1961. Roma: Newton & Compton, 2007].

LE GALL, J. *La religion de l'époque de Caton l'Ancien au règne de l'empereur Commode*. Paris, 1975.

LE GLAY, M. *La religion romaine*. 2. ed. Paris: Colin, 1991.

LEHMANN, Y. *La religion romaine*. Paris: PUF, 1993.

LIEBESCHUETZ, J.H.W.G. *Continuity and Change in Roman Religion*. Oxford: Clarendon, 1979.

MARTINEZ-PINNA, J. & MONTERO, S. Roma. In: BLÁZQUEZ, J.M.; MARTINEZ-PINNA, J. & MONTERO, S. *Historia de las religiones antiguas* – Oriente, Grecia y Roma. Madri: Cátedra, 1993, p. 395-616.

MESLIN, M. *L'Homme romain des origines au Ier siècle de notre ère*. Paris: Hachette, 1978 [trad. it., *L'uomo romano* – Uno studio di antropologia. Milão: Mondadori, 1981].

PORTE, D. La religion romaine traditionnelle. In: *Encyclopédie des Religions*, p. 189-207.

RÜPKE, J. *La religione dei romani*. Org. de U. Gandini. Turim: Einaudi, 2004 [orig., *Die Religion der Römer* – Eine Einführung. Munique: C.H. Beck, 2001].

SABBATUCCI, D. *La religione di Roma antica*. Milão: Il Saggiatore, 1988.

SCHEID, J. *La religion des Romains*. Paris: Colin, 1998 [trad. it., *La religione a Roma*. Org. de M.N. Pierini. 5. ed. Roma/Bari: Laterza, 2004].

_____. *Religion et piété à Rome*. Paris: La Découverte, 1985.

SCHILLING, R. *Rites, cultes, dieux de Rome*. Paris: Klincksieck, 1979.

SIMON, E. *Die Götter der Römer*. Munique: Hirmer, 1990.

TURCAN, R. *Rome et ses dieux*. Paris: Hachette, 1998.

Cf. os artigos do verbete "Rome". In: *Encyclopédie Universalis*. Vol. 14. Paris, 1972, p. 379-430. Ed. por R. Bloch, P. Petit, E. Grimal, G.C. Picard e P. Aubenque.

II – A antiguidade cristã*

1 Os filósofos neoplatônicos

A filosofia grega foi muito crítica em relação a Homero e Hesíodo. Platão, em especial, criticou os deuses combativos e libertinos da *Ilíada* e da *Odisseia*, tão próximos dos humanos, mesmo tendo, por sua vez, criado mitos com o objetivo de conferir outra face à divindade. O evemerismo lançou um amplo movimento de secularização.

O neoplatonismo e sua posição em relação ao mito

Em sentido estrito, o neoplatonismo é uma Escola filosófica que se vincula a Platão e cujo fundador é Plotino (205-207 d.C.). Ele se fundamenta em três princípios: primeiramente, a fonte de tudo é um Princípio inefável, simbolicamente chamado de o Uno ou o Bem. Em segundo lugar, na origem de todo pensamento, os neoplatônicos admitem uma espécie de coincidência mística, também ela inexprimível, com esse Princípio inefável. Por intermédio do esforço filosófico, eles buscam alcançar essa raiz eterna da alma. Trata-se de uma tentativa de junção dialética sem confusão de essência, sem abolição do sujeito espiritual. Desse modo, a filosofia coincide com a religião.

Os comentadores neoplatônicos se voltam para as doutrinas de Platão como para um ensinamento atual, capaz de esclarecer os novos problemas. O movi-

_____
* In: *Il mito e il suo significato*. Milão: Jaca Book, 2005, p. 61-84.

mento neoplatônico emerge de uma série de Escolas que deram continuidade ao estudo de Platão. Entre elas, encontramos os círculos pitagóricos e o estoicismo (Sêneca, Epicteto, Marco Aurélio). Vai-se em busca de uma sabedoria oculta em toda fórmula dos filósofos antigos.

Quanto à posição neoplatônica em relação ao mito, primeiramente é preciso considerar o fato de que o neoplatonismo se origina de uma série de Escolas cujos teóricos são os precursores da Escola plotiniana. Por isso podemos falar de uma reação neoplatônica organizada desde o início de nossa era em oposição ao evemerismo.

A reação neoplatônica do início de nossa era confere a Homero a sabedoria que Platão lhe negara, e Homero se torna o poeta que transmitiu uma revelação. Ele é o protótipo daqueles que atingem a imortalidade, graças à *sofia*, o saber, à *gnosis*, a gnose, e à *mousomania*, o culto às musas. Homero, representado nos sarcófagos, até mesmo em Roma[15], hauriu na fonte divina a sabedoria que infunde nos mitos.

Os neoplatônicos se interessam, antes de tudo, pelo destino das almas: sua chegada à terra, sua partida para longe dela. Ao se interessarem pelo problema das almas, mais do que pela questão dos deuses, eles farão de Homero um promotor da crença na imortalidade.

Desse modo, banido por Platão, reduzido por Evêmero ao papel de criador de falsos deuses, Homero volta a triunfar. Ele assume lugar acima de Platão. Torna-se uma autoridade quase divina, uma vez que o poeta recebeu uma missão do céu: instruir os homens, ensinar-lhes a verdade, mostrar-lhes a estrada rumo à perfeição humana. Para os neoplatônicos, Homero é um grande vidente. Ele conhece todos os mistérios do homem e da divindade.

Heráclito o Retor

Heráclito o Retor (também chamado de Pseudo-Heráclito) viveu no século I de nossa era[16].

---

15. Cf. CUMONT, F. *Recherches sur le symbolisme funéraire des romains*. Paris: Librairie Orientaliste Paul Geuthner, 1942.

16. *Les allégories homériques*. Veneza, 1505. Cf. tb. HERÁCLITO. *Questiones homericae*. Ed. por F. Oelmann. Leipzig: Teubner, 1910.

O estoicismo, fundado por Zenão no século IV a.C., é ao mesmo tempo um materialismo e um panteísmo. Em síntese extrema, pode-se dizer que para os estoicos os únicos seres são os corpos; a força é inseparável da matéria e constitui a alma do mundo; o bem soberano consiste no esforço para chegar à virtude.

Autor obscuro, que viveu entre o século I a.C. e o século I d.C., Heráclito se propõe tomar a defesa de Homero. Cântico por cântico, ele mostra o significado autêntico dos poemas homéricos fazendo, dessa forma, uma verdadeira exegese alegórica do texto e apresentando o poeta como um grande iniciador nos mistérios dos céus e dos deuses. Ele tributa a Homero um louvor sem reservas.

Estoico, ele permanece fiel ao materialismo panteísta de Zenão, e sua interpretação alegórica dos mitos está em perfeito acordo com a filosofia que professa: as histórias divinas nada fazem além de mascarar as leis principais da física, das quais Homero foi o pioneiro.

É a natureza primeira e fundamental do universo que será, em Homero, o objeto das histórias dos deuses.

Ainda não estamos na perspectiva neoplatônica. Trata-se de uma exegese cosmológica: os mitos explicam as leis físicas. Mas essa exegese está baseada numa teoria do simbolismo[17].

Plutarco (50-120 d.C.)

Plutarco, os epicuristas e os estoicos

Nascido em Queroneia da Beócia, membro do colégio sacerdotal de Delfos, Plutarco é um platônico eclético. Em seu *Diálogo sobre os oráculos da Pítia*, ele dá os elementos de interpretação do mito[18]. Suas funções sacerdotais a serviço de Apolo o levavam a interpretar os oráculos da Pítia e de Delfos.

---

17. A respeito do Pseudo-Heráclito, cf. PÉPIN, J. *Mythe et allégorie* – Les origines grecques et les contestations judéo-chrétiennes. 2. ed. Paris: Études Augustiniennes, 1976, p. 159-167. O autor descreve difusamente o modo com que Heráclito pinta Homero como mestre de sabedoria para todos os anos da vida e como aquele que abriu aos homens o caminho para a felicidade. Os relatos homéricos são alegóricos. O Pseudo-Heráclito aplica a eles a alegoria psicológica e moral.

18. Para nossa discussão são publicações importantes: VERNIÈRE, Y. *Symboles et mythes dans la pensée de Plutarque*. Paris: Les Belles Lettres, 1977, bibliografia, p. 341-358 – A obra de Vernière é fundamental para nosso estudo. • HANI, J. *La religion égyptienne dans la pensée de Plutarque*. Paris: Les Belles Lettres, 1976. • BABUT, D. *Plutarque et le stoïcisme*. Paris: PUF, 1969, bibliogra-

Plutarco é um platônico convicto e se opõe aos estoicos e aos epicuristas. Para ele, as diversas religiões honram o mesmo Deus e constituem diferentes aspectos de um mesmo pensamento religioso. Os mitos escondem verdades profundas que são parcialmente idênticas, uma vez que a verdade é una.

Plutarco é um helenista. Para ele, a sabedoria assume o papel de sacerdote universal. Platão lhe oferece uma teologia correspondente a sua sensibilidade: um deus pessoal e vivo, criador do mundo, um ideal elevado sob uma forma admirável, uma moral do belo e do bem. Como um platônico verdadeiro, ele se opõe aos estoicos, que confundem Deus com o mundo[19] e os censura por fazerem violência aos mitos e os desviarem de seu significado. Sua preocupação é salvaguardar a pureza e a perfeição dos deuses garantes da moral dos homens, motivo pelo qual considera perigoso encerrá-los em exegeses físicas.

Na realidade, Plutarco tem o mesmo projeto dos estoicos, que tentavam conciliar os mitos com a filosofia, mas se situa numa perspectiva diversa, visto que a interpretação estoica confunde a pessoa de deus com as realidades materiais. Ele se situa criticamente em relação a eles "porque se encontra diante da impossibilidade de distinguir, nos textos estoicos, entre um 'sentido próprio' e um 'sentido figurado' do nome divino, entre a pessoa mesma de deus e a potência que ele emana ou dirige"[20].

A exegese alegórica de Plutarco

A contribuição de Plutarco à exegese alegórica decorre em grande parte de seu estudo sobre os oráculos da Pítia e de Delfos. Na época clássica, os oráculos eram feitos numa linguagem obscura, em termos velados. Era necessário dar-lhes

---

fia, p. 534-543. [trad. it., *Plutarco e lo stoicismo*. Milão: Vita & Pensiero, 2003]. Além dessas três obras ainda podem ser consultados outros trabalhos que se ocuparam do mito nas obras de Plutarco: PÉPIN, J. *Mythe et allégorie*. Op. cit., p. 178-188. • RIES, J. *Osirisme et monde hellénistique*. Louvain-la-Neuve, 1980 [Col. "Information et Enseignement" 12] (sobre a religião egípcia na época helenística, esp. o *De Iside et Osiride* de Plutarco). Para a bibliografia das obras de Plutarco, cf. Vernière e Babut. A obra que mais nos interessa é o conjunto dos *Dialoghi pitici* (PLUTARCO. *Diatriba isiaca e dialoghi delfici*. Org. de V. Cilento. Texto e versão de *Iside e Osiride, La E delfica, I responsi della Pizia, Il tramonto degli oracoli*. Florença: Sansoni, 1962).

19. Cf. BABUT, D. *Plutarque et le stoïcisme*. Op. cit. O autor evidencia o argumento de modo excelente, p. 367-388.

20. Ibid., p. 388.

uma interpretação. Posteriormente, a Pítia adotou uma linguagem clara, diretamente acessível. Plutarco considera que isso seja um bem: "Tendo tirado dos oráculos os versos, as glosas, as perífrases e as obscuridades, o deus dispõe a Pítia a falar aos consulentes assim como as leis falam à cidade, como os reis se encontram com os povos e como os discípulos ouvem os mestres, adaptando-se ao inteligível e ao persuasivo"[21].

Plutarco insiste no sentido moral do ensinamento. Os mitos são portadores de ensinamento. Y. Vernière distingue em Plutarco uma tríplice missão da exposição simbólica[22]:

a) O mito-ornamento. Trata-se de uma operação estética, referente sobretudo aos mitos criados por Plutarco. Mas essa operação é posta a serviço de um grande desígnio, na medida em que o mito tem duas funções: a primeira é ilustrar uma ideia e, ao mesmo tempo, conferir-lhe um revestimento concreto que a torne acessível, e a segunda é transpor a discussão para um plano mais elevado, trazendo-a para o centro de uma experiência mais ampla e mais secreta.

b) O mito-ensinamento. Não é preciso, portanto, deixar-se ofuscar pela beleza das cores. O mito é portador de verdades, mas não substitui o raciocínio. Plutarco afirma: "Não devemos tratar os mitos como se eles fossem ouro repleto de verdades, mas devemos tomar a parte vantajosa de cada mito, de acordo com sua verossimilhança"[23].

Estamos num contexto pedagógico que insiste no valor do símbolo. Plutarco se deteve sobre este ensinamento: "Sem querer esconder a verdade, mas desviando sua manifestação como um raio luminoso que assume na poesia reflexos e se divide muitas vezes, o deus elimina aquilo que tem de resistente e de duro"[24].

Desse modo, os sábios penetram nos arcanos do mito. Essa é a pedagogia da *elite*. Mas há também uma pedagogia para as almas simples que entram no significado do mito graças às imagens. O mito não constitui um elemento de ensinamento racional. Ele é um todo de múltiplas facetas.

---

21. PLUTARCO. *Gli oracoli della Pizia*. Org. de E. Valgiglio. Nápoles: D'Auria, 1992, p. 123, 406F.

22. VERNIÈRE, Y. *Symboles...* Op. cit., p. 309-317.

23. *De Iside*, 374E [trad. it., PLUTARCO. *Diatriba isiaca*. Op. cit., p. 107].

24. PLUTARCO. *Gli oracoli della Pizia*. Op. cit., p. 127-129, 407E.

c) O mito-magia. Plutarco se opôs ao racionalismo estoico e a sua negação da sensibilidade. Para ele, é preciso deixar-se encantar pelo mito e entrar num mundo de signos mágicos: é o chamamento ao irracional, à emoção poética e religiosa: "Para ele, sacerdote de Delfos, como para Sócrates, outro devoto de Apolo, se magia e religião têm uma origem comum, uma se desenvolveu no sentido da ilusão, a outra, no sentido da verdade"[25].

Plutarco está preocupado com a ligação do homem com o divino. Ele retoma a doutrina dos demônios. A doutrina demônica permite a Plutarco dar uma solução a três problemas: o da Transcendência divina, o que diz respeito à Providência de Deus e o problema do mal, o do socorro que Deus concede aos homens.

Nos mitos, alguns personagens são demônios que levam a própria ajuda aos homens. Outros são demônios que se comportam mal e que maltratam os homens que por missão deveriam socorrer. Plutarco aceita a mortalidade dos demônios. Sua insistência tanto na demonologia da maldade quanto na da benevolência lhe permite fazer uma síntese de diversas tradições. "A demonologia plutarquiana só tem sentido a partir do ponto de vista dualista. Aos olhos de Plutarco, os demônios só se justificam se deixam de ser as potências obscuras e temperamentais das crenças populares, ou as divindades da segunda região da concepção estoica, para se tornarem seres mistos, cujas manifestações, benévolas ou malévolas, estão todas inscritas na ordem geral de um universo dividido por duas potências, preservando a transcendência da que é divina, mesmo servindo de ponto de conjunção com o resto do mundo"[26].

A demonologia de Plutarco

A palavra *daimon* tem um sentido vinculado às diversas etapas do pensamento religioso grego. Em Homero, significa *theos* como potência divina, ou portador de potência, portador que não é claramente identificado. Hesíodo fala de demônios a propósito dos heróis da era arcaica.

---

25. VERNIÈRE, Y. *Symboles...* Op. cit., p. 317. No sentido da doutrina dos demônios em Plutarco, cf. BABUT, D. *Plutarque et le stoïcisme*. Op. cit., p. 389-440. • SOURY, G. *La démonologie de Plutarque*. Paris, 1942. • VERNIÈRE, Y. *Symboles...* Op. cit., p. 249-262.

26. BABUT, D. *Plutarque et le stoïcisme*. Op. cit., p. 439-440.

Platão esboçou uma ciência da demonologia. No *Banquete*, 202, os demônios levam aos deuses as orações e os sacrifícios dos homens. Em seguida, eles transmitem aos homens a vontade dos deuses e os dons auferidos pelos sacrifícios oferecidos aos deuses. Seu papel é de intermediários na magia, nos sacrifícios, na iniciação. Os deuses falam aos homens por meio dos demônios.

Essa doutrina platônica posteriormente é desenvolvida. O século II é ávido de intervenções sobrenaturais. Daí a incessante intervenção desses seres enviados pelos deuses, na qualidade de curadores, conselheiros, mensageiros do invisível, companheiros de viagem. Encontramos na *Odisseia* um primeiro esboço dessa doutrina: "Frequentemente os deuses, semelhantes a hóspedes de outras regiões, vagam sob todas as formas pelas cidades, para ver as prevaricações ou os retos costumes dos homens"[27].

Plutarco se situa entre Platão e os neoplatônicos. Ele tem uma doutrina elaborada no contexto do fim do século I cristão.

Um exemplo: a interpretação demoníaca do mundo isíaco. Em *De Ísis* 25, Plutarco diz: "É preferível, portanto, o juízo daqueles que pensam que as narrativas sobre Tífon, Osíris e Ísis são fatos ocorridos não a deuses ou a homens, e sim a demônios poderosos. Platão, Pitágoras, Xenócrates e Crisipo, seguidores dos primitivos escritores de coisas sagradas, afirmam que os demônios são dotados de forças sobre-humanas, de modo que ultrapassam em muito, em extensão de potência, a nossa natureza, mas não possuem, contudo, o elemento puro e incontaminado, mesmo que a um tempo partícipe de uma dúplice sorte, por unir natureza espiritual e sensação corpórea, na qual integra prazer e tribulação; e tal elemento misto é exatamente a fonte da perturbação, maior em alguns, menor em outros. Mesmo entre os demônios, nem mais nem menos do que entre os homens, surgem diferenças na gradação do bem e do mal"[28].

A demonologia subentende a exegese dualista do mito e orienta o iniciado nos mistérios e no contato com as realidades da salvação. É justamente nesse contexto que Plutarco fala de demonologia e de iniciação aos mistérios.

---

27. *Odisseia* XVII, 486.

28. Cf. o texto em PLUTARCO. *Diatriba Isiaca*. Op. cit., p. 47, 360EF.

Máximo de Tiro

Máximo é um platônico eclético que viveu em Roma do ano 180 ao ano 192. Segundo a sugestiva expressão de Pépin, Máximo de Tiro tem nostalgia do mito. A seu ver, a alma tem necessidade do mito, assim como as crianças têm necessidade de ser embaladas com fábulas. Ao se tornar adulta, essa alma se exprime claramente, liberta os mitos do véu que os cobre e exige uma linguagem transparente.

O mito vem na linguagem religiosa das origens, mas, apesar disso, comporta numerosas vantagens: confere solenidade e prestígio à verdade; estimula a pesquisa porque lhe subtrai o objeto; torna mais preciosa a descoberta da verdade, pois valoriza a pesquisa.

Máximo também possui uma demonologia; contudo, ela é mais serena que a de Plutarco. Máximo não considera que os demônios sejam bodes expiatórios. Ele os vê como mensageiros de Deus e guias dos homens. Ele reverbera as ideias dos místicos pagãos do século II, que desejam um contato com o divino e para os quais até os heróis de Homero parecem exemplos, uma vez que têm contato pessoal com os deuses.

Plutarco e Máximo plasmam uma teoria que permite reconhecer um lugar para os deuses homéricos no pensamento platônico: é a teoria dos demônios. De fato, acima dos demônios, subsistem os deuses cujos nomes eles trazem. Os deuses, portanto, são desdobrados, segundo uma concepção à qual não é estranha uma influência das religiões orientais. O fenômeno dos deuses gêmeos é conhecido também em alguns ambientes gnósticos: o bem é atribuído ao deus, o mal, ao demônio. Aqui estamos tocando um aspecto do dualismo gnóstico fortemente difundido no mundo mediterrâneo no século II. Graças à descoberta da biblioteca copta de Nag Hammadi, em 1945, podemos conhecer melhor essas correntes dualistas do século II e do século III.

Plotino (205-270 d.C.)

Plotino nasceu em Licópolis (Assiut) no Alto Egito. Aos 28 anos, está em Alexandria, capital do mundo intelectual, encruzilhada das religiões. Segundo a tradição, no ano 234, ele entra no *comitatus* do Imperador Gordiano, que marcha contra Shapur I. Em 244, depois do assassinato de Gordiano, Plotino chega a Roma, onde funda uma Escola. Em sua vida, portanto, encontram-se três correntes de pensamento, ligadas a sua permanência no Egito, em Alexandria e em Roma. Alguns de seus amigos de Alexandria e da Síria juntam-se a ele: a escola tem uma forte marca oriental. Em 263, chega Porfírio, que se encarregará da edição das obras do mestre: as *Enéadas*[29].

Em dois diálogos, o *Íon* e o *Fedro*, Platão definira a inspiração. O poeta é possuído pelas Musas que assumiram o cuidado de sua alma. Ele entra num delírio sagrado que excita a alma do poeta e a faz vibrar. Platão recusara Homero como poeta inspirado. Para ele, são necessários poetas filósofos que tenham acesso ao mundo imaterial. Plotino modifica essa visão da estética. A seu ver – *Enéadas* V, 8,1 –, o artista toma a si mesmo como modelo. Visionário e profeta, reproduz a ideia mesma. A alma está imersa na vida divina. É o próprio Deus quem, nela, pensa.

Plotino se interessa pela *Teogonia* de Hesíodo. Urano simboliza o deus supremo. Dele nasce a inteligência representada por Cronos. Essa inteligência, o *logos*, gera os seres, as ideias, os deuses inteligíveis. Ao atingir a perfeição, o *logos* produz uma imagem de si mesmo, o *nous*, Zeus.

Desse modo, Plotino transpõe a tríade de Hesíodo – Urano, Cronos, Zeus –, fazendo dela, respectivamente, o "uno", o "*logos*" e o "*nous*".

Assim como Platão, Plotino utiliza o mito para o ensino. O mito é imagem. Em virtude disso, ele reflete a verdade mediante uma espécie de pacto natural. A partir do momento em que não é ele próprio a verdade, é necessário ir além do mito. Para tanto, este deve ser interpretado. Por meio de sua filosofia da imagem, Plotino elabora uma filosofia do mito. A representação de uma coisa por imagem é como um espelho capaz de conhecer sua aparência. O mito, imagem de uma realidade, é um meio conveniente e concreto para expressar essa realidade. Plotino faz uma releitura pessoal dos mitos, atribuindo-lhes uma polivalência que não encontramos junto aos exegetas clássicos de Homero e de Hesíodo, criando assim

---

29. PLOTINO. *Enneadi*. Org. de Giuseppe Faggin. Milão: Bompiani, 2000. Sobre Plotino e os mitos, cf. PÉPIN, J. Plotin et les mythes. In: *Rev. Philos. de Louvain*, 53, 1955, p. 5-27. • PÉPIN, J. *Mythe et allégorie*. Op. cit., p. 190-209. • COCHEZ, J. Les religions de l'Empire dans la philosophie de Plotin. In: *Mélanges Moeller*. Louvaina/Paris, 1914.

uma verdadeira Escola. Seus discípulos, Porfírio, Jâmblico, Siriano de Atenas e Proclo, usarão o mito como meio de expressão[30].

Porfírio

Neoplatônico da Escola de Roma. Nascido em Tiro em 234 d.C., viveu em Roma com Plotino de 263 a 268. Defensor do helenismo, escreveu quinze livros contra os cristãos, que se perderam, contudo. Foi o inspirador de toda a oposição pagã contra o cristianismo subsequente à publicação de seus escritos. Seu livro sobre a filosofia está parcialmente conservado graças a uma versão armênia.

Ele nos deixou um tratado de exegese homérica: *O antro das ninfas*[31]. Segundo Buffière, estamos falando de um tratado compósito e heterogêneo: "A sabedoria de Zoroastro vem em socorro da de Platão; o misticismo astral da antiga Grécia vem submerso nos sonhos astrológicos importados do Egito ou da Caldeia; as alusões aos mistérios de Mitra ou ao ensinamento dos Órficos se aproximam das citações de Heráclito de Éfeso"[32].

Já no título da obra podemos encontrar elementos mitológicos: as cavernas, antes de tudo, são relacionadas ao culto da divindade entre os gregos e os persas. Porfírio menciona cavernas célebres em Creta, na Arcádia, na Ilha de Naxos. A caverna é uma porta de entrada para o mundo subterrâneo, mistério da penumbra. Também é um lugar sagrado das epifanias. Quanto às ninfas, trata-se tanto de divindades das águas quanto das almas que tomaram corpo neste mundo.

De acordo com Porfírio, o mito é constituído pelo maravilhoso: é isso que provoca o assombro e que conduz à pesquisa. Ele tem duas características: é um meio de reflexão na medida em que, graças a seu mistério, impele o homem a refletir no campo religioso; e permite manter em segredo a verdade dos deuses e realizar uma seleção na liturgia dos mistérios. Desse modo, desempenha um papel importante na iniciação. Através do mito se produz nos espíritos uma participação simpatética nas ações sagradas. A alegoria é um meio de associação à

---

30. FRIEDL, A.J. *Die Homer* – Interprétation des Neuplatoniker Proklos. Dissertação de mestrado. Würzburg, 1934.

31. Cf. BUFFIÈRE, F. *Les mythes d'Homère et la pensée grecque*. Paris, 1956, p. 597-616.

32. Ibid., p. 419.

celebração dos mistérios. O simples e o erudito podem participar, cada qual assumindo o próprio papel segundo as próprias possibilidades.

Porfírio também escreveu um tratado sobre as estátuas dos deuses. Esse tratado perdido foi, porém, parcialmente retomado por Eusébio, *A preparação para o Evangelho* III, VII. Nessa obra, Porfírio estuda o simbolismo das estátuas. Ele diz que os escultores usam o mármore e o marfim, visto que a divindade é toda luz, e utilizam o ouro, que evoca a perfeita pureza.

E ainda passa em revista os deuses gregos e os deuses do Egito. Depois de ter falado de Zeus, concentra-se nos deuses específicos que presidem os diversos elementos e se esforça para diferenciá-los, para atribuir a cada qual um papel bem definido. Porfírio é estoico: para ele, Zeus é o deus total, os outros deuses são partes ou aspectos dele: cada um deles tem o próprio papel e o próprio lugar. Em seus ataques contra os cristãos, Porfírio recusa a eles o direito de fazer uma interpretação alegórica do texto sagrado e rejeita, particularmente, o método de Orígenes que pretende fazer do texto bíblico o uso que os pagãos fazem do texto de Homero.

2 Fílon de Alexandria

Fílon nasceu por volta do ano 13 a.C. e morreu entre os anos 45 e 50. É um judeu de Alexandria. Uma lenda cristã fez dele um criptocristão. Sua tendência de espírito é grega, seu pensamento é judaico. Fílon tenta mostrar aos pagãos que o Pentateuco é conciliável com as religiões pagãs utilizando para esse propósito a exegese alegórica. Por vezes, se tem a impressão de que Fílon relaciona o drama bíblico a uma alegoria do drama interior da alma. Apesar disso, ele mantém dois aspectos: as realidades históricas dos acontecimentos narrados pela Bíblia e a realidade das características históricas dos povos de que fala.

Para Fílon, existem três espécies de conhecimento: o conhecimento das realidades deste mundo, o nível de conhecimento simbólico que se desenvolve no método alegórico e o nível da contemplação sem mistura[33].

---

33. A mais ampla edição crítica das obras de Fílon foi feita por COHN, L. & WENDSLAND, P. Berlim, 1896-1915, 6 vols.

Fílon identifica na Escritura a existência de um duplo conteúdo, uma vez que nela existem dois significados: o sentido natural das fórmulas e o sentido oculto dos quais essas fórmulas são o símbolo. Ele distingue, portanto, o relato explícito e o significado subjacente. Este último sentido é o sentido alegórico.

O sentido alegórico é mais instrutivo que o sentido literal. Todos os personagens, todos os objetos postos em cena na Escritura devem ser submetidos à interrogação alegórica. Até mesmo as doutrinas físicas são suscetíveis à alegoria.

Mas qual é a sua posição no que diz respeito à mitologia grega? Fílon conhece a mitologia grega: aceita uma série de mitos, retoma-os para uso próprio e funda com eles sua própria filosofia.

Fílon nutre uma grande admiração por Homero e Hesíodo, em particular. Quer salvá-los da acusação de impiedade e, em vista disso, aplica a seus mitos a própria exegese alegórica: "Tu ignoras, amigo da sabedoria, tu que às vezes te baseias nesses versos para acusar o conjunto do gênero humano, que não é assim. Pois se a glória de Hesíodo e de Homero alcançou as extremidades da terra, a razão disso são os ensinamentos que se encerram nos relatos"[34].

Fílon conhece as interpretações alegóricas que os gregos atribuíam a seus principais mitos e as aceita, apesar de seguir, mais de uma vez, caminhos originais. Dessa maneira, a seu ver, as cavernas do Hades são a imagem da vida diminuída; o canto das Sereias de Homero é a imagem da música das esferas celestes; Pandora representa a terra.

Todavia, Fílon também propõe uma compenetração da Bíblia e da mitologia grega, ao fazer um ensaio de mitografia comparada. De acordo com Pépin, o trabalho de Fílon lembra aquele que encontramos em outra obra: os *Oráculos sibilinos*. O Zeus dos gregos remete ao Deus da Bíblia que brande a espada, o fogo, os ventos. Os anjos bíblicos são reencontrados sob o aspecto das musas gregas. Tributário da alegoria estoica, Fílon frequentemente recorre ao simbolismo cósmico. Podemos recordar Pépin[35], que nos dá um exemplo da mitografia comparada aplicada por Fílon à exegese bíblica, citando o texto: "Eis mais ou menos os dois únicos caminhos de toda a legislação: um é o que tende ao verdadeiro; por meio dele se dispôs a frase 'Deus não é como um homem [Nm 23,19]'; o outro é

---

34. *De Providentia* II, 40.

35. PÉPIN, J. *Mythe et allégorie*. Op. cit., p. 238.

o que tende para a opinião dos espíritos mais lentos, dos quais se diz: 'O Senhor Deus te instruirá, como um homem instruiria seu filho [Dt 8,5]'". Falando da Bíblia, Fílon vê nesses mesmos dois princípios exegéticos os dois canais por meio dos quais Deus se revela.

De acordo com Pépin, não há dúvida: os princípios alegóricos de Fílon são de origem grega. Não nos deteremos mais sobre Fílon de Alexandria, que se situa entre o mundo grego e o mundo cristão[36].

3 Apologetas cristãos

Os Padres Apostólicos

Esses escritores do século I e do início do século II não são polemistas: trata-se de Barnabé, de Clemente de Roma, de Inácio de Antioquia, de Policarpo de Esmirna, de Hermas, de Papias de Hierápolis, do autor da *Epístola a Diogneto* e do autor da *Didaché*. A recordação de Cristo é neles ainda muito intensa pelo fato de terem conhecido os apóstolos. Seus escritos estão impregnados pela escatologia. Essa geração aguarda a volta de Jesus. Objetivo exclusivo dos pastores da comunidade é o de guiar e edificar os fiéis.

Sobrevêm, então, os ataques do paganismo e a resposta cristã. Desse modo, a literatura cristã entra em contato com o mundo exterior, o mundo da cultura pagã. O povo fazia circular maledicências relativas ao comportamento dos cristãos. O Estado, por sua vez, fazia da adesão ao cristianismo um crime contra o culto do Império.

Os apologetas cristãos

Os apologetas cristãos reagem, desenvolvendo particularmente três temas: a rejeição às calúnias lançadas contra os cristãos, a demonstração da verdade do cristianismo e de sua superioridade sobre o paganismo e a insensatez dos mitos pagãos. Este último aspecto é que nos interessa aqui.

---

36. Cf. ibid., p. 231-242. • BREHIER, L. *Les idées philosophiques et religieuses de Philon d'Alexandrie*. Paris: Les Belles Lettres, 1950.

A parte mais relevante da obra dos apologetas se perdeu. Conhecemos suas obras por meio de Eusébio de Cesareia (da Palestina), falecido por volta do ano 340. Contemporâneo do Imperador Constantino, ele nos deixou uma *História eclesiástica* que vai até o ano 323[37].

Graças a Eusébio, sabemos da existência de Quadrato e de Aristides de Atenas, que viveram no início do século II e que fizeram a apologia do cristianismo. Aristides se dirige a Antonino Pio para lhe dizer que os bárbaros adoram o sol, o céu, a terra, a água, o fogo, o ar e que os gregos adoram deuses que, por causa de suas fraquezas e indignidades, demonstram nada ter de divino.

Por outro lado, possuímos a obra de são Justino (nascido em Flávia Neápolis da Palestina). Filho de pais pagãos, ele se converteu ao cristianismo. Sob Antonino Pio (138-161), fundou em Roma uma Escola da qual provirá o apologeta Taciano. De Justino, conseguimos conservar duas *Apologias* e o *Diálogo com o judeu Trifão*. Justino considera que os demônios imitaram as profecias do Antigo Testamento, dando lugar aos mitos pagãos. Desse modo se explicariam certas semelhanças entre o culto cristão e o culto pagão. "Só Jesus Cristo foi gerado Filho de Deus com propriedade, sendo seu Verbo e seu Primogênito e sua Virtude, e por Vontade dele, tendo se tornado homem, nos ensinou essas coisas para a redenção e a regeneração do gênero humano; e, antes que se tornasse homem entre os homens, alguns, sendo incitados pelos demônios maus já mencionados, por meio dos poetas, narraram como aconteceram aquelas coisas que inventavam, do mesmo modo como urdiram contra nós ações infames e ímpias, das quais não há nenhum testemunho ou prova"[38].

Esse tema dos demônios enganadores reaparece noutras passagens. Justino atribui a eles a invenção da mitologia: "Tendo entendido por parte dos profetas que viria o Cristo prenunciado e que os homens ímpios seriam punidos com o fogo, desejavam que fossem escolhidos os muitos filhos de Júpiter, acreditando que podiam levar os homens a julgar monstruosas as coisas relativas a Cristo e aquelas igualmente ditas pelos poetas. E essas coisas foram ditas entre os gregos e todos os gentios, onde principalmente ouviam os profetas vaticinarem que o Cristo teria sido acreditado"[39].

---

37. EUSÉBIO DE CESAREIA. *Storia ecclesiastica*. Milão: Rusconi, 1987.

38. SÃO JUSTINO MÁRTIR. *Apologie*. Org. de S. Frasca. Turim: Sei, 1938, p. 44-46, I, 23.

39. Ibid., p. 104-106, I, 54,2-4.

Como se pode constatar, para Justino trata-se de uma recusa categórica.

Taciano, nascido na Síria numa família pagã, foi convertido em Roma por Justino. Ele recusa totalmente a filosofia pagã e se empenha com todas as forças na defesa da ascese cristã.

De fato, teria proibido o casamento e o uso do vinho na Eucaristia. Taciano é o pai do encratismo. Sua oposição aos gregos é radical: afirma que tudo o que parece ser de algum valor na civilização grega vem dos bárbaros. A seu ver, a mitologia é uma invenção dos demônios.

Ao final do século II, Teófilo de Antioquia e Melitão de Sardes também enfatizam a fragilidade dos deuses pagãos. Em geral, a corrente de pensamento dos Apologetas insiste em duas coordenadas: de um lado, tem-se a debilidade da mitologia pagã, com ênfase na imoralidade dos deuses pagãos; de outro, os mitos são considerados obra do demônio.

4 Os Padres Gregos

Os que nos interessam aqui são os Padres Alexandrinos que se encontraram na interseção do pensamento judaico com o pensamento grego. O cristianismo se estabelece em Alexandria por volta do final do século II: Alexandria tinha à época a sua Escola de teologia, que pôde entrar em contato com a elite helenística. Os filósofos gregos utilizavam o método alegórico para interpretar os mitos de Homero e de Hesíodo. Nesse campo, haverá um desencontro entre os cristãos e os pagãos de Alexandria. A Escola de Alexandria se inicia com a catequese. Um siciliano, Panteno, filósofo estoico convertido ao cristianismo, fundou essa escola, tendo chegado a instruir seu próprio sucessor, Clemente.

Clemente de Alexandria

Clemente nasce em Atenas por volta do ano 150, de pais pagãos. Converte-se, viaja e chega a Alexandria, onde se torna companheiro e depois sucessor de Panteno. Tendo se formado no mundo grego e na literatura helenística, conhece os mitos. Ele levará a termo a refutação da mitologia tal como entendida no século II. Seu tratado, *Exortação aos gregos*, tem como finalidade convencer os adoradores dos deuses da estupidez e da falta de dignidade das crenças pagãs. Nos *Estrômatas*, Clemente fala da utilidade da alegoria[40].

A tomada de posição de Clemente é clara. Ele conhece muito bem o mundo da mitologia grega e, graças a seus escritos, dispomos de documentos que de outro modo seriam desconhecidos: "Pode-se, por outro lado, conceber *mysteria* (mistérios) como *mytheria* (tradições), pela correspondência das letras, pois, mesmo que outros nunca vão em busca deles, esses mitos justamente andam à procura dos mais bárbaros entre os trácios, dos mais insensatos entre os frígios e dos mais supersticiosos entre os helenos. Seja arruinado aquele que foi o iniciador desse engano para os homens"[41].

Clemente, não obstante, aceita a alegoria: para ele, a alegoria é um fenômeno universal na religião e faz parte do mistério. Clemente fala longamente dos hieróglifos, a escrita sagrada do Egito que revela o divino aos iniciados e o oculta aos demais. A partir de então, a alegoria passa a ter uma grande utilidade, e Clemente tenciona se servir dela para explicar a Bíblia.

No que diz respeito aos mitos, estamos diante de uma construção humana. Alguns pagãos, diz Clemente, se deixam enganar pela aparência do céu. Vendo o movimento das estrelas, eles as divinizam e adoram o sol como na Índia, ou a lua, como na Frígia. Outros se deixam impressionar pela vegetação. Deificam o trigo e a vinha. É o caso de Tebas e de seus mistérios de Dioniso. Outros mais observam as punições que sobrevêm aos homens e os atribuem a seres divinos. Os poetas divinizam os sentimentos e fabricam os deuses do amor, do medo, da alegria. O mesmo fenômeno se dá naquilo que se refere aos acontecimentos, aos eventos favoráveis: assim nasceram os deuses sábios.

Clemente, de fato, reuniu todos os elementos da exegese simbólica dos mitos para mostrar que o símbolo do mito não remete a nenhuma realidade divina. Ele utiliza o método alegórico dos neoplatônicos e chega à conclusão oposta: se o mito é símbolo e linguagem, o mito pagão é símbolo de deuses inexistentes, linguagem de uma religião falsa. O evemerismo foi muito útil a ele na construção de sua síntese.

---

40. Cf. *Il protrettico* – Il pedagogo di Clemente Alessandrino. Org. de M.G. Bianco. Turim: Utet, 1971. • CLEMENTE DE ALEXANDRIA. *Gli stromati* – Note di vera filosofia. Org. de G. Pini. Milão: Paoline, 1985.

41. *Il protrettico*. Op. cit., p. 84, II, 13, 2-3.

J. Pépin fala da "utilização pacífica da alegoria pagã por parte de um alegorista cristão"[42]: Clemente não hesita em mostrar sua simpatia pelo alegorismo grego e se recusa a opor o alegorismo pagão ao alegorismo cristão. Grego, amante da cultura grega, busca estabelecer uma ponte entre o Evangelho e o mundo helênico, mesmo que isso não o impeça de ressaltar a inutilidade dos deuses da mitologia.

Orígenes

Orígenes nasceu em Alexandria por volta do ano 185. Seus genitores eram cristãos, e Leônidas, seu pai, morreu como mártir sob Severo: um fato que muito marcou Orígenes. Em Alexandria, ele viveu num ambiente impregnado de filosofia platônica. Sucede Clemente na Escola teológica, mas se encontra em dificuldades com a Igreja de Alexandria. Por volta do ano 230, o encontramos em Cesareia, onde funda a própria Escola, da qual surgirão Gregório Taumaturgo e Eusébio de Cesareia. Em 312, será fundada outra Escola, que se oporá ao método da Escola de Orígenes: a Escola de Antioquia, que abandona a exegese alegórica em favor do estudo histórico e gramatical da Bíblia. A Escola de Antioquia acusará Orígenes de transformar os relatos bíblicos em relatos míticos com a utilização da interpretação alegórica. Provêm da Escola de Antioquia, que não se interessa por mitologia, Diodoro de Tarso, João Crisóstomo e Teodoro de Mopsuéstia.

Fundador da ciência bíblica e criador da primeira síntese teológica, Orígenes se ocupará dos mitos quando se vê compelido a confutar uma obra pagã escrita pelo filósofo Celso, que vivia em Roma sob os Antoninos ao final do século II. A filosofia surgia como o terreno comum no qual a sabedoria pagã e a fé cristã podiam se encontrar. As *Apologias* cristãs de Quadrato, de Justino e de Aristides provocaram uma reação, justamente a de Celso, que escreve um texto em grego, *Alethes logos*, o *Discurso verdadeiro*, obra perdida, mas parcialmente conservada graças a Orígenes.

Assim, Orígenes refuta Celso. Sua obra, *Contra Celsum*, foi escrita em grego[43]. Celso está interessado nos cultos orientais, nas tradições religiosas dos

---

42. PÉPIN, J. *Mythe et allégorie*. Op. cit., p. 265.

43. *Contro Celso di Origene*. Org. de A. Colonna. Turim: Utet, 1971.

bárbaros; recupera a sabedoria dos gregos junto aos egípcios, persas, hindus e galos. Conhece o Egito e o Oriente, visitou vários santuários pagãos. Ele opõe aos milagres cristãos os fatos maravilhosos coletados nos santuários. Além disso, Celso fornece exemplos de semelhança entre o cristianismo e as outras religiões, tentando mostrar a inferioridade do cristianismo. Ao relato bíblico da criação, ele opõe o mito de Hesíodo. Sua grande acusação contra os cristãos é a acusação de impiedade. Os cristãos se recusam a adorar as divindades, os astros, os demônios. Ora, diz Celso, essas divindades foram dadas por Deus a populações ainda incapazes de conhecer o Deus espiritual. Os demônios são divindades subalternas que, mediante diversas manifestações, proporcionam visões.

Orígenes responde a Celso referindo-se, antes de tudo, ao uso da alegoria. Celso refuta o alegorismo bíblico, mas aceita o alegorismo mitológico. Orígenes responde a Celso, que considera válido o mito de Hesíodo sobre as raças e ridiculariza a criação bíblica, com a atitude de Platão: este último não julgou inspirados os autores que escreveram tais poemas[44]. Em segundo lugar, em resposta a Celso, que ridicularizou o sono de Adão e a criação de Eva e admirou o mito hesiódico sobre a criação da mulher, Orígenes inverte o argumento e exalta o mito bíblico: há um sentido filosófico sob o véu do mito[45].

Contra Celso, Orígenes reivindica o direito de realizar uma interpretação alegórica da Bíblia: o relato bíblico tem um sentido literal e um sentido alegórico, e os dois sentidos são dados pelo autor.

De fato, a resposta de Orígenes é dupla. Ele evidencia as debilidades da exegese alegórica dos mitos pagãos. Essa exegese é fantasista, especialmente pelo fato de ser aplicada a deuses que não têm consistência: deuses indignos, escandalosos. Se o objeto é inaceitável, a exegese alegórica deixa de ter sentido. Não se pode conferir sentido tipológico a um ser que não tem consistência natural. Portanto, diante de Plotino, Orígenes se serve da demonologia de Plutarco e de Máximo de Tiro. Os deuses pagãos são demônios. Todo o culto pagão não passa de um culto aos demônios[46].

---

44. *Contra Celsum* IV, 38.
45. Ibid.
46. PÉPIN, J. *Mythe et allégorie*. Op. cit., p. 453-462.

5 Os Padres Latinos

A situação é distinta no mundo latino. A mitologia romana era muito despojada e, por outro lado, a mitologia grega alcançou um certo sucesso em Roma. Os Padres Latinos tomam como ponto de partida a oposição a Varrão, um escritor latino do século I a.C., que publicara uma *Coletânea de Antiguidades* (em 41 livros). Dezesseis desses livros falavam das Antiguidades divinas, dos deuses e da mitologia. Esse texto se perdeu, com exceção de alguns fragmentos conservados por Tertuliano, Agostinho e Macróbio[47].

Essa obra de Varrão constituiu uma espécie de síntese da teologia da religião romana. É contra essa teologia da mitologia que Tertuliano e Agostinho tomam posição.

Tertuliano (155-220 d.C.)

Com Tertuliano estamos no início da literatura cristã latina. No século I, os cristãos de Roma eram gregos. A primeira literatura latina utiliza modelos e materiais gregos, especialmente Orígenes. A partir do século IV, serão utilizados modelos neoplatônicos. De início, essa literatura latina é uma literatura polêmica contra os pagãos, posteriormente contra os hereges cristãos e está subdividida em três períodos principais:

• o período das perseguições, século III, com Tertuliano;

• o período dos imperadores cristãos, séculos IV e V, com Lactâncio e Agostinho;

• o período das invasões, séculos V e VIII.

Tertuliano é um advogado convertido ao cristianismo. Nascido em Cartago, recebeu uma educação latina e uma excelente formação literária e jurídica. É um advogado que não se ocupa de filosofia, mas que argumenta a seu favor por querer vencer o processo que leva adiante.

---

47. Edição dos fragmentos em AGHAD, R. *De Varronis Rerum divinarum libri I, XIV, XV e XVI ab Augustino in libris De Civitate Dei IV, VII.* Estrasburgo, 1896. • AGHAD, R. "M. Terentini Varronis Antiquitatum rerum divinarum libri I, XIV, XV, XVI". In: *Jahrbücher H. Phil. Suppl.*, 24, 1898, p. 1-220 e 367-381.

Escreveu cerca de trinta livros, entre os quais obras do final do século II, *Ad nationes* e *Apologeticum*, escritas em 197 com alguns meses de diferença; *Ad nationes* foi escrita primeiro[48].

Tertuliano polemiza com Varrão, que dividiu os deuses em deuses da filosofia, dos povos e dos poetas, opondo-se a essa teologia tripartite. Em primeiro lugar, refuta os deuses dos filósofos e mostra as contradições existentes nas escolas de filosofia que divinizam os astros e os elementos. Depois ataca os deuses dos poetas, ou seja, a mitologia, cuja imoralidade destaca. Para ele, todos esses deuses foram, no início, homens: "Nós cessamos de prestar culto a vossos deuses desde que reconhecemos que eles não existem. Logo, eis algo que deveis exigir de nós: que vos demonstremos que eles não são deuses e que por isso não são dignos de veneração, porque só seria justo venerá-los se realmente fossem deuses"[49].

Segundo Tertuliano, os deuses pagãos nasceram homens e não se tornaram deuses depois de sua morte por obra do deus supremo. Tertuliano se refere à posição que decorre do evemerismo. Assim, desenvolve extensamente esse argumento, mostrando em primeiro lugar aos pagãos que eles deviam acreditar num deus supremo capaz de elevar os homens à dignidade dos deuses. Mas esse deus não tinha nenhuma razão para fazer deuses para que o ajudassem[50]. Efetivamente, os deuses pagãos não passam de estátuas de material inerte[51]. Esses deuses são insensíveis tanto ao ultraje quanto à homenagem[52].

Tertuliano também fala das lendas divinas[53]. Nos poetas, encontramos lendas indignas da divindade. Nos filósofos, encontramos a zombaria dos deuses do mito. O teatro, por fim, lança mão da diversão para desonrar os deuses.

---

48. Edições do *Ad nationes*: A. REIFFERSCHEID-WISSOWA. In: *Csel*, 20. Viena, 1890, p. 50-133. • Leiden, Borleffs. 2. ed., 1929. In: *Corpus Christianorum*, I, 1954, p. 9-75. • TERTULIANO. *Apologetico*. Org. de A. Resta Barrile. Milão: Mondadori, 1992.

49. Ibid., p. 45, X, 2.

50. Ibid., p. 47-53, XI.

51. Ibid., p. 53-55, XII, 1.

52. Ibid., p. 55, XII, 6.

53. Ibid., p. 59-61, XIV, 1-9 e p. 61-63, XV, 1-4.

Arnóbio de Sica († 320 d.C.)

O melhor estudo sobre Arnóbio é o de Festugière em *Le mémorial Lagrange*[54]. Festugière leva a ver que no *Adversus nationes* de Arnóbio encontramos um autor que conhece muito bem o hermetismo, o neoplatonismo, os oráculos caldeus, Plotino, Zoroastro, a mitologia de Mitra e que leu Varrão. Essa obra foi escrita por volta de 311, durante a perseguição de Diocleciano. Arnóbio, africano, tornou-se cristão sob Diocleciano. De início, um pagão ardoroso temido pelos cristãos, ao se tornar cristão, passou a ser temido pelos pagãos.

O *Adversus nationes*, de composição apressada, foi redigido para dar testemunho da sinceridade de sua conversão. Arnóbio conhece melhor o paganismo que o cristianismo, e sua obra constitui uma excelente fonte para o conhecimento da doutrina pagã. Denuncia os antropomorfismos dos cultos pagãos que atribuem aos deuses paixões depravadas[55]. Ridiculariza a mania dos pagãos de deificarem as ideias abstratas, os seres abomináveis, as lendas vergonhosas[56]. No livro IV, censura uma série de mitos, ataca os cultos dos mistérios e rejeita a exegese alegórica. Polemiza contra os templos e os ídolos[57] e contra os sacrifícios[58].

Em sua crítica aos mitos, Arnóbio usa uma inspiração extraordinária. Refuta a interpretação alegórica do mito porque todo aquele que usar esse método pode encontrar o que queira, visto que já não existe um significado fundamental. Além disso, constata que a exegese alegórica é aplicada a certas partes do mito e não a outras: quem autoriza essa escolha? Há, de resto, mitos dos quais não se pode fazer uma exegese alegórica, como por exemplo os mitos referentes aos amores dos deuses, a seus sofrimentos, a suas queixas.

Segundo Arnóbio[59], ou o relato é inteiramente alegórico ou não o é de maneira alguma[60].

---

54. Paris, 1940, p. 97-132.

55. Livro III.

56. Livro IV.

57. Livro VI.

58. Livro VII.

59. *Adv. nat.*, V, 44.

60. Cf. PÉPIN, J. *Mythe et allégorie*. Op. cit., p. 423-426.

Lactâncio

Aluno de Arnóbio, Lactâncio supera o mestre. Ignoramos as datas exatas de sua vida (cerca de 260-325). Assim como Arnóbio, trata-se de um pagão que se converteu ao cristianismo sob a perseguição de Diocleciano (284-304). O imperador fizera com que ele viesse a Nicomédia de Bitínia, a nova capital do Oriente, para lhe ensinar retórica. Depois de sua conversão, Lactâncio enfrentou dificuldades com Diocleciano. Em 307, Constantino o chama a Tréveris. Lactâncio é considerado o Cícero cristão.

Sua obra *Divinae institutiones* foi composta entre os anos 304 e 313: é o primeiro ensaio de um pensamento cristão[61]. Trata-se de uma apologia cristã. Lactâncio se dirige aos pagãos cultos e reivindica justiça para os cristãos. O monoteísmo é a única forma de fé em Deus conforme à verdade e à razão, porque o conceito universal de perfeição exclui uma pluralidade de seres divinos. Se o monoteísmo é natural ao homem, de onde vem o politeísmo? A resposta é sempre a mesma: da divinização dos chefes e da astúcia dos demônios. Lactâncio insiste na malícia dos demônios, inimigos da verdade. Politeísmo e falsa sabedoria dos filósofos estão na origem do erro. Lactâncio se inspirou sobremaneira em Cícero e em Virgílio e, por sua vez, inspirou Santo Agostinho.

Agostinho (354-430 d.C.)

Batizado na Vigília de Páscoa na noite de 24 para 25 de abril de 387, aos 33 anos, Agostinho, tendo se convertido do maniqueísmo, combaterá a seita como leigo de 387 a 391, como sacerdote de 391 a 395, como bispo a partir de 395. Bispo de Hipona, luta contra o donatismo a partir de 405, contra o pelagianismo a partir de 411. No dia 28 de agosto de 410, as hordas de Alarico conquistam Roma. Os pagãos acusam os cristãos de terem provocado esse desastre pelo fato de terem expulsado os deuses pagãos, protetores da cidade. Agostinho responde com uma obra magistral, o *De Civitate Dei*, em 22 livros redigidos entre 413 e 426[62]. O último duelo entre o cristianismo e o paganismo começa aqui.

---

61. Edição em PL VI e VII. • BRANDT. *Csel*, T. 19. Viena, 1890, p. 1-672; T. 27, Viena, 1897, p. 30-32.

62. É o Padre da Igreja mais estudado desde 1945. Cf. a bibliografia nos dois periódicos: *Revue des Études Augustiniennes*. Paris. • *Augustiniana*. Louvaina. Dispomos de diversas edições de obras de

Agostinho professou a exegese evemerista. Temos várias provas disso. A seu ver, os deuses pagãos não passam de homens deificados no decurso da história[63].

Além disso, indica as contradições no interior da mitologia e refuta a doutrina de Varrão sobre a especificidade de cada deus. Ressalta, sobretudo, como os deuses pagãos haviam traído os assírios, dado que o Império Assírio foi aniquilado: esses deuses são, então, ou traidores ou impotentes[64]. Em segundo lugar, observa como a multiplicação de deuses menores é o signo de sua impotência. De fato, Roma possuía uma multiplicidade de pequenas divindades, provenientes dos ritos das áreas rurais[65]. Além disso, Agostinho ainda polemiza contra a figura de Júpiter e refuta o panteísmo estoico que fazia de Júpiter a alma do mundo[66]. E ainda ataca um argumento fundamental para a teologia de Varrão: o falso conhecimento das etimologias dos nomes divinos. É uma refutação da famosa especialização das divindades na religião popular de Roma[67].

Agostinho sabe que, antes de Varrão, houve um teólogo do paganismo romano: o pontífice Múcio Cévola, cônsul no ano 95 a.C., *pontifex maximus*, que compusera uma obra de direito civil elogiada por Cícero. Cévola transmitira sua teologia pagã a Varrão. Distinguia três categorias de deuses: os deuses introduzidos pelos poetas, os deuses introduzidos pelos filósofos e os deuses introduzidos pelos chefes de Estado[68].

De acordo com Agostinho, o próprio Cévola já fizera a crítica dessa teologia. Realmente, ele afirmara que os deuses introduzidos pelos poetas apresentam múltiplas fraudes indignas da divindade. Admitira também que os deuses dos filósofos não convêm aos Estados porque há neles coisas supérfluas ou ocultadas do povo. Resta, então, a teologia da cidade. Com esta Agostinho entra em conflito

---

Agostinho: *La Cité de Dieu*. Paris: Bibliothèque Augustinienne, 1959-1960, 5 vols. Ed. de G. Bardy e G. Combés: são os vols. 33 a 37 da coleção "Oeuvres de Saint Augustin" [trad. it., AGOSTINO. *La città di Dio*. Org. de C. Carena. Turim/Paris: Einaudi/Gallimard, 1992].

63. AGOSTINO. *La città di Dio*. Op. cit., p. 57-58, II, 5.

64. Ibid., p. 150-151, IV, 7.

65. Ibid., p. 151-153, IV, 8.

66. Ibid., p. 153, IV, 9.

67. Ibid., p. 167-168, IV, 22.

68. Ibid., p. 162, IV, 17.

demonstrando que os deuses da cidade não passam de demônios que ensinam a corrupção e se comprazem com a obscenidade[69].

Ora, Varrão retomou a teologia de Cévola que falava dos poetas, dos filósofos, dos Estados, mas estabeleceu outra classificação, que distingue

- a teologia mítica = *fabulosa;*
- a teologia física = *naturalis;*
- a teologia civil = *civilis.*

Desse modo, em vez de três categorias de deuses, temos três teologias. Se para Cévola apenas os deuses dos Estados são válidos, para Varrão, as três teologias têm, cada qual, seu valor. Segundo Varrão, a teologia mítica é muito pouco edificante para regular os comportamentos, mas exerce sobre o povo notável força de sedução. A teologia dos filósofos é capaz de inspirar a virtude, mas é de difícil acesso para as massas. Desse modo, a teologia civil é que faz a ligação entre as duas.

Agostinho refuta a teologia de Varrão: "Diz que os deuses fabulosos são adequados ao teatro, os naturais, ao mundo e os civis, à cidade, pois o mundo é obra divina, as cidades e os teatros são obra do homem; e os deuses dos quais se ri nos teatros são os mesmos que se adoram nos templos"[70]. Agostinho demonstra que toda a teologia pagã é um edifício desmoronando. Ele defende admiravelmente sua causa, eliminando primeiro a teologia mítica, depois a teologia civil. Na teologia dos filósofos, ele encontra a alma do mundo que parece ser a divindade: "Portanto, Varrão declara que para ele Deus é a alma do mundo, do *kosmos*, como dizem os gregos, e esse próprio mundo é Deus"[71].

Definitivamente, diz Agostinho, Varrão não foi muito longe. Os filósofos platônicos foram impulsionados para muito mais adiante. Agostinho enfatiza o elevado valor da filosofia de Platão, superior a todas as outras doutrinas, e termina com a demonstração do Deus dos cristãos, o verdadeiro Deus.

Nos primeiros dez livros da *Cidade de Deus*, Agostinho dá inúmeras informações sobre os deuses romanos. Essas informações são extraídas das obras de

---

69. Ibid., p. 175-176, IV, 28.

70. Ibid., p. 249, VI, 6.

71. Ibid., p. 275, VII, 6.

Varrão, que não possuímos. Para Agostinho, a crítica ao politeísmo é inseparável da crítica à mitologia. Em seu ataque contra o paganismo, Agostinho não se contenta com o evemerismo. Ataca também a astrologia, que era uma das últimas manifestações pagãs sobreviventes[72].

Em suma, qual é a teologia do mito para Agostinho?

De início, o mito é uma contrafação da religião, por estar apoiado em fantasmas, em criações humanas: culto aos animais, aos homens mortos, à terra, às árvores, aos corpos celestes, ou culto da alma universal.

Agostinho confronta ainda o ídolo representado pelo mito. O ídolo é inerte. O adorador do ídolo é um adorador do diabo. O ídolo foi fabricado para ser um signo gerador de gestos de adoração. Esses gestos são referências a um nume oculto que é o demônio. Invocados pelos homens, os demônios vêm se assenhorear da imagem inerte: é assim que os ídolos se tornam os instrumentos dos quais os demônios se servirão para perturbar os homens.

Agostinho ressalta duas fases: a primeira fase é a criação do mito por parte dos homens que divinizam objetos, pessoas, conceitos. A segunda fase é a da ação dos demônios que se servem do ídolo para realizar uma revelação e conduzir os homens para onde queiram.

Essa refutação de Agostinho assinala o triunfo definitivo da teologia cristã sobre a mitologia. O mito abriu caminho para Cristo. Antes de Agostinho, outros dois africanos tinham estabelecido o ponto de referência dessa refutação do mito: Arnóbio (por volta do ano 300) e Lactâncio (260-325). Agostinho retomou algumas de suas ideias, mas a sua síntese constitui a pedra fundamental da teologia cristã da antiguidade em contraposição ao mito pagão.

6 Conclusões

Os filósofos platônicos dos primeiros séculos de nossa era criaram uma exegese teológica da mitologia antiga. Homero e Hesíodo se tornam transmissores de uma revelação. A explicação alegórica dos mitos permite ensinar aos homens a verdade e compreender a alma humana.

---

72. Cf. MANDOUZE, A. Saint Augustin et la religion romaine. In: *Recherches augustiniennes*. Paris, 1958, I, p. 187-223.

No início de nossa era, Fílon de Alexandria utiliza a exegese alegórica para explicar o Antigo Testamento, por um lado, e de outro, a mitologia grega. Seu propósito é atrair o mundo grego.

Os cristãos reagem contra essa dupla interpretação da mitologia. Com os apologetas do século II, vemos a oposição radical ao mito. Os Padres Gregos de Alexandria adotarão uma posição mais nuançada e se servirão especialmente do método de exegese alegórica para a interpretação da Bíblia.

À teologia pagã de Varrão, cuja obra prolonga sua influência no Império Romano, Agostinho opõe sua visão magistral exposta na *Cidade de Deus*, com a rejeição do mito e de sua exegese alegórica.

Referências patrísticas

ALTANER, B. *Patrologie*. 5. ed. Friburgo da Brisgóvia, 1958 [trad. it., *Patrologia*. Turim: Marietti, 1997].

BARDENHEWER, O. *Les Pères de l'Eglise*. 3 vols. Paris, 1899.

CAYRE, A. *Patrologie et histoire de la théologie*. 3 vols. Paris: Tournai, 1938-1943 [trad. it., *Patrologia e storia della teologia*. Roma: Società di S. Giovanni Evangelista, 1948].

HARNACK, A. *Geschichte der altchristlichen Literatur*. 4 vols. 2. ed. Leipzig: Berlim, 1904 [reimpr. 1958].

LABRIOLLE, P. *Histoire de la littérature latine chrétienne*. Paris, 1924.

LECLERCQ, H. *L'Afrique chrétienne*. 2 vols. Paris, 1904.

MORESCHINI, C. & NORELLI, E. *Storia della letteratura cristiana antica greca e latina*. 3 vols. Bréscia: Morcelliana, 2002 [trad. bras., *História da Literatura cristã antiga grega e latina*. São Paulo: Loyola].

PUECH, A. *Histoire de la littérature grecque chrétienne*. 3 vols. Paris, 1928.

QUASTEN, J. *Initiation aux Pères de l'Eglise*. 3 vols. Paris, 1956 [trad. it., *Patrologia*. Org. de A. di Berardini. Roma: Institutum Patristicum Augustinianum, 1978-1980].

4
Mito, mitologia, mitografia e pensamento moderno

I – Os inícios da mitografia moderna – A pesquisa do século XIX*

1 Introdução

O século XIX constitui o grande século da descoberta do patrimônio histórico, cultural, literário, étnico e religioso da humanidade. Pré-história, egiptologia, indologia, assiriologia, gramática comparada, etnografia, etnologia histórica são as disciplinas novas criadas ao longo do século XIX. A história das religiões afirma-se plenamente e na mitografia se verifica uma renovação da pesquisa. No campo dos mitos deparamo-nos com novos documentos de grande importância.

Uma primeira grande corrente de pesquisa volta-se para a mensagem do mito. É a corrente hermenêutica alegorista que já tivera grande sucesso graças aos neoplatônicos e readquirira importância com o movimento do Renascimento. O século iluminista com seu *Aufklärung* não era nem um pouco favorável a essa pesquisa e a influência de Vico começa a se manifestar só com o século XIX. Ao mesmo tempo, J.G. Herder lança a sua "filosofia do olhar e do sentimento". Ele vê no mito um veículo da mensagem divina contida na natureza. Sua hermenêutica situa-se no interior de uma nova concepção da história: a seu ver, esta não é apenas um desenrolar de acontecimentos, mas é um quadro vivo dos desígnios de Deus para a sociedade.

---

* In: *Il mito e suo significato*. Milão: Jaca Book, 2005, p. 111-129.

Sob a influência de Herder e de Schiller, G.F. Creuzer envereda pelo simbolismo: o mito não é apenas uma alegoria, mas é uma personificação. Com base numa teoria simbolista Creuzer elabora uma hermenêutica do mito: para ele a multiplicidade das formas é dominada pela unidade divina, e isso permite compreender a antinomia politeísmo-monoteísmo.

No entanto, é a filosofia da mitologia de Schelling que constitui a pedra angular das reflexões do século XIX, e devemos nos deter nela.

À frente dessa corrente encontramos a mitografia histórica que reage contra essa hermenêutica e orienta a pesquisa para a crítica das fontes. A corrente histórica tenderá a dissociar mito e religião. Uma série de elementos é subjacente à pesquisa histórica. Entre eles, estão antes de tudo as grandes descobertas das culturas antigas e dos povos sem escrita. Além disso, há um movimento positivista com as doutrinas sociológicas e o desenvolvimento do ateísmo; nessa perspectiva, o mito só pode nascer num clima de ignorância e de cultura primitiva. A mitografia comparada de Max Müller contribuirá para constituir o primeiro dossiê de mitos do mundo indo-europeu. Em suma, o século XIX representa uma época particularmente rica para a mitografia. Aqui vamos nos limitar a algumas indicações que serão indispensáveis para compreender os desenvolvimentos subsequentes das teorias do mito.

2 O romantismo

O século do racionalismo dera muito destaque à razão, à ciência e à pesquisa, e a França desempenhou um papel preponderante na mitografia. A resposta a essa abordagem vem da Alemanha, e se fundamenta no *Gemüt*.

De fato, no final do século XVIII assiste-se na Alemanha a uma forte reação contra a *Aufklärung* com o *Sturm und Drang*. Toda a literatura dessa época manifesta a mesma tendência: a vontade de se libertar dos vínculos da razão. O classicismo francês é esquecido e Shakespeare se torna o ídolo da nova geração. Como toda reação, esta também é extremista. Na verdade, prega-se o irracional: o sentimento, as forças da sensibilidade, as paixões, a imaginação.

Esta corrente não fica circunscrita ao mundo dos autores e dos poetas, mas penetra em todos os campos, em particular naqueles da ciência e da filosofia; a própria mitografia será fortemente influenciada por ela.

O fundador da mitografia romântica: J.G. Herder (1744-1803)

Herder é um espírito nórdico. Em 1768 publica *Von Enstehung und Fortpflanzung der Religionsbegriffe*. Sofre a influência de David Hume (1711-1776), que retomara a "tese do medo" segundo a qual a mitologia e a religião derivam do sentimento de angústia. Por outro lado, Herder resgatou de Vico a importância do contexto social e cultural no desenvolvimento religioso.

Em 1769, faz uma viagem por mar do Báltico à França, no decorrer da qual uma colossal tempestade o faz sentir as emoções vividas por Homero. Em seu *Reisejournal*, Herder fornece o seu ponto de vista sobre a mitologia.

A seu ver, para compreender o mito, é preciso abordá-lo com a nossa sensibilidade. Os deuses gregos não se deixam reduzir a conceitos: eles vivem. Poesia, mito e religião são três coisas próximas umas das outras. No homem, Herder encontra um impulso irresistível a produzir cantos populares e mitos. Para ele, o verdadeiro criador da mitologia é o poeta.

A poesia provém da religião e a religião provém da poesia. O divino se revela primeiro na poesia: assim, a religião grega é uma religião poética e a arte lhe conferiu seu valor permanente. Os mitos constituem o ápice desse valor. Sabemos que Schiller e Goethe sofreram a influência desta teoria.

A poesia é a língua materna da humanidade e retorna à natureza. Ao lado das tradições escritas, Herder insiste nas tradições orais de cada povo, que constituem um elo entre a natureza e a história.

Poético, religioso e popular, o mito tem sua origem na vida do povo. Portanto, não é preciso buscar na Ásia ou no Egito a origem dos deuses gregos, porque eles nasceram sob o sol da Grécia.

O mito é uma linguagem e é um símbolo. Toda a criação e toda a natureza são como uma escrita que nos faz conhecer Deus. A natureza é a língua com a qual Deus fala aos homens. A mais antiga linguagem hieroglífica da humanidade é a linguagem do nascer do sol, da luz. Esta linguagem de Deus é símbolo de beleza e de perfeição.

É preciso ver na mitologia uma visão de mundo, que expressa o que existe de mais profundo no universo. Essa visão poética, religiosa e popular é uma linguagem para o homem, que com ela exprime a mensagem de Deus na criação. O mito está repleto de uma força criadora que transmite a mensagem.

Herder terá numerosos discípulos e se tornará o líder de uma verdadeira Escola que exercerá sua influência até Bultmann[1].

As três correntes da mitografia romântica

Os românticos levam o mito a sério. Eles o consideram uma linguagem e uma mensagem. Nesse sentido, são continuadores de Platão e sobretudo do neoplatonismo, que via em Homero um portador de revelação. Para os românticos, o mito também é revelador: revela Deus que se descobre na natureza. O mito é símbolo e ao mesmo tempo mais que um símbolo, linguagem e mais que linguagem, porque constitui uma realidade em si, uma mensagem.

A corrente romântica alegórica

De acordo com essa corrente, a mitologia é o reflexo da natureza.

Charles Dupuis vira na religião a natureza refletida num espelho. O romantismo alemão sofre a influência do deísta francês e verá no mito um espelho que permite ler a natureza, seus fatos, seus eventos.

Em 1808, Arnold Kanne publica a obra *Erste Urkunde der Geschichte oder allgemeine Mythologie*. O deísmo transformou-se em panteísmo: na natureza Deus é onipresente. Os homens o apreendem e expressam sua presença. Eles o captam, ajudados por homens especializados nessa captura, os sacerdotes, que são os intérpretes da divindade presente na natureza.

Numa importante correspondência trocada com Wilhelm von Humboldt e publicada por R. Hayn em 1859, G. Welcker identifica na mitologia uma hierarquização das forças da natureza. Os nomes são importantes e foram criados pelo povo para exprimir as realidades da natureza. Welcker está em busca de um hino primitivo à criação que seria o documento primordial de toda mitologia.

---

1. Farão parte dela, p. ex., STARK, J.A. (1741-1816). *Über die alten und neuen Mysterien*, Berlim, 1782. • MEINERS, C. (1741-1810). *Versuch über die Religionsgeschichte der ältesten Völker*. Göttingen, 1774. • MORITZ, K. (1757-1793), que vê na mitologia grega o jogo da imaginação dos poetas.

A corrente romântica poética

Pode-se citar como seu representante K.P. Moritz[2]. Moritz, amigo de Goethe, procura viver o impulso poético, ou seja, a força de expressão presente no espírito humano. Mas descobre bem mais que um impulso poético, e insiste numa força interna que seria a expressão das leis naturais e que vemos encarnada no destino evidenciado pelos gregos.

Não vamos nos deter muito nessa corrente que interessa mais à literatura que à história das religiões.

A corrente romântica simbolista

Simbolismo da natureza

Christian Gottlob Heyne (1729-1812). Professor em Göttingen, Heyne dirigiu ali, de 1770 a 1812, as *Commentationes Gottingenses* e, de 1785 a 1812, os *Opuscula Accademica*. Publicou inúmeros artigos nestas duas coleções. Heyne retoma a ideia de Herder do mito como poema popular que expressa os sentimentos da humanidade primitiva. Os materiais utilizados pelos poetas já existiam; a composição é muito livre. O mito não é a expressão de um pensamento religioso.

Qual é a origem do mito? No homem encontra-se inata a ideia de Deus. Essa ideia é muito forte no primitivo, que vê até os males que têm origem em algumas forças da natureza. Chega assim a personificar essas forças e as divide em boas e más: são os mitos.

Quanto aos fatores que entram na composição dos mitos, Heyne insiste nas suas causas físicas: a natureza exerceu uma grande influência sobre os homens que permaneceram na fase infantil. Por outro lado, a dificuldade de expressão marcou o homem primitivo. Seus meios linguísticos são muito pobres e para se exprimir ele recorreu a gestos, a atividades. Além disso, a reflexão sobre os fenômenos da natureza leva o homem a certas conclusões e a ações que se concretizam nos ritos.

As antigas religiões deram lugar no mito a uma forma de expressão da força da natureza, dos sentimentos experimentados pelo espírito humano, dos movimentos dos astros e dos nomes divinos. Este conjunto é transmitido e ao mesmo

---

2. *Götterlehre oder mytologische Dichtungen der Alten*, 1791. • *Mythologischer Almanach für Damen*, 1792. • *Mythologisches Wörterbuch für Schüller*, 1794.

tempo se modifica. Homero encontrou-se na presença de uma herança desse tipo e fez dela uma única composição adaptando os materiais a um pano de fundo histórico, a guerra de Troia.

Simbolismo místico: Índia

No início do século XIX a descoberta das religiões da Índia modifica fortemente o mapa mitológico do mundo.

Louis von Polier, de Lausanne, oficial do exército inglês, compila um dossiê muito importante dos textos védicos e brâmanes. Elisabeth von Polier os publica em 1809 com o título *Mythologie des Indous travaillée par Madame de Polier sur des manuscrits authentiques apportés de l'Inde par feu Mr le Colonel de Polier.* Não obstante as inexatidões, os erros textuais e de tradução, este livro levará a Europa continental a descobrir a mística da Índia.

Friedrich Creuzer (1771-1858). Aluno de Schiller e influenciado pelo romantismo, Creuzer descobre os textos da Índia.

Em 1810 escreve *Symbolik und Mythologie der alten Völker*: é a descoberta de um pensamento novo e ousado, e de uma filosofia na qual se insere a mitologia.

Antes de tudo, Creuzer pensa que a imagem precede o discurso. Os primeiros sábios se expressaram mediante figuras simbólicas antes de poder usar o estilo direto. Por isso, a mitologia da Índia exige uma hermenêutica específica, necessária para a transposição do pensamento.

Para Creuzer são os sacerdotes da Índia que ensinaram o pensamento religioso aos gregos, que eram incapazes de apreendê-lo, e, portanto, os sacerdotes hindus compuseram novos símbolos para traduzir a realidade. Esses novos símbolos são os mitos gregos.

Existiu um monoteísmo primitivo, mas o homem era incapaz de distinguir Deus da criação. O panteísmo provém do monoteísmo: ele foi uma fase da religião cósmica, enquanto a mitologia constitui uma etapa ulterior do pensamento panteísta.

J. Görres[3] situa nos inícios um tempo primordial durante o qual o homem, como um sonâmbulo, descobre o mundo. Seu pensamento não passa de sonho, mas este sonho constitui a verdadeira descoberta da natureza.

---

3. *Mythengeschichte der asiastischen Welt*, 1810.

Os hinos dos *Vedas* são os primeiros documentos que ultrapassam essa fase e nos quais temos a revelação da natureza e de Deus. Na natureza Deus se mostra, está presente, se revela. A expressão dessa revelação se encontra nos mitos. É o pensamento primitivo de toda a Ásia que se revela sob a linguagem simbólica dos mitos.

Simbolismo místico: os mitos nórdicos

Juntamente com a mitologia da Índia, no início do século XIX ocorre também a descoberta da mitologia nórdica, com Grimm[4] e Uhland[5].

Grimm também se vincula a um monoteísmo primitivo do qual provêm os mitos, cuja origem deve ser buscada na reação de todo um povo diante da natureza.

Uhland considera o homem primitivo que, posto diante da natureza, descobre-a e se preenche dela a ponto de a natureza se animar nele e lhe aparecer como emanação de Deus.

O mito é como uma personificação dessa natureza, da emanação dessa natureza de Deus. O povo captou o essencial do fenômeno, mas cabe ao poeta dar à expressão a sua forma característica.

Uma filosofia romântica do mito: Friedrich W.J. von Schelling

Nascido em 1775, falecido em 1854, em 1790 Schelling foi condiscípulo de Hegel na Universidade de Tübingen e em 1796 se tornou amigo de Goethe. Nomeado professor em 1841 em Berlim, Schelling ministra ali as suas famosas aulas sobre a filosofia da mitologia e da revelação que tiveram grande influência sobre Karl Marx.

Panteísta, Schelling tenta integrar à filosofia o sentimento da natureza mediadora entre o homem e a divindade. É a tradução em fórmulas filosóficas do pensamento romântico alemão. Numa segunda etapa, Schelling interessou-se pela arte como caminho par ao absoluto. O filósofo torna-se então teólogo romântico e procura descobrir o sentido dos mitos e dos ritos. É esse o sentido de sua obra principal, *Philosophie der Mythologie*, publicada pela primeira vez sem que ele soubesse (a edição definitiva é de 1857).

---

4. GRIMM, J. *Deutsche Mythologie*. 2. ed., 1844.

5. UHLAND, L. *Der Mythus von Thor nach nordischen Quellen*, 1836.

O mito contém uma verdade

Schelling adota a concepção romântica do mito e se recusa a considerar a mitologia como uma impostura: o mito não é uma invenção que contém apenas histórias, mas é verdade. Schelling se recusa também a ver no mito uma regressão da humanidade do monoteísmo para o politeísmo. Assim fazendo, reage também contra as posições de alguns românticos; de fato, o mito possui uma verdade em si e não deve ser considerado um acidente da doutrina do ponto de vista religioso. Além disso, Schelling se opõe aos que falam de acidente linguístico, ou seja, de um acidente de linguagem causado por uma dificuldade de expressão da humanidade primitiva. Para ele a ideia do símbolo está ligada à linguagem e é normal encontrar em cada forma de linguagem uma defasagem em relação ao pensamento. Em suma, o mito não deve a sua existência a um equívoco linguístico.

O mito tem um sentido religioso

Aos olhos de Schelling, desde o início a mitologia foi entendida no sentido de teodiceia e de história dos deuses. Assim, não podemos nos contentar em ver no mito um sentido poético. Nem sequer podemos nos contentar em encontrar nele um sentido alegórico: *allos agoreuein*, "dizer outra coisa". É preciso rejeitar toda interpretação que não seja religiosa, porque o politeísmo não é um ateísmo, na medida em que é uma crença na divindade.

O princípio gerador do mito é a consciência humana. A mitologia não é um monoteísmo que se dispersou, assim como não é uma revelação primitiva ofuscada. A mitologia situa-se entre a queda originária e a vinda de Cristo: ocupa uma fase da história humana. Durante esse período a consciência humana elaborou os mitos. Assim, a mitologia é um fenômeno que se insere num passado histórico imemorial. Tem um significado real e um doutrinal. Ela mesma fala: é tautegórica, *to auton agoreuein*. Não é preciso ver nos deuses da mitologia seres diferentes do que são e, portanto, não se deve separar o sentido próprio e o sentido doutrinal do mito. Na mitologia trata-se de deuses: ela é uma verdadeira teogonia.

A mitologia constitui um todo

De acordo com Schelling, nenhum momento da mitologia tomado isoladamente é verdade, mas é no conjunto que reside a verdade. As diferentes mitologias são apenas momentos diferentes do processo. A mitologia em si não é falsa, mas cada momento se torna falso quando é separado do conjunto e situado fora das relações com o conjunto. A mitologia representa um todo em estado de perpétuo movimento. Schelling insiste na convergência do processo teogônico no qual a consciência humana se vê envolvida por sua própria natureza.

Insiste também na verdade e no conteúdo profético do mito. Este participa do processo de revelação que ilumina a humanidade. A linguagem do mito é uma linguagem simbólica e, em última instância, a mitologia, tomada no seu conjunto, é uma profecia. Essa profecia ocupa um lugar determinado no movimento messiânico da história humana. Assim, para nosso filósofo, a verdadeira ciência da mitologia é a filosofia da mitologia.

O mito ambivalente

Schelling tinha uma concepção platônica do mundo: distinguia o mundo verdadeiro e o mundo aparente, segundo uma herança do idealismo filosófico alemão. Já em 1793, em sua obra *Über Mythen*, insiste na ambivalência do mito, no dualismo de signo e de significado. Assim, ele distingue no mito a verdade profunda e seu revestimento que correspondem ao mundo real e à imagem do mundo. Na exegese do mito, é preciso ver o significado além do signo.

A mitologia tem um conteúdo profético

Schelling vê no conjunto da mitologia um movimento profético. Para ele, o profetismo é o impulso da humanidade para uma nova evolução, o impulso para um perpétuo vir a ser. Mitos e mistérios devem ser postos no mesmo plano do profetismo de Israel que anunciava um Messias: são a expressão de uma esperança da humanidade. Por exemplo, os mistérios de Elêusis anunciavam o advento de um Deus espiritual; Hermes é o mensageiro da boa-nova dos deuses. Assim, toda a mitologia é uma profecia que faz parte do messianismo da humanidade.

A mitologia é um elemento da ironia da existência

O romantismo alemão utiliza com frequência o tema da ironia. Schelling destaca regularmente esse elemento no campo das relações Deus-homem. Deus zomba de satanás: a morte de Cristo na cruz faz parte da ironia divina que zomba de satanás salvando os homens. A expressão mítica é uma expressão irônica. Os deuses zombam dos homens.

Conclusões: as grandes teses do romantismo

1) Do ponto de vista *histórico*, os românticos veem uma relação entre a mitologia da Índia, a mitologia grega e a mitologia nórdica. Contudo, não insistem na comparação entre os vários elementos. A opção deles não é histórica nem filológica, mas se limitam a ressaltar os paralelos doutrinais, ou seja, um mesmo pensamento religioso baseado na psicologia humana, e o comportamento dos grupos humanos, do ponto de vista religioso, diante da natureza.

2) O mito é a expressão de uma *verdade*. É preciso distinguir conteúdo e forma, doutrina e linguagem. A doutrina não é um pensamento filosófico ou teológico, é uma visão de mundo, uma *Weltanschauung*. Essa visão é uma mensagem divina que se exprime com a mediação da criação. O mito está repleto de um poder criador que transmite a mensagem. Enfim, o mito deve ser levado a sério porque faz parte do movimento de revelação que dá luz à humanidade. É também um sopro de esperança na linha do messianismo: a evolução da humanidade é um fato permanente.

3) O mito é expressão, *linguagem*. Situa-se, portanto, na linha do símbolo. É uma expressão da mensagem que deriva da visão de mundo, visão ao mesmo tempo poética e religiosa, descoberta de Deus imanente à natureza. Nem todos os românticos estão de acordo em relação à forma específica dessa linguagem, mas todos concordam sobre a natureza da linguagem, expressão e símbolo da mensagem divina contida na natureza, ou seja, expressão de uma revelação divina na natureza.

4) Quem são os *criadores da linguagem mítica*, expressão da mensagem compreendida pelos homens? Para alguns, são os *sacerdotes*. Os românticos, que interpretam o mito na perspectiva mística da religião da Índia, insistem em seu papel sacerdotal. O sacerdote tem um papel primordial no culto védico e brâmane.

Para outros, os criadores da linguagem mítica são os poetas. É outra orientação, a dos simbolistas poéticos, que consideram antes de tudo os textos mitológicos gregos e nórdicos, a mitologia poética.

3 A corrente histórica no século XIX

O romantismo insistia na visão de mundo, na revelação e na mensagem contidas nos mitos cuja forma é a expressão da mensagem. Conteúdo e linguagem, mensagem e símbolo de expressão, são uma só coisa. Para os mitógrafos românticos, a ênfase recai sobre a visão de mundo e sobre a mensagem. Eles não se detêm na análise da linguagem que exprime a mensagem, assim como não se deterão nos problemas históricos dos povos. A mensagem dos mitos deve ser apreendida mais por uma intuição que por uma pesquisa histórica ou filológica.

A reação contra o romantismo

Karl Otfried Müller (1797-1840)[6]

Müller reage contra as teses românticas. Para ele, o único método de pesquisa válido não é a intuição, mas o método histórico. Não se deve tentar apreender o mito em si mesmo, mas é preciso submetê-lo a uma dissecação, a uma análise, e ver seus diversos desenvolvimentos no espaço e no tempo por meio de uma crítica comparada.

O estudioso quer antes de tudo cortar os fios que ligam a mitologia grega à Índia. Na Índia assistimos a uma tentativa do homem destinada a atualizar as experiências cósmicas e a estabelecer uma ligação entre sua vida e o universo. A religião da Índia é, portanto, cósmica, ao passo que a mitologia grega nada tem a ver com tal concepção.

Por outro lado, os mitos já não se apresentam sob a forma primitiva típica da Índia. A tradição oral desempenhou um papel importante na transmissão dos mitos. Por muito tempo, essa tradição oral foi a única possível, mas referir-se à tradição oral implica necessariamente referir-se a fenômenos de deformação, de mistura, de alteração. Com esse pano de fundo, o papel do crítico, do historiador, torna-se, portanto, fundamental.

---

6. *Aegineticorum liber*. Dissert. Berlim. • *Prolegomena zu einer wissenschaftlicher Mythologie*. Göttingen, 1825.

Os novos elementos em apoio à Escola Histórica

A pesquisa na história das religiões

As religiões da Índia são cada vez mais conhecidas. Para os pesquisadores europeus, o mundo da Ásia, sua história e suas doutrinas aparecem sob uma nova luz. A arqueologia progride dia a dia: cidades sepultadas são descobertas e civilizações inteiras vêm à luz. Egito, Oriente Próximo, Mesopotâmia, Irã e Índia são os países que no século XIX revelarão segredos relegados ao esquecimento por muitos séculos, às vezes por milênios. O historiador já não poderá se declarar satisfeito com as grandes teses românticas.

A etnologia entra em cena

Aproximamo-nos de povos novos, dos chamados povos primitivos. As mitologias antigas, greco-romanas, asiáticas, indo-europeias, são dados históricos, atestados por documentos que chegaram aos pesquisadores europeus. Agora, ao contrário, encontramo-nos diante do problema concreto de homens que vivem e que se mostram com seu horizonte de mitos e suas crenças religiosas. O mitógrafo tem duas opções na sua pesquisa: ocupar-se das mitologias históricas ou dos povos primitivos atuais com suas crenças.

Um novo elemento se insere na pesquisa: o ateísmo

Até o século XIX, o mitógrafo abordava o mito numa perspectiva pessoal de crença religiosa. Se a crença não se traduzia numa adesão pessoal a uma doutrina, era pelo menos um pressuposto oculto da pesquisa. É particularmente o caso dos mitógrafos panteístas ou deístas do romantismo.

Em 1848-1849, em Heidelberg, Ludwig Feuerbach lê suas *Vorlesungen über das Wesen der Religion* (*Preleções sobre a essência da religião*). Para ele, a religião só pode florescer num clima de ignorância e de cultura primitiva.

Karl Marx traduz essa tese em termos sociológicos. Chegou a hora do ateísmo.

A filologia comparada entra numa nova era

O orientalismo está em pleno apogeu: egiptologia, assiriologia e indologia são os três novos campos nas ramificações do saber orientalista. A linguística e a gramática comparada põem fim às fantasias etimológicas dos séculos precedentes. Um novo mundo se apresenta para o historiador e o filólogo.

O nascimento da sociologia

Auguste Comte, o pai do positivismo, se volta para os problemas da sociedade. Na Alemanha, Wundt se interessa pela psicologia dos povos. Émile Durkheim retoma o pensamento de Comte e fundará em Bourdeaux a primeira cátedra de sociologia. A reflexão religiosa encontra-se na presença de novos dados. A mitografia começa a se interessar pelos problemas do grupo: sacrifício, culto, comunidade religiosa, corpo sacerdotal.

4 A mitografia naturista: a mitologia, uma tentativa de explicação do universo

A perspectiva não é nova: já a encontramos nos filósofos jônicos e descobrimos alguns de seus elementos entre os mitógrafos românticos. No entanto, a tese é parcialmente renovada pela contribuição das grandes descobertas do século XIX. Ela se mantém numa espécie de equilíbrio entre a pesquisa romântica e a pesquisa puramente histórica: seu campo de investigação continua a ser o do romantismo, a natureza, enquanto seu método é o da pesquisa histórica.

Fontenelle

Em 1687, retomara a tese dos filósofos jônicos publicando um opúsculo intitulado *De l'origine des fables*. A mitologia seria a primeira explicação, errônea e antropomórfica, dos fenômenos naturais.

Auguste Comte

Põe em destaque essa orientação. De fato, se os deuses são apenas fenômenos naturais hipostasiados, já não se trata de encontrar na mitologia uma corrente de pensamento religioso. O homem da primeira etapa da humanidade é o *homo mythologicus*.

Alfred de Maury

Histoire des religions de la Grèce antique (1857)

Toda a mitologia é apenas um culto da natureza cuja origem deve ser buscada nas nuvens e na chuva. Não é o caso de procurar nela um pensamento religioso.

Wilhelm Mannhardt

Germanische Mythen (1858)

Para Mannhardt, o Rgveda é a imagem da religião primitiva e a mitologia védica é o protótipo da religião germânica. A Alemanha deve voltar-se para a Índia como as origens do próprio pensamento. Esta tese constitui uma tentação para o pensamento germânico e, um século depois, acabará dando lugar a um desdobramento inesperado, o do nazismo de Rosenberg e de Adolf Hitler.

Friedrich Max Müller

Max Müller se interessará particularmente pela mitologia da Índia. Linguista e historiador das religiões, ele abordará os mitos da Índia sob esse duplo aspecto.

Para ele, os mitos nasceram ao alvorecer e ao crepúsculo, quando os homens olhavam para o céu. Diante dessas maravilhas da natureza, o homem experimenta uma série de sensações e impressões, e sua imaginação une visões e mistérios.

Max Müller faz intervir um segundo fator que se acrescenta à teoria dos mitos crepusculares: a doença da linguagem. Os homens dos tempos antigos tinham elaborado conceitos científicos válidos, mas a falta de termos técnicos adequados para exprimir as causas e os princípios gerais os levaram a utilizar imagens particulares, os mitos. Assim, as teorias científicas são dramatizadas. Os poetas amplificaram essas fábulas, realizando uma transferência progressiva das coisas para as pessoas. As figuras assim geradas desfrutam de um prestígio divino: os *nomina* se tornam *numina*. Temos assim os mitos atuais.

Max Müller é um especialista em pesquisas linguísticas. Graças a isso, deve-se reconhecer certa importância à sua teoria, que se situa a meio caminho entre a concepção romântica do mito e a história comparada. É uma grande teoria de transição, que não contém nenhum elemento religioso.

As obras mitológicas de Max Müller foram reunidas em 4 volumes, *Chips from a German Workshop*[7].

Outros expoentes

Outros adeptos da teoria naturalista são Karl Simrock (*Handbuch der deutschen Mythologie*, Bonn, Marcus, 1855), Michel Bréal (*Mélanges de mythologie et de linguistique*, Paris, 1877), Albert Réville (*Prolégomènes de l'histoire des religions*, Paris, 1880), Herman Oldenberg (*Die Religion des Veda*, 1894).

Oldenberg, em particular, considera os mitos cósmicos como elemento importante da mitologia védica. Esses mitos seriam pouco numerosos, mas constituiriam mônadas primitivas nas quais se teriam inserido os outros mitos, resultantes, por sua vez, de uma associação da especulação filosófica e da poesia. De acordo com Oldenberg, o céu vermelho do alvorecer significaria a libertação das vacas celestes.

Nessa perspectiva, o mundo dos deuses é uma etapa posterior à mitologia primitiva. O povo, no início, só teria conhecido uma demonologia, aquela que encontramos atualmente no campo do paganismo primitivo.

O mundo dos deuses seria uma superestrutura tardia que encontra sua origem no mundo indo-europeu já dividido e separado. Os elementos paralelos na mitologia superior não proviriam de um fundamento primitivo, mas de uma evolução análoga baseada nesse fundamento primitivo.

5 Mitografia histórica comparada

A reação contra a mitografia naturista

Essa reação encontra seu maior defensor em Victor Rydberg, autor de *Undersökningar i Germansk Mythologi*, 1886-1889.

Rydberg considera as teses da Escola naturista como um romantismo prolongado e um folclore mitológico. Suas pesquisas convergem num terreno comum aos mitos arianos e germânicos. Rydberg compreendeu bem o problema indo-eu-

---

7. Londres, 1867-1875.

ropeu, e se contrapõe à "mitogonia" linguística orientando a pesquisa para um comparatismo científico.

A mitografia comparada: a teoria dos empréstimos

Duas grandes orientações se compõem no comparatismo que, no seu conjunto, registra os intercâmbios mitológicos entre os diversos povos.

Uma primeira orientação dedica-se aos mitos nórdicos e aos povos indo-europeus. Em 1889, Sophus Bugge, dinamarquês, publica a obra *Studien über die Entstehung der nördischen Götter- und Heldensagen.*

No final do século XIX, a Escola de História das Religiões (*Religionsgeschichtliche Schule*), inserida por sua vez nas pesquisas de Max Müller e na doutrina do *Pan-babilonismo*, dá origem a uma corrente comparatista que estuda sobretudo a Bíblia na perspectiva das mitologias das culturas elevadas do Crescente Fértil asiático. Mencionamos aqui alguns trabalhos importantes, antes de estudar o problema dessa Escola no capítulo seguinte: Hugo Winkler, *Himmels- und Weltenbild der Babylonier als Grundlage der Weltanschauung und Mythologie aller Völker*; O. Gruppe, *Die grieschischen Culte und Mythen in ihren Beziehungen zu den orientalischen Religionen*, I, 1887; A. Jeremias, *Im Kampfe um Babel und Bibel*, 1903 (trad. it., *In lotta per Babel und Bibel*. Roma: La Speranza, 1904).

6 A explicação etnológica

A descoberta dos povos primitivos, de sua mentalidade, de sua cultura, de sua religião, produz uma nova corrente de pesquisas mitológicas.

Teoria do animismo

Para o homem primitivo, os fenômenos não explicáveis devem ser atribuídos a forças obscuras e ocultas. Edward Burnett Tylor, em *Primitive Culture* (1871)[8] afirma que o homem primitivo se encontra diante da natureza animada e inani-

---

8. Trad. it., *Alle origini della cultura*. Roma: Ateneo, 1986-1988.

mada. Ele examina essa natureza e sonha com ela: nela vê espíritos que viajam, que agem. Esses espíritos se tornarão os deuses na evolução da mentalidade do primitivo. Desse modo, a mitologia parece reduzida a pouca coisa na medida em que é um produto da imaginação do homem primitivo.

Em *Principles of Sociology* (1876)[9], Herbert Spencer também parte do animismo e constrói a evolução da mitologia sobre o culto dos espíritos, a adoração da natureza e o culto dos antepassados. Tylor e Spencer consideram o homem primitivo incapaz de pensar na existência de um ser supremo.

Teoria do monoteísmo primitivo

Andrew Lang, em *Custom und Myth* (1884) e em *Myth, Ritual and Religion* (1887), reage contra o animismo e busca entre os povos primitivos a fé num Deus supremo. Essa fé teria existido sem mitos, os quais teriam sido criados numa fase ulterior.

Leo Frobenius, *Das Zeitalter des Sonnengottes* (1904), dedica-se ao estudo dos mitos africanos e os vincula a fenômenos solares. Os homens veem outros homens cair nos rios e ser devorados pelos crocodilos. Por analogia, pensam no pôr do sol do mesmo modo e criam mitos solares. A conservação desses mitos acontece porque o movimento solar é permanente e a cada dia relembra os mesmos eventos.

Paul Ehreinreich em *Die allegemeine Mythologie und ihre ethnologischen Grundlagen* (1910) fundamenta toda a mitologia primitiva na lua. Misteriosa, a lua cresce e decresce; não é visível todas as noites; desempenha um papel importante nos cultos agrários primitivos. Está, portanto, na origem dos mitos.

O mito não está ligado à religião, mas a uma forma de mentalidade, a mentalidade primitiva. Isso explica a sua permanência até a época científica.

A tese do Padre Wilhelm Schmidt (1868-1954)[10]

Orientalista, teólogo e antropólogo, Schmidt forma uma equipe de pesquisadores que estudam os problemas dos aborígines australianos. Contra Wundt,

---

9. Trad. it., *Principi di sociologia*. Org. F. Ferrarotti. Turim: Utet, 1987.
10. *Der Ursprung der Gottesidee*. 12 vols. Münster, 1926-1955.

que vê no medo, no desejo e no ódio as origens da mitologia, Schmidt mostra que a mitologia não está presente na primeira fase da humanidade. O pensamento religioso inicial foi um pensamento monoteísta que não deu lugar a um culto; ele progressivamente se alterou. Assim, o mito tem uma função de reflexão, e constitui uma filosofia natural primitiva.

O século XIX assistiu, portanto, a duas grandes vertentes: a mitografia simbolista do romantismo e a mitografia histórica da Escola comparatista. O positivismo e o evolucionismo acentuaram a reação contra o pensamento romântico. O progresso da humanidade é constante e a etapa mítica constitui um momento nesta evolução permanente.

7 Nota sobre o positivismo religioso de Albrecht Ritschl (1822-1899)

Ritschl é um teólogo, discípulo de Baur, e interessou-se pelo problema da evolução histórica do cristianismo. Sob a influência de Kant e de Schleiermacher, sua reflexão se orienta para a importância do sentimento religioso.

Em 1870, publica *Die Christliche Lehre von der Rechtfertigung und der Versöhnung*. Concentra toda a sua reflexão no problema da salvação trazida por Jesus no Reino de Deus. Essa salvação é realizada por intermédio de Jesus, mas se realiza também na vida de cada um. A salvação, a justificação, o perdão dos pecados, encontram-se na libertação do sentimento de culpa.

Utilizando às vezes a via da teologia bíblica e às vezes a via da filosofia da religião, Ritschl estuda o Reino de Deus, como comunidade de vida moral baseada na pregação de Jesus. O homem salvo cria uma dinâmica favorável à constituição desse reino, que é visto no seu aspecto de presença no centro da humanidade. O que importa para o cristão é o cumprimento do seu dever terreno.

Nós não conhecemos Cristo em si mesmo. Devemos conhecê-lo no seu aspecto antropológico, ou seja, na sua benevolência para conosco. A divindade de Jesus se revela no seu amor. Na cristologia não é preciso se preocupar em primeiro lugar com questões doutrinais, mas com a ação de Cristo, que deseja uma cristologia positiva.

Ritschl recusa toda teologia, exceto a reflexão sobre Deus a partir de Cristo. Seu ponto de partida é "Deus é amor". Em teologia, é preciso excluir a investigação metafísica.

Ritschl terá grande influência na devoção alemã. Seu objetivo é afirmar a devoção. Sua insistência na moralidade do cristão e em sua ação no mundo leva-o a conceber uma devoção sociológica atenta às relações entre o homem e o mundo.

Na França, Auguste Sabatier, teólogo protestante de Estrasburgo, difunde as ideias de Ritschl, primeiro na Faculdade protestante de Estrasburgo, depois na de Paris, que fundou em 1887. Em 1897, publica *Esquisse d'une philosophie de la religion d'après la psychologie et l'histoire* e em 1903 *La Religion d'autorité et la religion de l'esprit.*

Para Sabatier, o que é originário é a consciência religiosa, juiz soberano de toda autoridade exterior. Esse positivismo religioso introduz na história das religiões uma pesquisa pragmática: o moralismo, o valor religioso.

Essas doutrinas serão retomadas por pensadores católicos: é o movimento modernista.

Para compreender o mito em Bultmann é preciso levar em conta o positivismo religioso de Ritschl.

Referências complementares

Neste capítulo citamos numerosos autores; não faltam referências bibliográficas. Contentamo-nos em indicar algumas obras recentes sobre o século XIX e sobre o mito.

Dizionario delle mitologie e delle religioni. Milão: Rizzoli, 1989

Diversos artigos abordam os problemas aqui tratados. Vejam-se, sobretudo:

BAUDE, M. & MUNCH, M. *Romantisme et religion: théologie des théologiens et théologie des écrivains* – Colloque de Metz, 1978. Paris: PUF, 1980.

DETIENNE, M. *Interpretazioni dei miti* – Teorie del XIX e XX secolo, II, p. 932-942, com bibliografia sumária.

_____. *L'Invention de la Mythologie.* Paris: Gallimard, 1981 [trad. it., *L'invenzione della mitologia.* Org. de F. Cuniberto. Turim: Bollati Boringhieri, 2000].

DUCHEMIN, J. *Mythe et personification* – Actes du Colloque du Grand Palais (Paris), 7-8 mai 1977. Paris: Les Belles Lettres, 1980.

FINLEY, M. *Mythe, mémoire, histoire.* Paris: Flammarion, 1981.

Formation et survie des mythes: travaux et mémoires – Colloque de Nanterre, 19-20 avril 1974. Paris: Les Belles Lettres, 1977.

HANI, J. *Problèmes du mythe et de son interpretation* – Actes du Colloque de Chantily, 24-25 avril 1976. Paris: Les Belles Lettres, 1978.

Outras publicações

CREUZER, F. *Symbolik und Mythologie der alten Völker*. 6 vols. [Reimpr., Hildesheim: Georg Olms, 1973] [trad. it., *Simbolica e mitologia*. Org. de G. Moretti. Roma: Riuniti, 2004].

EHRENREICH, P. *Die allgemeine Mythologie und ihre ethnologischen Grundlagen*. Leipzig: Heinrichs, 1910 [reimpr., Nova York: Arno, 1978].

Études sur Vico. Paris: Archives de Philosophie, 1976-1977 (I e II).

GUBERNATIS, A. *La mythologie des plantes, ou les legéndes du règne végétal*. 2 vols. Paris: C. Reinwald, 1878 [reimpr., Nova York: Arno, 1979] [trad. it., *Mitologia comparata*. Milão: Hoepli, 1980].

LIPPS, G.F. *Mythenbildung und Erkenntnis*: eine Abhandlung über die Grundlagen der Philosophie. Leipzig, 1907 [reimpr., Nova York: Arno, 1978].

MUNCH, M.M. *La "Symbolique" de Friedrich Creuzer*. Paris: Ophrys, 1976.

PLANTY-BONJOUR, G. (org.). *Actualité de Schelling*: travaux du Centre de documentation et de recherche sur Hegel et sur Marx. Paris: Vrin, 1979.

SCHELLING, F.W. *Philosophie de la Mythologie*. 2 vols. [trad. fr. de S. Jankélévitch. Paris: Aubier, 1945] [trad. it., *Filosofia della mitologia*: introduzione storico-critica, lezioni (1842). Org. de L. Procesi. Milão: Mursia, 1998].

TILLIETTE, X. *Schelling, une philosophie en devenir*. 2 vols. 2. ed. Paris: Vrin, 1992.

VICO, G. *Vie de Giambattista Vico écrite par lui-même*. Apres. de A. Pons. Paris: Grasset, 1981.

II – Mito e Bíblia – A tese de Rudolf Bultmann*

Rudolf Bultmann nasceu em Wiefelstede no dia 20 de agosto de 1884 e faleceu em Marburgo, em 1976. Depois de seus estudos em Marburgo, foi nomeado *Privatdozent* nessa Universidade em 1912 e professor titular em 1921.

Bultmann se interessava pelos grandes problemas do Novo Testamento: seu texto, os problemas da Igreja primitiva, a mensagem de Jesus. Sua pesquisa abar-

---

* In: *Il mito e il suo significatio*. Milão: Jaca Book, 2005, p. 133-147.

ca muitos campos: filosofia, teologia, exegese e história das religiões. Este último âmbito foi sempre uma de suas principais preocupações. Bultmann é um exegeta dedicado às questões levantadas pela *Religionsgeschichtliche Schule*, que põe em primeiro plano em sua pesquisa o problema do contexto neotestamentário. Esse problema é vasto e diz respeito às ideias e às doutrinas, ao ambiente cultural, à transmissão das ideias e das doutrinas. Entre as questões que atraíam a atenção de Bultmann, deve-se enfatizar o helenismo e o gnosticismo. Ele orientou Hans Jonas para o estudo do gnosticismo. Sua preocupação dominante é a seguinte: entender o cristianismo em sua realidade histórica, em seu alcance teológico e religioso. Como compreender e transmitir a mensagem de Jesus? Como nós, pessoas modernas num mundo científico, podemos penetrar no mundo mítico do Novo Testamento? Como devemos interpretar o texto do Novo Testamento e compreender a mensagem ali expressa segundo as fórmulas de um universo mítico? Homem de Marburgo, Bultmann sofreu ali as influências que seriam determinantes na orientação de seu pensamento: primeiramente, a influência de Martin Heidegger, seu colega em Marburgo a partir de 1923 e que publica naquela cidade alemã, em 1927, seu livro fundamental, *Sein und Zeit* (*Ser e tempo*). Trata-se da análise existencial do homem que tenta compreender o homem em sua existência (*Dasein*). Wilhelm Herrmann, professor de dogmática († 1922), discípulo de Kant e de Schleiermacher, aluno de Ritschl, concentrava toda a sua pesquisa na soteriologia. A religião da salvação de Jesus deve mostrar a ele as relações do homem com o mundo e constituir uma experiência de existência. No campo exegético, Bultmann é aluno de Johannes Weiss, o primeiro a atrair a atenção para o caráter compósito dos Evangelhos e para a orientação escatológica do pensamento de Jesus. A história das religiões é um dos grandes problemas do início do século XX na Alemanha. A *Religionsgeschichtliche Schule* de Gunkel, Heitmüller, Bousset domina toda a pesquisa nesse campo.

1 Mito e Bíblia no século XIX – A apresentação do problema

A Escola romântica e a mitologia bíblica

J.G. Herder (1744-1803)

Aluno de Kant, Herder influenciou de maneira determinante o *Sturm und Drang*. Sua tese sobre o valor do mito para o espírito popular tem profunda ressonância sobre o romantismo. Poesia, mito e religião são para ele o próprio âmbito no qual vive o espírito antigo.

C.G. Heyne (1729-1812)

Sob a influência de Herder, Heyne mostra como a humanidade de outros tempos exprimia todo pensamento segundo formas míticas. O mito é um estágio do necessário desenvolvimento do espírito humano e se faz presente desde as origens de qualquer literatura pelo fato de o pensamento ser limitado e de as possibilidades de expressão estarem fortemente restritas. Essa teoria terá uma grande influência sobre a exegese bíblica protestante do século XIX[11].

David F. Strauss (1808-1874)

Em 1835, Strauss publica um livro que desperta grande atenção, *Das Leben Jesus*[12]. Trata-se de uma revolução no campo bíblico. Strauss distingue dois Jesus: o Cristo da fé e o Jesus da história. Os Evangelhos contêm mitos criados em torno da pessoa histórica de Jesus que nós só conseguimos reconhecer com grande esforço. De todo modo, Strauss acrescenta, no mito subsiste também um valor que precisamos descobrir por meio da análise do texto evangélico.

Strauss distingue o conceito (*Begriff*) do mito (*Vorstellung*). Esse elemento, que constitui a forma do pensamento, é a chave para a interpretação do Novo Testamento. O mito tem, por outro lado, um valor que ultrapassa o quadro do texto dos Evangelhos: é o seu valor positivo para a humanidade. O exegeta deve aplicar à humanidade aquilo que se diz de Jesus.

Wilhelm M. de Wette (1780-1849)

Sua elaboração constitui um avanço em comparação com o pensamento romântico, na medida em que evidencia no mito uma categoria essencial na qual

---

11. HARTLICH, C. & SACHS, C. *Der ursprung des Mythosbegriffes in der modernen Bibelwissenschaft*. Tübingen: Mohr, 1952.

12. Trad. it., *La vita di Gesù o esame critico della sua storia*. 2 vols. Roma: Editrice, 1886.

necessariamente toda vida religiosa se exprime. Desse modo, é preciso aceitar o mito, purificá-lo, interpretá-lo.

Essa *Mythentheorie*, que precede Bultmann num século, fornece as bases daquilo que ele viria a chamar de *Desmitologização*: o mito é uma maneira de conceber e de exprimir o pensamento. É o método de expressão usado pela comunidade. Amplia e reforça perenemente a ideia fundamental. Dessa maneira, sobre a figura histórica de Jesus de Nazaré foram projetadas as ideias, as expectativas, as esperanças contidas nas mensagens proféticas e na figura messiânica.

Isso significa que devemos realizar uma interpretação do sobrenatural, do divino, do maravilhoso. Devemos reformulá-lo de modo racional, humano, psicológico. No que diz respeito ao Novo Testamento, a ideia do Homem-Deus deve ser referida não ao Jesus histórico, mas à realidade atual da humanidade[13].

A Escola de História das Religiões (*Religionsgeschichtliche Schule*)

Em 1876, Tiele publica em Leiden seu manual, *Geschiedenis van den Godsdienst*, ao qual se seguem o *Manuel d'histoire des religions*[14] e o *Kompendium der Religiongeschichte*[15]. Em Göttingen, um círculo de jovens pesquisadores animados por A. Eichhorn e H. Gunkel começa a se dedicar ao estudo da Bíblia pela perspectiva da história das religiões. Funda-se, então, uma nova Escola.

Albert Eichhorn (1856-1926)

Incentivador do grupo, Eichhorn publica em 1898 *Das Abendmahl in Neuen Testament*. Tratando do método da exegese, ele utiliza o termo *religiongeschchtlich* e suscita uma pergunta de base: de onde provém a ideia de sacramento no cristianismo primitivo?

---

13. Podem-se ler estudos interessantes sobre esse argumento: MALEVEZ, F. *Le message chrétien et le mythe*. Bruxelas: Desclée de Brouwer, 1954. • BACKAUS, G. *Kerygma und Mythus bei D.F. Strauss und R. Bultmann*. Tübingen, 1954. • SCHWEITZER, A. *Geschichte der Leben Jesus Forschung*. 6. ed. Tübingen, 1951 [trad. it., *Storia della ricerca sulla vita di Gesù*. Bréscia: Paideia, 2003]. • DUFOUR, X.L. *Les Evangiles et l'histoire de Jésus*. Paris: Du Seuil, 1963. • CERFAUX, L. *Jésus Aux origines de la tradition*. Bruges, 1968 [trad. it., *Gesù alle origini della tradizione* – Per una storia di Gesù. Roma: Paoline, 1970].

14. Paris: Leroux, 1880 [2. ed., 1925].

15. Berlim: Schleiermacher, 1880.

Hermann Gunkel (1862-1932)

Exegeta veterotestamentário, Gunkel insere o Antigo Testamento no quadro das religiões asiáticas[16]. Duas de suas obras orientam a pesquisa para o gênero literário e o *Sitz im Leben*: *Schöpfung und Chaos in Urzeit und Endzeit*, Göttingen 1895, e *Die Sagen des Genesis*, Göttingen 1901.

Em 1911, ele publica *Die Urgeschichte und die Patriarchen*[17]. Em 1903, ele se dedicara ao Novo Testamento: *Zum Religiongeschichtlichen Verständniss des Neuen Testaments*. No cristianismo, ele vê uma religião sincretista realizada por influência de Paulo e João. Os mitos antigos foram uma fonte de inspiração para esses autores. O capítulo 12 do Apocalipse se apresenta como uma síntese dos mitos babilônios, persas e egípcios em torno do nascimento de um deus solar, filho da Rainha do Céu e a sua luta contra o dragão das trevas.

Hugo Gressmann (1877-1927)[18]

Gressmann se interessa pela *Religiongeschichte* e pelo problema dos gêneros literários (*Gattungsforschung*). Em seu trabalho sobre o Messias, ele vê o nascimento da escatologia judaica antes do profetismo e antes do exílio. Essa escatologia foi influenciada pelos mitos cósmicos retomados de algumas religiões asiáticas.

Wilhelm Bousset (1865-1920)[19]

Em 1903, Bousset publica *Das Wesen der Religion*.

---

16. *Schöpfung und Chaos in Urzeit und Endzeit*. Göttingen: Vandenhoeck & Ruprecht, 1895. • *Die Sagen des Genesis*. Göttingen: Vandenhoeck & Ruprecht, 1901. Essas duas obras orientam a pesquisa para o gênero literário e o *Sitz im Leben*.

17. Göttingen: Vandenhoeck & Ruprecht, 1911.

18. As obras de sua autoria são: *Der Ursprung der israelitisch-jüdischen Eschatologie*. Göttingen: Vandenhoeck & Ruprecht, 1905. • *Mose und seine Zeit*. Göttingen: Vandenhoeck & Ruprecht, 1913. • *Die älteste Geschichtschreinung und Prophetie Israels*. Göttingen: Vandenhoeck & Ruprecht, 1921. • *Der Messias*. Göttingen: Vandenhoeck & Ruprecht, 1929.

19. *Der Antichrist in der Überlieferung des Judentums, des neuen Testaments und der alten Kirche*: ein Beitrag zur Auslegung der Apokalypse. Göttingen: Vandenhoeck & Ruprecht, 1895. • *Die Religion des Judentumns in späthellinistichen Zeitalter*. Berlim: Reuther und Reichard, 1903. • *Hautprobleme der Gnosis*. Göttingen: Vandenhoeck & Ruprecht, 1907. • *Kyrios Christos*. Göttingen: Vandenhoeck & Ruprecht, 1914.

Para Bousset, a cristologia paulina é uma reflexão mítica sobre a morte de Jesus. O pressuposto dessa reflexão seria um mito de descida ao Hades e um combate contra os demônios. Esse mito está modificado: o combate é relatado na terra, em lugar do mito da descida aos infernos, tem-se a descida de Jesus à terra; em lugar de seu combate contra os demônios, temos a sua morte. Paulo apresenta a morte de Jesus como uma luta contra as potências dos demônios: dessa forma, a meditação cristológica lança raízes na mitologia.

No tema da morte e da ressurreição de Jesus, temos, em Paulo, o mito do deus salvador sofredor, morto e ressuscitado, comum a diversas religiões mistéricas. Retomado pelo cristianismo, o mito assumiu um significado cósmico no culto das comunidades. Esse elemento é fundamental na vida do cristianismo primitivo. Uma vez que se inspira na celebração dos mistérios, toda a sua base é, portanto, mítica.

William Wrede (1859-1906)[20]

Segundo Wrede, a comunidade primitiva projetou sobre a vida de Jesus a ideia messiânica, que veio a surgir depois da ressurreição.

Johannes Weiss (1863-1914)[21]

Weiss, um dos mestres de Bultmann, insiste no caráter compósito dos Evangelhos e em sua pré-história e, ao mesmo tempo, na orientação escatológica do pensamento de Jesus. Segundo Weiss, temos na escatologia de Paulo uma doutrina mítica: trata-se de um mito cósmico de reconciliação, avatar de um mito da queda.

Para compreender a pesquisa de Rudolf Bultmann, é preciso levar em consideração essas duas orientações do século XIX. A corrente romântica insistira

---

20. *Das Messiasgeheimniss in den Evangelien*. Göttingen: Vandenhoeck & Ruprecht, 1901 [trad. it., *Il segreto messianico nei Vangeli – Contributo alla comprensione del Vangelo di Marco*. Nápoles: D'Auria, 1996]. • *Paulus*. Halle a. Saale: Gebauer-Schwetschke, 1904.

21. *Die Predigt Jesu vom Reiche Gottes*. Göttingen: Vandenhoeck & Ruprecht, 1892 [trad. it., *La predicazione di Gesù nel regno di Dio*. Nápoles: D'Auria, 1993]. • *Das Urchristentum*. Göttingen, Vandenhoeck & Ruprecht, 1914.

no sentido do mito como categoria fundamental do pensamento humano e como forma literária de expressão utilizada por todas as comunidades antigas. A *Religiongeschichte Schule* aplica a *Mythentheorie* renovada pelas descobertas das religiões antigas à exegese do Antigo Testamento e do Novo Testamento. Para essa Escola, os nossos textos bíblicos são uma releitura, conforme uma ótica cultural ou messiânica, dos antigos mitos religiosos asiáticos e dos cultos pagãos. Dessa maneira, o problema da mitologia bíblica já está posto. Por outro lado, essa Escola insiste na mensagem do Novo Testamento. Tal mensagem é um princípio de vida espiritual e religiosa pessoal. Cristo continua a ser um símbolo perene para a comunidade cristã, que mantém, enquanto comunidade, um significado essencial. A atitude cristã tem, portanto, um valor fundamental. Assim, Bultmann se encontra diante de um problema relevante e bem definido. Ele retoma o trabalho, convicto de que o grande erro de seus predecessores foi ter procurado no Novo Testamento uma doutrina, em vez de uma mensagem. Uma doutrina é uma síntese destinada a desenvolver uma educação, ao passo que uma mensagem é um valor universal sempre atual e que mantém o sentido fundamental de um chamado pessoal para todo aquele que a escuta.

2 Mito e kerygma no Novo Testamento segundo Rudolf Bultmann: a mensagem no Novo Testamento

A vida da mensagem

Bultmann procura compreender a mensagem no Novo Testamento. Quem o escuta deve, sempre de novo, entender a mensagem, o *kerygma*, como se lhe fosse pessoalmente dirigida. É necessário que ele mesmo se torne portador dessa mensagem. O Novo Testamento não será nem compreendido nem verdadeiramente interpretado por quem quiser encontrar nele considerações gerais sobre Deus, sobre o mundo, sobre o homem, ou relatos históricos de acontecimentos, ou ainda a descrição de coisas vividas, de experiências religiosas feitas e repetíveis nos dias de hoje. Os autores do texto que possuímos falaram de acordo com o "contexto vital" (*Sitz im Leben*). Mas essa vida é a vida da mensagem como tal. Para compreender seu pensamento, é necessário participar da mensagem; sua compreensão é a fé, sua interpretação é a pregação.

Conteúdo e participação no conteúdo da mensagem

A mensagem como tal tem como conteúdo um evento único, cronológica e qualitativamente. O conteúdo desse evento se refere aos homens de todos os tempos, e a mensagem é sempre outra vez anunciada e ouvida, posto que todos os homens de todas as épocas têm de se tornar contemporâneos daqueles que a transmitiram.

O conteúdo da mensagem não é um conjunto de teorias nem de relatos históricos, ou de experiências religiosas. É a palavra de Deus, enunciada em outros tempos, pronunciada, na sua ação num tempo, para todo presente de qualquer homem. Essa mensagem põe os seus ouvintes diante de Deus na decisão de fé, entre escândalo e obediência. Se o ouvinte aceita a obediência de fé, passa a participar da vida da mensagem. E nessa participação compreende a mensagem: a compreensão do Novo Testamento é um ato existencial.

A forma histórica da mensagem

O Novo Testamento apresenta sua mensagem específica por meio de uma forma histórica. A mensagem é formulada de acordo com a linguagem, os conceitos, as representações, os pressupostos cosmológicos próprios da época particular na qual foram escritos os textos. É o problema típico da compreensão e da interpretação dos textos. O conteúdo da mensagem é eterno, a sua forma histórica é específica da época. Para se deixar entender em outras épocas, a mensagem tem necessidade de ser contemporânea a elas. Se ela não for traduzida para a linguagem de cada época, deixa de ser mensagem. Claro que a mensagem permanece a mesma em todas as épocas, mas deve ser compreendida e interpretada de modo novo.

Desse modo, o *kerygma*, a mensagem, está no centro da teologia de Bultmann. A obra e a palavra de Deus são o fundamento, o conteúdo e a força da mensagem do Novo Testamento.

O homem e a mensagem

É necessária uma dupla tomada de consciência: em primeiro lugar, o homem toma consciência da mensagem no papel de ouvinte. Toma consciência de seu estado pessoal, de si mesmo tal como era e tal como deve vir a ser. Graças à mensagem, ele vê a antiga e a nova determinação da sua existência. Em segundo lugar, em sua fé na mensagem, o homem tem consciência de passar da determinação antiga à nova. Essa passagem constitui o ato salvífico, o ser em Cristo. O homem que recebe a mensagem vê a si mesmo como pecador, pertencente a este mundo, vivendo na carne; sente que está fazendo da esfera visível a base de sua vida e que está pondo o mundo no lugar de Deus. Mas, na mensagem, se vê chamado à existência escatológica da nova criatura. E assim se separa de seu presente para imergir no futuro de Deus.

A natureza da mensagem é o evento de Cristo

A mensagem anuncia e constitui a passagem do homem de sua antiga vida para sua vida nova, do seu ser passado a seu ser futuro. Essa passagem é o evento de Cristo. Desse modo, a obra salvífica de Deus proclamada pela mensagem é o ato de Deus realizado nesse homem, o evento atual de Cristo para o homem que realiza a mensagem na obediência. A cristologia e a soteriologia são uma só e única coisa. O *kerygma* neotestamentário proclama a unidade dessa cristologia e dessa soteriologia. A soteriologia vem primeiro, e a cristologia é exatamente o seu prosseguimento. Jesus Cristo assume todo o seu significado no *kerygma*, cujo ápice é o chamado à fé.

Os dois momentos do evento de Cristo

A cruz é o evento histórico da crucificação de Jesus, compreendido no seu significado para nós como palavra da Cruz. A morte de Cristo deve ser compreendida não apenas como um acontecimento histórico, mas como ato de Deus. No momento em que o ouvinte do *kerygma* responde por meio da obediência de fé, a morte de Jesus assume para ele todo o seu significado. O ouvinte toma o caminho da sentença de morte que o faz passar da vida terrestre à vida sobrenatural. Deixa-se crucificar com Jesus: esse ato é o ato salvífico de Deus.

A ressurreição é o segundo momento do evento de Cristo. O evento da Páscoa é a revelação do sentido da Cruz. É o surgir da fé que se dá conta do sentido e da importância da crucificação de Jesus para nós. O brotar da fé pascal consiste para o crente em assumir a cruz de Cristo, em dizer sim. A fé pascal mostra que o advento da Cruz de Cristo continua a se reproduzir. O evento da ressurreição é o entendimento do evento da Cruz.

3 O mito no Novo Testamento

A definição bultmanniana de mito

A conferência *Neues Testament und Mythologie*[22], de 1941, que sintetiza o pensamento do autor acerca do Novo Testamento e do mito, dá-nos algumas pistas acerca de sua maneira de entender o sentido do mito. Ele se contenta em dizer que esse significado é o significado do historiador das religiões.

Mítico é um modo de representar segundo o qual aquilo que não é do mundo, o divino, surge como se fosse do mundo, como se fosse humano. Nesse modo de representação, o além aparece como "este mundo", a transcendência de Deus é pensada como uma distância espacial. Também é mítico um modo de representação em virtude do qual o culto é compreendido como uma ação que comunica, mediante meios materiais, forças que não são materiais.

Bultmann opõe o pensamento mítico ao pensamento científico.

Em sua obra *Jesus Christus und die Mythologie*[23], ele esclarece sua definição do mito. É preciso enfatizar que a mitologia, entendida como ciência primitiva que procura explicar aspectos e acontecimentos originários de proveniência sobrenatural, não esgota a noção profunda do mito.

Os mitos são expressões formais de uma mentalidade que tem as seguintes características: não reconhece ao homem o domínio do mundo e de sua própria vida; vê o mundo, no qual vive o homem, como repleto de mistérios e de enigmas; também considera a vida humana como um conjunto de mistérios e de enigmas. O mito confere à realidade transcendente uma objetividade imanente a este mundo.

A mitologia é a expressão de determinada concepção da existência humana. Segundo essa concepção, o mundo e a vida têm sua origem e seu limite numa potência que se encontra fora de tudo o que é controlável. Essa concepção fala de tal potência de maneira inadequada e insuficiente porque se refere a ela como se se tratasse de uma potência do mundo e fala dos deuses como se fossem homens e de suas ações como se se tratasse de ações humanas.

---

22. Trad. it., *Nuovo Testamento e mitologia* – Il manifesto della demitizzazione. Ensaio introdutório de I. Mancini. Org. de L. Tosti e F. Bianco. Bréscia: Queriniana, 1973.

23. Hamburgo: Furche, 1964, p. 16-17. • Gütersloh, Gütersloher Verl.-Haus Mohn, 1992 [7. ed.].

O mito na Bíblia

Bultmann aplica à Bíblia essa concepção do mito.

Ele inicialmente ressalta como, de acordo com a concepção mítica, Deus habita os céus. Assim se explica sua transcendência, que é expressa mediante um conceito de lugar, uma noção de distância.

O inferno, por sua vez, é a concepção mítica da transcendência do mal. O mal é visto como uma potência aterrorizadora e se situa o inferno debaixo da terra porque a escuridão amedronta os humanos. Se o homem moderno aceita a noção de transcendência do mal, não pode aceitar a representação mítica nem do céu nem do inferno.

A ideia de satanás e dos espíritos maus provém do fato de o homem se sentir misterioso, enigmático em seus pensamentos e ações. A concepção mítica de satanás como senhor do mundo remete todos os males a uma única origem, a uma potência má, dominadora do mundo e da história.

O mito no Novo Testamento

Faremos inicialmente referência aos três volumes *Erforschung der Synoptischer Evangelien*[24], *Jesus*[25], *Das Evangelium des Johannes*[26].

Na formação dos Evangelhos, Bultmann vê um mito de Cristo, *Christus-Mythos*. Os Evangelhos são lendas cultuais. O gênero foi criado pelo Evangelista Marcos, que traz o mito de Cristo para o centro de seu livro, a fim de lhe dar uma unidade fundada no mito. Mateus e Lucas, com a introdução de numerosos milagres e de uma pré- e pós-história do ministério de Jesus, reforçaram o caráter mítico de Marcos, vinculando de maneira particular o mito ao culto. O gênero literário dos Evangelhos é uma criação do cristianismo helenístico, cuja base se encontra na apocalíptica judaica e na gnose.

---

24. Töpelmann: Giessen 1925 [5. ed., 1966] [trad. it., *Storia dei vangeli sinottici*. Bolonha: Dehoniane, 1969].

25. Tübingen: Mohr, 1926, 1988 [trad. it., *Gesù*. Posfácio de W. Schmithals. Bréscia: Queriniana, 1972].

26. Göttingen: Vandenhoeck und Ruprecht, 1941 [10. ed.].

Esse gênero literário culmina no Evangelho de João, que faz violência à história e formula toda a mensagem em linguagem mítica. O prólogo é um trecho de mitologia gnóstica escrito na linguagem da gnose oriental primitiva e centrado na ideia do *logos* preexistente feito carne.

A subida ou a descida dos anjos sobre o Filho do Homem, as relações de Jesus com o Pai, os judeus considerados como filhos do diabo, príncipe deste mundo, constituem outros exemplos de temas míticos.

João eliminou o terror do mito gnóstico e o substituiu por uma doutrina de salvação, pondo em evidência a Palavra de Deus. Essa palavra reveladora vem ao encontro do homem a partir de um além incontrolável. É dotada de autoridade e suscita junto àquele que a escuta um dever de tomar uma decisão de vida ou de morte. João desmitologizou a palavra. Ele a apresenta como atual e pressupõe, da parte do homem, um compromisso prático e pessoal.

Em seu livro *Jesus Christus und die Mythologie*[27], escrito como resultado de uma série de conferências sobre o tema, Bultmann situa no centro da pregação de Jesus o tema do Senhorio de Deus, *Die Gottesherrschaft*. No século XIX, entendia-se o Reino de Deus como uma comunidade de homens que cumpriam a vontade de Deus. Em 1892, em *Die Predigt Jesu vom Reiche Gottes*, Johannes Weiss ressaltava o alcance escatológico da autoridade de Deus, que transcende a história. As raízes dessa concepção se encontram na apocalíptica judaica. Essa expectativa é situada no núcleo da pregação de Jesus.

Bultmann desvela uma série de mitos na noção neotestamentária do reino: a representação do Senhorio de Deus, o drama que põe fim ao mundo, a teoria do mundo conduzido por satanás, não obstante criado por Deus, a concepção de um mundo em três níveis: céu, terra, inferno, a intervenção de forças sobrenaturais, os milagres.

Essa representação mítica se opõe à representação científica, que une causa e efeito e rejeita toda intervenção sobrenatural na condução do mundo. A história mítica da humanidade concebe o mundo como um todo e o explica segundo os princípios da evolução. Bultmann faz a pergunta: como apresentar ao homem da época científica uma mensagem formulada em termos míticos e situada no

---

27. 1964, trad. de *Jesus Christ and Mythology*. Nova York: Scribner's, 1958.

interior de uma moldura mítica? Sua resposta está contida numa palavra: *Entmythologisierung*. Esta palavra encerra todo um método.

4 A desmitologização do Novo Testamento

Recorrendo a uma operação dupla, Bultmann desmitologiza a mensagem de Jesus e a pregação da comunidade primitiva. A primeira operação é negativa e consiste numa crítica da imagem do mundo representado por meio do mito. Nesse caso, a palavra desmitologização indica o momento crítico. Mas Bultmann vai além disso. Ele empreende uma nova hermenêutica, uma interpretação existencial do Novo Testamento, que constitui a exegese positiva da mensagem. Bultmann foi criticado por ocultar essa hermenêutica com a palavra desmitologização.

Desmitologização negativa

Os traços míticos do Novo Testamento segundo Bultmann

Bultmann critica a imagem do mundo no Novo Testamento porque sua formulação é empreendida de acordo com os termos da apocalíptica judaica e dos mitos gnósticos.

Primeiramente, ele ressalta as características da imagem mítica do mundo: trata-se da ideia do cosmos em três estágios, céu, terra, inferno, da determinação da existência humana mediante as intervenções de potências sobrenaturais: Deus, anjos, demônios, milagres, da ideia segundo a qual o mundo presente está em poder de satanás e se encaminha para uma catástrofe cósmica, que comportará calamidades iminentes características do fim dos tempos, juízo celeste, ressurreição dos mortos, condenação.

Em segundo lugar, Bultmann põe em destaque as características da representação mítica do acontecimento da salvação, reconhecendo-o na concepção do início dos últimos tempos com o envio de um Filho de Deus preexistente, no nascimento do Filho de Deus de uma Virgem, na sua morte que expia os pecados da humanidade, na sua ressurreição corporal dos mortos, na sua elevação como Rei e Senhor para governar o mundo, em seu retorno sobre as nuvens do céu para realizar sua obra, na ideia de uma Igreja, de um Batismo, de uma Eucaristia como meios para unir os fiéis a seu Senhor. Nesses traços, tem-se uma série de elementos a serem eliminados: satanás, os anjos, o nascimento virginal, o túmulo vazio, a ascensão. Os outros elementos, por sua vez, necessitam de uma interpretação. É preciso separá-los de sua forma e inseri-los numa outra forma que corresponda à nossa época, a uma mentalidade científica.

A incompatibilidade do mundo científico e do mundo mítico

R. Bultmann dá a impressão de querer fazer do homem moderno um absoluto e da ciência a medida de todas as coisas. Para ele, realmente, não é possível utilizar a luz elétrica ou os modernos procedimentos médicos acreditando no mundo dos espíritos e nos milagres do Novo Testamento. O pensamento científico considera o mundo como regido por leis, ao passo que o pensamento mítico se mantém aberto a imprevisíveis intervenções.

O homem ocupa assim um lugar distinto, em função de ser considerado do ponto de vista do mito ou da ciência. Numa concepção científica, o homem é um ser da natureza e ele mesmo assume as próprias responsabilidades. Não se ocupa nem de Deus, nem do diabo, antes age segundo sua livre iniciativa e sob sua própria responsabilidade. Para o pensamento mítico, os sentimentos e as decisões do homem estão submetidos ao juízo de forças alheias e se recorre também a meios materiais como os sacramentos para conservar a vida espiritual.

O homem moderno, espiritualista ou materialista, declara como inaceitável o pensamento mítico e, consequentemente, doutrinas como a da morte encarada como punição pelo pecado, da satisfação vicária, da expiação pelo sangue, da ressurreição do corpo, dos sacramentos como meios de redenção.

Desmitologização positiva

Trata-se de uma interpretação que busca tornar manifesta a intenção da mensagem. Essa interpretação deve ser, simultaneamente, radical e existencial: radical, no sentido de que traz o conteúdo da mensagem fora de sua forma, uma forma que deve exatamente refutar, e existencial porque liberta o *kerygma*, que é um anúncio feito diretamente ao homem e que diz respeito a sua existência. A interpretação é uma exegese, uma dogmática e uma pregação. É uma interpretação antropológica que tem em vista a compreensão da existência humana. Bultmann elabora toda essa parte positiva da desmitologização a partir da filosofia existencialista de seu colega de Marburgo, Martin Heidegger.

Podem-se ressaltar dois de seus princípios. O primeiro é que a referência à existência é a condição de toda linguagem religiosa. O que interessa é o homem que, graças ao advento de Cristo, passa da perdição à realidade, da descrença à fé. Em suma, não existe linguagem religiosa válida alheia ao ato de fé que toma a Deus por sujeito, justamente porque falar de Deus significa tomá-lo como objeto.

O segundo princípio é que a existência é o ato de ser. Logo, é necessário traduzir o Novo Testamento com o propósito de unir mensagem e vida. A exegese é uma pregação que se dirige ao homem. Mensagem cristã e vida humana constituem o objetivo último de todo o esforço de Bultmann.

5 Um exemplo de desmitologização: a escatologia

Escatologia mítica grega

Aqui o homem toma consciência dos seus limites. Os deuses o advertem e o mantêm em atitude de humildade. O destino é, para os gregos, a presença imanente da potência transcendente.

Escatologia mítica bíblica

O mundo atual é passageiro, diante da eternidade, ele não tem consistência. Os profetas do Antigo Testamento e Jesus anunciam o fim iminente do mundo. Jesus também anuncia a vontade divina, a vontade de um Deus santo que reivindica o direito e a justiça. O mundo é nada porque o homem o transformou num mundo onde reina o mal, e o fim deste mundo é o juízo de Deus. A diferença entre a escatologia helenística e a escatologia bíblica se encontra na presença de um Deus santo, criador do mundo.

Nessa escatologia, tem-se um elemento positivo: a sobrevivência da alma. Platão apresenta o mito da alma de um modo otimista, insistindo na separação alma-corpo e na sobrevivência da alma. A Bíblia vai além ao pôr em evidência a liberdade da pessoa e a transformação de seu corpo em corpo glorioso graças à ressurreição. Essa libertação é alcançada por meio de Deus. A Igreja, com a sua liturgia, deve cantar esse triunfo. A pregação de Jesus insistiu em dois deveres do homem: tornar-se disponível para a vinda de Deus, estar pronto para o juízo.

Desmitologização

A desmitologização é iniciada por Paulo, que transpõe a transformação anunciada por Jesus e afirma que ela já se cumpriu. A vinda de Jesus realizou a transformação num mundo novo e a sua Ressurreição apõe o sinal final a essa realização. O Espírito Santo foi dado. O futuro está assegurado. Se, para a mitologia judaica, o reino do Messias é um interregno, para Paulo, o reino do Messias é alcançado no tempo atual. A *parousia* assegurará o seu coroamento.

João dá um novo passo. O juízo já foi pronunciado. A luz veio ao mundo. Ressurreição, Pentecostes, *parousia* já se realizaram. Os fiéis têm a vida. Para João, o Anticristo está presente: são os falsos doutores.

No mundo de hoje, temos uma visão científica da escatologia: a visão da destruição atômica do mundo pelo abuso da ciência e da técnica. As consequências são o medo e a angústia nas quais vivem as nossas gerações atuais.

A palavra de Deus intervém. Põe o homem em guarda contra o egoísmo, contra as suas certezas absolutas. Lança o chamado ao verdadeiro eu. Nesse apelo, encontra-se uma libertação, a libertação que arranca a pessoa da escravidão da técnica. A fé é um mandamento (*Gebot*) e um dom (*Geschenk*), é uma força de Deus. A desmitologização da escatologia bíblica nos põe em presença do mistério de Deus.

O sentido da ação de Deus deve ser encarado numa ótica de fé. Esta não pertence à mitologia que vê em Deus a causa sobrenatural, nem ao panteísmo, que encontra Deus presente no interior do mundo. Ela é, por sua vez, uma fé na ação de Deus própria do cristão e que exclui a ótica causa-efeito.

A ação de Deus permanece oculta. Nossa linguagem de fé nos faz encontrar *hic et nunc* a ação de Deus na existência humana. Ela se conclui no diálogo homem-Deus, no qual reside o paradoxo da fé[28].

---

28. *Jesus Christus und die Mythologie*. Op. cit., p. 21-36 e 69-101.

6 Conclusões

Para concluir, podemos recordar as posições de Karl Barth sobre a obra de Bultmann, sob forma de cinco perguntas[29]:

Bultmann talvez seja um *militante* que milita por uma imagem moderna do mundo contra a imagem da antiguidade mitológica que sobrevive na Igreja, na teologia, na pregação? Barth constata que ele se preocupou mais com o método do que com o resultado, que ele procurou um método sem pensar muito no resultado.

Será que Bultmann é um *apologeta* que não fala mais de milagres ao homem do átomo, que pensa sobretudo no homem do átomo e desmitologiza o evangelho para fazê-lo ser aceito? Apesar dos protestos de Bultmann, Barth vê nele e nos seus seguidores apologetas. Esse é um produto secundário de seu trabalho.

Ou talvez Bultmann seja um historiador filiado à tradição do século XIX? Ele busca o sentido profundo dos textos e, nessa pesquisa, vê a necessidade de desmitologizá-los para liberar seu sentido profundo? Subsiste em Bultmann algo da soberba da época 1890-1910, mas o *pathos* espiritual é mais relevante que a pesquisa histórica.

É um *filósofo*? Talvez sua teologia seja um *eureka* filosófico marcado pelo entusiasmo? Cansado do positivismo, do idealismo, do romantismo, ele teria encontrado no existencialismo a chave do Novo Testamento. Como Agostinho, que fala uma linguagem neoplatônica, ou Tomás de Aquino, que fala uma linguagem aristotélica, Bultmann teria falado com uma linguagem heideggeriana. De fato, isso é verdadeiro, e é isso que torna problemática a sua teologia.

Finalmente, Barth, segundo suas próprias palavras, assume um risco considerável, mas acredita estar se aproximando de uma solução para o enigma quando ousa fazer a pergunta: não será necessário simplesmente ver em Bultmann um luterano (mesmo *sui generis*)? O empreendimento de Bultmann teria sido simplesmente possível e, consequentemente, compreensível em outro lugar que não fosse o terreno luterano? Essa interpretação não é exaustiva, diz Barth, que acrescenta: "Mesmo assim, quem for atacar Bultmann esteja atento a não tocar eventualmente em Lutero, que, de certo modo, está presente nele".

---

29. Cf. BARTH, K. *Rudolf Bultmann, ein versuch ihn zu verstehen.* 3. ed. Zurique: EVZ-Verl., 1964.

Referências complementares

Obras de Rudolf Bultmann, além das que já foram citadas:

Das Urchristentum im Rahmen der antiken Religionen. Zurique: Artemis-Verlag, 1949. Düsseldorf: Patmos, 2000 [trad. it., *Il cristianesimo primitivo nel quadro delle religioni antiche.* Org. de L. Zagari. Milão: Garzanti, 1964: Gênova: Ecig, 1995].

Glauben und Verstehen – Gesammelte Aufsätze. 4 vols. Tübingen: Mohr, 1933-1965 [trad. it., *Credere e comprendere* – Raccolta di articoli. 2. ed. Bréscia: Queriniana, 1977, 1986].

Kerygma und Mythos: ein theologisches Gespräch. 4 vols. Org. de H.W. Bartsch. Hamburgo: Reich & Heidrich, 1948-1954.

Theologie des neuen Testaments. Tübingen: Mohr, 1953 [9. ed., 1984] [trad. it., *Teologia del Nuovo Testamento.* Org. de A. Rizzi. 2. ed. Bréscia: Queriniana, 1992].

Sobre Bultmann, há uma literatura significativa. As obras a seguir fornecem-nos a bibliografia sobre ele:

BARTH, K. et al. *Comprendre Bultmann, un dossier.* Paris: Du Seuil, 1970.

MALET, A. *Mythos et logos, la pensée de Rudolf Bultmann.* Genebra: Labor et Fides, 1962 [2. ed., 1971].

MALEVEZ, L. *Le message chrétien et le mythe, la théologie de Rudolf Bultmann.* Paris: Desclée de Brouwer, 1954.

MARLÉ, R. *Bultmann et l'interprétation du Nouveau Testament.* Paris: Aubier, 1956 [trad. it., *Bultmann e l'interpretazione del Nuovo Testamento.* Org. de B. Fanetti. Bréscia: Morcelliana, 1958].

MIEGGE, G. *L'Évangile et le Mythe dans la pensée de Rudolf Bultmann.* Neuchâtel: Delachaux et Niestlé, 1968 [trad. it., *L'evangelo e il mito nel pensiero di Rudolf Bultmann.* Milão: Di Comunità, 1956].

SCHMITHALS, W. "Rudolf Bultmann". In: *Theologische Realenzyklopädie.* Vol. 7. Berlim/Nova York: De Gruyter, 1981, p. 387-396.

III – Mito e psicanálise*

1 Os mestres

Sigmund Freud (1856-1939)

Sigmund Freud nasce na Morávia de uma família judaica e se inicia no exercício da medicina em Viena. Ocupa-se das neuroses, com um método que con-

---

* In: *Il mito e il suo significato.* Milão: Jaca Book, 2005, p. 165-184.

sistia em "voltar a percorrer de trás para a frente o caminho" da patologia, até identificar sua causa desencadeadora. Sua clientela, majoritariamente feminina, o orientou para a *libido*. Com a interpretação dos sonhos, ele buscava alcançar as profundezas da psique.

Em 1912, Freud publica *Totem und Tabu*[30], no qual examina a alma dos primitivos e a compara com as neuroses: reencontra o medo do incesto nas regras da exogamia, o problema da consciência no tabu e ressalta o papel das crenças animistas na criação da religião. Formula uma hipótese sobre a origem da religião, que a seu ver deve ser buscada num homicídio perpetrado na "horda primordial".

Para Freud, no início da humanidade, existia uma horda, constituída por um pai que expulsa os filhos e conserva as mulheres para si. Essa situação provoca o assassinato do pai por parte dos filhos, que depois devoram o pai. Daí vem o complexo da culpa original. Sobre esses fatos se funda o totemismo, que evoluirá para religião e se caracterizará pelo respeito ao totem (ao pai), por cerimônias sagradas (reconciliação), pelo banquete totêmico (triunfo do pai). É a criação das divindades paternas. A etapa seguinte é a da mitologia. Freud considera que, na base de todo esse processo, há uma alma coletiva da humanidade. Em nosso estudo, não nos deteremos nessa perspectiva.

Carl Gustav Jung (1875-1961)

Jung é filho de um pastor suíço. Ele se estabelece em Zurique para exercer a profissão de médico. Em 1907, encontra Freud, de quem se afasta definitivamente em 1912, data em que publica a obra *Transformações e símbolos da libido*, na qual reconhece o tema central da psicanálise não na *libido*, mas nos grandes mitos da humanidade. Freud é um positivista; Jung, um espiritualista. Para Jung, a alma é naturalmente religiosa e possui a faculdade de entrar em relação com Deus.

Em 1920, Jung termina uma obra magistral, *Tipos psicológicos*[31], na qual retoma algumas ideias de Rudolf Otto sobre as categorias do pensamento e descobre as imagens primordiais, que denomina de arquétipos. É por intermédio de uma pesquisa comparada dos sonhos dos doentes e dos mitos da humanidade que

---

30. Frankfurt a. Main: Fischer/Taschenbuch, 1913 [trad. it., *Totem e tabù* – Alcune concordanze nella vita psichica dei selvaggi e dei nevrotici. Org. de M. Giacometti. Milão: Mondadori, 1993].

31. Trad. it. org. por F. Bassani. Milão: Mondadori, 1993 [orig.: *Psychologische Typen*. Zurique: Rascher, 1921].

ele apreende o arquétipo. No mais profundo da alma, Jung localiza três estratos: o primeiro é a persona, o personagem social; o segundo é a sombra, constituído pelas facetas obscuras do homem; o terceiro é o dos arquétipos, ou seja, do inconsciente coletivo.

Os arquétipos são virtualidades formadoras, dinâmicas, que contêm cargas emocionais do numinoso; é por meio deles que Jung realiza a exploração, a interpretação e a tradução do mito. Para ele, depois de Homero, não há quem tenha entendido o significado profundo do mito.

2 Abordagem psicológica do mito

A abordagem psicológica

A filosofia, a história das civilizações, a história comparada das religiões e a etnologia sempre tentaram entender o sentido e a função do mito. Elas chegaram a estabelecer as interdependências entre as diversas culturas e civilizações e permitiram entender melhor os mitos dos povos antigos e dos homens primitivos. Mas não basta explicar a natureza de uma bebida para dizer tudo acerca dela: o essencial não é conhecê-la. É bebê-la.

E é assim que a psicologia busca abordar o mito: inclina o ouvido para ele e o deixa falar. O mito fala e assim realiza um duplo retorno: um retorno à infância da alma individual e um retorno à infância do homem e da humanidade. Para a psicanálise, as profundezas da alma humana são os tempos primordiais: um poço no qual o mito reina e funda as normas e as formas primitivas da vida, a serem exploradas pela psicanálise.

A psique profunda se objetiva com imediatidade no sonho e no mito, com imagens próprias.

A psicanálise constata a existência de uma mitologia individual, atividade própria e criativa da psique. Até mesmo a mitologia antiga, na origem, suscitava uma ressonância e punha pessoalmente em jogo o narrador e os ouvintes do mito.

O mito não deve, portanto, ser considerado uma matéria morta: é um drama com seus personagens, que apresenta uma forma diferente dependendo dos conteúdos. Os personagens sobem ao palco e dirigem o drama.

Mito e mitologia segundo a psicanálise: definição e função do mito[32]

A definição do mito

Károly Kerényi propõe um novo termo para designar o conteúdo do mito: mitologema. Segundo ele, o mitologema é uma soma de elementos antigos transmitidos pela tradição e encerrados no interior de relatos conhecidos e que tratam dos deuses e dos seres divinos, de combates entre heróis e de descidas aos infernos. O mitologema não é uma simples forma de expressão, mas contém uma mensagem que remonta às origens e não fala de causas, fala de fatos. É uma mensagem que é preciso deixar falar.

A função do mito

A função do mito não é inventar nem explicar. É fundar e motivar. O mito não responde à pergunta pelo "porquê", antes responde à pergunta "em consequência de quê?" Ele se refere aos acontecimentos que formam a base do mundo.

A mitologia é vida para o povo que é seu portador. Constitui uma realidade vivida, pensada, expressão e vida do povo. Todo deus é o princípio de um mundo.

---

32. As remissões levam às seguintes referências: KERÉNYI, K. *Die Mythologie der Griechen*. Zurique: Rhein Verlag, 1951 [trad. it., *La mitologia dei greci – I racconti sugli dei e l'umanità*. Org. de A. Brelich. Roma: Astrolabio, 1952]. • JUNG, C.G. & KERÉNYI, K. *Einführung in das Wesen der Mythologie*: Gottkinmythos eleusinische Mysterien. Zurique: Rhein-Verlag, 1941 [trad. it., *Prolegomeni allo studio scientifico della mitologia*. Org. de A. Brelich. Turim: Einaudi, 1948] [trad. fr., *Introduction à l'essence de la mythologie*. Paris: Payot, 1953]. • GLASER, R. *Ein himmlischer Kindergarten*: Putten und Amoretten. Munique: Bruckman, 1939. • JUNG, C.G. "Über die Archetypen des kolletiven Unbewussten". In: *Eranos-Jahrbuch*. Zurique, 1935, p. 179-229 [trad. it., "Gli archetipi dell'inconscio coletivo". In: *Opere*, vol. IX, 1. Turim: Boringhieri, 1980, p. 1-39]. • JUNG, C.G. *Die Beziehungen zwischen dem Ich und dem Unbewussten*. Zurique, 1928 [trad. it., *L'io e l'inconscio*. Org. de A. Vita. 2. ed. Turim: Bollati Boringhieri, 1992]. • JUNG, C.G. *Psychologie und Religion*. Zurique: Rascher, 1939 [trad. it., *Psicologia e religione*. Org. de L. Aurigemma. Turim: Boringhieri, 1984]. • *Symbolik des Geistes*. Zurique: Rascher, 1948 [trad. it., *La simbolica dello Spirito* – Studi sulla fenomenologia psichica. Turim: Einaudi, 1975]. • HOSTIE, R. "Du mythe à la religion – La psychologie analytique de C.G. Jung". In: *Études Carmélitaines*. Paris, 1955. • WOLFF, T. "Der Begriff des Archetypus in der komplexen Psychologie". In: *Mélanges Thurnwald*. Berlim, 1950, p. 446-462. • DIEL, P. *Le Symbolisme dans la mythologie grecque* – Étude psychanalytique. Paris: Payot, 1966. • CAILLOIS, R. *Le mythe et l'homme*. 7. ed. Paris: Gallimard, 1938, 1958 [trad. it., *Il mito e l'uomo*. Org. de A. Salsano. Turim: Bollati Boringhieri, 1998]. Cf. tb. o volume *Mito e fede*. Org. de E. Castelli. Roma: Istituto di Studi Filosofici, 1966.

A mitologia é expressão da faculdade que o homem tem de imergir em si mesmo, nas suas origens. Em suma, seus grandes temas são os elementos constitutivos da psique.

Para o psicanalista, a mitografia é a motivação mitológica, um percurso que faz remontar às origens da alma e do homem.

3 As origens do mito segundo a psicanálise

Com o objetivo de descobrir as origens do mito, a psicanálise percorre um duplo trajeto: de um lado, efetua uma pesquisa no campo dos mitologemas dos povos antigos ou dos povos primitivos atuais e, de outro, estuda as profundezas da Psiquê, segundo o método de Freud e o de Jung, analisando o sonho e a neurose. Mediante um trabalho de comparação, ela procede ao exame do mitologema e do conteúdo dos sonhos e das neuroses, para depois formular suas próprias hipóteses sobre a origem do mito.

Nosso estudo, necessariamente muito limitado, se concentrará em duas pesquisas que se inserem nesse quadro, realizadas por Kerényi e Jung e publicadas nos *Prolegômenos ao estudo científico da mitologia*.

A primeira pesquisa diz respeito à mitologia da fundação das cidades; a segunda estuda os mitos do deus-criança.

Mito e mitologia na fundação das cidades

Três elementos parecem estar na base de todos os mitos de fundação de uma cidade: primeiramente, a cidade é o reflexo do universo: sua fundação se assemelha a uma reconstrução do universo a partir de um ponto que o reflete. Em segundo lugar, a base da cidade é como um terreno divino sobre o qual ela é edificada. Em terceiro lugar, a cidade constituirá, tanto quanto o mundo, a sede dos deuses.

A fundação de Roma

Chegou até nós uma dupla versão da fundação de Roma.

Plutarco, na *Vida de Rômulo*, fala de um círculo traçado com a ajuda de um arado. No centro do círculo, há um fosso circular chamado *mundus*. Ovídio fala de um buraco fechado depois do sacrifício de fundação. Alguns testemunhos fazem alusão a um edifício subterrâneo cuja abóbada recordava a abóbada celeste.

Outra tradição, especificamente representada por Dionísio de Halicarnasso, dá outra versão do sulco original que delimita Roma. Trata-se de um quadrado: é a Roma quadrada.

Temos aqui, então, duas versões contraditórias. A primeira parece estar mais de acordo com os hábitos romanos, uma vez que, quando os romanos fundavam uma cidade, davam-lhe o nome de *urbs*, de *urvo*, traçar o sulco, do qual provém *orbis*, o círculo. Por outro lado, toda *urbs* era quadrada, mas em outro sentido: as duas ruas principais se cortavam perpendicularmente no centro da cidade e davam acesso às quatro portas. A *urbs quadrata* era a cidade dividida em quatro quarteirões principais.

A exegese do mito de Roma, cidade circular e simultaneamente quadrada, parece poder ser feita se recorrermos a um paralelo interessante e totalmente separado da mitologia romana: a *mandala* do misticismo hindu.

A figura que reúne o círculo ao quadrado se chama *mandala*, círculo, anel em hindu antigo. Esse tipo de figura se encontra no Tibete no misticismo budista. Trata-se de um quadrado inscrito num círculo que encerra círculos concêntricos à sua volta. O místico budista serve-se dessa figura para sua meditação e a interpreta como uma imagem do mundo tendo ao centro o Monte Sumcru, o trono dos deuses. O místico traduz a imagem como a realidade do "em si e em torno de si". Com a contemplação dessa figura, passa a ter consciência de sua natureza e avança no caminho do *nirvana*.

Às vezes, a figura é desenhada no assoalho dos templos para convidar o visitante a empreender a reedificação de si mesmo. Ela pode ser encontrada no Tibete, mas podem-se ver traços seus até na mística do Oriente Próximo. Segundo F. Boll[33], esse tema está na base da cidade santa do Apocalipse.

C.G. Jung encontra um fenômeno análogo na psicologia do profundo. Dá os detalhes de sua descoberta numa conferência feita em 1935[34], em Ascona, e no

---

33. *Aus der Offenbarung Johannis, Hellenistische Studien zum Weltbild der Apokalypse.* Leipzig: Teubner, 1914.

34. In: *Eranos-Jahrbuch*, 1935, p. 179-229 [trad. it., cit.].

Segredo da flor de ouro[35]. Alguns pacientes de Jung, em seus sonhos ou durante as crises nervosas, desenhavam figuras de *mandala*, demonstrando por meio do desenho uma necessidade de compensação de seus contrastes internos.

A partir daí, Jung deduz a existência de uma realidade psíquica autônoma caracterizada por uma fenomenologia universal. A figura da *mandala* pode ser encontrada em Roma, na Índia, no Oriente Próximo e no inconsciente profundo da alma humana. Observações desse tipo se encontram na base da posição fundamental de Jung, a da existência de um inconsciente coletivo no mais profundo da alma humana e que está na origem dos mitologemas.

O mesmo fenômeno se observa na mitologia dos povos primitivos contemporâneos. Frobenius, em seus *Monumenta Africana*[36], relata alguns rituais de fundação de uma cidade na África Ocidental nos quais detecta uma notável concordância com a cerimônia romana antiga. E Kerényi retomou os estudos de Frobenius, interpretando-os segundo a linha indicada: "O lugar para a fundação foi delimitado por estacas em círculo ou em quadrado, com quatro portas nas direções dos quatro pontos cardeais. As demarcações do perímetro e das portas começaram com o surgimento do primeiro quarto de lua. Foram dadas três voltas ao redor da cidade com um touro que foi, em seguida, levado para o interior do espaço reservado, com quatro vacas. Depois de ele ter montado três delas, foi sacrificado. Seu membro foi enterrado no meio da cidade nova, onde se erigiu um altar fálico ao lado de uma fossa para os sacrifícios. A cada dia, foram sacrificados três animais no altar e quatro animais na fossa"[37].

Mitos da criança divina

O mito do deus menino: os dados

Segundo Kerényi[38], a mitologia separa as fases da vida da noção de tempo. A Grécia clássica vê os deuses Apolo e Hermes sob um aspecto eternamente ju-

---

35. *Das Geheimnis der goldenen Blüte*: ein chinesisches Lebensbuch. Zurique: Rascher, 1939 [trad. it., *Il segreto del fiore d'oro* – Un libro de vita cinese. Org. de A. Vitale e M.A. Massimello. Turim: Bollati Boringhieri, 2001].

36. Weimar: Böhlai, 1939.

37. *Introduction à l'essence de la mythologie*. Op. cit., p. 33-34 [trad. it., *Prolegomeni allo studio scientifico della mitologia*. Op. cit.].

38. Ibid., p. 43-104.

venil: são tipos puros e perfeitos da figura do jovem que se encontra em todos os tempos. Por sua vez, Zeus é o tipo de homem de aspecto majestoso, ao passo que Saturno é o tipo do velho rabugento.

A Grécia arcaica apresenta-os todos barbudos: um sinal de maturidade.

Toda representação exprime a essência dos deuses. Eles são a *arché* do homem grego, são símbolos que exprimem uma plenitude de significados e uma plenitude de vida[39].

Alguns mitologemas

O tema da criança divina órfã. Entre os etruscos, a criança divina Tages não tem genitores: é o menino nascido da terra mãe.

Temos também o mito do menino abandonado e o do menino arrancado a sua mãe. No mito de Zeus, encontramos o deus exposto para ser salvo e temos a presença de nutrizes divinas.

Esse tema da criança divina abandonada mostra duas coisas: a primeira é que a criança divina é solitária e a segunda é que a criança divina se encontra em seu próprio ambiente no mundo das origens.

O tema do menino sol: o deus Narayana na mitologia hindu[40]. O tema de Narayana é reencontrado em Kullervo, da mitologia nórdica. Seja como for, porém, tem a ver com um tema original da mitologia e, sobretudo, não é preciso reduzir o mito do sol nascente ao da criança que nasce. São dois símbolos diversos, de significado idêntico, isto é, a juventude do mundo. Esses mitologemas não são alegorias que explicam fenômenos da natureza, mas são realidades simbólicas que falam, agem e são válidas em si mesmas.

O tema da água original. A água é como um corpo materno. O mar, o oceano, o peixe estão associados a essa imagem da água original. Segundo Kerényi, o tema cristão do *ichthys* faz parte da própria cadeia simbólica.

Esse tema da água original está presente no Oceano de Homero e no dilúvio, como prelúdio de uma renovação. Na Índia, temos o tema do deus Prajāpati, só sobre um lótus quando o mundo é água.

---

39. KERÉNYI, K. *Die Mythologie der Griechen*. Op. cit. [trad. it., cit.].
40. HERBERT, J. *La mythologie hindou*. Paris: Albin Michel, 1953.

Entre os deuses, muitos são próximos do tema da água original: Apolo, deus nascido na Ilha de Delos, é o deus peixe, o golfinho que dará o nome a Delfos. Na Índia, Viṣṇu também é um deus peixe. Dioniso, por sua vez, também está relacionado ao tema da água.

Exegese psicanalítica desses dados por parte de Jung

Nos *Prolegômenos*[41], C.G. Jung propõe uma interpretação psicanalítica do arquétipo da criança.

O arquétipo

Como foi dito, Jung acrescenta à noção de inconsciente pessoal de Freud a noção de inconsciente coletivo. Insiste nos arquétipos, "imagens antigas que pertencem ao tesouro comum da humanidade e que se encontram em todas as mitologias". Os arquétipos exprimem o inconsciente profundo[42].

Junto a pessoas totalmente alheias à mitologia, Jung observa criações próximas ou paralelas às mitológicas. E disso conclui que existem no ser humano elementos mitógenos que geram mitos de maneira inconsciente. Desse modo, formula a hipótese da criação dos mitos a partir do psiquismo inconsciente.

Essas criações, esses produtos, não são mitos já constituídos, mas são temas, elementos capazes de engendrar um mito. Jung tentou denominá-los de diversos modos: *Motive* = temas; *Urbilder* = imagens primordiais; *Typen* = tipos; *Archetypen* = arquétipos. Os arquétipos se encontram nos relatos e nos mitos, nos sonhos, situados entre a psicologia e a psicopatologia, nos produtos imaginários da psicose, onde constituem séries de imagens delirantes.

---

41. *Introduction à l'essence de la mythologie*. Op. cit., p. 105-144 [trad. it., *Prolegomeni allo studio scientifico della mitologia*. Op. cit.].

42. JUNG, C.G. *Psicologia e religione*. Op. cit. Sobre os arquétipos de Jung, cf. HOSTIE, R. "Les archétypes". In: *Du mythe à la religion dans la psychologie analytique di C.G. Jung*. Paris: Desclée de Brouwer, 1955, p. 76-103 [Coll. "Foi vivante"] [2. ed., 1968].

Arquétipo e inconsciente individual

Os arquétipos são manifestações involuntárias de atividades mentais inconscientes. Eles só são descobertos por indução indireta.

No mito, o arquétipo é o produto de uma tradição que remonta a uma época quase impossível de determinar: a um mundo do passado, a um mundo primitivo.

Na mentalidade do primitivo, as funções do espírito não são conscientes, mas existem em estado pré-consciente.

O pensamento não é produzido pelo primitivo, ele surge de seu inconsciente. A vontade não é uma função consciente, é antes a consequência de uma disposição a querer. O rito substitui a vontade: os ritos de entrada e de saída dão os resultados que a vontade dá ao homem civilizado.

O homem primitivo é dominado pelo inconsciente: ele tem medo das influências mágicas, se sente rodeado por forças desconhecidas, vive em estado de consciência crepuscular.

Nesse inconsciente se encontram os arquétipos. É o mundo mítico dos antepassados. Para o homem primitivo, esse mundo constitui uma realidade equivalente a uma natureza material. O arquétipo é, portanto, uma descrição do modo como a alma percebe a realidade psíquica.

Originalmente, os mitos são revelações da alma pré-consciente, das afirmações involuntárias de fatos psíquicos inconscientes. Esses mitos constituem a vida psíquica da tribo primitiva: a alma da tribo, a religião da tribo.

Para Jung, a religião é uma relação viva com as atividades psíquicas que se produzem externamente à consciência, na obscuridade do contexto psíquico e que independem da consciência[43].

Arquétipo e inconsciente coletivo

Existem dois produtos do inconsciente coletivo: o primeiro é constituído pelas imagens de caráter pessoal. São as experiências pessoais esquecidas ou rejeitadas. O segundo é constituído pelas imagens de caráter impessoal, que não podem ser explicadas pelas experiências individuais e estão próximas da mitolo-

---

43. JUNG, C.G. *Psychologie et religion.* Op. cit., p. 110 [trad. it., *Psicologia e religione.* Op. cit.].

gia. Essas imagens não correspondem a elementos que poderíamos encontrar no indivíduo. Logo, é preciso buscá-las no lado "coletivo".

A hipótese de Jung sobre a origem do mito

O mito é uma "recriação autóctone" que parte de um inconsciente coletivo[44].

Essas recriações ocorrem entre diversos povos que não têm contato entre si. Para explicá-las foram propostos diversos modelos interpretativos: Frobenius, assim como toda a Escola Romântica, explica o mito por meio da leitura da natureza; Ehrenreich explica o mito referindo-se ao próprio cérebro, ao próprio mecanismo de leitura; Lévy-Bruhl o explica com uma categoria afetiva que orienta o homem primitivo para o sobrenatural; a Escola Histórico-cultural, cujos trabalhos representam uma etapa notável na pesquisa científica, elaborou a teoria das migrações.

Por sua vez, Jung chega a uma explicação psicológica: arquétipos se formam a partir de um inconsciente coletivo. Esses arquétipos são forças vitais que contêm uma linguagem em parábolas. A chave dessa linguagem não é intelectual: daqui decorre o erro de todas as explicações do mito.

O arquétipo do deus-criança segundo Jung

Esse arquétipo é muito difundido: pensemos no Menino Jesus, no menino do folclore, no menino que tem um papel de ruptura nas narrativas e nas lendas.

Análise psicológica do arquétipo da criança

O arquétipo é um estado do passado: é um órgão psíquico que constitui uma espécie de vínculo entre a consciência e o inconsciente.

O tema do menino é representativo do aspecto infantil da alma coletiva: representa algo que já foi. O arquétipo é um elemento psíquico estrutural: exprime certos dons instintivos da alma primitiva obscura. Esses dons são raízes invisíveis da consciência individual. O tema da criança é um resíduo das recordações da

---

44. Ibid., p. 110-111.

própria infância, mas não é só isso: é uma recordação da infância coletiva, da alma coletiva da humanidade.

A função do arquétipo é retrospectiva: trata-se de reencontrar as próprias origens. A consciência tem a capacidade de eliminar alguns de seus conteúdos para recordar outros. Graças a isso, o homem pode ser progressista ou tradicionalista. Contudo, se quiser preservar seu próprio equilíbrio, terá de ser simultaneamente as duas coisas. Aferrando-se ao arquétipo inicial, o homem mantém um equilíbrio em seu progresso: eis a razão pela qual experimenta uma eterna necessidade de voltar às origens para progredir normalmente. Desse modo, o arquétipo do deus-criança constitui um elemento de equilíbrio no retorno às fontes.

Mas, ao mesmo tempo, o arquétipo contém uma orientação para o futuro, uma faceta progressista. A criança é um futuro em potência. Desse modo, o tema da criança é uma antecipação de um desenvolvimento futuro. É aqui que encontram seu lugar os "salvadores" da mitologia: deuses rapazes, os deuses-crianças. Esse é seu aspecto progressista.

O tema da criança é um elemento de síntese da personalidade. Encontramos nos mitos o motivo do deus e do herói criança. O deus personifica o inconsciente coletivo ainda não integrado à essência humana e o herói nos situa na essência humana propriamente dita. Os dois realizam a síntese do inconsciente e do consciente.

Fenomenologia do arquétipo da criança

O tema do abandono da criança

Abandono, exposição, colocação em perigo: esse elemento vem associado ao nascimento misterioso e milagroso e descreve uma experiência psíquica criativa. A criança é apenas um conteúdo simbólico da situação para a qual é preciso se separar da origem. A criança em perigo é o símbolo que demonstra essa necessidade de separação.

O tema da invencibilidade da criança

Em todos os mitos da criança há um paradoxo surpreendente: a criança é deixada indefesa diante de seus inimigos, porém, dispõe de forças que superam a medida humana. Ela é, ao mesmo tempo, insignificante e divina. O mito enfatiza que a criança triunfará. A força se manifesta nos fatos miraculosos da criança-heroína. Depois, isso evolui e o mito a apresentará como um semideus. O tema do *ātman*, na Índia, pode ser classificado nessa categoria de invencibilidade.

O tema do hermafroditismo da criança

A maior parte dos deuses criadores do mundo é bissexual. O hermafroditismo significa a reunião dos contrastes. Jung pensa na conjunção do masculino e do feminino na filosofia hermética e no gnosticismo.

O tema da criança como ser inicial e final

A criança simboliza a natureza pré-consciente e pós-consciente do homem, quer dizer, a infância e a situação escatológica do homem.

Os arquétipos constituem entidades intuitivamente perceptíveis na estrutura da psique; encontram-se tanto nos mitos quanto na psicologia individual.

4 O mito segundo Jung

Para Jung, compreende-se a mitologia com o simbolismo. Em sua origem, encontram-se os arquétipos do inconsciente coletivo.

O inconsciente coletivo é um estrato profundo da alma, é inato e devemos distingui-lo do inconsciente pessoal de Freud, que é uma aquisição pessoal, provinda da experiência. Em seu conteúdo e em seu processo, o inconsciente coletivo é comum a todos os indivíduos. Os arquétipos constituem o seu conteúdo.

O mito é uma criação, uma expressão dos arquétipos, uma manifestação psíquica. Com o mito, o arquétipo contido no inconsciente coletivo se torna consciente.

O homem primitivo necessita assimilar a experiência sensível a um evento psicológico oculto. Para ele, o sol representa o destino de um deus cuja morada é a alma do homem. Os fenômenos naturais mitizados não são alegorias, são a expressão simbólica do drama oculto e inconsciente da alma. Jung considera que, desde Homero até hoje, apenas se roçou o problema do arraigamento profundo do mito na alma. Jung verificou que a alma contém, de modo inconsciente, todas as imagens que nós encontramos no mito.

O mito tem um caráter simbólico inconsciente. Sua expressão é a tradução do inconsciente. Jung explica, do mesmo modo, todas as religiões: cada coisa tem, para ele, origem na psicologia. Cristo, a Trindade, a Virgem Maria são mitos. Depois de Jung, o estudo comparado dos paralelos mitológicos lança viva luz sobre a pessoa de Cristo. Do mesma maneira que Mitra, Cristo é um herói solar[45].

Uma tradução psicológica da mitologia grega

A aplicação dos princípios da pesquisa psicanalítica às diversas mitologias leva a uma interpretação completamente nova do mito. Jean Charles Pichon buscou fazer uma tradução esotérica e psicológica do mito. Estabeleceu uma nova cronologia das crenças da humanidade e estudou suas diversas estruturas temáticas[46].

Na *Histoire des mythes* [*História dos mitos*], Pichon sintetiza seu pensamento sobre as religiões, as seitas, as sociedades secretas, os mitos e os deuses da humanidade. Procura situar num quadro cronológico o despertar, a evolução, o eclipse, a renovação, o crepúsculo e a aurora dos mitos e das crenças das religiões como ritmos temporais dos deuses. Nós nos limitaremos a acenar a essa análise esotérica e, ao mesmo tempo, psicológica do mito, que mereceria um capítulo à parte.

Por outro lado, vamos nos deter em outra interpretação psicológica do mito, a de Paul Diel. Numa obra publicada em 1949[47] e corrigida em sua segunda edição, publicada em 1971[48], Diel busca descobrir a origem, a evolução, a simbolização metafisica e ética do símbolo "divindade". A pesquisa de Diel é um estudo das motivações religiosas íntimas e de suas expressões simbólicas, das quais as mitologias constituem um elemento.

Outra obra do mesmo autor merece nossa atenção: *Le Symbolisme das la Mythologie grecque*[49]. Vejamos como Diel faz uma tradução psicológica dos mitos

---

45. Cf., a propósito, HOSTIE, R. *Du mythe à la religion*. Op. cit.

46. Pichon publicou pela Robert Laffont, em Paris, *Le Royaume des Prophètes*, 1962. • *Les jours et les nuits du Cosmos,* 1963. • *L'Homme et les dieux,* 1965. • *Histoire universelle des Sectes et des sociétés secretes.* 2 vols., 1969 [trad. it., *L'altra storia*: le sete e le società segrete. Turim: Rosada, 1972]. Pela Éditions Payot, publicou *Histoire des mythes*. Paris, 1971.

47. *La divinité, étude psychologique*. Paris: PUF, 1949.

48. *La divinité, le symbole et sa signification*. Paris: Payot, 1971.

49. Paris: Payot, 1966 [2. ed.] com prefácio de Gaston Bachelard.

gregos e como procura mostrar o mito redescobrindo toda a vastidão do psiquismo desnudado pela psicologia moderna. Assim, por exemplo, o combate do herói mítico é um combate psicológico. É a luta empreendida contra o mal interior que freia a necessidade de evolução do homem.

O problema

Diel aplica aos mitos gregos a análise da psicologia do profundo. Assim como no século XIX se elevava o pan-babilonismo a tese, aqui se tem uma pan-psicanálise. O trabalho de Diel se concentra na pesquisa simbólica: vimos de perto o simbolismo cósmico dos românticos; aqui temos de nos haver com um simbolismo psicológico cujos princípios vêm da Escola de Freud e de Jung. O símbolo é visto em sua realidade psicológica.

Diel está em busca da raiz psicológica do simbolismo mítico. Para ele, o mito cobre toda a vastidão do psiquismo: fala de toda a humanidade, fala do destino humano. Assim como os românticos, Diel procura aqui uma mensagem para a condução da vida, uma mensagem que dirige, em parte, a evolução da humanidade. Em suma, se chegará à interpretação moral do mito, visto que os mitos são uma imagem da vida, do conflito intrapsíquico do homem. As intenções simbólicas dos deuses são uma projeção das reais intenções do homem. A verdade fundamental do mito se encontra no coração do homem.

Diel expõe o seu método de decifração dos mitos e, para demonstrá-lo, propõe a análise de uma série de mitos gregos. Nessa análise, ele não se ocupa, em momento algum, da exegese histórica, não compara textos nem documentos. Ele quer captar o sentido oculto dos símbolos. Seu método de pesquisa é psicológico: por serem os mitos complexos, Diel omite os temas secundários e segue apenas a linha central do mito. Em outros termos, faz uma tradução psicológica de alguns mitos gregos.

O método

Diel expôs uma série de princípios que guiam essa tradução em sua obra *Psychologie de la Motivation*[50] e *La divinité*.

---

50. Paris: PUF, 1948.

Os temas míticos revelam um duplo simbolismo, metafísico e ético.

O simbolismo metafísico remete à causa primeira. Nós o encontramos especialmente nos mitos de criação que, de uma forma imaginária, falam da causa primeira da existência do mundo. A vida é uma revelação do mistério da criação. Não é possível ter uma revelação explícita da causa primeira porque ela supõe duas coisas que Diel exclui: uma intenção presente junto a uma causa primária e a possibilidade de o homem receber uma revelação sobrenatural.

É com o símbolo que tem lugar a revelação da causa primeira, da divindade criadora. O símbolo nos leva àquilo que Diel chama de "uma metafisica mítica de natureza simbólica", ou ainda de "um simbolismo metafísico". O mito concretiza a causa primeira e a chama de divindade criadora. Essa divindade é um mito concebido sob a forma de um espírito absoluto.

O simbolismo ético, por sua vez, está relacionado com a luta do homem.

O dever essencial do homem encontra-se na descoberta do sentido da vida. O homem deve espiritualizar-se e se tornar conforme ao espírito absoluto. Esse dever ético parece ter sido imposto pela divindade. Numerosas são as tentações que procuram desviar o homem do mandamento da divindade simbolizado no mito. Desse modo, ao simbolismo da causa primeira criadora e juíza do homem se acrescenta outro simbolismo: o da luta do homem. Uma segunda categoria de mitos traduz esse combate e as suas aventuras. O homem combate seus desejos, seus maus desejos, e a divindade lhe confere armas simbólicas.

Nessa luta, os monstros dos relatos míticos significam a exaltação imaginativa do homem. A espiritualização será a vitória do homem que alcançou o domínio de si mesmo e do mundo. Assim, os combates narrados nos mitos gregos concretizam as aventuras essenciais da vida humana orientada ou para o alto, ou seja, rumo à espiritualização e à sublimação, ou para baixo, isto é, para a perversão. Em outros termos, as aventuras míticas das lutas simbolizam a vida psíquica, os seus fenômenos e as suas manifestações.

A psicologia íntima da natureza humana

Para Diel, há um paralelismo entre o funcionamento psíquico e os símbolos fundamentais dos mitos. O real sentido da vida é a sua evolução. Os mitos nos revelam o funcionamento psíquico, mostrando-nos, portanto, a evolução da pessoa e da humanidade, evolução no passado e no futuro ao mesmo tempo. A mitografia é uma doutrina da evolução do homem e da humanidade. A própria humanidade é uma forma evoluída da vida animal.

A evolução constitui o sentido da vida humana. O psiquismo humano só pode ser explicado pela evolução. O mito ocupa um lugar importante na doutrina da evolução.

As funções da psique humana são quatro, uma das quais, animal, com as outras sendo humanas. As funções humanas são:

• a função consciente, função do discernimento;

• a função supraconsciente, aquela que ultrapassa o consciente primitivo; o espírito, o guia da evolução da humanidade;

• a função subconsciente, parasitária e frágil.

Esta última função é um freio que se opõe à solução e que impele o homem ao retorno ao pré-consciente. Aqui se fixam todos os hábitos ilógicos, todas as ideias obsessivas. A função animal é o inconsciente.

Os elementos psíquicos na evolução humana têm o seu centro no desejo, que é a necessidade, biologicamente elementar, que constitui o fenômeno central da vida. No desejo, encontram-se as quatro funções da psique. A harmoniosa satisfação dos desejos múltiplos é o sentido último da vida. O mito busca exprimir esse sentido último. Desse modo, o desejo, a sua exaltação e a sua harmonização constituem um dos temas frequentes da mitologia.

A estagnação da evolução é a psicopatia. Estamos aqui diante da deformação patológica do espírito criada pela força contrária à da evolução, a estagnação. Essa deformação provém da imaginação doentiamente exaltada, que transforma o desejo na sua forma negativa, a angústia. São as neuroses, a degradação do espírito evolutivo. A deformação do espírito vai da simples irritação nervosa até a loucura, a perda total do espírito. Todas essas degradações, no entanto, vêm da angústia, que é exatamente a rejeição da culpa.

A psicopatia também é uma expressão mítica: ela é o contrário da harmonização dos desejos. As duas expressões são projeções extraconscientes: uma vem do supraconsciente, outra, do subconsciente.

A primeira se encaminha para a evolução, ao passo que a segunda se alinha com a involução.

190

Os mitos contêm uma compreensão do funcionamento evolutivo da psique ou uma compreensão de seu funcionamento involutivo.

Contêm ainda a advertência de uma luta contra a involução: o homem deve encarar essa luta para encontrar o sentido da vida.

A tradução do sentido oculto dos mitos

Verificação da análise psicológica

A moral não é nem convenção social nem imposição sobrenatural. A moral é um fenômeno naturalmente inerente à vida. Ela é a adaptação do sentido evolutivo da vida, a satisfação do desejo essencial obtido com o domínio dos múltiplos desejos e com sua harmonização, a economia do prazer, uma valorização supraconsciente que busca realizar a satisfação essencial, a alegria.

A consciência é o pressentimento e a presciência da lei fundamental que governa a vida. A consciência também estabelece, para cada desvio, o tormento da culpa.

A lei psíquica obriga o homem a se orientar para o sinal de direção: "Evolução".

Se o homem perde a orientação e se deixa levar rumo à deformação psíquica, cai na *irritabilidade* (exalação do espírito) ou na *banalização* (desejos materiais e sexuais).

Moral, consciência e lei psíquica estabelecem a escala de valores.

No homem que segue a sua evolução baseada nesses três fundamentos nasce o terror sagrado (*effroi sacré*). Diel chama de terror sagrado o sentimento religioso que é inspirado pela profundidade misteriosa da existência evolutiva. É aqui que se encontra a imagem da "divindade".

Verificação da síntese mítica

Os símbolos fundamentais dos mitos dizem respeito às três funções humanas. A primeira é o espírito (o supraconsciente). Trata-se dos símbolos míticos do sol: o sol que ilumina, o céu iluminado, as divindades solares. A segunda é o intelecto (o consciente). No mito, é o homem que habita a superfície da terra, que adora as divindades e combate os monstros. A arena de combate é simbolizada pela terra, mas a verdadeira arena é a psique humana. A terceira é a imaginação malsã (o subconsciente), simbolizada pela noite, pela lua, pelas más divindades humanas.

Encontramos um símbolo derivado do sol no topo da montanha que toca o céu, morada das divindades solares, que são as qualidades da alma. Símbolos derivados do consciente são o fogo terrestre, a chama como elemento de espiritualização, a luz. A descoberta do fogo é encontrada nos mitos utilitaristas, a água e o fogo purificadores, em todos os mitos de fecundidade. Símbolos derivados do subconsciente são o fogo flamejante e devorador, as regiões submarinas, a água congelada.

Eis aqui, segundo Diel, uma série de indicações do método de tradução psicológica do mito. Essa tradução é útil porque, no mito, o homem descobre a gama dos valores, a força desses valores e sua utilidade para a evolução da vida dos indivíduos e das sociedades. Em suma, tanto quanto os românticos do século XIX, os psicanalistas descobrem no mito uma mensagem para o homem e para a humanidade.

A tradução do símbolo mítico em linguagem psicológica

Diel traduz uma série de mitos gregos e os agrupa em quatro rubricas[51]: a luta contra a exaltação, a discórdia inicial, a banalização, a luta contra a banalização.

A luta contra a exaltação

É expressa por seis mitos: os mitos de Ícaro, Tântalo, Fáeton, Íxion, Belerofonte e Perseu.

O mito de Ícaro é lido como a história da subida e da queda do falso herói. Dédalo, o homem engenhoso, representa o intelecto. Constrói asas de cera e constrói a sua prisão, o labirinto. É o intelecto pervertido, é o pensamento afetivo cego que se transforma em imaginação exaltada e se aprisiona na própria construção, o subconsciente. Dédalo e seu filho, Ícaro, tentam sair dessa prisão: é o intelecto que busca reencontrar sua forma sã. Dédalo aconselha seu filho a não se apro-

---

51. *La divinité*. Op. cit., p. 45-250.

ximar muito do sol, mas de, ao mesmo tempo, ficar o suficientemente longe da terra. É o ideal grego da justa medida.

As asas artificiais de Ícaro simbolizam o contrário da imaginação sublime: é a imaginação perversa. O voo muito rente à terra é a sedução diabólica. Ícaro representa o intelecto em seu aspecto vaidosamente cego.

O sol é o símbolo do espírito. O voo rumo ao sol é o sinal da espiritualização. O voo com a ajuda das asas de cera é a exaltação vaidosa, a revolta do intelecto contra o espírito.

Ícaro cai no mar, símbolo da vida, e nele se afoga: é o intelecto insensato que se afoga no subconsciente.

Perseu é o herói, filho da terra, gerado pelo espírito. Nasce de uma mulher terrena fecundada pelo espírito. Filho de Zeus, Perseu é um herói de linhagem divina.

A exposição do menino é a perversidade hostil do pai.

Motivo central do mito é a dificuldade de enfrentar Medusa: todo aquele que vir a cabeça de Medusa será petrificado. Ver Medusa significa reconhecer a vaidade culposa, perceber a própria culpa.

Perseu vence, destrói Medusa. A imaginação perversa deve morrer, para que possam nascer as duas formas da imaginação criadora: a espiritualidade e a sublimidade.

Depois de sua morte, Perseu vencedor é transformado em imortal. Zeus o põe entre as estrelas. A estrela brilhante Perseu é o símbolo do ideal.

Segundo Diel, o mito de Perseu é análogo ao mito cristão.

Perseu, como Jesus, é filho do Espírito Pai e da Terra mãe. Jesus, como Perseu, triunfa sobre o mal personificado por satanás, anjo decaído e serpente sedutora (símbolo da vaidade). Cristo, no mito cristão, é o Messias e ressurge do sepulcro. É o mito grego da deusa verdade que mostra a cabeça do monstro derrotado. A diferença, para Diel, entre o mito cristão de Cristo e o mito grego de Perseu consiste no fato de que Jesus é um homem real, cuja vida foi idealizada no mito. Jesus, um homem mortal, purifica-se inteiramente e assim realiza a evolução, o ideal de que falam todos os mitos. É o ideal norteador válido para os homens, princípio de animação de todo ser vivente.

A banalização

É a carência de qualquer elevação, a queda constante, a baixeza. É o rebaixamento do nível individual, o abandono do esforço evolutivo.

O mito de Édipo é um caso típico de mito de banalização.

Laio, pai de Édipo, advertido pelo oráculo, tem medo de que seu filho, quando se torne adulto, tire-o do trono e o mate. Por isso manda que ele seja abandonado na montanha e que lhe cortem os tendões dos pés. Os tendões dos pés cortados simbolizam uma diminuição das forças da alma, uma deformação psíquica. Édipo representa o coxo, é o símbolo do homem vacilante.

Laio, o pai do garoto, comporta-se muito mal: dessa maneira, o mito enfatiza a responsabilidade dos pais na educação.

Édipo recebe a injunção de cuidar de si mesmo: recebe-a do rei de Tebas, mas este rei não leva as insígnias da realeza, é um qualquer. Em toda a sua juventude, Édipo recebeu a injunção de cuidar de si mesmo. É um doente. É o símbolo da alma destroçada. Édipo caminha apoiando-se numa muleta. A vaidade é uma muleta psíquica, corretivo canhestro da alma mutilada.

Édipo matará o seu pai mítico sob a sua forma negativa (o espírito perverso). Desposará a sua mãe mítica sob a sua forma positiva (a sublimação dos desejos terrenos).

A esfinge simboliza o vício e a dominação perversa. Todas as suas indicações são indicações de banalização. Ela só pode ser vencida com o intelecto, com a sagacidade que é o contraponto do emburrecimento banal. Está sentada na pedra, símbolo da terra. Adere a ela, símbolo da ausência de elevação.

Paul Diel afirma trazer um novo método para as interpretações do mito: um método do qual os historiadores se admiram. De fato, Diel estuda os mitos de uma perspectiva psicológica, como realidades psicológicas. Ele quer recuperar o sentido imediato dos símbolos partindo do postulado segundo o qual o símbolo tem uma realidade psicológica inicial e imediata. Ele busca recuperar o fundamento psicológico dos mitos. Com esse objetivo, faz uma tradução dos mitos para fazer emergir deles os valores morais que fazem da evolução humana um destino moral.

Esse empreendimento se assemelha à tentativa dos românticos do século XIX. Do mito se extrai uma mensagem para o homem. Mas, diferentemente dos românticos, que viam nessa mensagem uma revelação, Diel nela identifica apenas uma moral. O mito se situaria totalmente no nível humano.

Em *Le mythe et l'homme*[52], Roger Caillois critica a psicanálise por transpor para a análise dos mitos um princípio de explicação abusivo, numa utilização cega do simbolismo. Caillois pensa que, para além da psicologia, seja necessário interrogar a biologia. Ele estuda os costumes do gafanhoto, inseto ortóptero cuja fêmea devora o macho depois do acasalamento, e conclui que a função fabuladora nos mitos tem o mesmo papel do comportamento instintivo do inseto. Caillois critica a psicanálise por ter tentado encontrar nas circunstâncias dos relatos o que é preciso procurar em seu esquema dinâmico: "A mola afetiva que dá o mito o seu poder de influência sobre a consciência individual".

Referências complementares

GAY, P. *Reading Freud*: Explorations and Entertainments. New Haven: Yale University Press, 1990 [trad. it., *Freud: percorsi di lettura* – Indagini e divagazioni. Org. de F. Troncarelli. Roma: Il Pensiero Scientifico, 1994].

_____. *A Godless Jew*: Freud, Atheism and the Making of Psychoanalysis. New Haven: Yale University Press, 1987 [trad. it., *Un ebreo senza Dio* – Freud, l'ateismo e le origini della psicoanalisi. Org. de V. Camporesi. Bolonha: Il Mulino, 1989].

HOMANS, P. *Jung in Context*: Modernity and Making of a Psychology. Chicago: University of Chicago Press, 1979 [trad. it., *Jung e la costruzione di una psicologia*. Org. de M. Cuzzolaro e G. Zanda. Roma: Astrolabio, 1982].

KRISTEVA, J. *In the Beggining was Love* – Psychoanalysis and Faith. Nova York: Columbia University Press, 1987 [trad. it., *In principio era l'amore* – Psicanalisi e fede. Org. de L. Xella. Bolonha: Il Mulino, 1987].

McGRATH, W. *Freud's Discovery of Psychoanalysis* – The Politics of Hysteria. Ithaca: Cornell University Press, 1986.

RICOEUR, P. *De l'interprétation* – Essai sur Freud. Paris: Seuil, 1965 [trad. it., *Dell'interpretazione* – Saggio su Freud. Org. de E. Renzi. Milão: Il Saggiatore, 2002].

TARDAN-MASQUELIER, Y. *Jung* – La sacralité de l'expérience intérieure. Paris: Droguet et Ardant, 1992.

---

52. Cf. nota 32 deste capítulo.

IV – Mitos, simbolismo e método estrutural*

1 Os princípios do método estrutural de Lévi-Strauss

O fato social total ou a exigência da totalidade

Esse princípio vem de Marcel Mauss (*Essai sur le don*). Trata-se de definir o social como uma realidade. O social se transforma em realidade quando é integrado a um sistema. A vida social é um sistema no qual todos os aspectos estão organicamente vinculados. Lévi-Strauss fala de "máquina social"[53].

Aos olhos do etnólogo, a sociedade compreende um conjunto de estruturas. Essas estruturas correspondem a diversos tipos de ordem. Em primeiro lugar, as ordens vividas, que são controláveis por um controle experimental: são os laços de parentesco e as estratificações econômicas. Em segundo lugar, as ordens concebidas: aqui Lévi-Strauss situa o mito e a religião. Assim como Durkheim e Radcliffe-Brown, Lévi-Strauss estima que os fatos religiosos devam ser estudados como parte integrante da estrutura social (trata-se do estudo sociológico da religião visto unicamente sob o aspecto das relações horizontais).

O etnólogo procura elaborar, a partir das diversas estruturas, um código universal capaz de exprimir as propriedades comuns às estruturas específicas. Ela será o conhecimento total e exaustivo da sociedade. Lévi-Strauss observa que a única sociedade que lhe interessa é a chamada sociedade primitiva, aquela de que se ocupam os etnólogos[54]. Essa sociedade forma um todo. Todos os aspectos da vida social, econômica, técnica, política, jurídica, estética, religiosa constituem um conjunto significativo.

A prioridade lógica do todo sobre as partes

Esse princípio do método estrutural de Lévi-Strauss provém, por um lado, da sociologia de Marcel Mauss e, por outro lado, da linguística de Ferdinand de Saussure.

---

* In: *Il mito e il suo significato*. Milão: Jaca Book, 2005, p. 215-234.

53. Cf. LÉVI-STRAUSS. *Anthropologie structurale*. Paris: Plon, 1958, p. 342 [2. ed., 1971]; doravante AS [trad. it., *Antropologia strutturale*. Org. P. Caruso. Milão: Il Saggiatore, 1966].

54. AS, p. 371.

O essencial são as relações e não os objetos ou as coisas. Para compreender um fato social, é preciso apreendê-lo totalmente, isto é, no conjunto de suas relações. Dessa maneira, no mito, o conteúdo e a mensagem do mito não interessam a Lévi-Strauss. Ele leva essa posição até o extremo, afirmando que, para chegar ao sentido, é preciso confrontar as formas e não os conteúdos.

Por conseguinte, para Lévi-Strauss o essencial são as relações, as estruturas. Constatamos que esse método se situa em total oposição aos três milênios de estudos mitográficos.

O significado dos mitos não reside em algum mito particular, nem no conjunto dos mitos de determinada sociedade. Ele estará inteiramente na relação entre os mitos ou entre partes de mitos.

Todo sistema traz em si mesmo a sua inteligibilidade

Este é o princípio de imanência, também ele proveniente da linguística de Saussure: "A língua é um sistema que só conhece a sua própria ordem". Lévi-Strauss aplica esse princípio ao estudo etnológico, quer dizer, ao estudo de sociedades primitivas cuja história é estacionária. Em virtude desse princípio de imanência, Lévi-Strauss não se ocupa de problemas de origem ou de história das instituições sociais e refuta tanto o método difusionista quanto o método histórico-cultural. O problema das influências não lhe interessa. Segundo Lévi-Strauss, esses dois métodos etnológicos só deslocam o problema. O que é preciso é interpretar os caracteres intrínsecos das sociedades primitivas e de suas instituições, e a mitologia é considerada um sistema fechado que encerra em si sua própria inteligibilidade[55].

Essa abordagem suscita o problema da relação entre etnologia e história.

Lévi-Strauss estuda as sociedades sem escrita. Essas sociedades não têm história perceptível. O pensamento das sociedades primitivas, "o pensamento selvagem", vive fora do tempo. Ele apreende o mundo, ao mesmo tempo, como totalmente sincrônico e totalmente diacrônico: o seu conhecimento do mundo se

---

55. *L'Homme nu* – Mythologiques 4. Paris: Plon, 1971, p. 561; doravante HN [trad. it., *L'uomo nudo*. Org. de F. Lucarelli. Milão: Il Saggiatore, 1974, 1998].

assemelha ao conhecimento oferecido pelos espelhos fixados às paredes opostas de um quarto que se refletem um no outro[56].

O etnólogo concebe a história como um método, como uma pesquisa complementar à sua; a etnologia explica o leque das sociedades humanas no espaço, a história o explica no tempo[57]. Lévi-Strauss não concede nenhum valor privilegiado à história. Não é porque o método histórico reside no estudo de documentos escritos que ele é mais rigoroso que o método etnológico. Porque, diz Lévi-Strauss, o estudo da tradição oral, dos testemunhos e dos documentos etnográficos tem o mesmo valor que o estudo dos documentos escritos. A etnologia e a história têm o mesmo objeto: a vida social; o mesmo propósito: uma melhor compreensão do homem; um método de trabalho semelhante. A grande diferença se situa no nível da interpretação da realidade feita pelos homens. A história estuda a realidade vivida pelos homens baseando-se na interpretação consciente que eles mesmos lhe deram. A etnologia estuda a realidade vivida pelos homens baseando-se no inconsciente e organiza seus dados em relação às condições inconscientes da vida social[58]. O etnólogo trabalha num nível de abstração e de generalização mais elevado do que o historiador.

Essas afirmações são inspiradas pelas pesquisas de Mauss e de Freud. Mas Lévi-Strauss critica ao freudismo o ter-se desinteressado dos fenômenos intelectuais, preferindo a eles o estudo da vida afetiva. E censura Jung por querer vincular significados fixos a certos temas mitológicos que chama de arquétipos. Fazer isso é levar a mitografia a um estágio pré-científico, como faziam os linguistas de outrora, que queriam encontrar sentido nos sons quando, ao contrário, o sentido está nas relações entre os sons[59].

Lévi-Strauss enfatiza aqueles que chama os limites do conhecimento histórico[60]. Para ele, a história é mais um método do que uma ciência: esse método permite inventariar a integralidade dos elementos de qualquer estrutura. Ela é um ponto de partida para toda pesquisa de inteligibilidade. Nesse sentido, a

---

56. *La pensée sauvage*. Paris: Plon, 1962, p. 348; doravante PS [trad. it., *Il pensiero selvaggio*. Org. de P. Caruso. Milão: Il Saggiatore, 1964 [8. ed., 1990].

57. Ibid., p. 339.

58. AS, p. 25, 32-33.

59. Ibid., p. 229-230.

60. Cf. PS, cap. IX. *Histoire et dialectique*, p. 324-357.

etnografia também é indispensável porque permite entender os fenômenos e chegar às estruturas.

A escolha da sincronia para o estudo das estruturas

Lévi-Strauss se recusa a situar em completa oposição a sincronia e a diacronia porque, para ele, elas existem contemporaneamente. Um mito fala sempre de acontecimentos passados, mas esses eventos formam uma estrutura permanente que se refere simultaneamente ao presente, ao passado, ao futuro. O rito se encontra na mesma situação: graças a ele, o passado se articula com o presente; o rito une os mortos aos vivos. Desse modo, as instituições das sociedades etnológicas têm, ao mesmo tempo, o evento e a estrutura, a diacronia e a sincronia. Aqui Lévi-Strauss apresenta a sua hipótese de uma "história estrutural" que não será nem sincrônica nem diacrônica, mas que estudará as condições de possibilidade da mudança. Lévi-Strauss é obrigado a constatar que até mesmo nas sociedades primitivas, sociedades "frias", há mudança, logo, há diacronia. Normalmente, as estruturas deveriam manter permanentemente o estado existente e atual. Ao invés disso, existem transformações. E de onde elas provêm? O estudioso se dá conta da questão, mas não a enfrenta. Com seus instrumentos de pesquisa, limita-se ao estudo das estruturas. Ele vê que seria preciso encarar o problema das mudanças sociais, das transformações diacrônicas, ou seja, que é preciso explicar o devir histórico. Isso constituiria o objeto da história estrutural, que permitiria estudar as estruturas de mudança, as estruturas do devir das sociedades: os problemas do progresso, do devir histórico, das modificações de estrutura. Toda cultura é um conjunto de sistemas simbólicos: nos sistemas simbólicos que constituem a cultura ou a civilização, Lévi-Strauss situa em primeiro lugar a linguagem, as regras matrimoniais, as relações econômicas, a arte, a ciência, a religião[61]. Numa sociedade, esses sistemas simbólicos procuram expressar: alguns aspectos da realidade física; alguns aspectos da realidade social; as relações entre a realidade física e a realidade social; as relações que os vários sistemas simbólicos mantêm entre si.

---

61. *Marcel Mauss, sociologie et anthropologie*. Paris: PUF, 1968, p. XIX-XX; doravante MM, um texto importante.

Nenhum sistema simbólico conseguirá exprimir integralmente todos os aspectos e todas as relações, porque há contínuos deslizamentos de uma sociedade para outra.

O estruturalismo é uma busca do semelhante no próprio interior do diferencial

Os resíduos diferenciais

Lévi-Strauss afirma que o objetivo da etnologia não é saber o que são as sociedades estudadas, mas descobrir o modo como elas diferem umas das outras: esse é o estudo dos resíduos diferenciais, objeto próprio da etnologia[62]. Falando dos mitos, ele diz que o dever do etnólogo consiste em provar que os mitos que não são semelhantes podem apresentar uma estrutura idêntica e depender do mesmo grupo de transformações. É preciso, então, mostrar que, a despeito de suas diferenças, esses mitos derivam dos mesmos princípios e são gerados por uma única família de operações. O método estrutural pesquisa as características diferenciais que constituem a estrutura lógica de determinado sistema.

A lógica binária

Lévi-Strauss efetua um novo molde da linguística, o molde da lógica binária. O método estrutural que pesquisa as características diferenciais constitutivas da estrutura de um sistema utiliza a lógica binária. Para definir as relações existentes entre os termos, essa lógica recorre a pares de oposição acompanhados dos sinais + ou -. Esse método foi utilizado por Jakobson para definir os traços distintivos dos fonemas. Lévi-Strauss explorou os recursos da lógica binária, identificando em seus objetos de estudo oposições de ordem qualitativa: seco/úmido, fresco/podre, contínuo/descontínuo; oposições de ordem formal: vazio/cheio, continente/conteúdo, interno/externo; oposições de ordem espacial: alto/baixo, perto/longe; oposições de ordem temporal: veloz/lento, periódico/não periódico.

---

62. AS, p. 358.

A lógica dialética

Lévi-Strauss se dá conta de que a utilização da lógica binária acarreta um empobrecimento e uma simplificação. E corrige esse risco com a multiplicação das oposições e com a introdução da lógica dialética, que desemboca numa infinidade de graus intermediários entre os termos opostos. Para tanto, recorre às estruturas de mediação, de integração, que permitem conciliar as duas lógicas. A oposição entre o cru e o cozido é binária; é a oposição entre a natureza e a cultura. Entre o cru e o cozido, temos o podre, a transformação natural do cru. Por seu turno, o cozido é a transformação cultural do cru.

Simbolismo e método etnológico[63]

A abordagem etnológica

O primeiro dever da etnologia é reabsorver as humanidades particulares numa humanidade geral. Essa abordagem anuncia outras que dizem respeito às ciências exatas. A análise etnográfica quer atingir invariantes, para além da diversidade empírica das sociedades humanas. As ciências exatas e naturais têm o dever de reintegrar a cultura na natureza e, por fim, a vida no conjunto de suas condições físico-químicas[64]. A etnologia busca resolver o problema da invariância: ela encara o problema da universalidade da natureza humana[65]. Para Lévi-Strauss, não existe o homem natural. A natureza é aquilo que é dado. O homem assume a natureza por meio da cultura. Tudo o que é universal no homem diz respeito à natureza. A cultura se apresenta como relativa e particular. "O surgimento da cultura continuará a ser um mistério para o homem enquanto não chegar a determinar, no âmbito biológico, as modificações de estrutura e de funcionamento do cérebro das quais a cultura foi, ao mesmo tempo, o resultado natural e o modo social de aprendizado"[66].

---

63. Cf. PS, IX, p. 325-357.
64. Ibid., p. 327.
65. AS, II, p. 35.
66. Ibid., II, p. 24.

As reduções e suas condições

As reduções não devem empobrecer os fenômenos: em torno de cada fenômeno é preciso reunir tudo aquilo que contribui para sua riqueza e originalidade. Precisamos estar preparados para ver cada redução abalar completamente a ideia preconcebida que se podia fazer do nível que se procura alcançar. Lévi-Strauss pensa que se conseguirá compreender a vida como uma função da matéria inerte. Se chegarmos a isso, descobriremos que a matéria inerte possui propriedades bem diferentes das que lhe eram atribuídas antes[67].

A exigência da totalização no método etnológico

A verdade do homem reside no sistema das diferenças e das propriedades comuns dos modos históricos e geográficos de seu ser[68]. O homem não está completamente refugiado num único modo histórico ou geográfico de seu ser. Descartes separou o homem da sociedade. Sartre e Lévy-Bruhl traçaram uma distinção entre o primitivo e o civilizado, porque não suportaram a ideia de o selvagem possuir conhecimentos complexos e ser capaz de análise e de demonstração.

O etnólogo deve buscar perceber a verdade do homem nas pequenas sociedades que estuda. Cada uma dessas sociedades constitui um objeto de estudo privilegiado por sua simplicidade relativa e pelo número restrito de variáveis exigidas para explicar o seu funcionamento. Para compreender essas sociedades, o etnólogo constrói modelos: "Os modelos são sistemas de símbolos que preservam as propriedades características da experiência"[69].

O etnólogo atua segundo uma dupla abordagem: numa primeira etapa, observa o dado vivido. Toma-o em consideração no presente e pesquisa seus antecedentes históricos. Traz para a superfície todos os fatos e os integra numa totalidade significante. Numa segunda etapa, transforma a coisa humana e a mistura com outras totalidades, com o objetivo de determinar seu sentido.

Aqui se situa o seu trabalho "semiológico". Ele estuda a vida dos signos no seio da vida social. Essa segunda etapa, a etapa da experimentação por meio dos modelos, leva o etnólogo a apreender as estruturas que estão na origem da vida social.

---

67. PS, p. 328.

68. Ibid., p. 329.

69. AS, II, p. 25.

Uma estrutura responde a duas condições: é um sistema regido por uma coesão interna que, inacessível à observação de um sistema isolado, se revela no estudo das transformações graças às quais detectamos propriedades similares em sistemas aparentemente diversos.

A aplicação do método estrutural à etnologia: a análise estrutural

É uma análise real que parte do concreto

Trata-se, antes de tudo, de ver a complexidade do real. A etnografia precede o etnólogo, que se põe no lugar dos homens que vivem em culturas diferentes.

Uma análise simplificadora

O etnólogo identifica as constantes que são recorrentes. Na realidade, muito complexa e muito rica, descobre as regras universais. Transcendendo a observação empírica, quer alcançar as realidades mais profundas e encontrar a infraestrutura do dado fenomenológico, que confere realidade ao fenômeno.

Essa análise simplificadora desencadeia uma revolução na etnologia. O estruturalismo procura interpretar a sociedade, no seu conjunto, em função de uma teoria da comunicação. Lévi-Strauss tomou como base dessa análise simplificadora o método sociológico de Mauss e a linguística estrutural de Trubetzkoy e de Jakobson. Lévi-Strauss considera que a interpretação da sociedade em função de uma teoria da comunicação é atualmente possível em três níveis: no nível do parentesco e do casamento (as trocas matrimoniais entre os grupos); no nível econômico (a comunicação dos bens e dos serviços); no nível linguístico (a comunicação das mensagens).

Lévi-Strauss aborda posteriormente outro campo: o do mito.

Os princípios fundamentais da redução na análise simplificadora

Uma operação fundamental é o empobrecimento semântico. O dado empírico é reconduzido a um nível lógico. Esse nível lógico, composto por aquilo que Lévi-Strauss chama de "uma quantidade discreta", permite construir um sistema de significados[70]. O empobrecimento semântico permite identificar relações de correlação e de oposição.

Recordemos aqui a redução do sentido dos termos a sua função lógica. Existem muitos mitos, mas poucos tipos de mitos. É preciso descobrir as leis, os tipos, as funções, as estruturas, que são pouco numerosas. A redução estrutural opera simultaneamente sobre a forma e sobre o conteúdo do mito. Desse modo, num mito, as mesmas ações são atribuídas a uma águia, a uma coruja, a um corvo. O que interessa ao etnólogo não são as ações atribuídas, mas a oposição entre esses animais:

Águia = dia, coruja = noite, logo, oposição dia/noite.

Águia-coruja se opõe ao corvo; é a oposição de um predador a um comedor de cadáveres.

Águia-coruja-corvo se opõem ao pato: é a oposição do céu à terra, do céu à água.

Portanto, não é o animal individual que importa, mas são as relações entre os animais, os personagens. A análise estrutural realiza a redução do sentido dos termos a sua função lógica. As palavras do mito são os significantes, mas o sentido deriva da função das palavras no conjunto.

Uma análise explicativa: a síntese significante

Lévi-Strauss considera o mito, todos os mitos, como definidos no interior de um sistema simbólico. Sua explicação do mito se situa no interior da corrente simbolista, mas seu procedimento não se interessa pelo relato, como faziam os simbolistas. Seu procedimento busca um sistema por trás dos mitos. Para encontrar o sistema, o estudioso decompõe o relato mítico em elementos, os mitemas. Classifica esses mitemas e busca as relações invariantes, que constituem sua estrutura inteligível. A descoberta da estrutura é a última etapa da redução estrutural. Para comprovar a adequação do procedimento utilizado ao real é preciso poder fazer o trajeto inverso ao da redução estrutural.

---

70. *Le cru et le cuit* – Mythologiques 1. Paris: Plon, 1964, p. 60; doravante CC [trad. it., *Il crudo e il cotto*. Org. de A. Bonomi. Milão: Il Saggiatore, 1966].

2 A explicação estrutural dos mitos[71]

As duas etapas da pesquisa de Lévi-Strauss

Na *Anthropologie structurale*, Lévi-Strauss faz a demonstração de seu método de análise. É um esboço de sua técnica. Nos quatro volumes de *Les Mythologiques*, ele aplica seu método ao estudo de cerca de 800 mitos dos índios da América. Lévi-Strauss considera que a fenomenologia religiosa não é capaz de resolver os problemas suscitados pela etnologia religiosa. Desse modo, a seu ver, ainda não foi dada uma explicação satisfatória do mito[72]. Lévi-Strauss substitui as explicações dadas até agora (cosmológica, naturalista, sociológica, psicológica) pela explicação estrutural, que lhe parece capaz de conferir inteligibilidade aos mitos dos povos primitivos.

Observações gerais

Dois fatos nos mostram que há nos mitos uma antinomia fundamental: de um lado, num mito tudo pode acontecer, e a sucessão dos acontecimentos não parece subordinada a uma regra de lógica ou de continuidade; por outro, os mitos se reproduzem com as mesmas características em diversas regiões do mundo.

O mito é parte integrante da linguagem: é por intermédio da palavra que se vem a conhecê-lo. Ele depende do discurso: está na linguagem e além da linguagem.

O valor intrínseco do mito provém do fato de que os acontecimentos formam uma estrutura permanente que se reporta simultaneamente ao passado, ao presente e ao futuro. O mito é palavra, é língua, é absoluto. Se os mitos têm um sentido,

---

71. Fontes: LÉVI-STRAUSS, C. *Anthropologie structural.* Op. cit., cap. XI. • *La structure des mythes*, p. 227-255 [trad. it., cit.]. • *Le cru et le cuit.* Op. cit. [trad. it., cit.]. • *Du miel aux cendres* – Mythologiques 2. Paris: Plon, 1966 [trad. it., *Dal miele alle ceneri*. Org. de A. Bonomi. Milão: Il Saggiatore, 1970]. • *L'Origine des manières de table* – Mythologiques 3. Paris: Plon, 1968; doravante OMT [trad. it., *L'origine delle buone maniere a tavola*. Milão: Il Saggiatore, 1971]. • *L'Homme nu.* Op. cit. [trad. it., cit.]. Estudos: MARC-LIPIANSKY, M. *Le structuralisme de Lévi-Strauss*. Paris: Payot, 1973, cap. IV. • *L'Analyse structurale des mythes*, p. 188-230. • DUCROT, O. *Qu'est-ce que le structuralisme?* Paris: Seuil, 1968 [trad. it., *Che cos'è lo strutturalismo?* – Linguistica, poética, antropologia, psicanalisi. Org. de M. Antomelli: filosofia. Milão: Isedi, 1976].

72. AS, p. 228.

ele não pode depender dos elementos isolados que o compõem, mas do modo como esses elementos estão combinados[73].

Três características distinguem a natureza específica do mito:

a) O sentido do mito depende essencialmente das relações existentes entre os elementos dos quais se compõe o relato.

b) O mito depende da ordem da linguagem. Todavia, a linguagem do mito é específica.

c) As propriedades específicas da linguagem do mito situam-se acima do nível da expressão linguística.

Isso quer dizer que:

a) O mito é formado de unidades constitutivas.

b) Essas unidades constitutivas implicam a presença de fonemas, de morfemas, de semantemas, assim como em qualquer linguagem.

c) O mito é uma metalinguagem. Com este termo, Lévi-Strauss quer dizer que o mito possui um significado diverso do significado do discurso que o constitui.

d) O mito é composto de mitemas, isto é, de grandes unidades constitutivas que dependem especificamente do mito.

A análise estrutural do mito[74]

A primeira operação é o ato de recortar. Trata-se de traduzir, por meio de frases o mais curtas possível, a sucessão dos acontecimentos reportados pelo mito. Toda frase consiste na atribuição de um predicado a um sujeito. Por exemplo: Cadmo procura sua irmã Europa raptada por Zeus; Édipo se casa com Jocasta, sua mãe. Assim que essa operação de divisão é realizada e os mitemas são numerados, é chegado o momento de estabelecer aqueles que Lévi-Strauss chama de

---

73. Ibid., p. 232.

74. Cf. LÉVI-STRAUSS, C. *Anthropologie structurale*. Op. cit., p. 234-255 [o autor explica seu método de análise]. • DUCROT, O. *Qu'est-ce que le structuralisme?* Op. cit. • SPERBER, D. "Lecture structurale d'un mythe". In: *Le structuralisme en anthropologie*. Paris: Du Seuil, 1968, p. 194-202 [Sperber faz a leitura estrutural do mito terena sobre a origem do tabaco]. • MARC-LIPIANSKY, M. *Le structuralisme de Lévi-Strauss*. Op. cit., p. 188-195.

"pacotes de relações". Dessa operação resulta a função significante das unidades constitutivas.

A segunda operação consiste em pôr as relações em evidência. Trata-se de concretizar um modo de representação e de classificação das unidades constitutivas. É a classificação dos mitemas que deve permitir pôr em evidência pacotes de relações[75]. Concluída essa classificação, pode-se proceder a uma dupla leitura: a leitura segundo o eixo horizontal (cadeia sintagmática), que segue a ordem narrativa, e a leitura segundo o eixo vertical (conjunto paradigmático)[76].

A terceira operação é a interpretação. É preciso buscar as relações, as oposições pertinentes constitutivas da estrutura do mito. Uma importante regra da análise estrutural do mito é a seguinte: tomado em seu estado bruto, o desenrolar da narrativa no interior do mito deve ser considerado desprovido de sentido. Trata-se aqui da cadeia sintagmática, isto é, da leitura horizontal do esquema. Visto que, segundo Lévi-Strauss, o significado nasce das relações de correlação e de oposição, ele surge das relações entre os termos e não dos termos propriamente ditos[77].

Nesse processo, é central a questão do tratamento das variantes de cada mito. A repetição tem uma função essencial: a de tornar manifesta a estrutura do mito. A "redundância" torna visível a estrutura. As múltiplas versões de um mito devem ser tratadas como elementos essenciais para o entendimento da estrutura do mito. Nesse princípio reside a solução das dificuldades até aqui encontradas pelos mitógrafos. Contudo, não se trata de ver qual é a melhor versão do mito; antes é preciso considerar todas, uma vez que cada mito se define graças ao conjunto de suas versões.

Cada versão de um mito é tratada do mesmo modo. É preciso realizar as diversas operações de análise para cada uma das variantes. É desse modo que se poderá ler o conjunto da esquerda para a direita, de cima para baixo, para a frente e para trás. Essa análise permite obter os grupos de permutações e identificar assim a lei de transformação dos mitos. As diversas versões de um mito permitem obter dados sobre a lei de transformação. Graças a esses dados, graças à descoberta da lei que preside à criação das variantes, encontraremos mais facilmente a estrutura do mito.

---

75. AS, p. 236.

76. Ibid., p. 190. Cf. o *Tableau*, de M. Marc-Lipiansky.

77. Cf. MARC-LIPIANSKY, M. *Le structuralisme de Lévi-Strauss*. Op. cit., p. 191-192.

3 A pesquisa mitográfica de Claude Lévi-Strauss

A tetralogia

Lévi-Strauss publicou quatro trabalhos já citados e que ele intitulou, no conjunto, de *Mythologiques: Le Cru et le cuit, Du miel aux cendres, L'Origine des manières de table* e *l'Homme nu.*

De família de músicos e ele mesmo músico, Lévi-Strauss atribui um papel importante à música. Toda a organização da sua pesquisa se inspira na música. Por outro lado, ele considera seu trabalho um trabalho modesto. Para realizar a "limpeza preliminar do terreno" constituída pelas quatro *mythologiques*, ele utilizou, é o que afirma, métodos artesanais.

Sabemos que Lévi-Strauss deve muito à linguística estrutural, mas a pesquisa de Georges Dumézil também o influenciou muito. Com efeito, em sua análise dos mitos e da ideologia dos povos indo-europeus, Dumézil utilizou um método estrutural. Se Dumézil, em seu estudo dos mitos, chega à estrutura da sociedade indo-europeia, Lévi-Strauss procura chegar às estruturas fundamentais do pensamento. Por não se ocupar do contexto dos mitos, ele estuda em si mesmos os mitos dos índios das duas Américas. Os dois primeiros volumes são consagrados aos mitos da América do Sul; nos outros dois, Lévi-Strauss amplia seu campo de investigação aos índios da América do Norte.

"Le Cru et le cuit"

Lévi-Strauss parte dos mitos da origem da cozinha para chegar aos mitos da origem do tabaco e do mel[78]. *Le Cru et le cuit* explica a passagem da natureza à cultura por meio da descoberta do fogo, das técnicas culinárias e agrícolas e das vestimentas. A pesquisa gira em torno dos mitos sul-americanos sobre a origem da cozinha. Lévi-Strauss procura demonstrar a existência de uma lógica das qualidades sensíveis. Procura descrever os procedimentos dessa lógica e tornar manifestas as suas leis[79]. A partir do mito bororo das araras e de seu ninho, escolhido como mito de referência em virtude da percepção intuitiva de sua riqueza e de

---

78. CC, p. 9.
79. Ibid., p. 43-45.

sua fecundidade, Lévi-Strauss analisa cerca de 200 mitos e, por meio do método estrutural, constitui os seus grupos de transformação com o objetivo de chegar a determinados esquemas principais. Lévi-Strauss considera que sua pesquisa mitográfica, desenvolvida numa espiral que retorna incessantemente aos resultados já adquiridos, é uma anaclástica.

Partindo da etnografia, Lévi-Strauss pretende redigir um inventário dos recintos mentais. Ele quer alcançar um nível onde a necessidade se revela[80]. "Basta-nos chegar à convicção de que, se o espírito humano se mostra determinado até mesmo em seus mitos, então, com muito mais motivo, deve sê-lo em toda parte". A problemática se aproxima da do kantismo: "Não pretendemos mostrar como os homens imaginam os mitos, mas como os mitos se refletem nos homens, à sua revelia"[81]. Ricoeur qualificou essa tentativa como "kantismo sem sujeito transcendental". Lévi-Strauss aceita essa restrição e admite estar em busca das condições nas quais os sistemas de verdade se tornam mutuamente convertíveis[82]. O propósito final da antropologia é contribuir para um melhor conhecimento do pensamento objetivo e de seus mecanismos. Lévi-Strauss considera que o mito tem um caráter comum com a obra musical e reconhece em Richard Wagner o pai da análise estrutural dos mitos[83]. Por outro lado, ele diz, o recurso intermitente aos símbolos de cunho lógico-matemático não deve ser levado muito a sério[84].

"Du Miel aux cendres"

Aqui, Lévi-Strauss segue o trajeto inverso. Parte do mel e do tabaco para retornar à cozinha. Já não se trata de pôr em evidência uma lógica das formas, mas uma lógica das qualidades: vazio/cheio, continente/conteúdo, interno/externo, incluído/excluído. Além disso, o autor insiste na precariedade da cultura e em sua progressiva decomposição. *Du Miel aux cendres* continua a decifração dos mitos iniciada com *Le Cru et le cuit*. Ele parte de três códigos: um código alimentar, um

---

80. Ibid., p. 18.
81. Ibid., p. 40.
82. Ibid., p. 19-20.
83. Ibid., p. 22-24.
84. Ibid., p. 39.

código astronômico, um código sociológico e estuda a convertibilidade desses três códigos[85].

"L'Origine des manières de table"

O livro parte do mito M. 354, *tukuna*: o caçador Monmanéki e suas mulheres, e faz uma análise textual, formal, etnográfica e semântica desse mito[86]. Essa parte de *L'Origine des manières de table* tem um alcance didático.

Lévi-Strauss faz emergir do mito uma moral que diz respeito aos modos à mesa, à educação das mulheres e ao casamento.

Essa moral implica certa deferência ao mundo e aos outros e consiste em proteger a pureza dos seres e das coisas contra a impureza do sujeito[87].

"L'Homme nu"

Nesse volume, a passagem da natureza à cultura dá lugar a uma interpretação diferente. Não é mais a crueza, mas a nudez que representa a natureza. A troca constitui o modo para chegar à natureza. Lévi-Strauss demonstra como, ao passar do Norte para o Sul, os mitos se transformam em virtude da diferença de infraestrutura. A América do Sul vive de agricultura e de caça. O mito do descobridor de pássaros se transforma nos mitos da origem da carne e das plantas cultivadas. A América do Norte vive de pesca e de coleta. O mesmo mito se transforma no mito da origem dos peixes e no mito da origem dos animais selvagens.

4 *Mito e estruturalismo*

O problema da gênese dos mitos[88]

Em sua origem, o mito é uma criação individual. Para passar ao estado de mito, essa criação não pode permanecer individual. Por outro lado, a transmissão

---

85. MC, p. 407-408.

86. OMT, p. 17-68.

87. Ibid., p. 422.

88. HN, p. 560-561.

do mito deve ter lugar, porque ela é simultaneamente oral e coletiva. Na criação e na transmissão do mito, apenas os níveis estruturados permanecem estáveis. A passagem da criação do mito para sua adoção coletiva depende das estruturas do inconsciente coletivo. Por meio de sua interpretação estrutural dos mitos, Lévi-Strauss se afasta da interpretação dos psicanalistas, assim como de todas as interpretações genéticas. De fato, afirma ele, é necessário distinguir bem a gênese da estrutura gerada. O real social está em construção permanente. A estrutura desempenha um papel capital. As estruturas são matrizes que dão origem a outras estruturas. Desse modo, uma estrutura gera uma outra estrutura e as estruturas criam a realidade social[89].

As críticas feitas a Lévi-Strauss[90]

Lévi-Strauss[91] responde às críticas recebidas de filósofos dos quais não gosta com uma certa irritação: ele diz que se recusa a fazer filosofia, reprova a tentativa dos filósofos de abolir a pessoa humana e os seus valores consagrados e recrimina as interpretações filosóficas do mito por reduzirem a substância dos mitos a uma forma morta que lhes retira o sentido.

Quanto às objeções dos linguistas, Lévi-Strauss as leva a sério[92]. Em geral, essas críticas se resumem a uma carência de recurso à filologia, mas Lévi-Strauss considera que seu método estrutural se situa em outro nível.

Os psicólogos o censuram por desconhecer a vida afetiva. Lévi-Strauss lhes responde demonstrando que é justamente o contrário[93].

Mito e espírito humano

a) O estudo dos mitos permite distinguir certos modos de operação do espírito humano: modos constantes no decorrer dos séculos e difundidos em espaços imensos.

---

89. Ibid., p. 560-563.
90. Ibid., p. 565-570, onde responde com certa ironia.
91. Ibid., p. 570-575.
92. Ibid., p. 575-576.
93. Ibid., p. 596-597.

Além disso, podemos considerar esses modos como fundamentais e podemos tentar recuperá-los em outras sociedades e em outros campos da vida mental.

b) Uma lógica secreta regula todas as relações entre os aparentes absurdos dos relatos míticos. Assim, um pensamento que parece o cúmulo da irracionalidade está arraigado na racionalidade.

Isso permite a Lévi-Strauss formular duas conclusões[94]: o estruturalismo desvela a unidade e a coerência das coisas e reintegra o homem à natureza.

c) Segundo Lévi-Strauss, a análise estrutural pode emergir no espírito humano porque seu modelo já está presente no corpo.

Mito e religião

Os mitos se repetem incansavelmente através do mundo. Eles se produzem em séries ilimitadas de variantes oscilantes em torno das mesmas linhas gerais. Durante milhares de anos, os povos se confiam aos mitos para resolver os seus problemas teóricos.

Lévi-Strauss se recusa a buscar, por trás do sentido dos mitos, um sentido que seja revelador das aspirações da humanidade. Para ele, os mitos não dizem nada sobre a ordem do mundo, sobre a natureza do real, sobre a origem do homem, nem sobre seu destino.

Em síntese, ele recusa completamente a mitografia tal como ela foi desenvolvida a partir de Homero e de Hesíodo até o advento do estruturalismo. É necessário enfrentar um problema: os mitos têm um sentido religioso? Lévi-Strauss[95] rejeita qualquer especificidade ao domínio religioso. Ele aceita o campo da vida religiosa como um prodigioso repositório de representações, mas considera que essas representações são como as outras. "O espírito com o qual encaro o estudo dos fatos religiosos pressupõe que preliminarmente se recuse a eles toda especificidade"[96].

Essas afirmações nos mostram que entre Mircea Eliade, por exemplo, e Lévi-Strauss, há uma diferença radical. Com Lévi-Strauss, não mais estamos no campo da história das religiões. A recusa de um caráter específico a todo fenôme-

---

94. Ibid., p. 614.

95. Ibid., p. 571.

96. Ibid.

no religioso nos induz a rejeitar o estruturalismo de Lévi-Strauss como método válido na história das religiões. Podemos perguntar o que é que Lévi-Strauss quer dizer quando afirma que "o estruturalismo é decisivamente teleológico"[97].

5 Algumas reflexões

O problema da instrumentalização conceitual

A acusação de uma instrumentalização conceitual muito vaga e muito aproximativa é dirigida a Lévi-Strauss de diversas partes, por especialistas do estudo do estruturalismo[98].

As contradições entre teoria e prática

a) Lévi-Strauss estabeleceu como objetivo apreender o fato social total. É preciso constatar que sua pesquisa ficou bem distante disso. Seu campo de investigação se limitou às instituições e aos produtos do pensamento selvagem.

b) Os princípios de partida de Lévi-Strauss provêm da linguística. Depois de ter transposto esses princípios para o domínio da etnologia, o estudioso pensava poder aplicá-los, tais e quais, mas se viu obrigado a modificar o seu percurso e a mudar muitas coisas em sua aplicação.

c) Lévi-Strauss afirma todo o tempo o princípio de imanência: para ele, a inteligibilidade interna do fenômeno é total. Ora, nos seus quatro volumes das *Mythologiques*, ele precisa continuamente recorrer à história e à etnografia. Isso demonstra que o estruturalismo permanece no âmbito das hipóteses de trabalho.

O caráter científico do estruturalismo de Lévi-Strauss

• Lévi-Strauss tem o grande mérito de ter criado um instrumento que permite aos termos "sistema" e "estrutura" tornarem-se operacionais. O conceito de estru-

---

97. HN, p. 615.

98. MARC-LIPIANSKY, M. *Le structuralisme de Lévi-Strauss*. Op. cit., p. 220-230. • DUCROT, O. *Qu'est-ce que le structuralisme?* Op. cit. • SPERBER, D. *Le structuralisme en anthropologie*. Op. cit., p. 169-237.

tura não se refere ao objeto estudado. Ele se refere ao modelo lógico. A estrutura deve revelar, segundo Lévi-Strauss, o significado profundo, a verdadeira natureza e a essência oculta dos fenômenos.

• Lévi-Strauss utiliza o estruturalismo como um método experimental. Sua originalidade consiste em ter transposto um método experimental das ciências físicas para as ciências humanas. Dois elementos fazem desse método um método verdadeiramente científico: a necessária imaginação para a formulação da hipótese e o rigor indispensável à formulação.

• Lévi-Strauss reconhece que o âmbito de validade do método estrutural é limitado. Ele vê a dificuldade de transferir o método estrutural para o estudo das sociedades contemporâneas. Estas últimas podem ser analisadas do ponto de vista da história e da sociologia, mas não do ponto de vista da etnologia estrutural.

• Definitivamente, como diz Dan Sperber[99], "o trabalho de Claude Lévi-Strauss devolve a antropologia ao estudo de seu primeiro objeto: a natureza humana".

Estrutura e hermenêutica

Aqui, o problema se torna sério: ele se torna sério para o filósofo, sério para o historiador das religiões. Ricoeur destacou os limites do estruturalismo[100]. Se, como diz Ricoeur, o estruturalismo parece ser eficaz no estudo dos mitos de uma população primitiva, também será eficaz no estudo do fundo mítico semítico, proto-helênico e indo-europeu?

6 Estruturalismo e simbolismo

"O estruturalismo é essencialmente um método, com tudo aquilo que comporta de rigor, de aproximações graduais [...]. Não é uma doutrina e não é uma filosofia"[101].

"A fenomenologia certamente contribuiu para esclarecer o papel da imagem no mito, mas sem dúvida corre o risco de considerar muito rapidamente as figu-

---

99. SPERBER, D. *Le structuralisme en anthropologie*. Op. cit., p. 237.

100. Cf. RICOEUR, P. "Structure et herméneutique". In: *Esprit*, 1963, p. 596-627.

101. PIAGET, J. Apud *Cahiers Internationaux de Symbolisme*, 17-18, 1969, p. 78.

ras míticas e de se enganar ao interpretá-las independentemente dos contextos no interior dos quais elas recebem seu exato significado. O estruturalismo de Lévi-Strauss nos fornece um método para explorar esses contextos de maneira sistemática e para definir os princípios de seu ordenamento, mas corre o risco de subestimar o poder do significado exato da imagem mítica, qualquer que seja a estrutura na qual ela se encontre integrada"[102].

A eficácia simbólica segundo Lévi-Strauss

Num capítulo de *Anthropologie structurale*[103], Lévi-Strauss sintetiza a sua doutrina simbólica. O autor faz um estudo da cura xamânica, demonstrando que toda a ação do xamã é simbólica. Trata-se de uma manipulação, seja das ideias, seja dos órgãos de uma parturiente com o propósito de provocar um parto que se anuncia difícil. Toda essa manipulação é feita com a ajuda de símbolos. Os símbolos são os "equivalentes significativos do significado que dependem de uma ordem de realidade diferente deste último"[104]. Esses símbolos efetuam uma ação notável e chegam a determinar uma modificação das funções orgânicas da parturiente. Graças à manipulação dos símbolos através do relato dos mitos o parto se realiza muito facilmente.

Lévi-Strauss levanta a questão: de onde provém essa eficácia dos símbolos? E apresenta uma hipótese estruturalista. A influência do xamã que atua por meio dos símbolos induziria uma transformação orgânica, essencialmente consistente, numa reorganização estrutural.

Ao levar o doente a viver intensamente um mito, leva-se a estrutura do estágio do psiquismo inconsciente a determinar a formação de uma estrutura análoga ao estágio do corpo. O parto é o resultado da ação simbólica. Lévi-Strauss formula sua hipótese nos termos seguintes: "A eficácia simbólica consistirá exatamente nessa propriedade indutora que possuiriam, umas em relação às outras, estruturas formalmente homólogas, que possam ser construídas com materiais diferentes, nos diferentes estágios do vivente: processos orgânicos, psiquismo inconsciente pensamento reflexivo"[105].

---

102. RUDHART, R. Apud *Cahiers Internationaux de Symbolisme*, 17-18, 1969, p. 107.

103. AS, p. 205-226.

104. Ibid., p. 221.

105. Ibid., p. 223.

O conjunto das estruturas forma o inconsciente, que então se reduz a uma função simbólica, função especificamente humana, submetida às mesmas leis em todos os homens. Nessa perspectiva, o subconsciente é um repositório de recordações, um aspecto da memória; o inconsciente é o órgão de uma função específica, a função simbólica. Ele é como o estômago em relação com os alimentos. Impõe leis estruturais a elementos provenientes de um outro lugar: pulsões, emoções, representações, recordações. Dessa maneira, o inconsciente organiza o subconsciente, fazendo dele um discurso. É através das estruturas que a função simbólica se realiza. Essas estruturas são pouco numerosas. O mundo do simbolismo é infinitamente variado no que diz respeito a seu conteúdo, mas sempre limitado em relação a suas leis.

Símbolo e método científico

Se Lévi-Strauss concede uma grande importância à eficácia do símbolo, e isso em decorrência do lugar eminente ocupado pela estrutura no inconsciente, ele também ressalta a importância do símbolo nos procedimentos do pensamento científico.

As ciências físicas e naturais trabalham com os símbolos das coisas. Por meio dos símbolos, o espírito percebe as coisas em função dos condicionamentos e dos limites da organização sensorial.

Por sua vez, as ciências humanas trabalham sobre os símbolos das coisas que, ao contrário, já são símbolos. Desse modo, Lévi-Strauss se pronuncia pela ineficácia prática das ciências humanas. Segundo ele, elas estão em busca de uma sabedoria dúbia e aparecem como um teatro de sombras cuja direção lhes é deixada pelas ciências físicas e naturais "porque elas mesmas ainda não sabem onde se encontram, nem do que são feitas as marionetes que se projetam no pano de fundo"[106].

Num diálogo com Lévi-Strauss, Ricoeur parece ter definido muito bem a pesquisa estruturalista do autor: "No campo de seu trabalho, eu vejo uma forma extrema do agnosticismo moderno; para o senhor não existe 'mensagem', não no sentido da cibernética, mas no sentido *querigmático*; o senhor se situa no deses-

---

106. HN, p. 574.

pero do sentido; mas se salva pelo pensamento de que, se a pessoa nada tem a dizer, ao menos o diz tão bem que seus discursos podem ser submetidos ao estruturalismo. O senhor salva o sentido, mas é o sentido do não sentido, a estupenda composição sintática de um discurso que não diz nada. Vejo-o na confluência do agnosticismo com uma hiperinteligência da sintaxe. Por isso o senhor é, ao mesmo tempo, tão fascinante e inquietante"[107].

---

107. RICOEUR, P. "Discussion avec Claude Lévi-Strauss". In: *Esprit*, 1963, p. 652-653.

5

O mito e o sagrado no pensamento e na vida do homem religioso

I – A pesquisa de Mircea Eliade*

1 Mito e história das religiões – A pesquisa de Mircea Eliade

Mircea Eliade é romeno. Nascido em 9 de março de 1907 em Bucareste, passa a juventude na Romênia. Aluno de Nae Ionesco na Universidade de Bucareste, orienta-se para o pensamento asiático. Estuda três anos em Calcutá sob a direção de Dasgupta, que foi seu guru. Em 1936, publica sua tese de doutorado: *Yoga. Essai sur les origines de la mystique indienne*[1]. Em 1940, é adido cultural na embaixada da Romênia em Londres e de 1941 a 1944 em Lisboa. Em 1945, está em Paris, no exílio. Ministra cursos e conferências em várias Universidades da Europa Ocidental. Tendo aceitado, em 1956, o cargo de *visiting professor* em Chicago, em 1957 é nomeado professor de história das religiões e rapidamente se torna o chefe de todo o seu departamento.

Na época Eliade já havia publicado dois trabalhos sobre o mito: *Le Mythe de l'eternel retour, archétypes et répétition*[2]; *Images et symboles*[3]. Em

---

* In: *Il mito e suo significato*. Milão: Jaca Book, 2005, p. 236-256.

1. Trad. it., *Tecniche dello Yoga*. Turim: Boringhieri, 1967. • *Lo yoga* – Immortalità e libertà. Florença: Sansoni, 1990.

2. Paris: Gallimard, 1949 [trad. it., *Il mito dell'eterno ritorno* – Archetipi e ripetizione. Org. de G. Cantoni. Roma: Borla, 1999] [trad. bras., *Mito do eterno retorno*. Trad. de José Antonio Ceschin. São Paulo: Mercuryo, 1992].

3. Paris: Gallimard, 1952 [trad. it., *Immagini e simboli* – Saggi sul simbolismo magico-religioso. Milão: Jaca Book, 1987] [trad. bras., *Imagens e símbolos* – Ensaio sobre o simbolismo mágico-religioso. Trad. de Sonia Cristina Tamer. São Paulo: Martins Fontes, 2002].

1957 publica *Mythes, rêves et mystères*[4] e em 1959 *Naissances mystiques, essai sur quelques types d'initiation*[5]. Estes dois trabalhos reuniam uma série de artigos. Em 1963, com o livro *Aspects du mythe*[6], Eliade esclarece o seu pensamento sobre o mito e procura mostrar como o mito dá um significado ao mundo e à existência humana. Em 1965, surge a tradução francesa do seu estudo sobre o sagrado *Le Sacré et le Profane*[7]. Este livro constitui uma introdução ao problema do fenômeno religioso. Eliade é um historiador das religiões, mas é também um filósofo, um poeta e um homem profundamente religioso. Ao rigor do pensamento une uma técnica científica notável e uma erudição pouco comum.

Para Eliade, o historiador das religiões tem seu ponto de vista específico, porque "a história das religiões, das mais primitivas às mais elaboradas, é constituída por uma combinação de hierofanias, pelas manifestações das realidades sagradas. Da mais elementar hierofania – por exemplo, a manifestação do sagrado num objeto qualquer, uma pedra ou uma árvore – até a hierofania suprema que é, para um cristão, a encarnação de Deus em Jesus Cristo, não existe solução de continuidade. É sempre o mesmo ato misterioso: a manifestação de algo 'totalmente outro', de uma realidade que não pertence ao nosso mundo, nos objetos que fazem parte integrante do nosso mundo 'natural', 'profano'"[8].

Como vemos, Eliade coloca a história das religiões num nível muito elevado. Para ele, a história das religiões traz uma mensagem que não é exclusivamente histórica. Ela não é um trabalho de antiquário, não é um museu de fósseis, de ruínas, de *mirabilia*. Ela é técnica, propedêutica e espiritual. Eliade procura abrir um novo caminho. Seus trabalhos – como o *Traité d'histoire des religions*[9] e *La*

---

4. Paris: Gallimard, 1957 [trad. it., *Miti, sogni e misteri*. Org. de G. Cantoni. 3. ed. Milão, Rusconi, 1990] [trad. port., *Mitos, sonhos e mistérios*. Trad. de Samuel Soares. Lisboa: Ed. 70, 2000].

5. Paris: Gallimard, 1959 [trad. it., *La nascita mistica* – Riti e simboli d'iniziazione. Org. de A. Rizzi. Bréscia: Morcelliana, 2002].

6. Paris: Gallimard, 1963 [trad. it., *Mito e realtà*. Org. de G. Cantoni. Milão: Rusconi, 1974] [trad. bras., *Mito e realidade*. Trad. de Pola Civelli. São Paulo: Perspectiva, 1972].

7. Trad. it., *Il sacro e il profano*. Org. de E. Fadini. Turim: Bollati Boringhieri, 1992 [trad. bras., *O sagrado e o profano*. Trad. de Rogério Fernandes. São Paulo: Martins Fontes, 1992].

8. *Le Sacré*, cit., p. 15.

9. Paris: Payot, 1964 [6. ed., 1974] [trad. it., *Trattato di storia delle religioni*. Org. de V. Vacca, G. Riccardo e P. Angelini. 2. ed. Turim: Bollati Boringhieri, 1999] [trad. bras., *Tratado de história das religiões*. Trad. de Fernando Tomaz e Natália Nunes. São Paulo: Martins Fontes, 2008].

nostalgie des origines, méthodologie et histoire des religions[10] – constituem outras etapas da sua investigação. Em 1961, com Joseph Mitsuo Kitagawa e Charles Long, de Chicago, funda uma revista *History of Religions*, publicada pela University of Chicago Press. O problema que mais interessa Eliade é a hermenêutica, porque, a seu ver, os especialistas estiveram muito ocupados com o acúmulo, a publicação e a análise dos dados religiosos, ao passo que se negligenciou demais o estudo do significado dos dados da história das religiões. A ciência das religiões deve identificar, esclarecer, compreender e traduzir os vários fenômenos religiosos, as diversas estruturas do pensamento religioso, as situações e as posições assumidas pelos homens no decorrer da história.

Assim, para Eliade, a história das religiões tem uma missão muito nobre, particularmente em nossa época. Ela deve permanecer fiel ao método histórico e ao mesmo tempo deve ser fenomenologia e hermenêutica. Outro grande historiador das religiões, Georges Dumézil, professor no Collège de France, concorda com essa preocupação. Falando da utilização dos documentos mitológicos, insiste na análise de seu conteúdo com toda a riqueza de detalhes: "o historiador das religiões deve, como qualquer historiador, ser gentil com os documentos. Antes de se perguntar qual elemento, grande ou pequeno, pode extrair para colocá-lo a serviço de uma tese, deve lê-los e relê-los, deixar-se penetrar passivamente por eles, de maneira receptiva, tendo o cuidado de deixar no lugar deles, cada qual no lugar que lhe compete, todos os elementos, os que lhe obedecem e os que resistem a ele. Se nos submetemos a essa higiene, logo aprendemos que há algo melhor a fazer, com tais textos, que destruí-los para inserir em outras construções alguns pedaços extraídos de suas ruínas: a primeira coisa a ser compreendida é sua própria estrutura, a razão que justifica a coleta de seus elementos, incluindo os seus muitos detalhes, os mais bizarros. Então, o que se perde do lado do que parecia ser história é ganho em teologia, em compreensão do pensamento religioso subjacente aos documentos"[11].

---

10. Paris: Gallimard, 1971 [orig., *The Quest* – Origin and Meaning in Religion. Chicago/Londres: The University of Chicago Press, 1969] [trad. it., *La nostalgia delle origini* – Storia e significato nella religione. Org. de A. Crespi Bortolini. Bréscia: Morcelliana, 2000] [trad. port., *Origens* – História e sentido na religião. Trad. de Teresa Louro Perez. Lisboa: Ed. 70, 1989].

11. *Les Dieux des Germains*. Paris: PUF, 1959, p. 21 [trad. it., *Gli dèi dei Germani*. Org. de B. Candian. Milão: Adelphi, 2002]. Cf. tb., como aplicação prática desses princípios, DUMÉZIL, G. *Du mythe ao roman*. Paris: PUF, 1970 [trad. it., *La saga di Hadingus* – Dal mito al romanzo. Org. de

2 Natureza, estrutura e função do mito

As teses de Mircea Eliade

Eliade tem uma dupla abordagem histórica: interroga os mitos vivos, as mitologias que ainda existem nas sociedades "primitivas" atuais. Neste sentido, dá uma grande importância à etnologia religiosa. O mito está ligado a um comportamento, ao comportamento mítico. É preciso apreendê-lo na vida dos povos e na atividade do homem.

Em seguida, Eliade interroga as mitologias dos povos que desempenharam um grande papel na história: Grécia, Egito, Oriente Próximo, Índia. Mas essas mitologias foram desarticuladas e reinterpretadas, foram transformadas e enriquecidas.

Paralelamente a essa abordagem histórica, Eliade realiza uma abordagem específica: por meio da fenomenologia e da hermenêutica, procura chegar ao núcleo do mito.

Para ele, o mito é uma história verdadeira, sagrada e exemplar. Essa história tem seu significado específico e sua repetição constitui a tradição.

O mito fornece alguns modelos para o comportamento dos homens. Ele dá à existência humana o seu verdadeiro sentido. Está na origem de um comportamento.

Necessita de uma hermenêutica religiosa. Não tem nada a ver com a patologia: estamos no domínio do sagrado. A hermenêutica religiosa depende da competência do historiador das religiões.

Natureza do mito

O mito é um relato que fala de uma história sagrada. É um evento que é revelado: estamos, portanto, na presença da revelação de um mistério. "O mito conta uma história sagrada. Ele relata um evento que ocorreu no tempo primordial, o tempo fabuloso dos inícios"[12]. O mito fala daquilo que aconteceu, de uma criação realizada por Seres sobrenaturais. Descreve a irrupção do sagrado no mundo. É considerado uma história "sagrada", uma história "verdadeira", ou seja, que se refere a realidades específicas. Relata os feitos dos Seres sobrenaturais.

E. Iacoboni. Roma: Mediterranee, 2001] [trad. bras., *Do mito ao romance*. Trad. de Álvaro Cabral. São Paulo: Martins Fontes, 1992].

12. *Aspects du mythe*. Op. cit., p. 15.

O mito se torna modelo, exemplar das atividades humanas: "Porque o antepassado fez assim a primeira vez", *"in principio, nunc et semper"*.

O mito se diferencia do relato e da fábula pelo fato de que estes não são nem "história verdadeira", nem "história sagrada", nem "história exemplar". O relato é profano, o mito é sagrado. O mito está na origem do mundo assim como ele existe hoje. O mundo atual é constituído pelos eventos que são relatados no mito. O homem das sociedades primitivas se considera o resultado de certo número de acontecimentos míticos. O homem moderno também se considera um produto da história. Mas o homem primitivo vai além: repete a história, a reatualiza. Assim, para o homem das sociedades primitivas a história é um perpétuo recomeço em que intervêm os seres míticos. É uma história sagrada.

O conteúdo do mito

O conteúdo é constituído por eventos e por atores. Trata-se de explicar a origem do mundo, a origem dos animais, das plantas, da vida, de explicar a criação. Os atores desses eventos são seres sobrenaturais. É o motivo pelo qual temos uma história sagrada. Esse conteúdo constitui uma verdadeira revelação e é também a única revelação válida da realidade.

O conteúdo do mito diz respeito ao homem. É preciso compreender a grande diferença entre o homem primitivo e o homem moderno. Para Eliade, o homem moderno considera irreversíveis os acontecimentos da história. Esses acontecimentos, talvez, formaram o homem moderno, mas agora representam o passado. O homem primitivo, ao contrário, reatualiza o que é passado, o refaz, por meio dos mitos e dos ritos. Através do mito o homem arcaico não chega apenas ao conhecimento da história das origens, mas entra no mistério no verdadeiro sentido da palavra: a vida que se renova.

Conhecimento do mito

O mito é conhecido graças à iniciação, cerimônia de importância fundamental na sociedade arcaica. A cerimônia de iniciação transmite aos jovens o mito e o reatualiza. Nela se encontra a realização do valor do conhecimento das origens. Conhecer a origem significa ter um poder real sobre a pessoa, sobre a coisa, sobre o animal.

O conhecimento permite a ação mística. De fato, recitar os mitos implica algumas consequências básicas: se reintegra o tempo primordial, torna-se contemporâneos das origens. É a saída do tempo profano, a entrada no tempo sagrado.

Funções dos mitos

Como conteúdo

O mito constitui uma história, aquela das ações dos Seres míticos. Esta história é verdadeira e sagrada. Ela se refere a realidades. É a obra dos Seres míticos.

O mito se refere a uma criação: é uma explicação das origens.

O mito como conhecimento

Conhecendo o mito se conhece a origem das coisas.

Esse conhecimento é uma força que permite viver o mito.

O mito, experiência do sagrado

A experiência do mito não é uma experiência cotidiana. Ela é uma experiência religiosa que põe o homem em contato com o mundo sobrenatural. Faz o homem entrar no tempo primordial na medida em que constitui a renovação do início. Essa reiteração das origens, esta reatualização do evento primordial é uma experiência do sagrado. Assim, o mito não é uma explicação científica, mas é uma experiência de vida que faz reviver o mistério das origens. O mito condiciona o comportamento do homem.

3 Classificação dos mitos

Mitos cosmogônicos[13]

A cosmogonia torna-se o modelo exemplar de toda criação. Os antropólogos estudaram os mitos cosmogônicos: Lang, Frazer, Lévy-Bruhl, Malinowski, Lé-

---

13. Cf. *La nostalgie des origines*. Op. cit., p. 150-177.

vi-Strauss. No entanto, eles só estudaram os mitos cosmogônicos dos primitivos. Eliade recrimina a etnologia por ter se limitado a essa cosmogonia primitiva e por ter, portanto, reunido uma documentação demasiado limitada. Além disso, é preciso colocar cada mito numa escala de valores.

Os mitos cosmogônicos constituem a história santa dos povos. São uma história coerente que revela o drama da criação do mundo e do homem e os princípios que regulam o processo cósmico e a existência humana. O mito cosmogônico permite compreender a vida religiosa, a cultura e a civilização dos povos. Mostra-nos aquilo que Eliade chama "a totalidade primordial". A seu modo, o homem arcaico já assume uma "história". O mito cosmogônico inaugura a história santa: é um mito histórico, que situa, no início, a perfeição.

Mitos de origem

Estes mitos são próximos dos mitos cosmogônicos. O mito de origem relata e justifica uma situação nova, uma situação que não existia no início do mundo. Ele conta como o mundo foi modificado. Entre esses mitos encontramos particularmente as genealogias: cantos e rituais genealógicos, genealogias e relatos etc. Encontramos também os mitos de cura: mitos da origem dos medicamentos, das técnicas terapêuticas primitivas. Os mitos manifestam uma volta à origem, esta última servindo de modelo, de exemplar para o resto dos tempos.

Mitos de renovação

Estes mitos também são próximos dos mitos cosmogônicos e dos mitos de origem. Trata-se, por exemplo, dos mitos de entronização de um rei. Henri Frankfort mostrou sua importância para o antigo Egito[14]. Toda entronização de rei é a criação de uma nova época. Os mitos do novo ano e os mitos das estações também mostram esta "renovação" do mundo. O mundo continua sempre o mesmo, mas há um elemento novo, uma reatualização, uma re-criação. As pinturas

---

14. *La Royauté et les dieux*: integration de la societé à la nature dans la religion de l'ancien Proche Orient. Paris: Payot, 1951, p. 178-195 [orig., *Kingship and the Gods* – A Study of Ancient Near Eastern Religion as the Integration of Society and Nature. Chicago: University of Chicago Press, 1948].

rupestres também fazem parte dos mitos de renovação. Estes têm uma grande importância para as populações arcaicas. Muitas vezes vemos que sua dramatização é marcada por um retorno coletivo dos mortos e por excessos orgiásticos. Mantiveram-se nas religiões do antigo Oriente Próximo: Mesopotâmia, Fenícia, Egito. Eliade estuda profundamente esse problema ligado ao da regeneração do tempo[15]. O ano novo desempenha aqui um papel importante, com a ideia do fim de um período e do início de um período novo. O rito foi fortemente marcado por mitos como estes: é o caso da expulsão anual dos demônios e dos pecados, dos rituais do novo ano, das cerimônias de iniciação dos jovens, das cerimônias de reanimação do fogo, do bode expiatório. Um exemplo típico desses mitos encontra-se no cerimonial do ano novo babilônico, o *akitu*, no decorrer do qual se recitava o poema da criação.

Mitos escatológicos[16]

Os mitos dos cataclismos cósmicos são muito difundidos: eles contam como o mundo foi destruído, como a humanidade foi aniquilada. São os mitos do dilúvio, do desmoronamento das montanhas, dos terremotos etc. O dilúvio abre caminho para uma nova criação. Encontramos mais mitos que narram um cataclismo do passado que mitos que se referem ao fim do mundo. Entre os primitivos, os mitos do fim do mundo permitem vislumbrar a criação de um novo universo. Trata-se de mitos presentes nas religiões orientais: a mitologia da Índia e a indo-europeia conservaram alguns vestígios da conflagração universal seguida de uma nova criação. O mito indiano das eras do mundo é bem conhecido. A ele está ligada a doutrina da transmigração, o perpétuo reinício. Hesíodo, em seu *Os trabalhos e os dias*, deixa transparecer o pensamento cíclico arcaico no mundo helênico.

A escala dos valores

Todos esses mitos têm como base o mito cosmogônico, a ideia de uma origem paradisíaca. Freud identificou o mesmo caminho por intermédio da psicanálise. Para ele, o verdadeiro primordial é o primordial humano, a primeira infância.

---

15. Cf. *Le mythe de l'éternel retour*. Op. cit., p. 83-136.
16. Cf. *Aspects du mythe*. Op. cit., p. 71-87.

A criança vive num tempo mítico. Freud procura descobrir, em cada homem, o acontecimento que pôs fim a esse tempo mítico. Sua pesquisa do inconsciente deve descobrir esse evento. Além disso, Freud, assim como os primitivos para suas vidas, gostaria de reatualizar certos acontecimentos decisivos da primeira infância: é um retorno individual ao tempo das origens, uma volta para trás.

O mito cosmogônico contém uma mensagem muito densa para o homem[17]. Nesse mito, o sagrado está presente em cada passagem. O mito conta uma história sagrada, um evento primordial, o de uma criação. É a irrupção do sagrado que funda o mundo. O mito estabelece alguns modelos exemplares que o homem deve reproduzir na sua vida: assim, orienta a atividade sagrada do homem que, imitando os modelos divinos, se mantém no sagrado. Em suma, o mito cosmogônico revela uma história sagrada que deve ser exemplificativa e normativa para o mundo. O comportamento mítico não é um comportamento pueril, mas um modo de ser no mundo. É a imitação de um modelo transumano, é a repetição de um cenário exemplar, é a ruptura do tempo profano que faz o homem desembocar no tempo verdadeiro.

4 Mito e arquétipo[18]

O método mais seguro na história das religiões é o estudo dos fenômenos segundo seu próprio significado, o religioso. O historiador das religiões que faz sociologia, psicologia ou etnologia se expõe ao risco de confundir planos de referência diferentes. O erro da psicanálise no estudo do mito reside precisamente na confusão entre o sonho, que é uma realidade individual, e o mito, que é uma realidade universal. A etnologia estuda o comportamento mítico nas suas manifestações históricas. O historiador das religiões aceita os resultados desse estudo, mas vai além, fazendo-se outras perguntas, como por exemplo: por que determinado mito? O que ele revela? A que correspondem certos mitos e certos símbolos? A solução desses problemas é uma necessidade para o historiador das religiões. O historiador das religiões talvez leve em conta as pesquisas da etnologia, da psicologia, da sociologia, mas é com seu próprio método que ele estuda o fenômeno

---

17. Cf. ELIADE, M. "Prestige du mythe cosmogonique". *Diogène*, 83, 1958, p. 3. Paris.

18. Cf. *Mythes, rêves et mystères*. Op. cit. • *Le mythe de l'éternel retour*. Op. cit.

religioso. A psicanálise chamou a atenção para a sobrevivência dos símbolos e dos temas míticos na psique do homem moderno e mostrou a importância dos arquétipos. Cabe ao historiador das religiões dar o seu sentido real ao arquétipo mítico. O mito só existe na medida em que revela alguma coisa que se evidenciou plenamente numa manifestação criadora e exemplar. Portanto, não se pode reduzir o mito a um processo do inconsciente como fizeram Freud e Jung.

Um mito é um fenômeno universal e exemplar que revela um evento primordial que fundou uma estrutura do real ou um comportamento humano.

Ele revela também uma existência e uma atividade de Seres sobrenaturais, que são exemplares para a conduta do homem. O mito se coloca num plano ao mesmo tempo transcendente e exemplar: estamos no universo da história das religiões, um universo religioso. Um sonho faz parte do universo do inconsciente e não é nem transcendente nem exemplar nem é um fenômeno universal. Ele não desvela as estruturas do real e tampouco é a revelação de um comportamento primordial.

Arquétipos celestes

O estudo das religiões leva-nos a descobrir os arquétipos celestes. Na Mesopotâmia, acredita-se que o Tigre tem o seu modelo na estrela Anunit; no Egito, as denominações dos *nōmi* (as províncias) egípcias são atribuídas segundo os campos celestes; no Irã, para a tradição do zurvanismo, cada fenômeno terrestre corresponde a um elemento celeste: há um céu visível e um céu invisível; o templo de Jerusalém é feito de acordo com um plano celeste[19].

As cidades também exprimem seu arquétipo celeste, seu protótipo divino; assim acontece, por exemplo, para Nínive, Assur, Jerusalém. Na Índia, as cidades reais são construídas de acordo com o modelo mítico da cidade celeste. É a ideia do duplo cósmico, do arquétipo.

Cada país ocupado deve primeiro ser transformado. Na Índia védica, um território era ocupado depois da elevação de um altar dedicado a Agni. É uma consagração que se refere à origem, à criação. O sacrifício védico, enquanto tal, faz o homem entrar na imortalidade colocando-o no nível do cosmos. O arquétipo

---

19. Ex 25,1-9; 1Cr 28,18-19; Ap 21,2-3.

apresenta-se como um modelo derivado da criação, proveniente de um mundo sobrenatural. O homem realiza esse modelo na terra. Ele constrói um templo e através da consagração lhe confere força e eficácia, coloca-o em concordância com o arquétipo. O homem ocupa um território: lhe dá valor e forma para poder habitá-lo. É o papel do rito, que desse modo atribui valor de realidade a certo templo, a certo território, separando-o do uso profano. O arquétipo celeste é, portanto, bem diferente do arquétipo descoberto por Jung.

O simbolismo do centro

As religiões nos mostram um complexo simbolismo arquitetônico do centro. Na Índia supõe-se que o Monte Meru se eleva no centro do mundo. Para os povos uralo-altaicos, esta montanha é Sumeru. No Irã, a montanha Hara Bere Zaiti encontra-se no centro da terra e a liga ao céu. Na Mesopotâmia, uma montanha une o Céu e a Terra. A *ziggurat* é o símbolo dessa montanha. No Egito, a colina Benben saiu do oceano primordial: sobre ela se eleva Rá, o Sol. Em Roma, a fundação da cidade se realiza em torno de um centro que é o eixo do mundo.

Em todas essas concepções religiosas, o centro é a área do sagrado, a da realidade. É a partir desse centro que foi realizada a criação. Tudo o que é fundado, é fundado no centro e recorda o ato cosmogônico por excelência, a criação do mundo.

Modelo mítico e ação humana

Refazer um ato inicial

A ação humana se refere a um arquétipo. Esse arquétipo lhe confere sua eficácia. Eis uma ideia frequente e importante na história das religiões. No Egito, a vida da natureza está ligada à ação primordial de Osíris. Além disso, é mediante essa ação primordial que a natureza entrou na vida supraterrena e que todo ser entrará na vida supraterrena. Houve um estado inicial, que é preciso refazer: para os corpos, há o embalsamamento, que se une diretamente ao mito de Osíris. Entre os povos primitivos, os ritos têm o seu modelo mítico. Uma ação humana adquire sua eficácia na medida em que repete exatamente uma ação realizada nas origens pelo antepassado mítico.

O calendário religioso dos povos está repleto de festas que a cada ano comemoram os eventos cosmogônicos. Os sacrifícios são uma repetição de um gesto primitivo do antepassado mítico. Entre os judeus, o Shabbat é a imitação de Javé que descansou no sétimo dia: é uma reprodução do gesto primordial de Javé. Aqui, estamos no coração do sagrado: o exemplo divino deve ser imitado pelos homens: "Eu vos dei um exemplo, para que vós também façais como eu fiz"[20]. Toda liturgia baseia-se numa reatualização. Vê-la numa perspectiva unicamente sociológica significa sair do contexto religioso. O historiador das religiões não se pode permitir tal contrassenso.

Tempo atual e arquétipo

O problema do tempo é subjacente a todo o trabalho de Mircea Eliade[21]. O mito lhe permite apreender a relação entre tempo atual e origem. A repetição de um ato primordial abole o tempo profano e projeta o homem no tempo mítico, o tempo sagrado. O sacrifício védico coloca em evidência esta noção: por intermédio do sacrifício, o sacerdote e os participantes saem do tempo atual para retornar às origens. Para eles, o sacrifício é uma verdadeira conquista da imortalidade.

Em todo o mundo do Antigo Oriente temos cerimônias e ritos do Novo Ano. Trata-se de uma regeneração do tempo. A celebração dos mitos mostra-nos um retorno ao caos seguido por uma nova criação. No culto solar da teologia de Heliópolis no Egito, o sol, a cada manhã, começa uma nova criação e uma nova vida. A criação teve lugar uma primeira vez e, a cada dia, esta primeira vez se repete.

O mito confere à ação humana uma experiência do sagrado

A função dos mitos é despertar e manter a consciência de outro mundo, do mundo divino. É a experiência do sagrado. O homem se torna novamente contemporâneo do evento primordial. É necessária uma condição: ele deve conhecer

---

20. Jo 13,15.

21. Cf. DUCHÊNE, H. *Le thème du temps dans l'oeuvre de Mircea Eliade*. Louvaina: Université Catholique de Louvain, 1965. • RIES, J. "Tempo storico e tempo mitico secondo Mircea Eliade". In: *Interrompere il quotidiano* – La costruzione del tempo nell'esperienza religiosa. Org. de Natale Spineto. Milão: Jaca Book, 2005, p. 203-212.

o "código" do mito. Se conhece esse código, o mundo se torna transparente e o homem penetra no mistério da sua existência. Isso nos mostra que o mito é uma das formas da linguagem do sagrado.

5 Mito e cristianismo[22]

O problema

"A vida de Jesus é um mito. Os documentos literários nos quais se baseia são mitos." Essas posições foram sustentadas desde o século II e provocaram a reação dos teólogos. A resposta de Orígenes foi a criação da exegese alegórica. Durante os primeiros séculos, para contestar essa interpretação do Evangelho como mito historicizado, formam-se três grandes correntes cristãs:

• a luta contra os docetas que negam a humanidade de Cristo;

• a luta contra os filósofos pagãos que, em nome dos próprios mitos, atacam o cristianismo;

• a luta contra os gnósticos que difundem os evangelhos apócrifos.

Para Bultmann, o Evangelho é uma história mitizada. Eliade considera que Bultmann colocou mal o problema, porque procura o mito onde ele não existe.

A formulação do problema de Eliade[23]

O problema é saber em que medida o cristianismo prolonga nas sociedades modernas, dessacralizadas e laicizadas, um horizonte espiritual comparável ao horizonte das sociedades arcaicas dominadas pelo mito.

Para Eliade há uma dupla especificidade do cristianismo. A fé cristã é uma experiência religiosa única, caracterizada pela valorização da história como manifestação direta e irreversível de Deus no mundo.

Para o cristão, Jesus Cristo não é uma pessoa mítica, mas é uma pessoa histórica. Com Cristo, temos, de um lado, uma hierofania única e, de outro lado, um homem histórico inserido num povo histórico. Isso mostra que o cristianismo é

---

22. Cf. *Aspects du mythe*. Op. cit., p. 197-219.
23. Cf. *Mythes, rêves et mystères*. Op. cit., p. 24-28.

radicalmente diferente do mundo arcaico. Nenhuma confusão é possível. Com Cristo, o cristianismo se coloca no campo da história.

Para os judeus e os cristãos, a história começa com o drama do Paraíso que funda a atual condição humana. O relato do Gênesis apresenta uma situação primordial, uma *arché*, seguida por uma história que define a condição humana definitiva. A partir daí temos um desenvolvimento histórico no qual se inserem os profetas e Cristo.

Ora, entre o cristianismo e o mundo arcaico há uma diferença radical, no plano da vida de Cristo, no plano da sua doutrina, no plano da realização do homem na história depois de Jesus Cristo.

Em relação às religiões arcaicas e às religiões do Oriente antigo, da Índia e da Grécia, o judaísmo apresenta uma inovação fundamental: o tempo tem um início e um fim. É a ruptura do tempo cíclico, do mito do eterno retorno. Estamos no devir histórico, e não mais no mundo do mito. A própria história é considerada uma teofania valorizada pelos profetas que mostram que o tempo tem um único sentido. Javé não é uma divindade cujos feitos são arquétipos, mas é um deus pessoal que mostra a sua vontade. Encontramo-nos diante de um monoteísmo, fundado na revelação direta e pessoal que se realiza não na origem, mas no tempo. O messianismo põe em evidência o tempo escatológico[24].

O cristianismo vai muito além em virtude da Encarnação. Cristo tem uma existência humana historicamente condicionada. O *Illud tempus* não é um tempo mítico, mas um tempo histórico. Os fatos da vida de Cristo não se situam na origem do tempo, mas na origem da história sagrada. Por isso, com o cristianismo, estamos distantes dos mitos[25].

Mas o comportamento do cristão apresenta também um aspecto mítico.

O mito representa um modo de ser no mundo. O comportamento mítico do homem arcaico é caracterizado pela imitação de um modelo arquetípico, pela repetição de um cenário exemplar, pela ruptura do tempo profano.

Esses três elementos se reencontram no comportamento cristão: antes de tudo, a experiência religiosa se fundamenta na imitação de Cristo. Em segundo

---

24. Cf. *Le mythe de l'éternel retour*. Op. cit., p. 152-166.

25. Cf. *Le Sacré*. Op. cit., p. 94-98. • RIES, J. "Temps historique et temps mytique, temps sacré et temps profane dans l'oeuvre de Mircea Eliade". In: RIES, J. e SPINETO, N. (orgs.). *Le temps et la destinée humaine*. Brepols: Turnhout, 2007, p. 47-57 [acréscimo do autor, 2007].

lugar, Cristo, na liturgia, se torna modelo exemplar: é a repetição litúrgica da sua vida, da sua morte, da sua ressurreição. Em terceiro lugar, o tempo litúrgico é a ruptura do tempo profano. Para a liturgia, o cristão se torna contemporâneo daquele tempo que vai de Belém à Ascensão. O cristão reatualiza um mistério e, portanto, de algum modo abole o tempo profano para entrar no tempo sagrado. O tempo não é homogêneo: existem rupturas periódicas, um tempo sagrado e um tempo profano.

Mito e teofania[26]

O povo de Israel: um povo eleito

Na história das religiões, a vida do povo de Israel tem um sentido particular. Os profetas desempenharam um grande papel na sua tomada de consciência. As catástrofes se abateram sobre Israel (cf., p. ex., a invasão assírio-babilônica) e os profetas anunciaram outras, apresentando-as como punições de Deus. Os acontecimentos históricos apareciam como punições infligidas pelo Senhor, como fatos dependentes da vontade de Javé. Os profetas valorizam a história. O evento já não é cíclico como no mito, mas depende de Javé e tem um valor em si mesmo. Javé não é como os deuses dos países vizinhos, um criador de gestos que devem ser repetidos (arquétipos). O povo hebraico é o primeiro a descobrir a história como epifania da vontade divina. Esta interpretação da história é devida à fé de Israel. Já não estamos no mito, na medida em que o evento em si mesmo tem um valor religioso. Estamos na teofania: uma hierofania única.

A revelação monoteísta

O mito é uma referência à origem, ao que aconteceu *in illo tempore*. A revelação monoteísta de Israel, ao contrário, se realiza na duração histórica. Não se refere a um modo de existência dos deuses num tempo primordial. Trata-se de Javé que intervém regularmente no desenvolvimento da história. O evento é uma presença ativa de Javé. A revelação é a palavra de Javé.

---

26. Cf. *Le mythe de l'éternel retour*. Op. cit., p. 155-166.

A fé de Abraão

Ela determina a orientação soteriológica da história de Israel. É a fé do homem na ação de Deus. As populações do antigo Oriente Próximo suportavam a infelicidade e o sofrimento porque aquele era o destino. O povo de Israel suporta o sofrimento porque ele prepara a salvação. A esse respeito, os profetas desenvolveram uma ação decisiva. O messianismo se encarrega de atribuir ao sofrimento um novo valor, valoriza o futuro. A religião hebraica é uma religião nova que ocupa um lugar único no contexto das religiões do mundo. A experiência de Abraão é uma nova posição religiosa do homem no cosmos. O profetismo e o messianismo dão a certos eventos humanos um significado bem diferente daquele dos mitos do eterno retorno. O cristianismo ampliará essa visão.

Mito, vida da Igreja e fé cristã[27]

Nos Evangelhos estão presentes elementos mitológicos. Símbolos, figuras, traços de rituais de origem hebraica ou mediterrânea foram retomados pelo cristianismo, num processo de cristianização do judaísmo e do paganismo. Além disso, há numerosos elementos culturais de tipo solar na liturgia cristã.

Os Padres da Igreja

Os Padres defenderam a historicidade de Jesus contra os pagãos e os gnósticos. Este foi o início da crítica dos textos que classifica os documentos em documentos verdadeiros, "canônicos", e não verdadeiros, "apócrifos": uma história protagonizada por Marcião, Justino e Orígenes. Foi fundamental a insistência na Encarnação. Estamos no tempo cósmico. Esse tempo cósmico é o contrário do tempo mítico. Orígenes compreendeu bem que a originalidade do cristianismo consiste, em primeiro lugar, no fato de que a Encarnação ocorreu num tempo histórico, mas entende também que a historicidade de Jesus é superada por sua Ressurreição e por sua Ascensão.

---

27. Cf. *Aspects du mythe*. Op. cit., cap. IX, p. 197-220.

O centro do mistério é Jesus Cristo

O drama de Jesus Cristo se desenrola na história. No entanto, ele transcende a história porque torna possível a salvação. Para obter a salvação, portanto, é preciso reiterar ritualmente a vida de Jesus, é preciso imitar seu modelo, é preciso aceitar sua mensagem. Até mesmo no plano dos comportamentos. Nesse sentido, o comportamento cristão e o mítico apresentam numerosas analogias. De fato, em ambos temos em ação um *homo religiosus*. É aqui que se põe o problema do mito, que Bultmann transferiu para outro plano, o dos textos. Na realidade, o comportamento mítico se situa sobretudo no nível da celebração litúrgica. O ano litúrgico se organiza segundo os mistérios históricos. O tempo litúrgico redescobre os períodos cíclicos, o *Illud tempus*, e organiza a repetição litúrgica da vida, da morte e da ressurreição de Jesus. Desse modo, o cristão se torna um contemporâneo do *Illud tempus*. Uma celebração litúrgica, mesmo situando-se no tempo histórico, provoca uma ruptura momentânea desse tempo para entrar num tempo cíclico, o da repetição do arquétipo. Assim, a liturgia cristã realiza a síntese do tempo linear e do tempo circular. Nessa síntese entraram elementos do judaísmo e do paganismo. Eis o problema da integração desses elementos por parte do cristianismo.

O verdadeiro problema do mito e da Igreja

O judaísmo forneceu à Igreja um método alegórico para a exegese da Escritura. Forneceu-lhe também o modelo de "historicização" das festas, com a Páscoa, o Pentecostes, a Festa dos Tabernáculos. Os primeiros cristãos decidiram ligar a pregação de Jesus e a Igreja nascente à história santa do povo de Israel. Os Padres fizeram o mesmo, cristianizando símbolos, ritos e mitos do mundo religioso mediterrâneo (como, p. ex., água, árvore, vinhedo, navio, carro etc.).

De acordo com Eliade[28], o verdadeiro problema surgiu quando os missionários cristãos se confrontaram, na Europa Central e na Europa Ocidental, com as religiões populares vivas. Então, cristianizaram-se também certos mitos pagãos: os matadores do dragão transformaram-se em São Jorge; a religião cristã dessas populações retomou inúmeros elementos cósmicos. Desse modo, os habitantes da Europa Oriental queriam cristianizar a religião de seus antepassados. O folclore

---

28. Ibid., p. 207-219.

cristão da Europa Central está repleto de elementos extraídos do antigo paganismo. Estamos lidando aqui com uma teologia popular inteiramente impregnada de elementos extraídos das antigas religiões cósmicas pagãs. "Este cristianismo popular manifestamente prolongou até os nossos dias certas categorias do pensamento mítico"[29]. Na Idade Média assistimos a um alento do pensamento mítico, com o ciclo arturiano, o tema do Graal, toda a mitologia régia e feudal. A isso é preciso acrescentar o mito escatológico que se encontra nas cruzadas.

6 A pesquisa de Mircea Eliade

Fenomenologia e história

Eliade coloca no centro de sua pesquisa o *homo religiosus*. Este assume um modo de existência específico no mundo: acredita que existe uma realidade absoluta, o sagrado, que é transcendente ao mundo, mas que se manifesta nele e assim o santifica. O homem religioso acredita que a vida tem uma origem sagrada. Os deuses criaram o mundo e o homem; os heróis civilizatórios levaram a termo a criação. A história dessas obras divinas e semidivinas é a história sagrada conservada através dos mitos. O homem deve reatualizar essa história sagrada. O seu comportamento imita o comportamento divino.

O método de pesquisa de Eliade quer ser um método integral. Por meio da fenomenologia, procura compreender a essência e a estrutura do mito. Por meio da história dos fenômenos religiosos, pretende mostrar como os significados dos mitos viveram nas diversas culturas e em épocas históricas diferentes. Assim, o historiador das religiões tenta reviver uma série de situações, de modos de ser no mundo e de comportamentos.

Para compreender ao mesmo tempo a essência e as estruturas dos elementos religiosos assim como o modo de ser e o comportamento dos fiéis, é preciso chegar a apreender o "centro" de uma religião. O grande erro do historiador das religiões seria o de querer interpretar os valores religiosos em função das teorias em voga, como foi o caso do animismo, do totemismo, da sociologia.

---

29. Ibid., p. 211.

Valorização das descobertas etnológicas

Eliade valoriza as descobertas dos etnólogos. Até o fim do século XIX o mito era considerado uma "fábula". Os etnólogos mostraram que para a mentalidade primitiva o mito é uma história verdadeira, uma história sagrada, que deve condicionar um comportamento do homem. Nas sociedades arcaicas, o mito é o fundamento da vida social, da vida cultural, da vida religiosa. Esses três aspectos estão intimamente interligados. O mito é a expressão de um modo de ser no mundo. A valorização dos dados etnológicos constitui a base da pesquisa de Eliade. Primeiro ele estuda as sociedades nas quais o mito permaneceu vivo. Desse modo, apreende os dois elementos que considera essenciais para a compreensão do mito: de um lado, a sua estrutura e, de outro, o comportamento do homem. De fato, o comportamento do homem mostra o significado do mito como valor religioso. Até hoje só tivemos os mitos da Antiguidade, transmitidos pelos documentos. Agora chegamos a apreender os mitos na vida das sociedades humanas. Vemos a influência deles sobre essa vida e sobre o comportamento dos membros da sociedade. O estudo do comportamento nos permitirá, segundo Eliade, compreender melhor os mitos da Antiguidade e seu significado religioso. Ele nos ajuda também a compreender certos aspectos do comportamento mítico dos nossos contemporâneos. Nesse aspecto, a pesquisa de Eliade representa um notável progresso em relação às pesquisas anteriores.

Alguns aspectos da desmitologização

Os filósofos jônicos iniciaram um trabalho de desmitologização. A crítica deles dirigia-se sobretudo aos atos dos deuses: suas aventuras, sua conduta, sua imoralidade. Homero e Hesíodo sistematizaram uma série de mitos, talvez ignorando inúmeros outros aspectos.

As críticas dirigidas aos deuses de Homero e de Hesíodo em nome de um conceito elevado da divindade cumpriram seu objetivo. Procura-se outro significado, começa-se uma interpretação. De fato, trata-se de salvar o panteão grego. A crítica de Platão, a interpretação de Evêmero, a exegese alegórica são os três métodos utilizados para salvar os deuses gregos. Mas com essa aventura começa uma Desmitologização sistemática. O mito grego se empobrece sem cessar.

Os apologetas gregos e os Padres da Igreja só precisam retomar as teses gregas para demonstrar a inanidade dos deuses do paganismo. Agostinho o faz de maneira magistral.

Os deuses gregos evemerizados dormem durante a Idade Média. O Renascimento os redescobre e os inclui no tesouro cultural da humanidade.

Ao lado do patrimônio mitológico salvo por Homero e por Hesíodo há toda a mitologia viva, popular, que nos escapa quase totalmente. Ela foi eliminada pelo cristianismo ou "cristianizada". Certos elementos dessa mitologia popular foram retomados pelos cultos mistéricos e pelos gnósticos. Esses mitos permaneceram vivos entre as populações mediterrâneas e balcânicas. A antiga mitologia, desmitologizada pelos filósofos gregos e pelos apologetas cristãos, conservou-se na cultura clássica, sem a mínima influência sobre a vida religiosa. As mitologias populares não deixaram de exercer sua influência sobre o comportamento das populações, mesmo no interior daquelas cristianizadas. De acordo com Eliade, é aqui que se apresenta o problema da Desmitologização.

Mito e mundo moderno

Eliade acredita que uma sociedade não é capaz de se libertar completamente do mito. Na nossa civilização secularizada, o mito, esvaziado de seu sentido religioso, é encontrado sob diversos aspectos da sociedade secular e influencia o comportamento do homem moderno.

Mito e pensamento coletivo: a pobreza dos mitos modernos

Os trabalhos da sociologia e da etnologia levaram alguns sociólogos a ver no mito a forma por excelência do pensamento coletivo. No entanto, comparados às funções dos mitos nas sociedades arcaicas, os mitos modernos são pobres. Para Eliade, tende-se facilmente a confundir mito e ideias populares. Fala-se do mito da greve geral, ao passo que se trata muito simplesmente de uma ideia: a ideia de uma greve geral.

O marxismo dotou-se de uma estrutura mítica retomando a seu modo o mito escatológico do mundo mediterrâneo: o do Justo e o da época áurea. Marx enriqueceu este mito de uma ideologia baseada no messianismo, visível no papel profético do proletariado e na luta final entre o Bem e o Mal. O nacional-socialismo alemão, por sua vez, tentou criar um mito político. Contra o otimismo do mito comunista, o nazismo cria um mito racista fundado na mitologia germânica. Esta mitologia é fundamentalmente pessimista: é caracterizada pela luta entre os deuses e os demônios seguida pela morte dos deuses.

Comportamento mítico do homem moderno

Eliade vê os restos de uma estrutura e de um comportamento míticos numa série de festas modernas: festividades do ano novo, festas do nascimento, inaugurações etc. É uma revalorização no âmbito profano de antigos valores sagrados. Laicizados, degradados, camuflados, os mitos e as imagens míticas são numerosos na sociedade atual. A vida e os gestos de certos personagens tendem a ser interpretados como paradigmáticos. Assim, numerosos comportamentos míticos caracterizam a vida do homem de hoje.

Mitos modernos

Eis alguns mitos modernos. O primeiro é o da volta às origens, que reencontramos na Reforma, na Revolução Francesa, nas grandes revoluções atuais, nos ressurgimentos racistas. O segundo é a obsessão do sucesso: existe a necessidade mítica de transcender a natureza humana. Eliade vê no culto do automóvel, do novo modelo, no academicismo de vanguarda, uma série de manifestações de um comportamento mítico. Em muitos contemporâneos há um verdadeiro terror de não estar suficientemente *à la page*. Um terceiro mito moderno está ligado à necessidade de uma iniciação, típico do comportamento mítico das populações arcaicas: é encontrado no pertencimento a minorias secretas, preferivelmente de esquerda, ou no pertencimento a uma gnose que se opõe às Igrejas. Eliade constata que esta espécie de comportamento mítico é encontrada frequentemente na elite.

O valor religioso do mito

Eliade evidenciou a intenção significante do mito. Enquanto história das origens, ele tem uma função de instauração. O evento primordial se desenvolveu num tempo que precede o histórico. O mito é a relação entre o tempo atual e o primordial. Por intermédio do rito, ao contrário, a ação primordial se reatualiza. O rito serve para estabelecer o vínculo entre o tempo histórico e o tempo primordial: estamos no campo das instituições. Além disso, há um âmbito psicológico: o do comportamento.

Na história da salvação o mito ocupa um lugar particular que é preciso esclarecer bem. Ele não considera nenhum desenvolvimento histórico sem relação com o tempo inicial. Ao contrário do mito, a história bíblica da salvação vincula a salvação a um Deus pessoal cujos sucessivos atos obtêm a salvação. O relato dessa salvação e seu esquema narrativo foram enriquecidos com interpretações que provêm do mundo cultural circundante. Assim, esta história da salvação, sem ter a mínima estrutura mítica, sofre o contragolpe do mito que ela mesma incorpora.

7 Conclusões

Eliade considera que as explicações científicas, históricas, sociais, psicológicas ou estruturais do mito são úteis para melhor compreender a natureza do relato mítico, assim como a sua inserção num contexto sociocultural determinado. No entanto, pensa que o historiador das religiões deve ir além. O estudioso romeno procura situar o mito no contexto das sociedades arcaicas, mas ao mesmo tempo aspira a ver como, graças aos mitos, o *homo religiosus* se esforçou para definir e viver o seu modo de ser no mundo. O mito tem uma função ao mesmo tempo religiosa e social: à sociedade arcaica, confere a sua coerência; ao homem daquela sociedade desvela as estruturas do cosmos, dando-lhe também algumas regras de conduta. Paul Ricoeur sintetizou a pesquisa atual dos historiadores das religiões numa definição do mito que traça ao mesmo tempo sua estrutura e sua função: "Um relato tradicional que se fundamenta em eventos ocorridos na origem dos tempos e destinados a fundar a ação ritual dos homens de hoje e, de modo geral, a instituir todas as formas de ação e de pensamento pelas quais o homem compreende a si mesmo em seu mundo"[30].

Eliade e Ricoeur estão de acordo ao ver no mito um evento primordial que constitui um ato fundador e arquetípico. Aos olhos do homem religioso

---

30. Cf. RICOEUR, P. *Finitude et culpabilité* – II: La symbolique du mal. Paris: Aubier, 1960, p. 16 [trad. it., *Finitudine e colpa*. Org. de M. Girardet; intr.; de V. Melchiorre. Bolonha: Il Mulino, 1970].

arcaico, este ato fundador não apenas é constitutivo do mundo em virtude da irrupção do sagrado, mas é também exemplar e arquetípico para o comportamento humano.

Na perspectiva de Jung, os arquétipos do inconsciente coletivo estão na origem do mito. Os mitos encontram sua explicação nessas dominantes energéticas do inconsciente coletivo, que de algum modo são um órgão psíquico estrutural. Eliade estudou o arquétipo numa outra perspectiva, buscando os arquétipos celestes nas religiões do Oriente Próximo e da Índia, ou o simbolismo arquitetônico do centro. Apoiando-se numa documentação que não é extraída dos sonhos, mas da história, Eliade realiza o estudo do arquétipo na ação humana. Ele constata que nas civilizações asiáticas, de um lado, e nas culturas tradicionais, de outro, a ação humana se refere a um arquétipo que lhe confere sua eficácia. A ação humana é considerada real, no sentido pleno do termo, na medida em que ela repete uma ação realizada nas origens. Eliade vê no arquétipo um "estado puro", um momento primário, o do estado no início. Não se trata de inconsciente, porque, aos olhos do *homo religiosus*, o arquétipo se apresenta como um modelo primordial cuja origem se encontra num mundo sobrenatural. É um ser, um objeto ou um ato do qual participa um ser, um objeto ou um ato que dele recebe a sua realidade. De acordo com Eliade, por intermédio do arquétipo o *homo religiosus* tem consciência de entrar em relação com a transcendência. Jung fala de psicologia, Eliade fala de ontologia.

Eliade traçou o perfil das diversas dimensões do mito. À luz do comportamento do *homo religiosus*, ele considera o mito como uma história santa das populações arcaicas. Esta história santa diz respeito a eventos primordiais destinados a fundar a ação ritual. É na imitação de um modelo transumano e na repetição de um cenário exemplar que o *homo religiosus* das sociedades arcaicas regula o seu comportamento. À luz dos mitos, o homem toma consciência da sua situação no mundo. Sua ação se conforma aos paradigmas constituídos pela ação dos personagens míticos que conferem valor e sentido à existência humana. Mito, rito e símbolo são os elementos constitutivos de uma experiência espiritual que, por meio de um retorno às origens, à primordialidade, representa uma experiência de salvação para o homem arcaico.

II – O mito, sua linguagem e sua mensagem*

A decisão de intitular um volume dos nossos congressos de história das religiões analogamente a este discurso de introdução a um ciclo de conferências sobre o mito anuncia as perspectivas e os horizontes da nossa pesquisa[31]. Ela tenta esclarecer dois aspectos do *mythos*, que os gregos opunham ao *logos*. Para eles, *mythos* fazia referência ao âmbito do maravilhoso, enquanto *logos* era um modo de expressão da *aletheia*, a verdade. O radical indo-europeu *meudh-*, *mudh-*, orienta-nos para a rememoração. Desde os primeiros textos escritos, na Suméria e no Egito, somos confrontados com alguns mitos. Não apenas isso: os historiadores da arte e os paleoantropólogos os descobrem nas pinturas das cavernas do Paleolítico superior, nas paredes e nas abóbadas de Lascaux e de Rouffignac[32].

Depois de Homero e de Hesíodo, os filósofos jônicos realizaram uma exegese crítica de seus mitos, aos quais opunham uma concepção "científica" da natureza. Foi a primeira manifestação da oposição entre a ciência e o mito. Ao final da própria crítica à mitologia antiga, Platão reabilitou o mito e conferiu-lhe uma função muito nobre: a transmissão de uma mensagem de verdade. Com Evêmero assiste-se a uma primeira corrente de secularização dos deuses da mitologia, retomada mais tarde pelos Padres da Igreja, mas a reação neoplatônica não se faz esperar. Confere a Homero a sabedoria que Platão lhe recusara: Heráclito o Retor, Plutarco, Máximo de Tiro, Plotino e Porfírio inauguram uma exegese teológica da mitologia antiga, uma vez que aos seus olhos Homero, Hesíodo e Platão foram portadores de uma mensagem divina[33]. Essas posições têm um novo sucesso com os humanistas do Renascimento e, depois de um eclipse devido à influência do Iluminismo, voltarão a estar em voga no século do romantismo[34].

---

* "Le mythe, son langage et son message". In: *Mythe et littérature* – Études réunies et présentées para E. Léonardy. Louvain-la-Neuve: Université de Louvain, 1994 [Recueil de travaux d'histoire et de philologie, 6e série, fasc. 47].

31. LIMET, H., & RIES, J. (orgs.). *Le mythe, son langage et son message*. Louvain-la-Neuve: Centre d'Histoire des Religions, 1983 [Coll. "Homo religious" 9].

32. RUSPOLI, M. *Lascaux*. Paris: Bordas, 1986. • ANATI, E. *Les origines de l'art et la formation de l'esprit humain*. Paris: Albin Michel, 1986. • NOUGIER, L.R. *Les grottes préhistoriques ornées de France, d'Espagne et d'Italie*. Paris: Balland, 1990.

33. PÉPIN, J. *Mythe et allégorie* – Les origins grecques et les contestations judéo-chrétiennes. 2. ed. Paris: Études Augustiniennes, 1976.

34. RIES, J. "Langage et message du mythe d'Homère ao XIXe siècle". In: LIMET, H. & RIES, J. (orgs.). *Le mythe...* Op. cit., p. 9-33.

A investigação moderna vê no mito quer uma explicação do universo (A.M. Krappe) quer um conjunto de fatos anteriores à história (P. Lavedan, P. Commelin), quer um relato em torno do sagrado (E. Ortigues, J. de Vries, M. Eliade), quer uma representação coletiva de origem social (É. Durkheim, V. Larock). Mesmo nas obras especializadas os estudiosos hesitam em tomar posição a esse respeito[35].

Um fato é evidente: a cada passo a pesquisa encontra o mito. A exegese bíblica não pode evitá-lo, e a experiência de Bultmann não se revela feliz. A etnologia e a sociologia da escola durkheimiana deram-lhe uma explicação pouco satisfatória, até o dia em que Georges Dumézil renovou todas as posições mostrando como a religião e a sociedade se encontram no cruzamento do mito. C.G. Jung deixou o mito falar. Ouviu-o e com ele chegou à infância da pessoa e à infância da humanidade. Vico já havia pensado nisso. C. Lévi-Strauss realizou uma ampla obra de mitoanálise. Por meio de um estruturalismo sintagmático criou uma gramática e uma sintaxe do mito, mas deixou ali um vazio por medo do sentido; isso levou P. Ricoeur a dizer que se trata de uma "admirável adaptação sintática de um discurso que não diz nada"[36].

1 *O* homo religiosus *e o mito*

O surgimento do *homo religiosus*

Enquanto C.G. Jung continuava pacientemente a sua pesquisa sobre os arquétipos e Mircea Eliade seguia as pegadas do *homo religiosus* para compreender a sua experiência do sagrado, Gilbert Durand colocava em evidência as estruturas

---

35. BONNEFOY, Y. (org.). *Dictionnaire des Mythologies des Sociétés Traditionelles et du Monde Antique*. 2 vols. Paris: Flammarion, 1981 [trad. it., *Dizionario delle Mitologie e delle Religioni* – Le divinità, l'immaginario, i riti, il mondo antico, le civiltà orientali, le società arcaiche. 3 vols. Org. de I. Sordi. Milão: Rizzoli, 1989]; não há artigos dedicados à análise do mito. • BRUNEL, P. (org.). *Dictionnaire des mythes littéraires*. Mônaco: De Rocher, 1988 [trad. it., *Dizionario dei Miti Letterari*. Org. de G. Gabetta. 2. ed. Milão: Bompiani, 2004]; na introdução, P. Brunel manifesta o seu embaraço depois de todas as discussões sobre o mito no grupo de literaturas comparadas de Paris IV e se contenta em definir o mito por suas funções.

36. LÉVI-STRAUSS, C. *Anthropologie structural*. Paris: Plon, 1958 [trad. it., *Antropologia strutturale*. Org. de P. Caruso. 8. ed. Milão: Il Saggiatore, 1980] [trad. bras., *Antropologia estrutural*. Trad. de Beatriz Perrone-Moisés. São Paulo, Ubu, 2017]. • LÉVI-STRAUSS, C. *Anthropologie structurale deux*. Paris: Plon, 1973 [trad. it., *Antropologia strutturale due*. Org. de S. Moravia. 2. ed. Milão: Il Saggiatore, 1990] [trad. bras., *Antropologia estrutural dois*. Trad. de Beatriz Perrone-Moisés. São Paulo: Ubu, 2017]. • RICOEUR, P. "Structure et herméneutique". In: *Esprit*, 1963, p. 596-626. • RICOEUR, P. "La structure, le mot, l'événement". In: *Esprit*, 1967, p. 801-821.

antropológicas do imaginário[37]. Por imaginário Durand entende "o conjunto das imagens e das relações de imagens que constitui o capital pensado pelo *Homo sapiens* (p. XIV). Para estudar esse imaginário, ele se põe deliberadamente naquilo que chama o percurso antropológico, ou seja, "a incessante troca que existe no nível do imaginário entre as pulsões subjetivas e assimiladoras e as intimações objetivas que resultam do ambiente cósmico e social" (p. 38). Essa descoberta permite compreender como se realizou a lenta formação da consciência do homem, do seu pensamento e da sua consciência mítica[38].

"Homo erectus", "homo symbolicus"

As espantosas descobertas feitas por duas décadas no Rift Valley africano ampliaram de modo inesperado os horizontes da paleoantropologia. O *Homo habilis* surgiu há três milhões de anos, sucedendo o australopiteco. Há um milhão e meio de anos este homem se tornou um *Homo erectus*: endireitou-se, levantou-se, libertou as mãos, que prolongou com os utensílios. Móvel e conquistador, difundiu-se na África, na Ásia e na Europa[39].

Acabamos de encontrar sua carteira de identidade: o entalhe das duas partes da pedra, a busca da simetria, a escolha das cores e dos materiais para criar seus utensílios. Este homem tornou-se rapidamente um *homo symbolicus*, um criador de cultura. A descida de sua laringe lhe permitiu encontrar a palavra: assim nasceu a linguagem. Inventou o fogo, cujos vestígios já encontramos há meio milhão de anos. Y. Coppens insistiu na adoção da postura ereta do corpo, evento fundamental na nossa história, na fabricação dos utensílios e em sua simbologia,

---

37. G. DURAND. *Les structures anthropologiques de l'immaginaire*. Paris: Dunod, 1960 [10. ed., 1990] [trad. it., *Le strutture antropologiche dell'immaginario* – Introduzione all'archetipologia generale. Org. de E. Catalano. 3. ed. Bari: Dedalo, 1984] [trad. bras., *As estruturas antropológicas do imaginário* – Introdução à arquetipologia geral. Trad. de Hélder Godinho. São Paulo: WMF Martins Fontes, 2012].

38. BERNOT, L. (org.). *André Leroi-Gourkan ou les voies de l'homme* – Actes du Colloque du CNRS, mars 1987. Paris: Albin Michel, 1988. • ANATI, E. *Origini dell'arte e della concettualità*. Milão: Jaca Book, 1988.

39. COPPENS, Y. *Le singe, l'Afrique et l'homme*. Paris: Fayard, 1983 [trad. it., *La scimmia, l'Africa e l'uomo*. Org. de C. Mattioli. 2. ed. Milão: Jaca Book, 1996]. • LEAKEY, L. *The origin of Humankind*. Nova York: Basic Books, 1994 [trad. it., *Le origini dell'umanità*. Org. de I. Comoglio. Milão: Rizzoli, 2001]. • FACCHINI, F. *L'Homme et ses origines*. Paris: Flammarion, 1990 [col. "Bibliothèque du Père Castor"].

na transformação do cérebro e do sistema nervoso, na mobilidade deste *Homo erectus* e no surgimento da consciência reflexa. O homem tornou-se criador[40].

"Homo religiosus", "Homo sapiens"

Em pé, desperto para o simbolismo e para as imagens, consciente da sua existência, criador de cultura, o homem volta os olhos para o horizonte e para a abóbada celeste. Admira sua cor, a forma, a luminosidade, a altura, a imensidão. Com os olhos acompanha o movimento da lua e das estrelas de noite, o mistério do sol de dia. Lentamente torna-se buscador do infinito. A contemplação da abóbada celeste leva-o a tomar consciência da Sacralidade e da Transcendência. De acordo com Eliade, é através do seu simbolismo que a abóbada celeste assumiu um papel de revelação[41]. Descobrindo a Transcendência, o homem arcaico tomou consciência da sua posição no cosmos.

O *Homo sapiens* continua o seu caminho. Por volta do ano 100000 a.C. preocupa-se com a inumação de seus mortos, e a simbologia fúnebre assume uma grande importância aos seus olhos[42]. Em torno de 20000 a.C. os magdalenianos começam a pintar as grutas e as cavernas. Altamira, Rouffignac, Lascaux são "catedrais da pré--história", lugares de peregrinação e de iniciação. Atualmente, graças aos trabalhos de A. Laming-Emperaire e de A. Leroi-Gourhan, sabemos que à arte parietal está subjacente uma concepção simbólica e religiosa. A hipótese de representação de mitos fundamentais continua o seu caminho: a seu modo, as figuras simbólicas narrariam até relatos históricos, provenientes dessas populações e desses clãs arcaicos[43].

---

40. COPPENS, Y. "Commencements de l'homme". In: *Le débat*, n. 20, 1982, p. 30-53. Paris: Gallimard. • COPPENS, Y. L'Origine de l'homme: le milieu, la découverte, la conscience, la création". In: *Révue des Sciences Morales et Politiques*, t. 142, 1987, p. 507-532. Paris.

41. ELIADE, M. *Traité d'histoire des religions*. 6. ed. Paris: Payot, 1974, p. 47 [trad. it., *Trattato di storia delle religioni*. Org. de V. Vacca, G. Riccardo e P. Angelini. 2. ed. Turim: Bollati Boringhieri, 1999] [trad. bras., *Tratado de história das religiões*. Trad. de Fernando Tomaz e Natália Nunes. São Paulo: Martins Fontes, 2008]. • ELIADE, M. *Religions australiennes*. Trad. fr. org. por L. Jospin. Paris: Payot, 1972, p. 26-32 [orig., *Australian Religions* – An Introduction. Nova York: Ithaca, 1973] [trad. it., *La creatività dello spirit* – Un'introduzione alle religioni australiane. Milão: Jaca Book, 1979].

42. VANDERMEERSCH, B. *Les hommes fossiles de Qafseh (Israël)*. Paris: CNRS, 1981.

43. LAMING-EMPERAIRE, A. *La signification de l'art rupestre paléolithique*. Paris: Picard, 1962. • LEROI-GOURHAN, A. *La préhistoire de l'art occidental*. Paris: Mazenod, 1965. • CAMPS, G. *La préhistoire* – Cent siècles d'art rupestre en Europe Occidentale. Paris: Hachette, 1986.

O "homo religiosus" do Neolítico

A partir do ano 8000 a.C., o homem do Neolítico cria o primeiro edifício espiritual com mitos de origem e com uma simbologia fundamentada na cultura dos cereais, no mistério da vida e no mistério da fecundidade. Tendo se iniciado por volta do XIII milênio, o fenômeno da sedentarização continua no Oriente Próximo. Trata-se de um fenômeno cultural com um novo comportamento humano e uma nova forma de diálogo entre o homem e a natureza e de uma nova modalidade de utilização do ambiente. Jacques Cauvin mostrou que a sedentarização e os primeiros vilarejos "assume sua importância especial pelo fato de representarem o início dessa transformação da natureza por parte do homem"[44]. O homem tornou-se o jardineiro do mundo, mas é também um homem religioso. É no Oriente Próximo que pela primeira vez, na forma de estatuetas femininas de terracota, se manifesta a representação das divindades[45]. Evidencia-se claramente o percurso antropológico do imaginário. Multiplicam-se mitos e ritos, a partir do momento em que o *homo religiosus* realiza a sacralização da vida e da morte, da mulher e da natureza, assimiladas em sua fecundidade. O estudo do simbolismo astral, solar e lunar orienta-nos para religiões cósmicas fundamentadas na renovação do mundo e na concepção do tempo circular. Sem dúvida multiplicaram-se os mitos cosmogônicos, os mitos de origem e os mitos escatológicos. É o que nos comprova a arte do Neolítico[46].

A revolução da escrita

Com a invenção da escrita surgem as religiões, os mitos e os ritos da Mesopotâmia, do Egito, da Índia, da China e do Oriente Próximo, mais tarde seguidos pela Grécia e por Roma. O imaginário humano encontrou novos signos para exteriorizar seu pensamento e suas concepções. A experiência do divino lhe permite descobrir novas dimensões da condição humana. Para falar da sua experiência da

---

44. CAUVIN, J. *Les premiers villages de Syrie-Palestine du IXe ao VIIe millénaire avant J.-C.* Paris: De Boccard, 1978.

45. CAUVIN, J. "L'apparition des premières divinités". In: *La Recherche*, n. 194, 1987, p. 1.472-1.480. Paris.

46. ELIADE, M. *Histoire des croyances et des idées religieuses* – I. De l'âge de la pierre aux mystères d'Eleusis. Paris: Payot, 1976, p. 39-63 [trad. it., *Storia delle credenze e delle idee religiose* – I: Dall'età della pietra ai Misteri Eleusini. Florença: Sansoni, 1986].

Transcendência e de suas relações com a Transcendência, inventa uma palavra que encontraremos pela primeira vez no *Lapis Niger* do fórum romano, inscrita no início da fundação de Roma: *sakros*. Hoje sabemos que esta experiência do sagrado é universal. É no interior dessa experiência do *homo religiosus* que o mito assume o seu lugar.

O percurso que acabamos de fazer permitiu-nos assistir ao surgimento do *homo religiosus* e descobrir seu equipamento psíquico e mental. Graças a esse equipamento, que só se desenvolveu e se aperfeiçoou sob a influência contínua do percurso antropológico realizado pela estrutura do imaginário, o *Homo erectus* tornou-se *symbolicus* e *religiosus*. Encontrou o meio para se situar no espaço e no tempo. No centro de seu comportamento está a experiência do sagrado.

O *homo religiosus* e o mito

O sagrado e o símbolo

Pelo fato de se manifestar, o sagrado entra no mundo dos fenômenos. Deixa-se descrever mostrando-se como uma realidade que depende de uma ordem diferente em relação à ordem natural. Para designar com uma palavra prática o ato de manifestação do sagrado, Eliade criou o vocábulo "hierofania". Em toda hierofania temos um objeto ou uma pessoa, ou seja, um meio através do qual o sagrado se manifesta: uma pedra sagrada, uma árvore sagrada. Um segundo elemento é a realidade invisível proveniente do mundo da Transcendência. Enfim, um terceiro ator é o elemento visível revestido de uma dimensão nova, da dimensão sacra. Trata-se do mediador que permite ao homem entrar em contato com o sagrado[47].

No centro do percurso antropológico de que fala G. Durand se situa o símbolo, cuja metade visível é o significante com suas três dimensões: cósmica, onírica e poética. A outra metade é o significado, que aparece apenas de maneira velada. O significante é concreto, sensível, criativo: árvore, sol etc. Faz conhecer e epifaniza o significado, que não pode ser percebido sem a ajuda do significante. No aparato simbólico G. Durand distingue três dimensões. A primeira é o capital referencial de todos os gestos possíveis do *Homo sapiens*: mímicas, danças, gestos

---

47. RIES, J. *Les chemins du sacré dans l'histoire*. Paris: Aubier, 1985 [Col. "Présence et Pensée"] [trad. it., *Il sacro nella storia religiosa dell'umanità*. 3. ed. Milão: Jaca Book, 1996].

em referência à palavra e à escrita. A esses esquemas devem ser acrescentados os arquétipos, ou seja, as imagens primárias e universais: luz, trevas, abismo, criança, lua, cruz, círculo. Esses arquétipos substantivos são completados com arquétipos adjetivos: alto, baixo, quente, frio, seco, puro, profundo. O símbolo em sentido estrito se especifica segundo esses arquétipos. A segunda dimensão do símbolo é a dimensão genética, que permite ao *Homo sapiens*, graças à sua consciência simbólica, realizar o seu desenvolvimento com a educação cultural e religiosa. Mas segundo G. Durand existe uma terceira dimensão simbólica: o mito. Ele precede a história, a antecipa, a atesta e a legitima. O autor cita como exemplo típico o relato da fundação de Roma, que constituiu o paradigma mítico de toda a história romana. Foi necessário Georges Dumézil para que os historiadores de Roma se dessem conta disso[48].

O mito segundo Mircea Eliade e Paul Ricoeur

Com um duplo enfoque, Eliade interrogou primeiramente os mitos ainda vivos nas sociedades primitivas hodiernas, para em seguida se dedicar às mitologias dos povos que tiveram um grande papel na história: Grécia, Egito, Oriente Próximo, Índia. A partir dessa ampla documentação, ele tenta penetrar no interior do mito, para determinar seu lugar na vida do *homo religiosus*. Arriscou-se a dar uma definição:

> O mito conta uma história sagrada; relata um evento que teve lugar no tempo primordial, o tempo fabuloso dos "inícios"[49].

De acordo com Eliade, o mito é uma história verdadeira, sagrada e exemplar, que tem seu significado específico e que graças a uma repetição se torna uma tradição. Ele fornece aos homens alguns modelos de conduta. Dá à existência o seu sentido autêntico e determina o comportamento do homem.

Com Eliade permanecemos nas sociedades tradicionais, nas quais mito e ritual estão ligados, pois o ritual permite a reatualização do mito, ou seja, um

---

48. DURAND, G. *L'imagination symbolique*. Paris: PUF, 1964 [4. ed., 1984] [trad. it., *L'immaginazione simbolica*. Org. de G. Rossetto. Roma: Il Pensiero Scientifico, 1977]. • DURAND, G. "L'Univers du symbole". In: MÉNARD, J.E. (org.). *Le symbole*. Estrasburgo: Palais Universitaire, 1975, p. 7-23.

49. ELIADE, M. *Aspects du mythe*. Paris: Gallimard, 1963, p. 15.

retorno regular às origens. Do ponto de vista da narrativa, o mito constitui uma história que nos fala de realidades existentes, por exemplo, da existência da tribo. Em decorrência disso, na sua referência à criação está presente uma verdade. Do ponto de vista do ouvinte, o mito inicia os adolescentes ao conhecimento das origens e, nessa iniciação, faz reviver uma experiência do sagrado. Graças a essa revelação e a esta reatualização do evento primordial tem início uma nova existência.

Sabemos que Paul Ricoeur encontrou-se regularmente com Mircea Eliade em Chicago e juntos, duas vezes, dirigiram um seminário sobre o mito. Na esteira de Eliade, Ricoeur deu uma definição precisa do mito:

> O mito é um relato tradicional que diz respeito a acontecimentos ocorridos na origem dos tempos, destinado a fornecer as bases da ação ritual dos homens de hoje e, em sentido geral, a instituir todas as formas de ação e de pensamento por meio das quais o homem compreende a si mesmo no seu mundo[50].

O homem moderno perdeu a dimensão do mito como retorno às origens, ao *Illud tempus*, porque deixou de vincular o mito à história arcaica que critica, assim como já não liga os lugares do mito à geografia atual. No entanto, para o homem moderno, segundo Ricoeur, o mito conserva o seu alcance exploratório: com sua função simbólica revela a ligação com o sagrado.

Uma hierarquia dos mitos

Mitos cosmogônicos – Segundo Eliade, os mitos cosmogônicos constituem a história santa dos povos, pois a cosmogonia se torna o modelo exemplar de toda criação[51]. Lang, Frazer, Lévy-Bruhl, Malinowski e Lévi-Strauss estudaram os mitos cosmogônicos dos primitivos, deixando, porém, de situá-los numa escala de valores religiosos. Esses mitos são uma referência coerente às origens. Revelam

---

50. RICOEUR, P. *La symbolique du mal*. Paris: Aubier-Montaigne, 1960, p. 12-13 [trad. it., apud *Finitudine e colpa*. Org. de M. Girardet; intr. de V. Melchiorre. Bolonha: Il Mulino, 1970].

51. ELIADE, M. *La nostalgie des origines*. Paris: Gallimard, 1971, p. 150-177 [orig., *The Quest* – History and Meaning in Religion. Chicago/Londres: The University of Chicago Press] [trad. it., *La nostalgia delle origini* – Storia e significato nella religione. Org. de A. Crespi Bortolini. 2. ed. Bréscia: Morcelliana, 1980].

o drama da criação do mundo e da condição humana e revelam os princípios que regem o cosmos. Fundam a ação dos deuses criadores.

Mitos de origem – Próximo do mito cosmogônico, o mito de origem revela e justifica uma situação nova que não existia no início. Trata-se, portanto, de uma modificação do mundo: cantos e rituais genealógicos, mitos de cura, mitos de origem dos medicamentos e dos tratamentos.

Mitos de renovação – São inúmeros os mitos de renovação. Toda entronização de rei é a criação de uma nova época. Os mitos do novo ano e os mitos do retorno das estações mostram uma *renovatio* do mundo. Nesta categoria temos também a modificação das pinturas rupestres. Os mitos de renovação conservaram-se nas religiões do antigo Oriente Próximo e nos trouxeram sobretudo a renovação do tempo. Um dos mais importantes era celebrado pela festa do *akitu* na Babilônia. O novo ano marca o fim de um período de tempo: é a expulsão dos demônios e a anulação dos pecados. Nesses mitos encontramos as cerimônias de iniciação, de reanimação do fogo, e também o ritual do bode expiatório[52].

Mitos escatológicos – Os mitos do fim do mundo, tanto no passado quanto no futuro, são muito numerosos: dilúvio, desmoronamento de montanhas, terremotos, incêndios, epidemias. Muitas vezes os mitos de dilúvio fazem menção a uma falta que provocou a ira divina. A mitologia indo-europeia conservou os vestígios de uma conflagração universal, seguida de uma nova criação. Entre esses mitos podem ser incluídos os mitos das eras do mundo, que tiveram alguma repercussão entre os Padres da Igreja[53].

As diferentes categorias de mitos têm como base o mito cosmogônico, que assinala a irrupção do sagrado no mundo e a fixação dos modelos humanos e que revela uma história sagrada ao mesmo tempo normativa e exemplificativa[54].

---

52. ELIADE, M. *Le mythe de l'éternel retour* – Archétypes et repetition. Paris: Gallimard, 1949, p. 83-136 [trad. it., *Il mito dell'eterno retorno*. Org. de G. Cantoni. Milão: Rusconi, 1975].

53. LUNEAU, A. *L'histoire du salut chez les Pères de l'Église* – La doctrine des âges du monde. Paris: Beauchesne, 1964.

54. ELIADE, M. "Prestige du mythe cosmogonique". In: *Diogène*, 83, 1958, p. 3-17. Paris.

2 O mito, instrumento mental do homo religiosus

Arquétipo e memória mítica

A pesquisa recente dedicou uma grande atenção ao arquétipo, um vocábulo que no seu sentido óbvio designa um modelo primordial. Tomando de empréstimo o termo "arquétipo" de Jakob Burckhardt, C.G. Jung transformou-o em sinônimo de "imagem primordial", "engrama", "imagem originária", "protótipo", insistindo no caráter coletivo e inato das imagens primordiais. A seu ver, essas imagens estão em relação com alguns processos perceptíveis da natureza, mas também se relacionam com condições interiores da vida do espírito. Com a expressão "inconsciente coletivo", Jung entende uma espécie de reservatório espiritual acessível aos detentores de uma civilização, da qual extraem sonhos, mitos, símbolos e imagens. Segundo o pensador suíço trata-se de infraestruturas permanentes de uma coletividade. Ela se baseia nestas como esquemas invariáveis para pensar a própria cultura e a própria religião, até mesmo a organização da sociedade[55].

G. Durand alertou para o risco de confundir "esquema" e "arquétipo". Por esquema entende "uma generalização dinâmica e afetiva da imagem". Os esquemas são uma espécie de "símbolos funcionais", "símbolos motores", que "formam o esqueleto dinâmico, o esboço funcional da imaginação". São "percursos encarnados em representações concretas precisas". Em contato com o ambiente natural e social, os gestos diferenciados em esquemas determinam os grandes arquétipos. Estes constituem as substanciações dos esquemas. Para Durand, os arquétipos são o ponto de junção entre o imaginário e os processos racionais. Assim, "aos esquemas da ascensão correspondem invariavelmente os arquétipos do vértice, da cabeça, da luz". A roda é o grande arquétipo do esquema cíclico[56].

Num artigo intitulado *Archétypes*, Régis Boyer procura circunscrever melhor a noção de arquétipo nos mitos literários e, para tanto, distingue nela três conotações[57]. A primeira é a noção de *protótipo*, primeiro exemplar de caráter

---

55. JUNG, C.G. *Types psychologiques*. Genebra: Georg et Cie, 1950, p. 310-387, 454-456 [2. ed., 1953] [orig., *Psychologische Typen*. Org. de M. Niehus-Jung et al. Düsseldorf: Solothurn, 1995] [trad. it., *Tipi psicologici*. Org. de F. Bassani; intr. de M. Trevi. Milão: Mondadori, 1993] [trad. bras., *Tipos psicológicos*. Trad. de Álvaro Cabral. Rio de Janeiro: Zahar, 1976].

56. DURAND, G. *Les structures anthropologiques...* Op. cit., p. 60-65.

57. BOYER, R., apud BRUNEL, P. (org.). *Dictionnaire des Mythes Littéraires*. Mônaco: Du Rocher, 1988, p. 152-160 [trad. it., *Dizionario dei Miti Letterari*. Org. de G. Gabetta. Milão: Bompiani, 1995].

real ou imaginário: a batalha primordial na origem do Mal, a árvore da vida, a árvore do mundo, o *axis mundi*. A essa noção se acrescenta uma segunda, a de *modelo ideal*: Gilgamesh, modelo do herói; Héracles, modelo do guerreiro. Nesse contexto, já não se trata de um protótipo, mas de um comportamento que assume valor arquetípico pelo fato de ser exemplar. Assim, Hitler se torna arquétipo de satanás. Por fim, arquétipo tem o significado de *tipo supremo*, de absoluto, de perfeição: é a terceira acepção da palavra.

Partindo dessas análises, podemos compreender a posição de Eliade sobre a memória mítica[58]. Na concepção eliadeana, o mito só existe na medida em que revela uma realidade que se manifestou plenamente como criadora e exemplar, um evento primordial fundador de uma estrutura do real ou de um comportamento humano. Em decorrência disso, o mito tem lugar num plano ao mesmo tempo transcendente e exemplar. Não deve ser confundido com os sonhos, nem com o âmbito do inconsciente. Situa-se num nível "transconsciente". Eliade estabeleceu e comentou uma longa lista de arquétipos descobertos pelos historiadores das religiões. Assim, na Mesopotâmia acredita-se que o Tigre tenha como modelo a estrela Anunit. No Egito, os nomes dos deuses provêm dos campos celestes. No Irã, na tradição zervanita, cada fenômeno terreno corresponde a um acontecimento celeste. De acordo com a Bíblia, o templo de Jerusalém foi construído segundo um modelo celeste (Ex 25,1-9). Do mesmo modo, o arquétipo assume um papel fundamental nas relações entre o homem e o cosmos: na Índia, desde a tomada de posse de um território, ali se elevava um altar ao deus Agni. Após a construção de um templo, o homem lhe confere uma eficácia sobrenatural: os ritos de consagração têm suas raízes nos mitos cosmogônicos.

Símbolo e memória mítica

Recentemente, os trabalhos de alguns especialistas foram dedicados ao tema da eficácia simbólica[59]. G. Durand esclareceu o dinamismo do mito, considerado

---

58. ELIADE, M. *Aspects du mythe*. Op. cit.., p. 116-155.

59. LÉVI-STRAUSS, C. "L'efficacité symbolique". In: *Anthropologie structural*. Op. cit., p. 205-226. • DURAND, G. *L'immagination symbolique*. Op. cit. • VIDAL, J. *Symboles et religions*. Louvain-la-Neuve: Centre d'Histoire des Religions, 1989 [Coll. "Homo religiosus. Série Cahiers", 1]. • VIDAL, J. *Sacré, symbole et créativité*. Louvain-la-Neuve: Centre d'Histoire des Religions, 1990

um sistema de símbolos, de arquétipos e de esquemas que tende a se compor em relato[60]. Eliade explicou a importância do mito como instrumento mental do *homo religiosus*. A seu ver, a história das religiões deve assumir um papel essencial na vida dos homens, porque tem a missão "de identificar a presença do transcendente na experiência humana" – isolar – na massa enorme do "inconsciente aquilo que é transconsciente". Essa missão torna muito importante o estudo do símbolo, porque "um símbolo pode revelar tanto o que acontece no profundo (a psicanálise) quanto o que está nas alturas"[61]. Nos mitos, a dinâmica simbólica se situa em dois níveis. Há primeiramente o nível dos atores e da narrativa na qual eles intervêm como personagens no desenvolvimento da ação. Há depois a vasta rede dos símbolos.

Entre esses, alguns são verdadeiramente fundamentais. Incontestavelmente, o céu e os deuses urânicos ocupam um grande espaço nos mitos dos povos. O sagrado celeste está presente na experiência religiosa com os simbolismos da altura, da ascensão, do centro, da montanha. Nos mitos, os deuses criadores e fecundadores levam o homem a compreender a irrupção primordial do sagrado no mundo. O simbolismo das águas que precedem toda forma constitui o suporte da criação. A imersão na água significa a dissolução das formas, enquanto a saída da água simboliza um novo nascimento. Nos mitos aquáticos encontram-se as cosmogonias, o rejuvenescimento do mundo e do homem, a purificação, a regeneração e o tema da vida eterna.

O simbolismo da árvore tem um valor arcaico e universal, porque representa de modo exemplar a sacralidade da vegetação, manifestando-se aos olhos e à consciência do homem. A árvore aparece na mitologia de todos os povos: manifesta uma força misteriosa; raízes na terra, folhagem em direção ao céu, crescimento lento, florescimento e frutos, queda das folhas e regeneração. Símbolo do universo, torna-se a árvore cósmica, o eixo do mundo. Sua presença pode determinar um lugar sagrado, o centro de uma hierofania. Pode ser considerado um microcosmos, mas também um lugar de residência da divindade: é o

---

[Coll. "Homo religiosus. Série Cahiers" 3] [trad. it., *Sacro, simbolo, creatività*. Org. de G. Ciccanti. Milão: Jaca Book, 1992].

60. DURAND, G. *Les structures anthropologiques*… Op. cit., p. 64-65.

61. ELIADE, M. *Fragments d'un jornal*. Paris: Gallimard, 1973, p. 315 [trad. it., *Giornale*. Org. de L. Aurigemma. Turim: Boringhieri, 1976].

caso da Mesopotâmia e do Egito. Na Índia, o *pipal*, figueira de linfa vermelha, é o símbolo da sacralidade da vida. Nos países escandinavos, a Yggdrasill é a árvore cósmica por excelência. Suas raízes estão imersas até o centro da terra, onde se encontram os gigantes e seu reino. Os deuses se reúnem em conselho ao lado desta árvore.

A simbologia da luz e das trevas assumiu um grande papel na consciência do homem arcaico e continua a ter esse papel. A essa simbologia pertencem as mitologias solares, lunares e astrais: temos um rico repertório dela na Mesopotâmia, no Egito, no Oriente Próximo. As mitologias astrais estão na base tanto das religiões como das culturas desses povos. Elas relembram ao homem a obra divina da criação, que não cessa de continuar com a alternância do dia e da noite e no quadro dos movimentos solares e lunares. Citemos ainda o simbolismo do centro, lugar sagrado por excelência, em que se pode realizar qualquer hierofania: santuário, templo, altar sacrifical, *mandala*. A partir do centro, o imaginário do homem realiza a intuição da ascensão, o que supõe uma ruptura de nível e o acesso a uma existência de outro tipo. Nos mitos de ascensão trata-se de fios, cordas, uma escadaria, uma escada, uma teia de aranha.

Graças aos símbolos, os mitos se integram em hierofanias e permitem que o homem narre a criação, as criações, os mistérios do cosmos e da vegetação e, em suma, a própria situação do mundo. Mantido desperto pelo duplo percurso permanente da sua relação com o cosmos, estimulada graças às pulsões de sua consciência e através da influência das realidades cósmicas e sociais em meio às quais vive, o homem encontra nos símbolos um meio de acesso à explicação dos mistérios do cosmos e da própria vida. O mito – "sistema dinâmico de símbolos, de arquétipos e de esquemas", segundo a definição de G. Durand – lhe permite compor uma história santa das origens. Os trabalhos de Georges Dumézil são uma contribuição preciosa, pois a descoberta e o esclarecimento das três funções teológicas e sociais – soberania, força, fecundidade – no pensamento indo-europeu arcaico confirmaram de forma espetacular o papel do símbolo e do mito como instrumentos mentais do *Homo sapiens* e *religiosus*[62].

---

62. RIVIÈRE, J.C. *Georges Dumézil à la découverte des Indo-Européens*. Paris: Copernic, 1979 [trad. it., *Georges Dumézil e gli studi indoeuropei* – Una introduzione. Org. de A. Campi. Roma: Settimo Sigillo, 1993].

3 A mensagem do mito

Tentativas de hermenêutica

Depois dos filósofos jônicos, que encontraram nos mitos de Homero e de Hesíodo divindades que personificavam elementos cósmicos, Platão recorreu aos mitos para descobrir neles e fazer-nos descobrir uma imagem da verdade. Para Evêmero os mitos são apenas relatos maravilhosos de acontecimentos históricos deformados pelo distanciamento no tempo ou pelas fantasias do escritor. Aos olhos de Plutarco, o mito é portador de verdade e constitui uma pedagogia destinada aos espíritos simples; ele faz o homem entrar na emoção poética e religiosa. Plotino elaborou uma filosofia do mito, empreendendo uma releitura dos mitos antigos aos quais atribuiu uma polivalência desconhecida antes dele. De acordo com Porfírio, o mito estimula a reflexão religiosa do homem, mantendo secreta a verdade dos deuses: é um meio ideal de iniciação aos mistérios[63].

Rejeitados pelos apologetas e pelos Padres da Igreja em virtude do perigo para a fé dos cristãos, os mitos encontraram boa aceitação no decorrer da Idade Média. Utilizada como fonte inesgotável de imagens e de ilustrações pelos pregadores, a mitologia antiga conheceu também a interpretação astrológica medieval, que orienta os deuses pagãos para o Deus único, Senhor do Céu, do sol, da lua, dos astros. Além disso, a exegese alegórica se esforçava para identificar nela lições éticas, até espirituais[64].

A partir do Renascimento, de século em século, diversas correntes mitográficas fizeram tentativas de exegese: a nova explicação na linha platônica; a exegese moralizante; a explicação simbolista. No século XVIII, Vico serviu-se do mito para decifrar o destino das civilizações. Na *Ciência nova*, publicada em Nápoles em 1725, tentou mostrar que os mitos estão relacionados com a inteligibilidade das culturas, preparando assim o caminho para hermenêutica romântica, cujo fundador foi J.G. Herder, professor de Schiller e de Goethe. Para Herder, a história é um quadro vivo dos desígnios de Deus para a socieda-

---

63. PÉPIN, J. *Mythe et allégorie.* 2. ed. Paris: Augustiniennes, 1976.

64. SEZNEC, J. *La survivance des dieux antiques* — Essai sur le rôle de la tradition mythologique dans l'Humanisme et dans l'art de la Renaissance. 2. ed. Paris: Flammarion, 1980 [trad. it., *La sopravvivenza degli antichi dei* — Saggio sul ruolo della tradizione mitologica nella cultura e nell'arte rinascimentali. Org. de G. Niccoli e P. Gonnelli Niccoli. Turim: Bollati Boringhieri, 2001].

de. Veiculados por sacerdotes, os mitos constituem a linguagem da natureza e permitem neles descobrir Deus. Essa teoria influenciará Edgard Quinet, Jules Michelet e Ernest Renan[65].

Discípulo de Schiller, G.F. Creuzer se integra ao grupo romântico de Heidelberg. Indo além do trabalho de Herder, elabora uma teoria do símbolo. Na sua *Symbolik und Mythologie* (1810-1812), vê no mito uma verdadeira personificação; o símbolo é a primeira forma da linguagem, um caminho do espírito, o caminho mais curto para chegar ao real, uma imagem da verdade. A mitologia constitui um todo originário, um edifício de uma antiguidade imemorial. Mitologia e religião são inseparáveis. O monoteísmo pressupõe a mitologia[66].

De 1820 a 1846, F. von Schelling ministra repetidamente um curso sobre a mitologia. A seu ver, o politeísmo não é nem um monoteísmo iluminado nem uma revelação obscurecida. A mitologia não é uma simples teodiceia, mas uma história dos deuses, necessária, que ocupa um tempo determinado, em cujos extremos estão a queda originária e Cristo. Nascidos no interior da consciência dos povos, os mitos se inserem num passado imemorial. Estamos na presença de uma teogonia que mostra a verdadeira relação entre a consciência humana e Deus. Nenhum momento da mitologia tomado em si mesmo é verdade: é no todo que reside a verdade[67].

O mito e a condição humana

Jacques Vidal ressaltou que três encontros paralisaram o mito: o cristianismo, a ciência e a história. O mito foi incapaz de fazer frente a esse triplo desafio. Prepara-se um quarto encontro: "O encontro das sociedades, das culturas e das religiões não ocidentais, no projeto de um mundo a caminho de uma tumultuada unificação". Vidal se dedica ao estudo do mito como grande discurso do *homo religiosus*; além disso, vê o mito como fator de identificação para uma persona-

---

65. HERDER, J.G. *Älteste Urkunden des Menschengeschlechts*. Berlim, 1774. Cf. ROUCHE, M. *Herder* – Idées pour la philosophie de l'histoire de l'humanité. Paris: Aubier, 1962.

66. CREUZER, G.F. *Symbolik und Mythologie der alten Völer*. 6 vols. Leipzig, 1810-1812 [Hildesheim, 1973]. • MÜNCH, M.M. *La symbolique de Friedrich Creuzer*. Paris: Ophrys, 1976.

67. SCHELLING, F. *Philosophie der Mythologie* (1856-1857). Darmstadt: Wissenschftliche Buchgesellschaft, 1976 [trad. it., *Filosofia della mitologia*. Org. de L. Procesi. Milão: Mursia, 1990].

lidade total; enfim, o considera princípio heurístico para a física moderna[68]. Este estudo de J. Vidal é um convite a continuar os estudos em curso[69].

Nosso ensaio sobre *mito e condição humana* se limitará aos mitos de queda, um tema presente em todas as tradições. Em geral, o mito apresenta a queda como um acidente ocorrido depois das origens do cosmos, mas cujas consequências marcam a condição humana: ela é degradada. A tipologia apresenta quatro aspectos: a queda se situa entre o *Urzeit* e o *Endzeit*; o aspecto teogônico é uma degradação do divino; do ponto de vista cosmogônico, o acidente é habitualmente um dilúvio; enfim, a condição humana atual se explica como uma falta do homem. À problemática do mal se acrescenta a falta: a origem do mal; a responsabilidade do homem; a salvação como iniciativa divina[70].

O estudo dos mitos de queda nas religiões arcaicas, nas tradições orais dos povos sem escrita da África e da Austrália, nos textos que chegaram até nós do Egito faraônico, da Suméria, da Babilônia, da Índia, nos documentos masdeístas, gregos, órficos, gnósticos e maniqueístas, na Bíblia e no Alcorão evidencia uma verdadeira nostalgia das origens, como dado permanente presente na memória da humanidade[71]. O arquétipo nos mitos de queda é uma época áurea. Nas diversas culturas a reflexão recai sobre a explicação da condição humana atual, confrontada com sua suposta condição primordial. Nessa perspectiva, os dados míticos, históricos e simbólicos são classificados e interpretados no âmbito de uma história santa. É na tradição judeu-cristã que encontramos a melhor articulação entre uma linguagem mítica e a reflexão sapiencial. De fato, os primeiros capítulos do

---

68. VIDAL, J. "Aspects d'une mythique". In: *Le mythe, son langage et son message* – Actes du Colloque de 1981, Louvain-la-Neuve: Centre d'Histoire des Religions, 1983, p. 35-61.

69. Eis alguns congressos recentes: *Formation et survie des mythes* – Colloque de Nanterre, 1974. Paris: Les Belles Lettres, 1978. • *Problèmes du mythe et de son interprétation* – Colloque de Chantilly, 1976. Paris: Les Belles Lettres, 1978. • Mythe et personification – Colloque de Paris, Grand Palais, 1977. Paris: Les Belles Lettres, 1980. • *Visages du destin dans la mythologie* – Colloque de Chantilly, 1980. Paris: Les Belles Lettres, 1983. • *Questions de... Mythes et histoire*. Paris: Albin Michel, 1984. • *Mythes et représentations du temps* – Phénoménologie et herméneutique. Paris: CNRS, 1985. • *Peuples et pays mythiques* – Colloque de Paris X, 1986. Paris: Les Belles Lettres, 1988. • *Le mythe et le mythique* – Colloque de Cerisy, 1985. Paris: Albin Michel, 1987. • *Mythe et politique* – Colloque de Liège, 1989. Liège: Université, 1991.

70. RICOEUR, P. *La symbolique du mal*. Op. cit.

71. RIES, J. "The Fall". In: ELIADE, M. (org.). *The Encyclopaedia of Religion*. Vol. V. Nova York: MacMillan, 1987, p. 256-267 [trad. it., "Caduta". In: *Enciclopedia delle Religioni*. 11 vols. Org. de D.M. Cosi, L. Saibene e R. Scagno, Roma/Milão: Città Nuova/Jaca Book, 1993-2002, p. 84-97].

Gênesis apresentam, numa síntese coerente, uma série de mitos e de símbolos do Oriente Próximo arcaico, para mostrar como o desígnio de um Deus único e criador se expressou e se realizou no devir do homem e da humanidade. Nesses três capítulos bíblicos convivem harmoniosamente tradições míticas retomadas como linguagem da revelação bíblica, o que lhes confere outro nível de leitura para o fiel judeu e cristão. O mito é utilizado ali como modo de expressão da revelação e da fé do crente.

Passemos à mensagem veiculada pelos mitos de queda. Esta mensagem está inserida numa história santa específica para cada cultura. Por conseguinte, deve ser lida no seu contexto religioso e cultural. No entanto, alguns dados dessa mensagem têm um alcance universal para a compreensão da condição humana. Eis alguns deles: na sua origem a Criação era boa porque era obra de Seres divinos; o mal vem de uma falta à qual está vinculada a responsabilidade do homem; a condição humana é marcada pela fragilidade, pela doença, pela morte. A falta pode ser reparada: é o tema da salvação. Em conclusão, podemos afirmar que o mito tem uma função exploratória que o leva a revelar a ligação existente entre o homem e o sagrado.

O mito, mensagem para o *homo religiosus*

Depois deste breve olhar para a mensagem do mito relativa à condição humana, um dos aspectos da hermenêutica, falta abordar essa mensagem na perspectiva da ação humana.

O mito apresenta modelos exemplares para a ação humana

O homem é convidado a refazer o ato inicial, o arquétipo. Nesse âmbito, os mitos cosmogônicos comandam um importante ritual de renovação do mundo e da criação: trata-se de manter o cosmos no sagrado das origens.

De acordo com Eliade, o comportamento mítico regula as relações entre o homem e o sagrado. Na medida em que repete o ato primordial, a ação humana adquire a sua autêntica eficácia. Com ela o homem se refere ao *Illud tempus*. Assim, todo sacrifício védico imita o sacrifício do Puruṣa. Com o sábado, o homem da Bíblia imita o descanso de Deus no sétimo dia. Com a reatualização do mito, o homem alcança o tempo primordial, mantendo assim uma abertura para o mundo supra-humano em que se situam os valores transcendentes. Para se dar conta disso, Eliade estudou primeiramente as sociedades em que o mito permaneceu vivo até pouco tempo atrás, o que, a seu ver, não apenas permite esclarecer uma etapa na história do pensamento humano, mas também compreender melhor uma categoria de pensamento dos nossos contemporâneos[72].

O mito é normativo para o comportamento humano

Ao final de suas abalizadas análises dos mitos, C. Lévi-Strauss tentou identificar algumas modalidades de operação do espírito humano, modalidades constantes no decorrer dos séculos e modalidades difundidas por imensos espaços geográficos. A seu ver, uma lógica secreta regula todas as relações entre os aparentes absurdos dos mitos. Assim, um pensamento que parece irracional está impregnado de racionalidade. E nosso autor conclui que o estruturalismo descobre a unidade e a coerência das coisas, reintegrando o homem na natureza. A análise estrutural só pode surgir no espírito humano, porque o seu modelo já está no corpo. Daí a recusa da mensagem no mito, pois para Lévi-Strauss os mitos não afirmam nada sobre a ordem do mundo, nada sobre a natureza do real, nada sobre a origem do homem nem do seu destino. Em suma, a teleologia do mito consiste em nos dar informações sobre o funcionamento do córtex cerebral[73].

Seguindo Eliade, refutamos tal posição neopositivista, já que é contrária a toda a história dos povos. O estudo das sociedades arcaicas mostra claramente que o mito contém uma mensagem ética que serve de guia para a ação humana, pelo fato de que graças ao arquétipo o *homo religiosus* tem consciência de entrar em relação com a transcendência. Por conseguinte, afirma Eliade, a atitude com que o homem mergulha nos tesouros imemoriais das origens não se explica como inconsciente coletivo, como pensa Jung, mas com o "transconsciente", ao qual o homem acede graças ao símbolo.

---

72. ELIADE, M. *Aspects du mythe*. Op. cit., p. 33-53.

73. LÉVI-STRAUSS, C. *L'homme Nu* – Mythologiques 4. Paris: Plont, 1971, p. 571-573 [trad. it., *L'uomo nudo*. Org. de E. Lucarelli. 3. ed. Milão: Il Saggiatore, 1974] [trad. bras., *O homem nu* – Mitológicas IV. Trad. de Beatriz Perrone-Moisés. São Paulo: Cosac Naify, 2011].

A experiência da relação com a transcendência postulada pelo mito

Ela exige uma dinâmica ao mesmo tempo real e simbólica, uma vez que se trata de passar do tempo profano ao tempo sagrado das origens. Esta dinâmica é possível graças ao rito, através do qual o homem se torna novamente contemporâneo do evento primordial. Separando um lugar, um território, um tempo do uso profano, o rito lhes confere autêntica realidade. É o sentido dos inumeráveis gestos de consagração dos espaços, dos objetos e das pessoas. Assim, os ritos de iniciação dão ao homem a sua completude[74].

***

Ao final deste estudo falta tratar brevemente das diversas questões suscitadas durante a conferência. Elas se referem ao problema do mito no cristianismo. Essas questões não são novas, mas continuam a se apresentar ainda hoje. Uma das provas disso é a exegese do Novo Testamento realizada por Rudolf Bultmann, que tentou "desmitologizar" os Evangelhos.

Desde o século II os docetistas negavam a humanidade de Jesus. Aliás, em nome de seus mitos os filósofos pagãos atacavam o cristianismo, ao passo que os gnósticos redigiam e difundiam evangelhos apócrifos. A Igreja não hesitou em travar uma verdadeira batalha contra esses movimentos, sobretudo contra aqueles que consideravam o Evangelho como um mito historicizado. A primeira resposta global veio de Orígenes, o verdadeiro fundador da exegese bíblica.

Mircea Eliade conhecia este problema e o tratou de modo particularmente lúcido e como historiador das religiões[75]. Começou insistindo na dupla especificidade do cristianismo. Antes de tudo, a fé cristã constitui uma experiência única na história da humanidade. Além disso, o cristianismo é uma valorização da história como manifestação direta e irreversível de Deus no mundo. Para o cristão, Jesus é uma pessoa histórica, inserida na história de um povo, mas é também uma hierofania única. Entre o cristianismo e o mundo arcaico existe uma diferença radical

---

74. RIES, J. & LIMET, H. (orgs.). *Les rites d'initiation* – Actes du Colloque de 1984. Louvain-la--Neuve: Centre d'Histoire des Religions, 1986 [Coll. "Homo religiosus", 13].

75. ELIADE, M. *Aspects du mythe*. Op. cit., p. 197-244. ELIADE, M. *Mythes, rêves et mystères*. Paris: Gallimard, 1957, p. 24-28 [trad. it., *Miti, sogni e misteri*. Org. de G. Cantoni. 3. ed. Milão: Rusconi, 1990].

no plano da vida de Cristo, no plano da sua doutrina, no plano da realização do homem na história a partir da Encarnação. Por outro lado, estamos na presença de uma ruptura tanto do tempo cíclico como do mito do eterno retorno[76].

Para o judeu-cristianismo, a história tem início com o drama do Paraíso que fundou a atual condição humana. O relato do Gênesis apresenta uma situação primordial, seguida por uma história que situa a condição humana definitiva. A partir daí segue-se um desenvolvimento histórico, no qual se inserem os profetas e Jesus Cristo. O *Illud tempus* cristão não é um tempo mítico, mas um tempo histórico[77].

Esta situação permite-nos delimitar bem o problema do mito no cristianismo. É certo que os redatores dos Evangelhos utilizaram símbolos, figuras e elementos dos rituais judaicos e dos rituais do mundo mediterrâneo. Mas deram a esses elementos um sentido totalmente diferente, a partir do mistério de Jesus Cristo e da fé dos cristãos. No que diz respeito a Bultmann, é preciso dizer que nele está presente um erro fundamental: ele utiliza o conceito de mito no sentido da *Religionsgeschichtliche Schule* do século XIX, o que distorce a sua perspectiva. De acordo com Eliade, o problema do mito não se põe no início do cristianismo, uma vez que a Igreja ligou a pregação de Jesus à história do povo de Israel, uma história santa anunciadora do Messias, e os Padres da Igreja cristianizaram os símbolos, os ritos e os mitos do mundo religioso mediterrâneo. O verdadeiro problema surgiu quando os missionários cristãos se depararam, na Europa Central e na Europa Ocidental, com as religiões populares vivas e com os mitos pagãos das populações rurais[78].

Eliade ressalta um aspecto importante, o do comportamento mítico. O homem arcaico era caracterizado pela imitação de um modelo arquetípico, pela repetição de um esboço exemplar e pela ruptura do tempo profano. Não se trata de um comportamento pueril, mas de uma atitude fundamental do *homo religiosus*. Esses três elementos se reencontram no comportamento cristão, uma vez que nele

---

76. ELIADE, M. *Le mythe de l'éternel retour*. Op. cit., p. 152-166.

77. ELIADE, M. *Le sacré et le profane*. Paris: Gallimard, 1965, p. 94-98 [orig., *Das Heilige und das Profane* – Vom Wesen des Religiösen. Hamburgo: Rowohlt, 1957] [trad. it., *Il sacro e il profano*. Org. de E. Fadini. 3. ed. Turim: Boringhieri, 1984] [trad. bras., *O sagrado e o profano*. Trad. de Rogério Fernandes. São Paulo: Martins Fontes, 1992].

78. ELIADE, M. *Aspects du mythe*. Op. cit., p. 207-219.

a experiência religiosa se fundamenta na imitação de Cristo, que na liturgia se torna modelo exemplar: repetição litúrgica da sua vida, da sua morte, da sua ressurreição. O tempo litúrgico é um tempo sagrado, em ruptura com o tempo profano. Com a liturgia, o cristão se torna contemporâneo do *Illud tempus*, que vai de Belém a Pentecostes. O ano litúrgico se organiza sobre os mistérios históricos e a liturgia cristã realiza a síntese do tempo linear e do tempo cíclico. Autêntico *homo religiosus*, o cristão assume um modo específico de existência, fundamentado na pessoa de Jesus Cristo e nos mistérios da Encarnação e da Redenção.

Epílogo

MITOS MODERNOS FUNDADORES DE VIOLÊNCIA*

A guerra na Europa, com todo o seu contexto ideológico e cultural, o impulso e o caminho da Igreja para o Jubileu do ano 2000 estão no centro das nossas preocupações. Precisamente partindo dessas preocupações, abordarei um tema que é ao mesmo tempo religioso, social e cultural e que, a partir de um olhar para o passado, procura explicar o presente e o futuro: "Os mitos fundadores vistos como fonte de intolerância e geradores de crises e violências na sociedade".

1 O mito e os mitos fundadores

Os mitos e a mitologia

O termo "mito" é de origem grega: entre os gregos *mythos* se opõe a *logos*. O vocábulo *logos* expressava aquilo que é considerado verdade, enquanto *mythos* designava aquilo que é popular, que é considerado maravilhoso, nebuloso, obscuro. O termo "mito", ainda hoje, é utilizado para a explicação não científica do universo, para a descrição de fatos anteriores à história, para narrativas relativas às origens, para representações coletivas que têm certo impacto na vida social.

No âmbito religioso começa-se a falar de mitologia a partir do século XIV. Trata-se da representação dos deuses, de sua natureza, de suas características, de sua morfologia, de seus atributos, mais que da crença dos povos nos deuses.

No decurso dos séculos, a partir do Renascimento, de descoberta em descoberta, encontram-se os mitos e as mitologias dos povos antigos: gregos, romanos, egípcios, germanos, escandinavos, indianos etc.

---

* In: "L'ignoto genera paura, il mistero genera stupore". Org. de A. Ballarino e N. Celora. *Il libro del Meeting '99*. Rimini, 2000, p. 88-93.

Além da mitologia dos deuses, há também uma mitologia fabulosa e histórico-legendária que se ocupa de personagens, da origem dos indivíduos e das instituições: por exemplo, a origem mítica das cidades, a mitologia solar, lunar, astral. Encontramo-nos diante de um imenso capital religioso e cultural. O historiador das religiões Georges Dumézil passou a vida trabalhando sobre a mitologia comparada indo-europeia procurando desvendar seu sentido e determinar suas funções no seio da sociedade. Claude Lévi-Strauss, em seus quatro livros intitulados *Mitológicas*, estudou 800 mitos dos indígenas da América do Sul e do Norte para mostrar as funções dos mitos nas sociedades baseadas nas tradições orais desses indígenas. Além disso, ele procurou fazer o que Jean-Jacques Rousseau buscara: encontrar o homem natural e fundar um novo humanismo. Georges Dumézil analisou toda a documentação disponível do mundo indo-europeu chegando a extrair suas três funções principais, pedras angulares dessa sociedade: função do sagrado, função da defesa e da gestão, função da fecundidade e da alimentação, da subsistência da sociedade.

Os mitos fundadores

Vamos nos deter agora nos mitos fundadores, a começar pelos mitos fundadores das crenças. A título de exemplo, tomo o mito de Osíris, deus da vida, da morte e da ressurreição no Egito dos faraós. O mito conta como Osíris foi morto por seu adversário, o deus Seth, deus do mal que, depois de tê-lo cortado em pedaços, o jogou no Nilo. Ísis, sua mulher divina, restituiu-lhe o corpo, conferindo-lhe uma nova vida. Nesse mito se baseia o culto de Ísis e de Osíris, o culto funerário com a mumificação, a crença na sobrevivência e a doutrina da presença dos felizes e bem-aventurados junto a Osíris depois da morte. Assim, a crença na sobrevivência e a fundação de ritos da mumificação encontram sua origem no mito de Osíris. Existem mitos fundadores de esperança de tempos de paz, de justiça e de abundância. Nesse âmbito temos os mitos da época áurea: *tempus aureus* ou *aurea aetas* que encontramos na região mediterrânea. Nas origens da humanidade teria havido uma época áurea: mito de Dilmo na Suméria, mito do Éden em Israel, mito de Cronos na Grécia, mito de Saturno em Roma. Em tempos de crise, quando tudo parece vacilar, ressurge este mito, e há toda uma literatura que o demonstra.

263

Há também os mitos fundadores das instituições. É o caso do reino antigo, representado pelo modelo ideal do reino faraônico do Egito. Sob a primeira dinastia, o faraó é filho de Hórus, a teologia de Memphis o apresenta como filho do deus Osíris ou do deus Ptah, criador de tudo, enquanto a teologia real de Heliópolis sob a quinta dinastia faz dele o filho de Rá, o deus solar. Nas suas trinta dinastias, o faraó será considerado o representante da divindade celeste na terra.

2 O mito fundador do culto imperial romano e a perseguição dos cristãos

O culto imperial

O culto imperial começou com Otaviano Augusto, o novo Rômulo considerado mestre do mundo. No final do século I, o Imperador Domiciano (51-96) fez adotar a fórmula *dominus et deus noster*, nosso Senhor e nosso Deus, e fez erigir no Monte Palatino um grandioso palácio, a *domus Flavia*, que rivalizava com a majestosidade do templo do Júpiter Capitolino. No início do século III, o Imperador Elagábalo (218-222) se faz venerar como um soberano oriental considerando-se uma encarnação solar e atribuindo-se o nome de Heliogábalo. Na segunda metade do século III, com os imperadores, a teologia imperial dá um novo passo adiante: o imperador é divino por filiação, em razão de suas funções. Na iconografia oficial, a coroa dos raios de ouro faz do príncipe o substituto do deus solar. O imperador é precisamente como o sol, *sol invictus*: ele é invencível, radiante como o sol que surge e irradia luz em todo o mundo. A imagem do imperador que recebe das mãos do *sol invictus* o globo do mundo é significativa. No decorrer do século III, precisamente na época da crise do Império às voltas com ataques provenientes do exterior e minado pela anarquia interna, o imperador se proclama invencível, *pius et felix* e procura fazer sacralizar cada vez mais a própria pessoa e o próprio poder. A teologia imperial preocupa todo o século III: procura-se um verdadeiro fundamento para o poder que se baseia nos mitos fundadores da religião romana, os *mos maiorum*. Os soldados deviam jurar sobre as imagens sagradas das insígnias. Os Augustos vivos são associados às divindades das cidades e aos grandes deuses protetores do Império. Diversos imperadores romanos compreenderam que a unidade do Império requeria um fundamento religioso e que tal fundamento estava ligado àquela que era a base do poder imperial. Daí as tentativas da Roma eterna e do *sol invictus*. A celebração do milênio da cidade em 247 era a ocasião de relançar, com o culto de Roma, o universalismo imperial.

No contexto histórico desta reativação de mitos fundadores do Império e do imperador divinos alastram-se duas grandes perseguições dos cristãos: a de Décio e de Valeriano entre os anos de 249 e 260, e sucessivamente aquela desencadeada pelos éditos de Diocleciano no início do século IV, enquanto os tetrarcas Diocleciano, Galério, Maximiano e Constâncio Cloro dividem entre si a autoridade imperial.

As perseguições

Qual papel tiveram a teologia e o culto imperial nessas duas perseguições?

Muitos Atos de mártires atestam que cristãos também foram mortos por se recusarem a prestar lealdade imperial. É um dado de fato: a doutrina imperial e a teologia cristã eram incompatíveis. Os cristãos rezavam para o imperador, mas não rezavam para os deuses pagãos, recusando-se a sacrificar aos deuses, fazer libações, queimar incenso diante da imagem imperial, rejeitavam gestos religiosos pagãos exigidos como atos simbólicos de patriotismo, como gesto de civismo romano. É o que ocorria sobretudo no exército em que o culto das insígnias compreendia o culto dos Césares. Aos olhos da autoridade romana, a oração dos cristãos pelo Império e pelo imperador não tinha nenhum valor de lealdade cívica. Os imperadores exigiam a obediência ao rito pagão e este, na opinião dos cristãos, constituía a adesão à fé religiosa pagã. Os cristãos que adoravam *Kyrios Christos* recusavam-se a proclamar *Kyrios Kaysar*, uma vez que isso significava colocar o imperador no mesmo nível que Cristo. Eles se negavam a confundir verdade cristã e mitos fundadores, proclamavam o Cristo *lux mundi*, luz do mundo, recusando-se, portanto, a depositar incenso diante da estátua do imperador, o *Imperator Helios*.

Isso levou ao choque violento das perseguições. Alguns historiadores modernos falam dele unicamente como trágico mal-entendido.

3 O mito fundador nazista do homem ariano e a tragédia da perseguição dos judeus

O século XX conheceu um mito fundador que esteve na origem de uma terrível tragédia: a guerra mundial de 1940-1945, com os campos da morte e o holocausto. É o mito da superioridade da raça germânica que foi transformado em mito fundador político do nazismo. Na origem desse mito encontram-se grupos esotéricos germânicos do século XIX. Cito algumas das sociedades secretas: a sociedade do *Vril* ou Grande loja luminosa inspirada na Índia que retoma a ideia do super-homem de Nietzsche; a Ordem do Novo Templo, fundada por um monge laicizado que assume o nome de Georg Lanz von Lisbenfelz e propõe a teoria da raça pura com a suástica como insígnia e escreve o livro *Ostara*, que profetiza o fim da tirania judaica. Trata-se de um livro que Hitler leu até o fim de seus dias. Outro grupo é o grupo *Thulé*, Ordem dos Germanos, fundado em Berlim em 1912, do qual passaram a fazer parte Adolf Hitler e Alfred Rosenberg. Este último escreverá *O mito do século XX*, livro de base do nazismo, e Hitler escreverá *Mein Kampf*, "Minha luta", o programa da sua luta para dominar os povos do mundo. Rosenberg será enforcado em 16 de outubro de 1946 com os criminosos nazistas. *O mito do século XX* é a Bíblia do nazismo, que explica o mito da raça e do sangue e dá uma visão ariana da história; desigualdade das raças humanas; desigualdade dos indivíduos no interior da mesma raça. No vértice se encontra a raça ariana, nórdica; os outros são escravos; os judeus são uma raça de sub-homens. O mito do sangue é o elemento central da mística germânica e da raça pura, que nos remete a uma pré-história durante a qual a raça nórdica povoou o mundo com suas migrações da Índia para a Pérsia e depois para Hélade. Mas com Roma começou a corrupção. Rosenberg nega o Antigo Testamento, Jesus, São Paulo. Ele conserva as figuras do insurrecto de Nazaré e de João, o Gnóstico, ambos símbolos da rejeição dos judeus. O messias esperado é Adolf Hitler.

Na situação catastrófica da derrota dos anos de 1920, as diversas sociedades pan-germânicas se reúnem e exercem uma influência cada vez maior. O mito fundador das reivindicações arianas, no qual se encontra também o antissemitismo, torna-se um tema dominante. Em 1925, Hitler e Rosenberg fundam a organização política *National sozialistische Arbeiters deustche Partei* (NSDAP, partido nacional-socialista alemão dos trabalhadores, *ndt*) abreviado por "nazi", no seio da qual eles criam um sistema de guardas do corpo dos dirigentes e dos chefes, o

Sicherheit Sturm, as SS, unidade de elite escolhida em função dos critérios nórdicos da pureza da raça. As SS formam a Ordem Negra, cujos documentos secretos foram quase todos destruídos, e o *Ahnenerbe*, ou seja, o Patrimônio dos Antepassados, chefiado por Rosenberg, encarregado de elaborar o perfil da religião do homem novo. Uma parte dos documentos foi encontrada e mostra em qual sentido era elaborado o paganismo germânico que os vencedores deviam impor à humanidade logo após a vitória dos exércitos nazistas. Tive a oportunidade de ser o orientador de uma tese de mestrado dedicada ao estudo de um lote desses documentos encontrados na Alemanha: o *Ersatzreligion* devia pôr fim a todas as religiões e impor-se como a única religião no mundo.

Vejamos as consequências de um mito fundador baseado na supremacia da raça germânica e das raças nórdicas, na pretensa pureza do sangue na origem da desigualdade entre os homens. Encarnado nas forças políticas, de polícia e militares, as quais levam aos extremos a intolerância, este mito fundador desembocou em violências sociais, organização legal da tortura, assassinatos oficiais, criação dos campos de concentração transformados em campos de morte, extermínio planejado e realizado do povo judeu e dos nômades. Com a violência nazista chega-se ao paroxismo do horror.

Não dispomos de tempo para fazer uma demonstração análoga dos mitos fundadores do marxismo leninista e stalinista: as analogias com o nazismo são eloquentes.

4 Os mitos fundadores dos nacionalismos e as guerras nos Bálcãs

Há séculos, a Europa se confronta com a realidade das guerras nos Bálcãs. A análise desta situação trágica é a prova evidente do alcance assumido pelos mitos fundadores.

Há os mitos fundadores da grande Albânia, mas há sobretudo os mitos fundadores da grande Sérvia. Falaremos unicamente destes últimos porque foram eles que levaram aos dramas da Croácia, da Bósnia e do Kosovo.

No século XIV, o grande império sérvio era liderado pelo tsar Dusan (1331-1355). Os turcos otomanos invadem o país e, em 1389, no campo de batalha de Kosovo Polje chamado "o campo dos melros", nas proximidades de Pristina, o exército sérvio é derrotado pelo sultão Mourad. Seu chefe, o príncipe Lazar, morre em batalha. O Estado sérvio desaparecerá do horizonte por três séculos. Em 1690, o exército turco se apodera de Belgrado e centenas de milhares de sérvios deixam o Kosovo e a Sérvia, levando consigo relíquias do príncipe Lazar, declarado herói nacional. A Igreja sérvia organiza um verdadeiro culto em sua memória. Cria-se assim o mito da grande Sérvia, a batalha de Kosovo Polje se torna um totem, o 30 de junho, data da derrota, se torna festa nacional no âmbito daquilo que é chamado "o juramento de Kosovo". O tema de uma escravidão e de uma libertação penetra assim na consciência popular. Em 1878, no Congresso de Berlim, a Sérvia conquista a própria independência. A Alemanha de Bismarck, depois de ter derrotado a França e a Áustria, incorpora a Albânia e o Kosovo à Sérvia. Com o Tratado de Londres de 1912, a Albânia se torna independente e o Kosovo continua em poder dos sérvios. No entanto, recomeçam com violência nos campos de batalha as guerras, os massacres civis, os incêndios de aldeias e cidades inteiras. A guerra de 1914 explode porque um sérvio assassinou o arquiduque Francisco Fernando da Áustria-Hungria. Consequência: oito milhões de mortos nos campos de batalha na Europa.

Com o tratado de Versalhes de 1918 é constituída a Iugoslávia, o país dos eslavos do Sul, na qual os sérvios pretendem ser os únicos e incontestáveis senhores. Hitler bombardeará Belgrado, Mussolini ocupará a Albânia e Kosovo, Josip Broz (Tito) organizará a resistência comunista e se tornará chefe do país graças à Rússia. Depois de sua morte, em 1980, Slobodan Milosevich, juntamente com seu *entourage* comunista, chega ao poder.

Comunista e ateu, ele manobra a multidão, adota o culto da personalidade e o nacionalismo sérvio, manipula os mitos fundadores da grande Sérvia, e isso levará à guerra contra os eslovenos, contra os croatas e contra os bósnios. O Kosovo possui importantes recursos naturais, indispensáveis para a indústria pesada sérvia, mas 85% da população é albanófona e os albaneses não querem mais ser dominados pelos 15% de sérvios. Em 1987, Milosevich reúne uma primeira grande concentração sérvia diante do monumento aos heróis de 1389 em Kosovo Polje e lança ameaças semelhantes às do ditador Hitler. Em 1989, diante do mesmo monumento, Milosevich reúne uma imensa multidão de sérvios para celebrar o seiscentésimo aniversário da batalha de 1389, decide expulsar os albaneses do Kosovo, restituir aos sérvios a terra sagrada dos antepassados e assim colocar em movimento a máquina infernal da perseguição e da violência: supressão do

Parlamento, supressão do ensino do albanês, ocupação da província pela polícia sérvia e pelas polícias paramilitares encarregadas de realizar a limpeza étnica. A isso se seguem prisões, crimes e, depois de dez anos de um regime de violência baseado no mito fundador da grande Sérvia e da limpeza étnica, a intervenção da Aliança atlântica com os bombardeios para pôr fim a esse regime. Vocês sabem muito bem o que aconteceu recentemente.

5 Os mitos fundadores do neoliberalismo e a opressão da pessoa humana

Nossa sociedade moderna exalta uma série de conquistas consideradas grandes conquistas para a história. Entre elas, encontram-se os direitos do homem e da democracia. Temos de permanecer vigilantes, sempre lúcidos e críticos em nossas análises porque deslocamentos e desvios podem facilmente desembocar na institucionalização de tais conquistas. O professor Michel Schooyans da Universidade Católica de Louvain-La-Neuve publicou um livro intitulado *La derive totalitaire du libéralisme* (*O desvio totalitário do liberalismo*. Paris: Mame, Emmanuel, 1991). Os observadores do mundo econômico, da política, do Terceiro Mundo, compreenderam o impacto dessa obra sobre a opinião pública: de fato, algumas das suas ideias mais fundamentais nos ajudarão a desenvolver o nosso tema da violência no mundo moderno.

Filha das Luzes, a tradição liberal se faz portadora de uma antropologia que exalta no homem o indivíduo, o seu direito à propriedade, suas liberdades individuais. Na esteira dessas liberdades, considera-se o homem senhor absoluto da sua existência e, em suma, se reconhece a ele o direito de fazer de sua conduta uma norma moral. É nessa fase que se chega ao positivismo jurídico, o qual consagra a força dos mais fortes. A razão humana não é excluída, mas reduzida unicamente a ser a faculdade de comparar vantagens e inconvenientes de tal decisão (p. 94) e de avaliar sua utilidade. A razão é posta a serviço dos interesses individuais em vez de se abrir para a universalidade. Para viver juntos, os homens estabelecem convenções que eles poderão modificar a seu bel-prazer. O liberalismo se torna uma ideologia.

Passemos agora ao neoliberalismo atual e à sua doutrina de mercado na sociedade moderna, na economia de mercado.

O mercado tem um papel normal no qual a justiça social deve desempenhar um papel regulador. Se o mercado cai sob a lei liberal do "deixar fazer e deixar passar" no sentido ideológico de uma liberdade total, ficamos confusos entre livre-empreendimento e mística do deixar fazer. Nessa ideologia desaparecem os direitos e as liberdades, elementos essenciais para todos os homens. As relações se tornam relações de força nas quais as considerações de utilidade e de eficácia se tornam primordiais, é rejeitado qualquer obstáculo à liberdade de empreendimento e ao controle dos cartéis. É a sacralização do mercado em si mesmo que acaba se tornando uma iniciativa de natureza violenta e totalitária, que foge ao controle e a qualquer moral, que destina uns ao sucesso e outros à pobreza. E essa perversão das relações econômicas leva à injustiça social. Eis-nos, portanto, na presença de um mito fundador do mercado, agora, precisamente nos nossos dias. Essa doutrina tornou-se um ídolo para as multinacionais e permitiu que os países desenvolvidos aumentassem as próprias riquezas de maneira espetacular. Mas esta doutrina, em contrapartida – como nos diz Michel Schooyans –, também está na origem de uma nova categoria de pobres, do excesso de liberdade de que se arroga uma máfia de sucesso, do desperdício dos recursos, da ineficácia do desenvolvimento, do desemprego, da destruição do ambiente e da ruína da ideia de universalidade. E esse é um fato muito grave. Os direitos do homem são avaliados em termos de ter e não em termos de ser. A ideia de solidariedade se deteriorou e é assim que os países ricos com seus clubes e seus clãs neoliberais levam os cidadãos desses países a perder o sentido da responsabilidade social e internacional. A pretensa democracia neoliberal chega ao mesmo resultado da doutrina marxista: o homem é reduzido a uma coisa, à materialidade do seu rendimento. O valor do homem é medido segundo a sua utilidade no mercado. Escolhe-se entre a criança e o consumo. Estão sendo realizados estudos de mercado para saber se compensa ou não prolongar a vida dos idosos, das pessoas com deficiência. A existência deles compensa para a sociedade? Traz mais empregos? Neste caso estamos na situação do mito fundador que está na origem da violência do mais forte sobre o mais fraco, a antiga relação do mestre e do escravo precisamente enquanto se fala de liberdade e de democracia. O mito do permissivismo total da revolução de 68 deixou-nos uma série impressionante de exemplos. Michel Schoohyans cita também exemplos eloquentes tomados do Terceiro Mundo (p. 126-130); a exploração sistemática da população por parte de uma minoria que detém o poder e na qual se encontram também personalidades influentes da Europa, dos Estados Unidos, do Japão.

Numa situação desse tipo, de supermercado planetário, surge outro mito fundador: o do perigo da superpopulação mundial. Através desse mito fundador, os ricos percebem os pobres como ameaça à sua subsistência: "sou privado daquilo que o outro tem". A esta altura é preciso fazer intervir a força, em detrimento daqueles que não têm. É preciso eliminar os desempregados dos países desenvolvidos e o excesso de habitantes do Terceiro Mundo. Em virtude da utilidade dos ricos, a teoria liberal, transformada em ideologia, requer a supressão dos pobres. A ideia de justiça social é eliminada: a força funda o direito, segundo a ideologia do mercado. A segurança torna-se o fundamento do direito. Hoje, a ideologia do mercado leva ao ódio pela segurança demográfica: para esta ideologia, é preciso impedir o crescimento demográfico. Schooyans constata que, sob o estandarte da ideologia liberalista, "caminhamos com força e determinação para uma sociedade da qual os pobres e os fracos serão excluídos" (p. 147) e mostra como isso ocorre na prática. Nos países industrializados, recorre-se sobretudo ao aborto e progressivamente à eutanásia, camuflando os fatos sob a ideia da depressão. Nos países em desenvolvimento, deixam-se atuar, de um lado, os mecanismos da fome em estado crônico e, de outro, se fazem campanhas em favor do aborto e da esterilização. Um capítulo inteiro mostra como no Terceiro Mundo se "cuidam dos problemas sociais" na luta contra a fecundidade (p. 159-174). Em suma, os mitos do neoliberalismo, camuflados de aparentes liberdades e falsa democracia, estão em doutrinas totalitárias que reduzem o ser humano a um produto de mercado, que violam a dignidade da pessoa humana, desprezando os pobres, opondo-se ao desenvolvimento dos povos e tornando-se em parte responsáveis pela fome no mundo. Trata-se de uma regressão da civilização.

6 Síntese e conclusões

A cada ano os seminários do Meeting se tornam aberturas para pesquisas ulteriores, além de suscitar novas atitudes e ações na vida. Os mitos eram meios reguladores das sociedades primitivas e das sociedades antigas. Nem todos os mitos fundadores conduzem à violência. Escolhi mitos fundadores de violência para sensibilizar a mente de vocês e despertar o seu senso crítico diante dos atuais meios de comunicação e das instituições que dirigem as nossas sociedades. Procurei mostrar os perigos disfarçados de mitos, veiculados pelos clubes e pelos grupos da nossa sociedade moderna, escolhendo três exemplos do nosso século: o mito racista hitleriano do nazismo, o mito ariano da superioridade da raça e do sangue que levou à guerra mundial de 1940-1945, aos campos de extermínio e ao holocausto; o mito da superioridade do povo sérvio que impede qualquer forma de diálogo nos Bálcãs e leva a uma espiral de violência do drama do Kosovo; os mitos do neoliberalismo que paralisam o desenvolvimento harmonioso dos povos e a paz mundial.

Os mitos modernos veiculam a ideia e a pretensão de criar uma ordem nova e um homem novo. A Igreja apresenta aos cristãos e ao mundo uma mensagem forte capaz de criar um mundo novo, uma ordem nova, um homem novo. É a mensagem da encarnação do Verbo de Deus. Não se trata de um mito, mas de um evento histórico. Que tem lugar no cerne da história humana. Esta mensagem apresenta um salvador, Jesus Cristo, em torno do modelo do homem novo. Em Cristo se fundamenta a antropologia cristã que dá uma visão extraordinária da pessoa humana, da sua dignidade e do seu valor. A partir dessa doutrina central, a Igreja anuncia ao mundo a mensagem evangélica que foi formulada de maneira adaptada aos nossos contemporâneos pelo Concílio Vaticano II e que o Papa João Paulo II não deixa de lembrar ponto a ponto, semana após semana. A situação do mundo de hoje nos interpela. Estamos empenhados num movimento que mobiliza todas as nossas forças com o objetivo de trabalhar para a construção de um mundo melhor. Missionários de Cristo, portadores do Evangelho de vida, atores da nossa história, o mundo espera por vocês.

Referências

JAMES, M.-F. *Les précurseurs de l'Ere du Verseau* – Jalons du renouveau de l'ésotéro-occultisme de 1850 à 1960. Paris/Montréal: Paulines/Médias-Paul, 1985.

SCHOOYANS, M. *La derive totalitaire du libéralisme*. Paris: Mame, 1991, 1995.

TURCAN, R. "Culto imperiale e sacralizzazione del potere nell'impero romano". In: RIES, J. (org.). *Trattato di antropologia del sacro* – Vol. 3: *Le civilità del Mediterraneo e il sacro*. Milão: Jaca Book/Massimo, 1992, p. 309-337.

Referências gerais sobre o mito

(Extraídas de *Il mito e il suo significato*, 2005, p. 265-280)

ABRAHAM, K. *Traum und Mythos* – Eine Studie zur Völkerpsychologie. Leipzig/Viena, 1909 [trad. it., "Sogno e mito – Uno studio di psicologia dei popoli". In: *Opere*. Vol. II. Turim: Bollati Boringhieri, 1998, p. 509-567).

ALLEN, D. *Myth and Religion in Mircea Eliade*. Nova York/Londres: Garland, 1998.

BENELLI, G.C. *Il mito e l'uomo* – Percorsi del pensiero mitico dall'antichità al mondo moderno. Milão: Mondadori, 1992, p. 147-152.

BERNER, C. & WUNENBERGER, J.J. *Mythe et philosophie*: les traditions bibliques. Paris: PUF, 2002.

BESSIÈRE, J. (org.). *Mythe, symbole et roman* – Colloque d'Amiens. Paris: Université de Picardie/PUF, 1980.

BIANCHI, U. "Il mito". In: *Problemi di storia delle religioni*. Roma: Studium, 1958, p. 147-152.

BIEZAIS, H. (org.). *The Myth of the State* – Papers Symposium on the Myth, Abo 1971. Estocolmo: Almquist, 1972.

BOLLE, K.W. "Myth. An Overview". In: ELIADE, M. & KITAGAWA, J.M. (orgs.). *The Encyclopedia of Religion*, X. Nova York/Londres, 1987, p. 266-267 [trad. it., "Mito – Panoramica generale". In: *Enciclopedia delle Religioni*, I. Milão: Jaca Book, 1993, p. 359-372] [versão rev., "Myth. An Overview". In: L. Jones e T. Gale (orgs.). *Encyclopedia of Religion*, IX. 2. ed. Nova York/São Francisco/São Diego/New Heaven/ Waterville Maine/Londres/Munique, 2005, p. 6.359-6.371].

BONARDEL, F. & SIRONNEAU, J.-P. *Le retour du mythe*. Grenoble: Presses Universitaires de Grenoble, 1980.

BRELICH, A. "Problemi di mitologia I: un corso universitario". In: *Religioni e Civiltà*, I, 1972, p. 331-528 (Bari: Dedalo, 1972).

BRETON, S. (org.). *Le mythe et le symbole* – De la connaissance figurative de Dieu. Paris: Institut Catholique de Paris/Beauchesne, 1977.

BRUNEL, P. *Dictionnaire des Mythes Littéraires*. Mônaco: Du Rocher, 1988 [2. ed., 1994] [trad. it., *Dizionario dei Miti Letterari*. Milão: Bompiani, 2004].

BULTMANN, R.; GUNKEL, H. & TILLICH, P. "Mythus und Mythologie". In: BETZ, H.D.; BROWNING, S.; JANOWSKI, B. & JUNGEL, E. (orgs.). *Die Religion in Geschichte und Gegenwart*, IV. Tübingen: Mohr, 2001, p. 363-394.

CAILLOIS, R. *Mythe et Histoire dans l'Antiquité grecque* – La création symbolique d'une colonie. Lausanne: Payot, 1996 [trad. it., *Mito e storia nell'antichità greca*. Bari: Dedalo, 1999].

_____. *Le mythe et l'homme*. Paris, 1938 [trad. it., *Il mito e l'uomo*. Turim: Bollati Boringhieri, 1998].

CASSIRER, E. *Linguaggio e mito* – Contributo al problema del nome degli dei. Milão: Il Saggiatore, 1968.

_____. *Philosophie des symbolischen Formen* – II: Das mythische Denken [trad. it., *Filosofia delle Forme simboliche* – II: Il pensiero mitico. Bari: Laterza, 1964].

CASTELLI, E. (org.). *Mito e fede* – Atti del convegno indetto dal Centro internazionale di studi umanistici e dall'Istituto di studi filosofici. Roma 6-12 gennaio 1966. Roma: Istituto di Studi Filosofici, 1966.

CAZELLES, H.; HENNINGER, J. & MARLÉ, R. "Mythe". In: *Dictionnaire de la Bible 2* – Supplément VI. Paris: Letouzey et Ané, 1960, p. 225-268.

CAZENAVE, M.; DURAND, G. & LE GOFF, J. *Mythes et histoire*. Paris: Albin Michel, 1984.

CAZIER, P. (org.). *Mythe et creation* – Colloque de Arras 1992. Lille: Presses Universitaires de Lille, 1994.

DALLEY, S. *Myths from Mesopotamia* – Creation, the Flood, Gilgamesh and Others. Oxford: Oxford University Press, 1992.

DE MARTINO, E. "Mito, scienze religiose e civiltà moderna". In: *Nuovi Argomenti*, 27, 1959, p. 4-48.

DETIENNE, M. *L'Invention de la mythologie*. Paris: Gallimard, 1981 [trad. it., *L'invenzione della mitologia*. Turim: Einaudi, 1983].

DI NOLA, A.M. "Mito". In: DI NOLA, A.M. (org.). *Enciclopedia delle religioni*, vol. 4, 1970, p. 485-530. Florença.

DUCHEMIN, J. (org.). *Formation et survie des mythes: travaux et mémoires* – Colloque de Nanterre, 19-20 avril 1974. Paris: Les Belles Lettres, 1977.

DURAND, G. *Introduction à la mythologie* – Mythes et sociétés. Paris: Albin Michel, 1996.

DURAND, G. & VIERNE, S. (orgs.). *Le mythe et le mythique* – Colloque de Cerisy 1985. Paris: Albin Michel, 1987 [Cahiers de l'Hermétisme].

FINLEY, M.J. *Mythe, mémoire, histoire*. Paris: Flammarion, 1981.

GARBINI, G. *Mito e storia nella Bibbia*. Bréscia: Paideia, 2003.

GIBERT, P. *Bible, mythe et récits de commencement*. Paris: Du Seuil, 1986 [trad. it., *Bibbia, miti e racconti dell'inizio*. Bréscia: Queriniana, 1993].

GRIMAL, P. *Dictionnaire de la Mythologie Grecque et romaine*. Paris: PUF, 1951 [trad. it., *Dizionario di Mitologia Greca e Romana*. Bréscia: Paideia, 1987].

GRIMAL, P. (org.). *Mythologies classiques*: préhistoire, Egypte, Sumer, Babylone, Hittites, Sémites, Grèce, Rome, Perse, Inde. Paris: Larousse, 1963.

_____. *Mythologies des peuples lointaines ou barbares*: Celtes, Germains, Amérique du Sud, Océanie, Afrique, Sibérie, Esquimaux. Paris: Larousse, 1963.

HANI, J. *Mythes, rites et symbols* – Les Chemins de l'invisible. Paris: Guy Trédaniel, 1992.

HANI, J. (org.). *Problèmes du mythe et de son interpretation* – Actes du Colloque de Chantilly 24-25 avril 1976. Paris: Les Belles Lettres, 1978.

HOLTZ, T. "Mythos-Neutestamentlische". In: *Theologische Realenzyklopädie*, p. 644-650.

HÜBNER, K. *Die Wahrheit des Mythos*. Munique: Beck, 1985 [trad. it., *La verità del mito*. Milão: Feltrinelli, 1990].

JOUAN, F. *Visage du destin dans les mythologies: mélanges Jacqueline Duchemin* – Colloque de Chantilly, 1-2 mai 1980. Paris: Les Belles Lettres, 1983.

JUNG, C.G. & KERÉNYI, K. *Einführung in das Wesen der Mythologie*. Zurique, 1941 [trad. it., *Prolegomeni allo studio scientifico della mitologia*. Turim: Boringhieri, 1980].

KERÉNYI, K. *Auf Spuren des Mythos*. Munique: Langer Müller, 1967.

LIMET, H. & RIES, J. (orgs.). *Le mythe, son langage et son message* – Actes du colloque de Liège et Louvain-la-Neuve. Lovaina: Centre d'Histoire des Religions, 1983.

LINCOLN, B. *Myth, Cosmos and Society in Indo-European Antiquity*. Cambridge: Harvard University Press, 1986.

LINKE, B.M. (org.). *Schöpfungsmythologie in den Religionen*. Frankfurt: Otto Lembeck, 2001.

MONTANARI, E. *Mito e storia nell'annalistica romana delle origini*. Roma: Ateneo, 1990.

"Mythe grec, religion grecque – Questions de méthode". In: *Kernos*, 10, 1997, p. 13-206.

PÉPIN, P. *Mythe et allégorie* – Les origines et les contestations judéo-chrétiennes. Paris: Aubier, 1958.

PETTAZONI, R. *Miti e leggende*. Turim: Utet, 1948-1959 [reed. org. por G. Filoramo. Turim: Utet, 1990].

POLIAKOV, L. *Le mythe aryen* – Essai sur les sources du racisme et des nationalismes. Paris: Calmann-Lévy, 1972 [trad. it., *Saggio sulle origini del razzismo e dei nazionalismi*. Roma: Riuniti, 1999].

Problèmes du mythe et de son interpretation – Actes du Colloque de Chantilly, 24-25 avril 1976. Paris: Les Belles Lettres, 1978.

RICOEUR, P. "Myth and History". In: ELIADE, M. (org.). *The Enciclopedia of Religion*, X, p. 273-282 [trad. it., "Mito e storia". In: *Enciclopedia delle Religioni*, I. Milão: Jaca Book, 1993, p. 372-381].

RIES, J. "Langage et message du mythe d'Omère au XIX siècle: Les recherches sur les mythes – Essai de synthèse et perspectives". In: LIMET, H. & RIES, J. (orgs.). *Le mythe, son langage*. Op. cit., p. 9-33 e 443-455.

SABBATUCCI, D. *Il mito, il rito e la storia*, Roma: Bulzoni, 1978.

SCHELLING, J.W.J. *Filosofia della mitologia* – Introduzione storico-critica. Lezioni (1842). Org. de T. Griffero. Milão: Guerini, 1998.

SCOTT LITTLETON, C. *The New Comparative Mythology* – An Anthropological Assessment of the Theories of Georges Dumézil. Berkeley: University of California Press, 1982.

SIRONNEAU, J.-P. *Métamorphoses du mythe et de la croyance*. Paris: L'Harmattan, 2000.

SPINETO, N., apud RIES, J. *Il mito e il suo significato*. Milão: Jaca Book, 2005, p. 265-280.

_____ apud RIES, J. (org.). *Il mito* – Il suo linguaggio e il suo messaggio attraverso le civiltà. Milão: Jaca Book, 2005, p. 229-238.

_____. "Il mito". In: LENOIR, F. & TARDAN-MASQUELIER, Y. (orgs.). *La religione* – VI: I temi. Linguaggi ed esperienze religiose; le nuove religioni. Turim: Utet, 2001, p. 35-68.

STÄHLIN, G. "Mythos". In: *Theologischen Wörterbuch zum Neuen Testament*, IV. Stuttgart: Kohlhammer, 1957, p. 769-803 [trad. it., *Grande lessico del Nuovo Testamento*. Org. de F. Montagnini, G. Scarpat e O. Soffritti. Bréscia: Paideia, 1965-1992].

VERNANT, J.-P. *Mythe et société en Grèce ancienne*. Paris: Maspero, 1974 [trad. it., *Mito e società nell'antica Grecia*. Turim: Einaudi, 1994].

_____. *Mythe et pensée chez les grecs* – Études de psychologie historique. Paris: Maspero, 1965 [trad. it., *Mito e pensiero presso i Greci*. Turim: Einaudi, 2001].

VERNANT, J.-P. & VIDAL NAQUET, P. *Mythe et tragédie en Grèce ancienne*. Paris: Maspero, 1972 [trad. it., *Mito e tragedia nell'antica Grecia*. Turim: Einaudi, 1977].

VIDAL, J. "Mythe". In: POUPARD, P. (org.). *Dictionnaire des Religions*, II. Paris: PUF, 1993, p. 1.392-1.397 [trad. it., "Mito". In: *Grande Dizionario delle Religioni* – Dalla preistoria a oggi. Assis/Casale Monferrato: Cittadella/Piemme, 1988, p. 1.380-1.386].

_____. "Mythe". In: *Catholicisme*, XI. Paris: Flammarion, 1981, col. 962-978.

VIELLE, C.; SWIGGERS, P. & JUCQUOIS, G. (orgs.). *Comparatisme, mythologies, langages* – En hommage à Claude Lévi-Strauss. Lovaina: Peeters, 1994.

YVANOFF, X. *Mythes sur l'origine de l'homme*. Paris: Errance, 1998.

SEGUNDA PARTE

O rito

1
Sentido do rito

I – Ritos*

A palavra "rito" é um termo arcaico do vocabulário indo-europeu (*Rgveda* X, 124,5), rito como sinônimo de *dharma*, que indica a lei fundamental inerente ao cosmos. Desse sentido, fundamentado na ordem cósmica, deriva o sentido de ordem religiosa e de ordem ética: necessidade, rigor, verdade. Na Índia, a palavra *ritavyā* indica os tijolos do altar do fogo que simbolizam o decorrer do ano, a totalidade, a potência criadora que permite ao sacrificante subir aos céus.

O rito é um ato ou um gesto, individual ou coletivo, realizado em vista de um resultado que vai além deste mundo empírico. O rito se situa no cruzamento entre natureza, sociedade, cultura e religião. É um ato simbólico mediante o qual o homem, nos limites de uma realidade pertencente a este mundo, estabelece um contato com uma realidade que transcende este mundo. Todo rito tem um sentido: ele é constituído pela associação entre um gesto e uma crença. Desde os tempos mais antigos até nossos dias atuais, a pessoa que realiza um rito desempenha um gesto que, a seus próprios olhos, comporta um significado. Com os primeiros textos religiosos da Índia, da Mesopotâmia, do Egito, desde o terceiro milênio, dispomos de numerosos rituais, entre os quais os mais importantes são os de consagração, de coroação do rei, de adivinhação, além dos rituais funerários.

A pré-história nos fornece pistas de gestos passíveis de serem interpretados como ritos. Não obstante, não dispomos de textos a esse respeito. Por esse motivo se impõe a máxima prudência, uma vez que somos capazes de identificar atos e gestos, mas, para poder afirmar que se trata de rito, temos de determinar a certeza de uma crença implicada do gesto.

---

* In: FACCHINI, F. *Paleoantropologia e preistoria*. Milão: Jaca Book, 1993, p. 418-420.

1 Ritos funerários

À primeira vista, as sepulturas pré-históricas são o terreno ideal para uma investigação sobre os ritos. Elas constituem a prova de um cuidado particular dispensado pelos vivos a seus defuntos. O sepultamento e a incineração parecem ter coexistido em todas as épocas, especialmente a partir do Neolítico. Os gestos que acompanhavam o sepultamento exprimem os sentimentos dos sobreviventes e suas crenças.

Um primeiro olhar sobre a Europa permite um balanço de orientação (P. Binant). O ornamento funerário do Paleolítico superior se compõe de numerosos e diversos objetos: colares, pulseiras, conchas, pendentes, marfim, dentes. Nesse campo, não se podem excluir eventuais imperativos rituais. Ao lado desses ornamentos, há os estojos de viagem: objetos móveis na França, na Itália, na Rússia, que indicam a intervenção dos vivos e, portanto, a presença de um rito. Ao lado de alguns raros resquícios das vestes do defunto, temos uma presença maciça do pigmento ocre vermelho desde o fim do Paleolítico médio: a sua fabricação e a sua frequência são o sinal de uma escolha voluntária que só se pode explicar pela estética ou necessidades técnicas. A explicação simbólica e ritual do pigmento ocre vermelho, substituto do sangue e sinal de vida, não deve ser descartada; ao contrário, em numerosos casos, parece até mesmo se impor.

Na Síria-Palestina, os túmulos da civilização natufiana revelaram a presença frequente de ocre vermelho nas sepulturas, ao passo que em Jericó "o culto às caveiras" se faz presente desde o início do Neolítico. No VI e no V milênios, a Síria-Palestina revela uma grande homogeneidade nos ritos de sepultamento (CAUVIN, 1972). A descoberta mais célebre é a "casa dos mortos" de Biblos, que remonta ao Neolítico médio: um grande aposento central decorado com uma grande quantidade de terra vermelha, sepultura coletiva, depósito de crânios, significado simbólico da terra vermelha. A presença de cerâmica nas sepulturas nos fornece a prova dos ritos de oferendas alimentares aos defuntos. O túmulo é, então, o ponto de partida da sobrevivência.

Outros ritos funerários são significativos (CAMPS, 1982): a tumba IV da caverna de Shanidar (Iraque) com um esqueleto posto sobre uma maca de estelas de éfedra ornadas com flores; crânios decorados; conchas inseridas nas órbitas oculares; afrescos rituais de Çatal Hüyük na Anatólia datadas de 6500 a 5600 a.C.; casa de Lepenski Vir sacralizada pela imagem da divindade e pela imagem dos defuntos enterrados perto da fogueira. Desde o IV milênio, o movimento megalítico com as suas práticas funerárias coletivas cobre a Europa do lado do Atlântico: os corpos são introduzidos com sua mobília funerária e, desde o III milênio, vemos surgir a imagem da deusa muda, protetora dos defuntos: um rosto desprovido de boca situado acima dos seios.

2 Ritos cultuais

Embora o uso do fogo já esteja presente no Paleolítico médio, ainda não podemos falar de ritos do fogo. O surgimento da noção de divindade é uma das principais características da neolitização (CAUVIN, 1987). A arte franco-cantábrica do Paleolítico superior foi uma arte animalista realizada por caçadores-coletores: ainda não temos aqui vestígios de ritos propriamente ditos. Com a sedentarização, a arte se modifica. No VIII milênio, em Mureybet do Eufrates, aparecem dois símbolos-chave: o touro e a mulher grávida; e voltaremos a encontrá-los por todo o Oriente Próximo e, sobretudo, em Çatal Hüyük. Esses dois símbolos darão origem a duas divindades propriamente ditas, uma deusa e um deus-touro, duas figuras centrais para a religiosidade do Oriente Próximo a partir do VI milênio. No Maciço de Hoggar e ao sul de Orario, surge um Grande Deus circundado por humanos com braços erguidos para o alto em posição de oração. Segundo Cauvin, a arte da época reflete um acontecimento psíquico, "o sagrado já não é percebido na escala do humano, mas acima dele". O humano representa a divindade e se põe em oração diante dela. A partir do V milênio, as representações divinas se multiplicam. As milhares de figuras de pessoas em oração reproduzidas entre as incisões rupestres são, também elas, um sinal dessa nova religiosidade: sem a mínima hesitação, podemos, doravante, falar de ritos e de rituais.

Ao lado dos ritos funerários e dos ritos cultuais, as sociedades pré-históricas também praticaram ritos de iniciação. Temos prova disso nos vestígios dos passos de adolescentes na caverna de Lascaux, assim como na importância que esses ritos adquiriram junto a todas as populações do mundo desde a aurora dos tempos históricos.

Referências

ANATI, E. *I Camuni*. Milão: Jaca Book, 1982.

BINANT, P. *La préhistoire de la mort*. Paris: Errance, 1991.

CAMPS, G. *La préhistoire* – À la recherche du paradis perdu. Paris: Perrin, 1982 [trad. it., *La preistoria*. Org. de M.C. Pacinotti e R. de Marinis. Milão: Bompiani, 1985].

CAUVIN, J. "La naissance des dieux". In: *La Recherche*, n. 194, 1987. Paris.

_____. *Religions néolithiques de Syro-Palestine*. Paris: Maisonneuve, 1972.

FACCHINI, F.; GIMBUTAS, M.; KOZLOWSKI, J.K. & VANDERMEERSCH, B. *La religiosità nella preistoria*. Milão: Jaca Book, 1991.

LEROI-GOURHAN, A. *Préhistoire de l'art occidental*. Paris: Mazenod, 1971.

II – O rito e o homem*

1 *O rito na vida do* homo religiosus

A palavra *ritu* é um termo indo-europeu arcaico. No *Ṛgveda* (X, 124,5), significa a ordem imanente do cosmos. É sinônimo de *dharma*, a fé fundamental do mundo. Do significado cósmico derivou o significado religioso indo-europeu: necessidade, retidão, verdade. No significado moderno, rito quer dizer prática regulada: protocolo, sociedade civil, sociedade secreta, religião, liturgia, culto. O rito pode ser privado ou público, individual ou coletivo, profano ou religioso. Faz parte da condição humana, está sujeito a regras precisas e implica continuidade. Esses aspectos diversos deram ocasião a numerosos estudos[1].

O rito e o homo religiosus

No *Tratado de antropologia religiosa*, o rito é considerado no quadro da experiência existencial humana. Situa-se no interior de uma expressão simbólica que procura um contato vital com a Realidade transcendente, com o divino, com Deus. O rito se exprime por meio de gestos e palavras. Está vinculado a uma

---

* In: *Trattato di antropologia del sacro*. Vol. I. Le origini e il problema dell'homo religiosus. Milão: Jaca Book, 1989, p. 56-58.

1. CAZENEUVE, J. *Les rites et la condition humaine d'après les documents ethnologiques*. Paris: PUF, 1958. • *Sociologie du rite*. Paris: PUF, 1971 [trad. it., *La sociologia del rito*. Org. de S. Veca. Milão: Il Saggiatore, 1974]. • GREISCH, J. (org.). *Le rite*. Paris: Beauchesne, 1981. • MAISONNEUVE, J. *Les rituels*. Paris: PUF, 1988.

estrutura simbólica por meio da qual se opera a passagem para a realidade ontológica, a passagem do signo ao ser. As ações rituais são meios com os quais o *homo religiosus* busca vincular-se ao arquétipo, que está fora do mundo natural.

O rito se situa no nível do comportamento do homem e se alinha com o sagrado vivido. Em todas as religiões, o homem que cumpre um rito faz um gesto significativo para a própria vida, dele esperando eficácia e benefícios. O rito é realizado por meio de elementos tomados do cosmos: água, luz, sal, óleo. Nos rituais, o homem organiza o tempo com referência ao tempo arquetípico, ao *Illud tempus*: rituais festivos, de celebração, sacrificais, de iniciação. Graças ao ritual, o *homo religiosus* volta a se ligar a um tempo primordial ou a um acontecimento arquetípico.

M. Meslin dedicou um capítulo às ações rituais, vistas como "ações coletivas, com as quais o homem tenta fazer a experiência do divino, entrando em relação com ele"[2]. Ele leva em consideração quatro tipos de ações rituais: a sacralização do tempo; o espaço sagrado; os rituais de iniciação; as peregrinações. Para o autor, trata-se de ações "diretamente inspiradas pela vontade de se coligar com o divino" e que são consideradas como "a expressão prática de uma experiência religiosa". Meslin insiste nos lugares da experiência, na sua expressão social: vínculo estreito entre o indivíduo crente e o grupo que professa a mesma fé.

A pesquisa sobre a função mediadora do sagrado, no contexto das hierofanias captadas pelo *homo religiosus*, levou Mircea Eliade ao estudo do rito e do ritual. Ele se dedicou aos ritos de renovação e aos ritos de iniciação, campo muito amplo que vai dos ritos de passagem às religiões mistéricas e do xamanismo às várias sociedades secretas[3]. Em toda a sua pesquisa, ele insiste na referência ao arquétipo, no lugar sagrado, no tempo primordial, na revelação dos mitos e nas provas iniciáticas. Um primeiro componente arquetípico, capaz de levar a entender a efi-

---

2. MESLIN, M. *L'expérience humaine du divin*. Paris: Cerf, 1988, p. 135-195 [trad. it., *L'esperienza umana del divino*. Roma: Borla, 1991]. • CHÉLINI, J. & BRANTHOMME, H. (orgs.). *Histoire des pèlerinages non chrétiens*. Paris: Hachette, 1987.

3. ELIADE, M. *Traité d'histoire des religions*. Paris: Payot, 1948, p. 229-280 [6. ed., 1974] [trad. it., *Trattato di storia delle religioni*. Org. P. Angelini, V. Vacca e G. Riccardo. 2. ed. Turim: Bollati Boringhieri, 1999, p. 272-341]. • *Le sacré et le profane*. Paris: Gallimard, 1965 [orig., *Das Heilige und das Profane* – Vom Wesen des Religiösen. Hamburgo: Rowohlt, 1957] [trad. it., *Il sacro e il profane*. 3. ed. Org. de E. Fadini. Turim: Boringhieri, 1984]. • *Naissances mystiques*. Paris: Gallimard, 1959 [reed., *Initiation, rites, sociétés secretes*. Paris: Gallimard, 1976] [trad. it., *Nascita mistica* – Riti e simboli d'iniziazione. Org. A. Rizzi. Bréscia: Morcelliana, 1980].

cácia dos ritos, se encontra nos modelos celestes. Depois, seguem-se outros dois componentes: o simbolismo do centro e o modelo divino onipresente nos rituais.

A iniciação na vida do *homo religiosus*

Os ritos de iniciação constituem um elemento de destaque na antropologia religiosa. Trata-se, sem dúvida, de ritos de passagem no exato sentido da palavra, a partir do momento em que a iniciação equivale a uma mudança ontológica do regime existencial, introduz o neófito na comunidade e, simultaneamente, num mundo de valores. Todo rito de iniciação implica um simbolismo da criação, que reatualiza o evento primordial da cosmogonia e da antropogonia. A iniciação é um novo nascimento[4].

Seguindo Eliade, poderemos arriscar uma classificação fundada na função dos ritos de iniciação. Um grupo importante é formado pelos ritos de puberdade, já atestados nos documentos antigos da humanidade, como a caverna de Lascaux. Essas iniciações tiveram um papel essencial na formação das culturas e das sociedades. Elas mostram como as sociedades tentaram e tentam ainda operar a plena realização do *homo religiosus*. O cristianismo conservou o mistério iniciático do batismo, que modifica o estado ontológico do homem e funda a antropologia cristã. A crisma completa a iniciação batismal.

Uma segunda classe de ritos de iniciação é constituída pelos ritos de entrada numa sociedade religiosa fechada, como no caso dos mistérios de Mitra e das religiões mistéricas do mundo grego. A terceira categoria diz respeito à vocação mística: xamãs, iniciação ou ordenação sacerdotal, iniciações heroicas. Trata-se aqui, por um lado, da atribuição de poderes espirituais e, por outro, de um novo estado de vida.

Ato simbólico voltado para a realização das figuras de uma ordem na interseção da natureza, da sociedade, da cultura e da religião, o rito está relacionado ao homem, simultaneamente considerado como pessoa e membro da sociedade. Nesse sentido, podemos falar de ritos de integração social e de ritos de agregação.

---

4. RIES, J. & LIMET, H. (orgs.). *Les rites d'initiation*. Louvain-la-Neuve: Centre d'Histoire des Religions, 1986, bibliografia, p. 503-512 [trad. it., *I riti di iniziazione*. Milão: Jaca Book, 1989]. • BIANCHI, U. (org.). *Transition rites*. Roma: L'Erma di Bretschneider, 1986. • BLEEKER, C.J. *Initiation*. Leiden: Brill, 1965.

Contudo, cada rito de iniciação é uma passagem para uma realidade nova, para uma ontologia transcendente. No cristianismo, trata-se de recriação do homem, de ritualização da inocência e de santificação. A ritualidade cristã fundada em Jesus Cristo recapitula a história sagrada e a conduz à transfiguração[5].

2 Conclusões

O fim do século XX é marcado por um novo espírito científico e por uma nova pesquisa antropológica. Este primeiro capítulo de nosso *Tratado de antropologia religiosa* busca delinear as orientações e os limites que nos pusemos. A primeira metade do século viu a passagem de uma sociologia do sagrado para uma tentativa de antropologia religiosa, precisamente a de Rudolf Otto. Enquanto se desenvolviam a teologia da morte de Deus e a disputa pelo sagrado, a ciência das religiões passava por uma abertura extraordinária, graças à obra de G. Dumézil e de M. Eliade. A prodigiosa documentação desses dois estudiosos, sua vasta cultura, seu olhar sempre atento à obra dos colegas e a adoção de seu método comparativo tipológico conferiam à fenomenologia uma sólida base científica e alcançavam novas sínteses. Todavia, o desenvolvimento e a utilização de um método comparativo genético lhes permitiu delinear novas perspectivas: um estudo científico do sagrado, de sua expressão e de seu lugar na experiência religiosa, a evidência da figura histórica e trans-histórica do *homo religiosus*, o significado da experiência do sagrado na vida do homem religioso, uma hermenêutica que desemboca na mensagem do *homo religiosus* com a perspectiva de um novo humanismo. A elaboração de uma antropologia religiosa, fundada na experiência do sagrado, subjacente a toda a história religiosa da humanidade, já se beneficia dos recentes estudos sobre o sagrado, sobre o símbolo, sobre o mito e sobre o rito. O grupo de cientistas que empreendeu a realização desse projeto antropológico tem consciência da urgência desta obra.

---

5. VIDAL, J. "Rite et ritualité". In: RIES, J. & LIMET, H. (orgs). *Les rites d'initiation...* Op. cit., p. 39-85. Cf. tb. BOUYER, L. *Le rite et l'homme* – Sacralité naturelle et liturgie. Paris: Du Cerf, 1962. • ISAMBERT, F. *Rite et efficacité symbolique*: essai d'anthropologie sociologique. Paris: Du Cerf, 1979.

III – O rito na vida do *homo religiosus**

1 O rito e a condição humana

"Rito" é uma palavra arcaica do vocabulário indo-europeu que foi conservada junto aos povos indo-iranianos e ítalo-celtas graças à presença de colégios sacerdotais guardiães dos rituais e das celebrações. No *Ŗgveda* (X, 124,5), esse vocábulo significa a ordem imanente do cosmos. É o *dharma*, a lei fundamental inerente à natureza. Daqui deriva o sentido de *rito*, que indica os deveres a serem desenvolvidos em cada estação, em relação com o *dharma*.

Dessa acepção, baseada na ordem cósmica apreendida pelo homem arcaico, deriva o significado de ordem religiosa e moral: necessidade, retidão, verdade. Na Índia, a palavra *rytavya* designa os tijolos do altar do fogo sacrifical que simboliza o ano, mas também a potência criadora graças à qual aquele que realiza o sacrifício "sobe" aos céus.

O rito implica a condição humana (CAZENEUVE, 1958) e, por isso, se situa na intercessão entre o homem, a cultura, a sociedade e a religião. E muito para além disso, ele está vinculado ao símbolo, ao mito e ao sagrado. Daí deriva uma série de significados estabelecidos pela etnologia, pela antropologia, pela sociologia, pela filosofia e pela teologia, cada um dos quais se detém num aspecto do rito. A história das religiões tenta circunscrever e sintetizar esses elementos com o objetivo de compreender o fenômeno do rito em si mesmo, mas também necessariamente ao homem e a seu comportamento na vida pessoal e no interior da sociedade.

2 Rito, arquétipo e experiência do sagrado

C.G. Jung utilizou a palavra *arquétipo* como sinônimo de *Urbilder* e *Motive*: trata-se de imagens primordiais e de forças vitais presentes no inconsciente coletivo que constituem o conteúdo desse inconsciente. Por meio de uma linguagem simbólica, essas imagens primordiais denominadas arquétipos veiculam dados arcaicos sobre a vida da humanidade.

---

* In: *Le Religioni, le Origini*, 33, 1993, p. 127-132 [Milão: Jaca Book].

Seguindo o exemplo de Eliade, utilizamos a palavra *arquétipo* no sentido de "modelo primordial". Na tentativa de definir o arquétipo, Eliade não levou em consideração a psicologia do profundo, baseada no inconsciente coletivo, mas sim as religiões do Antigo Oriente Próximo, as primeiras religiões que foi possível conhecer, graças ao testemunho de documentos escritos. Ele constata que, na Mesopotâmia, o Tigre é um rio que tem como modelo próprio a estrela Anunit. No Egito, as denominações dos 42 nomes – as organizações territoriais arcaicas segundo as quais as águas da cheia do Nilo eram distribuídas – provêm dos campos celestes. No Irã, na tradição zurvanita, cada fenômeno terrestre corresponde a uma realidade celeste. As cidades de Nínive e de Assur possuem seu modelo celeste. No sacrifício védico, encontra-se a ideia da concordância com uma cópia cósmica que confere ao sacrifício sua própria eficácia. O Templo de Jerusalém foi construído segundo um plano vindo do Céu (Is 25,1-9). Consequentemente, o homem religioso dessas culturas orientais voltava o próprio olhar para um modelo celeste que lhe servia de forma exemplar, de esquema que ele seguia na construção das cidades e dos templos e em suas relações com o mundo celeste. Por meio do arquétipo celeste, o *homo religiosus* tinha a consciência de estar entrando em relação com a Transcendência (ELIADE, 1981).

Antes de dedicar ao culto das divindades o templo que acabara de construir, o rei da Babilônia e do Egito, assistido por sacerdotes, procede à consagração do edifício. Os rituais conservados demonstram que, mediante palavras e gestos consecratórios, era realizada uma concordância perfeita com o arquétipo, o edifício era separado do uso profano e, graças à relação com o arquétipo celeste, recebia eficácia e uma nova dimensão. Ao lado desses ritos de consagração, havia os ritos de entronização do rei, que se tornava o representante da divindade na terra.

Nas religiões antigas, uma segunda componente arquetípica se manifesta no simbolismo do centro: monte cósmico, árvore da vida, centro do mundo, espaço sagrado. Nos ritos relativos ao simbolismo do centro, a árvore cósmica é o arquétipo das árvores sagradas. Isso permite ao homem subir aos céus.

Uma terceira componente é o modelo divino que o homem deve imitar. No Egito, os sacerdotes reproduziam os gestos de Thot, o deus que, com a sua palavra, criou o mundo, e a vida da natureza estava ligada à ação primordial do deus Osíris. Na Babilônia, a festa do *akitu* celebrava o ano novo e preparava para o renascimento da vegetação. Nessas duas culturas, uma série impressionante de ritos sobre a fecundidade e sobre a fertilidade vinculava o crescimento da vegetação à potência divina (ELIADE, 1975).

Esse breve excurso extraído da exaustiva documentação sobre as religiões do Antigo Oriente Próximo, cujos ritos vieram a se tornar conhecidos graças às tabuletas e às inscrições, mostra que para o homem das primeiras grandes civilizações o rito constituía uma expressão hierofânica. Mediante os ritos, os homens viviam uma experiência do sagrado em relação com o mundo divino. O rito constituía o elemento mediador da hierofania. Graças aos gestos e às palavras dos sacerdotes, os ritos de consagração colocavam o homem e a sociedade em relação com as divindades. Por meio dos ritos, as ações humanas obtinham força e eficácia da parte dos deuses.

3 Natureza e função dos ritos religiosos

Não nos deteremos na tipologia dos ritos, um tema ao qual foram dedicados inúmeros trabalhos. É. Durkheim e M. Mauss construíram sua tipologia segundo o ponto de vista das relações entre o indivíduo e a sociedade; M. Weber se situa na ótica do significado vivido; J. Wach se posicionou no quadro da experiência religiosa do grupo social; C. Lévi-Strauss optou pelo aspecto estruturalista da linguagem, que permite conectar o passado ao presente. No que diz respeito à diferença entre os ritos religiosos e os ritos mágicos, observamos que a magia se caracteriza por um desejo de domínio mediante forças particulares, cósmicas, ao passo que a religião se volta para a transcendência. Os ritos religiosos operam no contexto das hierofanias, enquanto os ritos mágicos recorrem a potências que não estão em relação com o sagrado (cratofania) (CAZENEUVE, 1971).

O presente estudo se limita ao exame do rito na experiência existencial do *homo religiosus* posto num contexto hierofânico. Nessa perspectiva, o rito se situa no interior de uma expressão simbólica mediante a qual o homem busca um contato vital com a Realidade transcendente, com o divino, com Deus. Ele se compõe de uma técnica e de um sistema de símbolos, ambos utilizados com o objetivo de obter uma eficaz experiência vivida do sagrado. Feito de gestos e de ações acompanhados por uma linguagem verbal explícita ou implícita, o rito está destinado a abrir uma passagem em direção à realidade ontológica: é um trajeto que leva do significante ao ser. Realizado pelo *Homo sapiens* e *religiosus*, o rito se torna lugar e expressão das crenças.

Os primeiros ritos cujos vestígios nos foram assinalados pela arqueologia são os ritos funerários de Qafzeh e os do homem de Neandertal, seguidos dos ritos do Paleolítico Superior e do Neolítico. As oferendas depositadas nas sepulturas, o ocre vermelho sobre os cadáveres, a organização dos túmulos, as conchas inseridas nas órbitas oculares, os tratamentos especiais reservados aos crânios são indícios da crença numa vida supraterrena.

Em diversas cavernas franco-cantábricas, como as de Lascaux e de Rouffignac, por exemplo, foram conservados vestígios de passos de adolescentes que foram considerados indícios de cerimônias de iniciação. Os mitogramas das pinturas parietais reforçam essa interpretação e parecem indicar que os mitos de iniciação são muito antigos (RIES, 1989).

No Neolítico, as figuras orantes do Vale Camônica, com as mãos erguidas para o céu, constituem testemunhos eloquentes dos *ritos de oração*, dos quais encontramos refinadas expressões no mundo sumério: por exemplo, o gesto das mãos postas e a mão erguida à altura da boca no personagem adorante de Larsa e nos personagens de Ur III (LIMET & RIES, 1980). A partir do III milênio, os templos egípcios e mesopotâmicos abrigam os *ritos de consagração* que, nas grandes religiões, figurarão em primeiro lugar entre todos os outros por serem expressão de relações privilegiadas entre os homens e os deuses. Os *ritos sacrificais* são contemporâneos da construção dos templos, dos santuários e dos altares: por meio do sacrifício de um objeto, de um ser vivo, de um animal, o *homo religiosus* estabelecia ou restabelecia os vínculos com a divindade.

Pelo fato de estar ligado aos ritmos da natureza e da vida, assim como à cultura e à sociedade, o rito é repetitivo. Sobre sua base é estabelecida uma comunhão com o divino segundo seus diversos aspectos e, mediante a celebração dos mitos, ele leva à repetição de um evento primordial. No interior da sociedade, o rito é princípio de coerência. Mesmo sendo realizado na solidão, ele faz referência a uma comunidade.

Referências

(Acrescentada pelo autor em 2007)

CAZENEUVE, J. *Sociologie du rite*. Paris: PUF, 1971 [trad. it., *La sociologia del rito*. Org. de S. Veca. Milão: Il Saggiatore, 1996].

_____. *Les rites et la condition humaine d'après des documents ethnographiques*. Paris: PUF, 1958.

ELIADE, M. *Images et symboles* – Essai sur le symbolisme magico-religieux. Paris: Gallimard, 1952 [trad. it., *Immagini e simboli* – Saggi sul simbolismo magico-religioso. Trad. de M. Giacometti; prefácio de G. Dumézil. Milão: Jaca Book, 1980 [2. ed., 1984].

2
Ritos na vida do homem pré-histórico

I – Cultos funerários arcaicos: o homem de neandertal e do paleolítico superior*

Em 1857, em Neandertal, nas proximidades de Düsseldorf, alguns operários trouxeram à luz os restos de um esqueleto humano. Outros fósseis de aspecto semelhante foram descobertos na Bélgica, em Spy, em várias regiões da França, como, por exemplo, em La Chapelle-aux-Saints e em La Ferrassie, e na Itália, no Monte Circeo. Esse *Homo sapiens neanderthalensis* povoou a Europa de 80 mil a 30 mil anos. Ele se distingue do *Homo erectus* por diversos traços anatômicos, e suas atividades características são a caça, as sepulturas, os ritos funerários e o "culto aos crânios". Em 1933, R. Neuville e, em 1965, B. Vandermeersch descobriram alguns túmulos em Qafzeh, perto de Nazaré (Israel). Os esqueletos continham vestígios de ocre. Os homens de Qafzeh nos permitem remontar a 90 mil anos. Esses dois tipos de *Homo sapiens*, que praticavam o sepultamento, viveram na segunda parte do Paleolítico médio, que vai de 200 mil a 35 mil anos atrás.

Esses homens são os artífices de uma nova cultura, cuja produção de utensílios em pedra, chamada de musteriense, caracteriza-se pela presença de pontas e de raspadores retocados numa única face e por bifaciais, frequentemente de um tipo muito chato. Uma das preocupações dos vivos era o cuidado com os defuntos. As sepulturas dos homens de Neandertal são numerosas; nelas foram encontrados esqueletos inteiros e bem conservados, visto que os mortos tinham sido sepultados em túmulos escavados especialmente para acolhê-los. Em La Ferrassie, um menino de três anos foi colocado numa tumba coberta por uma placa de

---

* In: *Le Religioni, le Origini*, 9, 1993, p. 30-33 [Milão: Jaca Book].

pedra, sinal de uma relação afetiva com o morto. Em algumas sepulturas, eram depositadas ofertas, tratando-se, em muitos casos, de oferendas alimentares, mas havia também ofertas de vários tipos, como as dos três raspadores no sepulcro n. V de La Ferrassie e a dos sílex bem talhados em La Chapelle-aux-Saints.

Nas escavações de Teshik-Tash, no Uzbequistão (na Ásia Central), foi encontrado um esqueleto de um jovem neandertalense de cerca de oito anos de idade, cujo corpo estava rodeado por cinco troféus de íbex (G. Camps). Na famosa sepultura n. VI de Shanidar, no Iraque, que remonta a 50 mil anos, um esqueleto posto no centro de um círculo de tijolos fora colocado sobre uma liteira de ramos de éfedras guarnecidos de flores. No Monte Círceo foi recuperado um crânio num sepulcro secundário, uma sala reservada e fora de uso.

O Paleolítico superior cobre um período compreendido entre 34000 a.C. e 9000 a.C. Com o surgimento do *Homo sapiens sapiens*, a produção de utensílios em pedra se aperfeiçoa (manuseio do osso, do chifre dos cervídeos, do marfim), e assistimos à criação e ao desenvolvimento da arte parietal e mobiliária. Em 1868, a descoberta de cinco esqueletos em Cro-Magnon, na Dordonha (França), deu início a uma vasta pesquisa, que levou ao achado de grande número de túmulos.

Uma das primeiras preocupações dos vivos era a proteção do corpo do defunto e, sobretudo, de sua cabeça: esse fato é atestado pelas descobertas de Grimaldi, de Predmost e de Pavlov na Morávia. A presença de adornos na sepultura – conchas, dentes, caninos de cervo – revela um progresso no conceito simbólico da vida supraterrena. Caso raro no Paleolítico médio é o uso do ocre vermelho que passa a ser difundido. Esse óxido de ferro, de cor amarelada, passa a ser vermelho se trabalhado pelo fogo. A fabricação do ocre vermelho para fins funerários é o sinal evidente de uma vontade expressa dos vivos. Podemos considerar que esse uso fosse ditado por exigências estéticas e higiênicas, visto que o ocre limpava o terreno dos parasitas. Ainda nessa mesma perspectiva, sua utilização está ligada à proteção dos defuntos no além, a partir do momento em que a preocupação com a limpeza implica a melhoria das condições do falecido. Mas a interpretação simbólica do ocre vermelho nos orienta para a cor do sangue: o ocre vermelho é o símbolo do sangue, portanto, da vida, e sugere a fé numa vida *post mortem*, no *afterlife*.

Por volta do final do Paleolítico superior, paralelamente à arte do período Magdaleniano, encontramos um conjunto de práticas funerárias de significado simbólico evidente: trata-se de manipulações de ossos descarnados, de crânios postos sobre pedras chatas e ornados com conchas, como em Placard, de crânios com plaquetas engastadas nas órbitas oculares (Mas d'Azil), prática que se difundirá expressivamente no Mesolítico para vir a se generalizar no Neolítico. Os "novos olhos" o defunto são conchas cujo significado simbólico e religioso é a capacidade de ver durante a vida no além.

As práticas funerárias do Paleolítico médio e do Paleolítico superior são significativas. Um fato incontestável e eloquente é a sua repetição e a sua permanência por mais de 80 milênios na Europa, na Ásia e na África: não se trata nem de acaso, nem de fato acidental. Os ritos, os gestos e o trabalho que os viventes dedicam ao sepultamento de seus mortos são seguramente sinais de respeito e de afeto, mas também demonstram a crença numa vida supraterrena: a colocação de alimentos e de objetos ornamentais e as conchas engastadas nas órbitas oculares apontam para a ideia de uma continuidade *post mortem* das atividades do defunto. Mediante sua atividade funerária, o *Homo sapiens* de Neandertal, assim como o *Homo sapiens sapiens* do Paleolítico superior, demonstra ser um *homo religiosus* preocupado com a vida para além da morte.

Referências

(Acrescentadas pelo autor, 2007)

CAMPS, G. *La préhistoire* – À la recherche du paradis perdu. Paris: Perrin, 1982 [trad. it., *La preistoria*. Org. PACINOTTI, M.C. & MARINIS, R. Milão: Bompiani, 1985].

FACCHINI, F.; GIMBUTAS, M.; KOZLOWSKI, M. & VANDERMEERSCH, J.K. *La religiosità nella preistoria*. Milão: Jaca Book, 1991.

II – Ritos funerários do Neolítico*

A palavra "Neolítico" foi usada para distinguir a Era da "Pedra Nova" da Era da "Pedra Antiga". Atualmente, o conceito de Neolítico foi ampliado e designa uma nova etapa da vida humana: o homem passa, de caçador, a produtor de espécies animais e vegetais. Passando do nomadismo à sedentarização, ele inventa a cerâmica, novos modos de polir os materiais, a tecelagem e o aldeamento no qual são agrupadas as habitações. Tendo sido iniciada no "Crescente Fértil" do Oriente Próximo por volta de 8000 a.C., a cultura do Neolítico se difunde em torno do

Mediterrâneo, penetra, no VI milênio, nos Bálcãs, no V milênio se propaga pelas planícies do Danúbio, pela África mediterrânea, depois, pela África Saariana e, por fim, no IV milênio, alcança a Ásia Central. Durante essas últimas décadas, os estudiosos da pré-história definiram a periodização interna da difusão do Neolítico. Todos eles concordam em fazer coincidir o seu fim com o nascimento da metalurgia. O Neolítico não constitui apenas um estágio técnico-econômico, mas também um estágio cultural e religioso do avanço da humanidade.

Entre os documentos disponíveis capazes de definir o comportamento e a situação mental do *homo religiosus* do Neolítico, os vestígios funerários ocupam posição de especial importância, visto que, para além do aprendizado do ambiente natural ou da representação da própria espécie, o homem fornece indicações sobre a própria crença numa vida depois da morte. Na época da cultura natufiana – um estrato cultural siro-palestino pré-neolítico, que vai do ano de 10500 a.C. ao ano de 8200 a.C. –, geralmente os defuntos eram enterrados em suas casas, por vezes, acompanhados de ornamentos. Nas tumbas de Mallaha e de el-Wad, foram encontrados colares, braceletes, cintas, cinturões, chapéus. Havia também restos de mobília. Os túmulos, arrumados de modo sumário, às vezes são revestidos de argila (Mallaha), às vezes cobertos por placas de pedra (Erq el-Ahmar). Evidentemente, era dispensado aos crânios um tratamento particularmente respeitoso.

Em Jericó há diversos depósitos de crânios – que remontam ao VIII milênio – dispostos em círculo e que olham para o lado de dentro, ou divididos em três grupos de três olhando para a mesma direção. Nessa mesma época, antes do ano 7500 a.C., surge na Síria-Palestina "o costume de separar os crânios dos esqueletos para fazer deles um uso particular" (CAUVIN, 1978, p. 128). Os crânios descobertos em Mureybet no Médio Eufrates – datados do ano 7500 a.C. – são dispostos no solo, ao longo de paredes, cada qual sobre um torrão de barro vermelho ali colocado especialmente para isso. E eles ficavam ao alcance dos olhos dos habitantes da casa (CAUVIN, 1978, p. 128). Em Jericó, modelou-se sobre alguns crânios o rosto com argila: a face é representada por uma espécie de máscara, nas órbitas oculares são engastadas conchas, a face é pintada e muitos crânios são agrupados. Situação análoga se apresenta em Ramad e em Beysamoun. Na conclusão de seu inventário sobre as práticas funerárias da Síria-Palestina, J. Cauvin (1978, p. 135) afirma que "os neolíticos do VII milênio buscaram manter presente, visível à comunidade dos vivos, a imagem de alguns entre eles depois de seu desaparecimento". Estaremos aqui no início do "culto aos Ancestrais" implicado pela crença numa vida ultraterrena.

No VI e no V milênio, na Síria-Palestina, dessa vez na região costeira, os estudiosos da pré-história constatam a existência de uma grande homogeneidade entre os ritos de inumação: Biblos, Ras Shamra, Tell Judeiheh. A presença de cerâmicas nas tumbas documenta a prática de oferendas alimentares aos defuntos, oferendas que eram dispostas nas covas em vista da vida no além. Os vasos das oferendas dão prova de terem sofrido a influência da cerâmica de Tell Halaf na Síria Setentrional, uma influência mesopotâmica muito acentuada sobre todo o litoral por volta do ano 4500 a.C. Ao lado das sepulturas individuais, temos as sepulturas coletivas, das quais vemos um exemplo na "casa dos mortos" de Biblos: um grande aposento central com uma considerável quantidade artificial de terra vermelha, diversos estratos de terreno que recobrem cerca de trinta esqueletos, algumas celas menores adjacentes ao aposento central, um depósito de crânios numa dessas celas. Segundo Cauvin (1972, p. 96), esse edifício, "carregado de uma força sacralizada por sua terra vermelha e por seus depósitos funerários, exercia sobre a aldeia uma evidente capacidade de atração".

Çatal Hüyük na Anatólia fornece preciosos dados sobre as relações entre as moradias e as sepulturas visto que, a partir do VII milênio e do VI milênio, os defuntos eram inumados sob plataformas nas casas e nos santuários. Os ossos descarnados e envolvidos em esteiras eram sepultados juntamente com objetos pessoais (ornamentos, armas) e oferendas. Nos santuários, encontram-se alguns crânios isolados: os ossos muitas vezes são pintados. A partir do Neolítico médio, na Europa, tornaram-se prática constante os sepultamentos coletivos, primeiramente no litoral atlântico, depois mais difusamente, e se registra uma continuidade na prática do sepultamento num lugar determinado.

O rito nasce da associação de uma prática com uma crença. Os ritos funerários coincidem com práticas e reações particulares suscitadas pela morte dos demais. Os exemplos sugestivos que apresentamos demonstram que o homem do Neolítico multiplicou os ritos, atribuindo-lhes um simbolismo cada vez mais rico: embelezamento do corpo em preparação para a vida ultraterrena, cuidados especiais dispensados aos crânios, rostos revivificados, uma nova capacidade de ver, proximidade entre defuntos e vivos. Tal simbolismo da vida é o sinal de uma sólida crença numa existência supraterrena.

Referências

(Acrescentadas pelo autor, 2007)

CAUVIN, J. *Naissance des divinités, naissance de l'agriculture* – La revolution des symbols. Paris: CNRS, 1994 [trad. it., *Nascita delle divinità e nascita dell'agricoltura* – La rivoluzione dei simboli nel Neolitico. Org. de M. Fiorini. Milão: Jaca Book, 1997] [ed. port., *Nascimento das divindades, nascimento da agricultura*: a revolução dos símbolos no Neolítico. Trad. de Pedro Filipe Henriques. Lisboa: Instituto Piaget, 1999].

VV.AA. "La mort dans la préhistoire". In: *Histoire et Archéologie*, n. 66, 1982. Paris.

III – As casas sacralizadas e os santuários*

No Oriente Próximo, durante o longo processo de difusão da cultura neolítica, é possível seguir a gênese da casa, hábitat do homem. Já por volta do ano 10000 a.C., com a civilização natufiana, surgem as aldeias, sinal do início da sedentarização. Do ano 8300 a.C. ao ano 7600 a.C., graças a testemunhos como a aldeia de Mureybet do Eufrates, assiste-se a progressivas transformações arquitetônicas das casas e dos aglomerados. Depois do ano 7600 a.C., com o crescimento da população na Síria e na Palestina, aumenta também a importância das aldeias, delineando-se assim uma nova etapa dessa evolução.

Na planície de Konya, na Anatólia, os arqueólogos exploraram uma grande localidade, Çatal Hüyük, que foi ocupada entre o ano 6250 a.C. e o ano 5400 a.C. Depois desse período, a população migrou para Haçilar e para outros lugares. Na cidade agrícola e artesanal de Çatal Hüyük, a atividade religiosa era intensa, visto que, de 139 casas, 40 delas eram sacralizadas: os primeiros santuários conhecidos. Eles apresentam afrescos, altos-relevos, estatuetas e figuras, cinquenta das quais são representações femininas. Dois símbolos dominam a iconografia: a deusa e uma figura masculina com aspecto de touro ou, às vezes, de "um homem barbudo que cavalga um touro, surpreendente prefiguração do fenício Hadad, deus da tempestade e da guerra" (CAUVIN, 1987, p. 1.478). Muitas vezes, o touro é representado isoladamente por pequenas figuras, especialmente por cabeças de touro em argila. As duas figuras – a deusa e o touro – parecem superdimensionados quando comparadas às outras figuras representadas. Segundo J. Cauvin,

---

* In: *Le Religioni, le Origini*, 26, 1993, p. 58-59 [Milão: Jaca Book].

a arte dessas casas sacralizadas, que apresentam diversos elementos típicos dos santuários, demonstra que o sagrado era percebido como pertencente a um nível superior ao humano: trata-se da crença numa entidade divina suprema, cuja representação é constituída pela deusa. Outras áreas arqueológicas da Anatólia forneceram estatuetas de deusas, mesmo que em quantidade menor: Çukurkent, Erbaba, Suberde, Haçilar. É preciso acrescentar que em Arpachiyah, no Iraque, em 1978, foi encontrado um vaso com elementos decorativos idênticos: deusa e touro; isso autoriza a concluir a predominância, no Neolítico, de uma certa unidade religiosa no Oriente Próximo.

Às margens do Danúbio, nas proximidades das Portas de Ferro, na Sérvia, no VI milênio, exatamente no início do Neolítico, situava-se sem dúvida a primeira aldeia da Europa, Lepenski Vir. A aldeia se compõe de 86 construções homogêneas. No centro das casas, atrás de uma grande lareira retangular, encontra-se um altar ou ainda uma escultura realizada sobre uma pedra. Sobre diversas pedras são visíveis os traços de um rosto humano muito sugestivo. D. Srejovič, que explorou essa zona arqueológica, considera que se trata de uma representação da divindade das águas. Assim como em Çatal Hüyük, os ritos funerários estavam vinculados a essas casas sacralizadas: inumações sob ou nas proximidades da lareira, sepulturas de crianças na parte posterior das casas, ampla utilização do ocre vermelho. As casas eram sacralizadas simultaneamente pela presença dos mortos e das imagens da divindade. Esses fatos nos levam a falar das necrópoles megalíticas, nas quais se manifesta um fenômeno análogo.

De fato, com a difusão da cultura neolítica, caracterizada pelo agrupamento da população em aldeias, passa a se exprimir progressivamente uma nova atitude diante da morte. Do ano de 4500 a.C. ao ano de 2000 a.C., o Neolítico ocidental se caracteriza por sepulturas coletivas monumentais, frequentemente agrupadas em autênticas necrópoles que apresentam diversas variantes. São esses os primeiros monumentos da Europa Ocidental e da Europa Setentrional, dos quais se veem vestígios até mesmo nos países mediterrâneos e, mais tarde, na África Setentrional. Seu propósito era o de reunir numa única área todos os defuntos do clã. Esses monumentos são lugares sagrados, quando não são até mesmo santuários, como o demonstra o cuidado reservado à construção das fachadas e à arrumação do interior. Nesses túmulos coletivos, os corpos são introduzidos providos de seus ornamentos, de todo um mobiliário funerário, de vasilhas para as oferendas alimentares e dos utensílios de culto. Nas paredes, podem-se ver incisões, relevos, figuras femininas. No III milênio, surge a imagem da deusa protetora dos mortos, quase sempre representada sob a forma de um rosto desprovido de boca. Essa deusa também pode ser encontrada nas estátuas-estelas postas no exterior das necrópoles e localizadas na França meridional, na Espanha, na Bretanha e na Itália. Em Capdenac-le-Haut, na França, departamento do Lot, uma figura apresenta algumas similitudes com as pedras esculpidas de Lepenski Vir, situado a mais de dois mil quilômetros de distância.

No arquipélago de Malta, há inúmeros monumentos megalíticos construídos entre o início do Neolítico e o ano de 3500 a.C. No IV milênio, surgem números hipogeus, entre os quais o de Hal Saflieni, ampla tumba de vários milhares de pessoas, mas também local de culto, como está atestado pelas estátuas das deusas e pelas diversas incisões e esculturas. Nessa época, também tem início a construção de prestigiosos templos megalíticos, realizados a partir de plantas trilobulares ou polilobulares e que contêm estupendos altares esculpidos e uma estatuária constituída especialmente de deusas. Esse conjunto confirma um dos aspectos da prática religiosa do homem do Neolítico: a associação entre os mortos e o culto da deusa.

Referências

(Acrescentadas pelo autor, 2007)

MELLART, J. *Çatal Hüyük*. Londres: Thames & Hudson, 1967.

SREJOVIČ, D. & LETICA, Z., apud *Les religions de la préhistoire* – Valcamonica Symposium '72. Capo di Ponte: Centro Camuno, 1978, p. 87-104.

IV – O culto das deusas neolíticas*

Do Paleolítico superior conservaram-se estatuetas femininas estilizadas dotadas de características femininas hipertróficas, difundidas numa área compreendida entre a Sibéria e o Atlântico e que os estudiosos da pré-história denominam

---

* In: *Le Religioni, le Origini*, 18, 1993, p. 66-67 [Milão: Jaca Book].

as "Vênus aurignacianas". Tidas como símbolos de fecundidade, elas ainda são pouca coisa quando comparadas à arte minimalista franco-cantábrica.

Pouco antes do ano 8000 a.C. e anteriormente aos primeiros trabalhos agrícolas, em Mureybet do Médio Eufrates surgem figuras femininas relativamente semelhantes às Vênus paleolíticas, mas em nítida predominância em relação às figuras animais: aumenta a importância da figura humana na arte, com uma predileção pela forma feminina, circundada por representações simbólicas do touro (CAUVIN, 1987). A mulher fecunda e o touro são dois símbolos um pouco anteriores à nova fertilidade agrícola, não sendo, portanto, consequência dela. Essa recentíssima descoberta é de fundamental importância para compreender a religião neolítica.

Em Ramad, na região de Damasco, por volta do ano de 6000 a.C., as estatuetas femininas recebem novas características: antes de tudo, a zona occipital da cabeça surge alongada na parte de trás e voltada para o alto; além disso, os olhos "são formados por pastilhas de barro recortadas na forma chamada de olho de serpente" (CAUVIN, 1978). Essa forma dos olhos se difundirá no decorrer do VI milênio: em Biblos, em Munhata, na Palestina, em Hassana, na Mesopotâmia, e em seguida no Irã. Claro que uma temática como essa, constante no Oriente Próximo, pressupõe certo tipo de pensamento e determinado simbolismo. Esse novo simbolismo se somará às características que aludem à fecundidade feminina (seios desenvolvidos e barrigas de mulher grávida) e que denotam uma atenção especial dispensada à cabeça e aos olhos. Segundo Cauvin, os artistas quiseram descrever o psiquismo feminino.

Dois mil anos depois de Mureybet, a cidade anatoliana de Çatal Hüyük apresenta uma profusão de estatuetas femininas, de afrescos e de altos-relevos. O estudo sistemático dessa prodigiosa documentação forneceu resultados surpreendentes. As representações femininas evidenciam uma mulher parturiente e régia, procriadora dos homens e dos animais. Ao lado dela, mas a ela subordinados, às vezes aparecem um homem barbudo montado num touro, às vezes, só um touro. Deusa e touro são superdimensionados no que diz respeito ao contexto. Segundo Cauvin, os símbolos mulher e touro de Mureybet se tornaram duas divindades propriamente ditas e, diferentemente do universo horizontal da arte franco-cantábrica, nós nos encontramos em presença de um sagrado que o homem percebe como transcendente: uma deusa e um deus-touro. A deusa é a primeira divindade de forma humana. J. Cauvin considera que realmente se pode "fazer remontar ao Neolítico a existência de uma religião" (1987, p. 1.479).

As estatuetas femininas difundidas por todo o Oriente Próximo, de Damasco a Jericó e da Anatólia à Mesopotâmia, a partir do VI milênio também se encontram na Europa Central, na costa adriática, em Creta, em Chipre, em Malta e na Macedônia. Sua difusão prossegue do ano de 6500 a.C. ao ano de 3500 a.C.: civilização de Sesklo na Grécia; Impresso na Itália; Karanovo, Boian e Gumelnita na Bulgária e na Romênia, Starcevo e Vinêna na Iugoslávia, Romênia e Tchecoslováquia; Lepenski Vir; Cucuteni na Romênia; Alföld, Lengyel e Tisza na Áustria e na Hungria. Graças às escavações e às descobertas de Marija Gimbutas, a documentação dessa "Old Europe" é composta de cerca de trinta mil estatuetas provenientes de mais de três mil zonas arqueológicas neolíticas.

A decifração dessas estatuetas em osso, pedra ou argila, geralmente chamadas de "deusas da fertilidade", o estudo dos ideogramas e dos símbolos presentes nelas, a comparação de tais estatuetas com a pintura vascular e com a cerâmica permitem falar de um verdadeiro panteão das deusas da "Velha Europa": deusas-pássaro, deusas-serpente, deusas da vegetação, grande deusa da vida, da morte, da regeneração. Como no Oriente, ao lado da deusa, existe uma divindade masculina.

As máscaras, os símbolos e os ideogramas são indícios da presença de ritos e, consequentemente, de um autêntico culto à deusa. As estatuetas de personagens adoradores e as cenas cultuais são uma confirmação disso. Um simbolismo mítico desse tipo demonstra que, à época de Çatal Hüyüh, na Europa Sul-oriental e na Europa Central, difundiu-se uma verdadeira religião neolítica, provida de ritos e de um culto à deusa da vida, da fertilidade, da fecundidade. Aqui constatamos o nascimento dos grandes panteões do Mediterrâneo e do Oriente.

Referências

(Acrescentadas pelo autor, 2007)

ANATI, E. *I Camuni alle origini della civiltà europea*. Milão: Jaca Book, 1982.

RENFREW, C. *Before Civilization*: the Radiocarbon Revolution and Phrehistoric Europe. Londres: Cape, 1973 [trad. fr., *Les origines de l'Europe*. Paris: Flammarion, 1983].

V – Inscrições rupestres, menir e culto astral*

As pinturas e as incisões que adornam as paredes das cavernas ou as rochas a céu aberto estão espalhadas por todos os continentes e apontam para a existência de uma tradição ininterrupta que vai do Paleolítico superior até a idade do Bronze. Neste breve capítulo, vamos nos limitar a exemplificar a arte rupestre neolítica, ou seja, as inscrições nas rochas e a decoração das estátuas-estelas.

Uma abundante documentação foi entalhada nas rochas do Vale Camônica, na Itália, um vale estreito da Lombardia, ao norte de Bréscia. Pouco antes do ano de 5000 a.c., tem início a fase climática "Atlântica". Ela se caracteriza por um aumento da população e pela introdução da agricultura, que se acrescenta à caça e à colheita dos produtos vegetais selvagens típicos do período protocamuniano, cujas inscrições rupestres se limitavam praticamente à representação dos animais. Nos períodos camunianos I e II A (5000-3000 a.C.), o simbolismo rupestre passa por uma profunda modificação artística e ideológica. Ao lado das numerosas figuras antropomórficas em atitude de oração, com os braços erguidos para o céu, multiplicam-se os símbolos solares e celestes. Além disso, são escavadas na rocha inúmeras cubas, pequenas cavidades em forma de taça, que levam a pensar em ritos de oferenda, talvez até como representações de constelações astrais. Embora o ambiente seja povoado por animais selvagens e domésticos, o interesse pelos animais desapareceu. Por volta do ano de 3800 a.C., início do período II A, surge a junta de bois presa ao arado. Esse período é particularmente rico em figuras orantes, frequentemente representadas em grupo e acompanhadas de símbolos solares.

É importante observar que os grupos de orantes foram talhados em plataformas rochosas voltadas para a direção do nascente, para o qual esses erguem os braços. Por outro lado, também se fazem presentes incisões idoliformes, algumas das quais têm a altura de dois metros. Essas figuras de ídolos se tornam mais numerosas no decorrer do IV milênio e aparentemente correspondem à fase inicial das estátuas-estelas mais antigas da Lunigiana, do Aveyron e do Tarn, na França meridional (ANATI, 1978). No decorrer do período II, multiplica-se a representação da "pá". Ídolos e pás se fazem acompanhar de discos solares. E. Anati (1978) observou que os ídolos gravados na rocha devem ser comparados com formas

---

* In: *Le Religioni, le Origini*, 19, 1993, p. 68-72 [Milão: Jaca Book].

semelhantes muito difundidas na Europa do IV milênio: França, Itália, Europa Central. É necessário insistir no fato de que as representações dos orantes e do disco solar estão presentes em ambos os milênios do Neolítico camuniano, e isso parece indicar a existência de um eixo central da ideologia religiosa. O historiador das religiões vê aqui os sinais de um culto solar que se situaria no centro da religião dos camunianos.

Merece atenção outra documentação da arte rupestre. Trata-se das estátuas-estelas da Itália setentrional (Alto Ádige, Vale Camônica, Valtellina, Vale d'Aosta, Ligúria), da França meridional e da Suíça. Esses monumentos são de dois tipos: as estátuas-estelas que apresentam uma figura antropomórfica e as estátuas-menires, monólitos que trazem uma decoração rupestre semelhante. E. Anati constata que determinado número dessas estátuas-estelas da Lunigiana foram encontradas nos mesmos lugares em que foram construídas igrejas medievais (ANATI, 1981). É esse o indício de uma permanência do sagrado. Algumas dessas estátuas foram mutiladas e conservadas na cripta das igrejas cristãs, enquanto nas tradições populares a memória de um culto pagão foi preservada. Essas estátuas-estelas também eram frequentemente encontradas à beira de uma fonte, de um curso d'água ou na confluência de duas torrentes (Pontevecchio). Por vezes, na proximidade do lugar onde foram encontradas, foram desenterrados os restos de construções megalíticas. Algumas dessas estelas antropomórficas são masculinas, outras, femininas; isso nos levaria a pensar num culto funerário.

Na zona alpina italiana, a decoração dessas estátuas-estelas é frequentemente dividida em três camadas: no alto, um conjunto de símbolos: um grande disco radiante tendo ao lado dois discos menores, que simbolizariam o céu, a luz e o calor (ANATI, 1968). No centro, veem-se representadas armas e, embaixo, surgem símbolos da fecundidade, da fertilidade, da riqueza. O conjunto leva a pensar numa entidade divina. Uma tripartição desse tipo foi encontrada na região alpina, onde é menos evidente. Tendo tido início em meados do IV milênio, a construção desses monumentos prosseguiu até por volta do ano de 2500 a.C., em pleno período calcolítico. Os estudiosos da pré-história formularam diversas hipóteses a propósito do significado dessas estelas cultuais decoradas em três níveis. Pode-se supor que os indo-europeus tenham chegado aos vales alpinos por volta do ano de 3200 a.C. A presença de um simbolismo solar na área camuniana, caracterizado pelas pessoas orantes diante do sol e por uma série de símbolos solares, leva a pensar em possíveis influências do culto astral.

Outro monumento do Neolítico é de grande interesse: o menir, que é frequente na costa atlântica a partir do V milênio. A palavra bretã *menhir* indica um bloco de pedra único plantado na terra. Na Bretanha, há fileiras de menires particularmente espetaculares, mesmo sendo os menires espalhados pelo mundo todo. Monumentos de caráter cultual, os menires estavam ligados a fenômenos celestes, ao culto astral. Além dos menires de Locqmariaquer e de Carnac, na Bretanha, os de Stonehenge, perto de Salisbury, na Inglaterra meridional, suscitaram o maior número de perguntas. Esse tipo de monumento, que remonta ao Neolítico, se engradeceu em duas ocasiões no decorrer da Era do Bronze Antigo. Uma vez que se encontra perfeitamente orientado para o nascer do sol no solstício de verão, a opinião sempre mais difundida é que se tratava de um templo solar.

A partir da Era do Bronze, o culto solar terá um desenvolvimento contínuo no Ocidente e no Oriente. Algumas incisões escandinavas representam o disco solar, cujos raios terminam em mãos e que avança para algumas figuras orantes de pé, com as mãos levantadas em atitude de adoração. O homem do Neolítico manifestava ainda uma predileção especial pelos fenômenos celestes, e essa tendência foi se acentuando no decorrer da Era do Bronze: os símbolos solares se multiplicarão, tanto na arte rupestre escandinava como nas culturas mediterrâneas. Nos ritos funerários, será introduzida uma inovação importante: a cremação do corpo do defunto, com o objetivo de libertar o princípio espiritual, de modo que ele pudesse se elevar ao mundo celestial. Na Europa Ocidental e na Europa Meridional, essa nova prática funerária, ligada ao culto astral, dará início a um vasto movimento cultural e religioso, a chamada civilização dos campos de urnas.

Referência

(Acrescentada pelo autor, 2007)

ANATI, E. *Le statue-stele della Lunigiana*. Milão: Jaca Book, 1981.

VI – As religiões de tradição oral, hoje*

No decorrer dos séculos XIX e XX, o Ocidente desenvolveu um interesse extraordinário pelo estudo das chamadas religiões "primitivas" que, atualmente, são definidas como religiões das culturas baseadas na tradição oral. A ausência de documentos escritos obrigava os estudiosos a buscarem as informações nos dossiês dos colonizadores, dos missionários e de outros observadores. Apesar de trabalharem em perspectivas ideológicas muito distintas, antropólogos, etnólogos e historiadores estavam todos em busca da origem da religião e das religiões, e a maioria deles considerava que os "primitivos" contemporâneos representavam um estágio próximo ao dos primórdios (EVANS-PRITCHARD, 1971). Os diversos estudos levados a termo nesse sentido revelaram-se mal fundamentados e, um após o outro, acabaram todos abandonados (BIANCHI, 1963).

Depois de um intervalo de algumas décadas, o interesse por essas religiões ressurgiu, mas o ponto de vista da pesquisa mudou de maneira notável. Tal interesse passa a se voltar especialmente para os povos da África negra, da Oceania, das regiões árticas, para os indígenas da América do Sul e do Norte e para os povos altaicos da Sibéria. Essas populações deixaram de ser vistas como *Naturvölker*, passando a ser o objeto de interesse sua vitalidade e seu *continuum* histórico. Antropólogos da estatura de M. Griaule, E. Evans-Pritchard e R. Lienhardt e um historiador das religiões como Mircea Eliade destacaram alguns fenômenos essenciais da vida religiosa desses povos: mitos, símbolos, ritos, iniciação. Essas populações consideram toda a sua criatividade humana como religiosa (ELIADE, 1979).

1 Os mitos e sua ritualização

As sociedades tradicionais atuais veiculam mitos vivos que fornecem "modelos para o comportamento humano e conferem um sentido à existência do homem". Em sua célebre tetralogia, C. Lévi-Strauss analisou cerca de oitocentos mitos dos índios da América (LÉVI-STRAUSS, 1964-1971). Depois de explicar a passagem da natureza para a cultura por meio da descoberta do fogo, das técnicas culinárias e agrícolas e dos ornamentos (vol. 1), ele tenta demons-

---

* In: *Le Religioni, le Origini*, 35, 1993, p. 135-139 [Milão: Jaca Book].

trar a convertibilidade dos códigos alimentar, astronômico e sociológico (vol. 2), passando depois a uma ética social (vol. 3) para, finalmente, chegar às oposições entre natureza e cultura (vol. 4). Esses mitos, afirma Lévi-Strauss, nada dizem da ordem do mundo, da natureza do real, da origem do homem, nem de seu destino. Ele chega à conclusão de que a estrutura dos mitos desvela a unidade e a coerência das coisas, integra o homem à natureza, mas não oferece nenhuma mensagem religiosa. Restringindo-se a considerar o mito como linguagem, o estruturalismo de Lévi-Strauss contentou-se em definir uma sintaxe para o mito.

Para o homem das sociedades tradicionais, o mito é uma linguagem portadora de uma mensagem densa de significados. Mircea Eliade dedicou uma parte da própria obra aos mitos vivos de povos tradicionais contemporâneos, e ela nos oferece uma grade de leitura de sua religiosidade (ELIADE, 1974). Os mitos transmitem uma história sagrada dos tempos primordiais. Eles narram como Seres sobrenaturais e Antepassados criaram o mundo ou o recriaram. Para o homem tradicional, essa revelação é repleta de consequências, porque transmite modelos significativos de todas as atividades humanas: alimentação, trabalho, educação, casamento, arte, sabedoria. O homem, tal qual existe hoje, é o resultado dessa criação das origens. Se se quiser conservar essa obra e essa situação, será necessário reatualizar periodicamente o mito e recriar o tempo. Essa recriação da cosmogonia e do mundo solicita um retorno à época áurea. Essa é, em síntese, a mensagem dos mitos.

Esse retorno é realizado mediante a reatualização dos mitos, o que implica a existência de determinadas festas e de um calendário exato de suas celebrações. Cada festa é, antes de tudo, uma comemoração de ações divinas, uma vez que não devem ser absolutamente esquecidos os Seres sobrenaturais e os Antepassados míticos. A festa também é uma celebração durante a qual a tribo revive os acontecimentos primordiais, alcança a época áurea, recupera e emula as ações exemplares e divinas. Ela reconstitui as próprias forças em vista das atividades da vida cotidiana. Revelação, festa, memória, reatualização, por um lado, estão voltadas para as origens, por outro, para a vida cotidiana. Os mitos constituem o quadro religioso das sociedades tradicionais, das suas instituições e da atividade cotidiana dos homens e das mulheres que as compõem.

2 Tradição oral e iniciação

Nas culturas alicerçadas na tradição oral a iniciação dos adolescentes desempenha um papel fundamental. Universalmente atestada, a iniciação é matriz da sociedade, formadora da cultura, suporte da religião e realização do estado de perfeição do *homo religiosus*. Os ritos de iniciação exigem a preparação de um lugar sagrado, que é o espaço no qual os seres sobrenaturais recriam o mundo, um espaço que permite a comunicação com o mundo transcendente. A iniciação se realiza durante um tempo sagrado, que abre o acesso ao tempo das origens a ser alcançado pelo neófito por meio dos ritos: lugar sagrado e tempo sagrado são dois fatores preliminares da iniciação.

A iniciação começa com um ato de ruptura com a vida da infância: recinto sagrado, capim, separação da mãe, isolamento numa mata. Seguem-se as provas iniciáticas: danças, privações do sono, fome, sede, lançamento de chamas, ritos de purificação; na África e na Oceania, a circuncisão; na Austrália, os gritos produzidos por instrumentos chamados de *bull-roarers*, tidos como capazes de ecoarem a voz do Ser supremo. Segue-se, finalmente, a transmissão dos mitos, mediante a qual o neófito é introduzido na sua comunidade (ELIADE, 1979). Essa transmissão dos mitos pode se estender por vários anos, visto que constitui o acesso aos mistérios; ela é uma revelação.

3 O Ser supremo

Uma vasta pesquisa empreendida no início do século XX por W. Schmidt e uma equipe de etnólogos entre os aborígenes da Austrália comprovou, naquelas tribos, a crença na existência de um Ser supremo. Continuada, sob a direção de Schmidt, por Koppers, Schebesta, Gusinde e outros, essa pesquisa levou à identificação de crenças iguais entre os pigmeus africanos, os bosquímanos, na Terra do Fogo, e entre as populações árticas e norte-americanas. Muitos etnólogos e historiadores das religiões aderiram às posições desses estudiosos (SCHMIDT, 1912-1954).

O debate entre Pettazzoni e Eliade permitiu esclarecer a compreensão dessa crença num Ser supremo mostrando que ele "é sempre um personagem primordial e criador" (ELIADE, 1979). A primordialidade e a criatividade são elementos característicos do pensamento mítico. As pesquisas atuais confirmam essas crenças graças à análise dos mitos, dos ritos e de todo o simbolismo tradicional. Na África, o Ser supremo é o criador e o senhor do cosmos. De acordo com vários mitos, outrora ele vivia junto aos homens, mas em seguida deles se afastou (ZAHAN, 1976). Das tradições míticas da América do Sul, emerge um Ser supremo onisciente, onipotente e benéfico, criador e senhor do universo (SCHADEN, 1976). Entre as características essenciais do Deus supremo entre os indígenas da América, é preciso destacar sua posição no vértice da hierarquia e seu controle da atividade humana. Ele é invisível e associado ao céu, e isso é o que manifesta a sua transcendência (HULTKRANTZ, 1976).

Referências

(Acrescentadas pelo autor, 2007)

ELIADE, M. *Australian Religions* – An Introduction. Nova York: Ithaca, 1965 [trad. it., *La creatività dello spirit* – Un'introduzione alle religioni australiane. Milão: Jaca Book, 1979].

SCHMIDT, W. *Der Ursprung der Gottesidee*. 12 vols. Münster: Aschendorff, 1912-1954.

VII – Mana, totem e tabu*

1 O vocabulário

Mana: termo pertencente à língua falada na Polinésia, introduzido no Ocidente primeiramente por W. Williams em 1814, depois por R. Codrington, etnólogo na Melanésia, que o transmite a M. Müller e o avalia como de uso generalizado no Pacífico. *Mana* indica um poder, uma influência, uma força impessoal possuída por espíritos, que podem transmiti-la utilizando-se da água, de uma pedra, de um osso. A partir de 1892, o vocábulo é retomado por alguns etnólogos e antropólogos (J.H. King, R.R. Marett), sendo considerado uma categoria importante nas experiências religiosas dos primitivos. Passa a ser, então, identificado com o *manitu* dos algonquinos, com a *orenda* dos iroqueses, ou com o *brahma* hindu. O movimento evolucionista o considera um conceito essencial para o desenvolvimento da religião. As recentes pesquisas arqueológicas de-

---

* In: *Le Religioni, le Origini*, 5, 1993, p. 18-19 [Milão: Jaca Book].

monstram o erro de interpretação cometido no início do século XX: hoje, na Melanésia, *mana* indica o poder eficaz de uma pessoa capaz de realizar façanhas extraordinárias.

Totem: termo utilizado pelos ojibwa, uma tribo dos algonquinos da América setentrional, que indica uma relação de parentesco e designa um clã exógamo em relação com um animal "protetor". O termo *totem* também indica o animal protetor atribuído a uma pessoa. Trata-se de fenômenos etnográficos. O totemismo australiano supõe uma relação entre uma espécie natural e um grupo de parentesco; o totemismo polinésio diz respeito à relação de um animal com um grupo de parentesco. Em *Le Totémisme aujourd'hui* (Paris, 1962), C. Lévi-Strauss demonstrou que o chamado totemismo foge a qualquer definição geral e que os fenômenos destacados a esse respeito devem ser reinseridos no ambiente específico das etnias desprovidas de escrita. Na Oceania e na América, as colunas totêmicas situadas à entrada das aldeias representam a sucessão dos antepassados do clã. Na história das religiões, o totemismo é o conjunto das teorias que pretendiam determinar no *totem* a origem da religião ou a base dos comportamentos e das instituições das sociedades arcaicas.

Tabu é um termo melanésio e polinésio. Ele indica os limites com os quais se circundam determinadas pessoas (reis, sacerdotes), coisas (alimentos, objetos rituais), atividades, santuários e lugares sagrados, e define as regras a serem observadas no caso de se precisar aproximar ou se afastar deles, com o propósito tanto de proteção quanto de interdição. Introduzido no Ocidente pelo capitão Cook em 1777, esse termo passa a fazer parte das pesquisas de J.G. Frazer, que, em 1911, o utiliza como categoria religiosa universal para indicar a dimensão negativa do sagrado entendido como proibido: *tabu* indica a separação existente entre o mundo do sagrado e o mundo do profano. Freud retoma o conceito em 1913 em *Totem e tabu*. Os estudos etnológicos atuais passaram a ser muito críticos em relação a essas posições e mostram que, na Polinésia, *tabu* possui muitos significados não religiosos. Os partidários do evolucionismo em religião utilizam simultaneamente *mana*, *totem* e *tabu* para desenvolver as suas hipóteses sobre a origem e o sentido das religiões primitivas. Esse período de confusão sobre a experiência do sagrado já terminou.

2 As teorias

Em 1866, em *Primitive Marriage*, J.F. McLennan revela ao mundo científico o fenômeno da exogamia, atribuindo-lhe um caráter religioso, e, em 1869, em *The Worship of Animals and Plants*, esforça-se por demonstrar que o totemismo é uma religião, origem de todos os cultos dos quais animais e plantas são objeto. J.G. Frazer (1854-1941) se apodera dessa teoria. Convencido da insensatez das crenças primitivas, o antropólogo inglês, que trabalha apenas em sua biblioteca, faz do totemismo um sistema religioso que engloba as diversas crenças arcaicas (*Totemism and Exogamy*. 4 vols. Londres, 1911). De acordo com o que escreve Frazer, essa religião primitiva seria um amálgama composto pela organização do clã, pela denominação totêmica do clã, pela crença num parentesco entre o *totem* e os membros do clã e pelo interdito de comer o animal ou a planta *totem*, exceto durante o rito do sacrifício. Ele retirou essa última ideia de W. Robertson Smith (*The Religion of the Semites*. Londres, 1889). Ao final de longas discussões e oposições, em 1927, Frazer publica a síntese de seu pensamento sobre a religião totêmica (*Man, God and Immortality*. Londres). A primeira etapa da evolução da religião seria a magia, isto é, a personificação das forças naturais e a criação de uma multidão de espíritos. Mediante a criação de reis, sacerdotes e divindades teria ocorrido a passagem para uma religião politeísta e para cultos dos quais, mais tarde, nascerá o monoteísmo. Na França, Salomon Reinach (1858-1932) difundirá o frazerismo em *Orpheus – Histoire générale des religions* (Paris, 1909 [2. ed., 1931]) e em *Cultes, mythes et religions* (3 vols. Paris, 1905 [2. ed., 1922]). Na Alemanha, essa mesma obra é empreendida por W. Wundt (1832-1920), em seu monumental volume *Völkerpsychologie* (10 vols., 1910-1920).

Émile Durkheim (1858-1917) faz do totemismo o sistema religioso dos povos primitivos e busca detectar nele a origem da religião (*Les formes élémentaires de la vie religieuse*. Paris, 1912). Segundo sua concepção, influenciada por A. Comte, por H. Spencer e por W. Wundt, a sociedade é uma realidade metafísica superior, um mecanismo que transcende o indivíduo e que é animado por uma consciência coletiva criada pelo conjunto das crenças e dos sentimentos comuns a uma coletividade. Durkheim vê na religião uma manifestação natural da atividade humana. Positivista, ele exclui do fenômeno religioso, determinado pelo comportamento social, três elementos: o sobrenatural, o mistério e a divindade. Para o pensamento religioso, o mundo se divide em dois âmbitos, o sagrado e o profano, e a causa objetiva, universal e eterna das experiências religiosas é a sociedade. Emanação da consciência coletiva, a religião é um fato universal e um fenômeno necessário. A sua função consiste na administração do sagrado.

Propondo-se a identificar a religião mais primitiva e mais elementar, Durkheim opta pelo totemismo, pela religião do clã, no meio da qual o *totem* representa o sagrado por excelência. A fonte, o coração e o motor da religião totêmica é o *mana*, o princípio do sagrado, a energia anônima e impessoal presente em cada um dos seres do clã. O *mana* constitui a matéria-prima de todas as religiões e é a partir dele que as sociedades criaram os espíritos, os demônios, os gênios e os deuses. O *totem* exprime e simboliza o *mana*, que é a hipóstase do clã. O clã, por sua vez, por uma transferência de poder, cria o sagrado e está destinado a administrá-lo. O sagrado gera o culto, com os seus ritos e as suas práticas, que incessantemente reconstroem a sociedade. Marcel Mauss (1873-1950) e Henri Hubert (1872-1927), discípulos de Durkheim, dedicam-se ao estudo das funções sociais do sagrado, fazem coincidir o *mana* com o sagrado e ampliam o conceito totêmico a todas as religiões, até mesmo às religiões do Livro. Durante duas décadas, suas ideias inspiram um certo número de historiadores das religiões.

Sob a influência de Frazer e de Wundt, S. Freud realiza o estudo do *tabu*, no qual vê uma analogia com a neurose obsessiva; a transgressão de um *tabu*, de fato, provoca um remorso que está na origem da consciência moral. Passando de um tema a outro, Freud chega ao totemismo e o adota como explicação da religião e da sua origem. Retomando a ideia de Robertson Smith sobre a importância do sacrifício e da refeição totêmica, Freud a situa na origem do gênero humano, vinculando-a à primeira festa da humanidade, ocorrida quando a horda primitiva dos filhos assassinou o pai para tomar posse das mulheres. A religião totêmica será o resultado do sentimento de culpa dos filhos, culpa que consistiria num esforço destinado a sufocar tal sentimento e, ao mesmo tempo, numa tentativa de reconciliação. Esse evento primordial, situado na origem da religião totêmica, repercute, segundo Freud, em todas as religiões da humanidade (*Totem e tabu*, 1913).

VIII – A "magia" da caça*

O Reverendo Henri Breuil, que deixou uma prodigiosa documentação sobre a arte rupestre, baseou a própria hermenêutica numa teoria da magia e da propiciação da caça. De fato, algumas figuras reproduzidas nas cavernas, por exemplo, na de Lascaux, representam animais feridos. Além disso, está presente em todos os lugares a azagaia, uma arma de arremesso fabricada em osso ou em chifre de rena, que constituía a arma principal do caçador magdaleniano. Baseando-se na abundante documentação animalista das cavernas, na importância das armas dos caçadores e nas teorias dos etnólogos que estudam as tribos contemporâneas de caçadores árticos, amazônicos e australianos, H. Breuil viu na arte das cavernas um conjunto de ritos mágico-religiosos inseparáveis da caça de grande porte, da perseguição cotidiana dos animais de caça e de sua multiplicação na natureza.

É certo que a os animais de caça eram abundantes e que a preocupação dos caçadores era abatê-los. Para realizar caças proveitosas, que tivessem um resultado satisfatório, era necessário realizar determinados ritos: danças e cerimônias com invocações – como fazem os caçadores primitivos de hoje – ao "Grande Espírito" que rege as forças da natureza (BREUIL, 1952). Em diversos casos, a prática de uma magia propiciatória parece certa. Na gruta de Montespan (França), numa extensão de poucos metros, a parede está crivada de golpes de azagaia, com os mesmos sinais que se encontram no corpo de três cavalos gravados na argila. A estatueta de um animal tem o peito perfurado por numerosos golpes de azagaia, enquanto um urso deitado apresenta repetidas perfurações. A gruta de Niaux fornece exemplos similares.

H. Breuil atribuiu grande importância ao "Grande Feiticeiro" da gruta de Les Trois-Frères (Ariège) gravado na parede e do qual ele realizou um desenho famoso: cabeça de cervo que sustenta grandes chifres ramificados, face de coruja, orelhas de lobo, barba de camurça, braços que terminam com patas de urso e longo rabo de cavalo. O sexo indica que se trata de uma figura humana. H. Breuil não hesita, portanto, em falar de gestos rituais e de cerimônias sagradas. A seu ver, "o conjunto das representações constitui o complexo dos elementos de um ritual de cerimônias mágicas voltadas para a multiplicação ou para a destruição". Os caçadores reproduziam a efígie do animal e lhe infligiam uma morte simbólica atra-

---

* In: *Le Religioni, le Origini,* 13, 1993, p. 46-47 [Milão: Jaca Book].

vés de ferimentos reais, cravando armas em seu corpo ou simulando o impacto dos golpes. Segundo Breuil, o principal elemento desse ritual reside na mímica. Arcos e bastões furados teriam representado uma parte do material comumente usado nessas pantomimas sagradas. Alguns detalhes revelam um aspecto sazonal que levaria a supor "o caráter cíclico de festas e cerimônias". As cerimônias deviam garantir a fecundidade dos animais, bem como o êxito da caça.

Na sua interpretação das práticas religiosas dos homens do Leptolítico, ou seja, dos magdalenianos que viveram na Era da Rena, H. Breuil introduz outro elemento: as máscaras. Tomando como ponto de partida as cerimônias atuais de iniciação e de renovação cósmica em uso entre as populações sem escrita, ele constata que os ritos produzem crenças e mitos que estão em relação com o mito do antepassado. Ora, o fato de alguns personagens usarem a máscara é um elemento importante, porque se destina a significar a dualidade do ser mítico. H. Breuil descobriu um bom número de personagens mascarados que permitem vislumbrar, quase limpidamente, alguns traços humanos: o feiticeiro da gruta de Les Trois-Frères, o dançarino com cabeça de urso do Mas d'Azil, os demônios mirins de Teyjat e muitas outras figuras de seres meio humanos meio animais. A ideia subjacente às cerimônias seria a de uma participação dos homens dos clãs magdalenianos na força e na vida dos antepassados míticos. H. Breuil extraiu tal ideia diretamente da teoria da participação desenvolvida por L. Lévy-Bruhl.

A. Leroi-Gourhan não rejeita em bloco a ideia da magia da caça, mas considera que ela não é suficiente para explicar o conjunto dos dados fornecidos pela copiosa documentação da arte rupestre. O número dos animais feridos é muito exíguo e inferior a 10%. Além disso, os ferimentos têm um aspecto ambíguo e poderiam ser considerados semelhantes a uma representação feminina, ao passo que as armas de arremesso possuem símbolos de caráter masculino. Essas observações nos remetem a um simbolismo bipolar. Se a presença dos ferimentos dos animais não é suficiente para sustentar a hipótese de uma magia propiciatória, também não pode subsistir, depois de um exame atento, a ideia dos pretensos acasalamentos, porque o pressuposto de uma magia da fecundidade se revela frágil (LEROI-GOURHAN, 1964, 1971). As posições dos dois autores coincidem na insistência no simbolismo mítico oculto nas composições. Digamos que, se se quiser excluir a ideia da magia da caça, não se pode rejeitar a ideia dos mitos da caça nem a dos mitos da origem dos animais de caça. É um dado incontestável que o pensamento dos caçadores magdalenianos estava ligado a uma abundante quantidade de símbolos relativos a um universo mítico, do qual, porém, ainda devemos descobrir o essencial.

IX – Os primeiros utensílios, o fogo, os ritos*

Depois de 1959, as expedições científicas à Tanzânia, ao sul do Lago Turkana, nos vales do Omo e do Awash, no Rift Valley etíope e em muitos outros lugares africanos, trouxeram à luz uma prodigiosa documentação paleoantropológica que mostra como o aparecimento do *Homo habilis* se deu há mais de dois milhões de anos. O inventário e o estudo minucioso desses documentos demonstram que esse homem pôde se dedicar à fabricação sistemática de utensílios. Posteriormente, o *Homo erectus* rapidamente se espalhou pela África, em Java, na China e na Europa. Seu território recobre grande parte dos três continentes. Na África Oriental, as pistas mais antigas atribuídas ao estágio denominado *erectus*, descobertas a leste do Lago Turkana, remontam a 1,6 milhão de anos (Y. Coppens).

Utensílios dessas épocas foram encontrados por toda a África e por toda a Eurásia. Com o *Homo erectus*, surge o utensílio bifacial. Esses utensílios tiveram uma importância cada vez maior. A fenda nas duas faces da pedra é o sinal de alguma pesquisa e de consciência da simetria. O exame dos utensílios e de tudo o que resta dos lugares nos quais eram trabalhados mostra que o *Homo erectus* escolheu ponderadamente os seus materiais, levando em conta as suas cores e preferindo certo tipo de rocha a outro, algo que indica um sentido da estética. Os jazigos de Olduvai, na Tanzânia, e os de Melka Kunturé, na Etiópia, forneceram algumas estruturas rudimentares de habitações circulares: porções de terreno aplainado, pedras dispostas em círculo para sustentar postes, arcabouços de cabanas. Os vários indícios permitem deduzir que o *Homo erectus* era capaz de construir cabanas estruturadas internamente: havia uma área destinada ao corte dos utensílios, outra destinada à preparação dos animais, outra ao descanso (J. Piveteau). Ferramentas e hábitat são indícios significativos da cultura. Na região habitada pelo *Homo erectus*, foram descobertos entre os ossos numerosos crânios partidos na base com notável regularidade, sinal de um comportamento

---

* In: *Le Religioni, le Origini,* 8, 1993, p. 26-27 [Milão: Jaca Book].

ritual diante da morte. Com o *Homo erectus* também surge o fogo: há 700 mil anos na China, há 450 mil na Europa; trata-se de um sinal revelador de um progresso psíquico, uma vez que o uso do fogo é indício também de determinado comportamento social e ritual.

A convergência desses documentos arqueológicos e seu significado nos demonstram que o *Homo erectus* era um *homo symbolicus*, consciente da simetria, dotado de sensibilidade estética e já um inventor e usuário de ritos referentes à morte e ao fogo. Portanto, ele tinha consciência de sua capacidade criativa, possuía consciência dos símbolos, consciência estética e uma certa consciência do que representava o acontecimento da morte. Segundo Yves Coppens, diversos argumentos tornam plausível a hipótese do uso de uma linguagem por parte do *Homo habilis*: o desenvolvimento das áreas cerebrais de Broca e Wernicke, que condicionam o domínio da fala; finalmente, a caça de animais de grande porte e a fabricação de utensílios, atividades que supõem alguma comunicação.

Referências

(Acrescentadas pelo autor, 2007)

FACCHINI, F. *Le origini* – L'uomo: introduzione alla paleoantropologia. Milão: Jaca Book, 1990.

LUMLEY, H. (org.). *Origine et évolution de l'homme*. Paris: Musée de l'Homme, 1982 [trad. it., *Origine ed evoluzione dell'uomo*. Org. de G. Giacobini. Milão: Jaca Book, 1985].

X – As estruturas do comportamento religioso*

Para concluir esta análise – que, de um lado, diz respeito aos fatos religiosos (as hierofanias) que se mantiveram desde o Paleolítico até os grandes monoteísmos e, de outro, ao comportamento do homem na experiência do sagrado realizada por meio de mitos, símbolos e ritos –, é indispensável introduzir o tema das estruturas do comportamento do *homo religiosus*, ou seja, do *Homo sapiens* que vive a experiência do sagrado. Aqui se põe também a questão da validade de uma antropologia religiosa e das suas finalidades.

---

* In: *Le Religioni, le Origini*, 34, 1993, p. 134 [Milão: Jaca Book].

A antropologia religiosa estuda o homem como criador e utilizador do conjunto simbólico do sagrado, e como detentor das crenças religiosas que guiam a sua vida e o seu comportamento. Paralelamente à antropologia religiosa específica de cada religião (hindu, budista, judaica, muçulmana, cristã) desenvolve-se uma antropologia baseada no *homo religiosus* e no seu comportamento no decorrer da experiência do sagrado (RIES (ed.), 1989). Depois do ensaio de Durkheim e de Mauss, que atribuíam ao sagrado exclusivamente a marca da sociedade e do social, R. Otto desenvolveu a tese da experiência do sagrado entendida como uma experiência humana do transcendente, do "numinoso", do divino. Desde então, os trabalhos de Eliade e de Dumézil evidenciaram o importante papel da cultura e das culturas na vida do *homo religiosus*, o qual está necessariamente ligado a um grupo e a uma sociedade. O *Homo sapiens*, o *homo religiosus* não vivem isolados de seu ambiente cultural: eles são criadores de cultura e seu surgimento histórico acontece num ambiente caracterizado por tradições culturais.

É preciso agora responder a uma pergunta: quais são as estruturas que tornam o homem capaz de viver a experiência do sagrado por meio de símbolos, mitos e ritos?

1 Imagem, símbolo e criatividade

Em *Sagrado, símbolo, criatividade*, J. Vidal (1992) examina em profundidade a dinâmica do símbolo na vida psíquica do homem e sua função na experiência religiosa. O espaço da experiência simbólica se abre para imagens extraídas de objetos exteriores, por exemplo, o céu, a estrela, a lua, a água, a árvore, a pedra e assim por diante. "O símbolo não funciona sobre objetos, mas sobre imagens" (ELIADE, 1979, 1981). A partir do momento em que tem início a experiência simbólica, ocorre uma passagem do objeto para a imagem. Bachelard mostrou que, graças à imagem, o símbolo se torna portador de vida, pois a imagem introduz um tema de unidade e um tema de totalidade, de agilidade e de dinamismo. O objeto, ao contrário, transmite fixidez e frieza: daí a debilidade do positivismo que excluiu a imagem e o símbolo como método de conhecimento.

Com o emprego de uma dinâmica de unidade (centro) e de totalidade (expansão), as imagens despertam a consciência, suscitam impulsos e conduzem a imagens primordiais e a arquétipos, ou seja, aos impulsos primordiais presentes no inconsciente individual e coletivo. O símbolo em atividade gera forças psíquicas, unindo a consciência ao subconsciente. Isso significa que ele convida a consciência a descobrir raízes constituídas pelas imagens primordiais. O arquétipo, de acordo com Eliade, confere eficácia à ação humana. Ele estabelece uma correlação entre o mundo interior e o mundo exterior. Nasce assim o sentido criativo do homem.

2 Imaginário do homem e percurso antropológico

Por imaginário G. Durand entende o conjunto das imagens e das relações entre imagens que constitui o patrimônio de pensamento do *Homo sapiens*. No imaginário está presente um dinamismo organizador que é fator de homogeneidade na representação. G. Bachelard mostrou que "os eixos das intenções fundamentais da imaginação são os percursos dos gestos principais do homem diante de seu ambiente natural". Mas tal percurso é reversível, uma vez que o homem também assume a marca do ambiente em que vive. Portanto, segundo Durand, nos símbolos e em seu funcionamento é preciso levar em conta o *percurso antropológico*: uma troca incessante no âmbito do imaginário entre as pulsões subjetivas e assimiladoras da vida psíquica humana e as intimações ou impulsos objetivos provenientes do ambiente cósmico e social. Por esse motivo, no imaginário humano entram continuamente em ação dois fatores: de um lado, a vida psíquica e seus imperativos que assimilam a representação do objeto; de outro, as reações do ambiente objetivo que influenciam a vida psíquica do homem. Esse incessante percurso antropológico é um elemento essencial para a explicação do crescimento do *homo religiosus* como pessoa.

3 Herança e iniciação

A essas duas estruturas – o conjunto "imagem e símbolo", de um lado, e o "percurso antropológico" no mecanismo do imaginário do *Homo sapiens*, de outro – é preciso acrescentar uma estrutura explicativa do crescimento do *homo religiosus* no decorrer da história, do Paleolítico até os grandes monoteísmos: trata-se da iniciação-tradição, graças à qual se acede ao patrimônio cultural e religioso que se formou no decurso dos milênios precedentes e se conservou na memória coletiva. O conceito de "herança" valorizado por G. Dumézil assume aqui toda a sua importância.

A iniciação revela ao neófito coisas sagradas, símbolos e verdades. Ela o leva a conhecer o sentido profundo das suas origens, do grupo ao qual está integrado, da sua relação com os outros e com o Totalmente Outro, a divindade. Ela lhe revela a verdade fundamental que constitui a estrutura da sua existência e que orienta a sua experiência do sagrado. Ela é uma revelação que o leva a participar de uma herança e de uma sabedoria que brotam do patrimônio criado pelos antepassados e transmitido pela memória da comunidade. Tal patrimônio veicula mitos, símbolos e ritos, crenças, ideias e representações, escrituras sagradas, templos e santuários. Trata-se de uma herança religiosa e cultural ao mesmo tempo, que oferece ao *homo religiosus* um capital que ele pode valorizar e aumentar, feito também de imagens e de símbolos que lhe servem para viver novas experiências do sagrado. A iniciação-tradição é uma estrutura social, cultural e religiosa necessária ao crescimento do *homo religiosus* e da *humanitas religiosa*.

3
Ritos de iniciação

I – Os ritos de iniciação e o sagrado*

Neste texto de abertura o leitor encontrará uma introdução aos trabalhos, a apresentação dos alicerces que deem ao nosso trabalho de pesquisa interdisciplinar a possibilidade de chegar a compreender da melhor maneira possível aquele fenômeno religioso que denominamos *ritos de iniciação*. Esta é a razão do título deste texto. Quando se diz iniciação, entende-se entrada, estágio, início de uma experiência destinada a continuar. Através da iniciação realiza-se uma passagem: de um estado a outro, de uma fase de vida a uma nova fase, de um tipo de vida a outro. Tal passagem tem o objetivo de desenvolver um tipo de comportamento que depois passará a ser um dado essencial na vida e na existência do iniciado. A partir da iniciação verifica-se na vida do iniciado uma série de transformações que o levarão a se tornar outra pessoa. Dois elementos parecem verdadeiramente essenciais nas iniciações de que falamos neste Congresso de História das Religiões: a entrada numa *comunidade* e a entrada num mundo de *valores espirituais em vista de uma vida ou de uma missão*[1]. A entrada nesse duplo caminho se realiza por intermédio de um conjunto de ensinamentos e de técnicas às quais damos o nome de ritos de iniciação. A ciência das religiões leva-nos a dirigir o olhar e ao mesmo tempo as pesquisas para os *ritos* e para os *valores espirituais*. Eu resumo esses valores espirituais numa palavra que se tornou uma palavra-chave na pesquisa atual: *o sagrado*. Vocês compreenderão então o título da minha palestra: *Os ritos de iniciação e o sagrado*.

---

* In: RIES, J. (org.). *I riti di iniziazione*. Milão: Jaca Book, 1989, p. 25-33.

1. ELIADE, M. *Initiation, Rites, Sociétés secretes*. Paris: Gallimard, 1976, p. 12 [trad. it., *La nascita mística* – Riti e simboli d'iniziazione. Org. de A. Rizzi. Bréscia: Morcelliana, 1980].

1 O sagrado, as hierofanias e a experiência religiosa

A partir de Émile Durkheim e Marcel Mauss até Georges Dumézil, Mircea Eliade e Paul Ricoeur, passando por Nathan Söderblom, Rudolf Otto, Friedrich Heiler e Gerardus van der Leeuw, etnólogos, sociólogos, filósofos da religião e historiadores das religiões estão todos de acordo em considerar o sagrado um elemento central das religiões, mesmo quando elas, como ocorre no caso do budismo, não fazem referência a divindades[2]. No entanto, é preciso esclarecer que, na tentativa de definir o sagrado, estamos bem longe de ter chegado a um acordo. A pesquisa mais recente insistiu sobretudo no fato de que a experiência religiosa se apresenta como uma experiência do sagrado vivido[3].

Nesta ocasião, não nos limitaremos às modalidades de expressão que o homem religioso utiliza quando fala do sagrado. Contudo, partindo da ampla pesquisa sobre *A expressão do sagrado nas grandes religiões*[4], gostaria de considerar rapidamente o sagrado como *dado histórico*, como *fenômeno de referência* e como *via hermenêutica* para a análise dos ritos de iniciação.

O sagrado se manifesta ao homem religioso; este o apreende no ato da sua manifestação e toma consciência dele, "porque o sagrado se mostra como algo totalmente diferente do profano"[5]. Ele nunca se apresenta no estado puro, mas, no âmbito de uma dialética da manifestação, se mostra nos objetos, nos mitos, nos símbolos, nos seres, nas pessoas. Para expressar esse complexo fenômeno, Mircea Eliade empregou um termo agora comumente adotado: hierofania. A história

---

2. Sobre essas pesquisas, cf. RIES, J. "Le sacré et l'histoire des religions". In: *L'expression du sacré dans les grandes religions* – I: Proche-Orient ancien et traditions bibliques. Louvain-la-Neuve: Centre d'Histoire des Religions, 1978, p. 35-102. Uma segunda versão, ligeiramente modificada, encontra-se em RIES, J. *Les chemins du sacré dans l'histoire*. Paris: Aubier, 1985, p. 11-84.

3. MESLIN, M. *Pour une science des religions*. Paris: Seuil, 1973 [trad. it., *Per una scienza delle religioni*. Org. de L. Bacchiarello. Assis: Cittadella, 1975]].

4. RIES, J. (org.). *L'expression du sacré dans les grandes religions*: Vol. I. Proche-Orient ancien et traditions bibliques (1978); Vol. II: Peuples indo-européens et asiatiques, hindouisme, bouddhisme, religion égyptienne, gnosticisme, islam (1983); Vol. III: Mazdéisme, cultes isiaques, religion grecque, Nouveau Testament, vie de l'homo religiosus (1986). Louvain-la-Neuve: Centre d'Histoire des Religions.

5. ELIADE, M. *Das Heilige und das Profane* – Vom Wesen des Religiösen. Hamburgo: Rowohlt, 1957 [trad. it., *Il sacro e il profano*. Org. de E. Fadini. 3. ed. Turim: Boringhieri, 1984, p. 14 [trad. bras., *O sagrado e o profano*. Trad. de Rogério Fernandes. São Paulo: Martins Fontes, 1992]].

das religiões é, portanto, o estudo das diversas hierofanias, no espaço e no tempo, das origens aos nossos dias. Este é o sagrado como dado histórico.

Passando agora ao sagrado como fenômeno de referência nos ritos de iniciação, podemos dizer que a hierofania é uma manifestação do sagrado, que é percebido como tal pelo homem religioso no momento que ele percebe a manifestação de algo de "completamente outro". Nessa manifestação, o homem percebe uma força que reveste de uma nova dimensão um ser ou um objeto, ainda que estes últimos continuem a fazer parte de seu contexto natural. No entanto, aos olhos do homem religioso, a realidade do ser se carregou de uma nova qualidade, de uma nova dimensão, a sacralidade.

Para o fenomenologista, o sagrado se apresenta como uma potência, que, todavia, pertence a uma ordem diferente da natural: potência e sacralidade se implicam reciprocamente. Utilizando o termo hierofania, Eliade procurou apreender os três elementos do sagrado: a realidade invisível, o objeto natural, a dimensão mediadora obtida através da sacralidade. Esta última é importante porque nela se fundamenta a função mediadora do sagrado, de mediação entre a transcendência e o mundo natural. Não nos esqueçamos de que o *homo religiosus* situa-se num contexto no qual é possível apenas uma experiência mediada do transcendente. O mistério do sagrado vivido, ou seja, a experiência religiosa, que é experiência *sui generis* e não pode ser comparada a nenhuma outra experiência do *Homo sapiens*, situa-se precisamente no nível dessa mediação. Tal experiência leva o *homo religiosus* a assumir uma modalidade específica de existência, uma vez que seu encontro com uma realidade supra-humana e com valores absolutos atribui à sua vida um novo sentido. E é precisamente no cerne dessa experiência religiosa, ou seja, no cerne do sagrado vivido, que o *homo religiosus* recorre aos ritos de iniciação.

Falta ainda dizer algumas palavras sobre o sagrado como via hermenêutica que conduz à compreensão dos ritos de iniciação no contexto das religiões, na pesquisa histórico-religiosa e na vida do homem religioso. Georges Dumézil e Mircea Eliade insistiram particularmente na especificidade do fenômeno religioso, mostrando como o historiador das religiões deve se empenhar em descobrir e em evidenciar as estruturas, os mecanismos, os equilíbrios constitutivos que são discursiva e simbolicamente definidos nas diversas mitologias, teologias e liturgias. Eles também demonstraram que as religiões não são apenas conjuntos constituídos de miríades de ritos, de mitos e de práticas. Ao contrário, cada religião é, em primeiro lugar, um pensamento articulado, empenhado em explicar o divino e o cosmos, ou seja, em apresentar uma *Weltanschauung* do homem religioso. A partir dessa visão do mundo, o *homo religiosus* obtém as regras do seu comportamento.

Para apreender realmente os ritos de iniciação no contexto do sagrado vivido, temos de ter bem presentes dois elementos: de um lado, a natureza do sagrado, de outro, a sua função. O sagrado se manifesta como uma potência. Com Eliade, dizemos: "Seja qual for o contexto histórico no qual está imerso, o *homo religiosus* sempre acredita que existe uma realidade absoluta, o *sagrado*, que transcende este mundo, neste mundo se manifesta e por isso mesmo o santifica e o torna real"[6]. Desse modo, encontramo-nos em plena hermenêutica, ou seja, em busca do sentido e da mensagem. Falta indicar o aspecto funcional do sagrado nas hierofanias: trata-se de uma função mediadora, que permite ao *homo religiosus* entrar em contato com a realidade transcendente.

2 O rito e seu significado

Significado originário

A palavra "rito" é um dos termos arcaicos do vocabulário indo-europeu que se conservaram nas línguas do grupo indo-iraniano e do ítalo-celta[7]. O significado originário do termo *rta* encontra-se no *Rgveda* (X 124,5): ele indica a ordem imanente do cosmos e é sinônimo de *dharma*, a lei fundamental relativa ao cosmos. Daí deriva o significado de *ritu*, que indica as tarefas a ser realizadas em cada estação, em conexão com as leis cósmicas: encontramo-nos diante do conceito de conformidade à ordem cósmica[8]. Desse modo, no pensamento védico a conformidade à ordem da celebração, prevista como tarefa sacerdotal

---

6. ELIADE, M. *Das Heilige...* Op. cit., p. 199 [trad. it., *Il sacro...* Op. cit., p. 128].

7. VENDRYES, J. "Les correspondances de vocabulaire entre l'indo-iranien et l'italo-celtique". In: *Mémoires de la Société de Linguistique de Paris*, 20, 1918, p. 265-285. • DUMÉZIL, G. "La pré-histoire des flâmines majeurs". In: *Revue de Histoire des Religions*, 188, 1938, p. 188-200.

8. STUTLEY, M. & STUTLEY, J. "RTAM". In: *A Dictionary of Hinduism*. Londres: Routledge, 1977, p. 252ss.

do oficiante, fornece força e eficácia ao sacrifício oferecido aos deuses[9]. Desse primeiro significado, fundamentado na ordem cósmica, derivam os significados de necessidade, de diretriz, de verdade que encontramos na primeira função, a do sagrado, representada pelos deuses Varuna e Mitra. A palavra *ṛitavyā* indica as pedras que formam o altar do fogo: elas simbolizam o ano, a totalidade, a força criadora que permite que o sacrificante percorra o caminho dos deuses.

Tentativas de definição do rito religioso

Bronislaw Malinowski, o etnólogo que fundou a escola funcionalista, considera o rito um produto da inteligência, destinado a suprir as deficiências do instinto humano. De acordo com Durkheim, ao contrário, o rito serve para levar o sagrado, que é hipóstase da sociedade, a penetrar no profano[10].

Um caminho ainda diferente é percorrido por Jean Cazeneuve[11], que coloca os ritos de consagração no ápice do ritual. Para ele, os ritos religiosos são essencialmente consagrações, cuja função principal é fazer com que a condição humana, no seu todo ou em alguns de seus elementos, participe de um princípio que a ultrapassa, mas a funda. Os ritos levam a potência numinosa a penetrar no interior da ordem humana. Para Cazeneuve, desses ritos de consagração dependem aqueles ritos técnicos, como o sacrifício, a oração e a oferta, cuja função é orientar a força sagrada em benefício dos homens, do indivíduo e do grupo.

Depois dessas definições do rito, que provêm do funcionalismo e da sociologia, é suficiente recordar os numerosos trabalhos destinados à construção de uma tipologia dos ritos. Tal tipologia foi elaborada por Émile Durkheim e Marcel Mauss com base nas relações que ocorrem entre sociedade e indivíduo, por Max Weber

---

9. LÉVI, S. *La doctrine du sacrifice dans les Brahmanas*. 2. ed. Paris: PUF, 1966. • BIARDEAU, M. & MALAMOUD, C. *Le sacrifice dans l'Inde ancienne*. Paris: PUF, 1976.

10. MALINOWSKI, B. *Sex and Repression in Savage Society*. Londres: Kegan, 1927 [trad. it., *Sesso e repressione sessuale tra i selvaggi*. Turim: Einaudi, 1953. Introd. de U. Fabietti. Turim: Bollati Boringhieri, 2000]. • DURKHEIM, É. *Les formes élémentaires de la vie religieuse*. Paris: Alcan, 1912 [5. ed., Paris: PUF, 1968] [trad. it., *Le forme elementari della vita religiosa*. Org. de C. Cividali. Introd. de R. Cantoni. 3. ed. Milão: Comunità, 1982].

11. CAZENEUVE, J. *Sociologie du rite*. Paris: PUF, 1971, esp. p. 282ss. [trad. it., *La sociologia del rito*. Org. de S. Veca. Milão: Il Saggiatore, 1974]. • "Rites". In: *Encyclopaedia Universalis*. Paris: Enc. Univ. Franç., 1968-1975, XIV, 1972, p. 284-286.

na perspectiva do significado vivido, por Joachim Wach no quadro da experiência religiosa do grupo social, por Claude Lévi-Strauss com base no aspecto estrutural da linguagem que permite articular o passado em relação ao presente. Todas essas pesquisas nos forneceram ao mesmo tempo um inventário, uma tipologia e uma sintaxe do ritual[12]. Tentando uma síntese das diversas posições, J. Vidal concluiu que o rito é gratuito no que diz respeito ao seu princípio, repetitivo para o seu ritmo, fundante por sua natureza, comunitário quanto ao seu destino, pessoal em relação à sua criação, purificador através do sacrifício e antecipador de uma festa[13].

O rito na vida do *homo religiosus*

O rito é uma ação pensada pelo espírito, decidida pela vontade e realizada pelo corpo mediante gestos e palavras. Ele se situa no interior de um conjunto simbólico e hierofânico ligado à experiência religiosa. Através do rito é estabelecido, nos limites da realidade deste mundo, um contato com uma realidade que ultrapassa este mundo. O ato ritual está ligado a uma estrutura simbólica, através da qual se realiza uma passagem: uma passagem do significante ao significado, do imaginário ao ontológico, do signo ao ser.

O rito se situa no nível do sagrado vivido e tem um sentido próprio. Desde os tempos mais arcaicos até os nossos dias, nas religiões de tradição oral assim como nas religiões do Livro, o homem que celebra um rito realiza um gesto significativo para sua vida, um gesto que tem um sentido, um gesto do qual provêm uma mensagem e algumas consequências que ultrapassam, quanto à duração, o próprio momento da celebração do rito. O *homo religiosus* acredita que a realidade na qual ele vive é função de um arquétipo que se apresenta como um

---

12. Cf. BOUYER, L. "Les recentes développements de l'histoire des religions". In: *Le rite et l'homme* – Sacralité naturelle et liturgie. Paris: Du Cerf, 1962, p. 27-57 [trad. it., *Il rito e l'uomo* – Sacralità naturale e liturgia. Bréscia: Morcelliana, 1964]. E, além disso, na obra coletiva *Le rite*. Org. de J. Greisch. Paris: Beauchesne, 1981. Cf. os artigos de LABARRIÈRE, P.J. "Le rite et le temps", p. 13-32. • MARTY, F. "Le rite et la parole", p. 67-86. Cf. tb. RIES, J. "Les rites d'initiation à la lumière de l'histoire des religions". In: HOUSSIAU, A. (org.). *Le Baptême* – Entrée dans l'existence chrétienne. Bruxelas: Saint-Louis, 1983, p. 19-34.

13. VIDAL, J. "Rite". In: POUPARD, P. (dir.); VIDAL, J.; RIES, J.; COTHENET, E.; MARCHASSON, Y. & DELAHOUTRE, M. (red.). *Dictionnaire des Religions*. Paris: PUF, 1984, p. 1.452-1.456 [trad. it., *Grande Dizionario delle Religioni*, I-II. 3. ed. Assis/Casale Monferrato: Cittadella/Piemme, 2000]. Cf. tb., neste volume, p. 46-82, o ensaio "Rito e ritualidade".

modelo primordial. E precisamente através do rito ele procura participar desse arquétipo, uma vez que o efeito do ritual é justamente o de conferir validade e eficácia à vida, colocando-a em sintonia com o arquétipo. A partir de um ato inicial, repetido através do ritual, a ação do homem se reveste de uma nova dimensão. Aqui não temos tempo para nos deter em alguns exemplos; no entanto, as outras contribuições contidas neste volume fornecerão ampla ilustração para estas considerações. Basta citar, no caso do Egito, o arquétipo constituído pelo mito de Osíris, ao qual corresponde o rito do embalsamamento; e, para o contexto bíblico, o arquétipo constituído pelo dia que no Gênesis vem depois da criação, o sétimo dia, ou dia do descanso de Deus, em relação ao qual o sábado constitui uma imitação, uma *imitatio Dei*[14].

3 *Os ritos de iniciação e a experiência religiosa*

Chegamos assim ao problema central constituído pela estrutura dos ritos de iniciação. Neste campo, os trabalhos de Eliade trouxeram uma nova luz, fornecendo esclarecimentos bastante preciosos para o historiador das religiões[15].

Uma tentativa de classificação

Este tema atraiu a atenção de estudiosos como A. van Gennep, É. Durkheim, J. Cazeneuve, J. Huxley, H. Habel. Através de sucessivos esclarecimentos, esses autores procuraram construir uma taxonomia do que cada vez mais frequentemente é denominado "ritologia". Poderíamos tentar uma classificação dos ritos de iniciação baseada na função deles.

a) Um primeiro grupo, bem importante, é constituído pelos ritos puberais, documentados por fontes que estão entre as mais arcaicas da humanidade. Este tipo de iniciação desempenha um papel essencial na constituição das culturas e das sociedades. Por outro lado, tais ritos têm um interesse muito especial, pois ma-

---

14. ELIADE, M. *Le mythe de l'éternel retour* – Archétypes et répétition. Paris: Gallimard, 1949, p. 35ss. [trad. it., *Il mito dell'eterno ritorno*. Turim: Einaudi, 1954. Org. de G. Cantoni. Turim: Borla, 1968].

15. *Naissances mystiques, essai sur quelques types d'initiation*. Paris: Gallimard, 1959 [reed. em 1976 com o título *Initiation, Rites, Sociétés secretes*. Op. cit.].

nifestam como as sociedades, nas diversas épocas da vida humana, procuraram realizar aquela que nós podemos chamar a perfeita realização do *homo religiosus*.

b) Uma segunda classe de ritos de iniciação é constituída pelo conjunto de ritos que permitem a entrada numa sociedade religiosa fechada: como exemplos podemos citar os ritos iniciáticos do culto de Mitra ou os de entrada no grupo dos *berserkir* da cultura escandinava. Nesta classe também podem ser inseridos os rituais dos cultos mistéricos do mundo grego e oriental. Os ritos pertencentes a esta segunda categoria constituem uma experiência religiosa que torna possível um contato mais íntimo com a divindade.

c) Uma terceira categoria é formada pelo conjunto dos ritos de iniciação que levam a uma vocação por assim dizer mística: é o caso dos xamãs, das iniciações sacerdotais e das heroicas ou guerreiras. Com este tipo de iniciação estamos na presença de experiências religiosas caracterizadas por dois elementos essenciais: de um lado, a atribuição de poderes excepcionais, de outro a entrada numa condição de vida inacessível aos outros membros do grupo.

Elementos essenciais na estrutura dos ritos de iniciação

a) Um primeiro elemento, no qual devemos insistir particularmente, é a referência a um arquétipo. O arquétipo é um modelo situado nas origens e considerado como iniciador no quadro do desenvolvimento do rito. Ele é capaz de fornecer potência e eficácia à ação do homem na medida em que pertence – assim se pensa – ao mundo "sobrenatural". Através do ritual o arquétipo fornece uma dimensão de completude à vida do iniciado.

b) Um segundo elemento é o *simbolismo da morte iniciática*. A iniciação leva o candidato a sair do tempo histórico para colocá-lo em relação com o tempo fundador, o *Illud tempus*. Trata-se de uma morte em relação a uma situação anterior. A documentação etnológica australiana e africana fornece material bastante copioso a esse respeito: o simbolismo da morte iniciática é representado por golpes, ferimentos rituais, picadas de insetos, isolamento numa cabana, cerimônias de tatuagem, e ao mesmo tempo pelo esquecimento, que é símbolo da morte.

c) O simbolismo de um novo nascimento. A morte iniciática é acompanhada por um *novo nascimento*, que consiste na assunção por parte do candidato da nova existência à qual os ritos o introduziram. Eliade chamou a atenção para o rito da subida na árvore, usado em certas tribos da Austrália[16]: enquanto todo o grupo entoa um canto sagrado, o iniciado sobe na copa de uma árvore, que representa o *axis mundi*. Na simbologia do novo nascimento, um papel de importância fundamental é ocupado pelos mitos, que induzem a repetir os gestos criadores das origens: assim, a iniciação é uma reprodução da cosmogonia, mas ao mesmo tempo também é um nascimento místico, um segundo nascimento. Este segundo nascimento é, portanto, a produção de um novo homem, do *homo religiosus* adulto. A esse respeito, é útil chamar a atenção para a cerimônia do *upanayan*, que conhecemos por intermédio do *Atharva Veda* (XI 5,3): ao final dela, o iniciado traz o nome de *dvi-ja*, "o nascido duas vezes". Por fim, para concluir, quero mencionar a iniciação aos mistérios órficos, que prepara o fiel para uma imortalidade feliz.

4 Conclusões

O objetivo desta exposição era introduzir a nossa pesquisa sobre os ritos de iniciação. Nela lembramos uma descoberta fundamental da história das religiões: o *Homo sapiens* é também *homo religiosus*. De fato, do Paleolítico até os nossos dias, o *Homo sapiens* deixou inúmeros vestígios da sua crença numa realidade transcendente, que se manifesta no mundo e que lhe fornece uma nova dimensão. Uma prova dessa crença é constituída pelas modalidades de expressão do *homo religiosus*, modalidades que podem ser resumidas na palavra que encontramos inscrita no *Lapis niger*, descoberto em 1899 em Roma no Arco Triunfal de Septímio Severo: *sakros*.

O *homo religiosus* é um personagem ao mesmo tempo histórico e meta-histórico. Ele está arraigado na história e assume um modo de existência específico no mundo. O centro da sua vida é a experiência religiosa, e o elemento central desta, por sua vez, é o sagrado, que fornece à sua vida uma dimensão de completude.

---

16. ELIADE, M. *Les religions australiennes* [trad. fr. org. por L. Jospin. Paris: Payot, 1972 [orig., *Australian Religions* – An Introduction. Nova York: Ithaca, 1973] [trad. it., *La creatività dello spirit* – Un'introduzione alle religioni australiane. Milão: Jaca Book, 1979]. Eliade demonstrou como a experiência de morte e ressurreição iniciática modifica radicalmente a condição ontológica do iniciado e ao mesmo tempo lhe revela a sacralidade do cosmos e da existência humana na medida em que o cosmos, a vida e o homem foram criados pelos deuses. Essa revelação está contida nos mitos das origens. A iniciação revela, portanto, uma história sagrada e leva o fiel a compreender que ele é solidário com tal história sagrada. Esta revelação é fundamental para a vida do *homo religiosus*. Cf. ELIADE, M. *Initiation*..., p. 55-57.

Para conferir esta dimensão às suas atividades e à sua vida, o homem religioso recorre ao ritual, ou seja, entra no sagrado através dos ritos de iniciação.

II – O homem, o rito e a iniciação segundo Mircea Eliade*

Mircea Eliade morreu em Chicago em 22 de abril de 1986. Suas pesquisas representam uma contribuição de enorme importância no âmbito da história das religiões. Ao final da cerimônia religiosa interconfessional celebrada em Chicago em 28 de abril de 1986, um de seus colegas julgou poder sintetizar toda a sua atividade científica com esta simples frase: "O sentido da condição humana reside no *homo religiosus*". Dedicamos este texto à sua memória.

1 Uma brilhante carreira de historiador das religiões

Nascido em Bucareste em 9 de março de 1907, desde os anos do liceu Mircea Eliade mostrou qualidades excepcionais. Com 18 anos de idade sua bibliografia já contava com uma centena de títulos: estudos sobre temas científicos, literários e artísticos, além de romances e contos. Já então era atraído por temáticas iniciáticas, visto que um de seus contos da juventude começava com estas palavras: "Ao dobrar a esquina, me encontrei face a face com Deus". Mais tarde dirá que "toda experiência humana é constituída por uma série de provas iniciáticas", porque "o homem se forma através de uma série de iniciações inconscientes ou conscientes"[17].

Eliade descobriu a história das religiões na Universidade de Bucareste, enquanto estava preparando sua tese em filosofia. Durante algumas estadas na Itália encontrou-se com Papini, Buonaiuti, Pettazzoni e Tucci. Precisamente em Roma, a leitura da *História da filosofia indiana*, de Dasgupta, produziu uma guinada em sua existência. Em 20 de novembro de 1928 embarcou para a Índia, onde

---

* In: RIES, J. (org.). *I Riti di iniziazione*. Milão: Jaca Book, 1989, p. 13-24.

17. ELIADE, M. *L'épreuve du labyrinthe*. Paris: Belfond, 1978, p. 39 [trad. it., *La prova del labirinto*. Org. de M. Giacometti. Milão: Jaca Book, 1980, p. 31; nova ed. com atualização biobibliográfica de I.P. Couliano; introd. de R. Mussapi]. Para o período que vai de 1907 a 1937, cf. ELIADE, M. *Mémoires I:* Les promesses de l'équinoxe. Paris: Gallimard, 1980.

por três anos trabalhou em sua tese de doutorado sobre o yoga[18]. Em setembro de 1930, depois de um biênio de estudos com Dasgupta, Eliade deixou Calcutá para se transferir para os pés do Himalaia. Primeiro para Hardwar e depois para Rishikesh, aproximou-se diretamente da prática do yoga sob a direção de Swami Shivanananda, um médico indiano, especialista em meditação e excelente conhecedor da cultura ocidental.

Assistente de filosofia na Universidade de Bucareste desde 1933, Eliade dedicou seus primeiros cursos universitários ao problema do mal e da salvação nas religiões orientais, ao problema do ser na Índia, ao orfismo, ao hinduísmo, ao budismo. Mesmo encontrando notáveis resistências nos ambientes acadêmicos, procurou demonstrar a autonomia científica da história das religiões. Em 1938, aproveitando as relações então criadas com numerosos estudiosos estrangeiros, fundou *Zalmoxis*, uma revista internacional de história das religiões, aberta a contribuições em francês, inglês e alemão. Até a guerra foram publicados três volumes, mas depois a revista deixou de circular.

Em 1940, prevendo um difícil futuro para o país e para sua cultura, o governo romeno decidiu enviar alguns jovens professores universitários para o exterior, como adidos culturais. A Eliade foi confiada uma missão diplomática em Londres e depois, em 1941, em Lisboa. Neste período começa a redigir o *Tratado de história das religiões* e o *Mito do eterno retorno*. Como filho de um oficial romeno, em 1945 optou pelo exílio e chegou a Paris com o objetivo de concluir os dois livros em que estava trabalhando. Por intercessão de Georges Dumézil obteve um curso livre na École des Hautes Études. Trabalhando dia e noite para viver, Eliade chegou enfim, em 1949, à publicação dos dois volumes, iniciados em Londres em 1940. Pode-se dizer que o *Tratado* contém em germe toda a produção científica de Eliade; ele provoca uma autêntica renovação na história das religiões. Para Eliade, é necessário superar a simples pesquisa histórica e filosófica, limitada à descrição das crenças religiosas dos diversos povos, porque todo fato religioso está intimamente ligado à experiência vivida pelo homem. Desse modo, o homem é colocado no centro da ciência das religiões. E por isso o objetivo último do trabalho do historiador das religiões é a análise do pensamento, da consciência, do comportamento e da experiência vivida pelo *homo religiosus*.

---

18. Que posteriormente foi publicada em francês em 1936: *Yoga. Essai sur l'origine de la mystique indienne*. Paris: Geuthner [a trad. it. é de 1952: *Tecniche dello Yoga*. Turim: Einaudi].

No período parisiense, Georges Dumézil se aproxima de Eliade, ajudando-o nas suas pesquisas e em sua carreira. Multiplicam-se assim as publicações e de muitas universidades de toda a Europa chegam convites para ministrar cursos e conferências. Em 1950, por exemplo, Eliade está em Roma, a convite de R. Pettazzoni e de G. Tucci. No mesmo ano encontra C.G. Jung nas conferências "Eranos" de Ascona: tais encontros se repetirão com regularidade. Eliade e Jung direcionam sua reflexão para temas comuns: o yoga, o xamanismo, a alquimia, o simbolismo do centro, os arquétipos. Jung está cada vez mais convencido de que existe uma espécie de unidade fundamental do inconsciente coletivo, enquanto Eliade privilegia a unidade fundamental da experiência religiosa.

A partir de 1950, Eliade desenvolve os quatro temas fundamentais já presentes no *Tratado*: o sagrado, o símbolo, o mito e o rito. Em 1956, Joachim Wach o convida a ir a Chicago, confiando-lhe as célebres "Haskell Lectures"[19]. Naquela época havia nos Estados Unidos apenas três cátedras de história das religiões. Em 1957, Eliade aceita definitivamente a cátedra de Chicago. Vinte anos depois havia trinta cátedras nos Estados Unidos, quinze das quais ocupadas por alunos de Eliade. Chicago foi, portanto, a base da qual partiu uma autêntica revolução na história das religiões. Já em 1893, aliás, a cidade recebera o *World's Parliament of Religions* do qual tinham participado representantes de dezesseis religiões diferentes. No decorrer dos trabalhos deste "Parlamento das Religiões", Charles de Harlez, de Louvain, apresentou uma palestra sobre o método comparativo no estudo das religiões. Nesse texto, ele esboçava alguns conceitos que em seguida serão retomados e desenvolvidos na declaração *Nostra aetate* do Concílio Vaticano II.

Um dos principais méritos de Eliade é sua insistência na hermenêutica, ou seja, na busca do sentido, do significado ou dos significados dos fenômenos e dos fatos religiosos através do tempo. "O historiador das religiões não se comporta como um filólogo, mas como um exegeta, como um intérprete"[20]. Com a ajuda

---

19. O texto das conferências foi publicado em 1958 com o título *Birth and Rebirth* – The Religious Meanings of Initiation in Human Culture. Nova York: Harper. A ed. fr. é de 1959: *Naissances mystique* – Essais sur quelques types d'initiation. Paris: Gallimard. A trad. it. é de 1974: *La nascita mistica* – Riti e simboli d'iniziazione. Org. de A. Rizzi. Bréscia: Morcelliana, 1974. Essa obra tem uma segunda edição (da qual se cita), cujo título é *Initiation, Rites, Sociétés secretes*. Paris: Gallimard, 1976.

20. ELIADE, M. *Méphistophélès et l'androgyne*. Paris: Gallimard, 1962, p. 245 [trad. it., *Mefistofele e l'androgine*. Roma: Mediterranee, 1971, p. 182].

dos documentos – reunidos, verificados, criticados e classificados –, o hermeneuta desenvolve um trabalho comparativo que tem o objetivo de explicar o sentido da mensagem e de lhe atribuir a sua dimensão meta-histórica. A hermenêutica *descritiva* procura descobrir a mensagem percebida pelo *homo religiosus in situ*. Esse tipo de hermenêutica se revela *criativa* para o próprio hermeneuta na medida em que lhe permite enriquecer a sua consciência e a sua vida de pesquisador através da compreensão do comportamento do *homo religiosus*. Eliade tentou também estabelecer as bases para uma hermenêutica *normativa*, capaz de ressaltar alguns valores não muito evidentes no plano da experiência imediata. Este segundo tipo de hermenêutica é produtor de valores culturais, capaz de dirigir o homem de hoje para um novo humanismo. A hermenêutica normativa fundamenta-se na unidade espiritual da humanidade, que o historiador das religiões extrai da experiência milenar do sagrado, percebido e vivido pelo *homo religiosus*[21].

Em 1949, a publicação do *Tratado* oferecera a Eliade a oportunidade de destacar dois conceitos fundamentais para o historiador das religiões: a unidade fundamental dos fenômenos religiosos e sua inesgotável novidade nas manifestações históricas. Ao final de sua carreira, Eliade procurou estudar as diversas hierofanias, situando-as em sua perspectiva histórica: as temáticas principais de todos os seus cursos e de suas pesquisas, portanto, estão reunidas na *História das crenças e das ideias religiosas*[22]. Nessa obra, Eliade teve sempre presente diante de si a unidade profunda e indivisível da história do espírito humano. Uma contínua pesquisa comparada põe em evidência o significado das hierofanias, ou manifestações do sagrado, seu valor simbólico e ao mesmo tempo a mensagem do homem religioso.

No primeiro volume (*Da idade da pedra aos mistérios de Elêusis*), a parte mais original é constituída pela análise do *homo religiosus* da pré-história. Pela primeira vez um historiador das religiões traça as linhas principais das elaborações religiosas pré-históricas e nos leva a assistir ao surgimento do *homo religiosus*. Além disso, Eliade mostra como a revolução neolítica deu lugar a uma reli-

---

21. Sobre a hermenêutica de Eliade, cf. MARINO, A. *Hermeneutica lui Mircea Eliade*. Cluj-Napoca: Dacia, 1980 [trad. fr., *L'herméneutique d'Eliade*. Paris: Gallimard, 1981]. • ALLEN, D. *Structure and Creativity in Religion* – Hermeneutics in Mircea Eliade's Phenomenology and New Direction. Haia: Mouton, 1978.

22. *Histoire des croyances et des idées religieuses*, I-III. Paris: Payot, 1976, 1978, 1983 [trad. it., *Storia delle credenze e delle idee religiose*. Florença: Sansoni, 1979, 1980, 1983].

gião cósmica, centrada na renovação periódica do mundo. O segundo volume, *De Gautama Buddha ao triunfo do cristianismo*, fornece uma sugestiva resenha das grandes religiões de salvação. O terceiro volume, *De Maomé à era das reformas*, segue o caminho religioso da humanidade. No momento de sua morte, Eliade tinha quase concluído o quarto volume, dedicado às diversas crises provocadas pelos mestres do reducionismo (de Marx e Nietzsche até Freud) e à apresentação da contribuição oferecida pela antropologia, pela fenomenologia e pela hermenêutica ao estudo do *homo religiosus*. Das 1.372 páginas já publicadas, 293 são ocupadas pela bibliografia: isso demonstra como Eliade dispunha de uma copiosa documentação, que ele estudou, criticou e assimilou. Autêntica coroação de sua atividade científica é agora a *Encyclopedia of Religion*, uma obra de dezesseis volumes, redigida sob a sua direção por algumas centenas de colaboradores.

2 O rito e o ritual

No artigo "Os ritos de iniciação e o sagrado" (neste volume, p. 36-43) tratamos da importância do sagrado na experiência do *homo religiosus*. O *homo religiosus* entra em contato com o elemento numinoso que está presente em todas as manifestações de força e de eficácia e o percebe como uma potência pertencente a uma ordem diferente da ordem natural. Eliade atribui a tais manifestações o nome de hierofanias. As diferenças de nível que as hierofanias podem assumir explicam a grande variedade das experiências religiosas. No entanto, aos olhos do homem religioso, a potência se situa sempre no interior da ordem ontológica e encontra sua origem na transcendência.

Toda hierofania produz uma mediação. De fato, a vida religiosa do homem é situada num contexto no qual só é possível uma experiência mediata do sobrenatural. Assim se explica a importância do símbolo, do mito e do rito. O símbolo revela ao homem dimensões que não são perceptíveis no nível da experiência imediata e o leva a realizar a sua participação no sagrado. O mito é uma história sagrada que explica as origens e determina um comportamento através do qual o homem atribui um sentido à sua vida. O rito, enfim, assume um papel essencial nos esforços feitos pelo homem para realizar a sua união com o sagrado, permitindo-lhe fazer referência direta a um arquétipo que confere sentido à sua vida e eficácia às suas ações.

Arquétipos e repetição

Enquanto estava elaborando seu *Tratado de história das religiões*, Eliade escreveu ao mesmo tempo outro livro, também publicado em 1949, *O mito do eterno retorno*. No lugar do seu atual subtítulo, *Arquétipos e repetição*, ele inicialmente havia pensado em *Introdução a uma filosofia da história*. Nessa obra Eliade se volta para as concepções fundamentais das sociedades arcaicas. Tais sociedades rejeitam uma história que seja desprovida de regras arquetípicas, uma vez que para elas é fundamental o modelo meta-histórico. O homem arcaico repete conscientemente gestos paradigmáticos. A natureza descobre a sua identidade e a sua realidade apenas se participa de uma realidade transcendente.

Segundo Jung, os arquétipos são forças ativas, estruturas do inconsciente coletivo. Eliade, por sua vez, atribui um significado diferente à palavra arquétipo: para ele se trata de um "modelo exemplar". No arquétipo ele vê "um estado puro", um momento inicial, um modelo primordial. Desse modo, o arquétipo é para ele um objeto (ou um ser ou um ato) ao qual por participação se refere outro objeto (outro ser, outro ato) que dele obtém consistência e dimensões reais. Graças ao arquétipo, o *homo religiosus* tem consciência de entrar em relação com a transcendência. Jung fala de psicologia enquanto Eliade fala de ontologia, colocando-se na linha de Platão e de Agostinho. Para compreender a concepção eliadeana do rito é necessário ter assimilado perfeitamente sua definição do arquétipo como "modelo exemplar".

Um primeiro componente do arquétipo, capaz de levar a compreender a eficácia dos ritos, encontra-se nos modelos celestes dos territórios e dos templos, das cidades e dos lugares[23]. De acordo com as crenças mesopotâmicas, o Tigre tem o seu modelo na estrela Anunit. No Egito, os nomes dos diversos distritos do território provêm dos setores celestes. Na cosmologia iraniana da tradição zurvanita, todo fenômeno terreno corresponde a um termo celeste e transcendente: trata-se da concepção *mēnōk* e *gētīk*. Há, portanto, uma espécie de desdobramento da criação, realizada a partir de uma situação arquetípica. A ideia de um protótipo celeste está presente também na Bíblia, quando Javé mostra a Moisés o projeto

---

23. ELIADE, M. *Le mythe de l'éternel retour* – Archétypes et répétition. Paris: Gallimard, 1949, p. 15-29 [trad. it., *Il mito dell'eterno ritorno* – Archetipi e ripetizione. Turim: Einaudi, 1954. Org. de G. Cantoni. Turim: Borla, 1958, p. 13-25].

do templo que ele deverá construir (Ex 25,8s.). Quando no Egito ou na Mesopotâmia se constrói um templo, o rei lhe confere eficácia através de um ritual que o coloca em relação com o mundo celeste. O rito é responsável por conferir uma dimensão sagrada.

Um segundo componente do arquétipo se manifesta no simbolismo do centro: montanha cósmica, árvore da vida situada no centro do mundo, espaço sagrado, templo e santuário[24]. A montanha cósmica é o lugar mais elevado da terra: na Índia é o Monte Meru, na Palestina o Tabor, na *Edda* escandinava *Himmingbjörg*, a "montanha celeste". A *ziggurat* é uma reprodução da montanha cósmica. A árvore cósmica encontra-se no centro do mundo: representa o símbolo da realidade absoluta. Nos ritos relativos à simbologia do centro, a árvore cósmica constitui o arquétipo de todas as árvores sagradas. Ela permite que o homem suba ao céu. O centro é um espaço sagrado, ponto de partida para toda criação. Todas as vezes que se constrói uma cidade, um santuário ou uma casa, se reproduz a cosmogonia inicial. O centro é a região do sagrado, o lugar para o qual tudo converge. O acesso ao centro equivale a uma nova existência.

Um terceiro componente do arquétipo é constituído pelo modelo divino. Este modelo divino está sempre presente nos atos rituais[25]; trata-se do modelo das ações humanas. Esta noção é fundamental no rito, uma vez que para o homem o rito é a imitação do modelo divino. Eliade lembra a famosa frase do *Taittirīya Brāhmaṇa* 1,5,9,4: "Assim fizeram os deuses, assim fazem os homens". No Egito os sacerdotes imitavam os gestos do deus Thot, que havia criado o mundo com a força de sua palavra. Assim, graças ao *Logos* divino, a palavra dos sacerdotes adquire uma nova eficácia. O homem deve repetir e reproduzir a cada ano a cosmogonia primordial realizada pelos deuses. A festa babilônica do *akītu* provo-

---

24. ELIADE, M. *Le mythe...* Op. cit.,, p. 30-43 [trad. it., *Il mito...*, p. 27-38]. Ao simbolismo do centro e aos ritos a ele ligados Eliade já dedicara algumas páginas do *Traité d'histoire des religions*. Paris: Payot, 1949, p. 315-331 [trad. it., *Trattato di storia delle religioni*. Turim: Einaudi, 1954, p. 377-398. Org. de P. Angelini, V. Vacca e G. Riccardo. 2. ed. Turim: Bollati Boringhieri, 1999]. Depois voltou ao mesmo tema em *Images et symboles* – Essais sur le symbolisme magico-religieux. Paris: Gallimard, 1953 [trad. it., *Immagini e simboli* – Saggi sul simbolismo magico-religioso. Milão: Jaca Book, 1981]. • *Aspects du mythe*. Paris: Gallimard, 1963 [trad. it., *Mito e realtà*. Turim: Borla, 1966]. • *La nostalgie des origines* – Méthodologie et histoire des religions. Paris: Gallimard, 1971 [orig., *The Quest* – History and Meaning in Religion. Chicago/Londres: The University of Chicago Press, 1969] [trad. it., *La nostalgia delle origini* – Storia e significato nella religione. Org. de A. Crespi Bortolini. 2. ed. Bréscia: Morcelliana, 1980].

25. ELIADE, M. *Le mythe de l'éternel retour*. Op. cit., p. 44-52 [trad. it., p. 39-46].

cava a regeneração do mundo. Todo casamento imita a hierogamia divina; toda festa é a celebração de um evento primordial: daí a importância do rito nessas celebrações. Na Índia todo sacrifício imita o sacrifício primordial, o de *Puruṣa*. A importância dos ritos de fecundidade e de fertilidade é bem conhecida desde a época neolítica: trata-se de um elemento essencial dos cultos agrários. Tais ritos estão ligados a mitos de fecundidade, nos quais o relato gira em torno do modelo exemplar. O rito constitui a repetição de um cenário inicial. Eliade insistiu no valor da liturgia cristã como comemoração da vida e da paixão de Cristo, como reatualização do *Illud tempus*, como imitação do modelo divino.

Os ritos de iniciação

Em suas pesquisas sobre o sentido da condição humana, Eliade dirigiu sua atenção para os ritos de iniciação. Nossa sociedade moderna esqueceu a importância da iniciação. Apenas o cristianismo conservou o mistério iniciático do batismo, que modifica o estatuto ontológico do iniciado. Eliade constata que "o homem moderno" pretende rejeitar a antropologia cristã. Nas suas pesquisas sobre a iniciação, ele utilizou uma documentação muito abundante, proveniente dos povos sem escrita e dos rituais dos mistérios greco-orientais. Nesses documentos, fornecidos por culturas tradicionais e por contextos místéricos, a história das religiões chega a constatar como os ritos e os ensinamentos transmitidos ao iniciado o ajudam a modificar radicalmente o seu estatuto. A iniciação equivale a uma mudança ontológica do seu modo de viver. Ela introduz o neófito ao mesmo tempo na comunidade humana e no mundo dos valores espirituais[26].

Todo rito de iniciação implica uma simbologia da criação que reatualiza o evento primordial cosmogônico e antropogônico. Mas para reproduzir o início é necessário antes de tudo abolir o que já existe, o que é velho. Assim se explicam o *regressus ad uterum* e o simbolismo ritual da morte. A iniciação representa um novo nascimento e o homem das culturas arcaicas compreendeu perfeitamente esse simbolismo. Nos ritos que ele nos deixou constatamos seus esforços para transcender a condição humana e para se situar de modo significativo no cosmos. Esses esforços aparecem igualmente no tantrismo da Índia e do Tibet, nos rituais

---

26. ELIADE, M. *Initiation* – Rites, Sociétés secretes. Paris: Gallimard, 1976.

militares do *berserkir* escandinavo, herdeiro dos *Männerbünde* do antigo Irã, e até em certas provas ainda perceptíveis nas experiências dos místicos.

De acordo com Eliade, os ritos de iniciação podem ser agrupados em três grandes categorias. A primeira é o conjunto dos ritos coletivos que assinalam a passagem da infância ou da adolescência à idade adulta. Trata-se dos ritos puberais, as iniciações tribais obrigatórias para todos os membros de uma comunidade ou de uma etnia. Um segundo tipo de iniciação é constituído pelos ritos de entrada nas sociedades secretas, nas confrarias religiosas e militares como os *Männerbünde*, nas sociedades secretas reservadas às mulheres. Os mistérios gregos e orientais pertencem a esta categoria, uma vez que sua iniciação transmite aos neófitos um conhecimento secreto em vista da salvação. Na terceira categoria Eliade coloca todos os ritos que marcam a entrada numa vocação mística. Seu interesse se dirige particularmente a duas figuras da sociedade antiga, o xamã e o *medicine man*.

Não apresentaremos aqui uma resenha da riquíssima documentação analisada por Eliade em *Iniciação, ritos, sociedades secretas*. Por exemplo, ele estuda a fundo os ritos puberais australianos, com suas numerosas provas iniciáticas e com a revelação dos mitos que constituem a história sagrada da tribo[27]. Essa análise mostra claramente que a iniciação é um dos fenômenos mais significativos da humanidade: a modificação do estatuto ontológico, religioso e social; uma nova vida social que implica uma mudança radical do comportamento; uma nova atitude diante da vida e do cosmos. Além disso, Eliade dedicou um capítulo às iniciações militares e xamânicas[28]. Ao final de sua investigação, ele se volta para os grandes temas iniciáticos das grandes religiões e em especial para a Índia, da qual pôde captar os aspectos ocultos e segredos durante sua estada nos *ashram* do Himalaia.

O renascimento do iniciado enquanto criação do homem novo é particularmente evidente nas tradições religiosas védicas. O *Atharva Veda* (XI, 5, 3) descreve a cerimônia do *upanayan*. O candidato é apresentado ao seu *guru*; coberto com uma pele de antílope, ele mendiga a sua alimentação e deve viver em total castidade. Ao final da iniciação o noviço assume o nome de *dvi-ja*, "nascido duas vezes". O termo teve um extraordinário sucesso na literatura indiana, empenha-

---

27. Cf. ibid., p. 123-131.
28. Cf. ibid., p. 133-224.

da na busca da imortalidade. O budismo retomará algumas imagens relativas a esse segundo nascimento. Na Índia encontramos também a imagem arquetípica do ovo: nascido uma primeira vez do ovo, o pintinho vive um novo nascimento quando quebra a casca para sair dele.

Um segundo rito também narrado pelo *Atharva Veda* (XI, 5, 6) é o da *dīksa*. O candidato deve voltar a ser embrião e por isso é aspergido com a água, símbolo do sêmen masculino. É mantido isolado numa cabana, recoberto por uma manta, depois é imerso num banho do qual é retirado como a parteira apanha o recém-nascido do útero. Eliade menciona também o rito do embrião de ouro, utilizado em certas regiões da Índia até o século XI. O iniciando é encerrado num grande recipiente de ouro em forma de vaca, símbolo da deusa-mãe. Considera-se que, no corpo da vaca, o candidato pode se tornar um embrião de ouro, o que o tornará indestrutível e imortal. O retorno ao útero de ouro o transformou num ser de luz. A análise dos ritos de fecundidade e de iniciação presentes nos cultos das deusas-mães pode esclarecer esse simbolismo que nos remete à era neolítica: imersão na sacralidade cósmica da deusa-mãe; acesso a uma nova vida, a do *homo religiosus*; conquista de uma imortalidade comparável à vida divina.

Ao final de sua pesquisa, Eliade apresenta algumas observações animadoras[29]. Ele constata que a iniciação é um fenômeno *sui generis*, cujas práticas são aceitas como reveladas pelos Seres divinos aos antepassados da tribo. Tal crença pode ser facilmente encontrada no imenso campo das culturas arcaicas. A iniciação apresenta-se então como uma celebração do tempo primordial, como um retorno às origens, como uma *imitatio Dei*. Por isso, os mitos e os ritos são inseparáveis uns dos outros: juntos constituem o universo simbólico que põe o homem em contato com o sagrado. No panorama iniciático, os ritos puberais apresentam sensíveis diferenças de uma cultura para outra, mas alguns motivos permanecem constantes: a separação do candidato de sua mãe, a morte simbólica, uma nova gestação seguida de um novo nascimento. Muitos enredos diferentes podem coexistir na mesma cultura.

De acordo com Eliade, o tema da morte iniciática merece uma atenção especial. Nele encontramos alguns elementos pertencentes a um mito de queda e alguns dados sobre o mistério central do Ser sobrenatural fundador do rito. Esses

---

29. Cf. ibid., p. 271-277.

dados permitem uma conclusão: a morte do homem acaba sendo comparada a um rito de passagem para uma condição superior. Assim, a morte iniciática, condição de regeneração espiritual, orienta o homem para a sobrevivência. Assistimos à valorização religiosa da morte ritual, que obtém a vitória sobre o medo da morte real. A morte ritual representa ao mesmo tempo o fim do homem natural e sua passagem para uma nova modalidade de existência. Além disso, os ritos iniciáticos das culturas arcaicas demonstram que os mestres e os sábios têm a missão de revelar às novas gerações o sentido do cosmos e da vida.

Durante a elaboração do *Tratado*, iniciada em Londres e em Oxford a partir de 1940, Mircea Eliade concentrou sua atenção no *homo religiosus* e na sua experiência do sagrado. O *homo religiosus* lhe aparecia cada vez mais como o homem comum, o homem "normal" no desenvolvimento da história humana. A experiência hierofânica é inseparável do símbolo, do mito e do rito. Desde as primeiras páginas do *Tratado*, Eliade apresenta o rito como a repetição "de um gesto arquetípico realizado pelos deuses ou pelos antepassados". Através da repetição do gesto primordial, o rito abole o tempo profano e coincide com o seu arquétipo: nisso reside a eficácia do rito. O mito do eterno retorno é apenas o desenvolvimento e a ilustração dessa teoria sobre o valor do rito.

Depois de ter desenvolvido, em *Imagens e símbolos*, a reflexão sobre o simbolismo religioso iniciada no *Tratado*, Eliade chega enfim à convicção de que o homem autêntico, o homem na sua totalidade, não é o homem "natural", mas o homem "espiritual". Todos os documentos fornecidos pelas culturas arcaicas e pelas grandes religiões levam nessa direção. Eliade desenvolve o seu pensamento em *O sagrado e o profano*[30], continuando sua análise sobre o comportamento do *homo religiosus*. Para ele, o *homo religiosus* não é o produto de um processo natural, mas o resultado da iniciação. Por isso a iniciação pode ser considerada "a experiência existencial constitutiva da condição humana"[31].

---

30. *Das Heilige und das Prophane* – Vom Wesen des Religiösen. Hamburgo: Rowohlt, 1957. A edição francesa foi publicada em 1965 com o título *Le sacré et le profane*. Paris: Gallimard. A tradução italiana, *Il sacro e il profano*, em 1967 (e, com numeração das páginas alterada, em 1973). Turim: Boringhieri.

31. As pesquisas de Eliade sobre a iniciação, expostas e discutidas – como já lembramos – no curso das "Haskell Lectures" de Chicago em 1956, depois confluíram, em 1959, na edição francesa de *Naissances mystiques*, um livro que teve cinco reimpressões em menos de três anos.

Os fatos e os dados até aqui recordados mostram os esforços de Eliade para compreender o comportamento do *homo religiosus* e para esclarecer o seu universo mental. Através do símbolo, do mito e do rito, o homem religioso realiza sua experiência do sagrado. O sagrado é verdadeiramente fundamental, porque "é um elemento da estrutura da consciência e não apenas um momento da história da consciência" e porque "a experiência do sagrado está indissoluvelmente ligada ao esforço do homem para construir um mundo que tenha um significado"[32]. Os numerosos estudos que se seguiram à publicação do *Tratado* desenvolveram e ilustraram esses conceitos. No esforço do homem em busca do sentido da sua vida e do mundo, o rito é um instrumento indispensável e eterno. Os inúmeros gestos de consagração de objetos, espaços e seres demonstram que a humanidade evidentemente sente a necessidade de viver num universo sacralizado. O simbolismo e o ritual iniciático mostram os esforços do homem voltado para o seu amadurecimento espiritual. O simbolismo do segundo nascimento como nascimento espiritual, presente nas culturas arcaicas e nas grandes religiões orientais, foi retomado e valorizado pelo cristianismo.

III – Os ritos de iniciação na vida do homem religioso*

O objetivo da antropologia é o conhecimento do homem. Na atual situação, em que de um lado as ciências exatas e a biologia se desenvolvem muito rapidamente, e de outro a presente crise das ciências humanas provoca perplexidade e incertezas, impõem-se com força algumas questões realmente fundamentais em torno do homem. A situação suscita uma urgência: é necessário reconstruir uma grade de leitura dos fenômenos humanos. A antropologia contemporânea está empenhada em muitas direções. Uma primeira direção é a da antropologia física que, graças às revolucionárias descobertas da biologia e da genética, conhece um desenvolvimento às vezes desconcertante. Outra direção é a da antropologia social e cultural: ela se dirige, de um lado, a estudar os fenômenos da vida do homem social e, de outro, a analisar os fenômenos humanos ligados à cultura e

---

32. ELIADE, M. *Fragments d'un journal.* Paris: Gallimard, 1973 [trad. it., *Giornale*. Org. de L. Aurigemma. Turim: Boringhieri, 1976].

* In: RIES, J. (org.). *I Riti di iniziazione.* Milão: Jaca Book, 1989, p. 219-237.

à civilização. No arco de um século, nosso conhecimento do *Homo faber* e do *Homo sapiens* deu passos de gigante.

As pesquisas dos historiadores das religiões demonstraram que o homem é também *homo symbolicus* e *homo religiosus*. O perfil do *homo religiosus* emerge das diversas religiões vividas pela humanidade, do Paleolítico aos nossos dias. A cada dia compreendemos mais que o *homo religiosus* é aquele que acredita na existência de uma Realidade, transcendente em relação a este mundo, mas que nele se manifesta conferindo à vida humana uma dimensão de completude. A antropologia religiosa se propõe o objetivo de estudar o *Homo sapiens* como portador de crenças religiosas graças às quais ele dirige o seu comportamento e sua vida através das diversas experiências do sagrado vivido. Ao enfrentar o problema do rito no interior dessa experiência vivida, põe-se imediatamente a questão do sentido. Desde os tempos mais antigos até nossos dias, tanto nas religiões de tradição oral como nas religiões do livro, o homem, no momento em que realiza um rito, faz um gesto significativo, do qual deriva uma mensagem que supera, no tempo e no espaço, o próprio momento de sua realização.

1 Problemas e métodos

A iniciação produz uma passagem de um estado a outro, de uma fase da vida a outra fase da vida, de um estilo de vida a um novo estilo de vida. Ela está na origem de uma série de mudanças que introduzem numa comunidade humana, num mundo de valores, em vista de uma existência mais perfeita ou de uma missão. Toda iniciação se realiza através de ritos, que implicam a experiência existencial do sagrado, vivida pelo *homo religiosus*. Por isso os ritos de iniciação são inseparáveis do sagrado, que é percebido segundo três dimensões diferentes: como dado histórico, como fenômeno de referência e como via hermenêutica. Nos dois ensaios contidos neste volume (p. 24-34 e 35-43) procuramos evidenciar esse aspecto dos ritos iniciáticos.

Jacques Vidal (p. 35-72) mostra que o rito é um ato simbólico, destinado à realização das figuras de uma ordem, no cruzamento constituído pela natureza, pela sociedade, pela cultura e pela religião. Enquanto ato, o rito se refere ao homem, considerado como indivíduo e como membro da sociedade. A natureza simbólica do rito implica a sua eficácia, destinada a uma criação e a uma transformação.

Enquanto realizador de uma ordem, o rito é inseparável do corpo e do comportamento; além disso, ele é também o instrumento eficaz de uma memória de comportamento. Todo rito de iniciação constitui a passagem da natureza ao universo de uma religião. A realidade é um conjunto de ritos, que têm a função de unir no interior de uma comunidade e ao mesmo tempo de transcendê-la. Desse modo, ela restitui o homem religioso à verdade de sua ordem. Para ilustrar essa função do rito e da ritualidade, Vidal examina a ritualidade chinesa, a judaica e a cristã.

A ritualidade chinesa está em busca do lugar em que todas as coisas se reúnem. Ela é, antes de tudo, relação com a Grande Harmonia (descrita no *Livro das Transformações*), que expressa a unidade do mundo e do homem submetida às variações de um ritmo binário, ao dualismo universal do *Yang* e do *Yin*. Essa ritualidade é uma arte de sabedoria que não separa a vida do homem da vida do universo. Confúcio buscou a natureza da transcendência na imanência da Grande Harmonia: trata-se do exercício do Meio Invariável, cujo ritualismo é a arte de viver entre os homens. Lao-Tsé, o antigo mestre, fundou a ritualidade do taoismo: ela é o retorno à necessidade de uma vívida experiência de transcendência.

A ritualidade judaica e a cristã são ambas centradas numa história santa, que celebra uma aliança de transfiguração. A história do povo judaico começa com uma aliança de criação, na qual encontramos um gesto de eleição e uma resposta de adesão. A palavra de vida se faz entender como iniciação à santidade. O ser humano ultrapassa o sagrado para se conformar ao Deus de santidade e para construir a unidade e a inteireza com todos os valores da existência nos desenvolvimentos de uma ética de cumprimento: a agonia de Abraão; a marcha de um povo ainda invisível; a história de uma libertação com Moisés; o sucesso de uma instalação na terra de Canaã; a ligação com a terra prometida quebrada pelo exílio, mas aprofundada pelos profetas; a abertura messiânica do tempo da salvação. A ritualidade se realiza no centro de uma história santa, mas encontra sua plenitude decisiva na humanidade de Jesus Cristo, humanidade de glória que é irradiação de vida divina na vida humana. A ritualidade do homem Jesus refunda o homem e o universo numa nova criação realizada no mistério da Trindade: é ritualidade de recriação do homem, ritualização da inocência e da santificação, transformação do heroísmo natural numa vitória da santidade. A Igreja será o convite e a reunião daqueles que recebem de Cristo a salvação em Deus. A ritualidade cristã designa agora o conjunto de todos os ritos ligados à presença de Jesus Cristo, até o fim dos tempos. Ela recapitula a história santa e a conduz a uma transfiguração.

A tecnociência é um fenômeno contemporâneo, uma nova sistematização dos conhecimentos e da ação nos desenvolvimentos de uma civilização do homem e da máquina. Ela é a superação do positivismo e se propõe, no espírito do homem moderno, como um caminho que ratifica a aliança entre o homem e a vida com a perspectiva de uma ética coletiva, de uma sabedoria concreta, de uma religião da unidade. Em algumas páginas bastante densas, Vidal abre perspectivas realmente novas sobre a ritualidade da tecnociência, caminho do universo. A partir das ciências físicas e das biológicas, as ciências humanas "preparam uma gênese de civilização para uma terra reaproximada".

Para compreender *A hermenêutica dos rituais de iniciação*, Michel Meslin começa distinguindo dois grandes tipos de iniciação. O primeiro tipo compreende os ritos de integração social que garantem a entrada na comunidade étnica, com suas tradições específicas e sua própria cultura. O segundo tipo de iniciação é constituído pelos ritos de agregação a uma comunidade, a uma irmandade. Neste caso, está presente uma dimensão soteriológica, que garante de vários modos a proteção do acesso do homem ao divino. Em ambos os tipos de iniciação o neófito é introduzido num mundo imaginário que o leva a tomar consciência da própria existência. O significado profundo dos ritos que são praticados é fornecido pelo simbolismo iniciático. Tal simbolismo reside nas verdades arquetípicas do mito, e este nos obriga a levar em conta as situações socioculturais específicas de cada cultura.

As relações que ligam os ritos de iniciação com o espaço e com o tempo devem ser cuidadosamente analisadas. Os ritos de separação, de retiro e de reclusão presentes nos rituais de integração social assinalam uma nítida ruptura com o espaço parental, à qual se segue a reintegração no espaço cotidiano, no qual se desenvolverá uma existência de adulto responsável. Meslin considera que no estudo dos ritos seria importante examinar se essa relação simbólica, pela qual o espaço marca uma mudança de estado, é encontrada também nos ritos de iniciação religiosa. Nestes últimos, de fato, o santuário no qual o iniciado é admitido constitui um espaço mediador entre o humano e o divino. Nesse contexto se apresenta a questão da iniciação no espaço sagrado nos ritos de peregrinação, nos quais encontramos unidos espaço sagrado e tempo sagrado. O tema do tempo sagrado revela sua importância num duplo nível: de um lado, há o tempo vivido pelo neófito no decorrer da sua iniciação; de outro, o tempo primordial ao qual se refere a iniciação, que muitas vezes é acompanhada da prática de uma anamnese, do eterno retorno, da nostalgia das origens, elementos nos quais Mircea Eliade tanto insistiu. O valor soteriológico da anamnese iniciática está ligado à consciência de uma nova existência.

Mas a iniciação é também uma revelação. De fato, ela revela ao neófito *sacra*, símbolos, verdades ocultas. Além disso, leva-o a conhecer o sentido profundo das suas origens, da sua relação com a divindade: fornece-lhe o conhecimento das verdades fundamentais que constituem a estrutura da sua existência. Aqui se situa a estreita relação que une a iniciação ao desenvolvimento da sua personalidade. O rito não modifica essa personalidade em sua essência, mas confere ao iniciado um novo estatuto e lhe permite desenvolver uma criatividade antes desconhecida. A partir desse momento o iniciado participa de uma sabedoria que tem sua origem numa tradição que se assume plenamente a direção do indivíduo. Ela lhe ensina o sentido da vida, uma disciplina e algumas normas de comportamento que regulam a sua existência.

2 A África e seus ritos

Na África a iniciação constitui um elemento essencial da educação. De fato, ela dá início ao processo de personalização e de socialização. A tarefa de formar a personalidade do jovem é assumida pelo grupo no seu todo. L.V. Thomas e R. Luneau demonstraram que na África nos ritos de iniciação se misturam profundamente o individual e o social, o profano e o sagrado, o real e o imaginário[33]. De acordo com esses estudiosos é necessário considerar dois níveis distintos. No nível individual, o rito iniciático é um conjunto complexo de técnicas destinadas a humanizar, a culturalizar e a socializar o ser humano, através de um conhecimento libertador e graças a provas eficazes, com o objetivo de orientá-lo para as suas responsabilidades de adulto. No nível de grupo, por sua vez, esses ritos representam um conjunto de procedimentos através dos quais a sociedade assume o controle do próprio destino.

Os mesmos autores insistem nas dificuldades encontradas pelos etnólogos e pelos antropólogos para abordar os ritos da África negra: falta de informação so-

---

33.THOMAS, L.V. & LUNEAU, R. *La terre africaine et ses religions*. Paris/Lausanne: Larousse, 1975, p. 214-238. • ZAHAN, D. *Religion, spiritualité et pensées africaines*. Paris: Payot, 1970 [2. ed., 1980].

bre muitos ritos praticados nos recintos sagrados; caráter secreto das cerimônias; esoterismo das liturgias; constante referência aos mitos; uso de línguas acessíveis apenas aos "detentores de um saber profundo"; variedade das formas; pluralidade de situações e de técnicas; oscilações segundo a idade e os sexos. O rito de iniciação destina-se a regular a ordem e a desordem, a manter e a reproduzir, a vitalizar e a fortalecer os vínculos. A iniciação é uma escola encarregada de instruir e de educar. Seu ensinamento diz respeito ao corpo, à estrutura do mundo, à organização do grupo, aos seus mitos e suas leis. Trata-se de uma educação que forma a personalidade do jovem e pode realizar verdadeiramente uma transformação. A iniciação tem também a finalidade de facilitar a procriação. Enfim, como rito de passagem, ela sacraliza o ser humano através de um renascimento simbólico e o põe em contato com o transcendente.

A contribuição de F. Rodegem, *Iniziazione alla saggezza nella società africana* [*Iniciação à sabedoria na sociedade africana*] (p. 91-104), aborda uma questão raramente tratada pelos africanistas: o papel da palavra iniciática, elemento importante, aliás essencial em toda iniciação. Na sociedade africana o patrimônio cultural é um patrimônio oral. Se toda palavra é importante por si só, a palavra dos antepassados, presente nos ritos de iniciação, tem um valor excepcional. O principal objetivo da iniciação é garantir a passagem da ignorância ao conhecimento: relembrar as regras do clã; formar indivíduos conformes ao modelo cultural típico do grupo. Por isso é necessário treinar o jovem a observar a sabedoria tradicional, na qual se fundamenta a vida do grupo. Esse ensinamento não se realiza por intermédio de uma forma de discurso moral, mas graças aos mitos, aos relatos, aos jogos, cantos, litanias e provérbios. O provérbio, em particular, é apropriado para representar de modo abstrato alguns elementos presentes nos ritos. Todos os provérbios africanos apresentam uma estrutura idêntica e expressam imagens similares.

A sabedoria que é transmitida no decorrer da iniciação destina-se a orientar o comportamento dos indivíduos e do grupo. Trata-se de uma palavra herdada pelos antepassados. A observação da natureza, do comportamento dos animais, dos acontecimentos corriqueiros da vida cotidiana, constitui o tema desses provérbios. A iniciação é uma forma de pedagogia ativa que transmite o conhecimento e leva cada indivíduo a se identificar no modelo cultural de seu grupo. Os valores coletivos estabelecidos pela comunidade dos antepassados constituem a tradição normativa, que coincide com uma ética capaz de garantir a sobrevivência do indivíduo e do grupo. Os ritos de iniciação transmitem um ensinamento ritualizado.

O artigo de Rodegem ilustra perfeitamente a afirmação de Thomas e Luneau: "A iniciação continua a ser o mais significativo e o mais espetacular de todos os ritos de passagem"[34]. Ligada aos relatos míticos, aos arquétipos simbólicos, à sabedoria ancestral, ela é a pedra angular do sistema religioso tradicional. Do ponto de vista do *homo religiosus* nela encontramos orações, sacrifícios e ofertas, ritos de reparação e de consagração, técnicas de adivinhação e uma certa liturgia do nascimento e da morte. Seja como for, os diversos ritos de iniciação permanecem ligados aos valores produzidos por cada etnia.

3 Xamanismo e iniciação

O xamanismo pode interessar ao psicólogo, que nele procurará as manifestações de uma psique em dificuldades. O sociólogo, em contrapartida, ocupa-se da posição da função xamânica no interior da sociedade, uma vez que o xamã desempenha um papel análogo ao do sacerdote e do adivinho. O etnólogo, enfim, estuda o fenômeno no quadro das diversas populações e se volta em primeiro lugar para o seu aspecto cultural: a vestimenta, o tambor, o uso de narcóticos. A etnologia histórica, que teve um grande desenvolvimento graças às pesquisas de Graebner, de Schmidt e de Koppers sobre os ciclos histórico-culturais, prestou grandes serviços ao estudo do xamanismo[35]. Mas o mais interessado nesse fenômeno religioso, característico das populações que vivem na imensa área do centro e do norte da Ásia, é o historiador das religiões. Mircea Eliade viu no xamanismo uma das técnicas arcaicas do êxtase e o estudou tanto nos seus aspectos históricos como no quadro do simbolismo que suas técnicas assumem[36].

---

34. Cf. p. 236 da obra citada. Os autores consideram que, como reunião coletiva, a iniciação se torna o fato religioso por excelência. Na perspectiva "religião-sagrado" encontramos orações de súplica e de agradecimento, ritos de união, ritos de reparação, ritos de consagração, técnicas divinatórias, liturgias do nascimento e da morte.

35. PINARD DE LA BOULLAYE, H. *L'étude comparée des religions.* 2 vols. Paris: Beauchesne, 1922, 1925, 1929. • SCHMIDT, P.W. *Origine et évolution de la religion.* Trad. fr. de A. Lemonnyer. Paris: Grasset, 1933.

36. ELIADE, M. *Chamanisme et les techniques archaïques de l'extase.* Paris: Payot, 1951, 1968 [trad. it., *Lo sciamanismo e le tecniche arcaiche dell'estasi.* Org. de C. D'Altavilla. Roma/Milão:

O termo *chaman* da língua dos tunguses foi adotado pelos estudiosos russos e rapidamente passou a fazer parte do vocabulário dos historiadores das religiões. Em sentido estrito, o xamanismo designa um fenômeno difundido apenas entre as populações da Sibéria e da Ásia Central. O xamã vive experiências estáticas, instaura relações com os espíritos, realiza voos mágicos, ascende ao céu e desce aos infernos, tem o domínio sobre o fogo, é um guia de almas. O transe é a condição na qual ele realiza habitualmente sua relação com os espíritos. Só por extensão e com base na analogia dos fenômenos estáticos se pode falar de xamanismo chinês, japonês etc. A função xamânica tem em si um caráter carismático: isso suscita a questão dos rituais de iniciação.

Especialista do xamanismo dos buriates, uma população mongol da família altaica que vive nas proximidades do Lago Baikal, Roberte Hamayon tentou ilustrar a passagem *Dall'iniziazione solitaria all'investitura ritualizzata* [*Da iniciação solitária à investidura ritualizada*] (p. 105-135).

No xamanismo ela distingue de um lado o tipo familiar, no qual cada um "xamaniza" a seu modo, e de outro lado o tipo "profissional", que atribui forma solene ao ingresso no cargo, no interior da comunidade na qual o xamã exercerá suas funções sob o controle de todos. É precisamente o ritual iniciático que diferencia o xamã profissional do xamã familiar. Hamayon restringe sua pesquisa aos exirit-bulagat, um grupo originário das florestas em torno do Lago Baikal: eles conservaram seu espírito de caçadores, tentaram resistir à colonização russa e defender sua identidade cultural.

O primeiro elemento a ser considerado diz respeito à própria vocação. Para o candidato xamã, de fato, trata-se de descobrir sua "essência" xamânica, ou seja, de saber se existe algum xamã entre seus antepassados diretos. Essa noção de "essência" é importante porque corresponde a uma espécie de direito hereditário que atua sobre uma função indispensável ao grupo. Quando morre um xamã procura-se descobrir num adolescente o sinal de um chamado dos espíritos e de uma eleição sobrenatural: a descoberta de um "objeto caído" (considerado um sinal); uma morte trágica no grupo familiar; sonhos ou desmaios; a recusa periódica do alimento; atitudes bizarras. Esses sinais representam o

---

Bocca, 1953] [Roma: Mediterranee, 1999] [ed. bras., *O xamanismo e as técnicas arcaicas do êxtase*. Trad. de Beatriz Perrone-Moisés. São Paulo: Martins Fontes, 2002].

meio através do qual os espíritos atormentam seu escolhido: desse modo o chamado é situado no contexto de uma morte simbólica. O aprendizado informal é preparado por crises de solidão, de anorexia, de desmaio. Depois é preciso aprender a conhecer os espíritos do clã, porque será necessário tratar com eles. Nessa iniciação não há tanto a transmissão de um saber secreto quanto a presença de um corpo social encarregado de formar o iniciado. São os próprios espíritos que dirigem o seu aprendizado. Tudo se organiza em torno da recepção de dons e de sinais que não têm nenhuma referência a mitos ou a arquétipos. No entanto, alguns relatos épicos que narram os feitos de heróis antepassados assumem o valor de modelos. O reconhecimento da função depende da eficácia dos serviços que o jovem iniciado presta ao seu clã, o qual, por sua vez, continua a submetê-lo a um controle muito estrito.

O segundo elemento a ser considerado é a investidura oficial, que se realiza através de um ritual que, entre os buriates, apresenta dois aspectos: uma cura xamânica, com ritos de ablução; e um "negócio", que se concretiza na conclusão de um contrato, de um acordo. Hamayon descreve o rito de investidura celebrado em Kuda: ablução na água proveniente de três fontes; libações de álcool de leite; água aquecida num caldeirão com tomilho, gengibre e casca de abeto-vermelho; instruções transmitidas ao neófito pelo xamã-pai. No que diz respeito ao "contrato", o ritual é bastante preciso: isolamento por nove dias do grupo dos xamãs; oferta de um sacrifício; organização das árvores rituais; celebração de um importante rito com fumigação, procissão, unção do neófito e sua fustigação com ramos. A bétula desempenha um papel importante nas diversas cerimônias e o ferreiro intervém várias vezes para forjar os anéis que servirão nas sucessivas fases do ritual.

Mas quais são os fundamentos da investidura? Em primeiro lugar, há o conceito de animação, que se manifesta através de alguns ritos de nascimento: o xamã é considerado um recém-nascido, e essa condição se manifesta claramente pelas abluções e pelo uso da água. Ele deve utilizar os seus poderes em benefício da comunidade: assim se explica o rito da sua fustigação, à qual se segue uma reanimação. Em segundo lugar, há a demonstração pública da nova qualificação de xamã: a subida nas árvores que simboliza a viagem no mundo sobrenatural que o xamã deverá realizar; a união com os espíritos da floresta, na qual o candidato xamã vai exercitar-se, solitário, isolado do seu grupo. E enfim a sujeição total do xamã ao serviço da sociedade: todo o ritual de investidura simboliza esta subordinação social. De fato, a instituição xamânica está subordinada à instituição constituída pelo seu clã; seu papel consiste em reafirmar a identidade e a coesão da comunidade.

4 A iniciação no hinduísmo

A iniciação na Índia só pode ser compreendida considerando o quadro específico da concepção indiana da vida. Para compreender o ritual é preciso remontar à época védica, à sociedade indo-europeia arcaica com suas três classes sociais, a primeira das quais era a dos brâmanes, representantes da soberania e do sagrado. No decorrer de sua vida, o homem indo-europeu se forma e se transforma graças a uma série de ritos que o acompanham, aperfeiçoando-o, da infância até a morte. Michel Delahoutre apresenta nesse volume uma excelente síntese dos *Riti di iniziazione nell'induismo* [*Ritos de iniciação no hinduísmo*] (p. 137-145). Na origem, ao jovem era imposta a presença de um mestre, empenhado em lhe transmitir todo o seu saber. O rito de aceitação do discípulo inaugurava um período de formação que podia durar muito tempo. Mais tarde, na época dos *Upanishades*, a iniciação consistia na aprendizagem do sentido profundo das palavras sagradas e na recepção de um ensinamento sobre o fundamento último de tais palavras. As leis de Manu, redigidas a partir do século II a.C., introduziram um ritualismo mais pronunciado. Dois ritos são especialmente característicos desse ritualismo: a imposição do cordão de brâmane, sem o qual não se pode sacrificar, e o ensinamento de uma fórmula sagrada, a Sāvitrī. Em conformidade com o espírito dos antigos textos védicos, as leis de Manu fazem da iniciação um novo nascimento: de fato, o iniciado é um *dvi-ja*, "nascido duas vezes".

A iniciação do jovem brâmane é praticada ainda hoje na Índia. Conhecemos seus ritos detalhadamente: a purificação, a tonsura, a entrega do cordão sagrado (formado de fios de algodão trançados, usado como um colar ao redor dos ombros por toda a vida), a entrega do cinto de fibras vegetais, da tanga vermelha e do bastão. Depois dessas cerimônias marcadas por longas orações, o jovem brâmane é admitido para celebrar o culto do fogo. Em seguida, durante um banquete, o jovem se separa ritualmente de sua mãe: a partir desse momento ele viverá com os homens. A iniciação tem, portanto, o sentido de um "nascimento para si mesmo", da formação de uma personalidade, ainda antes de ter um significado social. Mas no decurso dos séculos a estrutura social ganhou terreno e se estendeu aos vários grupos religiosos surgidos do hinduísmo: jainistas, budistas, yogues, lingaiates, sikhs. Delahoutre se ocupa sobretudo dos sikhs, que algumas notícias recentes levaram a ocupar o primeiro plano[37].

Mircea Eliade mostrou com clareza o papel ocupado pelo símbolo, pelo mito e pelo rito na função de mediação do sagrado[38]. Através do símbolo o mundo se exprime e revela aquelas modalidades do real que não são evidentes por si mesmas. O mito é uma história verdadeira porque explica as realidades existentes; além disso, ele é uma história sagrada porque apresenta deuses e homens em ação. Por fim, o mito é também uma história exemplar, que oferece um significado específico, marcado pela repetição e capaz de fornecer aos homens alguns modelos para sua conduta. Como história das origens, o mito tem uma função de instauração, porque institui uma relação entre o tempo atual e o primordial, ensinando como o comportamento atual deve realizar o evento primordial. Há no mito a referência constante a um arquétipo, que confere poder e eficácia à ação do homem. Nesse ponto se situa o ritual: e os ritos de iniciação, como vimos, fazem o ser humano passar de uma condição profana a uma nova existência, marcada pelo sagrado.

5 Mistérios, iniciação, silêncio e segredo na religião grega

Os habitantes da antiga Grécia são o resultado da fusão de numerosos povos que sucessivamente conquistaram os territórios da Hélade. O pensamento, a civilização, a religião, surgiram do encontro desses povos. No início do II milênio realiza-se uma primeira mistura de homens e de ideias. De um lado, há a religião cretense, com seus mitos e seus cultos naturalistas, com seus santuários, suas grutas e seus palácios, com suas ofertas, suas danças e seus ritos hierogâmicos. De outro lado, verifica-se a invasão dos aqueus, portadores de uma religião patriarcal, invasão seguida alguns séculos mais tarde por uma segunda onda de

---

37. SINGH, H. & DELAHOUTRE, M. *Le sikhisme* – Anthologie de la poésie religieuse sikh. Louvain-La-Neuve: Centre d'Histoire des Religions, 1985 [Coll. "Homo Religiosus" 12].

38. ELIADE, M. *Images et symboles* – Essai sur le symbolisme magico-religieux. Paris: Gallimard, 1952 [trad. it., *Immagini e simboli* – Saggi sul simbolismo magico-religioso. Milão: Jaca Book, 1981]. • *Aspects du mythe*. Paris: Gallimard, 1963 [trad. it., *Mito e realtà*. Turim: Borla, 1966]. • *Initiation, Rites, Sociétés secretes*. Paris: Gallimard, 1976. • *Das Heilige und das Profane*. Hamburgo: Rowohlt, 1965 [trad. it., *Il sacro e il profano*. Org. de E. Fadini. Turim: Boringhieri, 1967] [3. ed., 1984]. Cf. tb. RIES, J. *Le chemins du sacré dans l'histoire*. Paris: Aubier, 1985, p. 53-84 [trad. it., *Il sacro nella storia religiosa dell'umanità*. 3. ed. Milão: Jaca Book, 1996].

povos indo-europeus. A partir de 1580 a.C. desenvolve-se, e dura três séculos, a brilhante civilização micena, que realiza uma extraordinária fusão das duas heranças, a cretense e a indo-europeia. Depois da invasão dos dórios, por volta do ano 1100, será preciso esperar ainda três séculos, para ver, ao redor do ano 800 a.C., a realização de outra importante mudança com a constituição da *polis*, a cidade grega com seu culto das divindades protetoras. Ao lado da religião da cidade se desenvolve uma religião centrada nos mistérios, na iniciação, na salvação pessoal. As representações sagradas e os mitos passam por uma grande difusão. A mântica dá origem a uma teologia baseada nos oráculos transmitidos por deus. E então surgem alguns documentos importantes: a *Ilíada* e a *Odisseia*, atribuídas a Homero; *As obras e os dias* e a *Teogonia*, atribuídas a Hesíodo. Por volta do século V-IV, enquanto se constitui a religião da Grécia clássica, se desenvolve uma corrente de religiosidade mística, representada pela celebração dos mistérios dionisíacos e pelos cultos traco-frígios com suas liturgias. Depois de Alexandre, a cidade dá lugar aos Estados, os deuses orientais ingressam no mundo grego e o *homo religiosus* busca cada vez mais o contato com divindades salvíficas.

André Motte se dedica ao estudo do segredo e do seu valor religioso e cultural nos mistérios: *Silenzio e segreto nei misteri di Eleusi* [*Silêncio e segredo nos mistérios de Elêusis*], p. 147-161. É fácil constatar que o segredo permaneceu bem protegido, uma vez que toda a literatura antiga, tanto cristã como pagã, parece ter-se recusado a levantar o véu que cobria a iniciação. Motte se pergunta como é possível explicar esse respeito absoluto, visto que os gregos, ao contrário, geralmente eram bastante eloquentes sobre suas tradições e suas ideias.

Para começar é necessário compreender o alcance e a importância do segredo eleusino. Não se encontra nenhum vestígio de doutrinas secretas ou esotéricas. Os *legomena*, as "coisas ditas", provavelmente consistiam em fórmulas catequéticas ou celebrativas. Os mistérios eram essencialmente *dromena*, as "coisas feitas", e *deiknumena*, as "coisas mostradas". De fato, a iniciação eleusina requeria um longo e duro esforço: aos Pequenos Mistérios seguiam-se os Grandes Mistérios; exigia-se uma participação financeira; realizavam-se longas marchas em procissão, jejuns e abstinências. O silêncio e o segredo referiam-se à palavra, aos escritos, a toda forma de imitação e incluíam tudo o que tinha sido visto e ouvido. Os objetos sagrados eram mantidos escondidos da vista dos curiosos. A regra do silêncio era uma instituição do Estado, desejada pelo próprio povo ateniense. O santuário era inacessível aos não iniciados: mesmo para fazer nele alguns trabalhos só eram chamados operários já iniciados nos mistérios. Durante as cerimônias inaugurais a lei do silêncio era solenemente proclamada por um arauto. Qualquer violação do segredo era severamente punida: a pena podia ser até a condenação à morte.

De acordo com Motte, um primeiro motivo que pode explicar essa regra do silêncio deve ser buscado na natureza e na qualidade da experiência eleusina. A religiosidade eleusina tinha o objetivo de abrir o caminho da felicidade para todos aqueles que o desejavam e se mostravam dignos dele. Os fiéis acorriam em grande número. Os habitantes de Elêusis explicavam o rigoroso segredo que recaía sobre os ritos iniciáticos com a explícita vontade da deusa Deméter, a qual, durante a busca de sua filha Core, se detivera na cidade da Ática. Insistia-se particularmente no valor do silêncio, do recolhimento e da atenção. O segredo tornava-se o indispensável prolongamento do silêncio místico da iniciação, uma vez que a experiência da presença divina era indescritível e intransmissível. Falar sobre ela seria uma traição e uma profanação.

Uma segunda motivação do segredo pode ser encontrada no valor do simbolismo característico do culto de Elêusis: o mito de Deméter e Core, cuja presença era vivida pelos fiéis. Em torno do mito gravitava todo um conjunto simbólico, constituído por componentes agrários, matrimoniais e funerários. Os mistérios exaltavam a potência vital ligada à feminilidade do divino. Essa potência era capaz de fazer passar da morte à vida o grão de trigo, a menina Core, os próprios iniciados. Encontramo-nos diante de uma típica valorização religiosa da feminilidade. Aos místicos era revelado o princípio oculto da vida, e esta revelação fundava sua esperança escatológica. Para compreender tal doutrina, para apreender sua expressão simbólica, era indispensável a fé na verdade dos mistérios. Só os iniciados eram capazes de compreender seu significado.

Igualmente centrada na religiosidade dos mistérios gregos é a pesquisa de Yvonne Vernière: *Iniziazione ed escatologia in Plutarco* [*Iniciação e escatologia em Plutarco*], p. 163-176. A questão é abordada a partir da finalidade dos mistérios gregos e orientais dos primeiros séculos da Era Cristã: "Levar o místico a aceder a uma vida espiritual superior, que antecipa a sua transformação no além". Nessa perspectiva, a única iniciação autêntica é a morte. Por isso, desejando oferecer a seus leitores uma ideia concreta da vida futura, Plutarco, nos *Moralia*, representa o além com o modelo fornecido pela experiência iniciática dos mistérios.

A primeira questão que se apresenta é a da experiência mistérica pessoal de Plutarco, que era sacerdote de Apolo e homem muito piedoso, extremamente discreto em relação aos seus conhecimentos iniciáticos. Seus escritos levam a supor que ele conhecia os mistérios e os ritos secretos greco-egípcios de Osíris e de Elêusis. Num segundo momento, Vernière estuda dois mitos de Plutarco: o mito de Tespésio no *De sera numinis vindicta* e o de Timarco no *De genio Socratis*. Ambos os textos apresentam um personagem que volta vivo de uma viagem ao reino dos mortos e que relata sua experiência. Ardico, no relato do *De sera*, assim como Timarco no *De genio* passam ilesos pela morte e ao voltar à vida sofreram uma mudança ontológica. Trata-se de um processo privilegiado, mas tipicamente iniciático de morte e de ressurreição. Os momentos essenciais de sua viagem no início são um choque e depois a passagem para o além. A estada no reino dos mortos é marcada pelas duas etapas típicas da iniciação: a contemplação da atividade póstuma das almas e em seguida a explicação que atribui um significado a essa visão. Esse tipo de revelação lembra a estrutura narrativa dos mistérios, ou seja, a busca de Perséfone em Elêusis e a ressurreição de Osíris ou de Dioniso. Em ambos os textos de Plutarco os viajantes são proibidos de virar-se para trás no momento em que abandonam o mundo dos mortos. Vernière considera que a narração e o quadro narrativo desses dois mitos fundamentam-se nas etapas iniciáticas que Plutarco pôde conhecer pessoalmente.

Falta ver de que modo as concepções escatológicas evocadas por esses dois textos foram construídas com base na experiência iniciática dos mistérios. Uma primeira fase do processo iniciático é constituída pelo período das provas: medo, terror, perturbação interior. O segundo momento crucial é o dos sofrimentos de além-túmulo, descritos detalhadamente nos mistérios de Elêusis e nos de Dioniso. O terceiro momento, enfim, é a passagem do místico da escuridão à luz. Depois das viagens, depois dos sofrimentos, ele se encontra em plena luz. Trata-se de um elemento constante das iniciações, que é acompanhado por uma alegria coletiva, subsequente à solidão que caracteriza as primeiras provas. Esse terceiro momento é encontrado na doutrina escatológica de Plutarco. Ele não retoma totalmente a descrição do banquete eterno dos bem-aventurados, que encontramos, por exemplo, na decoração dos sarcófagos da época, mas mostra apenas as almas vitoriosas, dispostas em círculos e coroadas, que se alimentam de leves vapores e de perfumes.

Vernière conclui que Plutarco, quando fala da escatologia, recorre a meios irracionais. Ele queria guiar os seus leitores, ainda nesta vida, para o desapego do corpo e para a plenitude espiritual. Para tanto, utilizou os ritos iniciáticos, que lhe eram familiares e cuja eficácia conhecia bem.

6 Ritos e rituais no islã

O islã é a revelação de um deus único, onipotente, misericordioso, criador do céu e da terra, senhor dos homens e dos dias, do juízo. Esse deus uno e único se impõe através de sua majestade e de sua transcendência. Ele está próximo do homem que criou e conhece os pensamentos de seu coração. O Alcorão é a palavra de deus; contém tudo o que pode garantir a felicidade do homem. O islã não tem um magistério doutrinal, mas se fundamenta numa lei, a Suna, baseada no comportamento do Profeta. O islã deu origem a uma experiência mística, o sufismo.

Maomé, o Profeta, é um árabe profundamente embebido das tradições e das aspirações religiosas próprias do mundo árabe. Ele tentou derrubar as pontes que ainda uniam a Revelação recebida de Alá com os antigos costumes e com as práticas religiosas do passado, que de fato são definidas como "ignorância" (*djabilia*). Mas numerosos estudos recentes evidenciaram a herança da Arábia pré-islâmica no interior do islã. No antigo paganismo árabe o rito desempenhava um papel de importância fundamental: sacrifícios sangrentos, libações, fumigações com aromas, veneração dos ídolos (entre os quais a Pedra Negra da Meca encrustada na parede da Caaba), peregrinações, banquetes rituais. A esses ritos deve-se acrescentar o papel iniciático do sacerdócio. Nos santuários da Arábia meridional ou nos planaltos da Arábia Central e Arábia Setentrional, de fato, os sacerdotes interpretavam os oráculos obtidos através da cleromancia ou *istiqŝam*, ou seja, lançando algumas flechas ao acaso. No momento em que nos indagamos sobre os ritos de iniciação do islã temos de ter presentes esses fatos, que nos remetem ao contexto cultural dos séculos que precedem nossa era.

Ci sono riti di iniziazione nell'islam? [Existem ritos de iniciação no islã?]: esse é o título da contribuição de Aubert Martin (p. 179-185). O autor começa observando que a vida do crente é marcada por um grande número de ritos: o rito da oração, com suas prosternações e reverências; o rito de peregrinação a Meca, com seus percursos rituais e seus inúmeros gestos obrigatórios. Há depois a circuncisão, que representa o pertencimento ao islã, embora o Alcorão e a Lei sejam silentes a esse respeito. A circuncisão é um rito de entrada na comunidade, que contudo nada tem de um ritual iniciático. Trata-se de um antigo rito de passagem, de um rito sacrifical, e não de uma iniciação, que, ao contrário, deveria continuar com um ensinamento progressivo.

Martin constata em segundo lugar que no islã estão presentes em grande número ritos que são simplesmente sobrevivências, maldisfarçadas, do paganismo pré-islâmico: fórmulas sagradas que marcam o início ou o cumprimento de uma ação; gestos e palavras de devoção que favorecem os empreendimentos, grandes e pequenos; ritos que acompanham o desenvolvimento das cerimônias familiares. Mas tais ritos não são de modo algum ritos de iniciação.

Em contrapartida, encontramos alguns ritos de iniciação, no sentido de aprendizado, nas irmandades muçulmanas. Estas instituições originam-se do misticismo muçulmano, uma atitude que é propriamente alheia ao espírito autêntico do islã. O sufismo trouxe ao islã uma nova dimensão, a de uma religiosidade mais interiorizada. O movimento místico canalizou-se nas irmandades, e isso fez nascer um ritual desconhecido do islã das origens. À extrema variedade das irmandades corresponde uma extrema diversidade dos ritos. Nesse contexto se apresentam alguns ritos de iniciação que permitem superar as diversas fases que levam ao êxtase. Cada irmandade tem seu ritual iniciático específico. Desse modo o ritualismo iniciático acabou se sobrepondo à via mística.

Chegamos enfim ao ensaio apresentado pelo saudoso colega Philippe Marçais: *I riti di iniziazione nell'islam popolare* [*Os ritos de iniciação no islã popular*] (p. 187-191). Os muitos anos passados na África Setentrional lhe permitiram estudar as irmandades muçulmanas, que ele considera similares a uma terceira ordem islâmica. Para ingressar numa irmandade é preciso se dirigir ao *shaykb*, o seu chefe espiritual e temporal. O ato de iniciação se denomina *wird* e alude à água do bebedouro. Não é possível identificar nenhuma prova iniciática, mas sabe-se que a obrigação do segredo, do silêncio, da obediência e da submissão era muito estrita. Contudo, conhecemos alguns detalhes, que são relativamente originais: a manducação de um biscoito ou de uma fruta amolecidos pela saliva do *shaykh*; a entrega de um salvo-conduto com algumas fórmulas de valor místico; a incisão entre o polegar e o indicador da mão direita. Os usos das irmandades do Saara sofreram a influência dos grupos negros, sobretudo da Guiné: sacrifício de um touro; movimentos do corpo; reuniões de oração; danças com espadas. Ao final da sua pesquisa, Marçais observa que o reformismo muçulmano tende a fazer desaparecer todos os usos que se mostrem alheios à ortodoxia islâmica.

7 A iniciação entre os essênios – A iniciação cristã

A descoberta dos importantes documentos e das ruínas do mosteiro de Qumrān suscitou um novo interesse pelas comunidades essênias que se opunham ao judaísmo oficial. Jean Giblet estudou a iniciação praticada por esses grupos, que têm consciência de garantir a verdadeira continuidade de Israel. De fato, a comunidade de Qumrān se proclama o único lugar em que os homens vivem de modo perfeito a adesão a Deus e à sua vontade. O objetivo é o cumprimento dos preceitos divinos transmitidos por Moisés e pelos profetas. Qumrān é o pequeno "Resto", no qual reside e se cumpre o verdadeiro Israel, o lugar em que viveram as alianças. Por isso a comunidade submete a uma atenta e prolongada verificação as disposições e as atitudes dos candidatos.

O ato decisivo é a conversão: trata-se em primeiro lugar de tomar consciência dos desvios ocorridos no interior da Lei. A única maneira de praticar a conversão consiste na entrada na comunidade, na qual se viverá até a perfeição a vontade divina. A conversão exige a explícita vontade de se afastar completamente do mundo, que é corrompido. O candidato assume o compromisso irrevogável jurando solenemente diante de toda a comunidade. Esse juramento não constitui, enquanto tal, um rito de iniciação: nele predomina o aspecto voluntarista. Uma série de etapas rigorosamente regulamentadas marca a entrada na comunidade: dois anos de verificação e de provas para testar a decisão de viver segundo a disciplina preparam o juramento. Os testes demonstram que a conversão do coração é o elemento principal exigido para entrar na comunidade de Qumrān. Em função dessa atitude, os ritos de purificação assumem todo o seu significado. Por exemplo: cotidianamente deve-se proceder a banhos rituais, embora a primeira participação nesse rito não apresente um caráter propriamente iniciático.

Os ritos da iniciação cristã têm uma longa história, que percorre toda a vida da Igreja e sua presença no centro das culturas e das diferentes situações. Contudo, há certa continuidade e permanência da unidade originária. Monsenhor Houssiau identifica, em primeiro lugar, as diversas fases da iniciação no decorrer da história: o catecumenato preliminar; a introdução da crisma ou confirmação; o batismo dos recém-nascidos; o adiamento determinado pela espera do bispo; o deslocamento do acesso à Eucaristia até a idade da razão; a situação atual da organização catequética, da comunhão precoce, da confirmação.

Além disso, Houssiau examina o significado originário dos ritos e sua interpretação teológica. Para o cristianismo das origens a iniciação cristã consistia num único ato: a entrada na comunidade da Igreja através de uma conversão pessoal, que representava uma mudança radical. A liturgia organiza um conjunto de ritos já preexistentes, mas seu significado é completamente modificado pela nova Aliança concluída graças aos eventos irreversíveis da morte e da ressurreição de Cristo e da espera certa de seu cumprimento. Todo o simbolismo da iniciação cristã remete aos eventos da vida de Cristo, à sua morte e à sua ressurreição. Trata-se, portanto, de um significado radicalmente diferente do significado que podem ter os ritos de iniciação das outras religiões. O sentido originário dos ritos da iniciação cristã só pode ser compreendido no interior do universo simbólico que é específico do cristianismo.

8 *O* homo religiosus *e os ritos de iniciação*

Ao chegar ao final desta pesquisa sobre os ritos de iniciação, dirigimo-nos novamente para o homem religioso. Robert Turcan indicou um dos objetivos das diversas publicações da coleção "Homo religiosus": "o esforço de fazer um reexame histórico e fenomenológico do *homo religiosus*, que leve em conta as argumentações e a documentação recentes" (em *Revue de l'Histoire des Religions*, 1982, p. 334). É precisamente nessa linha que se situa este volume sobre os *ritos de iniciação*.

O rito é um meio que serve para regular as relações entre a existência humana e a realidade, percebida pelo homem como superior a essa existência. Ele se situa no interior de um conjunto simbólico e hierofânico ligado à experiência religiosa. Por meio da estrutura simbólica se realiza a passagem do significante ao significado, do imaginário ao ontológico, do signo à realidade existencial. O *homo religiosus* acredita que a realidade que constitui a trama da sua existência humana é função de um arquétipo que se apresenta aos seus olhos como um modelo primordial. Através do rito ele procura participar desse arquétipo, para conferir uma nova dimensão à sua vida.

Eliade observou que o sentido profundo da iniciação é sempre um sentido religioso: de fato, o iniciado se torna outro homem na medida em que entra em contato com uma Realidade que ultrapassa este mundo, embora se manifeste nele. Através da iniciação realiza-se a passagem de um estado de vida a outro estado de vida. Toda iniciação representa uma mudança profunda porque faz o iniciado entrar num mundo de valores totalmente novo, em vista de uma missão. Ela o introduz também numa nova comunidade de vida. Nesse sentido, "a iniciação constitui um dos fenômenos espirituais mais significativos da história da humanidade" (ELIADE. *Initiation...*, p. 26). Ela empenha, no sentido forte do termo, toda a vida do homem, assim como a comunidade na qual ele vive. Ela desempenha um papel fundamental na formação religiosa do homem: é o meio para realizar o seu cumprimento. A iniciação se apresenta como um segundo nascimento e como um parto espiritual. Ela está intimamente ligada à condição humana.

Desse modo pode-se explicar o desenvolvimento conhecido pelos rituais de iniciação em muitas associações laicas modernas. Eliade demonstrou que o homem arreligioso é herdeiro direto do *homo religiosus* e tomou forma partindo das posições assumidas por seus antepassados. Em suma, ele é o resultado de um processo de dessacralização (*Il sacro e il profano*, p. 129ss.). Herdeiro do homem religioso, ele ainda conserva numerosos traços dele. Esforça-se para eliminar os significados religiosos da sua herança, mas, como observa Eliade, "não pode anular definitivamente o passado, sendo ele mesmo fruto dele" (p. 129). Nesse contexto inscrevem-se as mitologias camufladas e os ritualismos degradados da nossa sociedade moderna: a celebração laica da comunhão, destinada a marcar a passagem da infância à adolescência num contexto de grande solenidade; a festa da juventude, com sua ação de patrocínio laico que põe o neófito sob a proteção das instituições civis.

Os ritos de iniciação situam-se, portanto, no centro da experiência existencial do *homo religiosus*. Em seu livro *Comparative Study of Religion* [*Estudo comparativo da religião*] (Columbia University, 1958), Joachim Wach evidenciou a especificidade dessa experiência. Ela é uma resposta do homem à Realidade última de todas as coisas, percebida como uma Transcendência com a qual se pode entrar em relação. A intensidade e a plenitude dessa experiência afetam todo o homem. Uma experiência desse tipo tem uma função criativa, porque modifica a situação que o homem ocupava antes de vivê-la. Assim, podemos dizer, com Eliade, que através dos ritos de iniciação o homem se dirige para seu cumprimento: "um ser aberto para a vida do espírito".

IV – Os ritos de iniciação à luz da história das religiões*

1 O rito na vida do homem religioso

Significado do termo "rito"

O termo "rito" é um dos termos arcaicos do léxico indo-europeu. Como outros vocábulos, conservou-se nos grupos indo-iranianos e ítalo-célticos. A manutenção desse vocabulário religioso, fortemente ligado à organização social, a atos, a atitudes e a práticas religiosas, explica-se com a ação dos colégios sacerdotais, com seus rituais e sua liturgia. É assim que o termo latino *credo*, o irlandês *cretim*, o gálico *credu*, o sânscrito *shraddhā* expressam o ato de fé religioso. São termos que atravessaram os milênios[39].

O sentido mais antigo do termo "rito" encontra-se no *Ṛgveda* (X, 124,5)[40]. Significa a ordem imanente do cosmos e é sinônimo de *dharma*, a lei fundamental, intrínseca à natureza. Daí provém o sentido de *ritu*: as tarefas a realizar a cada estação, em conexão com as leis da natureza. A noção de conformidade à ordem da natureza encontra-se na Índia e no Irã. Assim, a conformidade à ordem dá força ao sacrifício oferecido aos deuses.

Desse sentido, fundamentado na ordem cósmica, deriva o sentido de ordem religiosa e de ordem moral: a necessidade, a retidão, a verdade. O termo

---

* "Les rites d'initiation à la lumière de l'histoire des religions". In: HOUSSIAU, A. (org.). *Le Baptême* – Entrée dans l'existence chrétienne. Bruxelas: Publications des Facultés Universitaires Saint-Louis, 1983, p. 19-34.

39. VENDRYES, J. "Les correspondances de vocabulaire entre l'indo-iranien et l'italo-celtique". In: *Mémoires de la Société de linguistique de Paris*, 20. Paris, 1918, p. 265-285.

40. O *Veda*, "Saber", é o documento mais antigo das religiões da Índia. Os quatro tratados que se referem às quatro funções sacerdotais são: o *Ṛgveda*, o *Yajur-Veda*, o *Sāma-Veda* e o *Atharva-Veda*.

ṛitāvya designa os tijolos do altar do fogo, que simboliza o ano, a totalidade, a potência criadora que permite a quem sacrifica "subir" aos céus. Tudo isso indica que o termo "rito" é um termo essencial do vocabulário religioso dos indo-europeus.

Tentativas de definição do rito

Para Bronislaw Malinowski, o fundador da escola funcionalista em etnologia, os ritos são criações da inteligência humana. Têm o objetivo de disfarçar as deficiências do instinto no homem. Como os instintos do homem não são dirigidos por regras biológicas como nos animais, a sociedade deve decretar as obrigações sob forma estereotipada. Tal definição minimiza o valor e a função do rito. O mesmo acontece na escola sociológica de Émile Durkheim. Este último considera que os ritos servem simplesmente para distinguir o sagrado do profano, para fazer o sagrado penetrar na vida coletiva. Para Durkheim o sagrado representa a hipóstase da sociedade[41].

Com Jean Cazeneuve damos mais um passo. Em *Sociologie du rite*, o autor examina antes de tudo uma primeira categoria de ritos, que define da seguinte maneira: "Os ritos religiosos são essencialmente consagrações, ou seja, têm por função principal levar a comunidade humana, no seu todo ou em cada um de seus elementos, a participar de um princípio que a ultrapassa e que a funda, fazendo a potência numinosa penetrar na ordem humana"[42]. Com essa definição dos ritos de consagração, o sociólogo destaca a participação do homem de um poder que vai além da condição humana. Por outro lado, ele esclarece essa função relativamente genérica explicando uma categoria de ritos que denomina ritos técnicos, os mais importantes dos quais são o sacrifício, a oração e a oferta. Baseados nos ritos de consagração, os ritos técnicos "orientam o poder sagrado em benefício dos homens, dos indivíduos e dos agrupamentos"[43].

---

41. DURKHEIM, É. *Les formes élémentaires de la vie religieuse*. Paris: Félix Alcan, 1912 [trad. it., *Le forme elementari della vita religiosa*. Org. de C. Cividali; introd. de R. Cantoni. 3. ed. Milão: Comunità, 1982] [ed. bras., *As formas elementares da vida religiosa*. Trad. de Paulo Neves. São Paulo: Martins Fontes, 2009].

42. CAZENEUVE, J. *Sociologie du rite*. Paris: PUF, 1971, p. 282 [trad. it., *La sociologia del rito*. Org. de S. Veca. 2. ed. Milão: Il Saggiatore, 1996].

43. Ibid., p. 283.

Pierre-Jean Labarrière situa o rito no tempo vivido pelo homem: seu lugar está nos ritmos fundadores, nas passagens mais importantes da vida (nascimento, casamento, morte), na integração de um grupo. Os ritos têm lugar na experiência do homem vista na sua totalidade. Através dos ritos, o homem sacraliza os eventos que marcam o seu destino. Em decorrência disso, o rito é "uma realidade propriamente fundadora, na medida em que é dela que em grande parte começam a experiência e a afirmação do sentido"[44].

O rito religioso visto pelo sociólogo e pelo estruturalista

A história das religiões pode ser considerada uma ciência puramente histórica, encarregada de fazer o inventário do patrimônio religioso da humanidade. Nessa perspectiva será realizada uma pesquisa sobre os ritos na história humana, eles serão classificados e eventualmente comparados, ressaltando as influências exercidas ou sofridas por eles. Outro aspecto dessa pesquisa consiste em estudar o rito nas suas relações com a sociedade. A escola sociológica das religiões trabalhou muito nesse âmbito. Assim, na visão de É. Durkheim e de M. Mauss, o rito é o meio através do qual se regulam as relações entre a sociedade e os membros que a compõem. Opondo-se ao mesmo tempo a K. Marx e É. Durkheim, Max Weber (1864-1920) enfatizou o conceito de significado vivido. Para Weber, o sociólogo se esforça para compreender com os homens viveram as formas de existência. Esse trabalho, muito importante, desembocou numa tipologia dos ritos[45].

Joachim Wach (1898-1955) foi muito mais longe. Dedicou-se à experiência religiosa e procurou compreendê-la tanto na sociedade em meio à qual uma religião é vivida como nos grupos que a vivem[46]. Nessa perspectiva vemos o rito essencialmente sob o seu aspecto relacional. C. Lévi-Strauss, por sua vez, nos introduz nas culturas arcaicas do Brasil, em meio às sociedades sem escrita. Com seu método estrutural, que com base num modelo linguístico procura identificar constantes, descobrir leis e interpretar a sociedade, estuda o rito como uma linguagem que permite articular o passado em relação ao presente, unir os mortos

---

44. LABARRIÈRE, P.-J. "Le rite et le temps". In: BOUSQUET, F. et al. *Le rite*. Paris: Beauchesne, 1981, p. 31.

45. Cf. ARON, R. *Les étapes de la pensée sociologique*. Paris: Gallimard, 1967, p. 499-550.

46. WACH, J. *Sociology of Religion*. Chicago/Londres: The University of Chicago Press, 1964 [trad. it., *Sociologia della religione*. Org. de G. Filoramo, Bolonha: EDB, 1986].

aos vivos. O rito terá, portanto, uma função simbólica, no âmbito da linguagem[47]. P. Ricoeur objetou que Lévi-Strauss nos faz permanecer "no nível da admirável sistematização de um discurso ritual, mas no qual não existe mensagem"[48].

O rito como fenômeno da experiência religiosa

Nossa posição, no presente trabalho, não se limita nem a um inventário nem a uma tipologia ou a uma sintaxe do ritual. Não nos deteremos em documentos nem em textos, mas apreenderemos o rito na experiência existencial do homem religioso. A pesquisa dos historiadores das religiões permitiu compreender de modo mais adequado o homem religioso, cuja figura se delineia a partir das diversas religiões, da pré-história até a Encarnação do Filho de Deus. Na história dos povos e das civilizações, o homem religioso é o homem que acredita na existência de uma realidade que transcende este mundo e confere a este mundo e ao homem que nele vive uma nova dimensão, a dimensão religiosa.

Abordando o problema do rito no nível da experiência vivida pelo homem religioso, apresentamos a questão do sentido. O rito tem um sentido. Dos tempos mais arcaicos até nossa época, tanto nas religiões de tradição oral como nas religiões do livro o homem que cumpre um rito realiza um gesto que tem um sentido e do qual brota uma mensagem que ultrapassa, no tempo, o próprio momento do seu cumprimento. Essa posição nos mostra que, no momento que, falando do batismo, interrogamos a história das religiões, apenas abordamos a questão de modo indireto, de um ângulo diferente, que nos permite circunscrever melhor o tema específico da presente seção.

O rito na vida do homem religioso

A história das religiões estuda o homem religioso. Esse estudo fundamenta-se nas diversas religiões do mundo, da pré-história aos nossos dias. O homem religioso

---

47. LÉVI-STRAUSS, C. *Anthropologie structural*. Paris: Plon, 1958 [trad. it., *Antropologia strutturale*. Org. de P. Caruso. 8. ed. Milão: Il Saggiatore, 1980]. • LÉVI-STRAUSS, C. *Anthropologie structurale deux*. Paris: Plon, 1973 [trad. it., *Antropologia strutturale due*. Org. de S. Moravia. 2. ed. Milão: Il Saggiatore, 1990].

48. RICOEUR, P. *Esprit*. Paris, 1963, p. 653.

vive uma experiência na qual se revelam dois aspectos: o aspecto do mistério e o aspecto da experiência vivida.

O homem religioso é ao mesmo tempo histórico e trans-histórico. Com a pesquisa histórica descobrimos o homem religioso nas suas diversas manifestações. Esse homem assume no mundo uma modalidade específica de existência, que se expressa com um número considerável de formas religiosas. O homem religioso acredita no sagrado. Acredita numa realidade absoluta que transcende este mundo e que nele se manifesta como uma potência de ordem totalmente diferente em relação à ordem das forças naturais. Entre a realidade transcendente que se manifesta aos olhos do homem e sua vida, o sagrado assume um papel de intermediação. Na sua dimensão mediadora, o sagrado dá ao homem a possibilidade de entrar em contato com o divino. Neste mundo, o homem vive uma experiência mediata do sobrenatural. Assim, o divino ou realidade transcendente se manifesta num ser ou num objeto revestidos de sacralidade.

Na experiência religiosa do homem que entra em contato com o divino estão presentes três elementos: o símbolo, o mito e o rito. Eles constituem os elementos essenciais da linguagem do sagrado e da sua mediação. O símbolo consiste num ser, numa forma, num objeto que revelam ao homem a consciência e o conhecimento de dimensões que não são percebidas como uma evidência. Apreendido na existência e na vida do homem religioso, o simbolismo tem um papel de mediação e uma função de revelação. O símbolo pertence à essência da vida religiosa. O mito, por sua vez, é uma história verdadeira, sagrada e exemplar, que fornece modelos ao comportamento humano. Os mitos cosmogônicos constituem a história santa dos povos, que revela o drama da criação do mundo e do homem. Eles expressam os princípios que sustentam ao mesmo tempo o processo cósmico e a existência humana. Os mitos de renovação mostram uma palingênese: os mitos de entronização do rei, os mitos do ano novo, os mitos das estações do ano, os mitos do eterno retorno. Entre os mitos de origem, a iniciação tem um lugar privilegiado, pois pretende fazer do homem um homem novo.

É aqui que se situa o rito. Ele tem lugar no interior de uma expressão simbólica que permite um contato vital com a Realidade transcendente. O rito é um ato: é pensado pelo espírito, decidido pela vontade e realizado pelo corpo por meio de gestos e de palavras. Esse ato se situa no interior de um conjunto hierofânico ligado à experiência mediata do sobrenatural. Com o rito, nos limites de uma realidade deste mundo, se estabelece um contato com uma realidade que ultrapassa este mundo. O ato ritual está ligado a uma estrutura simbólica através da qual acontece a passagem do significante ao significado, do imaginário à realidade ontológica, do signo ao ser. Vejamos um exemplo. A magnífica estatueta do orante de Larsa conservada no Louvre mostra que no mundo sumérico-babilônico a genuflexão era um significante: este signo significava para o fiel a expressão da sua crença na divindade. Sabemos que os oficiais de Alexandre recusaram a *proskynesis* ou genuflexão exigida por Alexandre. De fato, aos olhos deles Alexandre é seu general em chefe, mas não um deus. Recusaram-se a cumprir um rito que na sua simbologia constituía um reconhecimento da divindade.

2 Elementos e estruturas dos ritos de iniciação

A gama dos ritos de iniciação é muito ampla[49]. Conhecemos os ritos de puberdade, que fazem a criança passar à idade adulta. Com esses ritos de passagem acontece a iniciação tribal. Vêm depois os inúmeros ritos com os quais o homem é aceito como membro de uma sociedade secreta, por exemplo, os ritos iniciáticos do culto de Mitra, dos *berserkir* escandinavos, do tantrismo indo-tibetano. A esses ritos acrescentam-se os rituais das religiões mistéricas do mundo grego e do mundo oriental. Para o *homo religiosus* trata-se de participar de uma experiência religiosa mais intensa, que permite entrar em relação com Seres e Realidades que não são deste mundo. Uma terceira categoria de ritos diz respeito à iniciação a uma vocação mística: é o caso do xamã e é o caso das iniciações sacerdotais, heroicas ou guerreiras. Graças ao ritual, alguns personagens vivem uma experiência que lhes dá poderes religiosos e lhes permite entrar num estado de vida que não é acessível aos outros membros da comunidade. Essas três categorias de rituais nos colocam na presença de ritos que marcam a passagem de uma fase a outra, com a consequência de uma modificação do regime ontológico e do estatuto social.

---

49. ELIADE, M. *Das Heilige und das Profane* – Vom Wesen des Religiösen. Hamburgo: Rowohlt, 1957 [trad. it., *Il sacro e il profane*. Org. de E. Fadini. 3. ed. Turim: Boringhieri, 1984]. • ELIADE, M. *Initiation, rites, sociétés secretes*. Paris: Gallimard, 1976 [trad. it., *La nascita mística* – Riti e simboli d'iniziazione. Org. de A. Rizzi. Bréscia: Morcelliana, 1980]. • ELIADE, M. *Australian Religions* – An Introduction. Nova York: Ithaca, 1973 [trad. it., *La creatività dello spirit* – Un'introduzione alle religioni australiane, Milão: Jaca Book, 1979]. O presente trabalho inspira-se amplamente nesta documentação, reunida e interpretada por Mircea Eliade.

Esses ritos de passagem não constituem apenas um conjunto de elementos do tecido das relações sociais. Representam verdadeiramente uma passagem de um estado a outro: nascimento, puberdade, casamento, morte, sacerdócio, sociedade secreta, vida militar.

Entre estes rituais iniciáticos em sentido amplo ou em sentido estrito, as iniciações da puberdade representam uma categoria muito importante. Antes de tudo, elas são encontradas nos níveis mais arcaicos da humanidade e, por conseguinte, são as mais difundidas. Além disso, assumem um papel fundamental na formação das sociedades e das culturas, ressaltando a importância da religião nas civilizações, da época arcaica até os nossos dias. Enfim, elas nos mostram como se realiza o estado de cumprimento do *homo religiosus*. A história nos leva a ver que este homem, de um lado, é o homem normal – e não um homem alienado como quer Marx –, mas que, do outro lado, este homem deve passar do estado natural adquirido com o nascimento a um novo estado, o do cumprimento. Nossa breve pesquisa se restringirá a esses ritos de puberdade.

A referência a um arquétipo

A história das religiões nos fornece uma vasta documentação sobre os arquétipos. O arquétipo é um modelo inicial e iniciador, que confere potência e eficácia à ação humana. A realidade visível frequentemente é considerada função de um arquétipo celeste. Assim, na Mesopotâmia o Tigre tem o seu modelo na estrela Anunit. No Egito, os nomes dos deuses provêm dos campos celestes. Na tradição religiosa zervanita, no Irã, cada fenômeno terrestre é apenas o correspondente de um fenômeno celeste. Na Bíblia, o Templo de Jerusalém é construído de acordo com um plano celeste (Ex 25,1-9)[50].

Na Índia védica, um território só é dominado após a construção de um altar ao deus Agni, deus do fogo e mensageiro dos deuses. Estamos na presença de um ritual que se refere à criação. Aliás, o sacrifício faz com que o homem entre na imortalidade, situando-no no nível do cosmos. Assim, o arquétipo se apresenta como um modelo primordial cuja origem se encontra no mundo sobrenatural.

---

50. ELIADE, M. *Le mythe de l'éternel retour* – Archétypes et repetition. Paris: Gallimard, 1949, p. 17-64 [2. ed., 1969] [trad. it., *Il mito dell'eterno retorno*. Org. de G. Cantoni. Milão: Rusconi, 1975].

O homem realiza este modelo na terra. Graças ao ritual, colocando um objeto, um templo, uma estátua em concordância perfeita com o arquétipo, ele confere força e eficácia à sua realização, à qual atribui uma dimensão sacra, que é uma dimensão de cumprimento. Assim, no Egito dos faraós a vida da natureza está ligada à ação primordial de Osíris que se torna o arquétipo da fertilidade. É também através da ação primordial de Osíris, que ingressou na sobrevivência, que todo ser humano poderá aceder à sobrevivência. De fato, foi um estado inicial: a reconstituição do corpo de Osíris. É necessário cumprir novamente esse ato. Todos os ritos do embalsamamento e dos funerais, no Egito dos faraós, estão relacionados com o mito de Osíris[51].

Estas poucas indicações mostram que a criação da realidade sacral, na humanidade, tem lugar em referência a um arquétipo, que se encontra no mundo sobrenatural. Nisso reside o papel do ritual. Para compreender a estrutura dos ritos de iniciação é necessário apreender adequadamente o papel do arquétipo.

Lugar sagrado e tempo primordial

Lucien Lévy-Bruhl teve o mérito de insistir na importância do lugar sagrado entre as populações sem escrita[52]. Mircea Eliade continuou essa pesquisa, constatando que a irrupção do sagrado separa um território do ambiente cósmico circunstante. Esse espaço sagrado se abre para o alto, e graças a uma ruptura simbólica de nível permite o contato com o mundo da transcendência. O santuário se torna um lugar de troca entre o homem e Deus: podemos aqui apreender a noção de *axis mundi*[53].

Os ritos australianos de puberdade representam um terreno privilegiado para a nossa pesquisa. A *bora* – nome da cerimônia de iniciação entre as tribos da Austrália Oriental – comporta sempre a preparação de um lugar sagrado. Esse terreno representa o campo no qual Baiamai, o Ser Supremo, realizou a primeira inicia-

---

51. GOYON, J.-C. *Rituels funéraires de l'ancienne Égypte*. Paris: Du Cerf, 1972.

52. LÉVY-BRUHL, L. *L'expérience mystique et les symboles chez les primitifs*. Paris: Alcan, 1938.

53. ELIADE, M. *Images et symbols* – Essai sur le symbolisme magico-religieux. Paris: Gallimard, 1952 [trad. it., *Immagini e simboli* – Saggi sul simbolismo magico-religioso. Org. de M. Giacometti; pref. de G. Dumézil. Milão: Jaca Book, 1980].

ção. Assim, o território sagrado da *bora* imita o modelo exemplar, e os ritos que são celebrados nesse espaço do mundo repetem os gestos e as ações de Baiamai. Estamos na presença de uma reatualização da obra criadora. O lugar sagrado é ao mesmo tempo a imagem do mundo e o mundo santificado pela presença do Ser Supremo. Lugar sagrado e tempo mítico estão intimamente ligados[54].

O exemplo da *bora* australiana mostra que para o *homo religiosus* o ritual é a repetição dos gestos fundadores dos Seres divinos, o que implica a reatualização do evento realizado "naquele tempo". Assim, com o rito celebrado no lugar sagrado – algo que permite a comunicação com o mundo transcendente – tem lugar uma participação na plenitude do tempo. Eliade não hesita em valorizar ao máximo essa importante documentação australiana: "Todos os gestos e as operações que se desenvolvem durante a iniciação são apenas a repetição dos modelos exemplares, ou seja, dos gestos e das operações efetuados, no tempo mítico, pelos fundadores das cerimônias. Por esse mesmo fato, são sagrados, e sua reiteração periódica recria toda a vida religiosa da comunidade"[55].

As cerimônias australianas de iniciação, numerosas e antigas, têm o mérito de mostrar claramente dois elementos importantes na vida do homem religioso: o lugar sagrado e o tempo sagrado. O lugar sagrado representa simbolicamente o cosmos primordial, obra do Criador divino; representa também o eixo do mundo a partir do qual o homem pode atingir a divindade. O tempo sagrado é uma reatualização do tempo das origens, ao qual se chega por meio dos ritos. O homem sai do tempo histórico presente para ingressar no tempo contemporâneo da criação. Lugar sagrado e tempo sagrado são indispensáveis para a iniciação.

Separação da mãe

Os ritos de puberdade têm a finalidade de efetuar a passagem da adolescência à idade adulta. Trata-se de uma iniciação que implica a vida de todo membro da comunidade, mas também a vida da própria comunidade. A iniciação tem início

---

54. ELIADE, M. *Initiation, rites...* Op. cit., p. 30-32.
55. Ibid., p. 32.

com um ato de ruptura com a vida da infância. O adolescente é separado de sua mãe. Os etnólogos ofereceram numerosas descrições das cenas rituais de separação, cenas às vezes brutais e dramáticas. Os neófitos são levados ao recinto sagrado, acocorados, com os braços no peito. São cobertos de galhos ou de mantas, para impedir qualquer contato com o mundo externo. Entre os Wiradjuri da Austrália, os noviços são tomados por seus guardiães e levados à selva, depois são esfregados com argila vermelha[56].

Esta separação é uma ruptura: deve produzir uma forte impressão nas mães e nos noviços. Pela primeira vez, estes últimos conhecem o medo na presença dos Seres divinos. Para acentuar esse medo, os homens que os levam usam máscaras. Muitas vezes a cena acontece de noite, à luz de tochas. A experiência das trevas projeta os noviços num mundo desconhecido. Eles são arrancados do mundo materno e devem entrar num mundo não raro hostil, o mundo dos adultos, o mundo da responsabilidade, o mundo cheio de armadilhas e de perigos.

Provas iniciáticas

Com as provas iniciáticas assistimos a uma dramatização do ritual: as danças dos iniciadores que mostram seus poderes mágicos, a extração do incisivo do noviço, a privação do sono. Este último rito constitui uma iniciação à força espiritual. Aqui se inserem as proibições alimentares: os noviços devem suportar a fome e a sede para se preparar para a uma vida difícil. As diversas interdições e privações também têm um significado espiritual: o despertar para a vida do espírito. Na Austrália existe o costume de lançar fogo acima da cabeça dos noviços: trata-se de um rito de purificação relacionado com o raio.

A prova iniciática por excelência, na África e na Oceania, é a circuncisão. Para praticar esse rito, os operadores são vestidos de peles de animais ou providos de garras de animais selvagens. Na Austrália, entre os Pitjandjara, um homem surge da floresta com uma lasca de sílica, circuncisa os noviços e foge de novo para a mata. Durante a cerimônia, nas regiões australianas, ouve-se o som dos instrumentos chamados *bull-roares*, que se supõe que repetem a voz do Ser Su-

---

56. Ibid., p. 34-35.

premo ou de Seres míticos que intervêm diretamente na cerimônia. O *bull-roarer* é um instrumento de sopro que imita o mugido dos touros[57].

Revelação dos mitos

A iniciação introduz o neófito numa comunidade. Também o introduz num mundo de valores religiosos: ela é um aprendizado. O noviço deve aprender os mitos e as tradições de sua tribo, sua história santa, os nomes do Ser Supremo e das divindades. Para ser capaz de apreender essas doutrinas, ele deve passar pela preparação espiritual para o encontro com o sagrado. Isso explica o motivo pelo qual na Austrália, entre algumas tribos, a iniciação se estende por diversos anos. Algumas partes do ritual são reveladas apenas após uma longa preparação. O acesso às tradições religiosas supõe um desejo de viver o sagrado e a possibilidade de compreender os mistérios. A experiência e o conhecimento religioso comportam alguns graus.

O acesso aos mistérios da tribo se realiza num quadro simbólico que faz intervir os Seres divinos. Cabe a estes últimos a missão de transmitir o conhecimento dos mitos. Por esse motivo, eles fazem com que sua voz seja compreendida. Os *bull-roarers*, com seus surdos e assustadores mugidos, simbolizam essas vozes divinas, e simbolizam também a voz do trovão que anuncia uma presença divina. O *bull-roarer* é um instrumento conhecido na Austrália, na África e nas duas Américas. De acordo com Eliade, é provável "que na teologia e na mitologia do *bull-roarer* esteja presente uma das mais antigas concepções religiosas da humanidade. O fato de no sudeste da Austrália os *bull-roarers* estarem presentes nas iniciações realizadas sob o signo dos Seres Supremos celestes é mais uma prova da antiguidade dessas formas de iniciação"[58].

A iniciação das meninas

Este âmbito é menos conhecido do que o da iniciação dos meninos, uma vez que as tribos impuseram uma condição: trata-se de um âmbito protegido das

---

57. Ibid., p. 60-63.
58. Ibid., p. 62.

indiscrições dos etnólogos. Cada iniciação é individual: deve chegar o momento da primeira menstruação, o sinal da maturidade sexual. Assim como para os meninos, a iniciação começa com uma ruptura: a menina é separada de sua família. Aprende os costumes da tribo e suas tradições religiosas. No entanto, o essencial da iniciação recai sobre o mistério da sacralidade feminina: a fecundidade. "A jovem é preparada ritualmente para assumir seu modo de ser específico, ou seja, para se tornar criadora, e ao mesmo tempo levada a tomar consciência das suas responsabilidades na sociedade e no Cosmos; responsabilidades que, entre os primitivos, são sempre de natureza religiosa"[59].

Todas as iniciações femininas estão em relação com o mistério do sangue e o mistério da vida. Não se trata do medo do sangue, como pretendiam alguns etnólogos, mas do mistério criador: a fecundidade feminina. Além disso, entre as diversas populações, a iniciação feminina comporta diversos graus e só se completa no momento do primeiro parto. Estamos na presença da revelação de um elemento essencial para a tribo: a mulher é criadora no plano da vida. Esta realidade é transmitida e vivida como uma experiência religiosa, uma vez que a vida é sagrada.

3 Sentido dos ritos de iniciação

O rito de iniciação tem o objetivo de produzir uma modificação do estatuto do neófito: estatuto ontológico, estatuto religioso, estatuto social. O noviço é introduzido numa nova vida e numa nova comunidade. A partir desse momento, seu comportamento não será mais o mesmo: ele é um iniciado. Nasceu uma segunda vez: tornou-se outro, pois teve a revelação religiosa do mundo e da vida. Nesse sentido, pode-se dizer que a iniciação constitui um dos fenômenos mais significativos da humanidade.

Morte iniciática

É necessário compreender que todos os ritos, todos os gestos e todas as operações da iniciação são apenas o desenvolvimento e a repetição daquilo que acon-

---

59. Ibid., p. 99.

teceu nas origens. Encontramo-nos num contexto mítico, que faz referência aos modelos exemplares, os dos fundadores. A iniciação faz o noviço sair do tempo histórico, coloca-o em relação com o tempo fundador, o *Illud tempus*.

Numa perspectiva semelhante compreendemos melhor os ritos de separação: trata-se de uma morte para o mundo da infância. O noviço é arrancado da sua inconsciência infantil. A operação é brutal e é associada às trevas. Os noviços são realmente projetados num mundo desconhecido. Nessas diversas operações, o papel do Ser Supremo é bem claro. Há antes de tudo a presença simbólica da sua voz por meio do grito do *bull-roarer*, mas há também uma variedade de ritos que significam a deglutição do noviço por parte de um Ser divino; o noviço recebe golpes, picadas de insetos, ferimentos rituais, que se presume sejam provocados pela divindade. Essas torturas iniciáticas simbolizam a deglutição do neófito.

Para ressaltar essa simbologia, em algumas religiões africanas o rapaz é isolado numa cabana, que representa o corpo ou a boca aberta de um monstro marinho, de um crocodilo, de uma serpente. A cabana simboliza o ventre do monstro. Na Nova Guiné, a cabana iniciática encontra seu sentido com a construção de uma casa especial que tem a forma do monstro Barlun. A cabana iniciática serve para significar ao mesmo tempo o ventre do monstro e o seio materno. A morte do neófito é um retorno ao estado embrionário. A noite e as trevas são signos do estado pré-cósmico.

Para representar melhor a morte no estado de infância, chega-se a esfregar o corpo dos noviços com um pó branco, o que lhes dá a aparência de espectros. Em outros casos eles são proibidos de comer servindo-se das mãos: são assimilados aos mortos. Esse estado tem um duplo significado. De um lado, as provas iniciáticas valorizam a morte ritual, mas de outro se presume que os noviços se encontrem na companhia dos mortos, ou seja, dos antepassados. Estes últimos são depositários da sabedoria e das tradições da tribo. Com a morte ritual, o neófito penetra no mundo da sabedoria.

A morte iniciática é interpretada de uma forma ainda diferente. Assim, no Congo o neófito é obrigado a engolir uma bebida que o faz perder a consciência. A circuncisão acontece durante esse sono iniciático. Trata-se ao mesmo tempo do esquecimento do passado e do esquecimento da vida. A tatuagem leva a esquecer o antigo corpo e a existência precedente. O esquecimento é símbolo da morte.

Podemos concluir ressaltando a importância da morte ritual, simbolizada pelas torturas iniciáticas, pela nudez, pela segregação na mata, pela assimilação aos espectros e aos mortos. A privação do alimento e das bebidas e as diversas proibições alimentares fortalecem ainda mais e valorizam o ritual da morte iniciática.

Novo nascimento

A morte iniciática é acompanhada por um novo nascimento: com a iniciação o noviço deve se tornar um ser aberto ao espírito e membro integral da própria comunidade. Ele sai do mundo da infância para entrar numa nova dimensão, a dimensão humana aceita na sua totalidade. Nesse sentido, a iniciação representa uma experiência fundamental da vida do *homo religiosus*, que assim pode assumir inteiramente a própria existência. Desse ponto de vista, o rito da subida da árvore, em uso em algumas tribos australianas, é muito significativo. Enquanto o grupo entoa um canto sagrado, o iniciado sobe ao topo de uma árvore. Através do *axis mundi* vai ao encontro do sagrado[60].

A iniciação introduz o neófito no conhecimento dos mistérios. Aqui reside a importância da tradição dos mitos. O mito é uma história verdadeira, sacra e exemplar que fornece aos homens modelos para sua conduta. Assim, o mito está na origem de um comportamento humano. Além disso, ele dá à existência seu sentido autêntico. Com os mitos cosmogônicos, o iniciado aprende o drama da criação do mundo e do homem. Aprende também os princípios que regem tanto o processo cósmico como a existência humana. Trata-se de uma história sagrada que revela a atividade criadora dos Seres divinos, mas que orienta a atividade do homem, convidado a imitar os modelos divinos.

A iniciação encontra lugar na recriação coletiva da sociedade. No decorrer das cerimônias repetem-se os gestos criadores dos deuses e dos antepassados míticos. Trata-se de uma reiteração da cosmogonia. A iniciação representa uma recapitulação da história santa da tribo. Trata-se, portanto, de uma nova irrupção do sagrado na vida. Com essa irrupção, o homem descobre a própria responsabilidade no mundo: sente-se solidário com os membros de sua tribo, e também com as tradições que o unem aos antepassados. A iniciação veicula um importante

---

60. ELIADE, M. *Australian Religions*. Op. cit.

simbolismo do nascimento para uma vida nova, do renascimento místico, do segundo nascimento, ou seja, do nascimento que cria o *homo religiosus*.

Criação do homem novo na Índia

Após o exame do sentido da morte iniciática e do nascimento do iniciado para o mundo do sagrado nas civilizações arcaicas, acompanhemos Eliade, que não hesita em mostrar as analogias entre o renascimento do iniciado e a criação do homem novo nas tradições religiosas da Índia[61].

O *Atharva Veda* (XI, 5, 3) nos leva a conhecer a cerimônia do *upanayana*. O noviço, o *brahmacārin*, é apresentado a seu guru. Vem coberto com uma pele de antílope; come alimentos mendigados; vive numa castidade total. Quando a iniciação termina, o noviço assume um nome significativo: *dvi-ja*, o "nascido duas vezes". Esse termo conhecerá uma difusão extraordinária na prática religiosa da Índia: ele designa o segundo nascimento, que é o nascimento para a imortalidade. No próprio budismo encontramos imagens relativas a este segundo nascimento. O noviço abandona a sua família e se torna *śakyaputto*, filho de Buda. Esse nascimento é apresentado de modo simbólico: ele ocorre do mesmo modo que o nascimento dos pintinhos. Nascido uma primeira vez com o ovo, o pintinho nasce uma segunda vez quando quebra a casca para sair do ovo. Eliade considera que o símbolo do ovo é muito próximo das culturas arcaicas: trata-se de uma imagem arquetípica.

O *Atharva Veda* (XI, 5, 6) conservou-nos um segundo rito iniciático, o da *dīksa*. O noviço ou *dīksita* deve voltar a ser um embrião. Para tanto, é aspergido com água, símbolo do sêmen viril: isolado numa cabana, coberto com uma manta, espera, de punhos fechados, que seja imerso num banho, do qual sairá como o embrião sai do útero. Esses ritos o fazem nascer no mundo dos deuses. Para provocar esse nascimento espiritual, o ritual abole simbolicamente a existência biológica e o tempo vivido. Assim, este novo nascimento acontece a partir de uma situação primordial.

No *Atharva Veda pariśista* (XIII) encontramos um ritual que se manteve até o século XIX: o rito do embrião de ouro, chamado *hiranyagabha*. O neófito é introduzido num vaso de ouro construído em forma de vaca. Muitas vezes, só o

---

61. ELIADE, M. *Initiation...* Op. cit., p. 118-131.

útero (*yomi*) é de ouro. No momento em que se faz com que saia do útero, torna-se indestrutível. Nasceu para uma vida imortal. O retorno ao útero de ouro fez dele um ser luminoso. Acerca desse ritual, Eliade insiste no símbolo arcaico da Deusa-Mãe. Trata-se de um símbolo que nos remete às grandes culturas africanas e asiáticas do III ou até do IV milênio. Estamos na presença de uma polivalência do simbolismo embriológico. As diversas formas de iniciação têm origem nessa iniciação por *regressus ad uterum* como novo nascimento: a imersão na sacralidade cósmica da Deusa-Mãe; o acesso a uma existência sacra; a conquista da imortalidade, comparável à vida dos deuses.

Nascimento do homem novo na iniciação órfica

Orfeu é um fundador de iniciações e de mistérios. Encontra-se na origem de uma mensagem religiosa anterior a Homero que contrasta com a religião olímpica[62]. Já no século VI a.C. temos testemunhos do orfismo. Ao contrário do pensamento homérico, voltado para os prazeres da vida terrena, o orfismo professa a crença numa feliz sobrevivência à morte. A fonte da salvação está no homem, uma vez que sua alma imortal é uma partícula divina. A vida órfica exige uma escolha destinada a libertar a alma do apego à matéria. Período de punição e de resgate, a vida na terra conhece provas e purificações.

Na vida órfica, salvação e conhecimento estão ligados. Com os ritos de iniciação, o discípulo entra nos mistérios vedados aos outros: a origem dos deuses e dos homens; o mistério da alma imortal; a necessidade da purificação no corpo e através do corpo. A iniciação ocorre por meio dos *hieroi logoi*, portadores da teogonia, da antropogonia e da mensagem de salvação. Os ritos de purificação por meio do ar, do fogo e da água parecem bem consolidados. O iniciado enverada pelo caminho da purificação para uma feliz sobrevivência à morte. Ao ingressar numa vida nova, o discípulo de Orfeu perde o contato com a cidade e com a sociedade. Traz o sinal de um novo nascimento. Sua roupa branca o singulariza e lembra o imperativo da pureza permanente. Seu regime vegetariano o obriga a fazer algumas abstenções radicais no modo de viver. Assim, a iniciação aos mistérios órficos prepara o fiel para a feliz imortalidade junto aos deuses.

---

62. LAGRANGE, M.J. *Les mystères* – L'orphisme. Paris: Lecoffre-Gabalda, 1937. • GUTHRIE, W.K.C. *Orphée et la religion grecque*. Paris: Payot, 1956.

4 Conclusões

O presente estudo, dedicado aos ritos de iniciação nas religiões não cristãs, situa-se numa perspectiva específica da história das religiões, a do *homo religiosus*, uma figura ao mesmo tempo histórica e trans-histórica. Radicado na história, este homem assume no mundo uma forma de existência *sui generis*, a da experiência religiosa. Ele acredita na origem sagrada da vida e no sentido da existência humana como participação de uma Realidade que transcende esta existência. Para conferir às suas atividades e a sua vida as dimensões de cumprimento e de totalidade recorre ao ritual. Por meio dos ritos de iniciação ingressa no sagrado. Acrescentemos que, ao contrário das afirmações de Marx e de seus discípulos e de acordo com os testemunhos da história, o *homo religiosus* apresenta-se como o homem normal presente na humanidade: sua figura se desenvolve na história da humanidade.

Limitada aos ritos de puberdade, com um olhar para a Índia e para o orfismo, nossa pesquisa conseguiu identificar uma série de elementos essenciais dos ritos de iniciação. Existe antes de tudo a referência a um arquétipo, assim como a necessidade de um lugar sagrado do qual se parte para alcançar o tempo primordial, o dos fundadores. Destinados a realizar a passagem de um estatuto existencial para outro, os ritos de iniciação sempre exigem uma separação: a separação da mãe e a ruptura com o mundo da infância. As diversas provas iniciáticas dramatizam o ritual para impressionar os neófitos e levá-los a apreender de maneira inesquecível sua entrada num novo mundo. Essa entrada exige o conhecimento dos mistérios: o ritual de iniciação faz com que os neófitos conheçam os mitos e as tradições da tribo. O acesso aos mistérios acontece num quadro simbólico em que intervêm Seres divinos. Apresentando uma estrutura idêntica no espaço e no tempo, esses elementos dos rituais de iniciação mostram a continuidade presente na experiência existencial do *homo religiosus*.

O sentido dos ritos de iniciação é claro: criar um homem novo. Daí surge a necessidade de uma morte iniciática, seguida por um *regressus ad uterum* que leva o neófito a reencontrar a situação de embrião. A partir desse estado primordial, o iniciado pode nascer uma segunda vez: ele se torna um *dvi-ja*, um "nascido duas vezes". Ele acede ao sagrado. Para ele tem início uma nova vida. Este homem deixou vestígios de suas crenças. As pinturas parietais das grutas de Altamira, de Lascaux, de Rouffignac, as inscrições rupestres do Vale Camônica mostram que não era apenas um *Homo faber* ou um *Homo sapiens*. Era realmente um *homo religiosus*. Foi ele que escreveu os hinos do *Ṛgveda*, os *Gāthā*, os *Upanishades*, a *Bhagavad Gīta*, o *Livro dos mortos* do Egito antigo. Foi esse homem que inscreveu os *Textos das Pirâmides* e a palavra *sakros* no *Lapis niger* do Fórum romano. Os inúmeros vestígios que testemunham diversas experiências históricas hierofânicas assinalam os caminhos dos milênios que precedem a nossa era, até o dia em que a humanidade se encontra na presença de uma teofania única, a Encarnação de Deus em Jesus Cristo.

4
Ritos e religiões não cristãs

I – Idolatria*

O termo *idolatria* é constituído por duas palavras gregas, *eidolon*, "imagem", e *latreia*, "adoração". Etimologicamente, *idolatria* significa "adoração de imagens". Os estudiosos deram a *idolatria* e *ídolo* definições notavelmente diferentes, revelando assim a complexidade do problema. Eugène Goblet d'Alviella utiliza o termo *ídolo* para designar imagens ou estátuas "que são consideradas conscientes e animadas" e vê idolatria no ato de "considerar uma imagem como uma personalidade sobre-humana" (GOBLET D'ALVIELLA, 1911, p. 126). Num artigo relativamente recente, J. Goetz (1962), procurando dominar melhor o problema, estabelece, em primeiro lugar, que em conformidade com sua etimologia idolatria "designa a adoração de imagens, enfatizando a natureza específica do culto que cerca os objetos, um culto de adoração que, estritamente falando, expressa um sentimento de absoluta dependência, especialmente através do sacrifício". Em seguida ele afirma que os termos *idolatria* e *ídolo* continuam imprecisos e que "os estudiosos que abordaram o problema da idolatria na maior parte dos casos definiram o ídolo como um objeto de forma antropomórfica, símbolo de um espírito, o objeto do culto". Enfim, aventurando-se no campo da fenomenologia religiosa, arrisca uma definição de *ídolo*: "qualquer objeto material que receba uma forma de culto mais ou menos estruturado", sendo a idolatria tal forma de culto.

O conceito de idolatria teve origem num contexto histórico-religioso bem preciso: o monoteísmo de Israel. Desse modo, uma abordagem autêntica do conceito deve fazer referência às Escrituras judaicas. Nessa pesquisa sobre a rea-

---

* In: ELIADE, M. (dir.). *Enciclopedia delle religioni* – Vol. 2: Il rito. Org. de D. Cosi, L. Saibene e R. Scagno. Milão: Jaca Book, 1994, p. 258-267 [Ed. Tematica Europea].

ção dos profetas aos conceitos religiosos pagãos, Christopher R. North apresenta duas concepções que derivam diretamente dos profetas. Em primeiro lugar, "A idolatria é o culto da criatura e não do Criador e, o que é pior, a criatura é feita pelo homem, que é ele próprio uma criatura" (NORTH, 1958, p. 158). Depois ele afirma: "A idolatria é o culto daquilo que em termos modernos poderíamos chamar desenvolvimento, a 'força vital', o *élan vital*, ou daquilo que nós desejamos, em lugar do Criador que transcende e é, em certo sentido, externo à criação" (p. 159). Enfim, há outra definição, de formulação mais recente: "A idolatria pode ser definida como o culto de um ídolo (*eidolon*, imagem, retrato) considerado um substituto do divino" (DELAHOUTRE, M. "Idolâtrie". In: *Dictionnaire des Religions*, 1984 [3. ed., 1993]).

Esta breve resenha talvez nos ajude a delimitar a nossa pesquisa. O conceito de idolatria originou-se da aplicação do segundo mandamento. Adquiriu uma formulação definitiva na censura, aplicada pelos profetas de Israel, dos cultos pagãos e de sua influência sobre o povo eleito. Esta herança bíblica passou ao Novo Testamento e ao cristianismo primitivo, abrindo caminho através do emaranhado dos cultos pagãos. O monoteísmo islâmico adotou esse conceito judeu-cristão e transformou-o num dos fundamentos de suas crenças e de sua fé.

Começando com essas noções, elaboradas com a ajuda do pensamento dogmático e também da instância polêmica dos três grandes monoteísmos, o historiador das religiões amplia sua concepção da idolatria estudando esse fenômeno religioso através do comportamento do *homo religiosus* em relação com a representação da divindade. No entanto, esse estudo acaba se tornando muito amplo e incluindo outros aspectos de notável importância: as imagens do culto, o simbolismo nas religiões e nos cultos, a arte religiosa, a veneração das imagens, a iconoclastia. A presente pesquisa limita-se à idolatria, tema que será abordado em dois níveis: de um lado, o fato histórico-religioso de que os três grandes monoteísmos censuraram o culto dos ídolos; de outro lado, o fenômeno da atitude do homem em relação ao culto na presença de uma representação visível da divindade. O estudo desses dois aspectos é desenvolvido fazendo referência à documentação histórica que nos foi legada pelo *homo religiosus* em questão.

1 Semântica histórica

Nos antigos textos gregos, a partir de Homero, raramente encontramos o termo *eidolon*. Derivado de *eidos*, "aspecto, forma", o termo *eidolon* tem diversos significados: "fantasma, forma indeterminada, imagem refletida num espelho ou na água". Significa também imagem formada na mente humana. Portanto, no antigo mundo grego, *eidolon* não tinha um significado religioso.

Portanto, temos de passar ao mundo grego bíblico, onde encontramos *eidolon* na Septuaginta. Usado setenta vezes nos textos protocanônicos, traduz dezesseis diferentes palavras hebraicas como por exemplo *aven*, vaidade; *elil*, nada; *gillulim*, excrementos; *pesel*, estátua entalhada; *tselim*, imagem. Para esses textos protocanônicos a Vulgata usa *idolum* cento e doze vezes e *simulacrum* trinta e duas vezes, para traduzir quinze palavras hebraicas. *Eidolon* aparece muitas vezes também nos escritos apócrifos. A Bíblia hebraica usa trinta nomes diferentes em referência aos ídolos e cita quarenta e quatro divindades pagãs. Assim, *eidolon* indica os falsos deuses e o faz com um tom de desprezo, uma vez que eles são vaidade, mentira, nulidade, imagens inúteis, metal forjado, madeira esculpida. Desse modo, foi através das escolhas realizadas pelos tradutores gregos da Bíblia que *eidolon* adquiriu o significado religioso de representar uma divindade pagã vista como falso deus. Assim, a Septuaginta deu a *eidolon* um novo significado, pejorativo e polêmico (por extensão, *eidoleon* indica um templo em que se encontram ídolos).

Eidolon passou ao Novo Testamento grego. Não encontramos o termo nos Evangelhos, mas aparece em outros lugares (At 7,41; 15,20; Rm 2,22; 1Cor 8,4; 8,7; 10,9; 12,2; 2Cor 6,16; 1Ts 1,9; 1Jo 5,21; Ap 9,20). A Vulgata o traduz às vezes como *idolum* e às vezes como *simulacrum*. Numa passagem (1Cor 8,10) aparece o termo *eidoleion*, "templo de ídolos", que a Vulgata conserva, latinizando-o como *idolium*. As passagens do Novo Testamento mostram que aos olhos dos compiladores os deuses pagãos não têm substância (Gl 4,8). Por trás do seu culto se esconde a obra dos demônios (1Cor 10,19).

O termo *eidolon* passou a integrar a terminologia patrística. Seu uso se torna comum a partir do século II. Na *Epístola de Barnabé*, os *eidola* são os deuses pagãos aos quais se voltaram os hebreus no deserto. Justino Mártir (*1 Apologia* 64,1) designa como *eidolon* uma estátua de Core, que era considerada filha de Zeus. Falando dos deuses pagãos, Clemente de Alexandria utilizou de modo completo o rico vocabulário grego de sua época. É o que provam, por exemplo, algumas passagens do capítulo 4 do *Protréptico aos pagãos*, dedicado às estátuas dos deuses, *agalmata*. Ele os chama ídolos (4,53,1) e os inclui entre os demônios (4,55,1), que são espíritos impuros e maus. Ele convida seus leitores a se aproximarem dessas estátuas (*agalmata*) para descobrir o erro que escondem: "O aspecto delas mostra claramente a marca das disposições interiores dos vossos demônios" (4,57,1). Depois recrimina os gregos por terem fornecido modelos de sensualidade nesses ídolos (4,61,1). Justino declara que Cristo vem libertar os homens do domínio dos ídolos (*Diálogo com Trifão* 11-3,6). Esses deuses pagãos são apenas espectros que tomam posse do espírito humano e dão aos pagãos a ilusão do culto divino (Atenágoras, *Libellus* 23). Esses poucos exemplos, extraídos do arsenal da polêmica dos apologetas e dos Padres Gregos, mostram como o significado de *eidolon* se ampliou no mundo grego durante os primeiros séculos da era comum.

Os Padres Latinos adotam o mesmo vocabulário e assumem uma posição idêntica. Tertuliano mostra que os deuses pagãos não têm substância (*Apologeticum* 10,2); depois ataca as estátuas como matéria inerte, simulacros constituídos de material semelhante ao dos vasos e dos utensílios comuns (12,2). De maneira análoga, Fírmico Materno fala das *imagines consecratas* do culto pagão público (*Octavius* 24,5). Agostinho dá uma estrutura definitiva a essa crítica da idolatria realizada pelos apologetas latinos. Falando dos deuses pagãos, ilustra a relação semântica existente entre *simulacrum* e *idolum*: "*simulacra*, que em grego são chamados ídolos" (*Exposições sobre os Salmos*, 125,3). Aos seus olhos, os adoradores de ídolos são *daemonicolae*. O ídolo permite que o demônio transmita a sua revelação (MANDOUZE, 1958).

Os termos *eidololatria* e *eidololatres* não aparecem nem nos textos gregos laicos nem na Septuaginta, nem nos escritos de Fílon de Alexandria. Eles constituem uma contribuição específica do Novo Testamento e da literatura cristã dos primeiros séculos do cristianismo. Paulo considera a idolatria um grave pecado e o insere na lista de pecados que os cristãos devem evitar (1Cor 5,10-11; 6,9; 10,7; 10,14; Gl 5,20; Cl 3,5; Ef 5,5). O autor de 1Pd 4,3 fala de maneira análoga do culto dos ídolos, que deveria ser renegado pelos cristãos. O mesmo conceito aparece em Ap 21,8 e 22,15.

O emprego dos dois termos se torna constante na literatura patrística grega. Clemente de Alexandria também fornece uma definição de idolatria: "a extensão a numerosas divindades daquilo que está reservado ao único Deus verdadeiro" (*Miscelâneas* 3,12). A Igreja cristã se opôs aos ídolos e condenou sua fabricação. Os apologetas do século II deixaram um verdadeiro arsenal de argumentos do qual os polemistas cristãos se serviriam até a época de Agostinho.

2 Idolatria e Escrituras judaicas

A condenação formal da idolatria encontra-se em Ex 20,3-5. O Deus bíblico (cujo nome sem vogais é Javé) proíbe ao mesmo tempo o culto de divindades estrangeiras e a produção de imagens que pretendam representá-lo, uma vez que é impossível representar o Deus de Israel. Em Dt 4,12-19 encontramos uma confirmação e uma amplificação desse mandamento. A interdição inclui tanto as imagens teriomórficas como as antropomórficas. Inclui também representações simbólicas em forma animal da divindade. Assim, a idolatria assumiu um duplo aspecto: o culto idolátrico de Javé e ao mesmo tempo o culto dos falsos deuses.

A proibição mosaica

O segundo mandamento proíbe as representações da divindade (Ex 20,4-6; Dt 4,15-19 e 5,6-9; Lv 26,1). Uma tendência rigorista tomou essa proibição mosaica ao pé da letra e baniu todos os ornamentos dos edifícios religiosos. Essa tendência, que encontrou ampla difusão entre os fariseus, insistia na espiritualização de Deus e se opunha radicalmente ao perigo da idolatria. Uma tendência mais liberal, contudo, sempre existiu, como atestam as decorações animais e humanas de algumas sinagogas descobertas pelos arqueólogos.

Culto idolátrico de Javé

Os textos bíblicos fazem referência a esse culto em várias ocasiões. As tribos hebraicas sofreram a influência da cultura cananeia (Jz 3,5-6; Dt 7,1-5). Mica, da tribo de Efraim, construiu um *pesel* e um *massekhah*, uma imagem esculpida e um ídolo de metal forjado (Jz 17,1-13), talvez imagem de Deus. Depois de sua vitória sobre os midianitas, Gedeão utilizou o ouro subtraído aos inimigos para fabricar e erigir um *efod* (Jz 8,22-27). Além disso, temos testemunhos relativos ao culto tauriforme de Javé no reino setentrional de Israel após o cisma de 935 (1Rs 12,26-32; 2Rs 15,24). Em 1Rs 12,28 Jeroboão apresenta Deus, simbolizado pelo touro (Hadad e Teshub, deuses da fertilidade), como o libertador de Israel na época da fuga do Egito. O autor de 2Rs 15,24 fala da fabricação de estátuas de touros divinos. É essa a tradição religiosa do bezerro de ouro.

Os profetas combateram o uso de imagens porque representavam o perigo da superstição. Os 3,4 se volta contra as estelas (*matstsebot*) erigidas na proximidade dos altares, os *efod*, que são imagens ou instrumentos para interrogar Javé, e os *terafim*, muito parecidos com os *efod*. Desse modo, o profeta visa eliminar também os acessórios de culto. Jeremias foi ainda mais longe, declarando, em torno de 587 a.C., que deixaria de falar da Arca da Aliança de Javé, que não seria mais lembrada nem esquecida, e que jamais seria reconstruída (Jr 3,16).

O argumento dos profetas é simples. Ele recusa toda representação tangível de Deus como perigosa, uma vez que a imagem é diferente de Deus. Oseias, por outro lado, faz referência ao passado, à juventude de Israel e à fuga do Egito (Os 2,17). Assim, as polêmicas dos profetas encontram suporte na tradição mosaica. É nesse contexto que o episódio do bezerro de ouro (Ex 32) deve ser interpretado e considerado nos termos de um protesto contra o culto de Javé tauriforme. Aqui nos encontramos claramente diante de uma total rejeição do simbolismo do ídolo.

Idolatria como culto de falsos deuses

Na Bíblia concede-se muito espaço ao segundo aspecto da idolatria; para compreendê-lo temos de dar um olhar retrospectivo à história da idolatria em Israel. Os antepassados do povo eleito praticavam o politeísmo.

Josué o recordou em seu discurso à assembleia de Siquém: o pai de Abraão e de Nacor serviu a outros deuses (Js 24,2; 24,14) e também no Egito alguns judeus adoravam divindades pagãs. Depois de sua volta do Egito, as tribos judaicas seminômades que se estabeleceram em Canaã sofreram a influência da cultura pagã circunstante e foram continuamente tentadas a adotar os deuses de tal cultura (Jz 10,6; 1Sm 7,4; 12,10). Além disso, os reis muitas vezes favoreciam o politeísmo com a introdução de esposas estrangeiras que mantinham os próprios deuses (1Rs

11,7; 11,33). Amós acusa os seus contemporâneos de adorarem Sacut e Caivã (Am 5,26), duas divindades astrais. O prestígio do panteão assírio exercia uma profunda influência sobre as populações de Israel. Durante o reinado de Manassés (688-642 a.C.) desencadeou-se uma grave crise religiosa. Perturbado pelas vitórias dos assírios e dos caldeus, o fiel se voltava para os deuses dos conquistadores (2Rs 21,1-9; 23,4-14). Eles adoravam o sol, a lua, os *baal* e as Astartes (Jr 2,8; 7,9). Nos santuários reinavam Nergal e outras divindades (2Rs 17,30-31). Depois de 587 houve a prova do exílio, seguida por uma reforma espiritual. As orações dos profetas se mostraram salutares para a religiosidade de Israel, que readquiriu consciência de sua fé monoteísta. Após a volta do exílio, tiveram o cuidado de manter distância da idolatria, que continuava a constituir uma ameaça para o povo em virtude das populações que permaneceram na Palestina, especialmente em Samaria. A reação contra os cultos idolátricos caracterizou sobretudo as tentativas sincretistas realizada no reinado de Antíoco IV Epífanes (2Mc 6,2). Toda a nação judaica se reuniu firmemente em torno da fé em Javé.

Os opositores mais resolutos da idolatria foram os profetas e suas profecias. Quando em Betel se removeu solenemente o véu do bezerro de ouro, um profeta procurou Jeroboão e anunciou a ameaça de Javé (1Rs 13,1-32). Elias e Eliseu lutaram contra o culto de Baal e contra seus sacerdotes (1Rs 18,22-40). Amós recriminou seus compatriotas porque se deixavam seduzir pelos ídolos (Am 2,4). Oseias também se expressou em termos duros, porque a seu ver o culto de Israel se tornara idolatria (Os 4,12-13). Isaías se voltou contra os ídolos e anunciou sua queda (Is 2,20; 17,7-8; 30,22).

Um dos temas mais importantes da polêmica profética é a vacuidade dos falsos deuses. Os ídolos são apenas pedra e madeira (Jr 16,20). Oseias não hesita em comparar a idolatria ao fetichismo, pois a seu ver a imagem é elevada no lugar de Deus (Os 8,4-6). Isaías escreve violentos ataques contra os deuses babilônicos, que ele compara ao nada (Is 44,14-17). Esses deuses sem espírito são transportados por animais de carga (Is 46,12). O tema da vacuidade do ídolo continuará o seu caminho, para ser utilizado pelos profetas sucessivos (Br 6; Dn 13,65; 14,42). Além disso, será expresso num grande número de termos irônicos e depreciativos: *nulidade, inconsistente sopro de vento, mentira, cadáver*. O termo preferido por Ezequiel é *gillutim* ("chiqueiro"). A zombaria dos falsos deuses é uma tradição bíblica anterior aos profetas e que continua após o exílio (PREUSS, 1971).

A *Sabedoria de Salomão*, escrita em grego às vésperas da Era Cristã, contém um verdadeiro processo contra a idolatria, sobretudo nos capítulos 13-15. O autor rejeita o culto da natureza, a idolatria e a zoolatria (culto de animais). No entanto, apesar de se manter integralmente fiel à tradição bíblica, ele reflete o clima de sua época rendendo homenagem à beleza da natureza e das obras de arte. Ele ataca a concepção estoica dos deuses, segundo a qual Zeus era o éter, Poseidon o oceano e Deméter a terra (Sb 13,1-19). Ele ataca o culto dinástico dos ptolomeus (14,17-20) e as religiões mistéricas (14,23). Na sua visão, os seguidores da zoolatria perderam totalmente a razão (15,18-19). É nos termos de um autêntico javismo que ele julga as religiões pagãs. Considera a idolatria uma confusão fundamental, porque atribui o nome de Deus àquilo que não é Deus (13,2; 14,15; 14,20). Além disso, o fiel adora ídolos mortos que são incapazes e desprovidos de poder. Esta confusão, que deriva da tentação, leva a uma aberração mental que no final provoca uma falta de moralidade entre os fiéis, que caem no erro ou até na lascívia. Contudo, mesmo condenando as concepções errôneas que Abraão e o povo eleito repudiaram, o autor exprime a sua admiração pela arte. A *Sabedoria de Salomão* deixou-nos uma verdadeira síntese das polêmicas bíblicas contra os ídolos, síntese na qual já penetraram concepções provenientes do mundo grego contemporâneo.

3 Idolatria e cristianismo

O estudo da idolatria do ponto de vista do cristianismo antigo está ligado a problemas relativos ao nascimento da arte cristã e à questão das imagens, de seu culto e da recusa a adorá-las. A atitude a ser adotada perante os ídolos tinha sido prescrita aos cristãos desde as primeiras décadas da Igreja. Os cristãos provenientes do judaísmo tinham tradições muito fortes. Os cristãos convertidos do paganismo se separaram radicalmente dos ídolos e de seu culto. Todos eles viviam em meio a populações pagãs que multiplicaram templos, altares, estátuas, sacrifícios, procissões e festas no Egito, na Grécia, em Roma e no Oriente Próximo. A rápida difusão do cristianismo nas províncias do Império obrigou a Igreja a assumir posições muito explícitas em relação aos cultos pagãos.

A herança bíblica

No Novo Testamento estão presentes vestígios da oposição do Antigo Testamento aos ídolos; *eidolon* aparece diversas vezes nas cartas paulinas. Gl 4,8 aborda o tema comum dos deuses pagãos que não têm substância. Em 1Cor 10,19, Paulo afirma que quando um indivíduo venera os ídolos invoca os demônios. Esse conceito já estava presente em Dt 32,17 e é desenvolvido depois do exílio em decorrência do sucesso da demonologia. A polêmica paulina faz reviver a noção de que os pagãos oferecem sacrifícios a demônios. A demonolatria é denunciada também em Ap 9,20. O duplo tema bíblico da vacuidade dos ídolos e do caráter demoníaco da idolatria depois será adotado pelos apologetas e pelos Padres da Igreja.

A herança bíblica relativa aos ídolos chegou aos cristãos também por uma segunda via, a de Fílon de Alexandria. Na *Alegoria das leis*, Fílon procura diferenciar a divindade de qualquer imagem humana, uma vez que "o antropomorfismo é um sacrilégio maior que o oceano" (*Sobre a confusão das línguas* 27). Nas obras *Sobre o decálogo* (52-80) e *Da vida contemplativa* (3-9), fornece dois estudos sobre os deuses pagãos. Ambos seguem o mesmo esquema, constituído por cinco pontos: 1) uma crítica da divinização dos elementos (terra, água, ar, fogo); 2) uma crítica da divinização do sol, da lua e do cosmos; 3) uma crítica dos deuses considerados como atores na mitologia; 4) um ataque contra a idolatria; e enfim 5) uma crítica da zoolatria. J. Schwartz (1971) o denominou "esquema filoniano". Tal esquema influenciou a crítica da idolatria realizada pelos apologetas gregos e latinos, que dali obtiveram parte de seu material polêmico. Sobre o tema do culto das estátuas e das imagens divinas, Fílon escreve: "Sua substância é de pedra e de madeira, que um instante antes era totalmente desprovida de forma... Fragmentos que eram seus irmãos ou seus familiares tornaram-se tinas de banho ou bacias para lavar os pés" (*Sobre a vida contemplativa* 7).

Os apologetas e os Padres Gregos

Em sua primeira *Apologia* (9,1-5), Justino Mártir concentra os principais temas das polêmicas do século II contra os ídolos: a forma humana não condiz com a divindade; os ídolos são desprovidos de alma e são construídos com uma matéria ignóbil; são obra de artesãos corruptos e isca para os ladrões; trazem os nomes de demônios maléficos, à semelhança dos quais são plasmados. Em sua *Apologia*, Aristides de Atenas não manifesta simpatia pelos ídolos dos gregos. Ele condena severamente o pecado de adorar coisas criadas, mas se mostra ainda mais duro com os bárbaros, que veneram a terra, a água, o sol e a lua e criam ídolos que apresentam como divindades. Em seu *Libellus*, outro ateniense, Atenágoras, tenta demonstrar que a fabricação de estátuas de divindades é recente. Todas estas estátuas são obra de homens cujos nomes conhecemos. Os artistas, portanto, fabricaram deuses que são mais jovens que seus criadores. Em suma, todos esses ídolos não passam de fragmentos de criação, que o fiel adora no lugar do criador. De acordo com essa interpretação da idolatria em sentido fetichista, Atenágoras explica a manipulação dos ídolos por parte dos demônios. Os demônios impelem os fiéis a se reunir ao redor dos ídolos, depois durante os sacrifícios lambem o sangue das vítimas. Mas todos esses deuses foram homens outrora. Herança da Grécia laicizada da era imediatamente anterior à Era Cristã, este tema do evemerismo passaria a ser um argumento importante, um daqueles que os Padres utilizariam em seguida.

Clemente de Alexandria escreveu o seu *Protréptico* para convencer os adoradores dos deuses daquela que ele considerava a estupidez e a baixeza dos mitos pagãos. Primeiramente ele procura determinar a origem e a natureza dos ídolos. Nos tempos antigos, pedaços de madeira e pilares de pedra tornaram-se representações humanas graças ao progresso da arte, do qual o autor fornece um quadro bem documentado. Depois Clemente faz a pergunta fundamental: de onde provinham os deuses representados pelos ídolos? A resposta histórica para essa pergunta, inspirada no evemerismo, é a divinização de seres humanos, de reis que se proclamaram divinos e de reis assim proclamados por seus sucessores. Em seguida Clemente fornece uma resposta teológica, em parte inspirada em Platão: os deuses pagãos são demônios, sombras, espíritos infames e impuros. Por conseguinte, o erro e a corrupção moral da idolatria se tornam claros. O erro é grave, porque induz o fiel a adorar matéria e demônios como se fossem divinos. A corrupção da moral é uma consequência do erro: os ídolos estimulam a luxúria e a sensualidade, que foram inventadas pelos demônios. Clemente opõe à idolatria a adoração do verdadeiro Deus, que revela ao homem a sua verdadeira dignidade. Clemente indica este caminho da felicidade recorrendo ao Deuteronômio (5,8), ao Êxodo (20,4), aos *Oráculos sibilinos* (4,4-7; 24,27-30) e à doutrina cristã (1Pd

2,9; Rm 6; Jo 8,23). O capítulo 4 do *Protréptico* constitui uma autêntica síntese da concepção cristã da idolatria no fim do século II.

Os apologetas latinos

A posição assumida pelos apologetas latinos a propósito dos deuses pagãos representa uma fase final. Aqui encontramos novamente o esquema filoniano do *Da vida contemplativa* (3-9). Tal esquema, contudo, não é um grilhão que condena a argumentação dos Padres a um intransigente conservadorismo. O estudo desses documentos evidencia dois fatos: de um lado, temos diante de nós uma constante renovação do argumento antipoliteísta; de outro lado, os autores levam em conta as mudanças ocorridas no âmbito dos cultos pagãos, especialmente com a difusão dos cultos mistéricos, portadores de uma nova religiosidade. Os documentos surgem em intervalos a partir do final do século II até o século IV: *Às nações*, *Apologeticum* e *Sobre a idolatria*, de Tertuliano; *Octavius*, de Minúcio Félix; *A Donato*, *A Quirino*, *A Demetriano*, *Quod idola di non sint* de Cipriano; *Divinae Institutiones* e *Epitome* de Firmiano Lactâncio; *De errore profanarum religionum* de Fírmico Materno.

Os deuses pagãos não são ídolos, afirma Tertuliano: "Deixamos de adorar os vossos deuses quando percebemos que não existem" (*Apologeticum* 10,2). Ele primeiramente comprova a sua afirmação por meio da história, uma vez que se sabe onde esses deuses nasceram e onde se encontram seus túmulos. Recrimina os pagãos porque afirmam que seus deuses se tornaram deuses depois da morte, graças aos méritos adquiridos a serviço dos homens. Depois dessas considerações inspiradas no evemerismo, Tertuliano aborda a questão dos *simulacra*. As estátuas são apenas matéria inerte, como vasos, pratos e móveis. Insensíveis à ofensa ou à homenagem, essas estátuas são abandonadas ao comércio ou até à destruição. Tertuliano trata difusamente dessas problemáticas em *Sobre a idolatria*, que começa mostrando que a idolatria é o pecado mais grave, que contém em si todos os outros. Ele condena a pintura, a escultura e a participação em festas públicas, uma vez que a idolatria se oculta sob ações aparentemente inocentes. Além disso, proíbe os cristãos de ensinarem ou de se ocuparem do comércio, pois essas duas ocupações exigem um contato com os ídolos. Em suma, todos os poderes e as honras deste mundo desagradam a Deus; por este motivo, a vida militar também deve ser proibida para os cristãos.

Os apologetas latinos também desenvolveram a ideia de que os deuses pagãos são demônios. A demonologia ocupava um lugar de honra no início da Era Cristã. Tanto os apologetas gregos como os latinos transformaram os falsos deuses em demônios. Os Padres aproveitaram a possibilidade de transformar esses demônios, seres intermediários entre o homem e a divindade, em figuras que estão à espreita à sombra dos ídolos. Minúcio Félix explica que "os demônios se escondem atrás das estátuas e das imagens sagradas e, exalando o seu hálito", realizam seus efeitos misteriosos – encantamentos, sonhos, prodígios (*Octavius* 27,1-3). Em *Às nações* Tertuliano fala dos deuses pagãos, representados pelos ídolos que os demônios usam como máscaras para enganar os homens e, em *Sobre a idolatria*, amaldiçoa artistas e artesãos que moldam corpos para os demônios. Minúcio Félix não hesita em apresentar os demônios como beneficiários dos sacrifícios. Adotando a concepção de Tertuliano, segundo a qual o diabo, nos mistérios de Mitra, imita a fé cristã, Minúcio Félix acusa o diabo de ter plagiado o ritual cristão nas religiões de Mitra e de Ísis. Fírmico Materno desenvolve ainda mais esta teoria e no paganismo descobre o diabo em todos os âmbitos – na idolatria, na zoolatria, na divinização dos soberanos e na astrologia. Assim, um paganismo agora enfraquecido se vê exposto a uma condenação explícita da idolatria e dos ídolos.

Agostinho

Em seu *Contra os pagãos*, concluído no ano de 311, o convertido Arnóbio atacava o paganismo, denunciava o antropomorfismo dos cultos pagãos, ridicularizava a concepção pagã dos deuses, censurava seus mitos e atacava os cultos mistéricos. Seu discípulo Lactâncio se converteu, como ele, sob a perseguição de Diocleciano, e no ano de 304 começou a redação das *Divinae institutiones*. Lactâncio demonstra que o monoteísmo é a única forma de fé em Deus conforme à verdade e à razão. Falando do mal geral do politeísmo, credita-o ao evemerismo e à astúcia dos demônios, que se fazem adorar sob nomes divinos primeiro nas famílias e depois nas cidades.

Em 24 de agosto de 410 as hordas de Alarico entravam em Roma e saqueavam a cidade. Os pagãos acusaram os cristãos de terem destruído o culto dos deuses e de ter assim afastado os protetores da cidade. A resposta de Agostinho foi *A cidade de Deus*, escrita entre os anos de 413 e 426, cujos vinte e dois livros constituem a última grande obra apologética contra o antigo paganismo.

Os deuses pagãos foram um primeiro alvo, mas Agostinho se deparou com um paganismo de aspectos múltiplos e contraditórios. Além da multidão divina dos ritos locais, havia os deuses do panteão clássico, homens divinizados, e um panteísmo estoico que transformava Júpiter numa alma do mundo. Nos primeiros dez livros de *A Cidade de Deus*, Agostinho expõe uma crítica, às vezes ácida, às vezes irônica, dos deuses romanos, do politeísmo e da mitologia. Para infligir um golpe fatal aos ídolos, leva em consideração Varrão, Cícero, Sêneca, Evêmero, Apuleio e Platão. Ele procura contestar a teologia de Varrão com sua falsa gnose de etimologias de nomes divinos e sua tripartição dos deuses apresentada por poetas, filósofos e chefes de Estado. Mas Agostinho sabe que os ídolos não são simplesmente seres desprovidos de substância, inventados no decorrer da história. Esses ídolos também estão no coração dos homens, uma vez que a idolatria consiste em adorar a criação ou uma parte dela como Deus. Este tema é desenvolvido em *Sobre a doutrina cristã* e em *Sobre a verdadeira religião*, onde Agostinho, não satisfeito com a crítica aos ídolos, dirige uma crítica também ao adorador dos ídolos, que considera um adorador do diabo.

Assim, um aspecto essencial da crítica agostiniana da idolatria é seu estudo da demonologia. Depois de rever alguns dos principais temas de seus predecessores, praticamente psicanalisa a obra dos demônios na vida dos adoradores de ídolos. Evocados pelos homens, os demônios tomam posse dos ídolos. Os *simulacra* tornam-se animados e a obra dos demônios pode ser realizada porque os ídolos não são mais inertes: um *numen* invisível está neles. O ídolo serve de corpo para o demônio. Recebe a vida do demônio, ao qual se consagra. Desse modo, o demônio transmite a sua revelação. Por este motivo, repete continuamente Agostinho, "os deuses são demônios e os adoradores dos ídolos são adoradores de demônios". No entanto, no livro 8 de *A Cidade de Deus*, ele de algum modo reduz o poder dos demônios na medida em que eles não são deuses. Para Agostinho, esses falsos deuses são anjos mentirosos que continuam sua luta contra o verdadeiro Deus. Assim, a malícia do pecado da idolatria é desmascarada.

O cristianismo depois de Agostinho

A partir da conversão do Império ao cristianismo, o paganismo começou a declinar. Depois de uma última revivescência sob o Imperador Juliano, encontrou um inflexível opositor em Teodósio Magno (que reinou entre 379 e 395), que proibiu a idolatria como crime de lesa-majestade. O século V assistiu à demolição dos templos e dos ídolos. Agostinho infligiu o golpe final à teologia pagã. Mas a Igreja continuou atenta, para extirpar os últimos resquícios de paganismo e anular sua influência sobre a população. Esta preocupação expressou-se de três maneiras: disciplina penitencial imposta contra o pecado da idolatria; o ensino da moralidade a partir dos escritos de Tertuliano; a constante purificação do culto cristão e a vigilância no campo da veneração dos santos. Várias grandes controvérsias, especialmente a Iconoclastia e a Reforma, mostram que a idolatria continuava a constituir motivo de preocupação. Nos séculos XVI e XVII, os protestantes frequentemente acusavam a Igreja Católica de conservar cerimônias e tradições contaminadas pela idolatria. Recentes discussões sobre o culto dos santos, sobre o culto das imagens e sobre a origem do culto cristão demonstram a importância histórica e teológica do problema.

4 Idolatria e islamismo

Um provérbio árabe citado por al-Maydānī diz: "Quando entrar numa aldeia, acredite cegamente em seus deuses". Nas vésperas da Hégira (*Hijrah*), as tribos árabes veneravam muitos deuses. Em sua obra *Kitab al-aṣnām* (Cairo, 1914), Ibn al-Kalbī descreveu a prosperidade do culto dos ídolos na era pré-islâmica (Jāhilīyah). Esses ídolos eram *ansāb*, ou pedras erigidas; *gari*, ou pedras nas quais se derramava o sangue do sacrifício; árvores sagradas, estatuetas que se compravam e vendiam em feiras e mercados. Outro termo utilizado por al-Kalbī, que encontramos também nos comentadores do Alcorão, é *ṣanam* (plural *aṣnām*), "um objeto venerado ao lado de Deus". O termo tem origem semítica e parece relacionado ao hebraico *semel*, "representação". O termo aparece cinco vezes no Alcorão (6,74; 7,134; 14,38; 21,58; 26,1) e designa o "ídolo" repudiado pelos muçulmanos. Na era pré-islâmica *ṣanam* indicava diversos objetos: estátuas esculpidas como o deus Hubal, estátuas em torno da *ka'ba* da Meca e árvores e pedras sagradas. Essas pedras, que recebiam libações e se tornaram objetos de culto, eram *ansāb* (singular *nuṣub*); os árabes as levavam consigo em suas migrações. *Ṣanam*, portanto, não significa "divindade".

Al-Azraqī afirma que em Meca havia um ídolo em toda casa. Com essa proliferação de ídolos, os árabes invocavam a divindade. Os deuses desse vasto panteão levavam o divino nas realidades da existência cotidiana. As distinções entre as várias epifanias podiam ser vistas nos nomes atribuídos a eles e aos numerosos santuários. A documentação onomástica leva-nos a uma era remota, na qual esses ídolos existiam, como epifanias do divino. Por outro lado, o helenismo introduziu no paganismo árabe heróis, antepassados e gênios de Petra, Palmira e outras cidades helenísticas.

Outro termo é *skirk* (*mushrikūn*), que indica o ato de associar uma pessoa a uma divindade; é o termo que designa o politeísmo. No Alcorão este termo aparece nas suras de Medina, onde é frequentemente empregado nos ataques de Maomé aos associadores, os *mushrikūn* (sura 6,49; 10,19; 30-12; 39,4). Tais indivíduos devem ser evitados pelos fiéis. Não se deve orar por eles, mesmo que sejam parentes (9,114). O pecado deles não será perdoado. O termo *kāfir*, "infiel", é mais genérico e inclui tanto os associadores como os detentores de Escritura (judeus e cristãos). No Alcorão, *shirk*, "associador", é o oposto de *muslim*, "adorador de Deus". *Shirk* conserva o seu significado no *hadīth*.

A oposição de Maomé à idolatria representa uma herança judeu-cristã. Abraão torna-se o protótipo da fé monoteísta abraçada por Maomé. Abraão é, para os profetas, o que os árabes são para os outros povos muçulmanos. Partindo da revelação de Abraão, Maomé continua vendo no islamismo não apenas o autêntico monoteísmo, mas o hanifismo primitivo (de *ḥanīf*, aquele que segue a verdadeira religião monoteísta originária; um muçulmano), transmitido pelo filho de Abraão, Ismael, que seguia as pegadas do pai. É nesta rota primitiva que descobrimos a oposição corânica à idolatria.

Os ídolos são os inimigos de Deus e de seus fiéis. Referindo-se novamente a Abraão, o Alcorão os condena, juntamente com toda a tradição semítica dos antepassados, que é a origem de seu culto, um culto que se opõe radicalmente à veneração do único Deus verdadeiro (26,69-83). O mesmo conceito está presente no texto da sura 21,53/52-70, que narra como Abraão destruiu os ídolos adorados por seus compatriotas. Tais ídolos não tinham substância e não tinham o poder de criar nada (25,3-5/4). Moisés teve de intervir contra os filhos de Israel que, depois da fuga do Egito, começaram a adorar os ídolos que eles mesmos haviam construído (7,134/138). Assim, Maomé ordena a seus seguidores que evitem a desonra da idolatria e que sirvam a Deus com fidelidade total (22,31/30).

A oposição aos ídolos e à idolatria está presente em todo o Alcorão. Devemos nos afastar deles (15,94), porque trazem infelicidade a quem os adora (41,5/6); não passam de mentirosos aos quais Deus infligirá tormentos e mais tormentos (16,88/86-90/88). A culpa dos idólatras é grave, porque não têm fé em Deus (12,106), ao qual eles comparam simples criaturas (30,30). Uma terrível punição os espera: serão tratados como seus ídolos (10,29/28), que os abandonarão à sua triste sorte quando estiverem diante do fogo (6,23-29). Por causa da gravidade dessa culpa, a lei do Alcorão exige que os muçulmanos não desposem uma mulher idólatra nem concedam suas filhas como esposas a idólatras (2,220-221). O Alcorão faz uma distinção entre idólatras (associadores), de um lado, e detentores de Escritura, de outra, ou seja, judeus e cristãos. As duas categorias de não muçulmanos, contudo, são culpadas de infidelidade para com Deus, como ressalta a sura 98. Na sura 22,17 (claramente um texto mais tardio), encontramos a oposição entre muçulmanos, de um lado, e judeus, cristãos, sabeus e zoroastrianos, de outro. O Alcorão exige que os muçulmanos combatam contra os idólatras (9,36).

A idolatria consiste em associar um deus ou mais deuses a Deus (51,51; 50,25-26). Esse conceito aparece continuamente; é a definição corânica de idolatria, de onde provém o termo que significa "associadores". A idolatria é um insulto a Deus, pois as honras reservadas a Ele são prestadas a outros deuses. A sura 17,111 mostra que existem três níveis de associação: filhos, associados no reino e protetores (singular *walī*). A noção de protetor aparece diversas vezes no Alcorão. Na sura 39,4/3, os santos são divindades que os fiéis adoram porque os consideram intermediários que os levarão mais perto de Deus. Desde o início, no islamismo, o medo da idolatria levou à supressão de qualquer mediação entre os fiéis e Deus. A associação no reino consiste em colocar falsos deuses no mesmo plano do Deus uno e único (14,35/30; 26,92; 26,98). Implica um verdadeiro insulto a Deus, porque o poder do Criador é conferido a seres desprovidos de substância (32,3/4; 40,69/67; 29,41/42). Esses ídolos são apenas nomes (12,40); Deus é o único Senhor do mundo e dos homens. Um terceiro método de associação consiste em atribuir filhos a Deus (43,81), um conceito que aparece várias vezes sob diversas formas. Sem dúvida, o Alcorão alude a mitos e estátuas de divindades politeístas situadas nos templos. A sura 23,93/91 fala das disputas entre os deuses, que pretendem ser um superior aos outros. Citam-se também divindades femininas, filhas de Deus (43,15; 52,39). A passagem mais famosa é a sura 53,19-21, versos satânicos sobre as três deusas da *ka'ba*. Essas deusas eram objeto de profunda veneração no mundo árabe pré-islâmico, com grandes benefícios financeiros para a tribo dos Quraysh. No início da sua pregação, o Profeta não ousou tocá-las. Depois da conquista de Meca em 630, contudo, determinou a destruição, em sua presença, de todos os ídolos da *ka'ba*.

A essência da idolatria reside na ofensa feita a Deus pelos associadores, que conferem a simples criaturas as honras e o culto reservados ao Único, ao Criador, ao Senhor do Mundo. Como os apologetas e os Padres da Igreja, o Alcorão insiste na obra do diabo, que impele os homens para os ídolos. Abraão pediu a seu pai que não adorasse satanás (19,45/44), que afasta os homens do culto de Deus (27,24). O diabo é o patrono dos idólatras (16,65/63) e como tal é oposto a Deus (4,118/119). Em decorrência disso, a idolatria está a serviço do demônio (2,57/55). Na sura 4,117, o Alcorão afirma que os idólatras invocam apenas deidades femininas, ou um demônio rebelde.

Alá é o Deus criador, juiz, provedor de recompensas, único e uno em si mesmo, onipotente e misericordioso. Ele se revela por meio de seus profetas. Não se mostra, mas o homem o reconhece nos sinais do universo, nos sinais de Deus, *āyāt Allāh*. Ele pode ser conhecido somente por sua palavra, seus nomes, seus atributos e suas ações. Em todo o caso, não pode ser representado por uma imagem ou por outra representação. O islamismo é uma religião desprovida de ícones.

5 *Idolatria e* homo religiosus

A idolatria é um conceito histórico-religioso que encontra expressão na resposta e na atitude dos três grandes monoteísmos, quando se depararam com as crenças e as práticas das religiões politeístas que encontraram ao longo do caminho. Tal conceito é desenvolvido no decurso de discussões e de comparações com tais monoteísmos: três religiões do Livro, depositárias de uma revelação, animadas por profecias e por doutrinas de salvação – religiões que unem o homem a um Deus pessoal que se manifesta na história. Idolatria significa culto divino de seres que não são Deus aos olhos daqueles que definiram tal culto como idólatra. O termo tem uma conotação negativa e pejorativa, uma vez que, para o fiel de uma religião monoteísta, atitudes, comportamentos e ritos que deveriam ser reservados ao verdadeiro Deus são dirigidos pelo idólatra a falsos deuses. Assim, a idolatria se revela fundamentalmente como um desequilíbrio religioso, devido a dois fatores paradoxais: de um lado, o culto divino; de outro, um substituto do divino que não é Deus.

O fetichismo é um conceito histórico-religioso elaborado na era moderna por etnólogos e historiadores das religiões, com o objetivo de explicar as crenças das populações negras primitivas da África Ocidental. Em *Du culte des dieux fetiches* (1760), Charles de Brosses procurou captar o homem no seu primigênio e puro estado de natureza. Ele observou que os povos antigos adoravam animais, árvores, plantas, fontes, lagos, mares, estrelas e rios como os povos primitivos seus contemporâneos. De Brosses atribuiu a esse tipo de culto o nome de *fetichismo*, termo derivado do português *feitiço* ("bruxaria, sujeito enfeitiçado"). O homem vê no fetiche uma presença ativa, que lhe provoca temor e necessidade de proteção. Ele obtém proteção com a observância de ritos. Assim, o fetichista adora o objeto diretamente, ao contrário do que ocorre no politeísmo, que de Brosses considerava uma religião mais estruturada, na qual os símbolos são definidos sobretudo pelas imagens e pelas estátuas.

A pesquisa tornou mais precisa a noção de fetichismo. Fetichismo é a crença na existência de um poder, concentrado em seres ou em objetos, que o homem deve utilizar para seu bem-estar. Tal poder é adquirido por meio de ritos individuais ou coletivos. O efeito benéfico resultará da força adquirida; assim, o homem emprega toda uma série de ritos com a finalidade de incrementar a força e obtê-la. Ainda nos encontramos no contexto do culto, mas num culto em que se coloca a máxima ênfase no rito.

O paralelo que instituímos entre dois fenômenos do culto, a idolatria e o fetichismo, nos permitirá enquadrar melhor a idolatria como fenômeno religioso apreendido pelo historiador das religiões. Nessa perspectiva, a idolatria é o culto de uma divindade representada por um substituto do divino, chamado ídolo. Para captar as diferentes dimensões de tal culto, o historiador das religiões concentra sua pesquisa no *homo religiosus* em ação no exercício do culto. Ele tenta compreender o comportamento do homem através de seus ritos e na realização de seu sistema simbólico.

No mundo greco-romano, levantaram-se algumas críticas contra a adoração da divindade sob forma humana, realizadas por Heráclito, Xenófanes, Pitágoras, Eurípides, Diógenes e os cínicos e estoicos como Zenão e Sêneca. Refletindo sobre a divindade, esses pensadores procuraram se situar como intermediários entre a religião dos filósofos e a do povo. Nesse contexto, o pensamento de Plutarco se torna claro. Tentando evitar os dois extremos da superstição e do ateísmo, ele ressalta o fato de que a vida e a inteligência divina não estão subordinadas aos homens. Analogamente, ele rejeita a atribuição de nomes divinos a naturezas desprovidas de sentido ou a objetos inanimados (*De Ísis* 66-67). No Egito depara-se com a zoolatria, que pode levar a repugnantes aberrações, em virtude do culto de animais sagrados. No entanto, observando que os egípcios foram extraordinários inventores de símbolos e de emblemas, Plutarco aceita o simbolismo do divino manifestado na vida dos seres. Por conseguinte, aprova aqueles para os quais esses seres constituem uma ocasião para adorar o divino.

Durante o século I da era comum, Díon Cássio (Crisóstomo) de Prusa, escrevendo uma apologia da arte grega, afirmava: "Nós revestimos Deus de um corpo humano, porque é o emblema do pensamento e da razão. Na total ausência de um modelo primitivo, procuramos revelar o incomparável e o invisível por meio do visível e do comparável; de maneira mais sublime que certos bárbaros, os quais, em sua ignorância e insensatez, comparam o divino a formas animais". Para Díon, a beleza plástica expressa o divino. Um século depois, o platônico eclético Máximo de Tiro abordou a questão da legitimidade de representar os deuses. Ele observa que os persas adoravam a divindade na imagem efêmera do fogo; que os egípcios contemplavam os seus deuses em objetos e em seres dignos de desprezo; e que, embora as imagens possam variar, o essencial é adorar a divindade: "Deus, o pai de todas as coisas e seu criador, existia antes do sol e é mais velho que o céu... Como não somos capazes de captar a sua essência, buscamos ajuda em palavras, nomes, formas animais, imagens de ouro, de marfim e de prata" (*Philosophumena* 2,10).

Agostinho nos deixa numerosas alusões à interpretação alegórica da idolatria própria de alguns autores pagãos. Nas *Exposições sobre os Salmos* 113 fala de certos indivíduos que afirmam que seu culto não se dirige aos elementos em si mesmos, mas aos deuses que são seus senhores. O mesmo conceito está presente em outro lugar na mesma obra (96), onde o idólatra declara adorar a estátua que vê, mas submeter-se ao deus que não vê; a estátua é apenas um substituto da divindade. Os autores pagãos visados por Agostinho são, talvez, o Imperador Juliano, Porfírio e Varrão.

A história das religiões se aproxima da idolatria do ponto de vista daqueles quatro aspectos fundamentais da crença e da prática religiosa que o *homo religiosus* desenvolveu desde os tempos pré-históricos até os nossos dias: o sagrado, o mito, o rito e o símbolo. O ídolo representa uma hierofania em que o homem percebe uma manifestação do sagrado que confere ao objeto uma nova dimensão. Tal dimensão é obtida por meio de ritos que consagram os objetos do culto, os altares, as estátuas divinas e os templos: a presença sacra e o espaço sagrado são indispensáveis. Através da consagração, a imagem ou o objeto pertencem agora à divindade e não mais podem ser empregados para um uso profano. Os ritos egípcios de abertura da boca, dos olhos, do nariz e das orelhas de uma estátua construída para representar a divindade atestam uma teologia do sagrado em que o ídolo é uma encarnação de poder e de vida, uma personificação; ele evoca a grandeza do deus. A arte grega procurava traduzir essa dimensão sagrada com a brancura do mármore ou com coberturas protetoras aplicadas aos ídolos. O culto torna novamente atuais mitos que põem o adorador em contato com o tempo primordial e lhe fornecem modelos de vida. Graças a essa celebração, o homem torna-se novamente contemporâneo do evento primordial, que desperta e preserva a sua consciência de um mundo distinto do mundo secular.

Esse comportamento mítico do *homo religiosus* está presente também no culto cristão, mas com uma diferença substancial: o retorno a um evento primordial não é o retorno a um tempo mítico, mas ao tempo histórico da vida de Cristo. A Encarnação se realiza num tempo histórico: o cristão que celebra os mistérios de Cristo sabe que alcança o tempo histórico de Jesus e simultaneamente o tempo trans-histórico da Palavra de Deus.

A idolatria é o campo em que ritos e símbolos se multiplicam. Para o homem, trata-se de transcender sua condição humana através do contato com o sagrado. Seu ponto de referência continua a ser o arquétipo. Este é o papel do rito. As religiões deixaram-nos uma extraordinária documentação sobre ritos de celebração, por exemplo os ritos sacrificais da antiga Grécia e de Roma, bem como os banquetes sagrados com a participação mística dos deuses por meio de estátuas conduzidas em procissão; ritos de sacrifícios com os três fogos no mundo indo-europeu; ritos do *soma* na Índia e do *haoma* no Irã; o simbolismo dos cultos de Cibele e de Mitra; os ritos do culto cotidiano nos templos egípcios; o poder do rito e da palavra à imitação da ação primordial do deus Thoth, criador do cosmos; ritos funerários de embalsamamento no antigo Egito, ligados ao mito de Osíris; o simbolismo do altar e dos gestos nos templos hindus. Incorporado à vida e à existência do *homo religiosus*, o simbolismo do culto tem a função de revelação na medida em que é a linguagem da hierofania. Revela uma dimensão que transcende a dimensão natural da vida. Em decorrência disso, introduz um novo significado na vida do homem e da sociedade. Na celebração do culto, este simbolismo sagrado, os mitos e os ritos ajudam o homem a penetrar o mistério da salvação, um mistério que para ele é representado pela história sagrada da sua religião e da sua cultura.

Referências

BARTHÉLEMY, J.-D. *Dieu et son image*: ébauche d'une théologie biblique. Paris: Du Cerf, 1963 [trad. it.: *Dio e la sua imagine*. Org. de R. Antonetto. 3. ed. Milão: Jaca Book, 1975].

BAUMER, I.; CHRISTOFFELS, H. & MAINBERGER, G. *Das Heilige im Licht und Zwielicht*. Einsiedeln, 1966.

BAYNES, N.H. "Idolatry and the Early Church". In: *Byzantine Studies and Other Essays*. Londres: Athlone Press, 1955, p. 116-143.

BEVAN, E.R. *Holy Images* – An Inquiry in Idolatry and Image Worship in Ancient Paganism and in Christianity. Londres: G. Allen & Unwin, 1940.

CAMPENHAUSEN, H. "Die Bilderfrage als theologisches Problem der alten Kirche". In: CAMPENHAUSEN, H. (org.). *Tradition und Leben* – Krafte der Kirchengeschichte: Aufsatze und Vorträge. Tübingen, Mohr, 1960, p. 216-252.

CLERC, C. *Les theories relatives au culte des imagens chez les auteurs grecs du deuxième siècle après J.-C.* Paris: Univ. Diss., 1915.

DUBARLE, A.M. *La manifestation naturelle de Dieu d'après l'Écriture*. Paris: Du Cerf, 1976.

DUESBERG, H. "Le procès de l'idolâtrie". In: *Les scribes inspirés*, II. Paris: Desclée de Brouwer, 1939 [2. ed., Paris: De Maredsous, 1966, escrito em colaboração com Irénée Fransen].

GELIN, A. "Idoles, idolâtrie". In: *Dictionnaire de la Bible*, suppl. IV. Paris, 1949.

GILBERT, M. *La critique des dieux dans le Livre de la Sagesse*. Roma: Biblical Institute Press, 1973.

GOBLET D'ALVIELLA, E. "Les origins de l'idolâtrie". In: *Croyances, rites, institutions*, II. Paris, 1911, p. 125-147.

GOETZ, J. "Idolâtrie". In: *Catholicisme hier, aujourd'hui, demain*, V. Paris, 1962.

MANDOUZE, A. "Saint Augustin et la religion romaine". In: *Recherches Augustiniennes*, 1, 1958, p. 187-223.

MARION, J.-L. *L'idole et la distance* – Cinq études. Paris: B. Grasset, 1977 [trad. it., *L'idolo e la distanza*: cinque studi. Org. de A. Dell'Asta. Milão Jaca Book, 1979].

MICHEL, A. "Idolâtrie, idole". In: *Dictionnaire de Théologie Catholique*, VII. Paris, 1921.

NORTH, C.R. "The Essence of Idolatry". In: HEMPEL, J. & ROST, L. (orgs.). *Von Ugarit nach Qumrān*. Berlim: Töpelmann, 1958, p. 151-160.

PRAT, F. "Idolâtrie, idole". In: *Dictionnaire de la Bible*, III. Paris, 1912.

PREUSS, H.D. *Verspottung fremder Religionem im Alten Testament*. Stuttgart: Kohlhammer, 1971.

SAUSER, E. "Das Gottesbild – Eine Geschichte der Spannung von Vergegenwärtigung und Erinnerung". In: *Trierer Theologische Zeitschrift*, 84, 1975, p. 164-173.

SCHWARTZ, J. "Philon et l'apologétique chrétienne du second siècle". In: CAQUOT, A. & PHILONENKO, M. (orgs.). *Hommages à André Dupont-Sommer*. Paris: Maisonneuve, 1971, p. 497-507.

VERMANDER, J.-M. "La polémique des Apologistes latins contre les Dieux du paganisme". In: *Recherches Augustiniennes*, 17, 1982, p. 3-128.

WILL, R. *Le culte – Étude d'histoire et de philosophie religieuses,* I-III. Paris: F. Alcan, 1925-1935.

II – A controvérsia sobre os ídolos, a antropologia patrística e as origens da iconografia cristã*

1 Nascimento de um povo e o problema da arte – As primeiras comunidades em busca de um caminho

Por volta do ano 30 d.C. um fenômeno abala o contexto antropológico, religioso e social do Oriente Médio e dos países mediterrâneos; um grupo de dimensões sempre crescentes apresenta-se em nome de Jesus de Nazaré, o *Christos*, "ungido", o consagrado (At 11,26). Lucas sintetiza assim o comportamento da

---

* In: *L'arte paleocristiana.* Org. de A. Crippa e M. Zibawi. Milão: Jaca Book, 1998, p. 9-16 [trad. fr., *L'arte paléochrétien*. Zodiaque et DDB, 1998].

primeira comunidade de fiéis: devotados ao ensinamento dos apóstolos, distinguem-se pela comunhão fraterna, a fração do pão e a oração (At 2,42-44; 46-48). O redator dos Atos fala também da frequentação cotidiana do Templo, onde a reunião acontece sob o pórtico de Salomão (At 5,12). No documento, Jerusalém é considerada o primeiro centro de difusão da nova religião, mas outras comunidades rapidamente se formam na Galileia.

Com a primeira perseguição desencadeada pelos judeus, é organizada a dispersão e as conversões se multiplicam. A mais impressionante é a de Saulo de Tarso que se torna fervoroso apóstolo da missão cristã entre os pagãos. Em 111 d.C., Plínio o Jovem envia uma carta ao Imperador Trajano, na qual o informa sobre uma situação por ele encontrada na Bitínia, no norte da Ásia Menor: os templos estão desertos e, tanto nas cidades como nos campos, escasseiam os clientes nos estabelecimentos dos açougueiros, onde a carne deve ser preventivamente consagrada com um ritual preparatório para os sacrifícios. Os responsáveis pela situação são os membros de uma associação, chamados cristãos[1]. Para compreender os motivos de um número tão expressivo de conversões no começo do século II devemos considerar a mobilização de todo um povo. Naquelas comunidades congregavam-se ricos e pobres, escravos e senhores, funcionários públicos e trabalhadores livres. As assembleias ocorriam tanto nas casas particulares como naquelas colocadas à disposição da comunidade como a escola de Tirano (At 19,9) ou a casa de Lídia (At 16,14-40), seguindo o exemplo da casa de Pedro aberta para Jesus em Cafarnaum.

Depois da morte dos apóstolos, os Padres Apostólicos registram o precioso testemunho dos primórdios da Igreja dado pelas comunidades fundadas pelos apóstolos e pelas testemunhas oculares de Jesus. Ao ler os textos compreendemos a organização das comunidades, que permanecem ancoradas à unidade da fé, à oração e à celebração eucarística[2] e têm plena consciência da responsabilidade assumida na transmissão da mensagem de Cristo. Além disso, os escritos demonstram o nascimento de um vocabulário cristão: *eucaristia* assume o significado do

---

1. Cf. DELUMEAU, J. (org.). *Histoire vécue du peuple chrétien*, I. Toulouse, 1979. Cf. tb. os artigos JAUBERT, A. *Surgissement D'un peuple*, p. 21-47. • MANDOUZE, A. *Les persécutions à l'origine de l'Église*, p. 49-74.

2. QUASTEN, J. *Patrologia*. 3 vols. Casale Monferrato: Marietti, 1980-1981. • ALTANER, B. *Patrologia*. Casale Monferrato: Marietti, 1981. • BOYER, L.; MONDÉSERT, C. & LOUVEL, F. *Les écrits des Pères Apostoliques*. Paris: Du Cerf, 1963.

sacramento; *evangelion* é aplicado a um livro escrito por uma testemunha da boa nova; *leitourgia* indica o serviço de Deus e dos homens; *paroikia*, que na origem significava habitar como estrangeiro num lugar, passa a indicar a Igreja local. Em Clemente Romano (*Carta aos Coríntios*, 40,5) encontramos pela primeira vez o termo grego *laicos* para designar os homens que não são nem sacerdotes nem levitas, vocábulo mantido pela Igreja. Os escritos dos Padres Apostólicos são o reflexo da fidelidade doutrinal das comunidades cristãs, de seu zelo apostólico e do fervor na celebração da Eucaristia.

Por volta da metade do século II d.C. se delineia a oposição sistemática dos intelectuais pagãos ao cristianismo, que sobressaiu com força manifestando grande vitalidade. A história registra os nomes de Frontão de Cirta (100-174 d.C.), de Luciano de Samósata (125-192 d.C.) e de muitos outros, entre os quais se destaca Celso com seu *Discurso da verdade* (*Logos Alethes*), escrito em torno do ano 170[3]. Justino (decapitado em Roma por volta do ano 165) escreve uma *Apologia* para o Imperador Antonino Pio (138-161)[4]. Ao defender os cristãos, ele aborda a questão dos ídolos (*Apol.* 1,9,1-5); considera que se trata de estátuas moldadas por homens e erigidas nos templos com o nome de divindades, mas Deus não é igual às imagens elaboradas à semelhança dos gênios do mal. As estátuas sem vida, feitas de material rudimentar, são um ultraje à divindade e os autores são tão ímpios e dissolutos quanto os guardiães dos templos. Justino examina os vários deuses pagãos, contrapondo-os a Cristo (*Apol.* 1,25,1-3). Ao final da argumentação, retorna aos maus demônios inspiradores do plágio dos ritos cristãos (*Apol.* 1,65,6), em particular do Batismo e da Eucaristia, onde demonstra como a celebração dos mistérios de Mitra tenta imitar a da Eucaristia cristã.

Na esteira de Justino, a idolatria se torna um dos alvos principais dos apologetas cristãos contra os deuses pagãos. Tertuliano, no *Apologeticum*, se embate violentamente contra as estátuas que reproduzem a divindade, fabricadas com materiais similares aos de vasos e utensílios diversificados, ignorando a home-

---

3. Edição crítica com comentário: BORRET, M. *Origène contre Celse*. "Sources Chrétiennes". 5 vols. Paris: Du Cerf, 1967-1976 [trad. it., *Principi* – Contra Celsum e altri scritti filosofici. Florença: Sansoni, 1975]. Cf. a bibliografia BORRET, M. *Origène contre Celse*. Op. cit., V, p. 141-182.

4. QUASTEN, J. *Patrologia*. Op. cit., I, p. 175-194. Para o texto, cf. PAUTIGNY, L. *Justin –* Apologies. Paris, 1904 [nova ed., Paris: Desclée de Brouwer, 1982]. • WARTELLE, A. *Saint Justin* – Apologies. Introduction, texte critique, traduction, commentaire et index. Paris: Augustiniennes, 1987, bibliografia, p. 9-14.

nagem e o ultraje, objetos comerciais e na verdade substitutos dos demônios[5]. O contemporâneo Minúcio Félix, advogado romano, desfere um ataque semelhante num livro intitulado *Octavius*, em que manifesta juízos duríssimos contra a religião romana, as divindades de madeira, de bronze, de prata e de ferro fabricados na bigorna, assim como contra ritos ignóbeis e jogos indignos. Além disso, afirma que os cristãos não dispõem nem de santuários nem de altares, porque não é possível encerrar nas casas o Artífice do Universo, pois o templo de Deus é o coração do cristão[6]. Na *Epístola a Diogneto*, escrita provavelmente em torno do final do século II, a refutação da idolatria baseia-se em argumentos análogos: as estátuas são obras de homens e são constituídas de materiais perecíveis como o bronze, a madeira, a prata, o ferro e a argila. Diante disso, os utensílios feitos com materiais análogos, por sua vez, também poderiam ser considerados divindades... (11,24)[7].

Os apologetas gregos e latinos desenvolvem os mesmos argumentos contra ídolos e estátuas dos deuses pagãos. A questão permanece aberta do século II ao século IV, com autores como Tertuliano, Minúcio Félix, Cipriano e Lactâncio[8]. Em 346, Fírmico Materno escreve o *De Errore profanarum religionum*, texto em que se encontra uma áspera crítica aos falsos deuses e a condenação de seus adoradores. No momento em que o cristianismo dá livremente os primeiros passos, o autor convida as autoridades políticas à intolerância contra os pagãos[9].

H.I. Marrou definiu como "estupidez da apologética" a refutação da idolatria da *Epístola a Diogneto* (11,2-7), porque "é implicitamente negada a possibilidade de uma iconografia religiosa"[10]. Portanto, permaneceu a questão da influência da apologética cristã sobre o atraso do desenvolvimento da arte cristã das origens.

---

5. WALTZING, J.P. *Tertullien* – Apologétique. Ed. crítica, tradução e comentário. Paris: Les Belles Lettres, 1929, 1961. Cf. QUASTEN, J. *Patrologia*. Op. cit., p. 493-574.

6. BEAUJEU, J. *Minucius Felix, Octavius*. Ed. crítica, tradução e comentário. Paris: Les Belles Lettres, 1964. Para os estudos, cf. QUASTEN, J. *Patrologia*. Op. cit., I, p. 414-421.

7. MARROU, H.I. *A Diognète*. Intr., ed. crítica, tradução e comentário. Paris, 1951 ["Sources Chrétiennes"].

8. Para os esquemas da polêmica contra os deuses é oportuno rever VERMANDER, J.M. "La polémique des Apologistes latins contre les dieux du paganisme". In: *Recherches Augustiniennes*, XVII. Paris, 1982, p. 3-128.

9. TURCAN, R. *Firmicus maternus* – L'erreur des religions païennes. Texto, tradução e comentário. Paris: Les Belles Lettres, 1982.

10. Cf. *Lettera a Diogneto*. Op. cit., p. 116.

A representação visível das divindades usada por milênios no Oriente Médio e no Egito se encontra com a tradição grega das estátuas dedicadas às divindades. No mundo grego o termo *agalma* indica a estátua de uma divindade venerada pelos fiéis; o termo *xoanon*, por sua vez, se refere a uma estátua moldada por um artista; *eidolon* é empregado mais raramente na antiguidade clássica, mas é frequente na Bíblia grega com o qual são traduzidos dezesseis diferentes vocábulos hebraicos. Em latim é traduzido por *idolum* e *simulacrum*: falsos deuses. No Novo Testamento é introduzido o termo *eidolatria*, idolatria, que assume um significado específico para o cristianismo, "adoração dos falsos deuses".

Desde as conquistas de Alexandre Magno as estátuas das divindades têm um imenso sucesso e suscitam uma discreta oposição no mundo grego, em particular no filosófico, mas têm igualmente alguns grandes defensores: Máximo de Tiro, por volta do final do século II, o neoplatônico Porfírio no século seguinte, seu sucessor Jâmblico e o Imperador Juliano, que faz reviver o culto dos deuses. Os autores estudaram o simbolismo das estátuas: o mármore e o marfim se referem ao caráter luminoso da divindade, enquanto o ouro evoca sua pureza perfeita. Para o Imperador Juliano, as estátuas são *simbola*, sinais da presença dos deuses, mas não devem ser consideradas divindades em si.

Os cristãos provenientes da religião hebraica tinham tradições muito arraigadas derivadas da oposição a qualquer forma de idolatria, enquanto os cristãos convertidos do paganismo eram convidados a se separar de maneira radical dos ídolos. Um primeiro motivo da oposição ao culto dos ídolos fundamenta-se na sua inexistência como realidades espirituais e no caráter demoníaco da idolatria (1Cor 10,19; Gl 4,8); o segundo motivo inspira-se em Fílon de Alexandria, o qual, na obra *De decalogo* (52-80), subtrai a divindade a qualquer semelhança humana e considera o antropomorfismo uma heresia (*De vita contemplativa*, 7). Justino desenvolveu a argumentação supramencionada em *Apol.* 11,1-5. Um terceiro motivo da oposição é extraído da demonologia: os deuses pagãos são demônios, sombras, espíritos infames e impuros. A argumentação encontra-se no *Protréptico* de Clemente de Alexandria, que considera a idolatria um erro e uma corrupção moral, porque o fiel é induzido a adorar como divino aquilo que é matéria e demônio (58,3-4; 61,4). Em *De idolatria* (7-8; 11), Tertuliano amaldiçoa os artistas porque moldam corpos para os demônios. O tema demoníaco continua a ser um argumento que permite condenar severamente os cultos pagãos; Santo

Agostinho, na controvérsia da religião romana, define as divindades como demônios (*De civitate Dei*, IV, 27).

Não obstante a controvérsia dos deuses pagãos, as estátuas divinas e a idolatria, no mundo cristão começa a se abrir uma brecha para a iconografia e para a arte a partir do século II. A apologia cristã é um fenômeno do mesmo período e tem como consequência a entrada em contato com a religião, com o pensamento e a cultura do mundo antigo. Se Taciano rejeita e condena integralmente o conjunto da cultura grega, o mesmo não acontece com Justino ou com o autor da *Epístola a Diogneto*. Justino afirma que "a semente do Verbo é inata a todo o gênero humano" (*Apol.* 11,8,1), argumento essencial que será retomado pela doutrina dos Padres da Igreja. Na *Epístola a Diogneto* é expresso o conceito de que o homem é dotado de pensamento racional, o cosmos é organizado em função do homem, o qual, único entre os seres vivos, assumiu a postura ereta e desse modo pode voltar os olhos para o céu (10,2).

No *Protréptico*, Clemente de Alexandria apresentou antes de tudo o canto novo que nasceu depois dos mistérios pagãos; em seguida, em capítulos concisos e animados por fervor, convida os leitores a se aproximar da nova religião. Nos *Stromata* ou *Tapeçarias* tenta valorizar os elementos herdados do helenismo e, ao fazê-lo, examina o simbolismo da antiguidade grega e do mundo bárbaro. Expressa admiração pelo valor simbólico dos templos egípcios em que a imagem da divindade é abrigada na penumbra do *naos*; constata que gregos e bárbaros transmitiram a verdade através de enigmas e símbolos (*Strom.* V, 4,21,4). Todo o simbolismo do mundo antigo exerce um fascínio irresistível sobre ele, induzindo-o a explicar o significado dos apoftegmas dos filósofos, da poesia religiosa, dos sonhos e dos símbolos. Além disso, ele considera que filósofos como Pitágoras e Platão intuíram a verdade (*Strom.* V, 5,29,1-6)[11].

A Escola de Alexandria continua a comparação do Evangelho com o pensamento antigo e a cultura grega. Os intelectuais cristãos alexandrinos, platônicos formados na cultura helenística, não apenas rechaçam as acusações da elite greco-romana contra a nova religião, mas utilizam alguns elementos como o simbo-

---

11. CLEMENTE DE ALEXANDRIA. *Protrettico – Il Pedagogo*. Org. de M.G. Bianco. Turim: Utet, 1972. • *Gli Stromati*. Org. de G. Pini. Milão: Paoline, 1985. Cf. QUASTEN, J. *Patrologia*. Op. cit., I, p. 287-314. • GALLONI, M. *Cultura, evangelizzazione e fede nel "Protrettico" di Clemente Alessandrino*. Roma: Studium, 1986, bibliografia, p. 149-162.

lismo e o léxico mistérico para formular a catequese e adequar aos catecúmenos os métodos da iniciação cristã. Na exegese e na pregação, Orígenes desenvolve um simbolismo da palavra de Deus difundida por Cristo e transmitida pela Igreja como luz que ilumina o mundo. Nos escritos de Clemente e Orígenes é esboçada a visão de uma história da salvação da humanidade. Pode-se dizer que na Escola de Alexandria foram lançadas as bases da "cidade de Deus" de Santo Agostinho.

Justino se faz porta-voz da reação dos pagãos que acusam os cristãos de loucura, porque ousam colocar um homem crucificado ao lado do criador do mundo (*Apol.* 1,13,4). Um grafito encontrado na colina Palatino constitui a prova arqueológica daquela reação: sobre uma cruz em forma de *t* ("*tau*") é colocado um personagem com os braços estendidos e a cabeça, representada como uma cabeça de asno, voltada para outro personagem em adoração diante dele. O grafito traz uma inscrição inferior: "Alexandre adorando o seu deus". Luciano de Samósata fala do fundador da seita cristã: um grande homem crucificado na Palestina; Minúcio Félix relata os comentários sobre o clamor provocado pelos cristãos no século II, citando em particular "a crença absurda da adoração da cabeça de asno" (*Octavius*, 9,6). Celso fala de Jesus considerando-o um bandido condenado ao suplício da cruz (II,44,24) e considera absurda a crença num Deus crucificado (II,47,15). Ele acusa os cristãos de terem inventado "a madeira da vida" para dispor de uma explicação alegórica da cruz.

Desde a época apostólica, o mistério da crucifixão se torna objeto de fé para os cristãos (1Tm 3,16; 1Cor 2,7). De acordo com São Paulo, a Igreja, por sua vez, é um mistério em que a cruz constitui o acontecimento decisivo da salvação, ligado ao mistério da criação (Cl 1,27). Os Padres da Igreja, na interpretação de Ef 1,10, insistem na crucifixão como conclusão da criação e início de um mundo novo. Evidenciam a agonia, o sangue, a morte humana de Jesus, a cruz feita de dois braços unidos no centro, considerando que para os cristãos tudo isso constitui *mysterion* e *doxa*, enquanto para judeus e pagãos esses detalhes são impactantes (1Cor 1,22-23; 2,8).

Os Padres da Igreja atribuíram grande importância aos símbolos bíblicos do Antigo Testamento que prenunciam a cruz do Salvador: madeira e árvore da vida, carvalho de Mamrê (Gn 22,6), bastão de Moisés (Ex 4,25). Justino insiste no valor e na necessidade da linguagem simbólica (*Apol.* 1,55,1); serve-se do Antigo Testamento como revelador da força do mistério da cruz (*Apol.* 1,31,7; 32,4; 35,2,

7; 55, 4; 60, 3,5). Mas os Padres utilizam também a simbologia cósmica descrita pelos pitagóricos da qual Platão dá um exemplo no *Timeu* (36 BC): os dois grandes círculos do mundo que se interceptam em forma da letra grega *qui* invertida, em torno dos quais gira a abóbada celeste são, aos olhos dos cristãos, a cruz do céu; assim o Cristo imolado na cruz vem a se encontrar no eixo do mundo, o Gólgota *(Apol.* 1,60). O simbolismo é amplamente usado pelos Padres Apostólicos do mundo latino; Hipólito Romano, numa homilia pascal, celebra a cruz como a árvore cósmica que se eleva da terra ao céu: ao lado da simbologia bíblica e da simbologia cósmica encontramos também os símbolos tomados da vida cotidiana e das atividades do homem, como a navegação. Como o mastro principal e a vela constituem a segurança para a viagem, dos marinheiros e dos passageiros, assim a cruz de Cristo garante a salvação dos homens *(Apol.* 1,55,6-7). Os mesmos símbolos se encontram também em Tertuliano *(Ad nationes,* 1,12,1-16).

A doutrina tornou-se uma prática na vida cristã. No século II, nas catacumbas, os cristãos inscreveram o símbolo da cruz em várias formas: cruz grega +, cruz latina † e *tau* τ, forma em que se apresentava o instrumento do suplício, que constituía também um importante símbolo bíblico. As catacumbas revelam também outra representação da cruz, representada como uma âncora: eixo horizontal situado no centro do eixo vertical, às vezes o peixe deitado sobre a haste da âncora, símbolo que os cristãos podiam compreender perfeitamente. Tertuliano atribui aos cristãos um nome significativo: *crucis religiosi (Apol.* XVI, 6). Algumas cruzes das catacumbas são recobertas por uma decoração, *crux florida.* No Egito surge relativamente cedo o símbolo da vida da época faraônica, a *crux ansata.* Com o advento de Constantino começa o grande sucesso da cruz[12].

Tudo o que dissemos demonstra que a oposição dos cristãos aos ídolos e a luta contra a idolatira não impediram a busca de símbolos indispensáveis para a expressão da fé e da vida.

---

12. SCHNEIDER-BERRENBERG, R. *Kreuz, Kruzifix* – Eine Bibliographie. Munique: Schneider Berrenberg, 1973. Uma bibliografia de mais de dois mil títulos em dezenove línguas: iconografia, história da arte, arqueologia, teologia, filologia, folclore: LECLERQ, H. "Croix et crucifix". In: *DACL,* III, 3.045-3.144. Estudo aprofundado da representação cristã da cruz: RAHNER, H. *Symbole Der Kirche* – Die Ekklesiologie der Väter. Salzburg: Otto Müller, 1964 [trad. it., *Simboli della Chiesa*: l'ecclesiologia dei Padri. Org. de L. Pusci, A. Pompei, e Cinisello Balsamo. 2. ed. San Paolo, 1995].

2 Nascimento de uma antropologia cristã

O Apóstolo Paulo exortava os colossenses a vestir o homem "novo, que se renova, para um pleno conhecimento, à imagem do seu Criador" (Cl 3,10). A teologia patrística brota da revelação: é progressivamente elaborada uma teologia da imagem. A partir da luz do Homem-Deus e do homem transfigurado, os Padres da Igreja elaboram uma antropologia cristã. O papel principal a esse respeito deve ser atribuído aos gregos: Clemente de Alexandria, Orígenes, Atanásio, Gregório de Nissa, Cirilo de Alexandria. Percebe-se a importância dessa teologia da imagem para as origens e o desenvolvimento da arte cristã. Vamos nos limitar aqui a alguns dados relativos à gênese da antropologia cristã nos três primeiros séculos[13].

No mundo hebraico contemporâneo de Jesus, o tema da criação do homem tornou-se uma importante questão de estudo e de discussão: "E Deus disse: 'Façamos o homem à nossa imagem, à nossa semelhança...'" (Gn 1,26). Essas palavras introduzem a antropogênese; a tradição cristã encontra nelas o ponto de partida da sua antropologia[14]: Paulo (2Cor 3,18–4,6) demonstra que a glória de Deus transmitida à humanidade de Cristo a torna Imagem, de modo que Jesus pode dizer: "Quem viu a mim viu o Pai" (Jo 14,9). A glória do Pai impregna o rosto de Jesus. Na Epístola aos Colossenses (1,15), num contexto de desenvolvimento sobre a luz, o Apóstolo escreve: "Ele é imagem do Deus invisível, gerado antes de toda criatura". Trata-se de uma excelente expressão do mistério da Encarnação. Outro texto sobre a imagem encontra-se em 1Cor 11,7, em que o homem é definido como "imagem e glória de Deus".

Na *Epístola aos Coríntios*, o Papa Clemente evoca o texto do Gênesis sobre o homem "marca" da imagem divina, plasmada pelas mãos do próprio Deus (33,4). Em Justino, o *Logos* é uma pessoa que se encarnou em Jesus e, à imagem do *Logos* encarnado, os outros homens participam do *Logos* divino "porque a semente do *logos* é inata a todo o gênero humano" (2 *Apol.* 8,3). No decorrer do século II encontramos elementos dessa doutrina em Melitão de Sardes e em Teófilo de Antioquia, mas os estudos teológicos mais acurados se devem a Irineu de Lião, que

---

13. Cf. HAMMAN, A.G. *L'homme, image de Dieu* – Essai d'une anthropologie chrétienne dans l'Église des cinq premiers siècles. Paris: Desclée de Brouwer, 1987, texto fundamental para o presente estudo.

14. Cf. DION, P.E. "Ressemblance et image de Dieu". In: *Dictionnaire de la Bible*. Tomo X. Paris, 1985, p. 366-380.

traz a antropologia para dentro da história da salvação. De acordo com Hamman, "o mistério do homem se esclarece na recapitulação de Cristo, que permite ler em profundidade o sentido da imagem e da semelhança"[15]. Em seu *Adversus haereses*, Irineu refuta os gnósticos, e em seguida apresenta o ensinamento das Escrituras transmitido pelos apóstolos. Ao expor a doutrina da recapitulação, ele aproxima os dois Adãos e demonstra que Cristo, o novo Adão, tem uma dupla semelhança com Deus e com o homem: semelhança na formação, semelhança na missão. O novo Adão reflete o homem na primeira fase da imagem e semelhança. Cristo é o homem completo e perfeito, modelo do homem novo (*Adv. Haer.* V,1-3)[16]. Na *Pregação apostólica*, Irineu afirma que Deus criou o homem e o moldou com as próprias mãos, desenhou sua aparência "para que também no aspecto exterior tivesse a aparência divina" (*Pred. ap.* 42). Segundo Irineu, "a glória de Deus é o homem vivo, mas a vida do homem é a visão de Deus" (*Adv. haer.* IV,20,7)[17]. Irineu, desenvolvendo uma antropologia da imagem e da semelhança, abriu um novo caminho colocando o homem no centro da criação e da história da salvação.

Em Cartago, Tertuliano introduz o tema da imagem e da semelhança no *De baptismo*, redigido entre o ano 200 e o 206. Retoma essa doutrina no *Tratado contra Marcião*, composto parcialmente no ano de 207: na refutação contra os marcionitas utiliza a expressão "imagem e semelhança" como um todo, sem introduzir a distinção de Irineu[18]. Como este último, combate os gnósticos em referência à Escritura e à regra da fé. Seu realismo dirigido à ação e à vida o leva a preservar a unidade e a integridade da condição humana no interior da ordem da salvação. Serve-se dos temas desenvolvidos por Irineu, adaptando-os às suas necessidades. Numa antropologia em que a imagem e a semelhança do homem

---

15. HAMMAN, A.G. *L'homme, image de Dieu.* Op. cit., p. 49. • FANTINO, J. *L'homme, image de Dieu chez S. Irénée de Lyon.* Paris: Du Cerf, 1986. • ORBE, A. *Antropologia de San Ireneo.* Madri: La Editorial Catolica, 1969. • IRINEU DE LIÃO. *Contre les hérésies.* 9 vols. Paris, 1969-1979 ["Sources Chrétiennes"] [trad. it., *Contro le eresie e altri scritti.* Org. de E. Bellini e, para a nova ed., G. Maschio. 2. ed. Milão: Jaca Book, 1997].

16. FROIDEVAUX, L.M. *Démonstration de la prédication évangélique.* Paris, 1959 ["Sourches Chrétiennes"].

17. COMBY, J. *La gloire de l'homme c'est Dieu vivant.* Paris: Du Cerf, 1994.

18. BRAUN, R. *Tertullien contre Marcion.* Introd., texto crít., trad. e notas. 2 vols. Paris, 1990-1991 ["Sources Chrétiennes"]. • REFOULÉ, R.F. & DROUZY, M. *Traité du baptême.* Paris, 1952 ["Sources Chrétiennes"].

ao criador desempenham um papel importante, ressalta a unidade do conjunto humano e do homem caracterizado pela efígie divina, a visão da história cristocêntrica da salvação e a tensão da condição cristã em fase de conclusão. Primeiro escritor cristão latino, deve criar um novo vocabulário que se tornará um ponto de referência para a teologia e para a antropologia latinas. A.G. Hamman evidenciou o valor e a originalidade da sua antropologia[19].

Vimos a importância da comunidade cristã de Alexandria no século II. Clemente, discípulo de Panteno, sucede-o na direção da escola de catequese e é incumbido da missão de levar a mensagem cristã aos ouvintes, permeados de cultura grega. O *Protréptico* permite abordar o tema da mensagem e da semelhança no confronto entre estátuas divinas e *Logos*, imagem de Deus, arquétipo da luz (*Protr.* X, 98,2-4). Comparando o artesão que moldou as estátuas e o criador do homem, ele constata que o homem é imagem de Deus através da mediação do *Logos*, luz arquetípica, mas filho do *nous* ["mente"] divino por nascimento. O homem é a reprodução do *Logos* e por esta razão é chamado *logikos*. Clemente sofre a influência de Fílon, mas vai muito além do filósofo judeu com a afirmação "do nascimento divino do Filho do *nous*". No *Pedagogo* e nos *Stromata* retorna aos conceitos de imagem e semelhança valendo-se das fontes bíblicas, inserindo, portanto, a sua antropologia numa visão cristocêntrica: o homem é imagem de Deus apenas através da mediação do *Logos*. A intelectualização da imagem a afasta do realismo bíblico fielmente orquestrado por Irineu de Lião. Mas, aos olhos de Clemente, o Verbo encarnado realiza a imagem perfeita e a semelhança absoluta do Pai e se fez homem para ensinar à humanidade a maneira para se assemelhar a Deus (*Protr.* 8,4). Enfim, é o batismo que contém os elementos essenciais do cristão: novo nascimento, crescimento no Espírito, adoção filial, transformação do homem terreno em criatura celeste. O Espírito se torna aquele que realiza a semelhança[20].

Falta apenas dizer algumas palavras sobre outra figura de transição, Orígenes, herdeiro do pensamento grego, especialista de uma exegese espiritual. O teólogo alexandrino se afasta da tradição dos dois primeiros séculos; de fato, ele exclui o corpo da imagem, porque afirma que Deus plasmou o homem interior, invisível, incorpóreo, incorruptível. Dedica-se também à doutrina do Verbo me-

---

19. HAMMAN, A.G. *L'homme, image de Dieu*. Op. cit., p. 100-101.
20. Ibid., p. 113-126.

diador, concebido como modelo dado que contém em si as Ideias, exemplares de todos os seres. Portanto, o Verbo transmite a imagem de Deus e, a partir daquele momento, se torna instrumento. O Verbo é Imagem e o homem é apenas a imagem da Imagem, mas é semelhante à imagem de Deus, elemento essencial para a Encarnação do Verbo que se fez Salvador para sanar os danos da queda. Nesse ponto Orígenes rejeita a interpretação cristológica da criação do homem. Considera que o *Logos* depositou no homem uma semente que determina seu crescimento enquanto filho de Deus. O cristão se torna *logikos*. A imitação pressupõe a contemplação do arquétipo porque esta contemplação produz uma mudança. Orígenes interpreta 2Cor 3,18 desta forma: "E nós todos, com rosto descoberto, refletindo como num espelho a glória do Senhor, somos transformados naquela mesma imagem". O tema da imagem é desenvolvido no interior de uma ordem sacramental, estritamente ligado ao Batismo e à Eucaristia. De fato, em Orígenes, a imagem se desloca do plano antropológico para o plano trinitário, ou seja, já não é homem, mas Verbo: o *Logos* se torna a imagem reveladora e exemplar, modelo e mediador. O pensamento de Orígenes é amplamente tributário ao pensamento de Fílon[21].

Uma das grandes figuras do século III é Atanásio de Alexandria (295-373 d.C.), célebre pela oposição ao arianismo[22]. Seu pensamento inspira-se naqueles dos predecessores: Atenágoras, Irineu, Orígenes. Contudo, rejeitando relativamente a filosofia platônica, baseia-se sobretudo nas Escrituras. A divindade do Verbo guia a antropologia ligada à nova criação na economia da Encarnação. Para Atanásio, o Verbo que assume corpo e natureza humana constrói e transforma o homem completamente, corpo e alma ligados de maneira indissolúvel. Em oposição aos arianos, demonstra que o Verbo é irrefutavelmente Deus. Desse modo, aceitando a natureza humana, a torna partícipe da pessoa do Verbo eterno, que significa "filiação e divinização". Portanto, a imagem e a semelhança do Gênesis se desvanecem, dando lugar à divinização. Este é o tema dos seus discursos contra os arianos[23]. A ideia da imagem, portanto, é substituída pela ideia da divi-

---

21. Ibid., p. 127-152.

22. Cf. "Atanasio". In: *DPAC*. Gênova, 1983. • "Atanasio". In: *DHGE*. Tomo 4. Paris, 1930, p. 1.313-1.340. • "Athanase". In: QUASTEN, J. *Patrologia*. Op. cit., III, p. 46-125.

23. ROLDANUS, J. *Le Christ et l'homme dans la théologie d'Athanase d'Alexandrie*. Leiden: Brill, 1968. • SIMONETTI, M. *La crisi ariana nel IV secolo*. Roma: Institutum Patristicum Augustinianum, 1975.

nização: é a nova relação criada pela Encarnação. Atanásio utiliza os termos salvação, filiação, divinização, graça, incorruptibilidade. Através de suas intuições, a antropologia é esclarecedora e, na sua recusa em grecizar a fé cristã, abre novas perspectivas que serão examinadas pelos Padres desta época áurea.

Hilário, bispo de Poitiers por volta do ano 350, falecido em 367, dedicou-se à disputa ariana e com tal finalidade estudou particularmente as Sagradas Escrituras[24]. Seus textos não apresentam nem o rigor, nem a precisão lexical dos Padres Gregos e não sabemos nada de sua formação intelectual da juventude. Decidido a evitar a redução ao arianismo, se atém ao Novo Testamento e insiste na encarnação de Deus na humanidade, origem de uma autêntica nova gênese da qual a história de Adão é apenas uma figura profética: em Adão nós somos "terra", em Cristo somos "céu". Apenas Cristo permite descobrir o mistério do homem e da humanidade. Hilário demonstra que a ideia de Irineu e de Tertuliano se difundiu no mundo cristão. Como Atanásio, ele afirma que a Encarnação situa o princípio da incorporação na Igreja e a realiza, porque através do batismo nascem os homens novos que, na Eucaristia, vivem o crescimento do Corpo de Cristo. Insiste amplamente no papel da Eucaristia na Igreja, dando um feitio particular à sua antropologia, à qual falta, contudo, a extensão à imagem encontrada nos Padres Gregos: Hilário é um homem ocidental que não se deixa levar por especulações, mas se dedica totalmente ao mistério da salvação em Cristo.

Gregório de Nissa (c. 335-394), grande filósofo originário da Capadócia, irmão de Basílio de Cesareia, é tributário do pensamento de Alexandria, sobretudo de Orígenes[25]. Reunindo com perfeito ecletismo os ensinamentos de platônicos e estoicos, dedica-se antes de tudo ao texto bíblico com o objetivo da evangelização dos ambientes helenísticos. A visão da história de Gregório é cristocêntrica como a de Irineu e a criação do homem é inteiramente polarizada pelo Cristo que vem. O *tratado da criação do homem* é um texto notável sobre a condição humana[26]. A imagem de Deus em nós baseia-se na afinidade com o arquétipo: todos os homens

---

24. DI BERARDINO, A. "Ilario Di Poitiers". In: QUASTEN, J. *Patrologia*. Op. cit., III, p. 33-71. • HAMMAN, A.G. *L'homme image de Dieu*. Op. cit., p. 176-200.

25. QUASTEN, J. *Patrologia*. Op. cit., III, p. 365-420. • HAMMAN, A.G. *L'homme image de Dieu*. Op. cit., p. 201-237.

26. LAPLACE, J. & DANIÉLOU, J. *Grégoire de Nysse* – La création de l'homme. Paris, 1943 ["Sources chrétiennes"].

têm em si a intuição de Deus. A seu ver, é necessário que algum parentesco com o divino esteja presente na natureza humana para caracterizar a afinidade que é o princípio do desejo, de conhecimento, de iluminação. Para facilitar a compreensão, Gregório utiliza a comparação do espelho: a alma se expõe como um espelho em que Deus se manifesta. Assim o homem sente o desejo de se aproximar do modelo. A Encarnação celebra as núpcias da natureza divina e da natureza humana: é a segunda criação. No início o Verbo fez a carne, agora se faz carne. A segunda criação supera a primeira, transformando-a. Assim, a Igreja se torna o espelho em que homens e anjos podem contemplar a Deus; o batismo restitui ao ser humano a beleza originária, e a Eucaristia completa a ação batismal da divinização do cristão.

Depois de ter evidenciado a importância do tema do "homem criado à imagem e semelhança de Deus", terminaremos o nosso *excursus* com o pensamento dos Padres Gregos e Latinos do século II ao século IV. Irineu de Lião, ao defender a doutrina cristã espezinhada pelos gnósticos valentinianos, abre caminho para uma antropologia cristã fundada na criação e na Encarnação. Os Padres Alexandrinos foram além na perspectiva de um diálogo entre fé e filosofia, com certa insistência no aspecto simbólico em Clemente, enquanto Atanásio e Cirilo se empenharam no sentido da oposição aos arianos, colocando a Encarnação no centro da história. Na Capadócia, Gregório de Nissa começou a elaborar uma teologia da história que mostra as influências de Irineu, considerando que apenas Cristo pode iluminar, de um lado a primeira criação, de outro a segunda criação e ao mesmo tempo o homem novo que se forma através da Encarnação do Verbo de Deus. No contexto latino, Tertuliano aparece próximo de Irineu. Para Hilário de Poitiers, no homem, imagem e semelhança são princípio de perfeição que transforma o ser na sua totalidade. Santo Agostinho se caracteriza pela luta contra os maniqueus; ele buscou na própria estrutura do homem "o olho espiritual da alma", o reflexo do que constitui a essência de Deus. A imagem está inscrita no ser a título de propriedade ontológica.

3 Simbolismo, sagrado e nascimento da arte cristã

André Grabar considera que "os primórdios da arte cristã têm três séculos de atraso em relação ao advento do próprio cristianismo" e, além disso, que "as obras cristãs anteriores ao édito de Milão do ano de 313 constituem uma espécie de prenúncio da história da arte cristã da Antiguidade e uma seleção na quantidade de monumentos romanos dos séculos II e III"[27]. O grande mérito de Zibawi e de Crippa é ter estudado cuidadosamente a arte dos séculos que precedem o advento de Constantino, para apreender as raízes da arte e da arquitetura cristãs, para nos levar a compreender seu desenvolvimento e sua época áurea. Nos parágrafos seguintes, voltaremos ao sagrado e ao símbolo enquanto elementos fundamentais da iconografia, da arte e da arquitetura cristãs.

Não precisamos nos deter no exame do sagrado no Novo Testamento e nos primeiros séculos da Igreja. A economia da salvação encontra o seu ápice na dupla missão de Cristo e do Espírito. A santificação dos homens acontece através dos ministérios, os serviços de Cristo na sua função messiânica da Nova Aliança que reúne o controle das forças cósmicas e a expressão do espírito humano. O recurso à linguagem cultual ao expressar as noções de santidade, sacrifício e sacerdócio demonstra a importância da mediação. A santidade de Cristo está centrada na do Pai e desemboca no conjunto de estruturas da mediação: Igreja, palavras, sacramentos, sinais e símbolos que transmitem os mistérios e a mensagem. A função simbólica está diretamente ligada ao sagrado[28]. Passemos, portanto, a concentrar a atenção na função simbólica na vida dos cristãos e das comunidades eclesiais das origens. Para tal finalidade é necessário examinar atentamente os textos, as festas, as liturgias, a catequese, os documentos arqueológicos e os vários escritos dos Padres, dos apologetas e dos controversistas, dos quais dispomos de uma copiosa documentação.

Jean Daniélou, em *Os símbolos cristãos das origens*, tentou uma primeira síntese das descobertas no campo da simbologia judeu-cristã[29]. Começa lembran-

---

27. GRABAR, A. "Le premier art chrétien (200-395)". In: *L'univers des forms*. Paris: Gallimard-Larousse, 1987, p. 2-7 [trad. it., *L'arte paleocristiana*. 2. ed. Milão: Rizzoli, 1991].

28. RIES, J. *Il sacro nella storia religiosa dell'umanità*. 3. ed. Milão: Jaca Book, 1995; cf. "Accostamenti al sacro nella religione cristiana", p. 209-229. • VIDAL, J. *Sacro, simbolo, creatività*. Org. de G. Ciccanti. Milão: Jaca Book, 1992 [orig., *Sacré, symbole, créativité*. Louvain-la-Neuve: Centre d'Histoire des Religions, 1990]. • CRIPPA, A. & ZIBAWI, M. *L'arte paleocristiana*. Op. cit.

29. DANIÉLOU, J. *Les symboles chrétiens primitifs*. Paris: Du Seuil, 1961 [trad. it., *I simboli cristiani primitive*. Org. de A. Proietto e G. Conte. Roma: Archeosofica, 1990]. Cf. tb., do mesmo autor, *Théologie du judéo-christianisme*. Paris: Desclée de Brower, 1958 [trad. it., *La teologia del giudeo-cristianesimo*. Org. de L. Cirillo. Bolonha: Il Mulino, 1974]. • BAGATTI, P. *Il simbolismo dei Giudei-Cristiani*. Jerusalém, 1962. Uma síntese desses trabalhos foi utilizada em TRISTAN, F. *Les premières images chrétiennes*. Paris: Fayard, 1996. Cf. tb. a documentação de RAHNER, H.

do que as grandes solenidades do judaísmo, Páscoa e Pentecostes, são idênticas às do cristianismo, mas assumiram um novo significado. Em primeiro lugar, detém-se na palmeira e na coroa para demonstrar que constituem dois elementos essenciais da Festa dos Tabernáculos, estão ligadas à simbologia litúrgica do Apocalipse e se encontram nos *Hinos sobre o Paraíso* de Efrém. São símbolos da glória escatológica e estão em relaçõo com a espera messiânica. Sua presença na igreja cristã de Dura Europos, descoberta em 1931-1932 e que remonta ao ano de 256, demonstra que os elementos da festa judaica dos Tabernáculos foram retomados pela liturgia cristã dos primórdios. É necessário levar isso em conta para compreender por que na iconografia cristã ocupam um lugar de grande destaque ao lado das festas de Páscoa e de Pentecostes[30].

Outro símbolo frequente é o das plantas, *futeia*, aplicado à Igreja. Podemos encontrá-lo em Inácio de Antioquia, nas *Odes de Salomão* e em outros textos. Em várias ocasiões está ligado à catequese batismal. Na *Epístola a Diogneto* (XII,1-3; 7), o autor o relaciona com a árvore do paraíso. A simbologia batismal é encontrada em Justino e em Clemente de Alexandria (*Strom.* V, 11,72,2). O exame da documentação demonstra que *futeia* é utilizado como símbolo da Igreja, como árvore que representa o batizado e como árvore figura de Cristo. Trata-se de um dos símbolos mais antigos empregado na catequese para falar da Igreja. Existem inúmeros paralelos nos manuscritos de Qumrān, o que prova seu arcaísmo e suas origens judaicas. A Igreja fundada pelos apóstolos tornou-se um dos grandes temas missionários da época patrística[31].

A água corrente e o peixe são dois símbolos que estão vinculados à liturgia e à doutrina do batismo desde a alta antiguidade. O Evangelho de João retoma o símbolo da água corrente que se encontra no Antigo Testamento e nos manuscritos de Qumrān (Jo 6,4; 7,37-39; Ap 22,1). Jean Daniélou, que adota as teses de Cullmann, considera que no texto de João há algumas ressonâncias sacramentais que demonstram uma ligação entre o rito judeu-cristão do batismo na água corrente e o simbolismo da água corrente relacionado ao Espírito Santo, presente nas *Odes de Salomão*. O peixe aparece também no contexto batismal. De fato, no

---

Symbole der Kirche. Op. cit. Para o patrimônio cultural pagão, cf. PRIGENT, P. *L'art des premiers chrétiens*: l'héritage culturel et la foi nouvelle. Paris: Desclée de Brouwer, 1995.

30. DANIÉLOU, J. *Les symboles chrétiens primitifs.* Op. cit., p. 9-30.

31. Ibid., p. 33-48. • TRISTAN, F. *Les premières images chrétiennes.* Op. cit., p. 5-56.

De baptismo (1,3), Tertuliano escreve: "Nós, peixinhos [...], nascemos na água [...]", texto confirmado por numerosas pinturas das catacumbas. De acordo com Daniélou, na origem desta simbologia estaria o texto de Ezequiel (47,1-12), em que são descritas as águas que escoam do Templo favorecendo o crescimento de árvores da vida[32]. Clemente de Alexandria, fazendo a distinção entre os símbolos aceitáveis para os cristãos e aqueles a ser rejeitados, lembra em particular "a pomba, o peixe, o barco impelido pelo vento favorável, a lira musical, a âncora marinha..." (*Pedag.* II,59,1).

Passemos agora a examinar um símbolo muito fecundo, desenvolvido de muitas maneiras pelos Padres da Igreja: o navio[33]. Vamos nos limitar a um aspecto tomado de um texto do mártir Justino, em que são citadas as figuras da cruz: "Não é possível sulcar o mar se aquele troféu de vitória, que aqui se chama vela (*histion*), não se mantém de pé no navio" (I *Apol.* 55,3). Para Justino, o navio é o meio de salvação e o simbolismo da cruz ocupa um lugar considerável ao qual a arqueologia da Palestina deu uma notável confirmação traduzindo as imagens do navio com o cabo que corta o mastro principal"[34]. Justino demonstra conhecer também a simbologia da arca de Noé como meio de salvação. Num texto do *Diálogo com Trifão* escreve que Noé foi salvo pela madeira da arca, enquanto Cristo, primogênito de todas as criaturas, é o chefe de uma raça salva pela madeira que continha o mistério da cruz (138,1-2). Para Tertuliano, "o barco simbolizava a Igreja que, no mar do mundo, é sacudida pelas ondas das perseguições e das tentações, enquanto o Senhor paciente parece dormir até o último momento quando, despertado pelos santos, domina o mundo e restitui a paz aos seus" (*De baptismo* 12,8).

Jean Daniélou continua o seu estudo examinando as imagens e os símbolos transmitidos pelos textos litúrgicos, homiléticos e catequéticos dos primeiros séculos do cristianismo. Depois da cruz, da coroa, da palmeira, do peixe, do navio e das plantas, detém-se no carro de Elias, no arado e no machado caros a Irineu

---

32. DANIÉLOU, J. *Les symboles chrétiens primitifs.* Op. cit., p. 49-61. • TRISTAN, F. *Les premières images chrétiennes.* Op. cit., p. 88-99. Cf. tb. CULLMANN, O. *Les sacraments dans l'Eglise johannique*: la vie de Jesus et le culte de l'Eglise primitive. Paris: PUF, 1951. • PETERSON, E. *Frühkirche, Judentum und Gnosis*: Studien und Untersuchungen. Freiburg/Br.: Herder, 1959.

33. RAHNER, H. *Symbole der Kirche.* Op. cit., p. 306-360 e 504-547. • TRISTAN, F. *Les premières images chrétiennes.* Op. cit., p. 151-160.

34. DANIÉLOU, J. *Les symboles chrétiens primitifs.* Op. cit., p. 62-76. • LECLERQ, H. "Navire". In: *DACL*, XII, p. 1.008-1.021. • RAHNER, H. *Antenna Crucis.* Op. cit., p. 306-338.

de Lião, na estela de Jacó, nos doze apóstolos representados como as doze horas do dia e os doze meses do ano (zodíaco). Clemente de Alexandria passa dos doze patriarcas aos doze apóstolos por meio da simbologia das doze pedras, dispostas quatro a quatro no paramento sagrado do sumo sacerdote (*Strom.* V, 6,38,45).

A documentação elaborada por Jean Daniélou, Hugo Rahner e outros autores supracitados evidencia a amplitude da simbologia utilizada pelos cristãos da era apostólica e da época pré-constantiniana. A arqueologia cristã da Palestina, do Oriente Médio, de Roma e dos países mediterrâneos já confirmou amplamente os textos litúrgicos e catequéticos. Os capítulos a seguir constituem uma prova ulterior: a partir dos primeiros séculos os cristãos tentaram elaborar uma iconografia capaz de apoiar a liturgia e a oração e buscaram as respostas para o problema da ocupação do espaço sagrado da celebração dos mistérios de seu culto.

4 Conclusões

Mostramos, portanto, três fatores fundamentais na origem da arte cristã, ou seja, a oposição ao culto dos ídolos pagãos, a elaboração, por parte dos Padres da Igreja, de uma antropologia cristã e também de uma simbologia arraigada na cultura e na tradição bíblica das duas Alianças.

A dura polêmica contra a idolatria constituiu um freio. Os cristãos consideravam que estátuas e representações das divindades pagãs eram um ultraje e uma heresia inspirados por demônios malvados. Tertuliano chegou até a amaldiçoar os artistas por plasmarem um corpo para os demônios. No entanto, Clemente de Alexandria se abre para a cultura do antigo Egito e valoriza a herança grega. Durante a controvérsia, um grupo de pagãos critica a cruz de Jesus, ataque que constitui o motivo para os apologetas desenvolverem uma simbologia da cruz baseada numa tipologia extraída do Antigo Testamento, numa simbologia cósmica derivada do pitagorismo e do platonismo e, logo depois, uma iconografia da cruz, em particular nas catacumbas.

Na época de Jesus, no mundo hebraico são numerosas as disputas sobre o texto de Gn 1,26: "Façamos o homem à nossa imagem, à nossa semelhança..." O Apóstolo Paulo, por outro lado, fornece várias expressões eficazes sobre o mistério da Encarnação; Irineu, em relação à participação do *Logos* encarnado de Justino, refutando os gnósticos valentinianos e seus adeptos, acrescenta a doutrina que faz do Cristo o homem perfeito e completo, o modelo do homem novo. Tertuliano, o primeiro entre os escritores de língua latina, inventa um vocabulário e ressalta o homem impressionado pela efígie divina. Para Clemente de Alexandria, o homem é à imagem de Deus por meio da mediação do *Logos*. Em Orígenes, a imagem se desloca do plano antropológico para o plano trinitário. Atanásio de Alexandria, oposto aos arianos, demonstra que o Verbo é verdadeiramente Deus; Hilário de Poitiers, ancorado nos textos das Escrituras, insiste no fato de que apenas Cristo permite identificar o mistério do homem. Para Gregório de Nissa, a imagem de Deus em nós baseia-se na afinidade com o arquétipo. A antropologia dos Padres desemboca no nascimento de uma cultura cristã baseada no mistério de Cristo, o qual, por meio da Encarnação, repete a criação do homem e renova toda a criação realizada nas origens. O caminho para os artistas está aberto, para uma nova visão do mundo.

Sagrado, simbologia e arte cristã estão intimamente ligados. Pesquisas recentes neste âmbito permitiram fazer notáveis progressos no que diz respeito aos primeiros séculos do cristianismo. A exploração da herança literária judeu-cristã, relida à luz da iluminação bíblica, evidenciou certo número de símbolos que se encontram no decorrer das primeiras gerações cristãs nos textos litúrgicos e catequéticos e que, além disso, foram confirmados pelas descobertas arqueológicas. Sua utilização caminha lado a lado com os empréstimos cristãos do patrimônio greco-romano. Os estudos de Jean Daniélou sobre a teologia do judeu-cristianismo e sobre os símbolos do cristianismo das origens, as pesquisas de Hugo Rahner sobre os símbolos da Igreja na eclesiologia dos Padres e o recente trabalho de Frédérick Tristan sobre as primeiras imagens cristãs trouxeram uma nova luz à arte cristã dos três primeiros séculos. A descoberta, em 1931-1932, das ruínas de uma igreja cristã construída em Dura-Europos no Eufrates por volta do ano 256 foi uma sorte inesperada para o conhecimento da arte e da arquitetura cristãs das origens.

III – A controvérsia dos ritos*

O artigo dedicado a essa questão (H. Bernard-Maitre, "Chinois [Rites]", in *Catholicisme*, Paris, 1950, t. II, col. 1.060-1.063) ateve-se a um ponto de vista

---

* "Rites (Querelles des)". In: *Catholicisme, Encyclopédie*. Paris: Letouzey et Ané, 1990, t. XII, col. 1.268-1.272, t. XIII, col. 1-3.

estritamente histórico. Desde o Vaticano II e da declaração sobre as religiões não cristãs, a "questão" dos ritos deve ser interpretada no quadro muito mais amplo da inculturação da mensagem cristã nas regiões do mundo que não integram a cultura ocidental. É por isso que se julgou oportuno retomar a pesquisa, que deve ser lida à luz da reflexão teológica esboçada no artigo "Religion" (C. Geffré, "Theologie de la religion et du dialogue interreligieux", in *Religion et religions, Catholicisme*, Paris, 1990, t. XII, col. 784-802).

1 *A questão dos ritos chineses e malabáricos*

Os pioneiros da inculturação do Evangelho na Ásia

Em 1529, Francisco Xavier, nascido em Pamplona em 1506, encontra Inácio de Loyola em Paris, e em 15 de agosto de 1534, com um grupo de companheiros, se consagra a Deus. Emissário do Rei João III de Portugal e legado do papa, desembarca na Índia, em Goa, em 6 de maio de 1542, continuando depois sua longa viagem missionária até chegar ao Japão em 1549. No país do Sol Nascente, o budismo estava presente havia nove séculos, mas passava por um período de crise. Graças à inteligência e ao senso missionário de Francisco, a mensagem cristã é difundida entre essas populações, ávidas por conhecer tanto as técnicas ocidentais quanto o Evangelho.

Logo após a fundação do porto de Macau por parte dos portugueses, em 1579 chegou ali o jesuíta napolitano Michele Ruggieri, logo alcançado por seu confrade Matteo Ricci, que se instala sucessivamente em Cantão, em Pequim e em Nanquim. Para os literatos formados no confucionismo, este se apresenta como um literato vindo do Ocidente, mostrando interesse pelos ritos tradicionais chineses. Imitando o método dos Padres Alexandrinos, confrontados com a filosofia grega, evidencia os pontos de concordância entre o antigo pensamento chinês e alguns aspectos das doutrinas cristãs. Seu contato com a sociedade chinesa baseia-se no respeito da cultura local e dos seus costumes, em relações amigáveis com a população e numa reflexão científica que vai ao encontro das preocupações dos sábios do país. Redige um relatório sobre as verdades da fé cristã, obtendo a adesão de numerosos literatos. Até o momento de sua morte, em 1610, vários milhares destes tinham aceitado o batismo e constituído pequenas comunidades de cristãos.

Na Índia, no século XVI, a situação das missões cristãs portuguesas era precária. Desconfortáveis com a hierarquia das castas, os portugueses adotavam o modelo usado pelos conquistadores espanhóis da América do Sul, ou seja, incorporavam na sociedade e na cultura dos colonizadores os hindus convertidos. Se os muçulmanos rejeitavam o cristianismo, eles fechavam ou destruíam suas mesquitas. Entre os hindus convertidos havia praticamente apenas nativos provenientes das castas inferiores, atraídos sobretudo pela promoção social. Pôde-se falar de "portuguesização" do cristianismo. Um impasse total para a Igreja.

O grão-mogol Akbar (1556-1605), que reinava do Afeganistão a Orissa, começa a organizar toda semana em Lahore, sua capital, uma reunião teológica para a qual convidava os brâmanes, os sufis persas, os mulás muçulmanos e os jesuítas. Ele se interessava pelo "divino monoteísmo" das grandes religiões. Em 1595, Akbar repudia o islã e faz vir a Lahore os missionários jesuítas, que ali podem edificar igrejas e construir escolas. Em 1605, o Padre Roberto de Nobili é incumbido de continuar a missão de Madurai, em situação de total impasse em virtude do não conhecimento da língua, das tradições e da cultura dos hindus. Decide viver à maneira dos *sannyāsi*, os ascetas hindus: um longo hábito de tecido amarelado, o véu nos ombros, o turbante, os calçados de madeira, o cordão dos brâmanes e uma só refeição, vegetariana, por dia. Encerrado na solidão, estuda o sânscrito, os textos sagrados hindus e os costumes das castas, dialogando com os brâmanes, alguns dos quais chegam a abraçar o cristianismo.

Padre Ricci dera ao seu catecismo chinês o título *Tian zhu shi yi*, "verdadeira noção do Senhor do céu", uma denominação que se consolida rapidamente entre os missionários e os cristãos. São adotadas outras expressões: *Tian*, "céu", *Chang-ti*, "soberano Senhor". Aos olhos de Ricci e de seus companheiros, esses vocábulos designavam um soberano Senhor do céu, dos espíritos e dos homens e lhes apareciam como vestígios de uma revelação primitiva. No entanto, esses nomes também eram empregados para falar de algumas divindades do taoismo e do budismo. Ao lado da questão dos nomes divinos, havia o problema das cerimônias em honra de Confúcio e dos antepassados ou parentes falecidos, uma tradição sagrada na China e regulamentada pelo Estado. Ricci considerava que esses ritos, esses incensamentos, essas oferendas feitas diante de tabuletas que traziam os nomes dos antepassados não constituíam um culto religioso e podiam ser praticados pelos cristãos como manifestações de respeito e como práticas civis e culturais. Únicos missionários da China por 47 anos, os jesuítas autorizam a prática cristã dos "ritos chineses". Chegando a Tonquim em 1627, o jesuíta francês Alexandre de Rhodes abre uma igreja em Hanói e ele também lança mão de um método eficaz: o respeito pelos nativos, por sua cultura e seus costumes; a utilização da língua do país; os contatos com os bonzos budistas; a intensificação dos ritos; uma liturgia fúnebre muito bem adaptada aos rituais vietnamitas. Seguindo as pegadas de seus confrades do Japão e da Índia, De Rhodes ousa solicitar a Roma a criação de um clero nativo.

As origens da controvérsia dos ritos no século XVII

Surge assim uma controvérsia. Na Índia, os ambientes brâmanes começam a se opor ao *sannyāsi* romano, Padre De Nobili. Mas eis que um jovem confrade, Gonçalo Fernandez, o denuncia como perigoso inovador e depois de discussões e malversações atribuídas a ele, De Nobili percebe que seu método é condenado e que a missão de Madurai será suprimida. No Ocidente, fala-se da "conversão do missionário ao hinduísmo". Uma carta do geral da Companhia, interpretada de modo rigorista pelo provincial Pero Francisco, ordena a De Nobili uma mudança radical no seu método missionário. Inicia-se assim uma verdadeira batalha; com a sua Bula *Romanae Sedis Antistites* de 31 de janeiro de 1623, o Papa Gregório XV declara, contudo, que "os brâmanes que já aceitaram ou aceitarão a fé estão autorizados a usar o cordão e *kudumi* como sinais distintivos de sua categoria social, de sua nobreza ou de sua função". É imposta uma única condição: o hábito brâmane não deve ser recebido num templo hindu, mas das mãos de um sacerdote católico.

Na China, ao final de seu estudo do confucionismo, Ricci tinha chegado à conclusão de que eram legítimos um vocabulário chinês e ritos civis. Em 1631 chegam à China os franciscanos e os dominicanos: entre estes últimos J.-B. Morales. Eles são expulsos antes de conseguir conhecer a língua, os costumes e os ritos. Instalados em Manila, fazem um relatório desfavorável sobre a missão chinesa. Transmitido a Roma por Morales, este relatório está na base de uma decisão da *Propaganda* (1645) aprovada por Inocêncio X: a condenação dos ritos chineses. Mas os jesuítas reagem elaborando uma réplica submetida à *Propaganda* e depois ao *Santo Ofício*. Este último publica o seu decreto em 1656. Em resposta ao relatório dos jesuítas, "a Sagrada Congregação [...] julgou que eles devem permitir aos chineses cristãos as cerimônias supracitadas, uma vez que parece que se trata de um culto puramente civil e político". O mesmo decreto tolera "que os chineses convertidos pratiquem as cerimônias relacionadas aos seus falecidos mesmo na companhia de pagãos, suprimindo também toda superstição".

Os dois decretos romanos, o de 1645 e o de 1656, parecem contradizer-se. Chega a Roma uma nova questão: como conciliá-los? Em 1669, o Santo Ofício responde que os dois decretos estão em vigor, mas que é necessário observá-los levando em conta a posição das questões e das circunstâncias. Roma havia definido o direito. Era preciso aplicar no lugar esse direito, ou seja, proibir as cerimônias idolátricas e supersticiosas, mas autorizar as cerimônias civis, políticas e culturais. Mostrava-se também indispensável um acordo entre os missionários. Era preciso estabelecer a lista das cerimônias idolátricas e a das puramente civis.

As conferências de Cantão de 1667 e de 1668 tentam unificar os métodos apostólicos: tudo parecia estar resolvido. Mas a publicação em 1676, em Madri, do livro do Padre Navarete, *Tratados historicos, politicos, ethicos y religiosos de la monarchia de China*, traz de volta a controvérsia e a revela para o grande público: China, Indochina e Índia se tornam matéria de discussão nos círculos europeus e nas universidades do mundo antigo.

As controvérsias missionárias e as decisões romanas no século XVIII

Em 1693, uma carta pastoral de Monsenhor Maigrot, vigário apostólico de Foukien, condena e proíbe os ritos em virtude do fato de que estariam eivados de superstição. De repente a questão surge na França, colocando em oposição as Missões estrangeiras de Paris e a Companhia de Jesus. Num relatório, Padre Le Comte, jesuíta, afirma que os chineses, por dois milênios, conservaram o conhecimento do verdadeiro Deus e o honraram de uma maneira que pode servir de modelo para os cristãos. Na religião chinesa, seu confrade, Padre Le Gobien, vê uma espécie de prefiguração do cristianismo. Na Sorbonne, Coulau pronuncia um discurso que assume a defesa de Le Comte, algo que lhe vale uma refutação de Bossuet exposta em três relatórios. Pierre Bayle e Voltaire a ridicularizam e se tornam cáusticos. A confusão é total.

Em 20 de novembro de 1704, o Papa Clemente XI dá a sua aprovação a um decreto da Inquisição, que, na esteira de Maigrot, proíbe os termos *Tian* e *Chan--Ti*. Na China, o Imperador Kangxi dá o seu aval oficial a um relatório elaborado pelos jesuítas, que mostra que as homenagens prestadas a Confúcio e aos antepassados são cerimônias "puramente civis e políticas". Roma volta a examinar a questão e envia à Ásia Monsenhor De Tournon como legado; o imperador, contudo, não se deixa convencer. As controvérsias continuam e se ampliam, a partir do momento em que à questão dos ritos chineses se soma a dos ritos malabáricos. Em 1708 Maigrot é expulso da China.

O Papa Clemente XI compreende que é necessário tentar sair daquele verdadeiro impasse. Em 1715 promulga a constituição *Ex illa die*, que proíbe explicitamente o uso cristão dos ritos chineses. Além disso, impõe aos missionários um juramento cuja fórmula fez redigir. As decisões romanas não são animadoras, ao contrário. Em seguida, Roma retoma a investigação e designa dois consultores qualificados que elaboram uma proposição denominada "oito permissões": uso das tabuletas com o nome do falecido desde que elas não tragam inscrições supersticiosas; autorização para os cristãos de prestar a Confúcio um culto civil, de fazer oferendas e reverências diante das tabuletas, de servir-se de perfumes e de incenso por ocasião dos funerais e nos túmulos. Deixados à sua própria discrição em relação aos rituais chineses, os missionários retomam as discussões e chegam a soluções divergentes.

Em 1735, o Papa Clemente XII se vê obrigado a reservar à Santa Sé o direito de interpretar a Bula *Ex illa die*, e isso leva o Papa Bento XIV a promulgar, em 11 de julho de 1742, a Bula *Ex quo*. Depois de ter sumariamente retomado as diversas etapas desta longa controvérsia, Bento XIV declara que as decisões de Clemente XI se referem à pureza do culto cristão e lhes confere uma autoridade plena e total. Ele considera que as "permissões" nunca receberam aprovação da Santa Sé e as declara nulas, até perigosas para o culto cristão: "nulas, inválidas e sem nenhuma força nem vigor". Com a Bula *Omnium sollicitudinum* de 12 de setembro de 1744, Bento XIV, que participara das diversas comissões encarregadas do estudo dessa espinhosa questão, promulga uma decisão análoga em relação às missões indianas. Opõe-se a todo rito que tenha suspeita de paganismo e toma o cuidado de excluir qualquer perigo de contaminação dos ritos cristãos.

Os atos de Bento XIV de 1742, relativos aos ritos chineses, e de 1744, concernentes aos ritos hindus, eram acompanhados de duas providências: um juramento a ser exigido por escrito de cada missionário, em três vias e sob pena de ser reenviado à Europa em caso de recusa; a proibição de fazer publicações inerentes a essa questão sem a aprovação da Congregação da *Propaganda*. Por mais de um século a Igreja se aterá a essas duas constituições de Bento XIV. No entanto, os dois documentos não tinham fechado definitivamente a porta para uma investigação mais aprofundada sobre o valor religioso dos ritos pagãos e sobre a eventual laicização de ritos religiosos que perderam seu significado sagrado. É o que demonstram algumas publicações e intervenções, até por parte de Roma.

A lenta caminhada para uma nova visão

Em 1765, Padre Pigneau de Béhaine chega à Conchinchina trazendo o decreto da *Propaganda* (1755), conforme às decisões romanas. Os antigos missionários estão bem longe de estar animados. Depois de duas décadas de experiência e de ter sido nomeado bispo, Monsenhor Pigneau estabelece um diálogo com o Imperador Qianlong. Este último observa que os ritos relativos ao culto dos antepassados não são nem magia nem idolatria, mas constituem tradições seculares. Espera que os cristãos os aceitem para se aproximar da comunidade nacional. Em outras palavras, o imperador diferenciava religião de cultura, considerando que seu povo teria recebido o Evangelho com mais facilidade se os missionários tivessem reconhecido num conjunto de ritos e de costumes um fato cultural aceitável como tal pelos cristãos. A posição imperial assinala uma guinada.

No decorrer do século XIX, graças aos trabalhos dos etnologistas e dos historiadores das religiões, é lentamente traçada uma linha de demarcação: a distinção entre o religioso e o não religioso, entre o sagrado e o profano, entre religião e cultura. O longo estudo de J.H. Newman sobre os Padres da Igreja e sobre a postura deles em relação à filosofia grega, na qual percebiam a presença das sementes do Verbo, permite colocar o problema da economia divina da salvação na história de maneira mais adequada. No início do século XX, a observação do patrimônio religioso da humanidade leva pouco a pouco ao estudo do fenômeno religioso. As pesquisas de Harlez de Deulin, de N. Söderblom, de Rudolf Otto e de seus discípulos ajudam a circunscrever o sagrado e a olhar a história como um laboratório de Deus. Um bom número de teólogos que ignoram as pesquisas de ciência das religiões ainda se apegarão, temerosamente, às antigas posições, mas os etnologistas, os estudiosos de missão, os historiadores das religiões levam a uma ampliação das fronteiras de nosso conhecimento do pensamento e das práticas religiosas dos homens. Um evento como o *Parlamento das religiões* de Chicago (1893) preparava novas primaveras.

Foi em 1920 que a questão dos ritos, que se considerava definitivamente encerrada depois de um século e meio, volta a ser posta para a Igreja, de modo simples e inesperado, por um fervoroso cristão japonês, o almirante Yamamoto (cf. "Chinois [Rites]", in *Catholicisme*, II, col. 1.949, 1.061-1.062). Suas funções o obrigavam a acompanhar o imperador a todas as partes do Japão, até mesmo durante as cerimônias oficiais nos monumentos aos soldados mortos. A participação nos ritos "pagãos" suscitava-lhe problemas de consciência. Durante uma viagem a Roma, interroga Monsenhor Tiberghien sobre situações análogas no antigo Império Romano na época do culto imperial. A pergunta é submetida a dois eminentes especialistas, Louis Bréhier e Monsenhor Batiggol. Os dois cientistas franceses põem sua pesquisa por escrito num relatório intitulado *Les survivances du culte impérial romain. À propos des rites shintoïstes* (Roma, 1920). A conclusão desse estudo é clara: como o sentido primitivamente indefensável de alguns atos se laicizou no decorrer do tempo, tais atos foram aceitos pelos cristãos: alguns ritos como a *adoratio* dos soberanos passaram até a integrar a liturgia cristã.

Durante os anos do pós-guerra os eventos se cruzam. Na China, o Padre Vincent Lebbe (1877-1940) se faz chinês com os chineses para tornar presente ali uma Igreja que permanecera estrangeira, uma vez que em 1755 um decreto da *Propaganda* proibira a liturgia chinesa, impondo a liturgia latina. A ação missionária de Lebbe tem uma grande repercussão. Em 16 de maio de 1936, o Papa Pio XI aprova uma carta dos vigários apostólicos da Manchúria relativa ao culto de Confúcio e à revisão do culto dos antepassados. A *Propaganda* a transmite aos bispos manchus, notificando o fato de que uma declaração oficial da Direção dos Cultos do Manchukuo, datada de 5 de março de 1935, atesta que as cerimônias em homenagem a Confúcio "não têm absolutamente mais nenhum caráter religioso". Em 1939, a questão é apresentada em relação à China. O Papa Pio XII dá uma resposta positiva, baseada no argumento da laicização dos ritos. A decisão pontifícia de 4 de dezembro de 1939 e a nova resposta da *Propaganda* de 1941 inscrevem a palavra final à controvérsia dos ritos. É a abertura para a liturgia cristã nativa e para um novo método de evangelização.

A longa discussão sobre os ritos chineses e malabáricos constitui uma etapa preparatória para a elaboração de dois documentos muito importantes do Concílio Vaticano II: a declaração *Nostra Aetate* sobre as relações entre a Igreja e as religiões não cristãs (28 de outubro de 1965) e o decreto *Ad gentes* promulgado pelo Papa Paulo VI em 7 de dezembro de 1965 para orientar a atividade missionária da Igreja Católica. O encontro do Evangelho com as religiões e as culturas dos diferentes povos constitui um dos grandes objetivos cristãos do final do século XX. Em sua exortação apostólica *Catechesi Tradendae* (16 de outubro de 1979), o Papa João Paulo II introduz um novo termo normativo na linguagem missionária da Igreja: inculturação do Evangelho.

Referências

(Atualizadas pelo autor, 2007)

1 História da controvérsia

BERNARD-MAITRE, H. "La question des rites chinois et malabares". In: *Concilium*, 27, 1967, p. 65-67.

_____. "Chinois, rites". In: *Dictionnaire d'Histoire et de Géographie Ecclésiastiques*. Org. de A. Baudrillart, A. Vogt, U. Rouziès e R. Aubert. Vol. XII. Paris: Letouzey et Ané, 1951, col. 731-741, bibliografia diacrônica.

BRUCKER, J. "Chinois (rites)". In: *Dictionnaire de la Théologie Catholique*. Vol. II. Org. de A. Vacant, E. Mangenot e E. Amann. Paris: Letouzey et Ané, 1923, col. 2.364-2.391; boa bibliografia.

JARRY, É. "La querelle des rites". In: DELACROIX, S. (org.). *Histoire universelle des missions catholiques*. Vol. I. Paris: Grund, 1957, p. 337-352.

JARRY, É. & PRÉCLIN, É. "L'affaire des rites". In: *Histoire de l'Église depuis les origins jusqu'à nos jours*. Org. de A. Fliche e V. Martin. Vol. XIX-1. Paris: Bloud & Gay, 1955, p. 173-192 [trad. it., *Storia della Chiesa dalle origini ai giorni nostril*. Org. de G. Borghesio. Turim: Lice].

MINAMIKI, G. *The Chinese Rites Controversy from its Beginning to Modern Times*. Chicago: Loyola University Press, 1985; uma obra que oferece a visão de conjunto mais completa sobre o problema.

2 Questões particulares

China

BERNARD-MAITRE, H. *Le P. Mathieu Ricci et la société chinoise de son temps (1552-1610)*. Tianjin, 1937.

_____. *Aux portes de la Chine*. Tianjin, 1933.

_____. "Le P. Ricci et les missions de Chine". In: DELACROIX, S. (org.). *Histoire universelle des missions catholiques*. Op. cit., vol. II, p. 19-37.

DUNNE, G.H. *Chinois avec les Chinois* – Le Père Ricci et ses compagnons jésuites dans la Chine du XVIIe siècle. Paris: Centurion, 1964.

GERNET, J. "La politique de conversion de Matteo Ricci em Chine". *Archive des Sciences Sociales des Religions*, XXXVI. Paris, 1973, p. 71-89.

LEVAUX, L. *Le Père Lebbe, apôtre de la Chine moderne (1877-1940)*. Paris/Bruxelas, 1948.

Índia e Indochina

BERNARD-MAITRE, H. "Le P. de Nobili et les missions de l'Inde (1604-1656)". In: DELACROIX, S. (org.). *Histoire universelle des missions catholiques*. Op. cit., vol. II, cit., p. 38-52.

_____. "Le P. de Rhodes et les missions d'Indochine (1615-1645)". In: DELACROIX, S. (org.). *Histoire universelle des missions catholiques*. Op. cit., vol. II, p. 53-62.

DAHMEN, P. *Un jésuite brahme* – Robert de Nobili. Lovaina, 1924.

ROCARIES, A. *Robert de Nobili ou les "sannyasi" Chrétien*. Toulouse: Prière et Vie, 1967.

Inculturação

DELHAYE, P. "Études sur l'inculturation de la foi chrétienne d'après certains documents recentes du Magistère". In: *Esprit et Vie*, XCVIII, 1988, fasc. 1, 2, 3.

PEELMAN, A. *Les nouveaux défis de l'inculturation*. Ottawa: Lumen Vitae Bruxelles et Novalis/Université Saint-Paul, 2007.

_____. *L'inculturation. L'Église et les cultures*. Paris: Desclée de Brouwer/Novalis, 1989 [trad. it., *L'inculturazione: la Chiesa e le culture*. Bréscia: Queriniana, 1993].

RIES, J. *Les chrétiens parmi les religions* – Des Actes des Apôtres à Vatican II. Paris: Desclée de Brouwer, 1987 [trad. it., *I cristiani e le religioni*: dagli Atti degli Apostoli al Vaticano II –Vol. I: Opera Omnia. Org. de P. Brugnoli e R. Nanini. Milão/Bréscia: Jaca Book/Queriniana, 2006].

5
Ritos de bênção e de cura

I – Bênção*

O termo *bênção* tem dois significados fundamentais. No primeiro, é uma forma de oração; é a adoração e o louvor a Deus por parte do homem. No segundo significado, aqui tratado, é um dom divino que desce sobre o homem, sobre a natureza ou sobre as coisas; é um benefício material ou espiritual que deriva do favor divino; é a emanação de um poder sagrado e benéfico, um poder proveniente do mundo sobrenatural para conferir ao objeto da bênção uma nova qualidade.

A bênção faz parte da vida do *homo religiosus*, que busca e espera dons e favores da divindade. Por esse motivo, este estudo focalizará primeiramente a fenomenologia da bênção como ela se manifesta no comportamento do *homo religiosus* – comportamento determinado pela fé no sagrado como realidade que transcende este mundo, mas que se manifesta no próprio mundo. Depois elaboraremos uma tipologia da bênção segundo diversas religiões.

1 Fenomenologia da bênção

O homem, como *homo religiosus*, "acredita sempre que existe uma realidade absoluta, o *sagrado*, que transcende este mundo, neste mundo se manifesta e por isso mesmo o santifica e o torna real" (ELIADE, M. *Il sacro e il profano*. Turim, 1984, p. 128). A bênção é um meio para permanecer em contato com esta realidade absoluta e receber sua benéfica influência. O sagrado se torna manifesto através da bênção, que é, portanto, uma forma de hierofania. É um daqueles atos

---

* In: ELIADE, M. (dir.). *Enciclopedia delle Religioni* – Vol. 1: Credenza religiosa. Org. de D. Cosi, L. Saibene e R. Scagno. Milão: Jaca Book, 1993, p. 130-136 [Tematica Europea].

misteriosos através dos quais um poder transcendente se torna imanente (neste mundo). Por esse motivo, em cada bênção intervém um poder que doa benefícios de origem divina a um ser ou a um objeto.

Toda bênção, considerada como ação, comporta três elementos: a instauração de uma relação com o reino do "Totalmente Outro", fonte do desejado efeito benéfico; a transferência para um ser ou para um objeto de uma qualidade eficaz proveniente daquele reino, através de alguma forma de mediação; enfim, a valorização do ser ou do objeto que recebe essa qualidade. Assim, a bênção não é simplesmente a expressão de um voto ou de um desejo em favor de uma pessoa ou coisa particular, mas implica também o pensamento, a vontade e a ação necessárias para determinar a transferência de uma qualidade do reino transcendente.

Poder

Dependendo das épocas e dos lugares, o homem deu nomes diferentes ao poder ou realidade transcendente, fonte de toda bênção. Um dos mais conhecidos é o *mana*: de origem melanésia, indica uma qualidade sobrenatural inerente a seres ou a objetos – uma qualidade dotada de poder, autoridade e força inseridas na vida e na verdade, todas verificadas como reais e eficazes. Na realidade, a ideia de um poder real e eficaz encontra-se frequentemente em todas as partes do mundo, nas tradições iletradas, com nomes como *orenda* (iroqueses), *manitou* (algonquinos), *wakan* (Lakota), e *uxbe* (Pueblo). Nas civilizações superiores da antiguidade encontra-se como *brahman* (Índia), *tao* (China), *kami* (Japão), *khvarenah* (antigo Irã), *me* (sumérios) e *melammu* (Mesopotâmia). Este poder muitas vezes foi expresso mais claramente em termos de teofania celeste e é frequentemente personificado, como é evidente no caso do judaísmo, do cristianismo e do islamismo.

Transferência

Independentemente do modo como é concebido, este poder transcendental se transfere no reino humano por intermédio da bênção. A vontade divina pode realizar esta passagem *motu proprio*, sem a ajuda de um intermediário. Apesar disso, em geral a bênção implica alguma forma de mediação. O intermediário, que recorre tanto ao ritual como aos símbolos, pode ser um rei ou um sacerdote, um santo, um profeta ou um chefe de família. Com o ritual, ele anima as forças misteriosas que tornam possível a comunicação com o poder transcendente, criando assim uma relação especial com a divindade. Essa mediação ritual exige gestos especiais, uma vez que o corpo é o instrumento com o qual o intermediário expressa inteligência, vontade ou emoção. Gestos e atitudes desse tipo estão repletos de significado, por serem entendidos no contexto de símbolos reconhecidos. A posição da mão direita tem um significado especial. A mão, na realidade, tem a capacidade de criar uma linguagem própria, e permanece ativa durante todo o ritual.

A palavra ocupa um lugar especial no simbolismo da mediação – tão especial, de fato, que F. Max Müller pôde afirmar que *nomina sunt numina*. O poder místico da palavra é particularmente importante entre os povos arcaicos. Na Austrália, vozes que imitam o mugido do touro, para simbolizar a presença do Grande Espírito, acompanham toda a cerimônia da iniciação. No vedismo, *vāc* é a palavra celeste, um aspecto do *brahman*, e acreditava-se que a sílaba *om* continha o universo, o *brahman*, o som que dá plenitude ao sacrifício. A palavra é também instrumento do poder divino, que pode ser impetrado com a linguagem evoluída, com a profética ou com a evocação dos nomes santos. A presença de nomes teofóricos e de tantas formas de magia em todas as civilizações antigas demonstra a fé humana no poder da palavra. De fato, a acádica *amatu* e a hebraica *davar* fazem referência à palavra entendida como coincidente com a própria realidade.

Precisamente como sinal da presença divina e instrumento do poder divino, a palavra também é criadora. No Egito e na Mesopotâmia, a criação acontece proferindo o santo nome. A crença na criação através da palavra de Deus permeia tanto a Bíblia quanto o Alcorão. Nas cerimônias de iniciação, ensinam-se aos neófitos palavras repletas de poder, que devem ser usadas criteriosamente, segundo a fórmula ritual. Aquela fórmula, associada ao ritmo e à tonalidade das palavras, constitui o segredo da eficácia do rito. Por fim, a palavra é criadora como aspecto da automanifestação do sagrado, ou hierofania.

Dons e favores

O terceiro elemento da bênção é o efetivo benefício que uma pessoa ou um objeto recebem por intermédio do contato com o poder transcendente, que é dinâmico. O sânscrito *ojas*, o avéstico *aojō* e o latim *augustus* têm o significado de poder habilitador, que literalmente dá ao seu possuidor as condições para cumprir a função religiosa que lhe foi atribuída. Nesse sentido, o ritual da bênção determina uma participação do próprio sagrado, do sagrado real, ou seja, poderoso, eficaz e duradouro. Por isso, na Índia védica, o estabelecimento num novo território é confirmado pela construção de um altar a Agni, o deus do fogo e mensageiro dos deuses. Com esse ato, o território é separado do profano e é colocado numa dimensão nova e sagrada. Em Gn 9,1, Deus abençoa Noé e seus filhos de modo direto, dizendo a eles: "Crescei e multiplicai-vos". Em Nm 6,22-27, a bênção sacerdotal destina-se a garantir a proteção divina, a benevolência e a paz do crente, mas pode produzir também resultados menos espirituais, como fertilidade, saúde e vida longa para homens ou animais, colheitas abundantes e prosperidade material. Seja qual for a natureza dos dons ou dos favores que recebe, o homem tem sempre consciência da sua origem divina, reconhecendo o poder transcendente que está na base da eficácia da bênção.

2 Tipologia da bênção

Esta parte apresenta uma seleção das numerosas variedades de formas de bênção praticadas pelo *homo religiosus* em tempos e lugares diferentes. Essa tipologia não leva em conta as diversas concepções do próprio poder divino e os diferentes tipos de benefícios que ele confere (o primeiro e o segundo dos elementos tratados mais acima). Em contrapartida, serão classificados os tipos de bênção, segundo os métodos de transferência usados para colocá-la em ação. Em particular, focalizaremos três aspectos essenciais desses métodos: linguagem, gestualidade e ritual.

Religiões de povos com tradições orais

Entre os povos sem escrita, a bênção está intimamente ligada ao mito. Efetivamente, na vida desses povos, o mito constitui história sagrada, que põe o homem em contato com o mundo sobrenatural, unindo entre si o presente e o tempo primordial, a ação atual e os atos iniciais da criação e fornecendo ao homem arcaico os modelos de vida. Além disso, ele apreende o significado do arquétipo divino através da linguagem simbólica do mito; a bênção constitui uma das formas rituais arcaicas, uma das suas várias tentativas de se orientar em referência àquele arquétipo. No interior do imenso contexto mágico-religioso do rito arcaico, palavra e gesto estão inseparavelmente ligados.

Em grande número de tradições religiosas, a palavra sagrada, a palavra pronunciada por Deus, aparece no primeiro momento da criação. Entre os dogon, por exemplo, o Nommo falou três vezes, pronunciando palavras de luz, de umidade e de música. Na crença arcaica, a palavra expressa pelo homem, e dirigida ao "Totalmente Outro", o torna partícipe do poder divino ou, no mínimo, dele obtém benefício. Tal crença, admiravelmente documentada pelas inscrições rupestres no Vale Camônica, está na base da oração e é expressa nas fórmulas mágicas, patrimônio de todo povo, que tentam forçar o poder divino com a repetição oral das palavras. Na África ao sul do Saara, a palavra se aproxima ao máximo da expressividade, quando é acompanhada pelo ritmo e pela imagem, seus mediadores mais eficazes. A mão também transmite significados: para os dogon, os bambara e os fali, o polegar é símbolo de poder. Palavra, ritmo e gesto são plenamente integrados nos rituais dos mitos de fertilidade e iniciação; de fato, usados na celebração de mitos, através da reatualização do evento arquetípico, restabelecem a harmonia absoluta que devia existir no princípio. Os africanos extraíram do mito, da palavra e do ritual uma verdadeira unidade simbólica para restabelecer a harmonia original. Nesses rituais, também os antepassados são importantes, porque existiam no tempo primordial, e têm um papel essencial na transmissão de favores aos vivos. Igualmente, o intermediário humano tem um papel importante no ritual da bênção.

Na Austrália, o médico aborígine, uma vez iniciado, tem acesso ao universo sagrado primordial; como intermediário entre o grupo tribal e seus antepassados míticos, efetua uma transferência do poder divino que o sustenta no seu papel de curador e feiticeiro da chuva. Além disso, para colaborar com o médico aborígine há um grupo de iniciados, os quais também tiveram contato efetivo com o sagrado. De fato, o homem arcaico usufrui do poder divino como resultado da iniciação, que estabelece uma ligação com a história primordial.

Para os grupos étnicos afins dos burundi e dos rwanda, na África Central, toda a vida religiosa fundamenta-se na crença no Imana, o Ser supremo, criador onipotente, benéfico e onisciente protetor do homem e da natureza. Todo recém-nascido é posto sob a sua bênção e, no oitavo dia, o pai lhe impõe um nome relacionado ao deus. A importância de Imana na vida dos rundi do grupo étnico nyarwanda evidencia-se pela impressionante lista de nomes teofóricos transmitidos pela tradição oral: Haremimana ("Deus cria"), Hategekirnana ("Deus comanda"), Hakizimana ("Deus traz felicidade"), Hagenimana ("Deus predestina", Ndagijimana ("Deus é meu protetor"). De fato, os nomes teofóricos representam a contínua bênção e guia de Imana para aqueles que os têm. Os intermediários humanos, especialmente os chefes de família, têm um papel importante na obtenção dos efeitos da bênção. Durante o Kurya Umwaka, a festividade para o ano novo, celebrado em maio no Burundi, o pai preside um almoço que consiste em "comer o ano velho"; servindo ao mesmo tempo de chefe da família e de intermediário do deus, distribui alimentos, dom de Imana, e expressa votos de felicidade para o ano novo. Outro intermediário no Burundi é *mupmufu*, profeta, feiticeiro e curador, encarregado de transmitir a palavra de Imana. Na cerimônia para a edificação de uma cabana, a abençoa com água lustral. Quando a doença ocorre na cabana, é chamado, como emissário de Imana, para benzer seus habitantes.

Símbolos da mão direita

Os textos bíblicos estão repletos de referências à mão de Deus, que toca o homem e o torna partícipe do poder divino, mas não são os únicos escritos religiosos que atribuem um papel importante e benéfico à mão. Algumas religiões mediterrâneas e orientais enfatizaram particularmente o papel simbólico da mão direita. No culto sírio de Júpiter Doliqueno, de Atargatis e de Hadad, bem como no culto frígio do deus Sabácio, mãos votivas indicam a presença divina e simbolizam seu poder. Na África, a mão elevada, substituto da divindade, aparece no tímpano da parte superior da estela púnica (LEGLAY, 1978). Esculturas orientais, e sobretudo ocidentais, apresentam numerosos exemplos de divindades que estendem a mão em gesto de bênção e proteção; de fato, Zeus às vezes é chamado *Hyperdexios*, o protetor com a mão elevada. Este gesto também é representado nas efígies de Asclépio, o deus da cura. Em todos os artefatos que evocam o amplo sistema simbólico da bênção, a mão direita é ao mesmo tempo símbolo de poder e expressão de benevolência dos deuses, ou seja, da transmissão de parte de sua força e poder.

O simbolismo da mão aparece sob outra forma na *dexiōsis*, o aperto de mão – sempre a direita – que cria misteriosos vínculos de união. Um bom número de testemunhos, relativos à *dexiōsis*, provém do mundo romano, onde o gesto era associado à *fides*, um pacto de aliança e de obrigação recíproca voluntária. Algumas representações de *dexiōsis* mostram um aperto de mão com espigas de trigo, símbolos da prosperidade derivada da concórdia, devida à bênção divina da deusa Fides; aqui a *dexiōsis* acrescenta noções de concórdia e obrigação ao âmbito religioso da bênção. A *dexiōsis* encontra-se na liturgia do culto de Dioniso, de Sabácio e de Ísis; em todos esses cultos, o ritual significa tanto a apoteose celeste do deus como a entrada do crente na elite de iniciados que receberam os dons divinos. A *dextrarum unctio* é um gesto que garante ao iniciado o poder do deus, como escreviam os autores latinos: "Felix dextra, salutis humanae pignus".

Dexiōsis e bênção no mitraísmo e no maniqueísmo

A *dexiōsis* tem um papel notável no mito e no ritual que se entrelaçam na liturgia mitraísta. Inúmeros documentos ilustrados provenientes de Roma, de Dura-Europos (a atual Salhiyeh, na Síria) e das regiões do Danúbio representam a *dexiōsis* de Mitra e Hélios sentados juntos no carro celeste; a cena evoca a apoteose do jovem Mitra, vencedor do mal e das trevas, e ao mesmo tempo apresenta o arquétipo mítico ao qual alude o ritual *dexiōsis* da iniciação mitraísta. Ao final da cerimônia de iniciação, o *pater*, o *magister sacrorum* ("chefe dos sacerdotes") da comunidade mitraísta, dá as boas-vindas ao iniciado estendendo-lhe a mão direita; com esse gesto, o iniciado se torna um dos participantes do rito; estes últimos, realizando o mesmo ato, são introduzidos nos mistérios do culto da salvação. Esta *dexiōsis* sela o pacto entre Mitra e o iniciado, e cria um vínculo que garante a sua salvação. Unindo a mão direita, os iniciados participam da *dexiōsis* mística de Mitra e de Hélios e, ao mesmo tempo, mediante este autêntico ritual de bênção, garantem a transferência dos benefícios da salvação prometidos por Mitra aos que são introduzidos nos seus mistérios.

Os rituais da *dexiōsis* nos mistérios mitraístas do Império Romano foram esclarecidos por testemunhos recentemente descobertos em Nimrud-Dagh e em Arsameia Nymphaios na antiga província de Comagena, entre a Cilícia e o Rio Eufrates, onde o mitraísmo foi culto real nos séculos imediatamente anteriores à Era Cristã. Numerosas representações mostram os deuses Mitra, Héracles, Zeus e

Apolo que levantam a mão direita para o Rei Antíoco I, filho de Mitrídates I Calínico, fundador do culto. Uma inscrição diz que o rei acredita ser o instrumento da "piedade religiosa" (*eusebeia*) e cumprir a vontade dos deuses; põe sob a proteção divina o santuário que acabou de construir e confia a guarda do culto a um colégio sacerdotal. Esse testemunho reflete o sincretismo dos cultos helenísticos, resultantes do encontro entre as ideias religiosas gregas e as orientais; segundo o exemplo de Arsameia, a *dexiōsis* tornou-se um rito por meio do qual o poder divino era transferido à pessoa do rei.

O tema que une mito, ritual e *dexiōsis* está presente também no maniqueísmo, no grande mito de Manes da luta entre a Luz e as Trevas. O Espírito Vivente, segundo mensageiro do Pai de Grandeza, caminha até os limites do Reino das Trevas para salvar o Homem Primordial, prisioneiro delas; emite um alto grito: "Tōchme", ouvido pelo Homem Primordial, que responde: "Sōtme". Em seguida, o Espírito Vivente estende a mão direita; agarrando-a, o Homem Primordial, o salvador salvo, reconquista o Paraíso da Luz. Usado de maneira semelhante pela comunidade maniqueísta, o gesto salvífico da *dexiōsis* se torna o gesto gnóstico por excelência, porque simbolizava e ao mesmo tempo realizava a comunicação dos mistérios dualistas, fontes de salvação.

Poder da Palavra

A energia da palavra é fundamental no pensamento religioso hindu; de fato, já em si mesma é considerada um poder. O sânscrito contém um bom número de palavras que se aproximam do significado de "bênção": *āśis* (desejo, bênção), *āśirvāda* (bênção), *kuśala* (próspero), *dhanya* (que traz boa sorte), *kalyāna* (excelente). A palavra *kuśalavāda* denota "benefícios" e *kuśalam* significa "benefício recebido, coisa desejável, bênção". *Mangala* quer dizer "bênção oral, palavra de boa sorte". *Mangalācāra* é "rito que garante felicidade" e *mangalāyana* "caminho da felicidade". O termo *brahman* significa "palavra sagrada"; na origem significava "a palavra que traz crescimento".

Brahmanaspati, ou Brahspati, é o mediador divino encarregado de recitar as fórmulas sagradas. "Ó Brhaspati" – começa o hino védico "A palavra" (*Ṛgveda* 10.71.1) – "e então teve início a palavra, e cada coisa teve um nome". Como *purohita*, o Sumo Sacerdote dos deuses, é encarregado de recitar as fórmulas sagradas, que por seu intermédio se tornam benéficas. De fato, para ser eficazes, as fórmulas devem ser pronunciadas, mas, uma vez ditas, tornam-se reais, benéficas e eficazes por si mesmas, não por intermédio da mediação do sacerdote. O sacerdote védico, o *brāhmana*, algumas vezes pede ajuda de Brahmanaspati, que pode lhe sugerir palavras eficazes. "Ponho em tua boca uma esplêndida palavra" – diz o *purohita* ao *brāhmana* (*Ṛgveda* 10.98.2). Palavras de bênção são pronunciadas também pelo pai ao nascimento de um filho "Sejas ouro indestrutível. Na verdade és Aquele chamado filho. Possas viver cem outonos".

Bênção nas Escrituras judaicas

A raiz semítica *brk*, "abençoar", era comum às línguas de todas as populações do antigo Oriente Próximo. Analogamente, o termo assírio *karabu* era muitas vezes usado para representar as fórmulas de bênção proferidas pelos deuses. Mas o testemunho mais significativo da importância da bênção vem do antigo Israel. A raiz *brk* e o substantivo *berakhah* (bênção) aparecem 398 vezes no Antigo Testamento. *Barukh*, particípio passado qualificativo, designa a condição de posse da *berakhah*; assim, Deus é *barukh*, pois possui e dispensa as verdades da salvação. Na forma plural, *brk* é usado para indicar o ato da bênção, que pode ser dada por Deus, pelos anjos ou pelos homens. Além de designar a passagem de benefícios de Deus para os homens, *brk* significa também "louvor elevado a Deus pelo homem", mas este significado, relativo a uma forma de oração, não será tratado neste texto.

Na tipologia da bênção extraída das Escrituras judaicas, a tendência principal é primeiramente a referência a Deus como dispensador de benefícios aos homens e às coisas criadas em geral. Depois da criação, abençoa as suas criaturas (Gn 1,22-28); depois do dilúvio, abençoa Noé e seus filhos (Gn 9,1). Do mesmo modo, abençoa os patriarcas Abraão, Isaac e Jacó e, por fim, todos os filhos de Israel (Gn 12,2-3; 27,16; 35,9; Dt 1,11), que se tornam todos *barukh*, ou seja, beneficiários da bênção divina. Esta é válida também para as coisas inanimadas utilizadas na execução do desígnio divino: o Sábado (Gn 2,3), o pão e a água (Ex 23,25), a casa do justo (Pr 3,33). A fé no valor da bênção de Deus está na base de muitos votos de boa sorte presentes nas Escrituras judaicas: "Bendito seja Abrão pelo Altíssimo" (Gn 14,19). Esta fé, juntamente com o valor dos benefícios e dos favores divinos, integrava também as saudações dirigidas aos visitantes, os votos trocados entre hóspede e convidado e no auspício de paz – porque a paz é considerada um dom de Deus (cf. 2Rs 4,29). Embora alguns desses conteúdos fossem patrimônio comum do antigo povo semítico, só o Antigo Testamento é categórico: somente Deus é a fonte e o árbitro absoluto de toda bênção.

Além das fórmulas mencionadas, a bênção aparece no Antigo Testamento de modo verdadeiramente original, que vai bem além do significado semítico convencional de *brk*. Para os antigos judeus ela era também a expressão do favor divino, da escolha de um povo específico que Deus assistia com sua solicitude. Esse favor foi manifestado pela primeira vez na vocação de Abrão (Gn 12,2-3); as copiosas bênçãos de Deus a Abrão serão derramadas sobre as pessoas eleitas; enfim, sobre todos os povos. Esse conceito espiritual e universal da bênção divina encontra o seu mais completo desenvolvimento na Sagrada Aliança e no ensinamento dos Profetas, em que a bênção a Abrão se torna programa de salvação no qual Deus insiste (Gn 18,18-19; 22,16-18; 26,45; 28,13-15). A missão de Israel, ou seja, a Sagrada Aliança, e o movimento profético têm origem nesta bênção de Deus a Abrão, que é, portanto, parte da história da salvação.

A segunda tendência importante na tipologia do Antigo Testamento diz respeito à bênção enviada por Deus por um intermediário, chefe de família, rei ou sacerdote, encarregado de uma missão. Anteriormente, essa tendência refletia algumas influências culturais e religiosas semíticas. Entre os fenícios e os arameus, o intermediário era o pai de família, que se dirigia a Deus em nome da esposa e dos filhos; entre as tribos nômades sírias e cananeias, o culto ancestral e a autoridade hereditária do chefe influenciavam fortemente a vida e eram, de fato, importantes tanto na maldição como na bênção. Contudo, enquanto esta herança semítica está presente em certos costumes do povo eleito, as Escrituras judaicas são marcadas principalmente pela presença de Deus em meio ao povo que escolheu para si e que guia mediante intermediários escolhidos. Os efeitos da bênção dos patriarcas continuam a se fazer sentir (Gn 27,27-29; 48,15); a bênção nupcial torna-se parte da vida do povo eleito (Rt 4,11; Tb 10,11). As palavras de bênção pronunciadas pelo rei, ou para o rei, têm origem na escola que Deus fez de Davi e da sua dinastia (2Sm 7,29; 1Cr 17,27). O pai de família dá a sua bênção tanto com a palavra quanto com a imposição de mãos, prática que parece característica do povo eleito. Rito arquetípico que remonta ao período patriarcal, a imposição das mãos é descrita difusamente em Gn 48,1-20 e encontra-se tanto no Antigo como no Novo Testamento.

Uma vez consolidadas as instituições religiosas e aperfeiçoada a organização litúrgica do povo eleito, que se tornou a nação santa de Deus, os sacerdotes, sucessores de Aarão, assumiram gradualmente a tarefa de abençoar os filhos de Israel, de conceder bênçãos oficiais em nome de Deus. A bênção sacerdotal, cujo arquétipo se encontra em Nm 6,22-27, compreende três súplicas, cada uma das quais invoca o nome de Deus. Os preciosos benefícios a ser garantidos aos fiéis são: a proteção de Deus, a sua benevolência e a sua paz, epítome de tudo o que é bom na terra. Essa visão da bênção está muito distante dos simples votos de felicidades e das saudações de boas-vindas, encontrados nos cultos pagãos do mundo semítico arcaico. No pacto com seu povo, Deus garante como sua a bênção dada pelos sacerdotes, os quais, na sua missão de intermediários de Deus, transformam o poder sacerdotal da bênção numa instituição das Escrituras judaicas. A imposição das mãos, considerada desde os tempos antigos um ritual privado de bênção, passa agora a fazer parte da liturgia oficial. Do mesmo modo, a elevação ritual das mãos integra a prática sacerdotal judaica; ao final da cerimônia do serviço religioso, o sacerdote abençoa a assembleia, que responde "Amém".

Baraka entre os árabes e no Islã

No mundo árabe, a raiz semítica *brk* parece significar originariamente tanto "bênção" como "agachar-se". O verbo *baraka* foi usado para descrever a posição de um camelo agachado; *bark* significava uma cáfila de camelos ajoelhados. De acordo com Joseph Chelhod (1955), um deslocamento de significado para a ideia de acasalamento deu a *baraka* o sentido de procriação ou de força. Por isso, no mundo árabe pré-islâmico, *baraka* assumiu o significado de "ter muitos descendentes"; sugeria também a transmissão de força e de fertilidade do pai para os filhos. Além disso, *baraka* significava "prosperar, ter numerosas cáfilas, abundantes rebanhos e ricas colheitas"; denotava, nos seres e nas coisas, uma qualidade portadora de prosperidade e sucesso. Parece que os árabes transferiam essa qualidade *barakah* (substantivo com plural *barakāt*) a atos como beijar a mão e o contato com um objeto sagrado. No islã popular permanecem vestígios dessa noção nômade de *barakah* com referência a localidades, personagens históricos e objetos sagrados.

Para o intransigente monoteísmo do islã, a onipresença e a onipotência de Deus estão no centro da vida do crente e da comunidade. Deus está na origem de tudo o que é sagrado; o sagrado diz respeito somente à vontade de Allah, o Deus santo, Al-Quddūs, termo que implica poder, força e supremacia, atributos exclusivamente divinos. No Alcorão, as *barakāt* são concedidas por Deus ao povo; *barakah* é bênção divina, é o dom feito por ele aos mortais do poder de dispensar os seus benefícios, todos provenientes dele. *Barakah* é uma influência ligada à santidade divina e originada de tudo o que diz respeito a Deus de perto: o Alcorão, o Profeta, os Cinco Pilares do islã, as mesquitas e os santos. Mas, como o islã não tem nem clero, nem ministério, *barakah* não tem intermediários humanos: todas as bênçãos vêm diretamente de Deus.

A bênção cristã

A Septuaginta traduz *berekh* com a palavra *eulogein*, *benedicere* na Vulgata. *Berakhah* é traduzida por *eulogia*, vocábulo que pode denotar o louvor elevado a Deus por suas criaturas ou então os dons de Deus a suas criaturas. Trataremos aqui desta última acepção. *Eulogia* é decorrente de um ato de bênção; é a própria bênção; o dom feito a um ser. *Eulogēsis* indica o ato através do qual a bênção é conferida, a ação do ministro da Igreja, que concede a bênção. De acordo com a Vulgata, *benedictio* tem ambos os significados de *eulogia* e de *eulogēsis*; na Septuaginta, *eulogētos* corresponde ao hebraico *barukh*.

Os Evangelhos trazem algumas bênçãos de Jesus a pessoas e coisas: abençoa as crianças (Mc 10,16) e o pão que multiplicará (Mt 14,19); pouco antes da ascensão, abençoa os discípulos (Lc 24,50). E, como ressaltam os comentadores, Marcos e Lucas especificam também os gestos de Jesus: abençoou as crianças impondo as mãos, enquanto para os discípulos apenas elevou as mãos. Tais gestos já eram familiares aos judeus. De acordo com o Talmude, os sacerdotes, em pé e com os braços elevados, abençoavam no templo, durante o sacrifício cotidiano da manhã.

Os rabinos também costumam abençoar as crianças, o que explica o comportamento das mães que apresentam seus filhos a Jesus. Mas os gestos de Cristo não se limitavam aos costumes da época. A descrição da cerimônia da bênção segundo Mt 14,19 enfatiza o fato de que Jesus "elevava o olhar ao céu", seu gesto característico, destinado a indicar a transcendência de Deus.

A expressão *Pax Vobis*, usada por Jesus ao falar aos discípulos, é uma autêntica forma de bênção (Lc 24,36; Jo 20,19; 20,21); Paulo a emprega reiteradamente em suas cartas (Rm 1,7; Fl 4,7; Cl 3,15); João de Patmos a coloca no início do Apocalipse (1,4). Como atestam as epístolas de Inácio de Antioquia, a Igreja logo adotou essa fórmula, estabelecendo assim uma longa tradição eclesiástica. O "Pax Vobis" não é de modo algum entendido como simples voto formal: é antes uma bênção que traz a paz messiânica, com tudo o que implica. As palavras *charis* ("graça") e *eireme* ("paz"), usadas pelos apóstolos, deveriam ser interpretadas no contexto desta bênção (Rm 1,7; 1Cor 1,7; 1Pd 1,2).

As palavras e os gestos de Jesus passaram às várias comunidades cristãs. No *Pedagogo*, referindo-se à bênção de Jesus às crianças, Clemente de Alexandria usa uma expressão concisa, *cheirothesia eulogias*, bênção por imposição da mão, testemunho do cerimonial em sua época (*Pedagogo* 2,5). Em outro lugar escreve que esse ritual era usado também no círculo gnóstico de Basílides como convite à fraternidade (*Stromata* 3.1.2-5). As *Homilias clementinas* e os *Atos de Tomás* demonstram claramente que o ritual da bênção estava difundido nos círculos cristãos. A bênção logo aparece em regras litúrgicas como a *Tradição apostólica*. Nas *Constituições apostólicas* o direito de abençoar é reservado a sacerdotes e bispos, uma vez que, segundo o pensamento dos Padres da Igreja, o poder de abençoar era inseparável do mandato da Igreja de santificar o mundo. Aos olhos da Igreja, a bênção sacerdotal é eficaz enquanto provém de Deus por intermédio de seus sacerdotes, que são também os seus ministros. Por esse motivo, o Concílio de Laodiceia (ca. 363) proibiu os hereges de receberem a bênção e, mais tarde, os teólogos definiram a bênção como um rito sagrado com o qual a Igreja confere às pessoas e às coisas favores divinos, sobretudo espirituais.

Há inúmeros testemunhos sobre os ritos de bênção: pinturas nas catacumbas e alusões na literatura mostram que, no século II, o gesto habitual da bênção cristã era a imposição da mão; durante o século III, esse gesto pouco a pouco é substituído pela *sphragis tou Christou* ("sinal da cruz"). De fato, os *Oráculos sibilinos*, os escritos de Tertuliano e de Cirilo de Jerusalém, as pinturas murais, bem como os sarcófagos dos primeiros cristãos, evidenciam que o sinal da cruz se impôs nas práticas cristãs a partir do século III. A passagem da imposição das mãos ao sinal da cruz, como gesto característico de bênção, unido a um crescente uso de fórmulas de oração, mostra que os cristãos percebiam a transcendência desse ritual e que, portanto, eram indiferentes ao real contato físico da mão e à posição das mãos no próprio rito. Assim, não tiveram dificuldade em adotar alguns gestos dos dedos, derivados dos oradores do mundo greco-romano, depois do desaparecimento do paganismo. Além disso, documentos das Igrejas orientais, ocidentais e africanas, com seus tratados explícitos dos gestos e das orações ligados à bênção, esclarecem a importância do rito e do efeito que lhe era atribuído; a invocação do nome de Jesus e de outras pessoas da divindade garantia a eficácia do rito episcopal ou sacerdotal. Com o tempo, as bênçãos se multiplicaram e assumiram formas diversas nos diferentes países; até a Idade Média foram combinadas a outros ritos da Igreja com o nome genérico de sacramentos. No século XII, contudo, sob a influência de Hugo de São Vítor († 1142), de Abelardo († 1142) e de Algério de Liège († 1131), a bênção passa a ser denominada rito sagrado e no rito deu-se mais destaque à formulação que aos gestos, destaque acentuado após a Reforma luterana. De fato, para os reformadores a presença e a ação de Deus são conhecidas e realizadas com a palavra, na qual está a verdadeira eficácia da bênção.

3 Conclusões

Esta breve exposição mostrou a importância e o papel da bênção na vida do *homo religiosus*. Consciente da existência de uma realidade absoluta que transcende este mundo, o homem religioso procura atrair para si os favores desta realidade, para dar a sua vida uma dimensão de perfeição. A bênção é uma das tentativas de provocar a passagem do poder divino para o homem e as coisas; para o *homo religiosus* esta tentativa atinge a sua máxima eficácia na correta combinação de palavra e gesto. No cristianismo, por intermédio do arquétipo de Jesus, a tipologia da bênção alcança o seu pleno desenvolvimento. O próprio Cristo, o Verbo divino que se manifesta na condição humana, realiza os gestos da bênção, que a Igreja continuará no ministério de seus bispos, dos seus sacerdotes e pastores.

Referências

BIANCHI, U. (org.). *Mysteria Mithrae* – Atti del Colloquio Internazionale di Storia delle Religioni. Roma e Ostia, 28-31/03/1978. Leiden, 1979. Inclui inúmeros documentos; verdadeiro compêndio do mitraísmo.

CHELHOD, J. "La *baraka* chez les Arabes". In: *Revue de l'Histoire des Religions*, 148, 1955, p. 68-88.

COPPENS, J. *L'imposition des mains et les rites connexes dans le Nouveau Testament et dans l'Eglise ancienne*. Paris: Wetteren, 1925.

ELIADE, M. *Traité d'histoire des religions*. Paris: Payot, 1949, p. 47 [6. ed., 1974] [trad. it., *Trattato di storia delle religioni*. Org. de P. Angelini, V. Vacca e G. Riccardo. 2. ed. Turim: Bollati Boringhieri, 1999].

JUNKER, H. "Segen als heilsgeschichtliches Motivwort im Alten Testament". In: *Sacra Pagina*, I. Paris, 1959, p. 548-558.

KELLER, C.Q. & WEHMEIER, G. "*Brk*, segnen". In: *Theologisches Handwörterbuch zum Alten Testament*, I. Munique: C. Kaiser, 1971, p. 359-376.

LEEUW, G. *Phänomenologie der Religion*. Tübingen: Mohr, 1933 [2. ed., 1956] [trad. it., *Fenomenologia della religione*. Org. de V. Vacca, apres, de A.M. Di Nola. Turim: Boringhieri, 1975].

LEGLAY, M. "La *dexiōsis* dans les mystères de Mithra". In: DUCHESNE-GUILLEMIN, J. (org.). *Études mithriaques*: actes du 2ᵉ Congrès International, 1-8 septembre 1975. Teerã: International Congress of Mithraic Studies, 1978, p. 279-303. Um estudo completo da *dexiōsis* nas religiões helenística e romana.

SCHARBERT, J. *Solidarität in Segen und Fluch im Alten Testament und in seiner Umwelt*. Bonn: Peter Hanstein, 1958.

THOMAS, L.V. & LUNEAU, R. *La terre africaine et ses religions*. Paris: Larousse, 1974.

WALMANN, H. *Die kommagenischen Kultreformen unter König Mithradates I Kallinikos und seinem Sohne Antiochos I.* Leiden: Brill, 1973. Estudo preciso dos testemunhos arqueológicos e das inscrições mitraístas de Comagena.

WESTERMANN, C. *Blessing* – In the Bible and the Life of the Church. Filadélfia: Fortress Press, 1978.

II – Os terapeutas de Alexandria – Filosofia e cura da alma segundo Fílon*

1 Os terapeutas

No seu tratado, *A vida contemplativa*, Fílon de Alexandria, contemporâneo de Cristo, descreve uma sociedade de filósofos ascetas que viveram na margem do Lago Mareótides no Egito[1].

"A escolha desses filósofos é imediatamente ressaltada também pelo nome que eles adotam – escreve Fílon: terapeutas e terapêutridas é seu verdadeiro nome, antes de tudo porque a terapêutica que têm como profissão é superior àquela presente em nossas cidades; esta se limita a curar os corpos, mas a outra cura também as almas (*psychos*) oprimidas por doenças penosas e difíceis de curar que os prazeres, os desejos, as preocupações, os temores, a avidez, as tolices, as injustiças e a infinita multidão das outras paixões e misérias levam a se abater sobre elas. E ainda porque receberam uma educação conforme à natureza e às santas leis, ao culto do Ser que é melhor que o bem, mais puro que o uno, mais primordial que a mônada" (VC 1-2).

Assim, Fílon dá dois sentidos à palavra terapeuta: os terapeutas, de um lado, tratam e curam as paixões e, de outro, prestam culto a Deus.

2 Seu estilo de vida

Fílon situa a colônia dos terapeutas numa colina de meia altura acima do Lago Mareótides, excelente localização em virtude da segurança do lugar, da temperatura equilibrada da atmosfera, dos eflúvios do lago, do clima muito salubre (VC 22-23).

Fr. Daumas situou este lugar entre o Lago Mareótides e o mar, não distante de Alexandria, do lado oeste diante da Vila de Taposíris, região na qual tinham sido construídos numerosos mosteiros, talvez precisamente no local onde os terapeutas tinham vivido. Além disso, em toda a costa estão presentes antigos vestígios[2].

---

* In: *Atopon*. Vol. V. Roma, 1997, p. 75-79. Trad. fr. de Annamaria Iacuele.

1. DAUMAS, F. & MIQUEL, P. *Philon D'Alexandrie, De Vita Contemplativa*. Introd., notas, texto grego, trad. fr. Paris: Du Cerf, 1963. • LELOUP, Y.-Y. *Prendre soin de l'Etre* – Philon et les Thérapeutes d'Alexandrie. Paris: Albin Michel, 1993.

2. DAUMAS, F. *Philon D'Alexandrie...* Op. cit., p. 42-45.

Os terapeutas começaram deixando os bens para os filhos, filhas, parentes ou amigos na medida em que para eles o essencial é o desejo de imortalidade e de vida feliz. Por outro lado, em vez de deixar sua fortuna se deteriorar, escolhem a filosofia para si mesmos, mas deixam para os outros a riqueza e sua gestão (VC 13,17). Eles fogem da cidade e buscam a solidão fora dos muros da cidade, em jardins e lugares isolados (VC 18-20). Suas casas, muito simples, são protegidas contra o sol e contra o frio, separadas uma da outra, mas aptas a permitir a vida em comunidade e o socorro mútuo em caso de necessidade (VC 24).

Em toda casa há um santuário ou um eremitério que permite cumprir os mistérios da vida religiosa. Aqui eles não contêm nem bebidas, nem alimentos, nem nenhuma outra coisa relativa às necessidades do corpo, mas oráculos, leis, hinos, tudo o que permite que a ciência e a devoção aumentem e atinjam a plenitude (VC 25).

Os terapeutas não são ascetas que buscam a penitência, mas místicos que se dedicam à contemplação. Levam uma vida austera com o objetivo de reservar forças e tempo para a vida interior: bebem apenas água, só comem pão e sal temperado com hissopo. Vestem-se de linho e se abstêm de qualquer alimento que contenha sangue (VC 73).

3 Sua vida religiosa

Uma das duas áreas de sua casa é dedicada à contemplação de Deus e dos poderes divinos, a tal ponto que seus sonhos trazem vestígios deles.

Têm o hábito de rezar duas vezes por dia, de manhã e à noite. Ao amanhecer, pedem um dia feliz, realmente feliz, ou seja, que a luz celeste se derrame sobre sua inteligência; ao anoitecer, rezam para que sua alma, completamente protegida do tumulto dos sentidos e do desejo dos objetos sensíveis, recolhida no seu conselho e no seu foro íntimo, siga os caminhos da verdade (VC 27-28).

Entre esses dois momentos de oração, eles se dedicam à leitura das sagradas Escrituras. Seus livros são obras que explicam o sentido alegórico dos textos sagrados. Fílon insiste evidentemente na exegese alegórica dos livros santos e dos autores antigos, mas não fornece esclarecimentos sobre eles. Talvez ele tenha em mente alguns estudos egípcios, parecidos com os do *De Ísis*.

Além da meditação, a composição de cantos e de hinos em louvor a Deus tem um lugar de destaque em sua vida. Durante seis dias, o programa é idêntico e os terapeutas permanecem em seus eremitérios, livres das preocupações materiais, mas também de qualquer afeto e de qualquer relacionamento. Vivem num clima propício à meditação, numa fraternidade entre pessoas solitárias.

Para os terapeutas, é da maior importância ver claro, empenhar-se na contemplação do ser para chegar à felicidade perfeita, com o objetivo de se tornar luz para os outros.

4 A reunião comum do sétimo dia

No sétimo dia toda a comunidade se junta para uma reunião comum numa sala dividida em duas partes: uma para os homens, outra para as mulheres.

O ritual dessa reunião, que é uma celebração, é muito preciso.

Os participantes sentam-se por ordem de idade, em atitude de grande dignidade, com as mãos sob as vestes; o mais idoso e o mais versado na doutrina vai à frente e faz uma exposição que se diferencia por sua profundidade daquela que fazem os reitores e os sofistas, porque deve atingir a alma.

Também as mulheres, separadas por um muro de três ou quatro côvados de altura, escutam os oradores (VC 31-33).

Nesse dia santo e festivo, massageiam o corpo com óleo para relaxá-lo e, segundo o costume, só comem e bebem ao anoitecer: as ocupações filosóficas são dignas de luz, as necessidades do corpo podem encontrar satisfação à noite.

5 A assembleia solene do quinquagésimo dia

Depois de um período de sete semanas, os terapeutas se reúnem com a mais solene magnificência.

Vestidos de branco e resplandecentes, enfileirados diante de leitos de madeira, elevam os olhos e as mãos em direção ao céu para pedir a Deus que a festa lhe seja agradável (VC 66). Depois das orações, os anciãos, considerados segundo sua data de admissão na comunidade, tomam seu lugar: de um lado, à direita, os homens; de outro, à esquerda, as mulheres que mantiveram a castidade por seu fervoroso zelo de sabedoria (VC 67-68).

Deitados sobre simples camas de folhas, recobertas por toalhas feitas com o papiro do local, são servidos não por escravos, mas por noviços da comunidade escolhidos segundo a categoria do mérito (VC 69-70).

Antes do início do banquete, o presidente faz uma homilia, inscrevendo lentamente as ideias nas almas: explicação das sagradas Escrituras dependendo do significado alegórico, com o objetivo de evidenciar a beleza extraordinária dos símbolos e das ideias e de partir do visível para chegar à contemplação do invisível (VC 78).

Seguem-se o canto de um hino por parte do presidente e a repetição dos refrãos e das antífonas por parte de toda a assembleia.

Quando esses cantos terminam, começa a refeição: pão fermentado com sal misturado ao hissopo como condimento.

Depois todos se levantam para celebrar a vigília sagrada com dois coros, de homens e de mulheres, na sala do banquete. "Às vezes cantam em uníssono, às vezes batem as mãos em cadência e dançam com cantos responsoriais, executando com um ritmo divinamente inspirado tanto os cantos de procissão, como os de estrofes, entoando as estrofes e as antístrofes da dança dos coros" (VC 84-85).

Em seguida, os dois coros se misturam e se tornam um só, como ocorrera em outros tempos à beira do Mar Vermelho onde se realizou o milagre da libertação do povo, quando o profeta Moisés entoou os cantos.

De fato, a vigília do quinquagésimo dia lembra a libertação de Israel em viagem para a Terra Prometida.

Ao final dessa noite, ao nascer do sol, estendem as mãos para o céu e, com uma última oração, pedem um dia feliz, o conhecimento da verdade e a clareza de julgamento. Em seguida, cada um se retira para o seu santuário.

6 *Os terapeutas diante das doenças da civilização helenística*

No seu *De vita contemplativa*, Fílon opõe os terapeutas aos sofistas, aos adoradores dos semideuses da corrente evemerista de sua época, aos adoradores de imagens e de estátuas dos deuses e a todos aqueles que se entregam às orgias dos banquetes gregos na medida em que isso configura doenças penosas e difíceis de curar. Em outras palavras, Fílon estigmatiza as doenças da civilização helenística.

Os terapeutas do Lago Mareótides escolheram a terapia capaz de lhes proporcionar a cura da psique (*psykas*), em acordo com o ser e a imortalidade[3].

Sua terapia se realizava em três etapas.

A primeira etapa, a dos seis dias da semana, ocorre para todo homem e mulher – todos dedicados à castidade total – no *monasterium* da sua casa: silêncio, leitura, contemplação, jejum quebrado apenas ao cair da noite com uma refeição feita de pão temperado com sal, hissopo e molhado com água da fonte. Cada um começa e termina o seu dia com a oração.

A segunda etapa, a do sétimo dia, se desenvolve no santuário em que se reúne a assembleia comum dos homens e das mulheres, separados por uma parede de quatro côvados. É o dia sagrado da terapia litúrgica: escuta da Torá explicada e comentada, refeição em comum. É também o dia durante o qual cada qual massageia o seu corpo com óleo para relaxá-lo.

A terceira etapa é a da grande terapia, a vigília do quinquagésimo dia, pois o número cinquenta é o mais santo e o mais conforme à natureza. Na noite do quadragésimo nono dia tem lugar a grande assembleia solene. Todos estão vestidos de branco, iniciam fazendo uma refeição frugal e passam a noite numa vigília sagrada feita de leituras, de orações e de cantos. A vigília é em recordação das obras de Deus realizadas através da intermediação de Moisés às margens do Mar Vermelho em favor da libertação definitiva do povo.

III – Os ritos de saúde/salvação nas religiões do passado – Interferências histórico-religiosas entre saúde e salvação*

1 Introdução

Os termos de saúde e de salvação têm a mesma raiz. Desde os tempos mais antigos, a doença, o sofrimento e a enfermidade impeliram os homens a refletir sobre a sua condição, sobre o sentido de sua vida e a buscar os meios para reencontrar a salvação e obter a saúde. É assim que a reflexão sobre a condição

---

3. SIMON, M. "L'ascétisme dans les sectes juives". In: BIANCHI, U. (org.). *La tradizione dell'enkrateia*. Roma: Ateneo, 1984, p. 393, 431.

* In: TERRIN, A.N. (org.). *Liturgia e terapia*. Pádua: Santa Giustina, 1994, p. 36-53.

humana, a busca do sentido, da vida, a religião e a medicina estão associadas na Mesopotâmia, na Índia, na China, no Egito, na Grécia antiga e alhures.

Nas mais diversas culturas, padres, taumaturgos, xamãs, curandeiros, terapeutas e médicos são personagens-chave, não raro os mesmos com funções diferentes. Às vezes são diferentes e pode ocorrer que os terapeutas se oponham aos padres. Quando se aborda o problema de "religião e medicina" podem ser tratados diversos aspectos, dos quais dois são essenciais: o primeiro é a atitude das diversas religiões diante do sofrimento e da doença; o segundo diz respeito aos meios empregados pelas diversas religiões para ajudar o homem a sair da doença e do sofrimento.

É para este segundo aspecto que dirigirei minha atenção do ponto de vista mais específico dos ritos orientados para a cura do corpo e para a saúde espiritual.

Quando se trata de religião e de saúde, colocamo-nos no contexto do *homo religiosus* e da sua experiência do sagrado. O homem religioso é aquele que, na longa história da humanidade, se singulariza como criador e portador da simbologia do sagrado e das crenças inerentes e subjacentes a essa simbologia[4]. Tomo o sagrado no seu sentido etimológico e fundamental assim como chega até nós pela raiz indo-europeia *sak*, raiz que deu *sakros*, esculpido na Pedra Negra do Fórum da fundação de Roma, raiz que está na origem do vocabulário do sagrado de todos os povos indo-europeus. *Sak* levou a *sancire*, um verbo que significa "conferir validade, realidade, fazer com que alguma coisa exista e se torne real". O sagrado é o fundamento do real e atinge a estrutura fundamental dos seres e das coisas. Isso significa que, nas diversas religiões, o *homo religiosus* é o homem que apreendeu a Transcendência e experimentou a relação com a Transcendência. Chegamos assim a um nível a partir do qual se configura a face precisa de todo *homo religiosus* particular: hindu, budista, xintoísta, muçulmano, judeu, cristão. Todo *homo religiosus* tem uma visão específica da transcendência e vive à sua maneira as suas relações com esta Realidade supramundana. Em poucas palavras, procurei ser claro num setor no qual a unanimidade não é compartilhada entre historiadores das religiões[5]. A meu ver o conceito de *homo religiosus* é operacional para a nossa pesquisa.

---

4. RIES, J. (org.). *Trattato di antropologia del sacro* – I: Le origini e il problema dell'homo religiosus. Milão: Jaca Book/Massimo, 1989.

5. RIES, J. *Il sacro nella storia religiosa dell'umanità*. 3. ed. Milão: Jaca Book, 1995.

2 Cultos antigos e terapia

Salvação e saúde nas tradições védicas e brâmanes na Índia

A documentação desse período começa depois da civilização do Indo (ca. 2500-1800 a.C.) e chega até a formação das *Upanishades* que se inicia por volta do século VII. Os textos védicos e brâmanes desse milênio refletem três grandes correntes de pensamento. A primeira concerne à sociedade indiana, fortemente marcada pela *tripartição védica*.

Esta tripartição encontra-se em diversos níveis: três classes sociais arianas, os brâmanes, os guerreiros, os agricultores-criadores de animais; a soberania, a força e a fecundidade no âmbito do cosmos e das divindades[6]. A segunda corrente se manifesta no culto em que a pedra angular de toda a organização é o *sacrifício*, criador e regenerador do cosmos, doador de fecundidade e de imortalidade[7]. Enfim, nesse contexto, o *rito* se torna onipotente. Tem impacto na vida social, familiar e pessoal. Esses três elementos constituem estruturas do pensamento e da sociedade indiana[8].

Nos hinos do *Ṛgveda* já se encontra o esboço de uma liturgia que se orienta para uma terapia. É o caso dos hinos aos Aśvin ou Nāsatya, os gêmeos divinos, deuses da terceira função (fertilidade e fecundidade), mas também da salvação. Trata-se de deuses curadores "arianos" que têm seu lugar nos ritos de cura, cura dos deuses e dos homens, recuperação das vítimas dos sacrifícios, libertação dos homens ameaçados pelos flagelos da velhice, da doença e da morte[9].

Todo o livro IX do *Ṛgveda* é consagrado ao *soma*, planta divina e licor divino, sacerdote, rei e vítima no sacrifício védico e brâmane. Uma importante teologia simbólica será construída sobre o *soma*. Licor sagrado extraído segun-

---

6. DUMÉZIL, G. *L'ideologia tripartita degli indoeuropei*. Ensaio introdutório de J. Ries. 2. ed. Rímini: Il Cerchio, 2003 [orig. *L'idéologie tripartie des Indo-Européens*. Bruxelas, 1958 [Col. "Latomus", 31].

7. GONDA, J. *Le religioni dell'India* – I: *Veda e antico induismo*. Milão: Jaca Book, 1981 [orig., *Die Religionen Indiens* – I: *Veda und alterer hinduismus*. Stuttgart: Kohlhammer, 1960]. • ZAEHNER, R.C. *L'hindouisme*. Paris: Desclée de Brouwer, 1974 [trad. it., *L'induismo*. Org. de M.T. dal Pozzolo. Bolonha: Il Mulino, 1972].

8. ACHARUPARAMBIL, D. *Induismo*: pensiero e vita. Roma: Teresianum, 1976.

9. RENOU, L. *Hymnes spéculatifs du Veda*. Paris: Gallimard, 1956. • BIARDEAU, M. *L'Hindouisme* – Anthropologie d'une civilization. Paris: Flammarion, 1982.

do procedimentos secretos conhecidos pelos brâmanes e proveniente de diversas plantas raras, o *soma* ocupa um lugar essencial na celebração litúrgica sacrifical. Torna-se a síntese simbólica da criação cósmica. Graças ao sacrifício, as forças cósmicas e humanas se reconstituem sem cessar. Assim, de acordo com o *Ṛgveda*, mito e ritual estão ligados à saúde e à regeneração do mundo e do homem. Essa ação sacrifical ocupa o ponto mais alto da liturgia dos brâmanes. O fruto do sacrifício não é apenas a conquista da imortalidade, mas toda uma teologia das equivalências elaboradas pelos brâmanes desenvolverá o tema da salvação inerente à terceira função: mito, ritual e simbologia levam à incessante sobreposição de cura, salvação e imortalidade.

O *Hino ao Puruṣa* (*Ṛgveda* X, 9), símbolo e arquétipo de todos os sacrifícios, será invocado ininterruptamente[10]. Mais tarde a medicina da Índia chamada *Ayurveda* retomará parcialmente esta simbologia religiosa[11]. Considerando que a doença é uma situação de desordem dos elementos corporais, tentará restabelecer a ordem originária e cósmica segundo as teorias védicas e brâmanes das correspondências do macrocosmos e do microcosmos.

Antes do desenvolvimento do *Ayur Veda* já existe o *Atharva Veda*, um livro para uso do capelão real, uma coletânea de textos populares de diferentes naturezas. Do ponto de vista litúrgico, contém fórmulas rituais que não encontravam lugar na liturgia solene. Eis algumas referências, entre dezenas de outras: AV 7,53 invoca os deuses curadores Aśvin, o deus Agni que é o fogo sacrifical, bem como a deusa Surya com o objetivo de obter curas, enquanto AV 8,7 oferece uma longa série de remédios obtidos das plantas medicinais.

O *purobita*, capelão real, intervém para curar das febres, da retenção urinária, da constipação, das doenças hereditárias e venéreas, da paralisia, da dor de cabeça e dos olhos, das fraturas e dos ferimentos, da esterilidade. Para todas essas curas o *Atharva Veda* prevê orações, ritos, bênçãos e medicamentos. Estes últimos constituem referências para a medicina indiana posterior. É difícil traçar uma linha de demarcação entre as orações destinadas a obter uma vida longa e aquelas que

---

10. VARENNE, J. *Le Veda, premier livre sacré de l'Inde*. 2 vols. Verviers: Marabout, 1967.

11. FILLIOZAT, J. *La doctrine classique de la médecine indienne, ses origines et ses parallèles grecs*. Paris: École Française d'Extrême Orient, 1975. • KNIPE, D.M. "Hinduism and the Tradition of Ayurveda". In: SULLIVAN, L.E. (org.). *Healing and Restoring*: Health and Medicine in the World's Religious Traditions. Nova York/Londres: Macmillan, 1989, p. 87-109.

o sacerdote recita para obter a cura ou a prosperidade material. Nesses rituais de devoção popular, saúde e salvação estão misturadas. Podemos dizer, em conclusão, que durante um milênio a Índia desenvolveu e utilizou uma dupla liturgia na qual a cura dos corpos era um objetivo intimamente ligado aos aspectos espirituais do sacrifício, como o louvor dos deuses e a conquista da imortalidade. De um lado, trata-se da liturgia oficial védica e brâmane do sacrifício, de outro encontramos uma liturgia popular e rituais mágico-religiosos como no caso o *Atharva Veda*[12].

Vida, saúde e salvação no Egito faraônico e ptolemaico

Cosmogonia e criação em ação

No III milênio, quando surge o *homo religiosus* egípcio, vemos que ele está preocupado com dois problemas essenciais. O primeiro é o do divino, *neter*, Deus, a Potência invisível que domina a criação[13]. Para representá-la, inventa diversas formas: são os 753 deuses e deusas do Egito. Em segundo lugar, o egípcio é apaixonado pela vida, que representa por meio de um símbolo misterioso, o símbolo *ankh* que, depois de três milênios, foi retomado pelos coptas para simbolizar a cruz de Cristo. Esse símbolo de vida é onipresente: na mão dos deuses, do faraó, nas paredes dos templos, nas estelas e nas estátuas divinas[14]. Entre o divino e a vida na terra da criação há um mediador, o faraó encarregado de construir os templos, de fazer a oferta aos deuses a cada manhã, de lhes oferecer a deusa Maat, ou seja, a ordem do mundo e a "justiça-verdade". Assim, a liturgia cotidiana celebrada pelo sacerdote nomeado pelo faraó faz o espírito de deus descer na estátua, no *naos* do templo e mantém a criação e a ordem do cosmos. Cada templo é uma cidadela do sagrado construída diante do invisível e do poder divino, para continuar a criação. O ritual da oferta aos deuses e da celebração cotidiana nos templos deriva diretamente dos mitos cosmogônicos arcaicos conservados pelas teologias de Memphis, de Hermópolis

---

12. KARAMBELKAR, V.W. *The Atharvavedic Civilization* – Its Place in the Indo-Aryan Culture. Rupees Ten: University of Nagpur, 1959.

13. MORENZ, S. *Gli Egizi* – Gli Dei, gli uomini, la cosmologia, la fede nella sopravvivenza dopo la morte. Org. de C.M. Schröder, G. Pulit e E. Filippi. Milão: Jaca Book, 1983 [orig. *Ägyptische Religion*. Stuttgart: Kohlhammer, 1977].

14. RIES, J. "Il segno della vita come espressione del sacro nell'antico Egitto". In: *L'umana Aventura*. Milão: Jaca Book, out./1986, p. 93-101.

e de Heliópolis. Mito e rito estão intimamente ligados como na Índia. O culto cotidiano celebrado no *naos* dos templos faraônicos poderia ser chamado uma liturgia que contém alusões a uma terapia cósmica[15].

As casas de vida

Mitos e ritos constituíam uma realidade considerada indispensável para a manutenção da vida, da ordem do mundo e, portanto, da proteção do faraó. Ao lado dos templos os egípcios haviam construído as "casas de vida", nas quais se faziam todos os preparativos necessários para a conservação da vida e onde se realizavam também diversos ritos simbólicos destinados a estender sua força sobre o macrocosmos.

O *Papiro Salt 825* descreve-nos a casa de vida de Abydos, cidade do deus Osíris[16]. Ali se conservava uma estátua do deus associado ao sol e ao Nilo. É chamado o Vivente, é ajudado por Ísis e por Néftis, por Hórus e por Thot, as quatro grandes divindades do mito osírico, pelos deuses Chu, Onúris, Tefnut e Mentyt encarregados de expulsar os inimigos, e também pelo deus Khnum, o deus criador e doador de vida. Nessa casa de vida se realizava regularmente uma cerimônia litúrgica na qual os sacerdotes de Osíris atacam os inimigos e ajudam o deus Osíris a novamente vencer a morte. Trata-se de uma celebração do mito osírico que deve garantir o triunfo da vida. Esta liturgia parece paralela e complementar à liturgia cotidiana celebrada no *naos* dos templos. Mas nas casas de vida são tratados também os doentes que são admitidos para adormecer e sair dali curados. É a incubação terapêutica de que falaremos a propósito de Asclépio. Perguntamo-nos, por outro lado, se a origem primeira desta incubação não deve ser procurada no Egito, nas casas de vida do Egito faraônico. O certo é que nas casas de vida há elementos de uma terapia litúrgica centrada em Osíris.

---

15. MORET, A. *Le rituel du culte divin journalier en Egypte d'après les papyrus de Berlin et les textes du temple de Séti ler à Abydos*. Paris: E. Leroux/Musée Guimet, 1902.

16. DERCHAIN, P. *Le papyrus Salt 825 (B.M. 10051) rituel pour la conservation de la vie en Egypte*. Bruxelas: Palais des Académies, 1965. • GHALIOUNGUI, P. *La médecine des Pharaons –* Magie et Science médicale en Egypte ancienne. Paris: R. Laffont, 1983.

Deuses e cultos curadores no Egito

No contexto limitado desta exposição é impossível dar a Osíris a importância que merece. É o deus da vida e da sobrevivência, da vida conservada graças à recomposição do ser humano através dos ritos do embalsamamento que refazem um corpo de eternidade no qual evocam o *ka*, o *ba*, o *akh*, os três elementos espirituais reunidos no corpo. Para o egípcio a doença é o mesmo que a desordem para o indiano. É preciso, portanto, restabelecer a ordem, que é a obra das potências, ou seja, das divindades. Osíris é o deus da vida, Maat é a ordem, Sekhmet é a deusa da salvação; o clero era especialista dessas curas terapêuticas que combinavam medicamentos e remédios espirituais, orações e sonhos. Entre os deuses curadores egípcios encontra-se Thot, o inventor dos hieróglifos, Ísis, a grande feiticeira esposa de Osíris, Hórus, Thauris, Neith, a deusa que preside os partos. Todas essas divindades são citadas nas casas de vida.

O Egito faraônico conheceu também santuários dotados de instalações previstas para a cura dos doentes: Denderah, Deir al Bahari, Memphis, Canopo. Em Denderah foram descobertos corredores repletos de estátuas curadoras que eram aspergidas com água, depois reunida em tanques onde eram imersos os doentes. Numerosos doentes faziam a peregrinação ao templo de Deir al Bahari onde eram praticadas incubações[17]. No Egito ptolemaico, com a difusão do tema da *soteria*, os deuses osíricos, Osíris, Ísis, Serápide, encontram os deuses gregos, um Asclépio que cura e consola, um Dioniso que liberta dos males da vida. Isso nos leva a falar dos cultos médicos gregos.

Os cultos de cura helenísticos

O culto do deus curador Asclépio

De Trikala na Tessália, o deus Asclépio chegou a Epidauro no século VI, e desses dois centros, graças ao seu clero médico e a uma propaganda bem-organizada, difundiu-se a tal ponto no mundo grego e helenístico que conhecemos cerca de 200 santuários, entre os quais Atenas, fundado em 420, Ptolemaida no Egito, criado no século I por Ptolomeu Sóter, Roma em 291, na Ilha Tiberina. Em

---

17. DAUMAS, F. *Les mammisis des temples égyptiens*. Paris: Les Belles Lettres, 1958. • BARUCQ, A.; DAUMAS, F. *Hymens et prières de l'Egypte ancienne*. Paris: Du Cerf, 1980.

Epidauro, datam do século IV o grande templo, a sala de incubação e as estelas denominadas "dos milagres"[18].

A terapia da *Asclepeia* baseava-se, ao mesmo tempo, nas purificações, banhos de água e de argila, nos banhos de sol, nas dietas alimentares, nos medicamentos prescritos pelos sacerdotes médicos e na fé no deus Asclépio. Quem estava em tratamento caminhava descalço, sentava-se ou se deitava em terraços sombreados ou em túneis às vezes revestidos de grandes pedras sob as quais escorria um riacho. Em Epidauro e em Pérgamo a fama dos médicos era internacional e os sacerdotes eram conhecidos como grandes especialistas em religião, em mística e em medicina. Dispomos de diversas prescrições de tratamentos que seguem o mesmo esquema. À noite o doente vai para a cama no *abaton*, a sala da incubação. Teve a oportunidade de ver inúmeros *ex voto* presos nas paredes. Nas estelas pôde ler as prescrições de alguns tratamentos. Com seus companheiros e com os sacerdotes falou das maravilhas realizadas pelo deus Asclépio. Encontra-se assim numa situação psicológica favorável: a fé no seu deus de quem espera a cura e a saúde. Durante o sono, vê Asclépio que vem até ele, o toca, lhe prescreve um tratamento que deverá começar a seguir ao acordar. A brevidade das prescrições nas estelas não permite inferir nada sobre o sentido e o alcance das curas. Festugière observa que muitos dos remédios indicados nas estelas têm seus paralelos nos escritos médicos da Antiguidade. Por outro lado, à medida que nos aproximamos da época romana os tratamentos de longa duração tendem a substituir a ação repentina e milagrosa. Apesar da destruição sistemática dos templos de Asclépio por parte dos cristãos, permaneceram numerosos vestígios, entre os quais uma série de estátuas do deus. Discutiu-se muito sobre o problema das curas de Epidauro, algumas das quais são inesperadas e instantâneas. Numerosas observações se impõem: existe uma relação direta entre os remédios prescritos pelos sacerdotes do deus e a medicina da época; em alguns casos, a intervenção dos curadores divinos é provocada; há uma combinação constante entre incuba-

---

18. EDELSTEIN, E.J. & EDELSTEIN, L. *Asclepius* – A Collection and Interpretation of the Testimonies. 2 vols. Baltimore: J. Hopkins Press, 1945. • KERÉNYI, K. *Der göttliche Arzt* – Studien über Asklepios und seine Kultstätten. 3. ed. Darmstadt: Wissenschaftliche Buchgesellschaft, 1975. • CANGH, J.M. "Santé et salut dans les mirades d'Epidaure, d'Apollonius de Tyane et du Nouveau Testament". In: RIES, J.; JANSSENS, Y. & SEVRIN, J.M. (orgs.). *Gnosticisme et monde hellénistique*: actes du colloque de Louvain-la-Neuve (11-14 mars 1980). Louvain-la-Neuve: Institut Orientaliste, 1982, p. 263-277. Cf. tb. FESTUGIÈRE, "La religion grecque". In: *Encyclopédie Quillet*. Paris, 1960, p. 557-567, as inscrições de Epidauro.

ção e processos médicos, entre medicina sagrada e medicina científica. O certo é que houve uma colaboração com empréstimos recíprocos entre a ação terapêutica dos sacerdotes e os médicos de Epidauro. Por outro lado, o *corpus hippocraticum* muitas vezes recomenda aos doentes que façam orações para sua cura. O culto de Asclépio é o caso mais claro da interferência dos ritos de saúde e salvação no mundo grego antigo.

As religiões dos mistérios e dos deuses curadores do mundo helenístico

Vamos encerrar esta primeira parte com uma nota sobre os *cultos mistéricos* que não são cultos para a cura, como no culto de Asclépio, mas que prolongam a corrente do orfismo, uma religião que, a partir do século VI, se colocava às margens da religião da cidade grega. Ela se fundamentava numa antropologia dualista derivada do mito dos Titãs que tinham dilacerado e comido o corpo de Dioniso. Daí deriva o castigo de Zeus. Os homens pertencem à raça dos Titãs no que diz respeito ao corpo; a alma deles, ao contrário, é uma centelha divina. O orfismo professa a fé numa sobrevivência bem-aventurada com a condição, porém, de que a alma se liberte do corpo através de uma vida de purificação. Aqui está a origem de uma ascese que assume a fisionomia de uma cura do homem ferido pela matéria: é preciso, portanto, curar a alma humana.

Os cultos mistéricos organizam a iniciação dos fiéis que devem chegar a uma progressiva purificação de sua vida. Graças à transmissão da fé por meio de ritos de iniciação, os fiéis tomam o caminho de uma purificação através da ascese, em vista de uma sobrevivência bem-aventurada. Nossa documentação é obtida em parte dos azulejos fúnebres descobertos no sul da Itália. A cura é o fruto de uma purificação.

A partir da época helenística encontramos duas grandes categorias de mistérios: os *mistérios dionisíacos* e os *mistérios eleusinos*. Dioniso é um deus grego tardio que encontrou muito crédito em todo o mundo mediterrâneo e foi associado a diversas divindades: ele se tornou o deus da vinha, o deus da fecundidade, o deus da vida. Assim, ao longo dos séculos do helenismo, numerosos grupos religiosos escolheram Dioniso como seu deus, em torno do qual eles celebravam o culto da vida e da fecundidade.

Os mistérios eleusinos são os mais importantes e conheceram um imenso sucesso por muitos séculos. Em seu centro, Elêusis, uma cidade próxima de Atenas, se venerava Deméter e sua filha Core. Em torno dessas duas deusas realizava-se a iniciação da qual participavam apenas pessoas preparadas e obrigadas ao segredo total. A iniciação, feita de *hieroi logoi* e de ritos dos quais só temos poucas informações, preparava o candidato para uma vida bem-aventurada na terra na expectativa de se encontrar com as deusas na vida depois da morte.

Os cultos mistéricos não eram cultos medicinais de deuses curadores, mas cultos que respondiam a uma necessidade psíquica e espiritual que o mundo helenístico expressava com a palavra *soteria*, saúde e proteção do fiel. Trata-se de uma terapia do *homo hellenisticus* imerso e perdido num mundo novo no qual ele se sente um estranho. A *soteria* vem de divindades como Dioniso, Deméter, Core, Ísis, Serápide, que são deuses curadores: *theoi soteres*.

3 Meditação, ritos e orações como método de cura e de libertação

Acabamos de abordar rapidamente três religiões nas quais o culto era orientado para a saúde do homem e, ao mesmo tempo, para a cura ou a restauração da integridade do mundo ou da vida. Agora vamos nos voltar para uma *Weltanschaaung* especial que considera a condição humana sob um aspecto mais pessimista e orienta seus adeptos para uma libertação: é a doutrina do Buda, a dos terapeutas de Alexandria e a de Manes.

Buda e a libertação do homem

1) Com Buda reencontramos a tradição brâmane da Índia do século VI a.C., mas para vê-la contestada de modo radical. Sākyamuni, que se tornará Buda, o iluminado, rejeita a teologia e as especulações dos brâmanes, ou seja, as doutrinas do *Brahaman-ātman*, do sacrifício; rejeita os deuses védicos e se ocupa apenas da condição humana. Guia e médico supremo da salvação, proclama as nobres verdades: tudo é sofrimento; a origem do sofrimento é o desejo; para suprimir o sofrimento é preciso suprimir o desejo. Buda propõe o caminho da sabedoria que leva à supressão do desejo. Afirma a centralidade das três joias (*tri-ratana*), o Buda, a lei ou *dharma*, a comunidade ou *sangha*. Na doutrina de Buda encontram-se alguns outros dados fundamentais: o não eu ou a impermanência de todas as coisas (*ānatta*), a doutrina do *karman*, o resultado e fruto de cada ato, o

dharma, ou seja, o fundamento empírico da ordem social, política e cultural. A isso é preciso acrescentar a noção de sabedoria, *prajñà*, e de compaixão (*karuna*). Esta última faz com que o homem se abstenha de tudo o que pode ferir os outros.

2) Buda tentou criar um caminho através do qual o homem chegaria a transcender o sofrimento eliminando as suas causas por meio do conhecimento transparente de sua existência. É a estratégia terapêutica da meditação budista que deve conduzir à iluminação, ou seja, ao *nirvana*. Assim, curar é uma tarefa de meditação pura para além de todas as miragens, a começar pela miragem do Ser. Não existe mais sofrimento quando não existe mais sujeito para sofrer. Eis um dos paradoxos do budismo.

3) Mas Buda era realista; a saúde de seus monges o preocupava e ele teve uma atenção especial pela medicina. Ele declarou à assembleia de seus monges: "Ó monge, não tens mãe, não tens pai que cuide de ti. Se não cuidardes uns dos outros, quem cuidará de vós?" Por isso também se interessou pela medicina da Índia chamada *Ayur Veda* e a considerava um meio para atingir a salvação espiritual. Num édito inscrito na pedra por volta do ano 257 a.C., o imperador (budista) Aśoka pede a seus súditos que cultivem as plantas medicinais com o objetivo de curar todos os doentes, homens e animais. Trata-se de uma forma de compaixão. Em *As perguntas do Rei Milinda* fala-se de um ritual realizado para a cura e o prolongamento da vida dos doentes. Tradição paralela encontra-se no *mahāyānā*, enquanto o budismo tântrico apela a certas divindades curadoras[19].

Os terapeutas de Alexandria

1) Contemporâneo de Cristo, Fílon de Alexandria escreveu uma obra que nos interessa para o nosso tema da liturgia como terapia: o *De vida contemplativa* que acompanha o seu livro sobre os essênios[20]. Nesta obra o autor descreve longamente a vida dos terapeutas, cuja definição é a seguinte:

---

19. NIWANO, N. *Shakyamuni Buddha* – Biografia narrativa. Bréscia: Queriniana, 1982. • HOUANG, F. *Il buddhismo dall'India alla Cina*. Org. de A. Miggiano. Catania: Paoline, 1966 [orig. *Le bouddhisme*: de l'Inde à la Chine. Paris: Fayard, 1963]. • KITAGAWA, J.M. "Buddhist Medical History". In: SULLIVAN, L.E. *Healing And Restoring*. Op. cit., p. 9-31. • CLIFFORD, T. *La médecine tibétaine bouddhique et la psychiatrie*. Paris: DervyLivres, 1956.

20. DAUMAS, F. & MIQUEL, P. (orgs.). *Philon d'Alexandrie* – De vita contemplativa. Paris: Du Cerf, 1964. • Texto grego, trad. fr. e comentário, J.-Y. Leloup: *Prendre soin de l'être* – Philon et les Thérapeutes d'Alexandrie. Paris: Albin Michel, 1993.

O nome deles revela o projeto desses filósofos. São chamados terapeutas antes de tudo porque a medicina (*iatrike*) que professam é superior à que vigora nas nossas cidades; esta cura apenas o corpo, mas aquela cura também a psique (*psychas*) vítima daquelas doenças penosas e difíceis de curar que são o apego ao prazer, a desorientação do desejo, a tristeza, as fobias, as invejas, a ignorância, ou seja, toda aquela multidão infinita de outras patologias (*pathon*) e sofrimentos.

E Fílon acrescenta que eles cuidavam do Ser: *etherapeuon to on* (VC 2).

2) O comportamento dos terapeutas é inspirado pelo médico Hipócrates: "Breve é a vida, longa é a ciência" (VC 16). Eles doam todos os seus bens porque seu desejo é a imortalidade e a vida bem-aventurada. Habitam em casas simples numa colina próxima ao Lago Mareótides e em toda casa há um lugar sagrado chamado santuário ou monastério (*monasterion*): "É lá que, isolados, eles realizam os mistérios da vida santa", não introduzem nem alimentos nem bebidas, mas textos sagrados (VC 25). Rezam de manhã e à noite e passam os dias nos exercícios da *Thora*, por seis dias.

3) No sétimo dia realiza-se a assembleia comum. Um ritual muito preciso e celebrado numa sala comum dividida em duas partes, uma para os homens e a outra para as mulheres, separadas por uma parede de três ou quatro braças de altura "porque o controle dos sentidos (*enkrateia*) é para eles o alicerce sobre o qual constroem as outras virtudes da alma". Sentados por fileiras de idade, as mãos sob os hábitos, escutam os mais anciãos e os mais instruídos em suas doutrinas. Este dia digno de honra é um dia de festa: massageiam o corpo com óleo para relaxá-lo. Como de costume, só comem e bebem depois do pôr do sol: as ocupações filosóficas são dignas da luz, as necessidades do corpo podem ser satisfeitas à noite. Seu alimento é feito de pão temperado com sal ao qual se acrescenta o hissopo. Bebem água da fonte.

4) Depois de um período de sete semanas, os terapeutas se reúnem vestidos de branco, elevam os olhos e as mãos para o céu, se sentam à mesa seguindo a data de sua entrada na comunidade, de um lado os homens, à direita, do outro, à esquerda, as virgens que mantiveram sua castidade conquistada pela sabedoria. Os que servem não são escravos, mas os noviços da comunidade escolhidos por categoria de mérito. Depois de uma leitura sagrada seguida de um sermão e de cantos, acontece a refeição que se encerra com uma vigília sagrada conduzida por dois coros, um de homens, o outro de mulheres. Esses cantos alternados conti-

nuam até o amanhecer, depois cada um se retira para o seu santuário para retomar a prática da filosofia.

No seu *De vita contemplativa*, Fílon opõe os terapeutas aos sofistas, aos adoradores de semideuses da corrente evemerista da sua época, aos adoradores de imagens e de estátuas de deuses e a todos aqueles que se entregam às orgias dos banquetes gregos. Tudo isso comporta doenças penosas e difíceis de curar. Em outras palavras, Fílon estigmatiza as doenças da civilização helenística. Os terapeutas do Lago Mareótides escolheram a terapia capaz de lhes trazer a cura da psique (*psychas*) em conformidade com o Ser (*therapeuein to on*) e a imortalidade[21].

Essa terapia se realiza em três etapas. A primeira etapa, a dos seis dias da semana, destina-se a todo homem e toda mulher – devotados à castidade total – no *monasterion* da sua casa: silêncio, leitura, contemplação, jejum quebrado apenas ao cair da noite por uma refeição constituída de pão temperado com sal, hissopo e banhado em água de uma fonte.

Cada um começa e termina o seu dia com a oração. A segunda etapa, a do sétimo dia, se realiza no santuário, onde se reúne a assembleia comum dos homens e das mulheres, separados por uma parede de quatro braças; é o dia sagrado da terapia litúrgica: escuta da Torá explicada e comentada, refeição em comum. É também o dia durante o qual cada um massageia seu corpo com óleo para relaxá-lo. A terceira etapa é a da grande terapia, a vigília do quinquagésimo dia, sendo o número cinquenta o mais santo e o mais conforme à natureza. Na noite do quadragésimo nono dia tem lugar uma grande assembleia solene. Todos estão vestidos de branco, começam tomando uma refeição frugal e passam a noite numa vigília feita de leituras, orações e cantos.

Os ritos gnósticos, cura e saúde da humanidade segundo o maniqueísmo

1) Nascido no ano 216 de nossa era, Manes, o profeta da Babilônia, formado dos quatro aos 24 anos numa comunidade elcasaíta, é não apenas o fundador de uma religião universal, mas também artista e médico. Apresentando-se como apóstolo de Jesus Cristo à imitação de Paulo, que conheceu graças a Marcião,

---

21. SIMON, M. "L'ascétisme dans les sectes juives". In: BIANCHI, U. (org.). *La tradizione dell'enkrateia*. Roma: Ateneo, 1984, p. 393-431.

se identifica com o Paráclito prometido e pretende ser o fundador da verdadeira Igreja de Jesus. Sua doutrina é uma síntese das diversas gnoses encerradas no quadro rígido de um dualismo radical, que opõe desde o início a luz às trevas: dois reinos, dois princípios, inimigos inconciliáveis. Este mito dualista iraniano, levado ao extremo, explica a origem do mundo, do homem, do mal, das doenças, da saúde e do tempo. É a estrutura dos dois princípios e dos três tempos: luz-treva; *initium, medium, finis*; nas origens, separação entre a luz e as trevas; depois a mistura delas, com a criação do mundo, do homem, do tempo; por fim, a separação definitiva através da libertação da luz[22].

2) De acordo com Manes, a origem do mal e da doença deve ser buscada na matéria, substância do reino das trevas. Através da criação, a matéria entrou no cosmos sob a forma dos arcontes, bem como no corpo humano, no qual mantém a alma prisioneira. A criação do mundo e do homem é impura. O *Kephalaion* 56 da coletânea copta explica longamente a antropologia física do corpo humano, obra dos demônios[23]. Presentes no corpo, os demônios provocam todas as desordens. Por isso é preciso realizar a cura e a saúde do homem. É a obra da gnose.

3) Para o maniqueísmo, a cura e a saúde estão ligadas; é a libertação da luz mantida prisioneira pelas trevas. Manes confiou esta missão à sua Igreja composta de dois tipos de membros: os eleitos e os catecúmenos. Cada tipo tem sua missão específica, mas os três *signacula* são válidos para todos, de maneira menos restritiva para os catecúmenos. O *signaculum sinus* exige a abstinência sexual total para os eleitos, a proibição da procriação para os catecúmenos. O *signaculum oris* exige antes de tudo o jejum, depois a abstinência dos alimentos tenebrosos. O *signaculum manuum* impõe a paz das mãos a fim de não fazer sofrer a alma do mundo constituída por todas as partículas de luz prisioneiras nas árvores e na vegetação. Os cereais, as frutas, as plantas da horta, a verdura, as flores são repletas de substâncias luminosas que a digestão redentora dos eleitos e dos catecúmenos liberta[24].

---

22. TARDIEU, M. *Il manicheismo*. Introd., trad. e atualização bibliográfica de G. Sfameni Gasparro. 3. ed. Cosenza: Giordano, 1998 [orig., *Le manicheisme*. Paris: PUF, 1981].

23. SCHMIDT, C. *Kephalaia I*. Stuttgart: Kohlhammer, 1940. • BÖHLIG, A. *Kephalaia 1,2*. Stuttgart: Kohlhammer, 1966.

24. S. AGOSTINHO. *De moribus ecclesiae catholicae et de moribus manichaeorum*. • RIES, J. "La doctrine de l'âme du monde e des trois sceaux dans la controverse de Mani avec les Elchasaites". In: CIRILLO, L. & ROSELLI, A. *Codex Manichaicus coloniensis*. Cosenza: Marra, 1986, p. 169-181.

4) Cura e saúde do homem. O que nos interessa nesse momento é o homem cuja alma é uma centelha divina na matéria. Ela é ferida pelos arcontes e em decorrência de sua queda se encontra sob o drama da amnésia. Esqueceu a sua origem divina. Assim, é preciso despertá-la. Este despertar se realiza em dois caminhos. Um primeiro caminho vem diretamente da gnose e dos textos coptas é denominado *Nous-Luz*, undécimo juiz do Pai presente no mundo e na Igreja para separar a luz das trevas (K 28, 80, 32-36; K 29, 82, 22-24).

Este *Nous-Luz* diminui o poder dos arcontes, retira do homem o gosto dos alimentos deteriorados pelo pecado e toma posse do corpo, enfraquece o desejo e orienta a alma para a *dikaiosyne*. Ela ouve as palavras de justiça, de verdade, hinos e orações. O Espírito vivo torna-se senhor do corpo e sela seus órgãos com o selo da verdade. Através dos olhos e das orelhas o bem penetra (K 56, 143, 21-32).

O segundo caminho é inseparável do primeiro. É o caminho da oração e da liturgia, terapia da alma. Cinco vezes ao dia os maniqueus rezam voltados para o sol (à noite, para a lua) com o objetivo de participar do louvor celeste do reino da luz, algo comparável à casa de louvor (*garādmān*) de Ahura Mazdā entre os zoroastristas. Esta oração contribui para arrancar da sua prisão de matéria as partículas luminosas acorrentadas e, sobretudo, para libertar as almas prisioneiras. Assim, na igreja de Manes a oração individual e a oração litúrgica desempenham um papel terapêutico. Conhecemos uma liturgia solene, a festa do Bēma, a páscoa maniqueísta que a cada ano celebrava o triunfo da Gnose redentora. Os dois caminhos da Gnose são inseparáveis. Em copta se expressa em duas palavras: Tōchme, apelo, *Sōtme*, escuta; é o vai e vem entre o reino da luz, que chama as almas a se libertar, e o movimento da oração e da liturgia, que expressa o desejo desta libertação e pede a ajuda do Alto[25].

4 Conclusões

Ao final desta exposição vocês podem constatar que cada um dos seis pontos tratados podia, por si só, constituir um objeto de estudo neste encontro. Abordei

---

25. RIES, J. "L'*enkrateia* et les motivations dans les Kephalaia coptes de Médīnet Mādi". In: BIANCHI, U. (org.). *La tradizione dell'enkrateia*. Op. cit., p. 369-391. • RIES, J. "La prière de Bēma dans l'Eglise de Mani". In: LIMET, H. & RIES, J. (orgs.). *L'expérience de la prière dans les grandes religions*. Louvain-la-Neuve: Centre d'Histoire des Religions, 1980, p. 375-390 ["Homo Religiosus" 5].

os problemas *saúde* e *salvação* nas religiões antigas situando-me não apenas no terreno histórico-religioso, mas insistindo no aspecto antropológico: o homem está no centro dos problemas que dizem respeito à salvação e à saúde. A história das religiões e a medicina não são, antes de tudo, questão de textos e de medicamentos, mas se referem ao homem.

Consideramos três religiões nas quais saúde e salvação conheceram numerosas interferências: o *vedismo* e o *brahmanismo* com a importância atribuída ao sacrifício e ao *soma*, o licor divino da salvação e da imortalidade; a *religião dos faraós* na qual o homem egípcio tomou consciência da força supramundana que ele representa simbolicamente com 753 divindades e, por outro lado, do mistério da vida do qual ele é o feliz beneficiário; enfim, o *culto de Asclépio* conhecido no mundo helenístico. Para o homem religioso antigo a ligação entre saúde e salvação fundamenta-se numa concepção cósmica do sagrado. O cosmos fala ao homem através de hierofanias.

Na segunda parte da minha intervenção, escolhi o tema da restauração da condição humana e da libertação do homem do peso dessa condição. Encontramos o Buda, que ensinou ao homem o caminho da superação do sofrimento, os terapeutas de Alexandria, que escolheram a ascese e a filosofia e, enfim, Manes, que tentou resgatar a alma luminosa da matéria. Também neste último caso, trata-se justamente de uma terapia espiritual baseada numa doutrina, em ritos e vivida numa comunidade organizada.

6
Ritos, rituais, cultos e peregrinações

I – A civilização do indo e a religião pré-védica*

Depois de 1922, escavações sucessivas no Vale do Indo trouxeram à luz uma prestigiosa civilização da Era do Bronze, que floresceu entre 2500 e 1700 a.C. Os arqueólogos e os historiadores a denominam de várias maneiras: civilização pré-védica, do Indo, de Moenjodaro, de Harapa, indusiana, moenjodariana, harapiana. Conhecida sobretudo pelas duas grandes cidades esplendidamente urbanizadas de Moenjodaro, a antiga capital, e de Harapa, ela é atualmente representada por cerca de trezentas zonas arqueológicas já examinadas, no Paquistão e na Índia. Esta civilização se distingue por sua uniformidade, por uma arquitetura urbana em que pela primeira vez são usados tijolos cozidos, por uma avançada organização social, por uma economia agrícola próspera e por uma escrita que até hoje resistiu a várias tentativas de decifração. A descoberta da zona arqueológica de Mehrgarh em 1974, depois a de Mundigak, demonstra que esta civilização foi precedida por uma civilização neolítica anterior, cujos primórdios remontam a 7000 a.C. e da qual ela constituiu o apogeu. Atualmente estas civilizações do Indo são relacionadas com as do Eufrates. Os especialistas empenhados em decifrar a escrita de Moenjodaro dispõem hoje de 3.500 inscrições, nas quais trabalham a Universidade de Helsinque e os museus do Paquistão. O desaparecimento desta civilização indusiana, ocorrida por volta de 1700 a.C., foi devido a guerras? Às invasões dos indo-europeus? A uma catástrofe natural causada pelas cheias do Indo? Esta última hipótese é atualmente a mais considerada.

A documentação reunida em Moenjodaro e nos diversos canteiros arqueológicos fornece achados preciosos para o estudo do comportamento do *homo reli-*

---

* In: *Le Religioni, le Origini*, 20, 1993, p. 74-75 [Milão: Jaca Book].

giosus. Há antes de tudo milhares de pequenos selos destinados a selar objetos, a autenticá-los, a colocá-los sob a proteção de divindades. Vêm depois o repertório decorativo das cerâmicas, as estatuetas femininas e masculinas, as cenas religiosas, os animais, os esqueletos e os túmulos. Os selos são exemplos de verdadeira arte. Fabricados em esteatito, cortados em retângulos ou em quadrados, polidos por meio de um abrasivo, trazem uma figura e uma inscrição.

O personagem principal é a deusa, representada em diversos selos e reconhecível também em numerosas estatuetas femininas de terracota. Num selo de Moenjodaro é reproduzida uma cena ritual extraordinária: a deusa tem na cabeça uma coroa de dois chifres, símbolo da sua majestade e do seu poder; prostrada diante dela, uma "sacerdotisa" estende um braço em atitude de oferta ou de oração; atrás desta se vê um bode com cabeça de homem, animal simbólico, talvez a ser relacionado com a fertilidade procriadora; na faixa inferior há sete jovens mulheres usando saia curta. A teofania da Grande Deusa está inscrita num *pipal*, um figo de linfa vermelha, símbolo da fecundidade. A presença desta mesma cena ritual em outros selos é sinal da existência de uma religião comum entre os indusianos.

Alguns outros selos apresentam um deus sentado na posição do yoga, com uma coroa com chifres na cabeça e um rosto triplo. Diante do seu trono passam íbices e ao seu redor vemos um tigre, um elefante, um rinoceronte e um búfalo. Os chifres simbolizam o poder, a coroa é o símbolo do sol, o trono indica a majestade, todos dados que encontramos também entre os deuses babilônicos. Este deus é o patrono dos animais, talvez protótipo de Shiva, criador, senhor dos animais e príncipe do yoga.

A grande deusa e o grande deus levam a pensar no simbolismo encontrado em Mureybet e nos personagens de Çatal Hüyük. Estamos no contexto de uma religião da fecundidade, e sem dúvida na presença de um mito cosmogônico ricamente ilustrado. Os selos e as estatuetas lembram as estatuetas do Neolítico da Europa Central, e poderiam representar divindades secundárias. As sete jovens mulheres não seriam a expressão simbólica ritual do culto da Grande Deusa criadora da vida, protetora do nascimento e da infância, não seriam talvez símbolos de santuários familiares que a Índia conservará num culto às sete deusas? Um contexto desse tipo leva a pensar nas inúmeras funções desempenhadas pela Grande Deusa de Mureybet até o final do Neolítico do Oriente Próximo e da Europa Oriental. À Deusa de Moenjodaro é associado o culto da árvore sagrada,

462

símbolo da fecundidade, da procriação e da vida. A descoberta de uma figura sacerdotal sugere a existência de uma atividade cultual.

A decifração da escrita dará uma resposta para essas hipóteses, formuladas com base numa simbologia muito rica e comum à Ásia e à Europa do Neolítico. O tecido religioso do pensamento, dos ritos e dos cultos devia ser constituído por uma abundante mitologia. No cemitério encontrado em Harapa em 1937 foram encontrados túmulos de dimensões insólitas, mas repletas de vasilhas, de restos de ofertas, de ornamentos, pérolas e espelhos que testemunham a crença dos harapianos numa existência supraterrena.

Referências

(Acrescentadas pelo autor, 2007)

CASAL, J.M. *La civilisation de l'Indus et ses enigmes*. Paris: Fayard, 1969.

WHEELER, R.E.M. *The Indus Civilization*. Cambridge: Cambridge University Press, 1960.

ZABERN, P. *Vergessene Städte am Indus*: fruhe Kulturen in Pakistan vom 8.-2. Jahrtausend v. Chr. Mainz am Rhein: Verlag von Zabern, 1987.

II – A Oração de Bēma na Igreja de Manes*

Fiel à doutrina do seu fundador, a Igreja de Manes considerava a oração uma ocupação nobre e essencial da vida. Aos inúmeros testemunhos relativos à oração das assembleias e dos eleitos, deixadas pelos historiadores e pelos controversistas, acrescenta-se a descoberta, em Medīnet Mādi, de um *Hinário* copta que lança uma nova luz sobre a liturgia maniqueísta[1]. Ele integra o quadro dos três tempos (início, metade, fim) do percurso gnóstico e, no que diz respeito à metade

---

* "La prière de Bēma dans l'Église de Mani". In: LIMET, H. & RIES, J. (orgs.). *L'expérience de la prière dans les grandes religions* – Actes du Colloque de Louvain-la-Neuve et Liège (22-23 novembre 1978). Louvain-la-Neuve: Centre d'Histoire des Religions, 1980, p. 375-390 ["Homo Religiosus" 5].

1. ALLBERRY, C.R.C. *A manichaean Psalm-Book*. Parte II. Stuttgart: Kohlhammer, 1938. Nas citações utilizamos a sigla PSM. Os números que acompanham a sigla designam respectivamente o número, a página e as linhas dos textos na *editio princeps*, quando os trechos da coletânea são numerados. Na ausência de numeração na coletânea, os números indicam respectivamente a página e as linhas da *editio princeps*; o mesmo vale para as referências não precedidas pela sigla PSM utilizadas no corpo deste artigo.

ou tempo mediano, o próprio núcleo dos três momentos de mistura entre a Luz e as Trevas. Na realização da salvação, a liturgia e a oração ocupam um lugar de importância fundamental[2].

1 Sentido da oração maniqueísta

No mito cosmogônico do maniqueísmo, Jesus-Esplendor, quinta Grandeza do Reino da Luz e quarta Emanação do Pai, envia o Grande Pensamento, encarregado da mensagem libertadora. Ele põe em campo no cosmos dois diádocos, chamados *Tōchme* e *Sōtme* nos textos coptas, *Qāryā* e '*Ānya* em siríaco, *Xrōštag* e *Padvāxtag* em pálavi. Trata-se do Apelo e da Escuta ou Resposta, as duas hipóstases da gnose, criadas com base no modelo do diálogo redentor inicial estabelecido entre o Espírito Vivente e o Homem Primordial, mantido prisioneiro pelas Trevas. Encarregados de transmitir e de manter em ação a mensagem gnóstica, estes dois diádocos continuarão atuando no cosmos até a libertação total das partículas luminosas. Por meio de um diálogo permanente de salvação, *Tōchme* e *Sōtme* organizam o retorno progressivo de toda a luz, ou seja, da alma do mundo, para o Reino. Cada alma constitui uma centelha divina, caída num corpo material dominado pelos demônios. Em consequência disso, cada alma deve antes de tudo ser despertada e curada, depois deve ser preparada para viver no desapego progressivo da matéria, para estar totalmente pura no momento da morte e assim poder entrar diretamente na Cidade luminosa da qual é originária.

É no interior desse diálogo soteriológico, explicado pelo mito maniqueísta, que se situam a liturgia e a oração. "As provisões do Espírito Santo são essas orações, esses cantos, esses hinos", diz uma passagem do *Hinário dos peregrinos* (PSM, p. 184, 15-16). O texto é uma alusão explícita à obrigação da oração permanente por parte dos eleitos, os missionários gnósticos encarregados de percorrer o mundo e de anunciar aos homens a mensagem de salvação. H.C. Puech mostrou que, de acordo com Manes, música e hinos constituem a incessante ho-

---

2. RIES, J. "Le dialogue gnostique du salut dans les textes manichéens coptes". In: *Miscellanea in honorem Joseph Vergote*. Lovaina: Department Oriëntalistiek, 1975, p. 509-520. O termo Gnose (escrito com maiúscula) designa a Grandeza vinda do Reino da Luz e surgida do Grande Pensamento realizado por Jesus-Esplendor. A ação da Gnose se exerce graças aos diádocos *Tōchme* e *Sōtme*. O termo gnose (com minúscula) é extraído das doutrinas gnósticas ensinadas por Manes, pela Igreja, pelos doutores.

menagem que rende ao Pai da Luz a assembleia do Reino, comparável à casa de louvor de Ahura Mazdã entre os zoroastristas[3]. A liturgia e a oração dos eleitos e dos ouvintes, de um lado, participam desse louvor celeste e, de outro, contribuem para arrancar de sua prisão material as partículas luminosas e acorrentadas. Assim, na Igreja de Manes a liturgia da assembleia e a oração individual não assumem apenas um papel social, religioso, estético ou psicológico. Réplicas ao mesmo tempo do louvor do Reino da Luz e do diálogo redentor das origens da mistura, elas prefiguram a salvação gnóstica, despertam a alma imersa na amnésia subsequente à queda e, graças às repercussões cósmicas de sua ação, criam uma coluna luminosa, verdadeiro caminho de libertação que leva as centelhas divinas para a Cidade santa. Com o canto dos hinos e dos salmos, com as invocações e com as orações, todo maniqueu participa diretamente da redenção da luz.

No que diz respeito à ascensão da oração para o Reino da Luz, uma interessante informação nos é fornecida por an-Nadīm, um historiador árabe que levou a termo em Bagdá, no ano 987, seu livro intitulado *Fihrist-al-ulūm, Catálogo dos conhecimentos*. An-Nadīm cita um texto de Manes relativo à criação realizada por determinação do Rei da Luz: "Ele criou o sol e a lua para separar a luz presente neste mundo. Desse modo, o sol separa a luz misturada aos demônios ardentes e a lua separa a luz misturada aos demônios frígidos. E a luz assim separada se eleva nas alturas com os louvores, os hinos, a palavra pura e as ações piedosas"[4].

Hoje, a leitura do *Psalm-Book* de Medīnet Mādi nos permite apreender mais adequadamente o sentido exato da oração maniqueísta, sua influência na vida cotidiana dos eleitos e da assembleia e seu papel na *missio gnostica*. Através dos textos assistimos ao desfile das multiformes doutrinas dualistas, dos empréstimos de outras religiões, das articulações gnósticas com todo o esforço de adaptação à vida empreendido por Manes. Repetidos na oração individual ou na celebração, esses hinos e essas orações formavam os espíritos em profundidade, moldavam o comportamento dos eleitos e da assembleia e mantinham o entusiasmo em meio às dificuldades e às perseguições. Assim, a coletânea dos *Hinos a Jesus* permite

---

3. Cf. PUECH, H.C. "Musique et hymnologie manichéennes". In: *Encyclopédie des musiques sacrées*. Vol. I. Paris: Labergerie, 1968, p. 353-386. • PUECH, H.C. *Sur le manichéisme et autres essais*. Paris: Flammarion, 1979, p. 179-233 [trad. it., *Sul manicheismo e altri saggi*. Org. de A. Comba. Turim: Einaudi, 1995].

4. Cf. FLÜGEL, G. *Mani, seine Lehre und seine Schriften*. Leipzig: Brockhaus, 1862 [reimpr. Osnabrück: Biblio, 1969, p. 89-90].

que o fiel em oração viva a história gnóstica da salvação centrada nas figuras históricas e míticas de Jesus e seu *Jesus patibilis*, a alma do mundo[5]. Em todo hino, sobre uma trama gnóstica são tecidas reminiscências neotestamentárias, dados históricos da Igreja maniqueísta, lembranças do Fundador, os mistérios dualistas, a cosmogonia e a escatologia. De resto, os *Psalmoi Sarakōtōn*, os *Hinos dos peregrinos*, manifestamente destinados ao uso missionário dos eleitos, são o reflexo das diversas etapas da pregação gnóstica: os gritos lançados para provocar o despertar das almas, o entusiasmo dos pregadores, os apelos ao espírito de resistência, os cantos litânicos necessários para lutar contra as tribulações do caminho, as invocações que lembram o combate entre a Luz e as Trevas.

Nossa exposição limita-se à coletânea dos 23 *Hinos de Bēma*[6]. Todo ano, na primavera, ao final de um jejum de cerca de trinta dias e numa data muito próxima à festa cristã da Páscoa, a Igreja de Manes celebrava a solenidade de Bēma, que assinalava assim o aniversário da Paixão do Profeta, chamada *staurosis* nos nossos textos coptas. Acusado de sabotar os alicerces do masdeísmo, Manes havia sido levado à prisão pelo Rei Bahrām I. Ao final de um cativeiro de 26 dias, que provavelmente foi de 31 de janeiro a 26 de fevereiro de 277, enfraquecido pelas torturas, o Profeta morreu na sua prisão de Gundeshapur (Bēlapat) em Elam. A festa de Bēma constituía a celebração solene desse aniversário. Esta festa pascal maniqueísta era também o grande dia do perdão dos pecados e representava o início de um novo ano gnóstico, centrado nos eventos que tinham permitido que Manes se libertasse da prisão do seu corpo para se tornar *Soter* e *Phoster*.

De acordo com a descrição de Agostinho, o Bēma é "um palco com cinco degraus, ornamentado com tecidos preciosos e exposto muito visivelmente aos olhares dos adoradores"[7]. O termo grego *bēma*, tribuna do orador ou cadeira do juiz, tornou-se um termo técnico do vocabulário maniqueísta. É encontrado nos

---

5. ALLBERRY, C.R.C. *A Manichaean Psalm-Book*. Op. cit., p. 49-97, 120-127: Psalms to Jesus.

6. Ibid., p. 1-47: Psalms of the Bēma. Sobre a festa do Bēma, cf. PUECH, H.C. *Sur le manichéisme...* Op. cit., p. 389-394. • ALLBERRY, C.R.C. "Das Manichäische Bēma-Fest". In: *Zeitschrift für neutestamentliche Wissenschaft*, 37, 1938, p. 2-10. Berlim. • RIES, J. "La fête de Bēma dans l'Eglise de Mani". In: *Revue des Études Augustiniennes*, 22, 1976, p. 218-233. Paris. No presente trabalho temos de limitar nossa pesquisa a alguns aspectos do *Hinário copta*. Haveria também muito a dizer sobre a iconografia eucológica, ilustrada de modo notável pelas descobertas de Turfan.

7. *Contra epistolam fundamenti*, 8, 9. Cf. AURELIUS AUGUSTINUS. *Six traités anti-manichéens* – De duabus animabus, Contra Fortunatum, Contra epistulam fundamenti, Contra Secundinum, Contra Felicem Manichaeum. Org. de R. Jolivet e M. Jourjon. Paris: Desclée de Brouwer, 1961, p. 410-411.

textos asiáticos sob a forma *b'īm*. Considera-se que no Bēma, erigido em meio à assembleia no decorrer da festa do ano-novo, Manes desça do Reino da Luz para presidir a cerimônia. Além disso, no alto do pódio é majestosamente colocada a sua grande imagem, que resplandece em meio às luzes. Eleitores e assembleia se comprimem em torno desta cátedra do Fundador da Igreja, considerado Paráclito, Senhor e Juiz. Aplicado antes de tudo a este trono de Manes, o vocábulo *Bēma* acabou assumindo um sentido global e passou a designar também a assembleia litúrgica, a solenidade pascal e o próprio dia da grande celebração anual.

2 A celebração da Paixão de Manes

O hino PSM 225 é uma encenação litúrgica do processo de Bēlapat. Infelizmente, importantes passagens do manuscrito são ilegíveis. No entanto, o texto está suficientemente conservado para nos levar a perceber como, numa síntese surpreendente, o redator retoma as principais peripécias desse trágico acontecimento. Como os lobos se precipitam sobre o cordeiro, assim os inimigos se lançaram sobre Manes, ao qual se compara a alma gnóstica (14, 22-27). Depois de uma visão relativa aos sacerdotes masdeístas das mãos impuras, comparados aos judeus que mataram Cristo, o texto litúrgico desemboca numa série de invectivas que a assembleia profere contra os Magos. Depois somos conduzidos diante do tribunal de Bahrām, onde assistimos a um diálogo entre o rei e Manes, manifestamente inspirado no diálogo entre Pilatos e Jesus (15, 9-31; 16, 1-4). A representação litúrgica continua estabelecendo um paralelo entre Manes, imobilizado pelas correntes, e a alma prisioneira dos seus inimigos (16, 19-33; 17, 1-26). O texto termina com um premente apelo dirigido a Manes, o Paráclito vitorioso, modelo da alma acorrentada neste mundo e que aspira à libertação (17, 27-33). Além disso, em todo o texto litúrgico a Paixão de Manes é apresentada como um arquétipo da luta que alma gnóstica deve empreender para conquistar, a exemplo de seu Salvador, a coroa da vitória.

O hino PSM 236 continua essa meditação, insistindo principalmente no cumprimento dos mistérios gnósticos na morte (*staurosis*) do Salvador, o segundo dia da semana, o quarto do mês Phamenoth. O próprio Manes se entregou ao carrasco depois de ter clamado por Deus, pedindo que lhe abrisse a porta e o libertasse de seus sofrimentos (18, 11-12). Diversos detalhes relacionados aos eventos da Paixão são aplicados à perseguição sofrida pela Igreja. Assim, as seis correntes de ferro que por 26 dias pesaram sobre os membros do Salvador são o símbolo dos seis anos de perseguição contra seus discípulos. A Paixão de Manes torna-se o símbolo dos sofrimentos da sua comunidade. Em decorrência disso, a celebração de Bēma permite estabelecer uma correspondência entre os eventos da Paixão, de um lado, e as torturas da alma e a perseguição da Igreja, de outro.

Se, para os eleitos e os catecúmenos, a paixão de Manes, relembrada na liturgia anual de Bēma, é o símbolo do combate libertador que a alma conduz a cada dia com os sofrimentos passados na prisão do corpo, ela é também o símbolo do caminho que leva ao triunfo definitivo. Essa experiência, vivida na liturgia pascal maniqueísta, é importante para a comunidade e para cada um de seus membros: ela sustenta a alma na sua fidelidade à gnose. Por outro lado, além dos detalhes da Paixão, a oração ressalta o seu triunfo definitivo. Esse aspecto sobressai especialmente no texto de PSM 229, 24-25, que glorifica a vitória do Salvador das almas humanas (24, 21-22), também chamado "porto de luz" e "caminho da vida", "bom pastor" e "esperança das almas" (25, 3-5), "ressurreição da morte" e "vida nova para as almas" (25, 12-14). Este hino, que apenas agrupa os títulos de glória do Salvador, termina com um olhar para a experiência de felicidade dos eleitos e dos catecúmenos neste dia festivo, uma vez que seus jejuns, suas orações, suas esmolas garantem sua entrada no Reino (25, 27-30).

A coletânea de Bēma é encerrada com um hino de tamanho excepcional: PSM 241, 42-47. Ele expressa antes de tudo a alegria da comunidade reunida na fé nos seus salvadores Jesus e Manes (42, 7,27). Em seguida, dirigindo-se a Manes, misteriosamente presente no palco, os discípulos proclamam os méritos de sua obra de salvação:

> Bendizemos os teus sofrimentos, que suportaste por teus filhos; pois abandonaste tua glória tão grande, vieste e entregaste a ti mesmo pelas almas (PSM 41, 42, 27-31).

Este texto, que tem ressonâncias paulinas (Fl 2,8), introduz um paralelo entre a Paixão de Jesus, entregue a Herodes pelos judeus que mataram Deus, e a de Manes, traído diante de Bahrām pelos Magos, filhos do fogo (43, 9-24). Em seguida, dirigindo sua atenção para a realização da salvação, a assembleia enfatiza a antítese morte-vida e corpo-espírito. Nos 26 dias de sofrimento nas suas correntes, Manes escolheu 12 doutores e 62 bispos, confiando a Sisínio o cuidado de sua Igreja. Depois de ter encaminhado os seus assuntos, implorou ao Pai, que lhe respondeu. Depois abandonou o corpo, para subir de volta ao Reino (43, 24-32; 44, 1-14). Quando os assassinos se lançam sobre seu corpo na cidade ímpia, seu espírito se encontra na alegria da morada celeste (44, 15-32).

A evocação da Paixão por meio de termos próximos dos textos neotestamentários introduz a experiência que deve representar para a alma esta liberdade do Salvador, que esquece o seu corpo para se dedicar à sua Igreja, em meio à qual continua misteriosamente a habitar. Além disso, a liturgia dirige toda a sua atenção para a vida dos discípulos, reunidos neste momento em torno do Bēma ricamente ornamentado, banhado de luz e repleto dos livros de Manes depositados nos cinco degraus do trono, símbolos do caminho do retorno das almas para o Reino, uma escada que permite aceder ao Alto (PSM 222, 8, 3). Diante deles se encontra o grande médico, que sabe como curar cada homem e que lança a todos o apelo à cura. Fora dele não existe cura. Em sua misericórdia pelas almas, revelou o segredo dos mistérios e os apresenta a cada um. É a sua "mala de ferramentas": o *Grande Evangelho*, o *Tesouro de Vida*, o *Tratado*, o *Livro dos Mistérios*, o *Livro dos Gigantes*, o *Livro das Cartas*, o *Livro das Orações e dos Salmos* (46, 1-31; 47, 1-4). A assembleia em oração emite então um vibrante apelo: "Que nos traga a cura" (47, 7).

A celebração litúrgica da Paixão de Manes na festa de Bēma leva os eleitos e a assembleia a viver uma autêntica experiência de salvação, em união com seu Salvador. Os sofrimentos padecidos pelo Profeta em Bēlapat são o símbolo do combate que a alma, prisioneira do corpo dominado pelos arcontes, deve travar todos os dias. As torturas do Mestre, oprimido por 26 dias por seis pesadas correntes de ferro, representam o símbolo das perseguições contra a sua Igreja. A liberdade do Salvador, que não se preocupa nem um pouco com seus sofrimentos, mas se interessa apenas por sua Igreja, em meio à qual permanece presente depois de sua volta triunfal ao Reino da Luz, convida os discípulos a continuar, na alegria e numa total fidelidade aos mandamentos, a própria vida cotidiana, marcada pela austeridade: a Paixão de Manes dá a eles a certeza do triunfo.

3 Oração de Bēma e perdão dos pecados

Nossos textos aludem duas vezes à instituição de Bēma por parte de Manes para conceder a remissão dos pecados[8]. A esse significado fundamental da fes-

---

8. PSM 227, 20, 26-30; PSM 241, 9-11.

ta, tomado de empréstimo provavelmente dos cristãos por parte do Profeta da Babilônia, os maniqueus teriam acrescentado a celebração da Paixão de Manes, colocando-a em paralelo com a *staurosis* de Jesus.

> Ó alma, reconhece este grande sinal.
>
> É o sinal da remissão de teus pecados.
>
> Este Bēma visível, o Verbo o colocou diante de ti,
>
> para semear em ti em meio ao que é visível
>
> a memória do juízo oculto que esqueceste,
>
> após o dia em que bebeste a água da demência, ó alma.
>
> E eis que chegou para ti a graça do dia de alegria.
>
> Hoje descobre sem temor os teus pecados.
>
> Preocupa-te com o teu fim, prepara-te com tuas obras,
>
> para que este Bēma da *sophia* te leve a isso (PSM 222, 7, 12-21).

Cantado pela assembleia portadora da mensagem gnóstica, este texto convida cada ouvinte e cada eleito a realizar em si mesmo a ação simbólica do palco visível, obra do Verbo. Este último termo pode dar lugar a diversas interpretações: reminiscência de Jo 1,1, alusão a Manes, mensageiro da Gnose, alusão a Jesus mítico, o *Splenditenens* e o criador do Grande Pensamento. Na doutrina maniqueísta, onde o jogo entre mito e símbolo é permanente, não é possível excluir a pluralidade dos significados. De fato, a vida cotidiana do gnóstico é guiada por signos que cada um deve reconhecer e interpretar[9]. Assim, a citação de Rm 14,10 convida o fiel a pensar também no tribunal de Jesus (7, 22-24). O texto litúrgico mostra que Bēma e *Krites* estão ligados, porque se trata de fazer a separação entre as duas raças, a da Luz e a das Trevas (7, 26-32). O fiel é convidado a apreender a riqueza simbólica de Bēma: oásis cotidiano, purificação da vida, arca da aliança repleta de instrução[10], escada que leva para o Alto, balança que serve para pesar os atos (8, 1-5). Símbolo do juízo, cátedra do Grande Juiz e dos Pais da Luz, barreira que impede de cair no erro, o Bēma é também o símbolo que serve às *Escrituras*; e, portanto, vitória para as almas ou condenação para os pecadores (8, 6-13).

---

9. RIES, J. "La gnose dans les textes liturgiques manichéens coptes". In: BIANCHI, U. (org.). *Le origini dello gnosticismo*. Leiden: Brill, 1967, p. 614-624.

10. *Kibotos*, Ex 25,10; PSM 222, 8, 2-3. Este termo, que lembra a arca da aliança e os mandamentos de Deus, parece pertencer à linguagem técnica do maniqueísmo, pois W. Sundermann o encontra nos textos de Turfan.

Repleta de tão densa simbologia do Bēma, que resplandece de luz e exala o perfume das rosas que contornam a imagem de Manes e adornam as suas *Escrituras*, a assembleia se deixa transportar pelo entusiasmo pascal (8, 15-21):

> Perdoa os pecados daqueles que conhecem os teus mistérios,
>
> daqueles aos quais foi revelado o conhecimento do segredo do Muito-Alto,
>
> pela santa sabedoria sem erro da santa Igreja do Paráclito, nosso Pai (PSM 222, 22-25).

O mesmo impulso místico encontra-se no início de PSM 227, onde a assembleia em oração se dirige ao Paráclito e Juiz, sentado em seu trono, Espírito de Verdade enviado por Jesus, novo sol para as almas, fundador da nova aliança (20, 19-25):

> Tem piedade de teu povo, ó Paráclito, Pai das misericórdias, e perdoa-nos todos os pecados que cometemos. Não te preocupes conosco, porque chegou o dia que tu mesmo nos ofereceste em dom, para que possamos implorar o teu perdão, Senhor, e possas perdoar nossos pecados (PSM 227, 20, 26-30).

Os maniqueus têm consciência do valor do perdão. Sabem que o Bēma é o símbolo desse perdão, que o dia de Bēma foi instituído pelo próprio Manes como dia do perdão dos pecados para aqueles que aderem aos mistérios dualistas. Os numerosos formulários de confissão destinados tanto aos eleitos como à assembleia nos mostram a que ponto a Igreja de Manes tinha uma consciência viva do pecado[11]. Além disso, o perdão dos pecados está submetido a diversas condições, a primeira das quais é o pedido de perdão formulado na oração:

> Nós te pedimos, Deus cheio de misericórdia,
>
> Perdoa os nossos pecados.
>
> Deus, pedimos a ti, a ti o Pai, o primeiro dos deuses,
>
> Aquele que está oculto, mas cuja luz foi revelada,
>
> Nós clamamos a ti, escuta-nos (PSM 219, 1, 5-9).

---

11. RADLOFF, W. *Chuastnuanift, das Bussgebet der Manichäer*. São Petersburgo: Kaiserliche Akademie der Wissenschaften, 1969. • LECOQ, A. "Chuastuanift". *Abhandlungen der Preussbischen Akademie der Wissenschaften*. Berlim, 1910. • BANG, W. "Manichäische Laien-Beichtspiegel". In: *Le Muséo*, 36, 1923, p. 137-242. Lovaina. • HENNING, W. "Ein manichäisches Bet- und Beichtbuch. In: *Abhandlungen der Preussischen Akademie der Wissenschaften*, n. 10, 1936. Berlim. • ASMUSSEN, J.P. *Xuastuanift* – Studies in Manichaeism. Copenhague: Munskgaard, 1965. • KLIMKEIT, H.J. "Manichäische und buddhistische Beichtformeln als Turfan". In: *Zeitschrift für Religions- u. Geistesgeschichte*, 20, 1977, p. 192-228. Colônia.

Uma oração análoga introduz PSM 228, 22, 28-30. Nela a assembleia santa aclama o Senhor, o Paráclito que assumiu seu lugar no trono, depois lança um convite a todos os fiéis para que na oração peçam perdão dos pecados. Por outro lado, a oração não é suficiente. Ela exige o arrependimento e o perdão mútuo que os irmãos devem conceder-se neste dia (PSM 234, 32, 7-9). Além disso, eles não devem se apresentar à assembleia de mãos vazias. Durante o ano prepararam-se com seus jejuns, suas esmolas, suas orações; é sob tais condições que eleitos e catecúmenos podem participar da alegria desta festa pascal e entrar nas novas moradas (PSM 229, 25, 27-29).

A segunda condição do perdão dos pecados é o arrependimento, a *metanoia*, como dizem os nossos textos:

> Eis a anistia, eis o perdão dos pecados.
> É Jesus quem dá o arrependimento àquele que se arrepende.
> Ele está presente em meio a nós, nos faz sinal em segredo dizendo:
> Arrependei-vos, para que possa perdoar os vossos pecados.
> Não está distante de nós, meus irmãos, como disse em sua pregação:
> Estou perto de vós, como a roupa de vosso corpo (PSM 239, 39, 19-24).

Este texto confere a Jesus um lugar privilegiado para o perdão dos pecados. Além disso, o hino está repleto de reminiscências neotestamentárias relativas aos temas do perdão e do amor ao próximo: a cólera e a reconciliação que precedem cada oferta (39, 25 e 29: Mt 5,22-25); o amor ao próximo considerado em si mesmo (40, 4: Mt 22,39); o cisco e a trave (40, 8-9: Mt 7,1-5); a renegação de Deus diante dos homens (40, 20: Lc 12,9); a felicidade do homem de consciência correta (40, 31: Mt 5,44); o amor aos inimigos (40, 33-34: Mt 5,48); o sol que brilha sobre os bons e sobre os maus (41, 1-2: Mt 5,45). A doxologia final do hino se dirige unicamente a Jesus (41, 5), sem nenhuma menção a Manes. É evidente que o redator deste hino se baseou numa fonte bíblica. Este fato não deve nos espantar. À imitação de Paulo, Manes iniciava suas cartas com as palavras: "Manes, apóstolo de Jesus Cristo"[12]. Graças ao *Codex* de Colônia, hoje conhecemos o início de seu Evangelho: "Eu, Manes, apóstolo de Jesus Cristo, pela vontade

---

12. AURELIUS AUGUSTINUS. *Contra epistolam Manichaei quam vocant fundamenti*, V, 6. Cf. AURELIUS AUGUSTINUS. *Six traités anti-manichéens*. Op. cit., p. 399.

de Deus, o Pai da Verdade do qual nasci"[13]. De resto, na coletânea dos *Hinos de Bēma* afirma-se claramente que Manes completou a obra de Jesus, que o enviou como Espírito de Verdade[14]:

> O Filho predileto Jesus Cristo põe na cabeça uma coroa com grande alegria, pois reconstruíste sua construção que estava destruída, iluminaste seu caminho que estava escondido; colocaste em ordem suas Escrituras que estavam em desordem, explicaste sua sabedoria que era secreta e então estabeleceste solidamente para ele o seu Bēma sagrado (PSM 224, 12, 28-33).

Outro texto dos *Hinos de Bēma* enfatiza o papel de Jesus como Juiz. O início de PSM 236 (34, 19-24) convida os [eleitos] e os catecúmenos ao louvor neste dia de Bēma, dia da ascensão do Paráclito, dia de Bēma do Espírito Paráclito. Em seguida, o texto se dirige aos discípulos, pedindo-lhes que se arrependam de suas perversões, pois o juízo está próximo: Jesus, o Juiz, está sentado no Bēma.

Assim, os nossos textos sobre o perdão dos pecados mostram a presença simultânea de Manes e de Jesus em meio à assembleia de Bēma. A insistência no papel de juiz das consciências desempenhado por Jesus parece confirmar a instituição, por parte do próprio Manes, da solenidade de Bēma como dia anual do perdão para sua Igreja. De fato, o próprio Profeta colocou sua missão no prolongamento da missão de Jesus e em dependência direta desta. É normal pensar que Manes esteja na origem da apresentação de Jesus como juiz das consciências. Logo após a morte do Profeta, que se tornou o Paráclito retornado à glória do Reino, seus discípulos mantiveram a sua doutrina sobre o Bēma como dia de perdão, mas associaram intimamente Manes ao papel desempenhado por Jesus.

Na oração litúrgica que prepara e celebra o perdão dos pecados no dia de Bēma, eleitos e catecúmenos vivem uma dupla experiência religiosa. De um lado, na presença de Bēma ricamente decorado, resplandecente de luz, dotado da imagem do Profeta e das *Escrituras*, eles compreendem mais profundamente os mistérios: as duas raças, os mandamentos, o sentido do pecado, a escolha permanente. Além disso, criam neles as disposições indispensáveis para obter o perdão: uma consciência pura, um sentimento mais vivo do amor dos irmãos, o de-

---

13. HENRICHS, A. & KOENEN, L. "Der kölner Mani-Kodex". In: *Zeitschrift für Papyrologie und Epigraphik*, 19. Bonn, 1975, p. 67.

14. Cf. PSM 223, 9, 4-5; PSM 227, 20, 19-25.

sapego do mal e da matéria, o arrependimento, bem como o humilde pedido de perdão dirigido a Manes e a Jesus. Por outro lado, a celebração da solenidade os leva a tomar consciência do papel de seus dois Salvadores. Manes está presente visivelmente graças ao seu retrato, colocado sobre o trono. É o curador das almas. A simbologia das múltiplas facetas de Bēma enfatiza este papel: a revelação dos mistérios, a aliança e os mandamentos, a catequese e os livros sagrados. Manes prepara as almas para o perdão de seus pecados. Como Paráclito presente no Reino, ele será associado a esse perdão, conferido por Jesus. Verbo divino, *Splenditenens* enviado pelo Pai para criar o Grande Pensamento e a Gnose, mensageiro do Reino por alguns anos na terra, Jesus está presente na assembleia de Bēma, mas de modo invisível. É Ele o Juiz autêntico que perdoa as faltas. O Bēma é o tribunal de Jesus (Rm 14,10), erigido a cada ano em toda a terra na expectativa da vinda de Jesus, ao final da mistura, para julgar todos os homens.

4 Liturgia de Bēma e triunfo da gnose

Nosso *Hinário de Bēma* destaca regularmente a solenidade da festa. Porque, se a assembleia reunida pede o perdão de seus pecados, se ela celebra o memorial da Paixão de Manes, este dia permanece ainda assim um dia de júbilo e de vitória do Reino.

> Viva o Bēma da vitória,
> Grande símbolo da nossa cidade,
> Coroa cintilante
> para as almas vitoriosas (PSM 222, 8, 10-11).

Um primeiro aspecto da vitória da Gnose diz respeito à Igreja de Manes, difundida em toda a terra. Nesse sentido, o dia de Bēma é um dia de triunfo e um dia de glória ilimitada para todos os santos e para todos os filhos da raça da Luz. Em seu júbilo, eles cobrem de flores o palco iluminado, enquanto a alegria toma conta de todo o Reino, ou seja, as potências, os filhos, as emanações do Pai, as luzes nas alturas, os anjos, os omóforos, as colunas e os elementos luminosos (PSM 224, 12, 18-25). O tema do júbilo na exultação da vitória é desenvolvido em todo o decorrer de PSM 224, 12-14, que celebra um depois do outro a vitória de Manes, o triunfo da Gnose, a libertação das almas, a beleza dos Livros sagrados, o entusiasmo dos doutores e dos eleitos, em suma, a exultação da Igreja terrena e do

Reino, pois o dia de Bēma é um dia de vitória e de triunfo. Além disso, voltados para o trono iluminado e coberto de flores, eleitos e ouvintes proclamam:

> Em verdade, as tuas Igrejas santas estão espalhadas pelos quatro cantos do cosmos.
> Em verdade, tuas videiras preencheram todos os lugares.
> Em verdade, teus filhos se tornaram célebres por todas as partes.
> Em verdade, o teu Bēma está solidamente estabelecido em todos os lugares... um rio que corre pela terra inteira (PSM 224, 13, 20-24).

De modo muito particular, no decorrer do dia de Bēma, a comunidade dirige o olhar para a vitória da Igreja e para as realidades escatológicas que representam a esperança da Igreja maniqueísta e de toda alma gnóstica. Neste dia de júbilo, a nostalgia do Reino da Luz se transforma em alegria fervorosa, pois a vitória da Luz sobre as Trevas se apresenta como uma certeza. Os diversos aspectos da simbologia da representação e da decoração exaltam os símbolos da vitória. Por si só, a reunião da assembleia e dos eleitos em torno do Bēma, presente onde quer que se encontrem comunidades maniqueístas, é um sinal das conquistas missionárias. Construído em numerosos países neste dia do ano, o palco de cinco degraus dominado pela grande imagem de Manes é o sinal visível da presença da Igreja gnóstica. Como um rio, a gnose cobre e fecunda a terra[15].

Um segundo aspecto do triunfo da Gnose é a vitória permanente dos discípulos, libertadores de sua alma e libertadores da alma do mundo. Esta vitória é obtida com a luta contra a matéria, dominada pelos arcontes. Esta permanece uma realidade austera e dura. Além disso, a força de Bēma será uma necessidade de todos os dias do ano que se inicia, uma vez que todos os membros da Igreja precisarão de apoio e de conforto nas perseguições. A vida deles é uma escolha permanente. A oração deste dia deve ajudar a carregar o peso de um novo ano. Mais de uma vez vemos este segundo aspecto da vitória gnóstica ser condicionado à oração da assembleia.

Em sua marcha, os discípulos se voltam para o Paráclito, que, com a revelação dos mistérios, não deixa de mostrar o caminho que eles devem seguir. Ele traz alegria aos que cumprem os mandamentos (PSM 227, 21, 6-7), pois é a luz, o sol que brilha nos céus (21, 26). Seu caminho é um caminho de verdade. A Via

---

15. PSM 222, 13, 24; PSM 227, 20, 25; PSM 229, 24, 17-22.

Láctea que leva à Luz é o caminho do Homem Primordial, de Jesus-Esplendor e do Espírito Paráclito (22, 6-9). O início de PSM 227, 20, 19-25 resume em alguns traços este sentimento dos discípulos:

> Nós adoramos a ti, o Juiz, o Paráclito, celebramos o teu Bēma sobre o qual reinas. Vieste em paz, Espírito de Verdade, o Paráclito que Jesus enviou; vieste em paz, novo sol para as almas humanas. Vieste em paz, nosso Senhor Manes. Adoramos o teu Bēma e tua nova aliança.

Voltada para sua imagem colocada sobre o trono, a assembleia canta os seus méritos na obra da salvação. Este tema é desenvolvido no decorrer de todo PSM 228, 22-24. Numa linguagem muito imagética, Manes é glorificado como Salvador dos homens. A cada louvor a assembleia responde com uma súplica. Ele trouxe os remédios para curar os feridos (23, 6-7); nas nossas lâmpadas colocou a luz e o azeite da fé (23, 8-9); aos navios deu um comandante, ao leite quente acrescentou manteiga (23, 10-11); deu aos famintos o pão da vida, deu roupas aos que estavam nus (23, 12-13); com seu amor confere clareza à nossa compreensão; faz resplandecer a sua fé na nossa razão (23, 14-15; conferiu perfeição ao nosso pensamento, um longo sofrimento à nossa sabedoria (23, 16-17). O louvor continua glorificando o Mestre, o Profeta, o Paráclito, cuja doutrina e cujos mandamentos devem servir de guia. Trata-se de uma vitória da Gnose em cada alma a caminho para a libertação. Assim, o Bēma é o símbolo de Manes e da sua revelação, que reinam no mundo até o momento em que Jesus virá sentar-se neste trono para julgar todas as raças (PSM 229, 25, 24-26).

Como vimos, a liturgia de Bēma enfatiza a dupla vitória da Gnose: de um lado, a vitória da Igreja gnóstica, que se difunde no Oriente e no Ocidente; de outro, a vitória cotidiana dos eleitos e dos catecúmenos, que, com sua vida, seu comportamento, seus jejuns e suas orações, libertam a luz. A impressão da solenidade anual deve ficar gravada nas memórias, de modo a sustentar o espírito dos discípulos. Para isso contribui grandemente a encenação da celebração. Ricamente adornados, banhados de luz, repletos de rosas e de livros de Manes, os cinco degraus do trono, evocação das cinco Grandezas do Reino, são o símbolo do caminho de volta das almas para o Reino. No alto do palco se ergue majestosamente a grande imagem de Manes, resplandecente em meio às luzes da festa.

A este cenário prestigioso se acrescenta a simbologia sagrada de Bēma, da qual temos um exemplo em PSM 222, 8, 1-5:

Que Bēma se torne para vós um oásis de paz, um lugar de purificação da nossa vida, um baú (arca) repleto de doutrina, uma escada que leve ao Alto, uma balança para pesar os vossos atos. Tu que vês o símbolo dessas coisas no Bēma, glorifica-o.

Será que não encontramos aqui a doutrina bíblica da arca da aliança, a escada mitraísta, a psicostasia egípcia e a pesagem das almas? O Profeta de Babilônia havia concebido um projeto grandioso: realizar a síntese de todas as religiões e fazer de todos os povos da terra uma só e única Igreja em oração, encarregada de libertar as almas da influência do Príncipe das Trevas.

A oração pascal da Igreja faz com que os eleitos e os catecúmenos vivam uma experiência de vitória e de triunfo, cujos efeitos se prolongam no decorrer do novo ano. Essa oração confere um novo impulso à vida gnóstica e à atividade missionária das comunidades. A festa termina com o canto de PSM 223, uma versão litúrgica e eucológica da *Epistola Fundamenti*[16]. Com essa oração tem lugar o diálogo entre o Reino da Luz e a Igreja gnóstica que ainda se encontra na terra. Nesse dia, Manes revela o início, o meio e o fim. Proclama o mistério do Pai da Grandeza e anuncia a separação radical das duas naturezas. Na liturgia pascal se realiza o diálogo da salvação. Em meio à assembleia ecoa o Apelo (*Tōchme*) que, na origem, foi lançado ao Homem Primordial no momento do seu combate contra as Trevas. Este apelo é entendido por aqueles que acabaram de proclamar sua fé em Manes e em Jesus e reafirmaram seu pertencimento à Igreja gnóstica:

Nós somos os seus eleitos, somos aqueles que rezam
Somos aqueles que escutam tudo dele (PSM 239, 47, 13-14).

A *Tōchme* corresponde *Sōtme*, a resposta da assembleia, a oração de adoração e de aceitação. Realizada uma primeira vez no momento que o Homem Primordial, retido pelas Trevas, acusa o recebimento da mensagem vinda do Reino, *Sōtme* (Escuta) assume um novo valor na oração pascal. A voz da Igreja, que é o canto da assembleia, convida o fiel a seguir o caminho da Gnose: "*Recebeste o apelo: não deixes de ouvi-lo*" (PSM 164, 16-22).

---

16. RIES, J. "Une version liturgique copte de l'Epistola Fundamenti de Mani réfutée par Saint Augustin?" Ion: CROSS, F.L. (org.). *Studia Patristica*. Vol. XI. Berlim: Akademie Verlag, 1972, p. 341-349 [Col. "Texte und Untersuchungen zur Geschichte der altchristlichen Literatur", 108].

Este breve estudo do *Hinário de Bēma* permitiu-nos ressaltar três aspectos da experiência religiosa dos discípulos de Manes na celebração de sua liturgia pascal. Nossa pesquisa limitou-se a uma série de textos que poderiam levar a compreender melhor os sentimentos da Igreja gnóstica reunida anualmente para celebrar a Paixão de Manes, o perdão dos pecados e a vitória da Gnose. Seria preciso estudar muitos outros aspectos: a angústia da alma prisioneira do corpo, a alegria dos discípulos reunidos para a celebração, os sentimentos dos fiéis na presença de Manes e de Jesus, a nostalgia do Reino. Ocasionalmente mencionamos alguns desses elementos. Por outro lado, percebe-se a importância da iconografia maniqueísta: neste âmbito, as descobertas de Turfan são fundamentais. Além disso, atualmente dispomos de um excelente estudo sobre a música e sobre a hinologia maniqueístas, graças às pesquisas de H.C. Puech[17]. Manes unira intimamente a música à vida de seus fiéis e à soteriologia de sua Igreja.

À luz dos textos cantados pela assembleia pascal, cada discípulo revive o evento da Paixão de Manes e ali descobre um modelo para a própria vida. Na perspectiva litúrgica, a Paixão do Salvador se torna o arquétipo do combate da Luz contra as Trevas. Os sofrimentos do Mestre se encontram na alma dominada pela malícia dos arcontes. A vitória de Manes sustenta a esperança do eleito e do catecúmeno. Aos olhos da Igreja, as correntes de Bēlapat simbolizam as perseguições atuais, mas a vitória do Profeta anuncia a vitória da sua Igreja.

Preparada por um jejum rigoroso de 26 dias, que se acrescenta aos jejuns, às orações e às esmolas do ano, a celebração de Bēma dá aos eleitos e aos catecúmenos uma compreensão mais viva dos mistérios dualistas, uma visão mais clara das duas raças e, portanto, uma consciência aguda do pecado. A necessidade de uma purificação total das impurezas da matéria torna-se evidente. Assim, a oração litúrgica prepara antes de tudo o arrependimento, pois formula o humilde pedido de perdão. Os Salvadores estão presentes, um visível, que é Manes, o Paráclito, o Médico, o outro invisível, que é Jesus, o Juiz. Jesus perdoa os pecados, elimina a angústia que oprime a alma e dá a certeza da recompensa final. Manes continua a ser o companheiro de caminho para curar as feridas do pecado e apresentar incessantemente o remédio dos mandamentos gnósticos.

---

17. Cf. nota 3 deste capítulo.

Submetida ao peso da angústia deste mundo e à tortura da matéria, a alma necessita de segurança. A esperança da salvação e a certeza de um dia entrar no Reino da Luz são necessárias para sustentar a vida austera e a escolha permanente. Além disso, a oração pascal não deixa de orquestrar a vitória da Gnose. O dia de Bēma manifesta o triunfo da Luz sobre as Trevas. É o sinal visível da continuação e do sucesso da redenção do cosmos. A liturgia de Medīnet Mādi é o reflexo de uma Igreja maniqueísta que vive com entusiasmo os seus atos dos apóstolos e já conhece uma verdadeira história.

III – Tempo sagrado e simbologia ritual da peregrinação*

1 O tempo sagrado da peregrinação

Analogamente ao espaço, o tempo não é homogêneo aos olhos do *homo religiosus*. Há um tempo comum profano, no qual se situam os atos e os acontecimentos que não têm um sentido especificamente religioso. Mas há também um tempo sagrado, um tempo durante o qual se realizam atos que têm um sentido específico, um sentido hierofânico que lhes provém do fato de sua relação com o mundo supra-humano, com o divino, com Deus. Este tempo sagrado é o tempo da festa e das festas, o tempo das celebrações dos ritos, o tempo que chamamos tempo litúrgico. Esta distinção mostra-nos que existe uma grande diferença entre o homem religioso e o homem não religioso. Para o homem não religioso da nossa época, o tempo conhece intensidades diferentes, mas está ligado à sua existência. É horizontal. Para o *homo religiosus*, em toda a história da humanidade o tempo conhece intervalos sagrados, que não participam, como diz Eliade, "da duração temporal que os precede e os segue".

O tempo sagrado faz o homem participar de um tempo primordial, que tem uma qualidade transumana. Para o *homo religiosus*, o tempo profano é suscetível de ser modificado com a introdução de um tempo sagrado.

Aqui se impõe uma observação importante. A concepção do tempo está ligada à cultura e às culturas. Por esse motivo, é preciso distinguir adequadamente duas orientações fundamentais: de um lado, a ideia de um tempo circular ligado a um perpétuo retorno, a mitos do eterno retorno; de outro, a concepção de um tempo linear, ligado ao desenvolvimento histórico, com um fim que não implica

---

* Temps sacré et symbolique rituelle du pélerinage. In: CELI, G. (a cura di), *Marche vers la Splendeur – Ton Dieu marche avec toi*. Cidade do Vaticano, 1992 [Actes du 1er Congres Mondiale. Roma, 26-29 de fevereiro de 1992].

nenhuma ideia de um retorno, de um reinício. Esta distinção é importante, uma vez que terá repercussões na concepção da estrutura religiosa da peregrinação.

Os mitos do eterno retorno estão ligados à noção de um tempo primordial e de um esquema "arquétipo e repetição". O tempo primordial é o das origens, das fundações, das cosmogonias. Este tempo é um tempo mítico, ligado aos mitos teogônicos e cosmogônicos e aos mitos de origem. O que se realizou no decorrer desse tempo é arquetípico.

Eis dois exemplos: o primeiro sacrifício ou sacrifício do *Puruṣa* na Índia, o primeiro combate entre o Bem e o Mal nos mitos mesopotâmicos, gregos, maniqueístas. Este tempo primordial tem um valor exemplar. Os mitos fundadores não explicam apenas o que existe, mas reatualizam o evento primordial. Por meio de um esquema ritual se refaz o que existiu nas origens. Toda festa de Ano-novo, como a festa do *akitu* na Mesopotâmia, recria o mundo, torna o homem contemporâneo à criação. Assim, a festa religiosa é a reatualização de um evento primordial narrado pelos mitos. Um calendário sagrado faz o tempo atual coincidir com o tempo da origem, permitindo que o homem participe do sagrado. Graças ao calendário das festas, o homem abandona a duração profana para entrar no tempo sagrado das origens. Esta concepção do tempo é própria das religiões arcaicas, das antigas religiões orientais, da Índia, da Grécia e de todas as culturas que transmitem a ideia do tempo cíclico.

No judaísmo esta concepção é abolida, porque Javé é o Deus de Israel que se manifesta no tempo histórico, um tempo irreversível. Javé intervém pessoalmente na história do povo que escolheu para si. Seus atos são intervenções pessoais que transformam os eventos em teofanias.

O cristianismo valoriza o tempo histórico de modo ainda mais evidente. Esta valorização está ligada aos mistérios da Encarnação e da Redenção, a fatos vividos e realizados na história dos homens, num contexto histórico e geográfico bem determinado. Aqui já não se trata de mito ou de tempo circular. O *Illud tempus* do Evangelho é um tempo preciso, no decorrer do qual Jesus de Nazaré falou, agiu, fez milagres, morreu e ressuscitou. A Encarnação funda uma nova situação do homem no cosmos e realiza uma restauração da condição humana. Enquanto sob a Antiga Aliança Deus intervinha na história, com a Nova Aliança Deus se encarna em Jesus Cristo, um ser histórico. A partir desse evento realiza-se um desenvolvimento histórico linear, que chegará ao fim dos tempos e do tempo. O tempo litúrgico cristão torna-se o *Illud tempus*, a experiência religiosa do cristão baseada na imitação de Cristo como modelo, no memorial de sua morte e de sua ressurreição. Há, portanto, uma diferença substancial entre o tempo dos cristãos e a sacralização do tempo das religiões pré-cristãs. As festas pagãs reatualizam os eventos míticos fundadores, enquanto as festas cristãs celebram e tornam atuais os acontecimentos da vida de Cristo.

Tributário da religião judeu-cristã e inspirado pelas figuras de Abraão e Muhammad, o islã se situa numa perspectiva histórica análoga, que parte da hégira e se projeta para o fim do mundo e a ressurreição de todos os homens.

2 A simbologia ritual da peregrinação

Toda peregrinação é um caminho empreendido pelo *homo religiosus*, que vai para um lugar que considera favorável para um encontro com o divino. As motivações do peregrino situam-se num leque muito amplo que vai da obtenção de bens materiais à intimidade com Deus, passando pelo aumento da riqueza, a cura, a santidade, a proteção, a ruptura com o passado, a conversão, a iniciação às realidades sobrenaturais. Os ritos tornam evidentes as intenções e as motivações de todo peregrino.

A partida

A peregrinação começa com uma partida, que obriga o peregrino a deixar sua casa, sua terra, sua família, seus amigos. São um distanciamento e uma ruptura que exigem uma preparação. O melhor exemplo para ilustrar tudo isso é o conjunto das obrigações impostas ao muçulmano que se prepara para o *hādī*: obrigado a se libertar de toda restrição para se apresentar nos lugares santos da Meca, ele deve pagar suas dívidas, garantir bem-estar a sua família e reconciliar-se com seus inimigos. Os rituais da Idade Média obrigavam os cristãos que se preparavam para uma grande peregrinação a restituir todos os bens mal-adquiridos e garantir a subsistência dos familiares. Na Ilha Maurício, a peregrinação "na grande noite de Shiva" chamada *Mahāshivarātri*, que acontece no décimo quarto dia do mês lunar de fevereiro-março, é preparada no decorrer de diversas semanas: o jejum, o regime vegetariano, a fabricação de material por parte do peregrino para sua viagem e suas devoções, o espetáculo de cantos religiosos, o *pūjā* no templo local três vezes ao dia para a semana que precede a partida.

Em todas as religiões, esses rituais de preparação destinam-se a purificar o fiel, o seu corpo e seu coração, a colocá-lo nas disposições necessárias para a viagem e o encontro com o divino, a despertar nele o "desejo peregrino" que é uma "sede do divino".

O caminho

O caminho do peregrino é acompanhado por uma simbologia muito rica. A peregrinação de longa distância será uma verdadeira prova espacial: o suor, o cansaço, as tribulações da viagem de barco, as dificuldades cotidianas do alojamento e das refeições, a travessia de florestas, de torrentes, as estradas de montanha, os ladrões e os bandidos.

Muitas vezes o caminho por si só é uma prova iniciática. No decurso dos séculos, o peregrino é um homem que caminha e com seus pés enfrenta o espaço. Nas paredes dos templos egípcios encontramos pés entalhados. A regra monástica budista proclama: "Andar a pé é obter um fruto quádruplo". O manual do peregrino de Santiago de Compostela é instrutivo e eloquente, tanto para conhecer a simbologia do caminho como a do vestuário, com seus indispensáveis acessórios: o bastão, o cantil, a mochila, a algibeira, um chapéu grande, a concha e o cajado. Em todas as culturas a matéria-prima do ato de peregrinação é o caminho e o espaço: as marchas direcionadas, os circuitos, as circum-ambulações, os percursos reduzidos em torno do santuário.

A água

Os ritos de peregrinação são numerosos e variam de uma religião para outra, segundo as culturas e as épocas. Um ritual universal é o da água: a água do Ganges, do Jordão e do Nilo; os lagos sagrados dos templos faraônicos de outrora e dos templos da Índia secular; a fonte *zamzam* de Meca; a piscina de Bezata perto da Porta das Ovelhas do Templo de Jerusalém; as fontes e os cursos d'água, inúmeros nas mitologias celtas e galo-romanas. É preciso mencionar as fontes do Sena, dedicadas à deusa Sequana, um dos lugares de peregrinação mais frequentes dos gauleses. A simbologia da água e da imersão ritual é imemorial na história da humanidade. Os textos sagrados falam das águas que simbolizam a substância primordial que dá vida às formas. As águas são *fons et origo*, matriz do cosmos e suporte da criação. A água cura, rejuvenesce, garante a vida. Ela purifica e regenera, porque anula, dissolve e elimina o que é usado. Nas milhares de peregrinações através do mundo e no decurso dos milênios os rituais da água assumem um papel relevante. Em Meca, o peregrino muçulmano se esforça para se impregnar da *baraka* da água da fonte *zamzam*, a leva para sua família, embebe nela o pano branco que levou consigo, o faz enxugar na soleira da mesquita e com ele será envolto no momento do seu funeral. Para os cristãos, a fonte de Lourdes recorda a água do batismo e encontra o seu fundamento teológico no discurso de Jesus à Samaritana.

Jejum, luz, sacrifício

Três outros símbolos merecem ser citados no contexto do universo das peregrinações: o jejum que purifica o corpo e torna o espírito disponível; o fogo sacrifical que assume um papel essencial no culto brâmane, nos cultos do Antigo Oriente Próximo, no culto masdeísta e no culto de Mitra, no culto e nas peregrinações ao Templo de Jerusalém; a luz e toda a sua simbologia solar, lunar e astral na Ásia, no Egito e na América pré-colombiana. Não podemos esquecer o sacrifício, sob a forma de imolação de uma vítima.

É na celebração sacrifical, em meio aos cantos e às orações, que sobressai um aspecto importante de toda peregrinação: o seu aspecto festivo. De fato, a peregrinação tem sua verdadeira estrutura apenas na dimensão coletiva e festiva de uma comunidade que celebra. Nesse sentido, podemos dizer que é na peregrinação cristã que desemboca na celebração solene da Eucaristia que a ação hierofânica realiza a sua plenitude.

7
Morte, imortalidade e culto dos mortos

I – Imortalidade*

O conceito de imortalidade pode ser compreendido e estendido em três níveis diferentes. Num primeiro sentido, a imortalidade é a característica atribuída a certos seres divinos, míticos ou angelicais, que por sua própria natureza não estão sujeitos à morte. Um segundo sentido, por sua vez, diz respeito àqueles heróis que obtiveram um estatuto divino, que os faz participar da condição dos deuses. Em seu terceiro sentido, enfim, o conceito de imortalidade tem a ver com o ser humano que, depois da morte, entra numa nova forma de existência eterna e incorruptível. O presente artigo se ocupará da imortalidade apenas neste terceiro sentido, tratando da permanência do ser humano para além do fenômeno da morte.

A vida humana pode ser comprovada pela animação produzida pelo sopro vital, como testemunha uma ampla série de expressões e de atividades. Pode também ser definida, seguindo o uso aristotélico da palavra *organon*, como o que é organizado e auto-organizante. Independentemente da maneira como é entendida, como organização, como animação do exterior ou como manifestação e atividade, a vida humana está sempre sujeita à consumação final constituída pela morte. Em consequência, a imortalidade, no terceiro sentido que indicamos acima, é o infinito prolongamento da existência e da personalidade humana além da morte. A vida é, portanto, seguida por outra forma de organização diferente, a vida futura. Outros conceitos, como eternidade, paraíso, inferno e transmigração,

---

* In: ELIADE, M. (dir.). *Enciclopedia delle religioni* – Vol. 1: *Credenza religiosa*. Org. de D. Cosi, L. Saibene e R. Scagno. Milão: Jaca Book, 1993, p. 316-340 [Temática Europeia].

evidentemente são associados à vida futura. Esses conceitos, contudo, não serão tratados neste texto.

1 O estudo das crenças populares

O estudo das concepções relativas à imortalidade presentes nas crenças populares deve considerar: 1) a celebração da morte como passagem para uma outra vida; e além disso 2) as tradições e os textos das diversas culturas e religiões. O primeiro ponto diz respeito à atitude dos vivos diante da morte e dos mortos, atitude que compreende ações adequadas, comportamentos, ritos, orações, tratamento dos restos mortais: trata-se, em suma, de um rico conjunto simbólico. A arqueologia e a história, por exemplo, revelam numerosas maneiras diferentes de tratar o cadáver: inumação, embalsamamento, mumificação, exposição, cremação. Além disso, deve-se considerar o ambiente preparado para o defunto: a forma, o material e as decorações do sepulcro, a cobertura do corpo, a decoração e as ofertas fúnebres, a presença de signos e de símbolos. Enfim, recordamos as cerimônias funerárias: o rito da abertura da boca, dos olhos, das orelhas ou do nariz, várias purificações rituais, os ritos próprios da cerimônia funerária e os póstumos.

O estudo dos documentos escritos e das tradições orais nos permite compreender o significado dessas crenças e, portanto, interpretar o simbolismo dos ritos. Nesta análise dos documentos e das tradições orais podemos recorrer a três diferentes tipos de informação: em primeiro lugar, os textos escritos das diversas religiões do mundo; depois, os mitos e as narrativas populares, com todos os materiais produzidos pela tradição cultural; enfim, os textos litúrgicos das cerimônias funerárias.

2 A época pré-histórica

Os povos que viveram antes de 9000 a.C. nos deixaram mensagens incertas e testemunhos mudos: ossos, crânios, instrumentos de pedra, mobília funerária, inscrições e pinturas nas cavernas e nas pedras. Seja como for, a análise desses testemunhos demonstra que o *Homo sapiens* pré-histórico já era um *homo religiosus*. Ao lado da interpretação simbólica do canibalismo como reincorporação do morto por parte do vivo (THOMAS, L.-V. *Le cadavre* – De la biologie à l'anthropologie. Bruxelas, 1980, p. 169), conhecemos algumas antigas deposições do homem de Neandertal (80000 a.C.), caracterizadas por ofertas funerárias, orientação do corpo, posição supina ou fetal do cadáver e pinturas de ocre vermelho. A tumba VI de Shanidar, no Iraque (cerca de 50000 a.C.), mostra, por exemplo, que o corpo tinha sido depositado sobre uma camada de flores. Algumas sepulturas do Paleolítico (de 35000 a 9000 a.C.) apresentam numerosos objetos ornamentais e confirmam a importância do ocre vermelho como cosmético funerário, como substituto do sangue. Os níveis do Paleolítico continuam a produzir depósitos de ossos e de crânios, evidentemente manuseados e organizados segundo um plano predeterminado. A arte parietal, enfim, representa de bom grado o arco-íris e a ponte, símbolos que sugerem a conexão com o outro mundo.

Período mesolítico e neolítico

Os testemunhos funerários tornam-se mais numerosos no Mesolítico e no Neolítico. No antigo Oriente Próximo, as práticas funerárias do Natufiano (7800 a.C.) parecem indicar alguma forma de "culto dos mortos". Em Jericó, por exemplo, foram encontrados alguns crânios dispostos em círculo, todos voltados para o interior, e três grupos de três crânios cada um, voltados para a mesma direção. A cidade neolítica de Çatal Hüyük, na Anatólia Central (6500-5600 a.C.), proporcionou numerosos templos, cujas paredes são decoradas com pinturas que se referem à morte e alguns crânios adornados e cercados pelos objetos de uso cotidiano. Por fim, a cultura de Lepenski Vir, na margem direita do Danúbio, na Sérvia Oriental, enriqueceu nosso conhecimento sobre as práticas sepulcrais do Neolítico: inumação sob a casa ou nas suas proximidades; uma lareira retangular colocada no centro da habitação, com um altar decorado ou uma pedra esculpida em forma de ovo atrás dele; crânios e ossos longos enterrados entre a lareira e o altar. Durante os dois milênios subsequentes a 5800 a.C., as tumbas megalíticas cobriram as regiões setentrionais e ocidentais da Europa, estendendo-se até o Mediterrâneo. Nessas tumbas coletivas encontram-se cadáveres enterrados com seus bens, objetos decorativos, ofertas de alimento e relevos nas paredes. No decorrer do III milênio surgiu, enfim, a imagem de uma deusa protetora dos mortos.

Os inícios do período histórico

A Idade do Bronze assistiu ao nascimento da veneração dos espíritos: em Carnac, na França, em Stonehenge, na Inglaterra, assim como no Egito e na Mesopotâmia. No final da Idade do Bronze os ossários coletivos e os túmulos individuais dão lugar aos chamados "campos de urnas". A cremação destrói o corpo para libertar o espírito através do fogo, que assim se torna o veículo da alma. A cremação se associa oportunamente com as religiões urânicas e com os cultos astrais. Os campos de urnas da Europa Ocidental e as estelas do Vale Camônica, do Tirol e do Alto Ádige adquirem novo significado à luz das grandes descobertas de Georges Dumézil sobre a antiga ideologia dos indo-europeus. A partir do período neolítico, a crença numa vida depois da morte é claramente demonstrada no interior das religiões cósmicas e do culto das deusas-mães.

3 Povos desprovidos de escrita

Depois de ter mencionado as crenças na imortalidade próprias do antigo homem pré-histórico, continuemos com a análise de algumas crenças das sociedades tradicionais, ou seja, das culturas desprovidas de escrita. Tal pesquisa permitirá a descoberta do valor simbólico das crenças e dos ritos praticados pelos povos primitivos, em particular acerca dos "encontros" entre os vivos e os mortos. De fato, o estudo desse simbolismo nos levará ao interior dos principais valores significativos para esses povos, de suas relações com os antepassados, de seus ritos de iniciação, de seu sentido do tempo e de seus mitos escatológicos. Desse modo poderemos chegar a uma melhor compreensão dos modelos fundamentais da atividade do *homo religiosus*. Um segundo motivo de interesse dessas pesquisas, particularmente desenvolvido nos trabalhos de Mircea Eliade, consiste no fato de que, através do estudo das crenças e dos ritos tradicionais que sobreviveram na era contemporânea, podemos abrir uma perspectiva comparativa que nos leve a compreender melhor os testemunhos deixados pelo homem pré-histórico.

África Subsaariana

Uma pesquisa sobre as crenças africanas tradicionais apresenta inúmeras dificuldades, devido à variedade e à natureza dos testemunhos etnológicos, muitos dos quais provêm de mitos de tradição oral e de provérbios, de sondagens e de testemunhos pessoais. Além disso, a África subsaariana compreende mais de dois mil grupos étnicos diversos, distintos com base em significativas diferenças particulares: por isso, toda pesquisa sobre as crenças tradicionais pressupõe necessariamente um grande número de escolhas e de omissões.

Um dos elementos que caracterizam as crenças africanas na imortalidade deriva de seu específico interesse escatológico. De fato, para os africanos há dois tipos de tempo: o tempo mítico, que é o tempo eternamente válido do grupo social e da sua continuidade; e o tempo real, no qual se situam a vida do indivíduo e a ruptura constituída pela morte. Entre estes dois tempos se situam, como mediação simbólica, os ritos funerários, através dos quais o morto abandona o tempo contingente e passa ao tempo mítico, o tempo da estrutura piramidal dos seres. Os ritos funerários constituem a resposta coletiva à morte de um indivíduo: eles permitem que o grupo conserve a sua solidez. Na maior parte das cosmogonias africanas já se encontra esta concepção da imortalidade do grupo étnico, juntamente com a ideia da dupla realidade do tempo.

Ao lado dessa visão da imortalidade do *ethnos*, porém, existe também a crença na imortalidade do ser pessoal, indispensável para a continuidade do grupo. Entre os bobos de Burkina Faso, por exemplo, o tempo real se encontra sob o signo de Dwo, uma divindade imutável que domina os espíritos, as forças vitais (*nyama*) e os antepassados. Ainda em Burkina Faso, a escatologia dos dagas prevê uma concepção cíclica do tempo, acompanhada pela noção da reencarnação do morto: cada recém-nascido provém da transformação dos antepassados. De fato, depois da morte, o defunto passa imediatamente para o reino dos espíritos, para se tornar um antepassado com plenos direitos ou para reencarnar no corpo de um animal totêmico. Também entre os lubas e outros povos de língua banto do Zaire, o *muntu*, ou seja, a essência de cada indivíduo, depois da morte vai para o mundo dos antepassados ou para o das sombras. Por ocasião de cada novo nascimento, um antepassado transfere para o recém-nascido a sua força vital. Os samos, por sua vez, ensinam que o *mere*, a cópia imortal de cada pessoa falecida, primeiramente permanece numa aldeia dos mortos e em seguida, após uma segunda morte, em outra aldeia. Ao final deste duplo ciclo de vida e de morte, o *mere* passa a habitar uma árvore; se esta árvore é destruída, o *mere* se transfere para outra árvore da mesma espécie. Os yorubas, enfim, acreditam que *emi* ("sopro"), ou seja, a força vital, abandona o corpo e passa para a morada dos antepassados bem-aventurados, onde se une com *ori* ("chefe"), seu espírito protetor. Seja como for, em todas as culturas africanas, o morto malvado, cuja energia vital foi banida da sociedade, vaga no ar e por fim é capturado pelas forças do mal. Na África, portanto, a imortalidade é sempre caracterizada por uma referência ao passado, através da qual os mortos ainda desenvolvem um papel importante na sociedade dos vivos. A reencarnação, por exemplo, traz simbolicamente o morto no círculo dos sobreviventes, de modo que a vida invisível se mantém lado a lado com a vida visível (THOMAS, 1982, p. 112-136).

Um segundo elemento fundamental da imortalidade é a crença nos antepassados. Há duas categorias de antepassados, os míticos e primordiais e os que se tornaram tais depois de uma existência terrena. O culto dos antepassados certamente ocupa o primeiro lugar entre as crenças e os ritos africanos. A concepção do antepassado é constituída por dois componentes: de um lado, a pureza do ideal social e religioso; de outro, a relação com a continuidade e a identidade do grupo social. O conjunto desses dois componentes produz o conceito de imortalidade, individual e coletiva. De fato, o antepassado representa a transposição simbólica da condição humana no plano do numinoso, enquanto ainda continua a fazer parte do mundo dos vivos. Precisamente no papel de antepassado, portanto, se realiza a etapa mais importante do destino do indivíduo, depois da morte. Efetivamente, uma autêntica solidariedade une os mortos que atingiram a condição de antepassados com todos os vivos que continuam em comunhão com eles, de modo a poder viver segundo o passado exemplar, o que constitui o mais elevado ideal da existência. O mundo dos antepassados é organizado e regulado numa complexa hierarquia, familiar e social, baseada na linhagem e na função. Há antepassados próximos e imediatos, que morreram recentemente, e antepassados distantes, que constituem um grupo indistinto. Os mortos mais importantes são os antepassados ativos e vigilantes, ao passo que todos os outros são mortos comuns e indistintos, que jamais abandonam o conjunto de uma coletividade totalmente anônima. Além disso, no pensamento africano os antepassados são classificados segundo a intensidade de sua força vital: por exemplo, as populações de língua banto distinguem os *vidye*, seres espirituais que participam ativamente da vida da comunidade, dos *fu*, os mortos comuns. Entre os primeiros estão os fantasmas, que devem ser apaziguados com ofertas e com sacrifícios.

Assim, os antepassados desfrutam de uma imortalidade especial, pessoal e étnica. Sua comunidade hierárquica constitui o depósito do conhecimento acumulado pela sucessão de gerações: neste sentido, representa a memória do grupo étnico, o produto das suas origens e do seu passado. Tal comunidade representa a lei dos pais e exerce uma permanente função de regulação sobre a vida do grupo. Esse fato explica a importância do culto dos antepassados na sociedade africana.

Antes de poder obter um descanso final e duradouro, os mortos passam por profundas mudanças. Seu descanso depende em parte da lembrança dos vivos e da capacidade destes de manter viva a memória daqueles que se foram. De fato, enquanto seus descendentes os homenageiam e rezam por eles, os mortos permanecem "mortos vivos"; assim que caem no esquecimento, eles entram numa futura existência coletiva. De acordo com os bambaras do Mali, por exemplo, apenas aos melhores entre os antepassados é permitido ver Deus. De qualquer modo, o mundo dos antepassados fornece à comunidade um modelo, uma tradição de normas e a segurança da continuidade. Em suma, a ancestralidade e a imortalidade estão profundamente vinculadas.

Outro aspecto da imortalidade dos antepassados pode ser encontrado nas crenças africanas sobre a reencarnação. Os etnólogos evidenciaram a complexidade da concepção segundo a qual o indivíduo é um composto constituído por uma multiplicidade de elementos (cf. ZAHAN, 1963). Pode-se dizer que o que sofre a reencarnação é a força vital do indivíduo, mas as condições efetivas da reencarnação dependem de múltiplas situações particulares ou de escolhas explícitas, como por exemplo o sexo, a idade e a condição do morto ou do seu grupo. A reencarnação produz uma espécie de reatualização do morto, que interrompe temporariamente o seu destino após a morte. No entanto, é necessário que o antepassado que retorna seja reconhecível e esteja presente na memória dos vivos, e isso só pode acontecer numa criança da mesma família e do mesmo sexo. Em outros termos, o antepassado transmite uma parte da herança genética: por isso os diversos grupos étnicos atribuem muita importância ao respeito pelo corpo e por sua conservação, tanto no momento da morte como durante as cerimônias funerárias. Contudo, o antepassado transmite também o elemento espiritual: o *kili*, segundo os serers do Senegal, o *ri*, ou "pensamento", para os samos de Burkina Faso. Por outro lado, o antepassado reencarnado continua a viver no além. "A crença na reencarnação serve para trazer de volta o morto, para restituí-lo, ao menos simbolicamente, ao círculo dos vivos" (THOMAS, 1982, p. 135).

Em todas as culturas, os ritos funerários servem principalmente para expressar a crença na imortalidade, mas são ao mesmo tempo instrumentos que ajudam a tornar essa imortalidade efetiva, com o propósito de absorver de modo simbólico o trauma provocado pela morte. Assim como os ritos de nascimento e de iniciação, os ritos funerários tornam efetiva uma passagem, constituída simultaneamente por uma separação e por uma reunião. De fato, em todas as comunidades africanas os ritos funerários enfatizam os estágios sucessivos atravessados pelo falecido. Os atores são muitos: o próprio morto, em primeiro lugar, mas também o mestre da cerimônia, os coveiros, os construtores do túmulo, a família, o clã, os amigos do morto, os sacerdotes e os chefes. Na celebração do rito, geralmente tem grande importância o pano de fundo sonoro dos cânticos e dos gritos, que são considerados uma libertação coletiva, mas que ao mesmo tempo também constituem um símbolo de fertilidade. Além disso, intervêm a purificação do cadáver, um grande número de oradores, ritos que ilustram as circunstâncias da morte, o sepultamento do corpo; em alguns casos, também se celebra um segundo funeral, no decorrer do qual os ossos são retirados do túmulo, lavados, adornados e finalmente levados para o altar dos antepassados. Por ocasião desse segundo funeral, os falis dos Camarões preparam ritualmente o crânio, o colocam numa urna e por fim o devolvem ao túmulo.

Sobretudo através dos ritos de revitalização celebrados sobre o defunto, podemos perceber as crenças a respeito de sua transformação e lançar um olhar para suas novas modalidades de existência. A preparação do cadáver é conduzida com muito cuidado, para não estragar o corpo e conservar seu bom aspecto, como se faria no caso do banho de um recém-nascido. O ritual prossegue com a maquiagem e o adorno do corpo, feitos com cinzas, caulim, ocre vermelho ou pó de ouro. O caulim é um símbolo de vida, frequentemente usado nos ritos de fertilidade para aspergir os campos semeados. Com ele também são recobertos o sacerdote e os fiéis durante as cerimônias de iniciação. Aplicado sobre o corpo, o caulim branco significa, efetivamente, renascimento e vida. O ocre vermelho, por sua vez, é frequentemente usado na maquiagem facial. Os sacrifícios e refeições fúnebres fornecem as provisões necessárias para a viagem; a bagagem do defunto é constituída de joias de metal e de cornalina e de estatuetas de pássaros, serpentes e crocodilos, animais que simbolizam a eternidade. Os ritos de separação e de conclusão abrem ao defunto o caminho que leva ao além, mediante vários estágios graduais que se estendem no tempo. Todos os ritos que se seguem à morte asseguram a passagem de um estágio a outro, posterior. O altar familiar, as máscaras e as representações sacras evocam a presença dos antepassados: no Benin, essa presença é simbolicamente constituída pelos *ases*, um tipo de árvores genealógicas feitas de metal. No Gabão, por sua vez, os mpongwes conservam as relíquias dos mortos em urnas especiais, nas quais os crânios pintados de vermelho são depostos sobre um tecido. Usos análogos também se fazem presentes entre as tribos vizinhas dos mitsogos e dos fangs. Na África, a execução dos ritos funerários ajuda a conservar o equilíbrio entre os dois elementos que constituem a sociedade, os vivos e os mortos.

A percepção do tempo, o culto aos antepassados e os ritos funerários são, portanto, os três elementos essenciais da cultura e da religião da África subsaariana. Esses elementos apresentam uma notável convergência de ação e de símbolos, que ilustram a concepção da imortalidade, tanto a do grupo quanto a do indivíduo. O tempo, por exemplo, é o sustentáculo das gerações. Passado, presente e futuro, os três momentos do decurso do tempo, podem ser pensados apenas em termos humanos, mas devem ser considerados em sua relação com o mundo dos antepassados, o mundo ideal dos viventes. Por isso, a imortalidade está ligada ao passado e à tradição dos antepassados. E essa tradição é o resultado de gerações sucessivas: ela constitui a soma global da sabedoria e o valor fundamental da existência. Por meio da experiência do defunto e da comunidade dos antepassados, que aumenta continuamente, os vivos, por sua vez, aumentam continuamente sua riqueza espiritual. O tempo linear e o tempo cíclico se cruzam para constituir o eixo da imortalidade. O outro mundo está em conexão com a noção de repouso, tranquilidade e paz; um paraíso rumo ao qual avança a sociedade dos vivos enquanto se comportar de acordo com a tradição. Exatamente através dessa comunidade com os antepassados e graças à veneração deles, o africano alcança a imortalidade.

Austrália

Em 1770, o explorador James Cook alcança a Austrália, reivindicando-a para a Inglaterra. De 1788 até hoje, foram identificados cerca de quinhentos grupos de aborígenes, cada um deles constituído por certo número de indivíduos ligados por uma descendência comum. Numerosos estudos etnológicos foram dedicados a esses povos, famosos especialmente por seus costumes totêmicos e pelos seus sistemas de parentesco. Os mitos australianos, que nas últimas décadas foram objeto de estudos específicos, geralmente preveem um Ser sobrenatural e criador, que formou o mundo a partir de uma substância cósmica preexistente. O aparecimento do homem, na sua forma atual, é situado no Tempo do Sonho, uma era primordial que é chamada *alchera* ou *alcheringa* pelos arandas, uma população da Austrália Central particularmente interessante por conta de sua vida social e religiosa, bem conhecida graças aos estudos de Carl Strehlow, Baldwin Spencer e F.J. Gillen. Os mitos de criação giram em torno dos grandes deuses e dos heróis culturais, ressaltando desse modo o momento primordial. A importância desses mitos cosmogônicos e iniciais depende do fato de que todos os ritos, tanto os de iniciação quanto os de reprodução e de fertilidade, constituem uma reatualização desses mesmos mitos. Em síntese: "Na Austrália, todos os atos religiosos podem ser considerados meios, diversos, mas correlatos entre si, de restabelecer um contato com o Ser sobrenatural e de retornar ao Tempo sagrado do Sonho" (ELIADE, M. *Australian Religions*, 1973 [trad. it., 1979]).

Enquanto fragmento isolado do universo sagrado criado pelo Ser sobrenatural, fragmento que se tornou profano com o nascimento, cada indivíduo deve recuperar a sua origem espiritual por meio dos ritos de iniciação: a circuncisão ao som do *bull-roarer*; uma morte simbólica com unção de sangue; vários ritos de purificação e de "espiritualização" do fogo; o rito de purificação da água; e, finalmente, o retorno ritual do *alcheringa*. A palavra *alcheringa* (*churinga, tjurunga*) significa em língua aranda "tempo mítico, tempo do sonho" e faz referência tanto aos tempos antigos quanto aos heróis antepassados. Em forma de objeto material, uma pedra ou um pedaço de madeira, o *tjurunga* é confiado ao iniciado como símbolo concreto de sua essência espiritual recuperada. Por meio do *tjurunga*, o iniciado volta a entrar em contato com o Tempo do Sonho dos primórdios: ele se torna *altjira*, "sagrado". Os símbolos sacros, por sinal, são de primordial importância para a vida do indivíduo e da tribo, porque, por meio dos mitos, dos ritos e peregrinações aos lugares santos, eles permitem, de um lado, entrar em contato com o tempo primordial e reviver os acontecimentos antigos e, de outro, de entrar em contato com o deus do céu e com o Tempo do Sonho. Uma extraordinária quantidade de objetos produzidos pelo artesanato indígena nos possibilita compreender a coerência do funcionamento desse simbolismo.

A morte é um trauma para a tribo e é percebida como uma fratura na existência coletiva: esse é o motivo dos gritos e dos lamentos, dos rituais do luto, dos cantos ritmados, da investigação para identificar o espírito mau que provocou o acontecimento. Mas os australianos acreditam que a morte é o rito de passagem final, que leva do mundo profano ao universo sagrado. De fato, cada homem possui duas almas. O eu verdadeiro, o espírito primordial e preexistente, provém do céu, que constitui o centro totêmico. No momento da morte, essa alma verdadeira abandona o corpo e volta a viver para sempre no eterno Tempo do Sonho, onde permanecia antes do nascimento do indivíduo. A segunda alma, por sua vez, permanece na terra, onde vaga entre os vivos, finalmente se transferindo para outra pessoa. Eliade considera que, na Austrália, a morte é considerada uma experiência estática, modelada pela primeira viagem do Ser sobrenatural e pelos antepassados míticos (ELIADE. *Australian Religions*, 1973 [trad. it., 1979]). Em síntese, a alma repetiria o que já fizera no início autêntico. De qualquer modo, todas as tribos australianas acreditam na indestrutibilidade da alma humana, uma entidade espiritual que mergulha suas origens no Tempo do Sonho.

Os ritos funerários assumem as mais variadas formas. O corpo é tratado de maneiras diferentes pelas diversas tribos: sepultado, mumificado, cremado, exposto sobre uma plataforma com sepultamento adiado, ou deposto na bifurcação de um ramo de árvore. É muito difundido o sepultamento duplo, entremeado por um período intermediário de luto. A mumificação tem como objetivo favorecer a separação entre o espírito e o corpo: a múmia realmente é queimada ao término do período de luto e essa cremação possibilita a definitiva libertação da alma. A combinação de diversos procedimentos funerários tende, nesse caso, a realizar essa separação, que permite ao espírito retornar a sua morada primordial, entre os heróis culturais. Mediante os ritos funerários, o espírito preexistente recupera seu território espiritual, que às vezes é considerado o centro totêmico dos primórdios. Um simbolismo ritual complexo acompanha essa viagem, por exemplo, na ocasião da deposição dos ossos do morto na caixa totêmica. Todavia, as crenças na reencarnação são raras e confusas. Para os homens, o ciclo da vida é muito simples: no início, tem-se o espírito preexistente, depois, o nascimento num corpo e o ingresso no mundo profano; vem, a seguir, o primeiro estágio da reintegração no Tempo do Sonho, por meio da iniciação; por fim, o retorno definitivo ao estado originário, propiciado pelos ritos funerários.

As Américas

Passamos a considerar agora as opiniões sobre a imortalidade dos índios da América, mantidos à margem das civilizações americanas mais avançadas. Trata-se de formas religiosas sobreviventes da época pré-colombiana e ainda presentes em algumas regiões do continente americano. A crença numa vida ultraterrena parece solidamente afirmada no pensamento indígena, desde os tempos mais antigos, pelo menos com base na concepção do mundo e da vida, nas tradições ancestrais e nos testemunhos dos videntes. Videntes são, às vezes, pessoas que passam por experiências similares ao sonho, outras vezes são *medicine men* que viajam na sua imaginação ou em transe, até os confins do reino dos mortos. Por fim, os ritos funerários constituem também uma importante fonte de conhecimento a propósito da crença numa vida depois da morte.

Entre as populações indígenas da América, a crença na imortalidade fundamenta-se numa concepção específica da alma. Na América do Norte, por exemplo, é amplamente difundida a ideia de uma alma dupla: a alma corpórea fornece vida, consciência e movimento ao corpo, ao passo que a alma do sonho é independente do corpo e pode mover-se no espaço para se deslocar para lugares remotos. A morte sobrevém quando a alma separada permanece aprisionada no reino dos mortos: nesse caso, a alma corpórea também se separa do corpo. Entre os inuits, a alma corpórea, chamada *tarneg*, sobrevive depois da morte, conservando no reino dos defuntos o aspecto do morto. Os yuchis e as tribos sioux, por sua vez, falam de quatro almas, redobrando a concepção da alma dupla para fazê-la concordar com seu número sagrado, que é o quatro. Na América do Sul, encontramos o mesmo desdobramento das almas junto aos mundurukus; já os waicas do Orinoco Superior e os jivaros do Equador não parecem ter o conceito de uma alma separada.

Podemos extrair duas importantes observações da obra *The Religions of the American Indians* (Berkeley, 1979), de Åke Hultkrantz. Em primeiro lugar, constata-se que, tanto na América do Norte quanto na América do Sul, as principais culturas atualmente compartilham uma concepção monista da alma, fato provavelmente decorrente do declínio do xamanismo nessas culturas. Em segundo lugar, a crença em duas almas, uma das quais separável do corpo, até mesmo durante a vida, poderia ter sido motivada pelas experiências xamânicas da viagem da alma. De fato, os relatos daquilo que os xamãs experimentam no decorrer de seu transe oferecem informações abundantes sobre a viagem ao reino dos mortos. Tanto na América do Norte como na América do Sul, esses relatos aludem a obstáculos situados ao longo do caminho da alma: cortinas de fogo, extensões d'água, monstros que ameaçam o viajante e tentam aterrorizá-lo. Os ojibwas e os choctaws da América do Norte, por exemplo, descrevem a alma que deve percorrer um tronco instável de árvore, lançado para atingir as margens de um rio que corre impetuoso. Na América do Sul, por sua vez, os manacicas acreditam que o defunto empreende sua viagem para o reino dos mortos assim que se inicia o rito funerário. O homem-medicina o guia através de florestas inextricáveis, mares, pântanos e montanhas, rumo ao rio que separa a terra dos vivos da terra dos mortos: o defunto deve apenas atravessar a ponte que as liga, protegido por uma divindade.

A Via Láctea ocupa um lugar todo particular na concepção da imortalidade dos índios da América. Ela é frequentemente comparada com o arco-íris: os kwakiutls da Ilha de Vancouver acreditam, por exemplo, que ele é o *axis mundi*. Na Colúmbia Britânica, por sua vez, a alma se move ao longo da árvore cósmica. Desse modo, o *axis mundi*, a árvore cósmica, o caminho que une o céu à terra, e o xamanismo constituem os elementos do contexto mítico do êxtase e da imortalidade. Os índios acreditam realmente que a alma permanece na região dos mortos, descrita nos mitos e nos relatos como modelada à maneira do mundo dos vivos. Na América do Norte, ela é por vezes chamada de "o feliz campo de caça". As tribos das Pradarias imaginam a sede dos mortos como uma vasta planície ondulada, na qual se fazem danças festivas; a leste do Mississipi e na América do Sul, por sua vez, o cultivo do milho e as cerimônias agrárias correlatas colorem expressivamente a representação desse reino dos mortos. Em suma, a vida futura na imortalidade é um reflexo da vida terrena.

As localizações da terra dos mortos são muito variadas e distintas. Para os cubeos da Amazônia, a região dos defuntos encontra-se nas proximidades das aldeias dos vivos; os pés negros de Montana e de Alberta falam de "colinas de areia", localizadas a poucos dias de caminho dos acampamentos; muitas tribos da Amazônia imaginam um lugar situado para além de onde se põe o sol, enquanto os índios pueblos o imaginam subterrâneo (trata-se de uma ideia insólita entre os índios da América, visto que a maior parte deles situa a alma num lugar vivamente iluminado). O pensamento indígena parece marcado por um dualismo profundo: os "maus" e os que foram mortos "mal" são condenados a uma vida errante, como fantasmas, porque o reino dos mortos só está aberto para aqueles que, depois de uma morte normal, foram submetidos aos ritos funerários prescritos.

Esses ritos fornecem alguns outros importantes elementos. Há vários métodos de sepultamento: a inumação prevalece na América do Sul, ao passo que no Canadá se prefere depor o cadáver sobre uma plataforma, situada sobre uma árvore ou construída no chão. A cremação também é utilizada. Entre os iroqueses (algonquinos ao sul dos Grandes Lagos), subsiste a prática do duplo funeral, que prevê um segundo sepultamento dos ossos desenterrados, numa vala comum ou numa espécie de urna funerária. A deposição dos bens e de provisões ao lado do defunto – comida, bebida, armas, roupas e joias – é de uso difuso sobretudo nas regiões andinas. A presença ocasional da mumificação nesse tipo de práticas autoriza-nos a falar de uma espécie de "sobrevivência do corpo". Os arqueólogos descobriram na Colômbia alguns poços funerários, que podem ser interpretados como símbolos de vida futura e associados a resquícios de sacrifícios humanos e de antropofagia. Os waicas da Amazônia, por sua vez, praticam a cremação do cadáver, visto que acreditam que a alma do defunto (chamada de *nobolebe*, "nuvem") sobe ao céu para se unir com o *nonish*, a alma-sombra. Os ritos funerários geralmente têm o objetivo não apenas de facilitar a viagem do defunto até a região dos mortos, mas também de impedir o seu retorno. De fato, a fé na reencarnação é muito difundida, tanto na América do Norte como na América do Sul, especialmente entre os inuits. Contudo, não é frequente o culto aos antepassados, que é encontrado entre os zunos do Novo México, nas regiões andinas e entre os tainos das Antilhas. H.B. Alexander chamou a atenção para as "almas errantes", que surgem em inúmeras cerimônias de iniciação, como por exemplo na cerimônia da Grande Casa dos delawares e na cerimônia chamada Midewiwin de algumas tribos algonquinas (*The World's Rim* – Great Mysteries of the North American Indians. Lincoln/Nebr., 1953). Essas iniciações visam tornar o iniciado capaz de compreender o significado da existência, que começa neste mundo e que, após a morte, continua no outro.

Ásia interior e populações ugro-fínicas

Em ambas as encostas dos Urais, é possível observar uma notável homogeneidade das crenças concernentes à alma. Os khantys (ostíacos) e os mansis (vógulos), ambos integrantes de populações ugro-fínicas da região do Rio Ob, acreditam na existência de duas almas, uma corpórea e ligada à respiração, outra em forma de alma-sombra que se manifesta no sonho, separada do corpo, mas unida ao defunto logo após a morte. De fato, em virtude de seu vínculo com o corpo, a alma, que antes era livre e imaterial, assume uma forma corpórea após a morte. Desse modo, o corpo e a alma, juntos, constituem a completa identidade pessoal do defunto. Por isso, graças a sua alma, o corpo, mesmo que encerrado no túmulo, pode estar simultaneamente em qualquer outro lugar. Além disso, os khantys e mansis creem que a alma, uma vez liberta, entra num reino subterrâneo, no qual representa o defunto e a sua personalidade. A mesma concepção pode ser encontrada entre os samoiedos: a alma liberta sobrevive, possibilitando ao defunto levar subterraneamente uma existência similar à que já vivia na terra. Na escatologia dualista dos tunguses da região do Rio Jenissei, por outro lado, a alma liberta depois da morte permanece nas regiões celestes das almas, "ao longo do curso superior do rio tribal", rumo ao céu, onde se torna um *omi*, "uma alma in-fantil", que pode se reencarnar. O corpo e a alma a ele ligada vão, por sua vez, ao mundo subterrâneo, na expectativa do renascimento da alma infantil. Até mesmo os ijorianos, que habitavam a Sibéria antes dos tunguses e dos jacutis, concebiam uma alma dupla: toda pessoa possui uma alma livre, que reside em sua cabeça e que depois da morte permanece no mundo dos defuntos, e uma alma corpórea, que está, por sua vez, alocada no profundo do seu corpo.

A animologia fínica é idêntica à da Eurásia Setentrional. A alma liberta (con-cebida como uma imagem, ou uma sombra) é a manifestação extracorpórea do indivíduo, separável do corpo ainda em vida, nos sonhos, no êxtase e no transe. Por seu lado, a alma corpórea está ligada ao corpo e garante a existência física e psíquica. Essa duplicidade de almas desapareceu por influência do cristianismo, mas deixou numerosos vestígios nas práticas religiosas. Os maris (queremissos), uma população fínica estudada por Harva, afirmam que, depois da morte, a alma liberta (*ört*) permanece ao lado do cadáver e o segue para o túmulo. Durante as cerimônias de comemoração do defunto, organiza-se uma festa em sua homena-gem, ao término da qual essa alma liberta retorna à tumba. A alma corpórea agora deixou de existir, ao passo que a alma liberta continua a representar o indivíduo. Em toda a Eurásia Setentrional, portanto, a morte é concebida como um duplo evento: o corpo é abandonado pela alma corpórea, ao passo que a alma do morto continua a prolongar a sua existência. Esse duplo estatuto do morto explica os ritos funerários e ilustra o conceito de vida futura. Os familiares tratam o cadáver com todo o cuidado, lavando-o, vestindo-o e provendo-o com mobiliário fúnebre e presentes destinados aos outros defuntos da família. Realmente, os fínicos acreditam que os vivos e os mortos constituem uma única família, cuja solidariedade é consolidada pelo funeral e pelas cerimônias de comemoração. Para evitar que alma possa voltar para sua casa, o cadáver é levado para fora depois de atravessar uma passagem aberta exatamente para esse fim na parede. O túmulo é sagrado e é colocado num lugar agradável e panorâmico, porque constitui a morada do morto; o cemitério é a "aldeia dos mortos". A língua dos fínicos, contudo, conserva alguns traços de antigas crenças numa morada subterrânea dos mortos, na qual o defunto pode continuar o seu trabalho. A escatologia fínica, assim como a de todas as demais culturas da Eurásia Setentrional, se demonstra, no entanto, focada no presente: nem mesmo a imortalidade é concebida como eterna, mas como sempre presente. Os fínicos reconhecem continuamente a presença em seu meio dos mortos, por meio das festas e das cerimônias de comemoração. Muitos desses ritos foram conservados mesmo depois da conversão ao cristianismo.

Síntese

Para completar essa breve panorâmica sobre as crenças na imortalidade entre os povos sem escrita da África, da Austrália, das Américas e da Ásia, é oportuno acrescentar alguns detalhes. Aludi à reencarnação como realização de uma vida futura e enfatizei como a imortalidade está vinculada ao culto dos antepassados, por um lado, e ao culto dos mortos por outro. Todavia, convém esclarecer que esses dois tipos de veneração não são perfeitamente coincidentes entre si, uma vez que nem todos os defuntos se tornam antepassados. Mesmo que o culto aos antepassados represente, por exemplo, uma documentação importante para compreender o pensamento dos africanos no que se refere à imortalidade, ainda assim ele sempre deve ser cuidadosamente diferenciado do culto aos mortos. Este faz parte dos rituais funerários, ao passo que o culto aos antepassados representa um dos principais elementos constitutivos das religiões arcaicas. Essa distinção assume grande importância, por exemplo, se aplicada a determinados cultos tribais primitivos da Indonésia: os antepassados que, nesse caso, recebem o culto constituem um grupo selecionado, que desempenhou um papel fundamental na vida do grupo. A "criação" de um antepassado é obra de toda a sociedade e se realiza no decorrer de uma solene cerimônia de iniciação. Nesse caso, passa-se do culto aos mortos ao culto do soberano.

A análise das concepções de imortalidade entre os índios das Américas e entre as populações da Eurásia mostrou a importância da "estrada dos mortos". O estudo da natureza e das características de tais percursos contribui enormemente para nosso conhecimento das crenças dessas populações. É possível distinguir entre dois tipos principais. De um lado, tem-se a estrada celeste, reservada aos chefes, aos iniciados e a todos os integrantes de uma elite moral. De outro, temos a estrada subterrânea (ou até mesmo horizontal): essa é a estrada normal, que leva ao reino dos mortos ou, mais simplesmente, à morada dos defuntos da família. A "descoberta" das estradas dos mortos foi claramente facilitada pelo xamanismo, uma vez que os vivos obtiveram informações sobre os percursos do além-túmulo precisamente graças às viagens dos xamãs ao mundo superior. De fato, em virtude de sua capacidade de realizar tais viagens, o xamã contribuiu para imprimir na memória dos povos os pontos de referência e os sinais da paisagem ultraterrena. Trata-se de uma "revelação" muito importante para a existência dos povos arcaicos. Por isso devemos enfatizar uma ideia que domina esses mitos e esses ritos: "A comunicação entre o céu e a terra pode ser realizada – ou poderia tê-lo sido em *illo tempore* – graças a alguns meios físicos (arco-íris, ponte, escada, cipó, corda, 'corrente de flechas', montanha etc.). Mas todas as imagens simbólicas da conexão entre céu e terra são simplesmente variantes da árvore cósmica ou do *axis mundi*" (ELIADE, M. *Le Chamanisme*, Paris, 1951 [trad. it., 1974]). A estrada dos mortos, o xamanismo e a imortalidade nos remetem a realidades fundamentais para o *homo religiosus*: o simbolismo do centro, a árvore cósmica e o tempo primordial, quando os contatos entre céu e terra eram normais e habituais. A fé na imortalidade levou numerosos povos arcaicos à descoberta do mítico momento paradisíaco anterior à queda e à perda desse vínculo entre céu e terra.

4 Religiões mesoamericanas

O complexo cultural e religioso da América Central compreende diversas civilizações que se estendem do ano 3500 a.C. até a conquista espanhola no século XVI. Podemos distinguir aí três períodos principais: o período pré-clássico, que se encerra no século III d.C.; o período clássico, que se estende até o ano 1000; finalmente, o período pós-clássico. Levaremos em consideração apenas o último, para o qual possuímos uma quantidade relativamente abundante de testemunhos arqueológicos e históricos.

Os astecas

A religião dos astecas – o povo que dominava o México no tempo da conquista – é um sistema sincretista dominado por três divindades principais: o deus do sol, Huitzilopochtli, o deus da chuva, Tlaloc, originário de Teotihuacán, e por fim Quetzalcoatl, a serpente emplumada dos toltecas, herói cultural e encarnação cósmica da sabedoria. Segundo os astecas, o mundo atual – que já foi precedido por outros quatro – tem a forma de uma cruz, cuja extremidade setentrional é a terra das trevas, a morada dos mortos. Ele foi criado por Quetzalcoatl, que arrancou os ossos dos mortos do mundo subterrâneo e voltou a lhes dar a vida aspergindo-os com seu sangue. Esse mundo está ameaçado por uma grave calamidade, que só pode ser afastada com o derramamento de sangue humano: por essa razão, existem as guerras, necessárias para a captura de prisioneiros para o sacrifício.

Depois da morte, cada um está sujeito a diferentes destinos, segundo a vontade dos deuses. Os recém-nascidos vão para o décimo terceiro céu, onde se encontra a "árvore do leite", que lhes fornecerá a nutrição necessária para uma infância eterna. Os guerreiros caídos no campo de batalha, aqueles que foram sacrificados no altar e os mercadores que morrem durante suas viagens se tornam companheiros do sol, que os escolheu para que viessem a participar da salvação cósmica. A cremação os prepara para essa "solarização": o cadáver é adornado com materiais preciosos, o rosto recoberto por uma máscara, a cabeça decorada com plumas, as pernas e os braços, por fim, são estreitamente atados juntos. Antes de confiar essa espécie de múmia às chamas, é entregue ao cadáver uma pedra preciosa, *chalchihuiltl*, que substituirá seu coração na outra vida. Os guerreiros, as vítimas sacrificais e os mercadores se tornam "os companheiros da águia", *quauhteca*, que acompanham o sol de seu surgir até o zênite. As mulheres mortas ao dar à luz um menino também são elencadas entre os guerreiros; acompanham o sol do meio-dia até o poente, transportando-o numa liteira de plumas de *quetzal*. Para esse grupo escolhido está prevista, então, a imortalidade: os guerreiros, especificamente, retornam reencarnados depois de quatro anos.

Uma segunda categoria de defuntos é constituída pelos homens e pelas mulheres escolhidos por Tlaloc, que morrem por afogamento, atingidos por raio ou de malária. Eles são sepultados e são deixados na morada oriental, nos jardins do deus. O caráter agrário de Tlaloc prevê para eles uma existência feliz, em meio a uma vegetação luxuriante: a imortalidade no paraíso de Tlaloc. Um afresco procedente de Teotihuacán representa esse paraíso tropical, no qual os eleitos cantam com alegria.

Todos os outros mortos vão parar no reino do norte, a terra da noite. Seus corpos são queimados junto aos cadáveres dos cães, seus companheiros na estrada dos mortos, uma estrada coalhada de perigos: oito estepes e nove rios para atravessar. Ao final de uma viagem que dura quatro anos, assinalados por cerimônias fúnebres celebradas em sua honra por parentes, eles chegam ao reino subterrâneo do deus Mictlan, que, por fim, os aniquila.

Os maias

Temos conhecimento da religião dos maias graças à descoberta de grandes cidades como Tikal, Copan, Palenque e Uxmal. O período de seu esplendor máximo se estende do século III ao século X. Nas práticas funerárias, podemos também, uma vez mais, distinguir entre as diversas categorias de defuntos. O grupo privilegiado é constituído pelos guerreiros que caem em batalha, por mulheres mortas no parto, pelos sacerdotes e pelos suicidas por enforcamento. Todos esses se tornam imortais e gozam da felicidade eterna sob o sagrado *ceiba*, a árvore que atravessa todas as esferas celestes, também chamada de "árvore do início", *Yache*, que une entre si céu e terra. A recente descoberta da tumba de Pacal, que foi rei de Palenque do ano 615 ao ano 633, fornece provas irrefutáveis da crença dos maias na imortalidade: o defunto é engolido pelo sol poente e, depois, transformado no pássaro Moban, símbolo de imortalidade, volta a subir ao céu junto ao sol que se levanta. A árvore cósmica, que tem a forma de cruz, afunda suas raízes no mundo subterrâneo e estende seus ramos até o céu. O *Livro dos mortos* da religião maia prevê ainda a doutrina da reencarnação.

Os incas

Numa época na qual diversas civilizações dominavam a região andina (Peru, Bolívia e Equador), surgiram no cenário novas populações. A mais importante entre elas era a dos incas, assim chamados em decorrência do nome da tribo principal, que se estabeleceram, por volta de 1445, na cidade de Tiahuanaco e na região ao redor do Lago Titicaca. Seu império duraria apenas um século, desmoronando sob o impacto da invasão espanhola.

O deus supremo do panteão dos incas era o Sol, o deus criador, chamado de Viracocha nas montanhas e de Pachacamac nas zonas costeiras. Os soberanos da região eram os "filhos do sol". Ao lado do culto ao sol (templos solares foram construídos em todas as grandes cidades), havia também o culto a Pachamama, a deusa da terra, encarnação da fertilidade.

Diversos testemunhos da conquista espanhola deixaram relatos sobre a religião dos incas: todos concordam com o fato de que os incas acreditavam na imortalidade e imaginavam a vida futura como uma continuação da vida presente. Outros documentos provenientes do Peru atestam, entre os costumes funerários, o cuidado com o cadáver, o costume de atribuir aos recém-nascidos o nome de algum antepassado falecido e, finalmente, a deposição do corpo em posição fetal na tumba ou numa urna funerária. A fé numa vida futura justifica o cuidado reservado à arrumação da tumba, ao embalsamamento dos cadáveres dos príncipes e as severas penas previstas em caso de violação da sepultura. Para o funeral dos soberanos, como se indicava, o ritual prescrevia o embalsamamento, um tratamento especial do rosto e dos olhos, o sacrifício e o embalsamamento de sua consorte e dos servos e, finalmente, a colocação no sepulcro de suas roupas e de seus bens.

5 Religiões da China

A descoberta (em 1921) da cultura de Yang-shao forneceu os primeiros documentos do Neolítico chinês (por volta de 4000 a.C.) e revelou alguns elementos das antigas concepções chinesas sobre o espaço sagrado, sobre a fertilidade e sobre a morte. A fé na vida futura da alma é confirmada pela colocação nos túmulos de utensílios e de alimentos. As urnas funerárias das crianças eram dotadas de uma abertura na parte superior, através da qual a alma podia ir e voltar. Essas urnas funerárias, consideradas as moradas do defunto, atestam a presença de um culto aos antepassados. Uma decoração específica vermelha com três motivos (triângulo, tabuleiro de xadrez e espiral) forma um símbolo complexo no qual se sucedem a existência terrena, a vida futura e o renascimento. Essas habitações para as almas, que são numerosas na China pré-histórica, antecipam as lápides posteriores dos antepassados. Sob a dinastia Shang (1751-1028 a.C.), cresce o número das inscrições oraculares gravadas em ossos ou em conchas: esses textos revelam a dialética dos opostos (a *coincidentia oppositorum*, que prenuncia as doutrinas do taoismo) e a ideia da renovação do tempo e da regeneração espiritual. Também se fazem presentes os sacrifícios ao deus supremo Ti e aos antepassados, enquanto os túmulos dos soberanos documentam sacrifícios animais e até humanos, destinados a acompanhar o soberano na sua vida futura.

O ano de 1208 a.C. assinala o início da dinastia Chou, que governou a China até 256 a.C. O reino é organizado sobre o senhorio, fundado no grupo familiar e na posse das terras feudais. Em consequência disso, a religião se apoia sobre duas bases: os antepassados, que compõem a família divinizada, e o deus da terra, a apoteose do senhorio. Cada família tem seus antepassados, que atuam como protetores, ao passo que os antepassados do rei são os guardiães do país inteiro. Os ritos funerários demonstram a fé na vida futura das almas, mesmo que tal crença pareça especialmente incompatível com o destino previsto para os defuntos. Recordemos, em primeiro lugar, que a cada indivíduo eram atribuídas várias almas. A morada final dos mortos pode ser, indiferentemente, o túmulo, as "Fontes Amarelas", governadas pelo deus da terra, o mundo celeste de Shang-ti (o "Soberano do alto"), ou o santuário familiar. A celebração correta dos ritos funerários é naturalmente a condição essencial para a vida futura.

Sob a dinastia Chou, do século VIII ao século III a.C., a civilização chinesa passou por um desenvolvimento e uma transformação notáveis, e o pensamento filosófico atingiu um alto nível. O deus celeste T'ien ("Céu"), ou Shang-ti, era concebido como onisciente e onividente, mas impessoal: uma tradição posteriormente herdada pelos filósofos. No culto aos antepassados, a urna entendida como habitação do defunto foi substituída por uma lápide colocada no templo. Até mesmo o esquema de macrocosmos e microcosmos, que está implícito no ciclo antitético constituído pelo *yin* e *yang*, foi nessa época integrado ao pensamento chinês: o antigo simbolismo de polaridade e de alternância passava por um desenvolvimento notável até se tornar um sistema de totalidade cíclica, que incluía as alternâncias cósmicas e a separação ritual entre os sexos, o princípio regulador sobre o qual se baseava a filosofia do Tao. Segundo Mircea Eliade, encontramos aqui uma representação cosmogônica arcaica da unidade-totalidade originária:

"Para Lao-tsé, o Uno, unidade/totalidade originária, já representa uma etapa da 'criação', porque ela foi gerada pelo misterioso e incognoscível princípio, o Tao" (ELIADE, M. *Les religions de la Chine ancienne*, 1978 [trad. it., 1980]). O Tao existe desde antes do céu e da terra; ele é uma totalidade primordial, vivente e criativa, mas é ao mesmo tempo um estado paradisíaco.

A tentativa dos fiéis taoistas de reintegrar esse estado paradisíaco constitui sua busca de imortalidade, uma exaltação da condição humana primordial. A tentativa de Confúcio (K'ung-tzu) é análoga à de Lao-tsé, a partir do momento em que ambos se baseavam nas mesmas antigas ideias fundamentais: o Tao como princípio da totalidade, a alternância *yin-yang*, a aplicação da analogia entre macrocosmos e microcosmos a todos os níveis da existência. Lao-tsé e seus seguidores encontraram a unidade originária em suas próprias existências; já Confúcio, por sua vez, buscou-a numa sociedade mais equilibrada e mais justa. Em sua busca da fundamental, misteriosa, insondável realidade subjacente a toda existência, Lao-tsé encontrou o Tao na totalidade vivente, por meio de uma reconciliação dos contrários e de um retorno às origens. Confúcio (551-479) não rejeitou nem o Tao, nem o deus do Céu, nem tampouco a veneração dos antepassados. Para ele, o Tao era um decreto celeste. Ele recomendou um sistema de educação capaz de transformar cada indivíduo numa pessoa superior: desse modo, a sociedade se tornaria a encarnação da harmonia cósmica originária.

A China jamais produziu uma classificação orgânica de suas crenças a propósito do destino dos defuntos. Quase todos eram destinados ao reino das "Fontes amarelas"; apenas os reis e os príncipes subiam aos céus para ficar ao lado do Soberano do alto. Os nobres viviam sua existência futura nos templos dos antepassados da família, junto a seus túmulos. Essa antiga religião agrária se dissolveu, juntamente com sua estrutura social arcaica, quando subiu ao poder a dinastia Han, no ano 206 a.C. O taoismo se desenvolveu a partir de então de maneira espetacular, alcançando seu ápice sob a sexta Dinastia, do século IV ao século VI de nossa era. Por ser uma religião de salvação, o taoismo podia oferecer uma vida futura, uma vez que, se eram atribuídas ao homem numerosas almas, mas um só corpo, foi ao longo dessas linhas que os diversos pensadores buscaram a imortalidade. Alguns deles pensaram numa mescla indistinta de almas, fora da qual o morto só teria podido receber um corpo imortal se os vivos tivessem sido assíduos na celebração dos ritos funerários. A maioria deles, porém, pensava que o corpo teria sido conservado e teria se transformado num corpo imortal, no qual, ao final, se teriam desenvolvido novos órgãos espirituais em substituição dos órgãos corpóreos. Desse modo é que nasceram numerosas práticas às quais se aplicavam os taoistas, ainda em vida, no propósito de assegurar a imortalidade ao corpo: práticas dietéticas para eliminar os demônios e manter o vigor físico, exercícios de respiração cíclica para provocar experiências extáticas, práticas sexuais voltadas para misturar o sêmen com a respiração, no propósito de estimular o cérebro (cf. MASPERO, H. *Taoism and Chinese Religion.* amherst, 1981). A essas práticas físicas se acrescentavam algumas técnicas espirituais, como a concentração, a meditação e a união mística. Entre os séculos II e VI, foram por fim acrescentadas a essas técnicas verdadeiras cerimônias para os defuntos, ritos que tinham o objetivo de "fundir" as almas num fogo que viria a transformá-las em almas imortais (*hsien*).

6 Antigo Egito

No centro das crenças egípcias sobre a imortalidade encontra-se o tema da vida. Realmente, toda a história do Egito – sua arquitetura, sua arte, seus escritos, sua religião – proclama uma grande alegria de viver. O *akh*, o símbolo da vida adotado inclusive pelos cristãos como preciosa herança de uma tradição religiosa milenar, provém da mais profunda antiguidade.

Desde os tempos do Reino Antigo, os Egípcios haviam elaborado um modelo espiritual complexo, construído sobre a existência divina e composto por três elementos necessários à vida. O *akh* é a energia divina; o *ba* é a capacidade de movimento, a consciência humana e a possibilidade de assumir diversas figuras. O sopro divino, apoio de todos os seres criados, o *ka*, é o conjunto das qualidades de origem divina que dão a vida eterna; é a força vital ligada a Ptah e a Rá, que constitui a parte viva do homem. Quando o *ka* se separa do corpo, ele acaba por se dissolver e, para tornar possível uma vida futura, o cadáver deve ser reconstituído por meio da mumificação e revivificado graças aos ritos funerários.

Os *Textos das Pirâmides*, que remontam ao Reino Antigo, tratam exclusivamente do destino do faraó. Esses textos afirmam que o soberano defunto ascende ao céu, onde se torna uma estrela ou um dos companheiros de Rá, o deus do sol, e o seguem em sua viagem cotidiana. Contudo, observamos que o faraó defunto vai, na realidade, ao encontro de um duplo destino. Identificando-se com Osíris, ele de fato volta a viver por meio da mumificação, que lhe oferece um corpo eterno, nutrido e vestido por meio das oferendas; apenas num segundo momento ele passa ao reino de Rá, para viver no mundo celeste. A síntese dessa dupla doutrina da assimilação do faraó, seja a Osíris, seja a Ra, é realizada durante a Quinta Dinastia e constitui a base da fé egípcia na imortalidade.

As pirâmides, construídas para os seus futuros ocupantes quando eles ainda estavam vivos, nos fornecem uma ideia da natureza das crenças durante o Reino Antigo. Tudo nessas estruturas fala da vida, como se se tratasse de uma habitação, a partir do momento em que a existência futura é apenas um prolongamento, para além da morte, da existência terrena. Continuar a viver significa continuar a comer: por isso é que as paredes das pirâmides são cheias de portadores de oferendas, de banquetes funerários e de cenas da vida cotidiana. Uma falsa porta permite ao defunto ir e vir, do mundo dos mortos ao mundo dos vivos. Muitas das cenas funerárias pintadas nas pirâmides representam as duas deusas Ísis e Néftis, as irmãs de Osíris, que acompanham o defunto. A ideia do renascimento de Osíris é difusa e popular já durante o Reino Antigo. A mais antiga representação da vida futura mostra o defunto sentado em sua mesa, com uma decoração tão pormenorizadamente exuberante que devemos concluir que cada aspecto da imortalidade já havia sido imaginado.

No II milênio a.C., o Reino Médio e o Novo Reino procedem à codificação de suas crenças na vida futura com os *Textos dos sarcófagos* e com o *Livro "Que o meu nome floresça"* (ou *Livro da saída durante o dia*). Ao lado das antigas ideias, naquele momento retomadas de forma mais democrática, surgem novas crenças. O *ba*, a força vital relacionada a Ptah e a Rá, é a alma do defunto, que permanece ao lado da múmia, mas que também pode entrar no *tuat*, o reino subterrâneo dos mortos governado por Osíris, que se torna cada vez mais importante. O *ba* pode também ascender ao céu, mas a sua maior alegria consiste em deixar a tumba, durante o dia, para circular entre os homens. Graças ao *ka*, a alma pode assumir figuras diferentes. Aplicando encantamentos extraídos do *Livro "Que o meu nome floresça"* sobre o coração da múmia, permitia-se que o *ba* saísse, durante o dia, para se comportar como os vivos, voltando depois para a tumba durante a noite.

O *Livro "Que o meu nome floresça"* representa a síntese das várias doutrinas relativas à imortalidade: a mumificação, a psicostasia (ou seja, a pesagem do *ba*), o julgamento dos mortos, o reino dos mortos, a libertação do *ba* e o feliz destino daqueles que tivessem vivido sua vida de acordo com Maāt. Todos esses aspectos, à primeira vista contraditórios, são reunificados e conciliados no processo pelo qual a alma passa diante de Osíris e de sua corte. A mumificação visava conectar o *ba* ao corpo do defunto e, em última análise, a este mundo. Depois de ter se defendido com sucesso diante de Osíris, o bem-aventurado, *maa kheru*, estava livre para circular entre os deuses e os espíritos do *tuat*. Todavia, ele ainda mantinha vínculos com o mundo dos vivos, um mundo que parecia feliz aos olhos dos egípcios. Apesar de ser explícita a relação com o funeral de Osíris, não devemos pensar que a imortalidade dependia apenas da conservação da múmia. Mesmo que a eventual dissolução da múmia rompesse a conexão entre o *ba* e o mundo, o defunto que conquistara o *tuat* continuava, de fato, a viver feliz nos Campos de papiro. O destino feliz do justo que viaja na barca do Sol era, por sua vez, reservado àqueles que eram muito pobres para garantirem a si mesmos um funeral semelhante ao de Osíris. Assim, o vasto mundo dos imortais, no Reino Médio e no Novo Reino, era composto pelos imortais de Osíris, atados a suas múmias perfeitamente conservadas e, por isso, livres para circular tanto no além como no mundo dos vivos; e, ao mesmo tempo, pelos imortais de Osíris cujas múmias se tinham corrompido, mas que ainda residiam felizes no reino *tuat*, do qual, porém, não podiam sair; e, por fim, pelos imortais bem-aventurados admitidos na barca do Sol. A existência eternamente feliz de todos eles tinha sido preparada por uma conduta moral conforme a Maāt (a "justiça"), pela preparação da tumba e pela mumificação: tudo isso contribuía para a construção da morada eterna. As necrópoles são, portanto, testamentos de vida. As representações da pesagem do *ba* e do juízo de Osíris dão exemplo, em última instância, desse tipo de concepção da imortalidade. O monstro que devora o defunto, por exemplo, talvez se refira a uma segunda morte prevista para o malfeitor, ou talvez a seu total aniquilamento.

No período helenístico e no romano, finalmente alcançou grande desenvolvimento o culto a Ísis. A imortalidade ainda estava centrada no tema da vida, embora a água tenha assumido grande importância simbólica. Doadora de vida, purificadora, símbolo de rejuvenescimento, a água é "a identificação do Nilo e de Osíris" que as deusas Ísis, Néftis ou Nut oferecem ao defunto. Na época imperial, é mencionada a "água fresca dos mortos". De acordo com Françoise Dunand (*Le culte d'Isis*. Leiden, 1973, p. 212), o defunto que recebe de Osíris a água de vida alcança a imortalidade porque, desse modo, assimila a força do deus. O deus

Anúbis, por sua vez, abre os caminhos para o além e se torna, ele mesmo, um deus solar. Plutarco fala de Osíris como um deus do mundo celeste, um mundo puro e invisível no qual o defunto entra transformado em Osíris: nesse contexto, o rito de iniciação passa a ser uma doutrina de salvação e um percurso rumo à imortalidade.

7 Índia

A fé na imortalidade é clara e constante no pensamento religioso hindu, em todas as suas formas, tanto a védica quanto a brâmane e, por fim, na *bhakti*.

Índia védica

A palavra sânscrita *amṛta* (em pali: *amata*) é formada por um *a* privativo mais *mṛta* ("morte") e significa "não morte". Termos correlatos são, em grego, *am(b)rotos* ("imortal") e *ambrosia* ("elixir da imortalidade"); o termo avéstico *Ameretāt*, que é o nome de uma entidade divina abstrata que significa "falta de morte, imortalidade"; e, finalmente, o latino *immortalitas*. O nosso termo "imortalidade" é, portanto, de origem indo-europeia e significa literalmente "não morte". Como Georges Dumézil demonstrou desde o início de seus estudos sobre a mitologia comparada dos indo-europeus (*Le festin d'immortalité*. Paris, 1924), *amṛta* é um conceito fundamental do pensamento indo-europeu. Nos *Veda*, sobretudo em contextos sacrificais, em geral *amṛta* vem juntamente com *soma*: a primeira é a bebida celeste da imortalidade, ao passo que a segunda é uma libação sacrifical ritualmente oferecida aos deuses. *Amṛta* é, pois, a bebida de imortalidade dos deuses e dos homens; *soma* é o elixir de vida descido dos céus para conferir a imortalidade (*amṛtam*). Essas duas palavras contêm a ideia da conquista da imortalidade, concebida como uma renovação perpétua da juventude e da vida.

No *Ṛgveda* distingue-se o *asu*, ou seja, o corpo e o princípio invisível do homem, a sua energia vital ou sopro, do *manas*, o espírito, sede do intelecto e das sensações internas, localizado no coração. A natureza da alma emerge claramente na atitude dos *Vedas* diante da morte: os defuntos, de fato, são simplesmente as sombras dos vivos. O que sobrevive é a individualidade, a essência do homem, que se torna imortal porque indefinidamente prolongada no tempo, tornada parte de um cosmos perfeitamente ordenado. A imortalidade é um perene "refazer", segundo uma lei universal, e consiste num eterno renascer. O *Ṛgveda* 10.129.1-3 fala do "Uno que era antes do ser e do não ser, antes da morte e da não morte". Essa não morte está em relação tanto ao nascimento de um tempo organizado quanto ao ventre materno, sinônimo de morte e de renovação.

O simbolismo sacrifical védico mediante o qual se afirma a imortalidade gira em torno do sol, do *soma* e do *agni* (o "fogo"). O movimento do sol e o drama cósmico no qual ele é destruído para depois novamente ressurgir estão profundamente arraigados na Índia védica. O sol é a substância do rejuvenescimento e o arquétipo do fogo sacrifical. O fogo é o deus Agni, sempre renovado e, por isso, sempre jovem (*Ṛgveda* 3.23.1), coração da imortalidade, cuja juventude eterna reside exatamente na sua capacidade de renascer. A imortalidade simbolizada por *agni*, o fogo divino, e pelo *soma*, a bebida de vida, consiste num perpétuo renascimento. *Agni*, o embrião de ouro, o sol, o *soma*, a árvore celeste (*ficus religiosa*): são todos símbolos de imortalidade. O mundo "imortal" é *sukṛta*, "bem-feito), e *saṃskṛta*, "perfeito", e em seus esquemas dinamicamente entretecidos se encontra o fundamento da imortalidade. Para o *Ṛgveda*: "Nascer sem limites significa ser sem morte: aqueles que nasceram desse modo, o sol e o fogo, são, portanto, imortais, os autênticos guardiães da imortalidade que distribuem ao homem" (cf. SILBURN, L. *Instant et cause. Le discontinu dans la pensée philosophique de l'Inde*. Paris, 1955, p. 45).

Índia brâmane

Enfatizando a renovação perpétua, os *Brāhmaṇa* aprofundam e sistematizam essa concepção da infinita extensão da ordem cósmica. Ela se funda no fogo, no altar sacrifical e no Prajāpati. Presente já no *Ṛgveda* como protetor da geração, Prajāpati se torna nos *Brāhmaṇa* a figura principal, o trigésimo quarto deus que se aproxima das outras trinta e três divindades védicas, a força criativa, o ato espiritual concentrado que precede a criação, a energia difusa em toda a sua multiplicidade e que deve, ao final, reunir-se e reconduzir à unidade das origens. Prajāpati é ainda o sacrifício, uma cópia terrena do grandioso drama cósmico. O ritmo cíclico do cosmos, de fato, é repetido no rito sacrifical: é reproduzido o ciclo do sol que se aproxima sem início e sem fim. O rito deve restaurar a unidade perdida, deve reuni-la e fornecer-lhe estrutura e continuidade. Desse modo, o rito transcende a morte.

O simbolismo da imortalidade comparece nos *Brāhmaṇa* mais rico que nos *Veda*. O sacrifício confere vida longa e doa a imortalidade, simbolizada pelo ano cósmico; os dias e as noites representam, por seu lado, as existências humanas. O tempo mortal e transitório. As estações constituem o ano em seu sentido real, de renascimento ilimitado; o ano, por seu turno, é o símbolo da vida divina e da imortalidade: e Prajāpati é o ano. A construção do altar sacrifical ocupa um ano inteiro e requer 10.800 tijolos, cada um dos quais representa uma hora. O fogo *gārhapatya* representa um útero, no qual um *mantra* especial inspira o sopro da vida. Através do fogo *āhavanīya*, o sacrificador sobe ao céu, para nascer uma segunda vez e obter a imortalidade. O sacrifício é, portanto, a superação da morte por meio do rito.

Com as *Upanishades*, a Índia entra num período de profunda reflexão, que se concentra na consciência e na libertação. Emerge daí o conceito de *ātman*, o eu profundo, considerado o fundamento imortal do homem, que tem o dever de se libertar do corpo para alcançar a unidade perfeita com *brahman*. O *ātman* é imutável, imortal (amṛta), indestrutível, eterno, imorredouro. O *brahman* é o princípio criativo, a realidade fenomênica e, ao mesmo tempo, a totalidade do universo: é o princípio do sagrado.

A reflexão das *Upanishades* retira a Índia do rígido ritualismo brâmane e atribui renovada importância à ação humana, fornecendo-lhe uma energia sem fim. Por influência do *karman* e da sua doutrina da retribuição dos atos humanos por meio da reencarnação, o *ātman* poderá fazer a experiência do contínuo des-dobrar-se da existência para além da morte. Mas a libertação pode proceder por meio de duas estradas diversas: a primeira consiste num retorno ao corpo, numa reencarnação; a segunda é, por sua vez, o percurso dos deuses, a estrada régia, o desenvolvimento da consciência metafísica e mística necessária para descobrir o *ātman*, o *brahman* e, sobretudo, a identidade de *brahman-ātman*. Essa busca do absoluto é a busca da imortalidade. E a imortalidade é a assimilação do indi-víduo no *brahman*, obtida graças à descoberta da unidade profunda das coisas. As *Upanishades* contrapõem ao ritualismo dos *Veda* e dos *Brāhmaṇa* a libertação dos renascimentos, por meio da consciência que une o homem, de uma vez para sempre, ao *brahman*.

Bhakti

Nos últimos séculos antes de nossa era, difundiu-se na Índia uma corrente religiosa conhecida como *bhakti*. Trata-se de uma forma de hinduísmo que julga a relação entre Deus e suas criaturas com base na graça, requerendo, portanto, da criação uma dedicação total a Deus. A *bhakti* é a dedicação amorosa que dá ao fiel o conhecimento do Senhor (Kṛṣṇa ou Īśvara), mais do que qualquer meditação ou reflexão; é um dom divino oferecido apenas àqueles que para ele se prepararam numa atitude de amor. Mesmo conservando a doutrina da transmigração das almas, o movimento *bhakti* introduz uma tendência monoteística e acentua o tema da salvação. A dedicação deve ser acompanhada do conhecimento, mas é superior a ele, como afirma a *Bhagavadgītā*: "Eu revelarei tudo aquilo que deve ser conhecido: conhecendo-o, se alcança a vida eterna. Trata-se do *bhraman* supremo, que é sem início e que não é nem ser nem não ser" (13.12). Mas concomitantemente a esse conhecimento, é necessária a devoção máxima ao Senhor: "E aquele que, no momento da morte, abandona o seu corpo e parte, pensando apenas em mim, ele atinge a minha condição (de ser)" (8.5). A *bhakti* atua, pois, como elixir da vida, concedendo a vida eterna junto a Kṛṣṇa. Muitos são os textos que enfatizam o destino do *bhakta*, que é *siddha* ("perfeito"), *amṛta* ("imortal") e *tṛpta* ("feliz").

Síntese

Como vimos, as crenças hindus na imortalidade, não obstante sejam distintas entre si, vinculam-se todas a um rico simbolismo comum. Nesse simbolismo, encontramos uma temática fortemente ressaltada por Eliade (1954), a temática das técnicas para alcançar a imortalidade. Já mencionei o simbolismo de Agni e do fogo sacrifical, da chama mística produzida pelo *tapas*, da ponte que leva ao *brahman* supremo, da grande viagem que enfatiza a importância da reencarnação, do sol e da roda cósmica, da árvore celeste e do *soma*. Eliade destacou outros dois aspectos desse longo desenvolvimento da filosofia hindu, quais sejam as práticas iogues, já presentes nas *Upanishades*, e a tendência, referida nos *Veda* e claramente afirmada nos *Brāhmaṇa* e nas *Upanishades*, de afirmar a existência de vários níveis de realidade. Em busca da reintegração completa, que constitui o propósito definitivo da existência. A transmigração é descrita em termos muito vivos.

No simbolismo do *amṛta*, o culto funerário proclama o orgulho da posição do defunto. De acordo com o ritual védico, por exemplo, o moribundo é deposto num lugar purificado, com a cabeça voltada para o sul, para a terra dos mortos. O cadáver é depois escrupulosamente preparado para a cremação: lâminas de ouro, símbolo de imortalidade, são colocadas sobre os olhos e sobre a boca. O fogo abre a procissão fúnebre, levado num recipiente antes nunca usado. O lugar da cremação é escolhido com cuidado, porque deve estar situado perto da água, aberto para um panorama aprazível voltado para o oeste. A pira funerária, sob a qual é deposta uma lâmina de ouro, é finalmente acesa com os três fogos sacrificais, representados por três diversos estratos de ervas, pelo fato de a cremação ser considerada, também ela, um sacrifício. Quando o fogo consumiu o corpo, os ossos são limpos, reunidos e dispostos numa urna ou num túmulo. Nos ritos domésticos para os mortos, por sua vez, se procede a uma oferenda de arroz, dedicada aos antepassados e considerada uma refeição para os defuntos. Muitos dos elementos dos ritos funerários védicos e brâmanes foram conservados por milênios: eles representam a doutrina hindu fundamental, que é oportunamente expressa pela *Bṛhadāraṇyaka Upaniṣad* com as palavras (1.3.28): "Conduze-me da morte à não morte").

8 Budismo

As *Upanishades* ensinavam que em cada indivíduo existe o eu, o *ātman*, uma entidade permanente e eterna, uma substância imutável que subjaz ao efêmero mundo fenomênico. Partindo dessas premissas, foi fácil encontrar a via da imortalidade. O *ātman*, afirmava-se, se torna imortal não mediante os sacrifícios, os ritos ou as disciplinas ascéticas, mas porque ele toma posse do imortal, o *brahman*. Para as *Upanishades*, a imortalidade consiste na identificação entre o *ātman* e o *brahman*. O Buda negou a existência do *ātman*, ensinando especialmente a doutrina do *anātman*, o "não eu", segundo a qual toda pessoa é uma agregação de diversos elementos, um organismo funcional para o qual a realidade autêntica reside na mutação incessante. O Buda substitui o princípio vital, o *ātman*, por esses "agregados", ou *skandha*, e pela "cadeia do ser", *santāna*, cujos elos estão em relação de causa e efeito. Ele reconhece o ato e seus frutos, mas não o agente, dizendo que não existe nenhum *sattva*, algum eu independente, que pode ser reencarnado. Mas a totalidade funciona, o "eu contingente" existe átimo por átimo, oprimido por suas ações anteriores, mas rico da potencialidade de um renascimento contínuo. A morte assinala o instante no qual tem início a retribuição de uma nova série de ações: é um renascimento, não uma transmigração. O indivíduo é um fluxo que se renova incessantemente, porque ele encerra em si, nas suas ações e nos seus desejos, a semente de uma existência ininterrupta.

Mas a crença numa vida futura e na imortalidade não é inteiramente ignorada pelo Buda. Assim como o brâmane, o iogue e o mendigo, ele busca "aquilo que permanece", "a libertação" e "aquilo que é imortal". "As primeiras palavras de Śākyamuni, quando ele se transforma em Buda, dirigem-se a proclamar que ele alcançou o Imortal, que abriu as cancelas do Imortal... O Imortal inexprimível é a meta do homem santo, pois significa libertação do nascimento e da morte" (VALLÉE POUSSIN, L. *Nirvāṇa*. Paris, 1925, p. 50). Essa meta é chamada *nirvana*. O Buda não o define; nós o conhecemos apenas através de seus atributos: felicidade inabalável e bem-aventurança, alegria sem princípio, sem geração, incondicionada, perfeita, não construída. O *nirvana* é libertação, é um lugar invisível, imortal, sem retorno possível ao mundo subjacente. Ao falar dos santos que alcançaram a iluminação perfeita já neste mundo, um texto declara: "Já nesta vida, o *arhat*, aprisionado, tendo atingido o *nirvana* (*nibbāna*) e sentindo a felicidade dentro de si, transcorre o seu tempo unido ao *brahman*" (*Aṅguttara Nikāya*, 2.206). Para chegar ao *nirvana,* e consequentemente à imortalidade, é necessário seguir o método e a estrada do Buda. Tanto La Vallée Poussin quanto Eliade destacaram a natureza iogue desse caminho para a libertação.

Não entra nos objetivos dessa nossa discussão uma análise do debate sobre o *nirvana*, que ocupou as diversas escolas e as principais correntes do budismo (Hīnayāna, Mahāyāna, Tantrismo e Budismo da Terra Pura). Demos apenas uma rápida olhada no Tibete, na medida em que a tradição do budismo tibetano representa uma síntese singular entre a antiga religião Bom e vários elementos das doutrinas budistas. O *Livro dos mortos* tibetano é uma fonte inestimável para o nosso conhecimento da viagem da alma. Acredita-se que o lama, ao recitar determinados textos à cabeceira do defunto, possa restituir ao corpo a sua força vital, o *bla*, que o sustentará durante a viagem, que dura 49 dias, através do estágio intermediário entre morte e renascimento. Se esse renascimento não ocorrer, então o defunto comparece diante do deus dos mortos para ser julgado (numerosos detalhes demonstram uma influência iraniana). Giuseppe Tucci (*Le religioni del Tibet*. Roma, 1980) indica, entre as tantas cerimônias, os ritos celebrados em torno do maṇḍala, construído exatamente para o funeral. Depois de uma purificação ritual, um fragmento dos ossos do defunto (*rus*), ou até mesmo um pedaço de papel ou de madeira que leve inscrito o seu nome, é posto no maṇḍala; os ossos são os apoios do defunto e o lugar de sua alma. A cerimônia visa provocar o renascimento, mas traz à memória as viagens da alma dos xamãs. Os tibetanos conservaram sua crença num vínculo estreito e direto que une a terra às esferas paradisíacas do céu. Além disso, eles acreditam que o defunto mantém eternamente o aspecto de que se revestia durante sua vida terrena. Sustentado por uma espécie de arnês de tecido, que representa seus atos meritórios, ele pode subir às regiões celestes, no decorrer de uma ascensão ritual que revela evidentes influências xamânicas.

9 Celtas, germanos, escandinavos, trácios e getas

Georges Dumézil ressaltou a estrutura tripartite da antiga ideologia religiosa indo-europeia, que se baseia na soberania, na força e na fertilidade. Graças a essa descoberta, que revelou a consistência do pensamento indo-europeu e a importância da herança indo-europeia, a análise da religião desses povos foi muito facilitada. As conclusões de Dumézil se revestem de uma enorme importância, sobretudo para o estudo das civilizações que deixaram apenas traços dispersos nos achados arqueológicos e na epigrafia, nos testemunhos diretos transmitidos pelos povos vizinhos e nos vestígios míticos.

Uma clara crença na vida futura está documentada nas práticas funerárias dos celtas, dos povos germânicos e dos escandinavos. Os testemunhos arqueológicos são abundantes e compreendem tumbas megalíticas, dólmens e sepulturas individuais assinaladas com símbolos solares. A cremação é conhecida desde os chamados "campos de urnas", a partir do ano 1500 a.C. Cada elemento dessas sepulturas fala a linguagem simbólica da vida futura: a conservação dos crânios, a instalação das tumbas perto de onde moravam os vivos, os cadáveres voltados para a casa e a inclusão dos bens do defunto nas sepulturas. A presença difusa da cremação, por volta de meados do II milênio a.C. (a prática foi definitivamente proibida por Carlos Magno), demonstra a amplitude da presença indo-europeia.

A crença na imortalidade da alma entre os celtas e entre os gauleses é testemunhada por vários autores antigos. Júlio César (*Das guerras na Gália* 6.14) atribui aos druidas a afirmação segundo a qual a alma é imortal e passa, depois da morte, para um outro corpo: essa crença explicaria a grande coragem de seus guerreiros. Para os povos germânicos, a alma renasce junto à *Sippe* (o clã). Diodoro Sículo fala do costume gaulês de lançar sobre a pira funerária cartas endereçadas ao defunto. Diversas tradições celtas narram um *aes sídh*, ou "paraíso dos mortos", um mundo amplo ligado por uma ponte à terra dos vivos, um mundo que às vezes assume a forma de uma ilha situada no meio do oceano. Um significado simbólico particularmente importante é atribuído a determinados fragmentos de cascas de ovo encontrados nos sepulcros: o ovo despedaçado representa a vida que renasce.

Na religião dos germanos, o Valhalla é a morada reservada aos guerreiros que caem no campo de batalha e àqueles que morrem de maneira heroica. Trata-se da morada dos *einherjar*, dos heróis, que ali vivem uma existência feliz. Parte de seu tempo é absorvida pelo banquete de imortalidade, no qual a carne do javali Saehrimnir se renova toda noite para o banquete do dia seguinte; a carne sagrada é servida pelas *valkyrjar* (as Valquírias). Outro símbolo da tradição germânica é a árvore Yggdrasill, que se eleva ao centro do mundo e que afunda as suas três raízes distintas respectivamente na terra dos mortos, na terra dos gigantes e no mundo dos homens. Ela simboliza o destino, o vínculo que une os vivos aos mortos, o renascimento contínuo da vida.

Até mesmo o culto a Zalmoxis, difundido entre os trácios e entre os getas (Heródoto 4.94s.), implica a fé na imortalidade da alma, alcançável por meio de um ritual de tipo iniciático derivado do conjunto dos cultos mistéricos do mundo mediterrâneo, particularmente daqueles que constituem uma espécie de preparação para uma existência feliz no outro mundo.

10 Antigas religiões iranianas

Permaneçamos no mundo indo-europeu, visto que a civilização iraniana é fortemente marcada pelo trifuncionalismo, como Dumézil demonstrou extensamente. O tema da imortalidade, contudo, deve ser examinado de um ângulo novo e particular, pois a reforma religiosa de Zaratustra (Zoroastro) teve um efeito profundo sobre o pensamento iraniano.

As *Gāthā* são atravessadas pela contraposição entre corpo e espírito, uma vez que a alma humana é uma realidade complexa. *Vyana* é a alma que respira, o eu espiritual; *manah* é o pensamento, a atividade da consciência, da reflexão e da memória; *urvan* é a parte da personalidade que se ocupa do domínio espiritual e religioso (correspondente ao *ātman* hindu). Finalmente, *Daēnā* é a inteligência religiosa que permite conhecer a revelação. As *Gāthā* dão especial destaque à parte espiritual humana.

A palavra *fravashi*, que não aparece nas *Gāthā*, é de origem pré-zoroastrista e deriva (segundo Söderblom, 1901) de *fravarti*, "protetor, guardião". Uma passagem do Avesta (*Yasna* 23.1) diz: "Eu chamo para o sacrifício todas as santas *fravashi*, onde quer que estejam, aquelas que permaneceram na terra depois da morte": aqui se evoca a noção indo-europeia dos "pais", dos antepassados, ou espíritos dos mortos. Segundo Söderblom, as *fravashi* remontam às crenças populares e ao culto aos mortos anteriores ao Avesta. De fato, existem alguns traços de uma vaga noção da continuação da vida do defunto nos arredores de sua habitação e da ideia de uma alma preexistente que sobrevive à morte. Ao final do ano, as *fravashi* dos defuntos voltam à terra para pedir aos vivos alimento e roupas em troca de sua proteção.

Sacerdote e profeta, Zaratustra foi o protagonista de uma profunda reforma religiosa. Rejeitando o antigo politeísmo indo-iraniano, ele atribuiu o estatuto de deus supremo a Ahura Mazdā, o criador da luz, dos seres vivos e das faculdades mentais. Deus onisciente e senhor da sabedoria, Ahura Mazdā vive num reino de luz, rodeado por sua corte celeste, constituída por seis divindades indo-iranianas em forma de arcanjos. A sua direita se sentam Vohu Manah ("bom pensamento"), Asha ("justiça") e Khshathra Vairya ("força"). A sua esquerda, Ārmaiti ("piedade"), Haurvatāt ("integridade", "saúde") e Ameretāt ("imortalidade"). Todas essas entidades divinas derivam de Ahura Mazdā. Na obra da criação, a energia e a atividade são prerrogativas de dois espíritos: Spenta Mainyu ("espírito bom"), que é muito próximo a Ahura Mazdā, age em seu nome e tem a incumbência de dar saúde e imortalidade; e Angra Mainyu ("espírito mau"), criador da não vida e semeador da desordem. O homem é chamado a escolher entre os dois espíritos, e essa escolha entre bem e mal é de enorme importância, pois dela depende a felicidade eterna.

A antiga crença indo-europeia na imortalidade assume, dessa forma, um novo aspecto: uma concepção teísta e, de certo modo, mística se vê agora substituída por uma religião de salvação. Contudo, paralelamente à escatologia coletiva, as *Gāthā* também propõem uma soteriologia individual. A imortalidade é resultado da salvação da alma, que pode ser obtida, depois da morte, graças aos méritos conquistados, durante a vida, por meio de todas as escolhas feitas. A salvação é sancionada por um julgamento, e é Ahura Mazdā quem, ao final, concede a imortalidade. Essas temáticas estão rodeadas de um repertório simbólico muito rico, como, por exemplo, a descrição da passagem entre a terra e o céu, que se realiza ao longo da ponte Chinvat (*Yasna* 46.10s.; 32,13). Aqueles que não conseguem atravessar essa ponte são precipitados na casa da *druj*, o inferno das almas condenadas. Tanto a viagem da alma quanto, particularmente, a travessia da ponte revelam uma influência xamânica, porque recordam a viagem extática da alma até o céu e, por fim, o seu retorno definitivo ao paraíso depois da morte. Portanto, Zaratustra espiritualizou a escatologia iraniana e as concepções indo-europeias da vida futura. A recompensa é uma vida imortal, uma vida de felicidade eterna, de transfiguração e de rejuvenescimento. Não se trata do *saṃsāra* hindu ou de uma espécie de tempo cíclico: a imortalidade é, nesse caso, definitiva, uma nova juventude conferida pelo próprio Ahura Mazdā. Haurvatāt e Ameretāt, a felicidade material e a felicidade espiritual, são partes dessa recompensa, juntamente com a justiça e a graça (*Yasna* 33.3).

A revelação de Zaratustra influenciou decisivamente a crença zoroastrista na imortalidade. O texto mais significativo entre os textos posteriores ao Avesta é, sem dúvida, o *Hadōkht Nask*: remontando, em sua forma atual, ao período sassânida, ele descreve as vicissitudes em torno da viagem da alma depois da morte. Durante as primeiras três noites, a alma permanece ao lado do cadáver: a alma do justo entoa os louvores de Ahura Mazdā, ao passo que a alma do mau se contorce na angústia. Ao final da terceira noite, a alma do justo percebe a chegada, desde o sul, de uma brisa tonificante, docemente perfumada, que conduz a sua *daēnā* sob o aspecto de uma menina lindíssima. Mas o que é essa *daēnā*? Segundo H.S. Nyberg (*Die Religionen des Alten Iran*. Osnabrück, 1966), trata-se simplesmente de uma virgem de luz, que representa o reino celeste da comunidade zoroastriana. Geo Widengren (*Die Religionen Irans*. Stuttgart, 1965) vê nela, por sua vez, a contraparte celeste da alma. *Urvan* e *daēnā* seriam, em síntese, as duas partes da alma, e a *daēnā*, a parte celeste, estaria condicionada ao comportamento humano na terra. Em *Zarathustras Jenseitsvorstellungen und das Alte Testament* (Viena, 1964), depois de ter analisado a relação intercorrente entre *urvan* e a sua *daēnā*, Franz König reconstrói assim a doutrina escatológica expressa por essa dupla: por meio dos pensamentos, das palavras e das ações praticadas nesta vida, o *urvan* cria a sua *daēnā* celeste, uma imagem especular da sua existência terrena. A imortalidade tem início com a reunião da *urvan* com a sua *daēnā*. De repente, a alma do justo atravessa as três esferas celestes e se apresenta na entrada do reino da luz, onde recebe a "manteiga da primavera", é julgada e, finalmente, entra no paraíso, chamado de Asan ou Asman, "o mundo superior radioso, que se eleva sobre a terra" (*Yasht* 13.2). Finalmente, reúne-se com as duas entidades divinas, Haurvatāt e Ameretetāt. A alma do mau, ao contrário, é lançada numa caverna.

Podemos observar que, apesar da introdução de alguns elementos novos e significativos, a religião popular das comunidades zoroastrianas conserva as linhas fundamentais da doutrina de Zaratustra sobre a imortalidade.

11 Mesopotâmia

Através dos poucos textos que chegaram até nós, dos achados arqueológicos, dos rituais funerários e de alguns outros documentos fragmentários, conseguimos reconstruir alguns elementos das concepções mesopotâmicas sobre a vida futura. Dois mitos fornecem pormenores interessantes, relativos à busca da imortalidade, demonstrando tratar-se de uma questão que preocupava os pensadores daquele tempo. O mito do sábio Adapa narra como ele foi convocado a se apresentar ao tribunal de Anu por ter partido as asas do vento do sul. Adapa admite a própria culpa, mas se recusa a comer do "pão da vida" e a beber da "água da vida" que lhe são ofertados pelos deuses, assim perdendo a possibilidade de se tornar imortal. O segundo mito referente à busca da imortalidade é a epopeia de Gilgamesh, soberano de Uruk. Esse texto ilustra o fracasso de um herói que procurou ultrapassar a condição humana. Apesar de Gilgamesh não ter tido êxito na superação de sua prova iniciática, que consiste em se manter acordado durante seis dias e sete noites, Utanapishtim lhe revela o segredo dos deuses, o lugar no qual se encontra a planta que restitui a juventude. Pleno de alegria, Gilgamesh desce ao fundo do mar para colher a planta docemente perfumada. Todavia, na estrada de regresso, ele se detém para se lavar, e uma serpente se aproveita disso para lhe subtrair a planta que lhe teria conferido a imortalidade.

Na Mesopotâmia, a morte é considerada um destino universal e inevitável. O corpo morre e se dissolve, deixando, porém, duas realidades distintas. Em primeiro lugar, o esqueleto (de onde provém o grande respeito pelos túmulos) e, depois, o "fantasma", a sombra, que já por volta do ano 2500 a.C. é chamada em sumério *gedim*. A vida futura do defunto se desenrola subterraneamente, no hemisfério inferior, situado sob a terra dos vivos: assim se explicam os ritos funerários nos quais os cadáveres são postos na terra em poços, covas ou cavernas. Raras são, por sua vez, a exposição do cadáver e a cremação. Esse mundo subjacente era habitado também pelos *anunnaki*, as divindades do mundo inferior.

A entrada no mundo dos mortos se dava através do sepulcro, ou deslocando-se para ocidente, onde o sol se põe. Havia, portanto, uma estrada dos defuntos, uma entrada para seu reino, representada por uma caverna enorme e escura. Ainda não é certo se para os assírios e babilônios existisse uma forma qualquer de juízo ultraterreno, apesar de, em qualquer caso, a viagem ser sem retorno. Os diferentes destinos previstos para os defuntos, atestados por numerosos documentos, devem ser entendidos em primeiro lugar como expectativas assumidas pelos vivos em relação a eles. Os mortos eram enterrados, geralmente sob suas casas, com um enxoval sepulcral que incluía pratos, ornamentos, utensílios, armas e brinquedos. Visto que os mortos consumiam comida e bebida, derramava-se água no túmulo por meio de uma espécie de cano. Transcorrido um mês (lunar), celebrava-se um rito em memória do defunto e de seus antepassados, na intenção de afastar sua cólera com os sobreviventes. Portanto, é certo que assírios e babilônios acreditavam numa existência futura e que, para eles, os defuntos desciam a um reino subterrâneo para ali transcorrer uma existência infeliz.

12 As Sagradas Escrituras de Israel

Desde os tempos mais remotos, os israelitas praticavam a inumação e colocavam nas sepulturas objetos, armas e provisões para uso dos defuntos: tudo isso parece constituir ao menos um esboço de um *votum immortalitatis*. A Bíblia considera o homem um composto de carne (*basar*), sopro vital, ou alma (*nefesh*), e espírito (*ruaḥ*). *Basar* corresponde, do ponto de vista funcional, a *caro*; *nefesh* corresponde a *anima*; *ruaḥ* a *pneuma* (lat.: *spiritus*). As relações hierárquicas que regulam essa tríade se resolvem, contudo, numa estrutura dual simples, na qual *soma* se contrapõe a *psyché*. A versão grega da Bíblia, a Septuaginta, usa o termo *psyché* cerca de mil vezes, sempre para traduzir *nefesh*, e é evidente que até o judaísmo da Palestina assimilou uma visão do homem baseada no esquema que aproxima corpo e alma (cf. DESCAMPS, A. *La mort selon l'Écriture*. In: RIES, 1983, p. 52-55).

Depois da morte, o homem acaba no She'ol – um lugar subterrâneo imenso, profundo, escuro e bem vigiado, a morada das sombras – para levar uma existência que é uma imagem pálida de sua existência terrena: segundo Jó 7,9s., essa vida é sem retorno. Uma concepção dessas está em contraste com a concepção arcaica, centrada, por seu lado, na sobrevivência de um corpo que se serve de objetos e de alimentos, e é, com respeito àquela, sem dúvida posterior. O She'ol não deve ser confundido com o sepulcro, que é simplesmente a habitação do cadáver. O espírito que sobrevive no She'ol não é aquilo que resta do homem deposto no túmulo, é muito mais o seu "duplo": o She'ol é, portanto, uma extensão do túmulo.

A doutrina do She'ol era de origem popular e sempre permaneceu muito vaga, mas demonstra a presença, na Sagrada Escritura, de uma tendência espiritualista que desemboca, por fim, na fé na vida futura. De fato, referências explícitas a uma vida futura se encontram frequentemente na Bíblia. O homem não se dissolve depois da morte, antes se reúne a seus antepassados. Os milagres realizados por Elias e por Eliseu (1Rs 17,17-24; 2Rs 4,31-37) demonstram que é possível restituir a vida a um cadáver. Além disso, a evocação dos mortos, um traço característico das crenças populares na vida futura, mostra que os vivos procuravam entrar em contato com os defuntos. Segundo o Gênesis (cap. 2 e 3), no desígnio originário de Deus, o homem era imortal (pela própria natureza ou pela graça), mas se revelou indigno desse destino. A questão reflete a rejeição por parte do homem de aceitar a morte, o seu desejo profundo de viver para sempre uma existência longa e feliz. Esse é o tema do Paraíso terrestre, o *votum immortalitatis* no qual o homem participa da *ruaḥ* divina (Gn 1,26s.; 5,1; 9,6). Essa participação concede ao homem, depois da queda, a vida futura do She'ol. A fé de Israel reconhece que não existe fracasso de Javé no que diz respeito ao She'ol.

Os *refa'im* do She'ol são os antecedentes bíblicos das almas imortais. Numerosas passagens, em Jó e nos Salmos, aludem a uma união com Deus que nem mesmo a morte poderá destruir. Durante as perseguições de Antíoco Epífanes, o destino dos mortos constitui a principal preocupação de Israel; a visão dos ossos ressecados, em Ez 37,1-14, serve de base para uma reflexão sobre a ressurreição e sobre o poder de Deus para libertar os seus fiéis do She'ol. Em Dn 7,9, o motivo do "livro da vida" assinala a passagem gradual para o juízo individual. A fé numa ressurreição pessoal final é, por fim, claramente atestada tanto em Daniel (11,40; 12,13), que remonta ao ano 165 a.C., quanto em 2Macabeus (cap. 7, 9, 11), escrito em grego pouco depois do ano 124 a.C.

Na Sabedoria de Salomão, composta em grego por volta do ano 50 a.C., o conceito da vida futura é tomado pela primeira vez do termo *aphtharsia*, "imortalidade" (1,11-15; 2,23-25), e é claramente afirmada a imortalidade da alma dos justos. Estes estão nas mãos de Deus (3,1-4), e suas almas gozam de uma existência sem fim junto a Deus, em paz, repouso, amor, graça e misericórdia (3,9; 4,7; 5,15). Depois da destruição do Templo, no ano 70 d.C., surge no círculo dos *tannaim* uma doutrina que prevê a ressureição para todos, não exclusivamente para os justos, mas até mesmo para os não crentes.

13 Os textos de Qumrān

Os essênios, segundo a descrição de Flávio Josefo, acreditavam na imortalidade da alma e na sua vida futura, liberta dos vínculos do corpo: por isso, eles renunciavam até mesmo aos mais legítimos prazeres do mundo. Entre os textos de Qumrān, o *Manual de disciplina* afirma que aqueles que se deixam guiar e inspirar pelos espíritos da verdade e da luz serão bem-aventurados neste mundo e gozarão de uma alegria eterna num mundo sem fim. Os maus serão, por sua vez, punidos nas trevas por um fogo eterno (2,8; 4,7s.). A comunidade dos fiéis constitui uma aliança eterna com Deus, neste mundo e no outro: por isso a imortalidade da alma de cada um de seus membros está estreitamente ligada à de toda a comunidade, que prevê uma morada no mundo superior de luz, o mundo de Deus e de seus anjos (PLOEG, J.P.M. "L'immortalité de l'homme d'après les textes de la Mer Morte". In: *Vetus Testamentum*, 2, 1952, p. 173). O Sl 3 parece se referir a um lugar de repouso para os bem-aventurados, uma colina ou uma vasta planície, segundo um simbolismo em consonância com as expressões do Sl 16,9s. e do Sl 73,23-28. A fé numa vida futura feliz se faz, portanto, presente no pensamento dos redatores desses textos.

14 O mundo grego e romano

A imaginação dos antigos situou na terra dos gregos numerosas entradas para o mundo subterrâneo, chamadas de "portas do Hades". Para alguns, se tratava das vias por meio das quais as pessoas desapareciam depois da morte; para outros, eram o ventre pronto a fornecer um renascimento perpétuo. Na realidade, os gregos hesitavam entre essas duas concepções diversas sobre a vida futura (MOTTE, A. *Prairies et jardins de la Grèce antique*. Bruxelas, 1973, p. 239). Essa situação explica uma das mais antigas concepções gregas da vida futura, a crença num ciclo de mortes e renascimentos sucessivos. Em Homero, a fé no além é assinalada por um pessimismo profundamente arraigado. Mais otimista é, por sua vez, Hesíodo, que fala das Ilhas dos Bem-aventurados nas quais os defuntos vivem na alegria. O tema da imortalidade, apenas aludido em Homero e em Hesíodo, começa a tomar forma a partir do século VI. As obras de Píndaro, de fato, surgem permeadas de um profundo desejo de imortalidade. Finalmente, um movimento religioso específico, o orfismo, desempenhou um papel decisivo na difusão das doutrinas sobre a imortalidade.

Orfismo

Desde o século VI encontram-se documentos sobre Orfeu e desde o século V surgem alusões a sua descida aos Infernos. Na época clássica, alguns sacerdotes pregavam a salvação em nome de Orfeu e difundiam uma iniciação que conferia a liberdade no mundo futuro. Na era helenística, as referências a Orfeu vão se tornando mais frequentes, e o orfismo encontra terreno fértil no Egito ptolemaico, onde se cruza com o culto a Osíris.

Dessa confusa obscuridade de tradições complexas, Eliade ressaltou o fato de Orfeu ser um fundador de iniciações e de mistérios, uma figura religiosa formalmente paralela a Zalmoxis, o herói cultural dos getas, o povo da Trácia que se considerava imortal. Por outro lado, alguns elementos evocam certas práticas xamânicas. Portador de uma mensagem religiosa que se pretende mais antiga que Homero, Orfeu irrompe no cerne da religião olímpica. Ele prega o vegetarianismo, o ascetismo, a purificação e a iniciação. Nele, Apolo e Dioniso se conjugam.

A antropogonia órfica é dualista, e os testemunhos antigos são confirmados pelo papiro de Derveni, recentemente descoberto. Esse texto se refere ao mito dos titãs, reduzidos a cinzas pelo raio de Zeus, por terem assassinado Dioniso. Dessas cinzas surgiu a raça humana, composta de matéria titânica e alma pura, proveniente da raça bem-aventurada dos deuses imortais. Essa alma foi lançada à terra como uma estrela cadente: aqui foi unida ao corpo e se tornou sujeita ao destino. Consequentemente, a raça humana atual é portadora de uma dupla herança, a divina e a titânica. O testemunho das lâminas áureas, encontradas em alguns sepulcros na Itália e em Creta, é de valor inestimável, pois fornece informações sobre a viagem da alma do defunto.

Em contraste com o pensamento homérico, concentrado nos prazeres terrenos e pouco interessado no mundo futuro, o orfismo professa, portanto, a crença numa vida futura feliz. A semente da salvação se encontra no homem, visto que sua alma imortal faz parte da substância divina, e o propósito da existência na terra é de chegar a uma escolha definitiva. A doutrina órfica da purificação, de fato, prevê a reencarnação das almas. Sabemos, por Platão (*República* II 363d), que os órficos propunham descrições terríveis dos tormentos reservados às almas culpáveis, condenadas a serem afundadas num buraco de lama. A iniciação, o ascetismo e a mudança definitiva de sua conduta de vida preparavam o discípulo para uma eternidade feliz, a vida futura da qual as lâminas áureas oferecem alguns detalhes interessantes. Um texto proveniente de Petélia, por exemplo, apresenta a alma que se aproxima de duas fontes, uma situada perto de uma árvore de cipreste, a outra, junto ao Lago da Memória. A alma bebe da segunda fonte, redescobrindo assim a sua origem divina. Uma lâmina proveniente de Thurii, na Magna Grécia, mostra por sua vez a alma finalmente libertada de sua prisão corpórea, enquanto ouve estas palavras: "Feliz e afortunada, serás um deus em vez de um mortal" (GUTHRIE, 1952). Em outra lâmina, por fim, a alma afirma: "Mergulhei no seio da rainha". Numa espécie de apoteose final, Perséfone realiza aqui o ato místico da filiação divina: o iniciado se torna, uma vez mais, divino e imortal.

O pitagorismo antigo

O pitagorismo se destaca sobre um pano de fundo de doutrinas dualistas. Estabelecendo-se na Magna Grécia na segunda metade do século VI, Pitágoras fundou em Crotona uma confraria protegida pelo segredo, cujos discípulos eram introduzidos num novo gênero de vida, que indicava o caminho da salvação. Pitágoras aceitou muitas das concepções órficas e realizou – como assinalou Eliade (1978) – uma ampla síntese de elementos arcaicos (alguns dos quais de tipo "xamânico") e uma forte revalorização das técnicas de ascese e de contemplação. As doutrinas órficas e as pitagóricas revelam numerosos elementos comuns: a imortalidade da alma, a transmigração, a punição no Hades, o retorno definitivo da alma ao céu. Contudo, o pitagorismo desenvolveu seu ensinamento de uma maneira independente com relação ao orfismo, no interior de uma sociedade fechada. Segundo Pitágoras, a alma humana é imortal; ela está encerrada no interior do corpo, como numa prisão, mas pode existir separadamente do corpo. Depois da morte, a alma passa pelo Hades para ser purificada: todavia, se essa purificação não for completa, ela deve retornar à terra e procurar um novo corpo. A viagem definitiva da alma para o mundo celeste é possibilitada por uma série de encarnações repetidas, marcadas por uma vida de rígida disciplina ascética e por contínuas cerimônias de purificação. O objetivo da existência humana é o de libertar a alma das existências terrenas, de modo a restituir-lhe a sua liberdade, que é propriamente divina.

Platão

Para compreender plenamente a concepção platônica sobre a imortalidade da alma, deve-se partir de sua teoria das Ideias, ou Formas, concebidas como uma realidade separada dos objetos sensíveis. O princípio supremo do universo é a Ideia do Bem. Partindo das Ideias, o Demiurgo produz o mundo visível, quebrando assim a sua unidade originária. O mundo é construído sobre o modelo das Ideias e vive graças à alma, que lhe confere ordem e harmonia. Continuando com a antiga doutrina dos modelos arquetípicos, Platão recorre a alguns mitos para delinear sua abordagem do conceito de alma do mundo e sua concepção das almas individuais, entendidas como centelhas divinas.

No início do mito da carruagem alada, no *Fedro*, afirma-se, por exemplo, que a imortalidade constitui a condição originária da alma, a sua situação inicial, quando ela ainda levava uma existência ideal, absorta na contemplação das Ideias e gozando da imortalidade, como de um princípio dinâmico. A alma é, portanto, considerada uma realidade celeste, puramente espiritual e incorpórea (*Fedro* 245d; 247b), a fonte, o terreno, a causa e a origem da vida, ingerada, incorruptível e imortal.

A alma humana é constituída por três elementos distintos. O primeiro é o *nous*, a alma racional, resíduo da matéria da alma do mundo criada pelo Demiurgo. Ela contempla o mundo das Ideias e é imortal. Ao se encarnar num corpo, o *nous* se precipita em sua prisão, na qual sofre algumas modificações produzidas pelos outros dois elementos (que são, por sua vez, mortais), o *thymos* ("coração, espírito, paixão") e o *epithymetikos* ("desejo"). Está clara a interpretação simbólica da carruagem: o cocheiro é o *nous*, o condutor, a parte imortal da alma que se dirige para seu estado originário de conaturalidade com as Ideias. Os dois cavalos são, por sua vez, o *thymos* e a *epithymia*. As asas de que a carruagem é dotada representam o impulso que propulsiona para as realidades espirituais.

Uma vez encarnada num corpo, a alma imortal deverá se libertar passando por numerosas reencarnações: a primeira dessas reencarnações tem consequências muito importantes para as posteriores. Com efeito, se a alma entrar no corpo de um filósofo, nesse caso, o *nous* se mantém próximo da contemplação das Ideias: a sua imortalidade celeste não é remota e a sua libertação virá logo. O esquema proposto por Platão prevê nove encarnações sucessivas. A reencarnação é, pois, uma forma de imortalidade condicionada, a partir do momento em que a imortalidade autêntica é prerrogativa exclusiva da alma incorpórea e celeste. A doutrina da natureza tripartite da alma condena os dois elementos inferiores à dissolução, aliás, comum a toda a matéria. Realmente, apenas a parte imortal fugirá à conclusão do ciclo das reencarnações, por ser uma centelha divina. As almas são imortais e são tão antigas quanto o universo. Elas passam, em sequência, de uma existência mortal a outra. Na base dessa concepção está a ideia comum de uma filiação divina.

A doutrina de Platão exerceu uma enorme influência durante a época helenística. Foi retomada até mesmo pelos Padres da Igreja, se bem que numa forma radicalmente modificada. Os platônicos e os cristãos, de fato, encontraram-se perfeitamente de acordo quanto ao conceito de imortalidade, mesmo permanecendo profundamente divididos no que diz respeito aos caracteres e à natureza da alma. Para os platônicos, a alma não era individual e era imortal enquanto permanecesse na Alma universal, mesmo depois de sua libertação definitiva. Para os cristãos, porém, cada alma era criada imortal e individual por Deus, que a destinava de modo irrevogável a uma vida futura. Outro ponto separava as concepções platônicas das estoicas. Também para os estoicos, o homem é composto de alma e de corpo, mas, para eles, a alma é material e sobrevive ao corpo numa existência futura temporária e limitada. Desse modo, os estoicos assumem uma posição intermediária entre a posição platônica, que admite a imortalidade da alma, e a posição epicurista, que, ao contrário, a nega.

Síntese

As doutrinas órficas, pitagóricas e platônicas desenvolveram-se vigorosamente e, por fim, encontraram uma nova área de expansão rumo ao Oriente, em consequência das conquistas de Alexandre Magno. O mundo mediterrâneo foi, no período helenístico, um lugar de grande fermentação de ideias religiosas, no qual o homem se movia em busca da salvação. Os ritos mistéricos, o culto a Osíris, o hermetismo e o ensinamento dos magos ofereciam seu auxílio àqueles que se sentiam estrangeiros neste mundo. A tal ambiente chega enfim o cristianismo em pleno florescimento, desempenhando um papel de catalisador. As divindades de origem oriental que são acolhidas na Grécia e em Roma são todas divindades salvadoras. Os olhos estão voltados para o céu, para o tão sonhado lugar de salvação, e essa aspiração se aproxima das prescrições das diversas teologias solares e das religiões astrais. O gnosticismo e o culto a Mitra apresentam-se, enfim, como rivais da salvação proposta pelo cristianismo.

Franz Cumont (*Lux perpetua*. Paris, 1949) propôs a oportuna expressão *imortalidade celeste* para indicar o denominador comum que reúne as várias correntes de pensamento do mundo grego. Como vimos, tanto no Egito faraônico quanto na Creta minoica, tanto na Índia védica quanto no Irã do Avesta, o olhar dos humanos estava sempre voltado para uma vida eterna situada no esplendor dos céus. Os ensinamentos de Zaratustra adicionaram importantes detalhes a essa concepção da imortalidade na luz divina. Tais posições foram, por fim, assumidas pelos magos, que a elas acrescentaram numerosos elementos de origem babilônica e as difundiram em todo o Oriente Próximo. Sabemos com certeza que os pitagóricos e os magos tiveram contatos entre si e constatamos como até a astronomia contribuiu para apoiar a sua teologia. A concepção popular das *fravashi*, junto com a teoria platônica da preexistência das almas, influenciou fortemente o pensamento do homem helenístico.

Roma assumiu imediatamente essa tendência sincretista. O pitagorismo, por exemplo, conquistou pleno direito de cidadania e se afirmou como igreja e como escola. Seu sucesso em Roma se deve parcialmente a suas regras de estreita observância, à meditação, à música, a sua expressividade ritual, a suas cerimônias funerárias, enfim, nas quais o sudário branco representava a alma imortal. Com Possidônio, as doutrinas astrológicas assumiram em Roma um matiz religioso e místico. Nesse sentido, Cícero adotou no *Somnium Scipionis* os elementos místicos da escatologia astral; no *De Senectute*, porém, ele reassumiu as provas tradicionais da imortalidade da alma e demonstrou a aspiração comum a uma união divina na luz.

A concepção astral da imortalidade recuperou antigos materiais mitológicos relativos às relações da alma com os corpos celestes e, com eles, constituiu uma doutrina erudita que servirá de fundamento ao misticismo pagão dos primeiros séculos de nossa era. Os pitagóricos consideravam que o espaço entre a terra e a lua fosse inteiramente ocupado pelas almas no trajeto em busca de seu destino. O ecletismo estoico também lançou o olhar para as estrelas. A lua crescente aparece frequentemente nos monumentos funerários romanos. Paralelamente, se desenvolveu ainda o culto solar e, na época imperial, o sol se torna, sempre mais frequentemente, o deus dos mortos.

Apesar de a crença na imortalidade solar ter conquistado muitos seguidores, a astrologia fundada nos planetas jamais foi abandonada. A sequência das sete portas celestes, nos mistérios de Mitra, indica, por exemplo, a amplitude do sincretismo a propósito da imortalidade celeste. No final da antiguidade, o mundo mediterrâneo foi, então, dominado pela concepção da imortalidade do homem no esplendor do mundo do além, pintado como um mundo de serenidade na luz eterna. O cristianismo, por fim, desenvolveu essas concepções, refutando a astrologia pagã e introduzindo, por sua vez, a doutrina da contemplação eterna de Deus.

15 *O gnosticismo*

O elemento central do pensamento gnóstico consiste num ensinamento dualístico, segundo o qual o homem encerra em si uma centelha divina, que teve origem no mundo superior, mas que depois decaiu neste mundo material inferior, no qual é atualmente mantida prisioneira. Essa centelha divina – a alma – deve readquirir o conhecimento de sua origem divina, escapar ao mundo material e regressar finalmente a sua morada originária. Todo grupo e toda escola gnóstica, com seu credo próprio e com diversas modalidades de salvação, ensina e pratica a libertação da alma. A gnose implica a identidade de três elementos: aquele que conhece, a substância celeste e o meio para alcançar a salvação. Essa assimilação de três elementos faz do gnosticismo uma fé que transforma, reservada a um grupo restrito de iniciados. O gnosticismo contrapõe ao mundo transitório material do nascimento e da morte o mundo superior, o mundo da vida, da permanência, da incorruptibilidade e da imortalidade. O gnóstico se considera um completo estrangeiro no mundo: ele é *allogenous*, quer dizer, pertence a uma outra raça. Ele rejeita este mundo, pois julga a existência material um mal e a considera oposta à realidade autêntica e transcendente.

Com base nessas premissas, os gnósticos consideravam a humanidade como uma combinação de matéria e de espírito e viam o corpo como a prisão que, depois da queda, encerra a alma. Mas a alma, que é um éon da mesma substância do mundo celeste, mantém-se intacta, mesmo nessa situação de mescla, por ser incorruptível. O termo técnico, *aphtharsia* ("incorruptibilidade") surge, então, no vocabulário teológico de todos os sistemas gnósticos. A incorruptibilidade é, portanto, uma característica fundamental da alma, por causa de sua origem divina, e constitui a essência de sua imortalidade, não obstante o aprisionamento no corpo a tenha impregnado de materialidade.

A salvação consiste na libertação da alma. Um salvador celeste intervém para suscitar a memória da alma prisioneira, para fazê-la recordar a sua origem divina e levá-la a reconhecer o seu verdadeiro "eu". Essa revelação se realiza através de uma série de provas iniciáticas, ao final das quais a alma descobre a visão luminosa de sua própria essência. Essa visão desperta na alma um desejo ardente de retornar à própria morada. Inicia-se, então, uma segunda fase, a do retorno ao "reino da vida". A descrição dessa ascensão (ou *Himmelsreise*) se encontra nos textos de todas as escolas gnósticas. Ela compreende a ruptura e a libertação dos vínculos materiais, um percurso repleto de perigos, a ajuda de um guia celeste e, por fim, o ingresso triunfal no Paraíso, para gozar de uma sorte imortal na luz bem-aventurada. A reunião de todas as almas que estavam, em seu tempo, caídas nos corpos reconstitui, por fim, o Pleroma.

16 O maniqueísmo

Entre as escolas e seitas gnósticas, o maniqueísmo ocupa um lugar todo especial. Manes realmente desejava instituir uma religião universal, definitiva, capaz de sintetizar todas as revelações anteriores. A sua proposta religiosa se alicerça sobre um dualismo radical, constituído por dois reinos eternos que se contrapõem um ao outro do *Urzeit* ao *Endzeit*. Esses dois reinos se exprimem na contraposição entre trevas e luz, matéria e espírito, corpo e alma. Trata-se, então, de um dualismo que atravessa inteiramente a cosmologia, a antropologia, a soteriologia e a escatologia. Acreditando estar em posse da gnose perfeita, o maniqueísmo subdivide o gênero humano em duas categorias diferentes, a dos pneumáticos e a dos hílicos; e igualmente separa, no interior de sua Igreja, os eleitos dos simples catecúmenos.

De acordo com o sistema maniqueísta, o homem é uma mescla de luz e de trevas. Seu corpo é obra dos arcontes, ao passo que sua alma é uma centelha divina, uma porção do eterno reino de luz que caiu no mundo material e ficou presa no corpo no momento do nascimento. O elemento salvífico presente na alma ligada às realidades terrenas é o *nous*, enquanto a *psyché* é o elemento que deve ser salvo. Isso fica a cargo da gnose, uma hipóstase divina proveniente do reino da luz. A mensagem gnóstica desperta a *psyché*, leva-a a conhecer a sua origem divina e nela suscita o desejo de regressar ao alto. Esse despertar da alma constitui o início da salvação. O gnóstico se esforça para realizar em si mesmo a separação entre a luz e as trevas. Por meio de uma escolha contínua, ele realiza em si uma *katharsis*, uma salvação preliminar que terá eficácia plena só depois da morte, na libertação final da alma eterna e radiosa.

O corpo é simples matéria, destinado à destruição como no zoroastrismo, abandonado às trevas das quais surgiu. Já a alma pode atingir novamente o Paraíso da luz, desde que a ele se tenha reintegrado no momento da morte. Caso contrário, permanece submetida aos arcontes e deverá continuar a sua existência encarnando-se num outro corpo. As almas dos eleitos, ao contrário, estão totalmente livres para iniciar sua subida triunfal ao reino da luz. Os hinos coptas de Medīnet Mādi fornecem numerosos exemplos dessa ascensão. É a hora da vitória final, assinalada pela entrega de uma coroa (254.64.10s.). Com o sinal da pureza gravado na testa, os eleitos se unem então aos anjos na cidade resplendente (254.64.14s.). O próprio Jesus, na qualidade de esposo da alma perfeita, a acolhe e a introduz na câmara nupcial, onde ela se transforma numa santa esposa de luz (265.81.13s.). Três anjos se dirigem à alma para lhe entregar a coroa, o cetro e o manto (267.84.17ss.), enquanto as trombetas soam as felizes boas-vindas para a alma, que desfrutará para sempre da abundância e do repouso da cidade da luz (261.75.11ss.).

Já no *Fihrist* do cronista árabe an-Nadīm († 995), é o Homem Primordial quem envia um guia de luz à alma, acompanhado de três anjos que trazem uma coroa, um manto, um diadema e uma faixa resplendente. Vai a seu encontro uma virgem, uma réplica da alma eleita, que evoca a *daēnā*, que no *Hadhōkht Nask* se aproxima do *urvan*, a parte terrena da alma. O destino das almas dos *auditores* maniqueus não é o mesmo que se reserva aos eleitos. Para eles, é necessária a purificação no ciclo das reencarnações, para que suas almas estejam à altura de, um dia, seguir as pegadas dos eleitos rumo à salvação eterna. Tem-se, por fim, uma terceira categoria de homens, os pecadores que rejeitaram a mensagem maniqueísta. Para eles, não existe libertação alguma. Eles estão condenados a constituir para sempre a massa dos condenados do reino das trevas.

17 O islã

A proclamação do Dia do Juízo já se encontra no início do Alcorão: a coisa é considerada do ponto de vista da ressurreição, *qiyāmah*. Naquele dia, toda a estirpe de Adão se verá reunida, para que cada qual receba o juízo e a retribuição eterna por suas ações. O temor do Último Dia e do Inferno constitui um elemento fundamental do ensinamento do Profeta. Os eleitos que se encontrarão à direita, os crentes, serão chamados a gozar do Paraíso, enquanto os não crentes serão condenados à tortura. Essa pregação de Maomé deixou amplas marcas no Alcorão e deu origem a diversas interpretações no interior das várias correntes do pensamento islâmico. A tradição continuou a manter sempre vivo e a enriquecer esse tema central. Justamente desse ponto de vista é possível sintetizar os elementos que constituem a crença islâmica comum na imortalidade.

A antropogonia islâmica

A doutrina islâmica sobre a natureza humana não é especialmente clara. O termo *rūḥ* equivale a *pneuma*, "respiração": a respiração sutil proveniente do cérebro, ou seja, o intelecto. De acordo com algumas escolas, o intelecto morre com o corpo e só pode ser devolvido à vida juntamente com ele. Essa é a parte espiritual do homem. Depois, temos o *nafs* (hebraico: *nefesh*), geralmente traduzido como "alma", a respiração carnal proveniente "das vísceras". O debate filosófico dos doutores islâmicos demonstra a influência do Irã e da Grécia quando argumenta que só o *rūḥ*, o *pneuma*, é a parte verdadeiramente espiritual do ser humano, o elemento imortal destinado à vida futura. Algumas tradições sufis, por sua vez, distinguem entre *nafs*, como sede da concupiscência, e *rūḥ*, que seria a respiração espiritual que pode se comunicar com Deus.

A doutrina espiritualista dos xiitas considera o *rūḥ* como a respiração pura de toda a matéria, uma substância espiritual imortal por natureza. Nessa perspectiva, o homem não é um corpo com uma alma, mas um espírito que habita temporariamente num corpo como se habitasse um seu instrumento. Apenas deixando o corpo é que o espírito reencontra a sua verdadeira natureza, na medida em que foi feito para viver de modo independente. O prazer da alma se encontra no mundo espiritual. Essa tradição considera o espírito como uma substância celeste e radiosa, indestrutível e imortal.

Contra essa tendência espiritualista dos xiitas, os teólogos sunitas afirmaram, por seu lado, que o homem é composto de substâncias, o corpo e a alma, mas é inteiramente material. O problema central passa a ser, então, o seguinte: o que acontece no momento da morte? Para aqueles que consideram o homem um composto material de corpo e alma, a alma "desaparece" no momento da morte e voltará a viver no último dia. Por seu turno, aqueles que veem no corpo nada além de um instrumento temporário da alma acreditam que a alma esteja destinada a uma existência espiritual, mesmo depois da separação do corpo. No primeiro caso, a ressurreição do corpo é indispensável, enquanto, no segundo, a existência futura pode até descartá-lo. Como podemos ver, as opiniões podem ser até mesmo radicalmente contrapostas.

O pós-morte

A antiga tradição da fé sunita, embasada nas suras 40,45s. e 40,11, considera que o corpo e o espírito morrem juntos. Deus, todavia, os ressuscita na tumba, para uma breve existência que desemboca no juízo, seguido de sua volta para uma segunda morte. A segunda morte é, porém, evitada por aqueles que morreram em nome de Deus (3,169s.). A breve existência no túmulo, enriquecida de traços pitorescos pela imaginação popular, culmina, como se dizia, no juízo pessoal e na sentença sobre os méritos individuais, à qual sobrevêm o juiz divino e dois anjos assistentes, mediante uma espécie de interrogatório cruzado. Os doutores islâmicos se interrogaram durante muito tempo sobre a morte do corpo e da alma por ocasião da segunda morte, mas jamais se chegou a uma resposta clara e unívoca. Alguns insistiam, contudo, no fato de que a alma tinha de gozar de uma vida futura, visto que ela é fundamentalmente imortal.

As tendências espiritualistas rejeitaram a sobrevivência na tumba, afirmando que o espírito humano é imortal e pode começar a viver a sua verdadeira existência já no momento da morte. A partir daquele momento, as almas dos fiéis que amam a Deus se unem a Ele num mundo espiritual e radioso, no qual permanecem até o momento da ressurreição. A essa altura, seus corpos ressurgem e são reunidos às respectivas almas, para encarar o juízo. Por fim, entram no Paraíso para todo o sempre. Os maus e os não crentes, porém, permanecem na infelicidade e no sofrimento até o último dia, quando serão reunidos a seus corpos para a punição eterna.

A ressurreição

A ressurreição dos corpos é um artigo fundamental da fé islâmica. O termo usual para se referir a ela é *ba'th* ("despertar"). Enquanto o Alcorão fala de *qiyāmah,* os teólogos usam, por sua vez, o termo *mā'ad* ("retorno"), referindo-se ao retorno do ser que cessou de viver. O termo *yawn* ("dia") ocorre 385 vezes no Alcorão para designar o fim do mundo atual, a ressurreição dos mortos e o juízo universal, seguido dos tormentos do Inferno para aqueles que não creiam e de uma nova vida, no Paraíso, para os fiéis. Nesse dia prometido, terrível e inevitável, os mortos se porão de pé porque Deus lhes dará a vida (alude-se a uma segunda criação na sura 22,5). Inúmeros são os detalhes que acompanham a cerimônia: são apresentados dois livros, um para os não crentes e outro para os puros; por fim, são introduzidas as testemunhas. Cada um entra, então, numa nova existência, no Inferno ou no Paraíso, que deverá continuar por toda a eternidade. Os crentes são esperados no Paraíso, onde viverão na recompensa divina (*ridwān*), ao passo que o Inferno está reservado para os não crentes, os politeístas e os inimigos do profeta.

As descrições dessa vida futura são amplas e fazem uso de um simbolismo muito rico. Como foi demonstrado por Louis Massignon, a sura 18 do Alcorão refere-se a uma existência futura paralela à atual, que deve ser vivida de acordo com a vontade de Deus; por outro lado, é enfatizada a submissão do homem a Deus e a seu desejo ardente de justiça, que resplandecerá na ressurreição final. Esse texto, que é recitado às sextas-feiras nas mesquitas, exprime o tema da imortalidade e a convicção de que o fim do gênero humano, no dia da ressurreição final, permitirá o repentino surgimento da existência autêntica.

18 O cristianismo

Para compreender plenamente a doutrina cristã sobre a imortalidade, a mensagem do Novo Testamento deve ser situada no interior de sua dupla ambientação: a tradição bíblica de Israel, por um lado, e o conjunto das crenças religiosas e das concepções filosóficas greco-romanas, por outro. No tempo do nascimento do cristianismo, eram muito difundidas no mundo mediterrâneo as doutrinas platônicas sobre o composto humano de *soma* e *psyché*, sobre a dissolução desse composto com a morte e sobre a imortalidade e a existência futura da *psyché*. À luz dessas doutrinas, a questão central do cristianismo não diz tanto respeito à imortalidade da alma enquanto tal, mas à originalidade da revelação cristã sobre a imortalidade do homem, criado à imagem de Deus e redimido por Cristo. Esse problema requer o exame dos dois aspectos da imortalidade cristã: a ressurreição do corpo e a vida futura do espírito.

A esperança na ressurreição

Como vimos, a fé na ressurreição individual e escatológica está claramente atestada no Livro de Daniel e no Segundo Livro dos Macabeus, no século II a.C. Mas de que maneira essa ideia da ressurreição dos corpos se adaptou ao pensamento escatológico de Jesus? Aqueles que entrarem no reino, afirma Jesus, participarão de uma existência de paz e de felicidade eterna, seja ela comunitária ou individual. O dom divino dessa nova vida é de natureza espiritual; todo aquele que entrar no Reino será transformado (1Cor 15,51). Essa apresentação termina com a proclamação da passagem do Messias pela morte e da consequente reabertura de seu Reino. Essa concepção sustenta o percurso terreno da Igreja, na qual Jesus compartilha com os seus fiéis a sua própria vitória sobre a morte (1Cor 15,20).

De qual modo os primeiros discípulos interpretaram a ressurreição de Cristo? Primeiramente os apóstolos viveram na esperança do retorno do Senhor (1Cor 16,22), mas depois se concentraram na mensagem da ressurreição. Jesus ressuscitou como primícias dos fiéis que morrem antes da segunda vinda dele. Em seguida, a Igreja passa a atribuir sempre maior importância à ressurreição para todos. Como observa Albert Descamps (*La mort selon l'Écriture*. In: RIES, 1983, p. 46): "Apoiada sempre na esperança hebraica na ressurreição do corpo, e ainda mais na recordação do acontecimento pascal assumido como modelo, a fé na ressurreição se tornará a principal resposta cristã ao problema do outro mundo, uma ressurreição aguardada em virtude da ressurreição de Cristo e entendida à sua imagem (1Ts 4,14; Rm 6,5; 1Cor 15,20 e 15,23; Cl 1,18; Jo 11,24)". Essa doutrina, durante dezenove séculos a doutrina central do cristianismo, completa a esperança bíblica na ressurreição escatológica e a substitui, incluindo todos os cristãos na ressurreição de Cristo. Por essa razão, a ressurreição dos não cristãos e dos pecadores e privada da glória pascal (1Ts 4,14).

A vida futura da alma

A imortalidade das almas dos justos já é claramente afirmada cinquenta anos antes da Era Cristã, na Sabedoria de Salomão (1,15; 3,9; 5,15). O ambiente desse texto é influenciado pelo platonismo, ao qual se acrescentam as concepções tradicionais de Israel. A importância da alma imortal no ensinamento de Jesus é evidente na sua proclamação do Reino. Ele propõe uma vida eterna, que implica a expectativa de uma vida futura espiritual, como sugere o Mt 10,28. Mas às perguntas dos discípulos teria respondido depois o cristianismo apostólico, começando por Paulo (2Cor 4,5-7.10). Ele considerava que a existência depois da morte era algo completamente independente do corpo. Em Fl 1,19-26, Paulo afirma claramente sua convicção de nunca estar separado de Cristo (cf. tb. Rm 8,37-39; 14,7-12). Aqui podemos ver a retomada e a cristianização do judaísmo helenístico e da sabedoria grega, numa espécie de leitura cristã das doutrinas do *Fédon* platônico: a presença no homem de um princípio espiritual fundamental e incorruptível. O reflexo dessa visão grega do homem surge também na confirmação da vida futura da alma em Mt 10,28; na parábola do rico mau e do mendigo em Lc 16,19-31, a mesma concepção é desenvolvida em termos populares. A resposta de Jesus ao segundo ladrão na cruz (Lc 23,43) exprime claramente a certeza numa vida futura no espírito imediata.

À luz dos textos do Novo Testamento, a fé na imortalidade é uma proclamação da ressurreição escatológica, considerada como uma consequência da ressurreição de Cristo e de sua passagem pela terra, no período intermediário, depois de sua morte. Nessa crença, culminam mil anos de reflexão bíblica e de piedade; e por dezenove séculos ela foi o fundamento da teologia e da fé dos cristãos.

19 Conclusões

Nossa pesquisa sobre as crenças na imortalidade, abarcando o vasto panorama cultural e religioso da humanidade, da pré-história aos grandes sistemas monoteístas, revelou numerosos traços essenciais do *homo religiosus*. Lançado num universo ao qual ele tenta dar alguma ordem, em busca de alguma indicação que o torne capaz de conhecer sua meta, o homem descobre uma dimensão que transcende sua vida terrena. Por meio de sua experiência cotidiana, ele reflete sobre o misterioso fenômeno no qual radicam todas as suas ações e todos os seus comportamentos, ou seja, o próprio fenômeno da vida. Essa reflexão assinala o início de uma incessante busca em torno da natureza e do sentido da vida, que se revela como uma hierofania. O reconhecimento de uma dimensão sagrada presente na sua própria existência impele o homem a buscar a origem da vida e a ela retornar. Seu contínuo encontro com a morte, que sempre o circunda, intensifica a sua pergunta e, nessa "nostalgia das origens" reside a busca da imortalidade e o esforço sem fim de transcender a condição humana.

Nossa pesquisa revelou um *homo symbolicus*, um homem que, por meio de uma linguagem simbólica, busca exprimir sua percepção do mistério da vida, que ele tenta compreender como algo de absoluto. A combinação dessa linguagem simbólica com os esforços dispendidos para resolver o mistério da vida constitui um imenso capital de riquezas culturais e religiosas expressas na arte, na literatura e no rito. De fato, o espírito tenta se aproximar do mistério da vida e da existência futura por meio de uma série de símbolos universais: a árvore, enquanto símbolo de vida e *axis mundi*; a água, que cura, rejuvenesce, fecunda e se transforma em *soma*; o fogo, o *ignis divinus*, que restitui a juventude transformando o corpo e que se torna mensageiro divino; o símbolo da ascensão no voo dos pássaros; o sol e a lua, sinais de ressurreição e de guia e, por fim, o arco-íris, o vínculo entre céu e terra.

O simbolismo ritual também representa um aspecto importante dos esforços feitos pelo *homo religiosus* para compreender e realizar sua vida futura. É o que demonstram numerosos pormenores, tais como a posição fetal na qual se acomoda o cadáver; a preparação e a decoração dos túmulos; a atenção especial dispensada ao crânio; a decoração e as ofertas funerárias; as inscrições que evocam a memória do defunto; o ocre vermelho como substituto do sangue; a inumação, a cremação e a mumificação; as lâminas de ouro sobre a pira funerária; os ritos *post mortem* para acompanhar a alma em sua viagem; os ritos de abertura da boca, do nariz, das orelhas e dos olhos; a colocação de um "livro dos mortos" no sepulcro. O elemento que mais impressiona é a semelhança que aproxima os ritos de nascimento, de iniciação e os ritos funerários. O *homo religiosus* acredita que sua vida não se finda, sobretudo porque a morte é para ele um nascimento para uma nova vida e, ao mesmo tempo, uma iniciação à vida futura.

Sagrado, símbolo e ritual convergem, portanto, nas crenças populares sobre a imortalidade, e inúmeros mitos fundamentam essas crenças. A fênix, por exemplo, que aparece frequentemente nas estruturas míticas da imortalidade. Heródoto e Plutarco já apresentam esse pássaro lendário num esplendor incomparável. Quando se aproxima a hora de sua morte, a fênix constrói um ninho de ramos perfumados e se consome no fogo provocado por seu próprio calor, para depois renascer, enfim, de suas próprias cinzas. No antigo Egito, a fênix era associada ao ciclo diário do sol e à inundação anual do Nilo; no simbolismo funerário da era faraônica, o defunto, após a pesagem da alma, se transforma em fênix. Na Índia, ela representa Shiva; na Grécia, é associada a Orfeu. A partir de Orígenes, os cristãos assumiram a fênix como um sinal do triunfo sobre a morte e, durante toda a Idade Média, ela foi o símbolo da ressurreição de Cristo.

Referências

(Atualizadas pelo autor, 2007)

ALGER, W.R. *The Destiny of the Soul*: A Critical History of the Doctrine of the Future Life. Nova York: Greenwood Press, 1981.

ANATI, E. (org.). *Prehistoric Art and Religion* – Val Camonica Symposium 1979. Capo di Ponte/Milão: Del Centro/Jaca Book, 1983.

BEIER, U. *The Origin of Life and Death*: African Creation Myths. Londres: Heinemann, 1966.

BIANU, Z. *Les religions et la mort*. Paris: Ramsay, 1981.

CAMPS, G. *La préhistoire* – À la recherche du paradis perdu. Paris: Perrin, 1982, esp. p. 371-445, para uma síntese do homem pré-histórico [trad. it., *La preistoria*. Org. de M.C. Pacinotti, e R. De Marinis. Milão: Bompiani, 1985].

CHOISY, M. *La survie aprés la mort*. Paris, 1967.

CULLMANN, O. *Immortality of the Soul or Resurrection of the Dead?* – The Witness of the New Testament. Londres: Epworth Press, 1958.

CUMONT, F. *Lux perpetua*. Paris: P. Geuthner, 1949 [2. ed., 1976].

DAMMANN, E. *Die Religionen Afrikas*. Stuttgart: Kohlhammer, 1963 [trad. it., *Religioni africane*. Org. de C. Diversi Caprino. 2. ed. Milão: Il Saggiatore, 1968 [trad. fr., *Les religions de l'Afrique*. Paris: Payot, 1978].

DUMÉZIL, G. *Le festin d'immortalité* – Étude de mythologie comparée indo-européenne. Paris: P. Geuthner, 1924.

EDSMAN, C.-M. *Ignis divinus* – Le feu comme moyen de rajeunissement et d'immortalité: contes, legendes, mythes et rites. Lund: C.W.K. Gleerup, 1949.

ELIADE, M. "Les religions de la Chine ancienne". In: *Histoire des croyances et des idées religieuses*, II. Paris: Payot, 1978 [trad. it., "Le religioni della Cina antica". In: *Storia dele credenze e delle idee religiose*, II. Florença: Sansoni, 1980, p. 9-48].

_____. *Australian Religions* – An Introduction. Nova York: Ithaca, 1973 [trad. it., *La creatività dello spirito*. Milão: Jaca Book, 1979].

_____. *Le Yoga* – Immortalité et Liberté. Paris, 1954, 1975 [trad. it., *Lo Yoga* – Immortalità e libertà. Milão, 1973] [Florença, 1982].

_____. *Le chamanisme et les techniques de l'extase*. Paris: Payot, 1951 [2. ed., 1968] [trad. it., *Lo sciamanismo e le tecniche dell'estasi*. Org. de C. D'Altavilla. Roma/Milão: Bocca, 1953 [4. ed., Roma: Mediterranee, 1999].

FRÖBE-KAPTEYN, O. "Gestaltung der Erlösungsidee in Ost und West". In: *Eranos Jahrbuch*, 1937.

GOOSSENS, W. "L'immortalité corporelle". In: *Dictionnaire de la Bible*, suppl. IV. Paris, 1949.

GUIART, J. (org.). *Les hommes et la mort* – Rituels funéraires. Paris: Le Sycomore, 1979.

GUTHRIE, W.K.C. *Orpheus and Greek Religion*: A Study of the Orphic Movement. 2. ed. Londres: Methuen, 1952.

HEILER, F. *Unsterblichkeitsglaube und Jenseitshoffnung in der Geschichte der Religionen*. Basileia: E. Reinhardt, 1950.

HEISSIG, W. *The Religions of Mongolia*. Londres: Routledge, 1980.

JAMES, W. *Human Immortality*: Two Supposed Objections to the Doctrine. Westminster: Constable, 1898 [Nova York: Mifflin, 1900].

KLIMKEIT, H.K. (org.). *Tod und Jenseits im Glauben der Völker*. Wiesbaden: Harassowitz, 1978.

LEMAITRE, S. *Le mystère de la mort dans les religions de l'Asie*. Paris: PUF, 1943 [2. ed., Paris: Maisonneuve, 1963].

PARROT, A. *Le refrigerium dans l'au-delà*. Paris: P. Geuthner, 1937.

PFANMULLER, G. *Tod, Jenseits, und Unsterblichkeit in der Religion, Literatur und Philosophie der Griechen und Romer*. Munique: Reinhardt, 1953.

PREUSS, K.T. *Tod und Unsterblichkeit im Glauben der Naturvölker*. Tübingen: Mohr, 1930.

RIES, J. (org.) *La mort selon la Bible dans l'antiquité classique et selon le manichéisme*: actes d'un coloque de Louvain-La-Neuve. Louvain-La-Neuve: Centre d'Histoire des Religions, 1983.

SILBURN, L. *Instant et cause* – Le discontinu dans la pensée philosophique de l'Inde. Paris: Vrin, 1955.

SÖDERBLOM, N. *La vie future d'après le mazdéisme à la lumière des croyances parallèles dans les autres religions*. Paris: E. Leroux, 1901.

STENDHAL, K. (org.). *Immortality and Resurrection*. Nova York: MacMillan, 1965.

STEPHENSON, G. *Leben und Tod in den Religionen*: Symbol und Wirklichkeit. Darmstadt: Wissenschaftliche Buchgesellschaft, 1980.

THÉODORIDÈS; A.; NASTER, P. & RIES, J. (orgs.). *Vie et survie dans les civilisations orientales*. Lovaina: Peeters, 1983 [Col. "Acta Orientalia Belgica" 3].

THOMAS, L.-V. *La mort africaine* – Idéologie funéraire en Afrique noire. Paris: Payot, 1982.

THOMAS, L.-V. & LUNEAU, R. *Les religions d'Afrique noire* – Textes et traditions sacrées. Paris: Fayard Denoël, 1969.

TUCCI, G. *Le religioni del Tibet*. Roma: Mediterranee, 1980.

VALLÉE POUSSIN, L. *Nirvāṇa*. Paris: Beauchesne, 1925.

WENZL, A. *L'immortalité* – Sa signification métaphysique et anthropologique. Paris: Payot, 1957.

ZAHAN, D. (org.). *Réincarnation et vie mystique en Afrique noire*. Paris: PUF, 1965.

II – Vida e sobrevivência nas civilizações orientais – Introdução ao tema de uma pesquisa*

Em 1962, o fundador das nossas *Journées orientalistes*, o saudoso professor Armand Abel, publicou um volume coletivo intitulado *Religions de salut*. Em suas colaborações a essa obra, doze colegas enfrentaram questões como a iniciação, os ritos de passagem, as metafísicas da mudança do ser, salvação pessoal e salvação coletiva, a salvação e transcendência histórica, o xamanismo e os cultos de possessão. Nesse volume, encarava-se a pergunta: estamos condenados a oscilar entre os mitos de salvação individual e os mitos de salvação coletivos?

Paralelamente a essa interrogação, há hoje um outro campo de pesquisa que atrai os olhares para si: o tema da morte. De duas décadas para cá, multiplicam-se as publicações sobre a morte. Nesse âmbito, os orientalistas puderam apresentar novos documentos, referentes especialmente ao ritual. A morte sempre obrigou o homem a se dar uma razão para viver. Além disso, entre as pesquisas sobre as religiões de salvação e os estudos sobre a morte, há espaço para um tema que suscitou real interesse junto a nossos colegas da Sociedade Orientalista Belga: *Vida e sobrevivência nas civilizações orientais*. Nesse volume, tivemos a honra de publicar cerca de trinta comunicações apresentadas no decorrer da XVII sessão das *Journées orientalistes*, realizadas em Bruxelas de 19 a 22 de maio de 1980.

1 A vida

Primeiros esboços de uma reflexão sobre a vida

Considerou-se que o primeiro esboço de uma definição da vida se encontra em Aristóteles: "Entre os corpos naturais, alguns têm a vida, alguns não a têm. Por vida, entendemos o fato de se alimentar, de crescer e de perecer por si mesmos" (ARISTÓTELES. *De anima*, II, 1).

Os orientalistas encontram pistas de uma reflexão sobre a vida bem antes de Aristóteles. Os egiptólogos, desde o Antigo império, nos mostram o sinal da vida, que encontramos em toda a história egípcia até o período copta. Esse sinal

---

* "Vie et survie dans les civilisations orientales – Introduction au thème d'une recherche". In: THÉODORIDÈS, A.; NASTER, P. & RIES, J. (orgs.). *Vie et survie dans les civilisations orientales*. Lovaina: Peeters, 1983 [Col. "Acta Orientalia Belgica" 3].

simboliza a vida, tanto como dom da divindade quanto como força de oposição à morte. No III milênio, no vale do Indo, a arte glíptica de Moenjodaro e de Harapa nos apresenta a deusa da vida, de pé entre dois ramos de *pipal*, a árvore da vida. A mesma gema gravada nos mostra o Senhor da natureza, o grande deus na direção do qual se voltam os animais como para lhe render homenagem.

Há tempos os orientalistas insistiram na importância da deusa-mãe na Índia pré-védica, na Mesopotâmia, na Anatólia, no Oriente Próximo e na Europa arcaica. Os vales alpinos do Vale Camônica nos revelaram a existência de estátuas-estelas datadas do fim do IV milênio. As incisões feitas em pedra pelos camunianos se dividem em três registros sobrepostos, que fazem pensar na tripartição social descoberta por Georges Dumézil: soberania, força e fecundidade. Serão essas estátuas-estelas registros da chegada dos indo-europeus aos Alpes? Se essa hipótese vier a ser verificada, teremos em Vale Camônica testemunhos preciosos da expressão arcaica da vida, não apenas individual, mas social.

A vida como manifestação e como animação

Na sua reflexão sobre a vida, o homem pôs a sua atenção sobre os fenômenos de manifestação da vida e sobre a animação do ser por meio do sopro vital. Aristóteles operou uma distinção entre a alma vegetativa, a alma sensitiva e a alma racional. Muito precocemente, o Oriente refletiu sobre a vida como animação do ser. Os judeus distinguem, no homem, a carne (*basar*), a alma (*nefesh*), princípio da vida e sede da vida psíquica, o sopro (*ruaḥ*), princípio da vida e sede dos sentimentos e da atividade intelectual. Os egípcios falam de *ba, ka, akh*. O *ka*, manifestação das energias vitais, função criadora e conservadora, é a parte divina do homem. É graças ao *ka* que a vida pode subsistir. O *ba* é a consciência individual, o princípio espiritual, a vontade, a sede dos sentimentos, aquilo que comanda os atos. *Akh* é um princípio imortal, uma potência invisível. Para o egípcio, são esses os três princípios que animam a vida. Quando tornados cristãos, os egípcios tomam de empréstimo aos gregos o termo *psyché*, e isso revela, afirma Sauneron, "que nenhum dos termos da antiga língua correspondia exatamente à noção cristã de alma".

A antropologia iraniana também recorre a diversos termos. *Vyāna* é a alma-sopro, o princípio espiritual que se encontra em todo homem, que se encontra até mesmo em Ahura Mazdā. *Manah* conota a eficácia do pensamento. *Urvan*, a alma livre, designa o princípio da personalidade e parece ser o correspondente do *ātman* hindu. *Daēnā* é o intelecto religioso que permite tomar consciência do mistério divino. Desse modo, no pensamento indo-europeu, ressalta-se a insistência na parte espiritual do ser humano. Na Índia, diante do Absoluto, o *brahman*, encontramos seu correlato humano, o *ātman*, o princípio imortal que no homem é chamado a se libertar do corpo para alcançar uma perfeita identidade com o *brahman*.

A vida como organização

O termo grego, *organon*, que encontramos em Aristóteles, nos permitiu exprimir a noção de vida organizada. O conceito ocidental de organismo é definido no decorrer do século XVIII, graças à pesquisa dos naturalistas, dos médicos e dos filósofos que desejam encontrar substitutos para a *anima*, para expressar mais adequadamente a unidade funcional do ser vivo. Kant mostra que o corpo orgânico não é apenas organizado, mas auto-organizador. No século XIX, Auguste Comte insiste no fato de que a ideia de vida é inseparável da ideia de organização. A seu ver, a organização é definida por meio do consenso das funções, a *sympatheia* dos gregos. Comte transfere para a vida social esse conceito de consenso orgânico e faz dele o fundamento de sua ciência organizadora da vida social, a sociologia.

Lancemos um olhar sobre as civilizações orientais. Os egípcios concebem a vida como a união harmoniosa entre os princípios vitais e o corpo. Em *La civilisation de l'Égypte pharaonique* (Paris, 1971), François Daumas traduz um texto que remonta à terceira dinastia e que nos dá uma ideia da modalidade dentro da qual os egípcios imaginavam a vida:

> É assim que o coração e a língua detêm o poder sobre todos os membros: por essa razão o coração está em todo corpo e a língua, na boca de todo deus, todo homem, todo animal, todo réptil vivente; e o coração pensa tudo aquilo que quer e a língua ordena tudo aquilo que quer... O ver dos olhos, o ouvir das orelhas, o respirar do nariz estão em relação com o coração. E é ele que continua a produzir todo conhecimento; quanto à língua, cabe a ela repetir o que o coração pensa... É assim que se realiza todo trabalho e mister, o fazer das mãos, o caminhar das pernas, o mover-se de todos os outros membros, segundo essa ordem que

foi pensada pelo coração e que foi expressa pela língua, que não cessa de criar o ser de todas as coisas (p. 247-248).

De resto, conhecemos também o impacto da noção de *maāt* sobre a vida de todos os egípcios.

Na Índia, a reflexão sobre a vida como organização gira em torno da ordem sociocósmica. Aqui, a palavra-chave é *dharma*, termo que resume a ordem global, os quatro *varna* e os quatro estados de vida. Deus faz nascer o mundo e o reabsorve em si mesmo. Ele está no núcleo do cosmos segundo os termos da *Bhagavad Gītā*, XVIII, 61: "O Senhor de todas as criaturas está situado no coração de todos, fazendo-os moverem-se para cá e para lá como as rodas de uma máquina por meio de seu poder misterioso".

A vida como desgaste

A vida é submetida a um fenômeno de desgaste progressivo. Estamos em presença da morte. Fustel de Coulanges escreveu: "A morte foi o primeiro mistério. Ela pôs o homem no caminho dos outros mistérios. Ela elevou o pensamento humano do visível ao invisível, do passageiro ao eterno, do humano ao divino" (*La cité antique*. Paris, 1982, p. 45). Desse modo, a morte se apresenta como uma passagem obrigatória. Passagem para que direção?

2 A sobrevivência como vida para além do desgaste

O termo "sobrevivência" [*survie*] surgiu na língua francesa em 1604, como termo jurídico. É o único sentido que nos dá o *Dictionnaire de l'Académie* de 1878, e a reedição do Littré de 1968. Entre os diversos sentidos, no grande Larousse encontramos: "Prolongamento da existência além da morte" e no Robert, "vida que continua depois da morte".

A noção de sobrevivência

Na Bíblia, a sobrevivência se fundamenta na transcendência do espírito humano em comparação com a vida biológica. Além disso, alguns textos bíblicos falam da imortalidade pessoal, que situam depois de um julgamento particular, eliminando assim qualquer perspectiva de reencarnação. Até mesmo o pensamento religioso do antigo Irã é marcado por uma doutrina escatológica que insiste na sobrevivência no quadro de uma renovação do homem e do mundo. Para Zaratustra, a imortalidade humana é uma nova juventude concedida ao fiel por Ahura Mazdã.

No pensamento egípcio arcaico, o defunto vive em regiões subterrâneas, onde desempenha uma atividade comparável à que exerceu na terra. A reunião de todos os elementos que constituem a pessoa humana tem uma importância fundamental para a sobrevivência. Esse é o motivo da mumificação, praticada desde os tempos mais antigos. A Bíblia, o Irã, o Egito conhecem o tempo linear, e isso leva à ideia de uma sobrevivência definitiva após a morte e ao término de um julgamento. O Islã retomará essa noção da tradição judeu-cristã.

Completamente distinta é a situação na Índia, onde é central a noção de tempo cíclico. No vedismo, a morte não é o fim da vida humana: o homem entra no reino de Yama, primeiro morto e rei da morte. Com as *Upanishades*, afirma-se a doutrina do *saṃsāra*, a transmigração: "Como uma lagarta que chega à extremidade de um fio de grama se contrai para um novo avanço, do mesmo modo o *ātman*, agitando o corpo, despojando o não ser, se contrai para um novo avanço" (*Bṛhad Āraṇyaka Upaniṣad*, IV, 4, 3). A sobrevivência depende daquilo que se fez antes.

O budismo ensina a impermanência radical. Nele, a doutrina do ato assume o lugar da doutrina da criação. O ato é o soberano que cria o Universo e o faz perdurar. Privado do *ātman*, o homem mergulha num oceano de impermanência. Todavia, o equivalente do eu, mantido sob a forma de estados de consciência, explica a dor e o renascimento. O verdadeiro fim do homem é a libertação da transmigração e do sofrimento: o *nirvana*.

Modalidades de organização da sobrevivência

Toda cultura organiza a sobrevivência a seu modo. Para o Antigo Testamento, a sobrevivência surge como uma existência diminuída, em meio às sombras do *sheol*: diante de uma eternidade incerta, o homem é tomado pela angústia. Ao contrário, no Novo Testamento, a sobrevivência é a passagem para um outro plano de existência, para uma existência incorruptível numa visão beatífica. Zaratustra ensina que, depois da passagem da ponte de Shinvat, o fiel adentra um lugar de felicidade, de luz e de paz. A luz de Ahura Mazdā dissipa toda angústia e permite à alma gozar de uma felicidade sem fim: *Ameretāt*, a imortalidade bem-aventurada. A comunidade masdeísta tornará sempre mais concreta essa felicidade. Fusão entre o paraíso de Osíris e a teologia solar, a doutrina egípcia leva à composição de um programa mediano para o destino d'além-túmulo: "Passar o dia à sombra fresca de sua tumba, desfrutando as provisões trazidas por seus descendentes ou providenciadas pela magia; ao cair da noite, alcançar a barca do Sol, pará-la, nela ocupar um lugar para atravessar o horizonte e assim penetrar, com toda a segurança, nas regiões inacessíveis e perigosas do além; parar quando quiser nos campos de Osíris ou em qualquer outro paraíso, onde possa encontrar passatempos agradáveis; no momento em que o sol se dispuser a deixar essas regiões fabulosas... reunir-se à nave de Rá, nela atravessar o horizonte oriental e com ela renascer no dia aqui na terra; apressar-se em voltar para seu túmulo" (DRIOTON, E. "La religion égyptienne". In: *Histoire des religions*, III. Paris, 1955, p. 125). O islã apresenta um paraíso fortemente colorido de alegria material. Acrescentemos que o Novo Testamento e o Alcorão abrigam uma doutrina da ressurreição dos corpos.

Na Índia, a organização da sobrevivência é muito diferente. Os *Brahmana* fundamentam sua doutrina da imortalidade no sacrifício necessário para manter o *dharma*. As *Upanishades* interiorizam essa concepção e a integram à teoria do *karman* e do *saṃsāra*. Segundo a *Bṛhad Āraṇyaka Upaniṣad* (II, 4, 1-14), é o conhecimento do *ātman* que deve ser conquistado pela imortalidade. Noutra passagem, a *Bṛhad Āraṇyaka Upaniṣad* afirma: "Aqueles que sabem isso e aqueles que na floresta sabem que a fé é a verdade são os que entram na chama, da chama ao dia, do dia à quinzena clara, da quinzena clara aos seis meses em que o sol se eleva para o norte, desses meses ao mundo dos deuses, do mundo dos deuses ao sol, à região dos relâmpagos. Chegados à região dos relâmpagos, sobrevém um ser espiritual que os transporta para o mundo do *Brahman*. Nesses mundos do *Brahman* habitam distâncias insondáveis. Deles não há retorno para a terra" (VI, 2, 15).

Para os budistas, o *nirvana* é o fim dos renascimentos, a negação da existência fenomênica. É possível alcançar o *nirvana* nesta vida: é a abolição do sofrimento, a cessação do desejo. O *nirvana* é chamado de a outra margem, a ilha, o refúgio, o abrigo, a proteção, a segurança, a quietude, o fim, o estado sutil, maravilhoso. Ele surge como um estado de bem-aventurança imperturbável.

Essas poucas considerações permitem situar a pesquisa de nossas *Journées orientalistes* de 1980. O propósito desse estudo é ver de que maneira o homem das civilizações orientais vinculou a vida à sobrevivência e tentou vencer o fenômeno do desgaste do tempo e da vida. Sendo a morte a passagem obrigatória pela qual o homem passa da vida à sobrevivência, é necessário levá-la em consideração na explicação da sobrevivência. Essa é a razão pela qual, neste volume dedicado ao estudo da vida e da sobrevivência, também se abordou tantas vezes o tema da morte. Vida, morte e sobrevivência constituem um todo na reflexão do homem das civilizações orientais.

III – Morte e sobrevivência segundo as doutrinas de manes*

A partir do século II de nossa era, assistimos ao florescer de um movimento de doutrinas e de grupos religiosos que são definidos com o nome de gnosticismo. O movimento se apresenta como uma religião de salvação no interior da qual toda Igreja realiza, a sua maneira, a libertação das almas, centelhas divinas caídas na matéria que devem reconquistar o mundo divino.

Todas as organizações gnósticas são iniciáticas e cada uma delas possui seu próprio credo. Esse *corpus* doutrinal é a gnose, ou conhecimento, dos mistérios do céu. Reservada a seus adeptos, essa gnose implica a identidade simultânea entre quem conhece, a substância divina e os meios de salvação. Graças à iniciação, a conaturalidade divina da centelha de luz faz do gnóstico um ser consciente das suas origens celestes, despertando em si um desejo intenso pelo reino. Além disso, gnose e gnosticismo constituem uma mística transformadora fundada sobre uma revelação-tradição e reservada a uma elite que aceita todas as suas exigências[1].

Na vasta gama das seitas gnósticas, o maniqueísmo ocupa um lugar privilegiado, tanto por suas doutrinas como por sua expansão no espaço e no tempo. Esse dualismo radical aspira a se tornar a religião verdadeiramente universal.

---

* "Mort e survie selon des doctrines de Mani". In: RIES, J. (org.). *La mort selon la Bible, dans l'Antiquité classique et selon le manichéisme*. Louvain-la-Neuve: Centre d'Histoire des Religions, 1983, p. 136-164 [Col. "Cerfaux-Lefort" 5].

1. BIANCHI, U. (org.). *Le origini dello gnosticismo* – Colloquio di Messina, 13-18 aprile 1966. Leiden: Brill, 1967. Cf. BIANCHI, U. *Propositions concernant l'usage scientifique des termes gnose, gnosticisme*, p. XXIII-XXVI. • BIANCHI, U. *Le problème des origines du gnosticisme*, p. 1-27.

Ele pretende ser o detentor da mais perfeita das gnoses[2]. Seu fundador, Manes, de origem iraniana, babilônio de nascimento, anteriormente membro da seita judeu-cristã dos elcasaítas, por fim se apresentou como o último revelador, como o selo de todos os profetas e de todos os fundadores de religiões, encarregado pelo Mensageiro divino de criar a Igreja dos últimos tempos, a Igreja do Reino da Luz. Depois das tentativas e dos fracassos de todos os seus antecessores, especialmente de Zaratustra, de Buda e de Jesus, Manes (216-277) se considera investido pelo Espírito Paráclito da missão de transmitir a revelação definitiva destinada a iluminar todos os homens que aceitarem a doutrina gnóstica. Só ela é capaz de traçar para eles o caminho da salvação e de lhes dar os meios de percorrê-lo. Esse caminho é uma libertação. Para a alma, centelha que se separou da luz divina, trata-se de separar-se do corpo, que é matéria e trevas, para voltar a seu lugar de origem, o Reino luminoso. O problema da morte e da sobrevivência se situa, portanto, no centro das doutrinas maniqueístas[3].

1 O contexto gnóstico da salvação no maniqueísmo

Os dois reinos e seus mistérios

Nas origens coexistem duas naturezas radicalmente opostas uma à outra, a luz e as trevas. Princípios eternos e ingerados, essas duas raízes fundam duas terras, duas regiões, dois reinos. O Reino da Luz é a casa do Pai, o trono do Senhor de tudo, a cidade da paz, terra de uma beleza incomparável. O sopro do Espírito difunde luz e vida sobre cinco Grandezas e doze espíritos luminosos. Nesse reino, tudo transmite bem-aventurança e paz. Nos confins do Reino da Luz e abaixo dele, situa-se o país tenebroso. Também ele é um reúno dirigido por um príncipe, marcado pela baixeza, pelo fedor, pela feiura, pelo amargor e pelo ciúme: é o domínio da matéria, a mãe de todos os demônios. Esse reino carrega os sinais da noite: a noite da matéria, a noite da morte, a noite do erro e da mentira, a noite

---

2. RIES, J. "La gnose dans les textes liturgiques manichéens coptes". In: BIANCHI, U. (org.). *Le origini...* Op. cit., p. 614-624.

3. DECRET, F. *Mani et la tradition manichéenne*. Paris: Du Seuil, 1974. • PUECH, H.C. *Le manichéisme, son fondateur, sa doctrine*. Paris: PUF, 1949. • PUECH, H.C. "Le manichéisme". In: *Histoire des religions*. Vol. II. Paris: Gallimard, 1972, p. 523-645 [trad. it., *Storia delle religioni*. Vol. VIII. Roma/Bari: Laterza, 1977].

da carne e do desejo. Esse dualismo radical das origens constitui a primeira época, o tempo da separação total entre a luz e as trevas.

É quando se desencadeia um combate gigantesco. Ciumento e invejoso, o Príncipe das Trevas lança um grito de guerra contra o Reino da Luz, rebelando contra ele as forças do mal. Arrancado do descanso e do segredo de sua terra luminosa, o Pai da Grandeza reage. Evoca a Mãe dos Viventes e, por emanação, faz surgir da própria alma o Homem Primordial, ordenando-lhe que marche à frente de seus cinco filhos contra as forças das trevas. No decorrer desse combate cósmico, o Homem Primordial é ferido e mantido prisioneiro pelos arcontes. Aqui reside a origem da mistura entre a luz e as trevas. É o início da segunda era, a era do meio, a era da mistura. O Pai da Grandeza procede a uma nova emanação. De sua essência, faz surgir o Espírito Vivente, que, auxiliado por seus cinco filhos, primeiro liberta o Homem Primordial, depois condena os arcontes, os acorrenta e os desmembra. Com as suas peles, faz a abóbada celeste; com seus ossos cria as montanhas; com suas carnes e os seus excrementos fabrica a terra. Concluída essa criação, reúne as partículas de luz ainda acorrentadas: essa é a origem do sol, da lua e das estrelas. No entanto, nem toda a luz foi libertada. Depois disso, o Pai realiza outra emanação, o Terceiro Enviado. Esse último se apresenta sob a forma de uma Virgem luminosa que excita os desejos carnais dos arcontes, cujo sêmen se dispersa, cai na terra e provoca a origem da vegetação. O processo cosmogônico se inicia. O primeiro casal nasce por obra dos demônios: Adão e Eva são criaturas nascidas da mistura da matéria e da luz. A sua descendência carrega consigo a maior parte das partículas de luz ainda não retornadas ao Reino do Pai.

O Rei da Luz opera a salvação de Adão e do gênero humano. Para tanto, faz surgir a quarta emanação, aquela que constitui a quinta Grandeza do Reino: Jesus-Esplendor. Esse quarto mensageiro do Pai é o Jesus transcendente e cósmico, vida e salvação dos homens. Ele começa por transmitir a Adão uma mensagem de libertação que desencadeia uma espécie de hipóstase permanente: é o Grande Pensamento que dispõe dos dois diádocos: *Tōchme* e *Sōtme,* Chamado e Escuta. Essa mensagem hipostatizada é a Gnose, filha do Grande Pensamento, criada por Jesus-Esplendor e efetivada pelos dois diádocos. O cosmos está inserido no desenrolar do tempo médio, no decorrer do qual se manifestam os diversos mensageiros do Grande Pensamento, entre os quais toma lugar o Jesus histórico. Ele promete a seus apóstolos o envio do Paráclito Manes, réplica na terra do Espírito Santo[4].

O cosmos é o resultado do combate entre a Luz e a Treva. É também a prisão na qual os demônios continuam a torturar a luz ainda prisioneira. É, por fim, o lugar da salvação, visto que as centelhas luminosas vão sendo progressivamente libertadas para seu regresso ao Reino. O gnosticismo de Manes concebe a salvação como um processo físico de libertação da luz, desafortunadamente adiado e dificultado pelos pecados de uma humanidade posta sob a influência dos arcontes. Ao término da segunda era, explodirá o incêndio geral do cosmos, no decorrer do qual as últimas partículas de luz separadas da matéria voltarão a sua pátria das origens. Uma última escultura de luz subirá ao alto, enquanto a matéria será precipitada no *Bolos*, o inferno maniqueísta. Só então terá início a terceira era, que será um retorno às origens: a separação definitiva entre o Reino da Luz e o Reino da Treva.

Antropologia e moral maniqueias

O homem está inserido na salvação cósmica. Resultado de um nascimento obsceno, comum aos animais, ele também é uma mistura de luz e de matéria. Seu corpo é tenebroso. Sua alma é, ao contrário, uma centelha divina, na qual o *nous* é o elemento salvador, a *psyché*, o elemento a ser salvo. Com o *nous*, a Gnose desperta a *psyché* e a leva a tomar consciência da salvação. Trabalhando pela própria salvação, o homem se torna uma engrenagem na realização do vasto projeto gnóstico, a libertação de todas as centelhas luminosas. Manes organizou de modo genial o conjunto das potências salvadoras do cosmos, instituindo seu gnosticismo numa Igreja totalitária e missionária, cujos membros se dividem entre eleitos e catecúmenos. Os eleitos formam o grupo dos perfeitos. Eles praticam a justiça (*dikaiosyne*), a ponto de eles mesmos serem, ao mesmo tempo, os libertadores da luz e os iluminadores de seus irmãos.

A justiça dos eleitos representa um primeiro aspecto, o dos três selos: é a "justiça do corpo", uma ascese muito exigente. O selo da boca proíbe toda blasfêmia

---

4. RIES, J. "Le dialogue gnostique du salut dans les textes manichéens coptes". *Orientalia Lovaniensia Periodica*, 6, 1975, p. 509-520. Lovaina.

e rege a alimentação: abstinência de carne, de sangue, de vinho, de toda bebida alcoólica. Esse selo ordena até mesmo o jejum, graças ao qual os eleitos dominam os arcontes presentes em seu corpo. Seu único alimento cotidiano, feito de verdura e de frutas, contribui para libertar todo dia uma parte significativa de partículas luminosas. O selo das mãos exige o respeito pela luz encerrada no corpo, nas plantas, nas sementes, nas árvores. Essa luz é a alma vivente e luminosa do Reino, o *Jesus patibilis* crucificado na matéria. Os eleitos não colhem frutos pessoalmente, não arrancam nenhuma planta. Contentam-se em comer o alimento preparado pelos ouvintes. O selo do ventre prescreve a continência mais absoluta. A justiça dos três selos constitui a primeira fase da justiça dos eleitos. Há uma segunda fase, chamada de justiça do eleito perfeito. Trata-se do aspecto eclesial da *dikaiosyne*. A Igreja de Manes não é uma Igreja contemplativa. É uma Igreja missionária, fundada na posse dos mistérios e em sua difusão. O eleito é um enviado, um mensageiro do Reino da Luz, sempre em movimento para transmitir aos homens sua fé nos mistérios. Ele é responsável pelo desenvolvimento da Igreja em número e fervor. É dele que depende o clima fraterno entre os grupos de fiéis.

Os catecúmenos se põem a serviço dos eleitos e de sua missão. Por meio do jejum, da oração, da esmola, participam da *justiça* dos três *signacula*; além disso, ao prepararem a cada dia os alimentos dos eleitos, permitem que recuperem as forças necessárias para sua missão, colaborando assim com a libertação das partículas de luz realizada pela digestão dos eleitos. Além disso, os catecúmenos têm a missão de dar asilo a esses missionários gnósticos, que não possuem nem morada nem patrimônio. Todavia, as suas obrigações não se limitam nem aos *signacula*, nem à preparação das refeições ou ao alojamento. No desenvolvimento material e espiritual da Igreja, eles assumem um papel ativo. Inseridos sempre mais na vida do mundo, devem pôr a serviço do ideal gnóstico sua influência e seus bens: toda a sua vida é dom e serviço[5].

---

5. AURELIUS AUGUSTINUS. *De moribus Ecclesiae catholicae et de moribus manichaeorum*, PL 32, 1.309-1.378. Ed. do texto latino e tradução francesa em ROLAND-GOSSELIN, B. *La morale chrétienne*. 2. ed. Paris: Desclée de Brouwer, 1949 ["Bibliothèque augustinienne" 1]. Temos um compêndio interessante de moral nas *Kephalaia* I. Stuttgart: Kohlhammer, 1940. Trata-se das *Kephalaia* 79, 80, 81, 84, 85, 87 e 93: o texto sobre a antropologia e a moral fundamenta-se nesse compêndio copta. Cf. RIES, J. "Commandements de la justice et vie missionnaire dans l'Église de Mani". In: KRAUSE, M. (org.). *Gnosis and Gnosticism*. Leiden: Brill, 1977, p. 93-109.

2 Morte e sobrevivência segundo a gnose maniqueia

Subjaz a toda a cosmogonia gnóstica um pessimismo inato. Ele chega a tocar a soteriologia, na medida em que a vida humana está sob a influência de duas constantes: por um lado, a consubstancialidade da alma com o mundo divino; por outro, a origem tenebrosa do corpo, submetido aos arcontes. A salvação de todo homem tem início no instante mesmo da tomada de consciência dessa situação: é o despertar da centelha divina. Graças a sua adesão aos mistérios dualistas, o gnóstico começa a realizar em si mesmo a separação entre a luz e as trevas. Essa adesão o impele a uma escolha incessante na vida cotidiana e a uma rejeição permanente de todos os traços da matéria. O gnóstico é um ser cindido. Deve operar em si uma verdadeira escatologia individual, uma *katharsis* que o separe dos seres e das coisas presos nas redes da matéria. Essa salvação antecipada será efetivada com a morte, que promoverá a libertação definitiva da alma luminosa.

Se, na ótica maniqueia, a vida humana é marcada por um certo pessimismo, a morte é considerada, por seu lado, como o epílogo feliz de uma situação dramática. Por ser nada mais que matéria, o corpo é abandonado ao mundo das trevas. Finalmente livre, a alma pode reconquistar o paraíso da luz e retornar à felicidade das próprias origens. Para os eleitos, a morte é a libertação definitiva. Ela é apenas a última etapa e a consagração da separação entre a matéria e o espírito, entre a luz e as trevas, que o eleito se esforçou por realizar no decorrer da própria vida. Se, no momento de sua morte, o homem não se encontrar nesse estado de apocatástase, se não queimar de desejo de alcançar o Reino da Luz e se a sua vida não se caracterizou pela adesão aos mistérios dualistas, sua alma permanecerá presa à matéria. É aqui que encontra lugar a doutrina maniqueia da reencarnação.

A nossa pesquisa sobre a morte e sobre a sobrevivência segundo o maniqueísmo está baseada em duas tradições. A descoberta, em 1930, em Medīnet Mādi, no Fayum, de uma importantíssima biblioteca copta, parcialmente publicada, nos dá acesso a textos de catequese e a textos litúrgicos de enorme interesse[6]. A tradição

---

6. As fontes coptas são constituídas pela biblioteca descoberta em 1930 em Medīnet Mādi no Fayum e parcialmente publicadas. ALLBERRY, C.R.C. *A Manichean Psalm-Book*. Parte II. Stuttgart: Kohlhammer, 1938. • POLOTSKY, H.J. *Manichäische Homelien*. Stuttgart: Kohlhammer, 1934. • BÖHLIG, A. *Kephalaia* I. Stuttgart: Kohlhammer, 1940. • BÖHLIG, A. *Kephalaia* II. Stuttgart: Kohlhammer, 1966. Cf. tb. SCHMIDT, C. & POLOTSKY, H.J. "Ein Mani-Fund in Ägypten". In: *Sitzungsberichte der Akademie der Wissenschaften* – Philologisch-historische Klasse. Berlim, 1933, p. 1-89. Para simplificar as citações dos textos coptas, utilizaremos as seguintes siglas: PSM

oriental é representada pelo *Fihrist-al-ulum*, a enciclopédia árabe redigida pelo historiador an-Nadīm e concluída em Bagdá em 987[7].

A morte do eleito

Para o eleito, a morte é uma realização. Como um pássaro preso numa gaiola, sua alma está encerrada no corpo (PSM 275, 95, 20-21). A morte o liberta dos grilhões da matéria e lhe permite reencontrar sua pátria autêntica, o Reino da Luz. Por toda a sua vida, o eleito esperou essa hora da libertação. Esperou por ela, desejou-a como se deseja um prêmio (PSM 265, 81, 20-22).

No entanto, a doutrina de sua Igreja o proíbe de provocá-la. Manes vetou a seus discípulos ferirem ou matarem, porque as partículas luminosas que constituem a cruz de luz, o *Jesus patibilis*, seriam atingidas pelos golpes e pelos ferimentos. O gnóstico não deve fazer mal a nenhuma criatura, seja ela vegetal, animal ou humana. O preceito "Não matarás de modo algum" não prevê exceções. Até mesmo o eleito que anda por um caminho para a obra de Deus "deve olhar para o chão para não pisar a cruz de luz, para não arruinar as plantas" (K 85, 208, 17-19). Contudo, o catecúmeno pode colher os frutos para a alimentação, que, graças à digestão, libertará as partículas de luz e rejeitará a matéria tenebrosa (K 85, 211, 25-26). Igualmente, o eleito em missão gnóstica é considerado como um médico que, para curar, põe o seu pé sobre o doente. O seu caminho "é uma coroa, uma palma" (K 85, 209, 13-18 e 25-31; 210, 1-32).

Os *Hinos a Jesus* de Medīnet Mādi trazem numerosos pormenores da ascensão triunfal da alma do eleito para sair de seu corpo[8]. Dirigindo-se a Jesus em ardente oração, ela implora a própria libertação definitiva: "Salva-me, ó Cristo

---

(*A Manichean Psalm-Book*); K (*Kephalaion*). Os números que se seguem à siglas designam respectivamente o número, a página e a linha dos textos da *editio princeps* quando os trechos das coletâneas são numerados. Na ausência de numeração nas coletâneas, os números indicam respectivamente a página e a linha da *editio princeps*.

7. FLÜGEL, G. *Mani, seine Lehre und seine Schriften* – Eine Beitrag zur Geschichte des Manichäismus aus dem Fihrist. Leipzig: Brockhaus, 1862 [2. ed. edição anastática: Osnabrück: Biblio, 1969]. Sobre esse documento, cf. RIES, J. *Introduction aux études manichéennes* – II: Le Manichéisme considéré comme grande religion orientale (XIXème siècle). Lovaina: "Ephemerides Theologicae Lovanienses", 37, 1959, p. 362-409, AN-NADĪM, p. 374-378 ["Ephemerides theologicae lovanienses", 37].

8. ALLBERRY, C.R.C. *A Manichean Psalm-Book, Psalm to Jesus*, p. 49-97.

bem-aventurado, Salvador das almas santas. Eu subirei aos céus e deixarei este corpo na terra. A trombeta soa, escuto. Estou sendo chamada para entre os imortais. Devolverei meu corpo à terra com a qual foi formado" (PSM 261, 75, 11-16). É a hora do triunfo definitivo, que se realiza com a imposição de uma coroa (PSM 254, 64, 10-11). Marcado pelo selo da pureza, o eleito se junta aos anjos na cidade luminosa (PSM 254, 64, 14-15). O próprio Jesus salva o eleito, pois Ele é a ressurreição (PSM 250, 59, 17-18). Esposo da alma perfeita, Jesus a faz entrar na câmara nupcial, na qual ela se transforma numa santa esposa de luz (PSM 265, 81, 13-14). Vestida de suas vestes nupciais, ela recebe a recompensa pelos seus atos (PSM 261, 76, 10-12). Dela se aproximam três anjos, entregam-lhe a coroa, o troféu e a veste (PSM 267, 84, 17-20). Eis, então, que soam as trombetas para acolher em júbilo aquela que doravante gozará da plenitude do repouso na cidade luminosa (PSM 261, 75, 11-16).

Essa doutrina entusiasta da liturgia maniqueia se encontra sob a pena sóbria do cronista árabe an-Nadīm no *Fihrist*[9]. No momento em que a morte se aproxima do perfeito, diz an-Nadīm, o Homem Primordial lhe envia um guia de luz acompanhado de três anjos trazendo um jarro d'água, uma veste, um diadema, uma coroa e uma faixa luminosa. Uma virgem, réplica da alma do eleito, posta-se ao lado dele. Temos aqui a ideia do duplo, uma noção familiar ao pensamento iraniano e ao mundo egípcio. Com toda verossimilhança, os nossos textos são a transposição de um ritual funerário do qual encontramos vestígios tanto no masdeísmo quanto no Egito[10].

Eis, então, que surge o demônio da cupidez e do prazer sensual, acompanhado por uma tropa infernal. Ao vê-lo, o eleito chama em seu socorro a virgem de luz e os três anjos. Eles acorrem e põem imediatamente os demônios em fuga. Depois, encarregando-se do eleito, revestem-no com a veste, impõem-lhe a coroa e o diadema e põem em sua mão o jarro d'água. Entrando em seguida com ele na coluna de glória, eles sobem através da esfera dos mundos rumo ao Homem Primordial e à Mãe dos Viventes. Finalmente, no paraíso da luz, a alma recupera o seu estado originário.

---

9. FLÜGEL, G. *Mani*, op. cit., p. 100.

10. GOYON, J.C. *Rituels funéraires de l'ancienne Égypte*. Paris: Du Cerf, 1972 [2. ed., 2000]. • NYBERG, H.S. *Die Religionen des alten Iran*. Leipzig: Hinrichs, 1938, p. 310-313] [2. ed. anastática: Osnabrück, Zeller, 1966].

Quanto ao corpo do eleito, ele fica estendido por terra, "a fim de que o sol, a lua e os anjos de luz lhe retirem as forças, ou seja, a água, o fogo e o doce sopro que sobem para o sol e se tornam [o] divino"[11]. Os três elementos de que fala o *Fihrist* são partículas de luz. No decorrer da vida do gnóstico, esses elementos lhe permitiram lutar contra as trevas de seu corpo e contra os arcontes. Partículas luminosas, prisioneiras do corpo, elas devem ser libertadas. O único método que possibilita a salvação integral da luz consiste em expor o corpo ao sol. Graças à morte, a alma do eleito já está libertada. Depois da dissecação do cadáver pelos raios solares, daquele ser humano nada resta além de um amontoado de matéria tenebrosa. Segundo an-Nadīm, "esse resto do corpo" é lançado nos infernos. Sentimos aqui a influência manifesta das práticas em uso no masdeísmo, que prescreve a exposição dos cadáveres nas torres do silêncio[12].

A análise teológica desses textos coptas e árabes nos mostra que, para o eleito maniqueu, a morte é apenas o cumprimento definitivo e ardentemente preparado de uma escatologia interior e pessoal realizada durante a vida. O estudo semântico de diversos termos de nossos textos coptas confirma essa doutrina. O substantivo *sawne*, conhecimento, designa a gnose nas suas diferentes acepções: revelação vinda do Pai por meio de Manes, o Paráclito; dom atual que a tradição da Igreja mantém presente entre os homens; adesão aos mistérios revelados. O verbo *sawne* indica o encontro entre o gnóstico e a revelação do Paráclito: o despertar da centelha divina, a tomada de consciência da alma e a iluminação interior. Estamos em pleno contexto da consubstancialidade divina do cognoscente, do conhecido e dos meios de conhecimento. Um único termo copta designa esse tríplice aspecto da essência da Luz e de sua ação: *sawne*, gnose, conhecimento, conhecer.

Graças à clara visão do dualismo radical e do mistério das três eras – início, mistura, fim – reveladas por Manes, o eleito é capaz de fazer essas distinções. Reconhece o sinal da salvação: o Bēma, o trono de Manes, sinal da sua paixão, da remissão dos pecados e da presença da gnose (PSM 222, 7, 12-15); a estrada dos eleitos, na qual o Espírito plantou a árvore da gnose (PSM 251, 75, 27-31); a

---

11. FLÜGEL, G. *Mani*. Op. cit., p. 100.

12. Em Mumbai, no promontório de Malabar Hill, por trás de densa vegetação, ocultam-se as cinco torres do silêncio sobre as quais os parsis expõem ritualmente os cadáveres dos próprios defuntos. Os parsis são os últimos descendentes do zoroastrismo da Pérsia, emigrados para a Índia a partir do século VIII de nossa era.

cruz de luz que dá a vida ao universo (PSM 268, 86, 24-30) e o grande sinal, a Igreja gnóstica (PSM 156, 21-26). O verbo copta *senouon*, reconhecer, uma variante subaquímica de *sawne*, utilizada exclusivamente em copta, nos textos de Medīnet Mādi, indica como o eleito deve, todos os dias, reconhecer, interpretar e escolher. Para ele, trata-se de realizar no mundo, nos seres, nas coisas, nas ações, uma separação radical, enfatizada pelo verbo *porēc*, distinguir: "Conheci a minha alma e o seu corpo que pesa sobre ela. Conheci que antes da criação já eram inimigos mortais" (PSM 248, 56, 26-27). Esse desprezo pelo corpo, que não passa de matéria e trevas, encontra-se muito frequentemente nos textos litúrgicos. Para esse corpo não existe salvação. Ele é lançado na terra (PSM 261, 75, 16), uma vez que é estranho ao Reino (PSM 265, 82, 15).

Desse modo, para o eleito a morte consagra a libertação definitiva. Ela é a saída da alma, é a libertação da matéria, é o triunfo do Reino da Luz.

Morte e sobrevivência do catecúmeno

A doutrina gnóstica da morte que acabamos de expor enfatiza dois dados fundamentais: por um lado, a existência, desde as origens, de um dualismo radical, com uma oposição irredutível entre a Luz e a Treva; por outro, a atitude do homem e sua escolha no que diz respeito a esse mistério fundamental. Se o eleito, cuja essência mesma é a santidade de vida, entra imediata e triunfalmente no paraíso das suas origens, o catecúmeno, ao contrário, terá no momento da morte uma sorte resultante de suas obras. Os catecúmenos "serão libertados e purificados, cada um de acordo com seus atos" (K 91, 230, 20-23). Essas palavras de Manes, extraídas do *Tesouro da vida*, mostram que a sua doutrina insiste, assim como a do Buda, na retribuição dos atos. As nossas fontes coptas distinguem aqui duas categorias de catecúmenos. A primeira categoria é formada por aqueles que, depois da morte, são assimilados aos eleitos e entram na luz. A segunda categoria é constituída por todos os demais, para os quais uma coisa é certa: eles serão lançados no ciclo dos renascimentos.

O catecúmeno perfeito

Em *Kephalaion* 91, o Mestre explica aos seus discípulos as condições segundo as quais o catecúmeno poderá participar do privilégio dos eleitos. Em primeiro lugar, ele cita o catecúmeno que leva o sinal da perfeição (*teleios*). Esse homem viveu com sua mulher como se ela fosse uma estranha. A sua casa foi um verdadeiro refúgio para a Igreja. Interessava-se pelos membros de sua família na medida em que eles avançavam no caminho da gnose. Desapegado de seus bens, mantinha o coração em sua Igreja e seu pensamento, em Deus (K 91, 228, 23-31 e 299, 1-10). Ele pôs a sua riqueza à disposição dos eleitos. Tais exigências nos recordam o ideal pregado por Jesus (Mt 6,21; Lc 12,34) e nos mostram o valor da *dikaiosyne* do catecumenato[13].

Na categoria dos ouvintes assimilados aos eleitos, o Mestre relaciona ainda aqueles que viveram na ascese, que afastaram toda carne de sua boca, que pregaram e jejuaram todos os dias, que puseram à disposição da Igreja a mulher, os filhos, a família (K 91, 229, 20-31; 230, 1-7). São os catecúmenos do dom total (K 81, 193, 14-19). Esses são comparáveis a pérolas preciosas. A partir do momento de sua saída do corpo prosseguem na sua estrada interior e aportarão à margem da vida. Serão totalmente purificados no paraíso. Como fruto maduro que se colhe na árvore, serão colhidos e postos na terra dos vivos. Já neste mundo, as esmolas dadas aos eleitos contribuíram para sua purificação. Para eles, não haverá renascimentos num corpo. Eles entram na vida do Reino da Luz (K 91, 230, 7-20).

Esses catecúmenos são assimilados aos eleitos, no sentido de que eles têm a certeza de que entrarão no Reino da Luz sem passar antes pelo renascimento num outro corpo. Os textos não falam nem de um ingresso imediato no paraíso, nem de uma acolhida triunfal. A sua sorte final será análoga à dos eleitos, mas a sua purificação deve terminar depois de sua saída do corpo. Teríamos aqui a doutrina de um purgatório situado entre a morte e a permanência definitiva no paraíso dos eleitos.

Os demais catecúmenos

A respeito deles, Manes recorda aquilo que escreveu em seu livro intitulado *Tesouro da vida*. Essa obra, infelizmente, se perdeu. Em algumas linhas, o Mestre sintetiza sua doutrina: "No que diz respeito aos demais catecúmenos, escrevi no *Tesouro da vida* sobre como serão libertados e purificados, cada qual segundo

---

13. K 87, 218, 5-10: "A comunidade dos catecúmenos se encarrega da santa Igreja, a comunidade assume as preocupações da Igreja, providencia-lhe o repouso em todas as suas obras. Em todos os lugares, permite-lhe viver em tranquilidade. Onde não há catecúmenos, a santa Igreja não vive em paz".

os atos" (K 91, 230, 20-23). Definindo os conselhos dados a eles, acrescenta: "Além disso, é oportuno que ele suplique de modo incessante a Deus a metanoia e a remissão dos pecados... a fim de que lhe sejam imputadas as suas ações" (K 91, 230, 26-29). Outras passagens aludem à sorte pouco invejável desses catecúmenos. Trata-se do *metangismos*, no qual serão precipitados (PSM 218, 5-7; K 116, 280, 11-14). No sentido etimológico, *metangismos* significa "mudança do recipiente". Os textos siríacos falam de *tashpīkā*[14]. Em Agostinho, encontramos o termo *revolutio*. Na sua discussão com Fausto de Milevi, ele replica a seu adversário: "Sed quia eis [*sc.* auditoribus vestris] non resurrectionem sed revolutionem ad istam mortalitatem promittitis, ur rursus nascantur"[15]. Agostinho continua a discussão ironizando a sorte desses ouvintes, alguns dos quais renascerão nos corpos dos eleitos, outros, porém, em melões, pepinos ou outros alimentos que os estômagos dos eleitos se encarregarão de digerir para liberar-lhes a luz mantida prisioneira. Trata-se, então, da metempsicose, da transmigração das almas dos catecúmenos. Manes, provavelmente, trouxe essa doutrina de sua estada na Índia.

A posição das fontes orientais

No *Fihrist,* an-Nadīm dedica um parágrafo à morte daqueles que, mesmo sem ser os justos, lutaram a favor da religião e da justiça[16]. Trata-se dos ouvintes. Como no caso dos eleitos, apresentam-se anjos e demônios. O catecúmeno clama por socorro. Invoca as suas boas obras, faz valer os serviços prestados à Igreja e a ajuda dada aos eleitos. Graças a seus atos, subtrai-se à influência dos demônios. Contudo, ainda não se trata nem da libertação nem da salvação. Após a morte, ele permanece assemelhado a um homem deste mundo, perseguido como em sonho por monstros horríveis. Chafurda na lama. E viverá nesse estado até o momento em que esteja libertada toda a luz presa em seu corpo. Só então, ao termo de longas peregrinações, chegará à morada dos eleitos.

---

14. ALLBERRY, C.R.C. "Symbole von Tod und Wiedergeburt im Manichäismus". In: *Eranos-Jahrbuch*, 7, 1939, p. 113-149. Zurique. • JACKSON, A.V.W. "The Doctrine of Metempsychosis in Manichaeism". In: *Journal of The American Oriental Society*, 45, 1925, p. 246-268.

15. *Contra Faustum*, V, 10.

16. FLÜGEL, G. *Mani.* Op. cit., p. 100-101.

An-Nadīm, portanto, não faz a distinção, realizada pelas fontes coptas, entre os catecúmenos perfeitos, assimilados aos eleitos, e os demais catecúmenos, recompensados segundo os seus atos individuais. As fontes orientais consideram uma única solução para todos os catecúmenos: uma vida atribulada e longas peregrinações, até a completa purificação da luz. Trata-se claramente do ciclo dos renascimentos, ao qual, segundo as fontes orientais, só o eleito se subtrai. Essa posição é semelhante à doutrina budista do *Hīnayāna*. A descoberta das ruínas de antigos *vihāra* nas cercanias da antiga *Bāmiān* na estrada real da Bátria para a Índia confirma o impulso do budismo para o oeste numa época relativamente antiga. A influência do budismo pôde influenciar em grau crescente as comunidades maniqueias da Ásia[17].

A sorte dos pecadores

O *Fihrist* dedica algumas linhas à morte do pecador[18]. Dominado por toda a vida pelos prazeres dos sentidos e pelos desejos perversos, o pecador moribundo vê se aproximarem de si os demônios torturadores, sob formas horríveis. No entanto, também vislumbra os anjos, usando vestes brilhantes. Por um instante, nele desabrocha a esperança de uma libertação, mas em vão, pois os anjos vieram para recriminá-lo, recordar-lhe suas más ações e fazê-lo entender que nada deve esperar da parte dos eleitos. Presa da dor, ele é condenado a vagar pelo mundo até o momento no qual será precipitado no inferno, junto com aquilo que sobrará deste mundo.

Kephalaion 39 fala de duas mortes. A primeira morte se situa no momento da mistura entre a Luz e a Treva. Essa morte terá fim no instante em que todas as partículas de luz tiverem sido libertadas. Essa será a hora do cataclismo final, o momento do grande fogo escatológico. Essa morte é uma morte apenas temporária: é o estado de servidão no qual as trevas retêm uma parte de luz. Existe, porém, uma morte eterna, a dos pecadores. A partir do momento em que estiver privada do brilho da luz que ilumina o mundo, a alma do pecador é condenada a perecer. E realmente lhe será tirado todo sopro de vida. Todos aqueles que blas-

---

17. RIES, J. *Introduction aux études manichéennes*. Vol. II, 35. Louvaina: Publications Universitaires, 1959, p. 365-372: "Doctrine de Mani et religion des Indes". Cf. tb. RIES, J. "Bouddhisme et manichéisme". In: *Indianisme et bouddhisme* – Mélanges offerts à Étienne Lamotte. Louvain-la--Neuve: Publications de l'Institut Orientaliste, 1980, p. 281-295.

18. FLÜGEL, G. *Mani*. Op. cit., p. 101.

femaram e renegaram o Espírito Paráclito estão condenados a essa morte (K 39, 104, 1-20). Outro texto alude à morte do pecador (K 92, 235, 5-9). O pecador se apresenta diante do juiz, que o faz entender a sua condenação. Imediatamente ele é precipitado na geena, na qual deverá errar eternamente. Para o pecador, não há nenhuma esperança de salvação. Por ter se transformado num ser totalmente submetido à matéria, ele será condenado a viver para sempre nas trevas.

Ao final desta análise dos textos coptas e árabes, é possível perceber o lugar que assumem a morte e a sobrevivência no gnosticismo maniqueu. Essa doutrina está situada no núcleo do pensamento dualista e do mito cosmogônico. Arrancada ao Reino da Luz através da Treva, a alma, uma centelha divina, cai na matéria. Submetida às leis cosmogônicas resultantes da mistura, ela é prisioneira de um corpo que os arcontes mantêm sob sua influência. Desse modo, apresentam-se três opções:

• Ao chamado da Gnose, que é a Voz do Reino, a alma pode despertar e tomar consciência de sua trágica situação. Se aderir à revelação do Paráclito, se passar a viver na Igreja gnóstica os mistérios dos céus, ela realiza a partir de então a separação entre o espírito e a matéria. Nesse caso, a morte é apenas uma consagração definitiva de uma libertação já realizada: ela possibilita o retorno triunfal da centelha divina ao Reino. Essa é a sorte feliz que espera os eleitos da Igreja de Manes.

• Há uma segunda via, a dos catecúmenos. Eles compreenderam os mistérios. Cada um, a seu modo, participou da justiça dos eleitos, mesmo não tendo tido a coragem de ir até os limites das exigências gnósticas. Para as fontes orientais, todos os catecúmenos devem se purificar no *metangismos*, o ciclo dos renascimentos. Mais matizados são os textos de Medīnet Mādi, que distinguem duas categorias de ouvintes. Aqueles que tiverem vivido de maneira perfeita a serviço da Igreja serão assimilados aos eleitos no momento da morte. Esses não deverão ser submetidos ao renascimento. Todos os outros catecúmenos deverão passar pelo ciclo do *saṃsāra*, até que se realize a purificação total de suas almas.

• Por fim, tem-se o pecador. Sua alma se compraz na matéria. Ela rejeita os mistérios do Paráclito e prefere uma vida de prazeres e de gozo, condenando-se ao inferno perpétuo. Tanto quanto à matéria, ela é apegada ao Reino da Treva e, ao sair da mistura, é precipitada na *massa damnata*.

Excetuando-se a distinção entre os catecúmenos, as duas tradições gnósticas, a oriental e a ocidental, estão de acordo quanto ao significado da morte: ela é a consagração de uma livre-escolha do homem. Em suma, ela possibilita tanto o retorno da alma ao Reino de Luz, sua pátria de origem, como seu aprisionamento para sempre no Reino da Treva. Em todo caso, ela põe fim ao segundo tempo, o da mistura. Inaugura o retorno às origens.

"Eis – diz an-Nadīm – as três vias ensinadas por Manes acerca das almas humanas. Uma das vias leva ao paraíso: é a dos justos. A outra leva para o mundo com os seus espectros: é a via daqueles que protegem a religião e ajudam os justos. A terceira leva ao inferno: é o caminho dos homens pecadores" (FLÜGEL. *Mani*, p. 101).

Um hino copta de Medīnet Mādi faz eco a isso: "Jesus escavou um canal no mundo [...]. E o escavou por meio da verdade [...]. Todas as águas que ali escorrem são águas luminosas [...]. Três barcas por ele navegam: uma está cheia, a outra está cheia só pela metade, a terceira está vazia [...]. A barca carregada e plena navega em segurança [...]. A barca com meia carga vai pelo meio [...]. A que está vazia é rejeitada. Ai daquela que vai vazia quando se aproximar da alfândega: ali se olha e não há nada. Ai daquele que não tem nada a bordo: será despojado como mereceu, enviado ao *metangismos*. Sua sorte será a sorte dos cadáveres, porque lhe foi gritado aos ouvidos, mas não escutou"[19].

Referências

1 Dossiês

En face de la mort. In: *La Maison-Dieu*, 1980. Paris.

La mort. In: *Concilium*, 1974. Tours.

La mort. In: *Lumière et Vie*, 68, 1964. Lyon.

Le mystère de la mort et sa célébration. In: *Lex orandi*, 12, 1956. Paris.

Les hommes devant la mort. In: *Communio*, 1980. Paris.

2 Documentos orientais

BARGUET, P. (org.). *Le livre des morts des anciens Égyptiens* – Introduction, traduction et commentaire. Paris: Du Cerf, 1972.

---

19. Trata-se de um hino da coletânea dos *Inni di Tommaso*, PSM 217, 21-30 e 218, 1-2.

CHAMPDOR, A. (org.). *Le livre des morts*. Paris: Albin Michel, 1963.

EVANS-WENTZ, W.Y. (org.). *Bardo Thödol* – Le livre des morts tibétains. Paris: Maisonneuve, 1975.

Le jugement des morts. Paris: Du Seuil, 1961 ["Sources orientales", IV].

3 Estudos sobre a morte

ALSTER, B. (org.). *Death in Mesopotamia* – XXVIe rencontre assyriologique internationale. Copenhague: Akademie Verlag, 1980.

AMIGUES, M. *Le chrétien devant le refus de la mort*. Paris: Du Cerf, 1981.

ARIÈS, P. *L'homme devant la mort*. Paris: Du Seuil, 1977 [trad. it., *L'uomo e la morte dal Medioevo a oggi*. Org. de M. Garin. 2. ed. Roma/Bari: Laterza, 1989].

_____. *Essais sur l'histoire de la mort en Occident du Moyen Âge à nos jours*. Paris: Du Seuil, 1975 [trad. it., *Storia della morte in Occidente* – Dal Medioevo ai giorni nostri. Org. de S. Vigezzi. Milão: Rizzoli (2. ed., 1994)].

BAUDRILLARD, J. *L'échange symbolique et la mort*. Paris: Gallimard, 1976 [trad. it., *Lo scambio simbolico e la morte*. Org. de G. Mancuso. 4. ed. Milão: Feltrinelli, 2007].

BIANU, Z. *Les religions et la mort*. Paris: Ramsay, 1981.

BON, H. *La mort et ses problèmes*. Paris: PUF, 1940.

BOURGEOIS, H. *Je crois à la résurrection des corps*. Paris: Desclée de Brouwer, 1981.

BULTMANN, R.; RAD, G. & OEPKE, A. *Vie, mort et résurrection*. Genebra: Labor et Fides, 1972.

CHAUCHARD, P. *La mort*. Paris: PUF, 1947 [original em *Theologisches Wörterbuch zum Neuen Testament*. Vol. I-III. Org. de G. Kittel. Stuttgart: Kohlhammer, 1957 [trad. it., *Grande Lessico del Nuovo Testamento*. Vol. I-V. Org. de F. Montagnini, G. Scarpat e O. Soffritti. Bréscia: Paideia, 1965-1969].

CHOISY, M. (org.). *L'être et le silence*. Genebra: Mont-Blanc, 1964.

CUMONT, F. *Lux perpetua*. Paris: Geuthner, 1949 [2. ed., 1976].

_____. *Recherches sur le symbolisme funéraire des romains*. Paris: Geuthner, 1942 [2. ed., 1966].

DUESBERG, H. *Antidote à la mort*. Tournai: Casterman, 1962.

FRANK-DUQUESNE, A. *Ce qui attend après ta mort*. Paris: Éd. Franciscaines, 1947.

GODIN, A. (org.). *Mort et présence* – Études de psychologie. Bruxelas: Lumen Vitae, 1971.

GRÉGOIRE, F. *L'au-delà*. Paris: PUF, 1956.

HOVEN, R. *Stoïcisme et stoïciens face au problème de l'au-delà*. Paris: Les Belles Lettres, 1971.

JANKELEVITCH, V. *La mort*. Paris: Flammarion, 1966 [2. ed., 1977].

KEES, H. *Totenglauben und Jenseitsvorstellungen der alten Ägypten*. 3. ed. Berlim: Akademie, 1977.

KLIMKEIT, H.J. (org.). *Tod und Jenseits im Glauben der Völker*. Wiesbaden: Harrassowitz, 1978.

KÖNIG, G. *Zarathustras Jenseitsvorstellungen und das Alte Testament*. Friburgo da Brisgóvia/Basileia/Viena: Herder, 1964.

LEMAITRE, S. *Le mystère de la mort dans les religions d'Asie*. Paris: PUF, 1943 [2. ed., Paris, Maisonneuve, 1963].

LEPP, I. *La mort et ses mystères*. Paris: Grasset, 1966.

MARTELET, G. *Victoire sur la mort*. Paris: Chronique Sociale de France, 1962.

MORIN, E. (org.). *L'homme et la mort*. Paris: Éditions du Seuil, 1951 [2. ed., 1970] [trad. it., *L'uomo e la morte*. Org. de A. Perri e L. Pacelli. Roma: Meltemi, 2002].

MOSSAY, J. *La mort et l'au-delà dans saint Grégoire de Nazianze*. Louvaina: Université, 1966.

ORAISON, M. *La mort... et puis après?* Paris: Fayard, 1967.

RAGON, M. *L'espace de la mort* – Essai sur l'architecture, la décoration et l'urbanisme funéraires. Paris: Albin Michel, 1981 [trad. it., *Lo spazio della morte* – Saggio sull'architettura, la decorazione e l'urbanistica funerária. Org. de G. Prisco. Nápoles: Guida, 1986].

RATZINGER, J. *Eschatologie, Tod und ewiges Leben*. Regensburgo: Pustet, 1977.

ROUX, J.-P. *La mort chez les peuples althaïques anciens et mediévaux*. Paris: Maisonneuve, 1963.

SCHELER, M. *Mort e survie*. Paris: Aubier, 1952 [orig., Schriften aus dem Nachlass. Vol. I. Berlim: Der Neue Geist, 1933 [trad. it., Il dolore, la morte, l'immortalità. Leumann: Elle Di Ci, 1983].

THOMAS, L.-V. *Anthropologie de la mort*. Paris: Payot, 1980 [trad. it., *Antropologia della morte*. Milão: Garzanti, 1976].

TROISFONTAINES, R. *Je ne meurs pas*. Paris: Universitaires, 1963.

VUILLEMIN, J. *Essai sur la signification de la mort*. Paris: PUF, 1948.

ZIEGLER, J. *Les vivants et la mort*. Paris: Du Seuil, 1975 [2. ed., 1997].

Epílogo

UMA NOVA ANTROPOLOGIA RELIGIOSA FUNDAMENTAL

A antropologia é a ciência que se dedica ao estudo do homem. Nela estão presentes duas grandes linhas: a primeira explora o aspecto físico e os componentes biológicos do corpo humano e, consequentemente, está ligada às ciências físicas, químicas e biológicas. A segunda linha está ligada ao campo das ciências humanas. Geralmente se fala de antropologia social e cultural, mas seu âmbito é amplo. No decorrer das últimas décadas ele se ampliou mais, a ponto de criar confusão entre etnografia, etnologia e antropologia. Fala-se de antropologia da infância, da educação, da doença, da morte, da arte, da economia, da alimentação, da família, da sexualidade, da guerra e da paz.

Entre as diversas escolas que se formaram citamos a de Durkheim e Mauss, a de Lévi-Strauss na França, a bem difundida escola marxista e a escola funcionalista nos Estados Unidos[1].

1 A antropologia religiosa

A antropologia religiosa distingue-se da etnologia, da história e da sociologia das religiões. Ela se interessa pelo homem religioso como criador e utilizador

---

1. CARRIER, H. "Anthropologie". In: *Lexique de la culture*. Paris: Desclée de Brouwer, 1992, p. 24-33. Cf. os inúmeros artigos sobre a "Anthropologie" em: *Encyclopaedia Universalis*. Paris, 1985, p. 239-275. • *Dictionnaire des Religions*. 3. ed. Paris: PUF, 1993, p. 60-77 [trad. it., *Grande dizionario delle religioni* – Dalla preistoria ad oggi. Org. de P. Poupard et al. Casale Monferrato/ Assis, Piemme/Cittadella, 1990, p. 91-97]. • MAUSS, M. *Sociologie et anthropologie*. 4. ed. Paris: PUF, 1968 [trad. it., *Teoria generale della magia*. Org. F. Zannino. Intr. de C. Lévi-Strauss. Turim: Einaudi, 1991]. • LÉVI-STRAUSS, C. *Anthropologie structurale*. Vols. I e II. Paris: Plon, 1971 e 1973 [trad. it., *Antropologia strutturale*. Org. de P. Caruso. Milão: Il Saggiatore, 1990. • *Antropologia strutturale due*. Org. de S. Moravia. Milão: Il Saggiatore, 1992]. • AUGÉ, M. & COLLEYN, J.P. *L'anthropologie*. Paris: PUF, 2004 [trad. it., *L'antropologia del mondo contemporâneo*. Org. de G. Lagomarsino. Milão: Eleuthera, 2006].

do conjunto simbólico do sagrado e como portador das crenças religiosas que governam sua vida e seu comportamento. Tal definição leva-nos a compreender a amplitude da pesquisa a ser realizada, uma vez que toda religião tem uma posição específica sobre o homem, a condição humana e a inserção do homem no cosmos, nas culturas e na sociedade. Percorrendo os *Vedas*, as *Upanishades*, os textos budistas, os documentos sumero-babilônicos, os escritos do Egito faraônico, o pensamento dos gregos e dos romanos, descobrem-se aspectos muito diferentes e bastante divergentes no interior da antropologia religiosa. Com isso, aliás, compreendemos que a antropologia religiosa não é algo recente[2].

A antropologia bíblica

É na visão do homem apresentada nos três primeiros capítulos do Livro do Gênesis que encontramos o ponto de partida da antropologia bíblica: o homem criado à imagem e semelhança de Deus. Pode-se encontrar essa antropologia nos diversos livros do Antigo Testamento, o que comporta uma dezena de séculos, mas nos mostra também a progressiva transformação das ideias relativas ao destino humano, uma transformação que se apresenta em toda a sua radicalidade com a encarnação do Verbo de Deus (Jo 1,1-14). Assim, o destino do homem é passar da condição própria da imagem do primeiro Adão à própria do segundo: Jesus Cristo, o Homem-Deus. No Novo Testamento, o homem é orientado para Cristo como meta final da sua existência. É chamado a se tornar filho de Deus em Cristo; é um ser pessoal aberto para a Transcendência. Tal antropologia propõe uma transformação do ser humano, corpo e alma. Diante da limitada vida humana, ela oferece a esperança de uma vida eterna. A antropologia bíblica respeita a natureza humana, preconiza a transformação do ser humano através do dom do Espírito Santo e aumenta a sua liberdade. A revelação bíblica pressupõe o homem e mostra o seu enriquecimento, obtido com a Encarnação do *Logos* que veio ao mundo[3].

---

2. RIES, J. (dir.). *Le origini e il problema dell'homo religiosus* [Vol. I do *Trattato di antropologia del sacro*]. Milão: Jaca Book/Massimo, 1989.

3. Cf. o artigo "Anthropologie biblique", de S.E. Farrel e L.F. Ladaria e a bibliografia em LATOU-RELLE, R. & FISICHELLA, R. (orgs.). *Dictionnaire de Théologie Fondamentale*. Paris: Bellarmin/Du Cerf, 1992, p. 33-45. Cf. tb. GRELOT, P. "Anthropologie biblique". In: *Dictionnaire des Religions*. Op. cit., p. 64-65. • GROSSI, V. "Antropologia". In: BERARDINO, A. (org.). *Dizionario Patristico e di Antichità Cristiane*. Casale Monferrato: Marietti, 1983, p. 142-147.

A antropologia patrística

O Apóstolo Paulo exortava os Colossenses a vestir "[o homem] novo, que se renova, para um pleno conhecimento, à imagem do seu Criador" (Cl 3,10). A teologia patrística surgirá dos textos bíblicos que falam do homem feito à imagem de Deus. Os Padres da Igreja elaboram uma antropologia cristã a partir do Homem-Deus e do homem transfigurado. Nesse âmbito, o papel principal cabe aos Padres Gregos Clemente de Alexandria, Orígenes, Atanásio, Gregório de Nissa e Cirilo de Alexandria[4]. Em seu *Adversus haereses*, Irineu de Lião refuta as doutrinas gnósticas, apresentando em seguida o ensinamento dos apóstolos: ele aproxima os dois Adão e mostra que Cristo, novo Adão, tem uma dupla semelhança, com Deus e com o homem, semelhança na formação e semelhança na missão, uma vez que o novo Adão devolve o homem ao seu estado primitivo de imagem e semelhança[5].

Em Cartago, Tertuliano introduz o tema da imagem e semelhança no seu *De baptismo*, redigido entre os anos 200 e 206. Primeiro escritor latino, ele deve criar o próprio vocabulário e torna-se assim uma referência para a teologia e a antropologia latinas em Alexandria. Clemente aborda o tema da imagem e semelhança na comparação entre as estátuas divinas e o *Logos* imagem de Deus e arquétipo da luz (*Protr.* X, 98, 2-4). Comparando o artesão que fabricou as estátuas e o Criador do homem, ele observa que o homem é imagem de Deus através da mediação do *Logos*, mas filho do *Nous* divino por nascimento: o homem é uma réplica do *Logos*.

Um dos grandes capadócios, Gregório de Nissa (335-394), fala do homem e da condição humana no seu *Tratado da criação do homem*; afirma que a imagem de Deus em nós fundamenta-se no parentesco com o arquétipo: à natureza humana está misturada certa afinidade com o divino[6]. Encontramos a mesma doutrina do homem imagem de Deus em Hilário de Poitiers e em Agostinho de Hipona.

---

4. HAMMAN, A.G. *L'homme, image de Dieu* – Essai d'une anthropologie chrétienne dans l'Église des cinq premiers siècles. Paris: Desclée de Brouwer, 1987. • RIES, J. "La controversia degli idoli, l'antropologia patristica e le origini dell'iconografia cristiana". In: CRIPPA, M.A. & ZIBAWI, M. *L'arte paleocristiana* – Dalle origini a Bisanzio. Milão: Jaca Book, 1998, p. 9-16.

5. FANTINO, J. *L'homme image de Dieu chez Saint Irénée de Lyon*. Paris: Du Cerf, 1986. Cf. tb. DION, P.E. "Ressemblance et image de Dieu". In: *Supplément au Dictionnaire de la Bible*, vol. X. Paris: Letouzey, 1985, cols. 366-380.

6. GREGORIUS NYSSENUS. *La création de l'homme*. Org. de J. Daniélou e J. Laplace. Paris: Du Cerf, 1943 [Col. "Sources chrétiennes"].

Antropologia religiosa e humanismo

No efervescente clima do século XV italiano, surgiu Giovanni Pico della Mirandola, um prodígio de inteligência e de sabedoria. Adolescente de rara precocidade, aos 14 anos de idade começa os cursos de direito eclesiástico na Universidade de Bolonha, passando depois por Florença e por Pádua e permanecendo em Paris em 1482-1483. Em 1484 está em Florença com Lourenço de Médici, depois volta a Paris para preparar as teses que quer defender em Roma em 1486, sob a presidência do papa. Em 7 de dezembro, o texto das *Novecentas teses extraídas da sabedoria dos povos* é afixado em todas as universidades da Itália. Primeiramente autorizada, a discussão pública foi proibida pelo breve pontifício de 20 de fevereiro de 1487. O debate nunca aconteceu. Um discurso, *oratio*, introduzia as teses: *oratio de hominis dignitate*. Foi publicado depois da morte de Pico.

Referindo-se a um escrito do sarraceno Abdallah, Pico proclama em seu discurso: "A meu ver, nada é mais admirável que o homem". Este manifesto do humanismo inaugura novas pesquisas sobre a antropologia religiosa. Para o jovem humanista, "o homem domina todas as criaturas, pois sua alma é à imagem do Criador: beleza física, postura ereta, cabeça redonda, atitude para olhar o céu e uso livre das mãos e da palavra. É um microcosmos que se volta para o divino. *Faber sui*, o homem exerce a sua liberdade, que garante a sua *dignitas*. Sua inteligência espiritual, semelhante à dos anjos, o ajuda a viver numa paz perpétua". Extraídas desses textos antigos, as *Novecentas teses* querem expressar o esplendor da verdade[7].

Essa antropologia filosófica baseada na liberdade constitui uma novidade que percorre toda a primeira parte do discurso. Ela afirma a diferença radical do homem em relação a toda a criação, graças ao exercício da liberdade, que garante a sua dignidade. É uma nova visão do humanismo, uma ruptura com a visão medieval do homem, cuja função era considerada mediadora na hierarquia dos seres. Para Pico, o homem é *faber sui*, transformador de si mesmo e do mundo. É nele que o mundo atinge o seu ponto último de perfeição. Os humanistas cristãos do Renascimento seguem esse caminho[8].

---

7. PICO DELLA MIRANDOLA, G. *La dignité de l'homme* – De hominis dignitate. Org. de Y. Hersant. Combas: De l'Éclat, 1993. Texto latino e tradução francesa.

8. Cf. MARGOLIN, J.C. "L'uomo nello specchio degli umanisti del Rinascimento". In: RIES, J. (dir.). *Crisi, rotture e cambiamenti* – Vol. IV do Trattato di antropologia del sacro. Milão: Jaca Book/Massimo, 1995, p. 221-272.

A antropologia religiosa e o sagrado

Teólogo, filósofo, indianista e historiador das religiões, Rudolf Otto se propõe colocar um freio nas doutrinas positivistas do século XIX, representadas na França por Émile Durkheim e na Alemanha pela escola de Wilhelm Wundt, que excluem *a priori* o sobrenatural, o mistério, o divino e as divindades. Schleiermacher lhe fornece três princípios: a teoria das ideias necessárias (Deus, alma, liberdade); a manutenção da integridade do mistério; a necessidade do símbolo para entrar em contato com o divino. Otto interroga a vida religiosa da humanidade, e isso o leva a descobrir todo o patrimônio religioso do passado. Sob a influência de Nathan Söderblom (1866-1931) se confronta com o sagrado a partir do homem religioso. Partindo do *sacer* chega ao *numinosum* (o divino). Na sua análise do sagrado identifica quatro elementos: o sentimento criatural, o terror místico na presença do divino, o *mysterium* diante do qual se encontra o homem religioso e, enfim, o *fascinans*. Depois vem o *sanctum*, o aspecto do sagrado considerado como valor para o homem. Ao postulado durkheimiano da consciência coletiva opõe o postulado de uma revelação interior, realizada graças à leitura dos sinais do sagrado. Nosso autor lança os alicerces de uma fenomenologia do sagrado e de uma psicologia do homem religioso. Para ele, o homem religioso é dotado da faculdade de conhecer a manifestação do sagrado no mundo dos fenômenos. Otto mostra que o fenômeno religioso é inseparável do estudo do homem religioso e do seu comportamento. Suas pesquisas levam ao limiar de uma antropologia religiosa baseada na experiência do sagrado[9].

O *homo religiosus* e o sagrado segundo Mircea Eliade

Nascido em Bucareste em 1907, Mircea Eliade embarca para Calcutá em 1928. Por três anos estuda o pensamento da Índia, e em 1933, na Universidade de Bucareste, começa a sua carreira de historiador das religiões, logo interrompida pela guerra mundial. Vai viver no exílio em Paris e depois em Chicago, onde morre em 1986, considerado o maior historiador das religiões de seu século.

---

9. OTTO, R. *Das Heilige* – Über das Irrationale in der Idee des Göttlichen und sein Verhältnis zum Rationalem. Gotha, 1917 [35. ed., Munique: Beck, 1963] [trad. it., *Il sacro* – L'irrazionale nell'idea del divino e la sua relazione al razionale. Org. de E. Buonaiuti. 5. ed. Milão: Feltrinelli, 1994]. O volume teve mais de quarenta edições.

Em 1949, publica em Paris o *Traité d'histoire des religions* e em 1957, *Das Heilige und das Profane, O sagrado e o profano*[10]. Continuando seu percurso na esteira dos predecessores Pettazzoni, Söderblom e Otto, interessa-se de perto pelo comportamento do homem religioso, distinguindo na história da humanidade dois tipos de homem. De um lado vê o *homo religiosus* com seu universo espiritual: este homem acredita numa realidade absoluta, o sagrado, e por isso assume uma modalidade específica de existência. Por outro lado, existe o homem arreligioso, que rejeita toda transcendência. Eliade explora o pensamento, a consciência e o comportamento do homem religioso. Seguindo Söderblom e Otto, ele destaca a natureza específica do sagrado, mostrando que o sagrado se manifesta sempre como uma potência de uma ordem totalmente diferente em relação ao profano.

Eliade considera que a história das religiões tem a missão de estudar o *homo religiosus* como homem total, uma vez que "conhecer as situações assumidas pelo homem religioso, penetrar no seu universo espiritual, significa, em suma, fazer avançar o conhecimento geral do homem", e, acrescenta, "seja qual for o contexto histórico no qual está imerso, o *homo religiosus* sempre acredita que existe uma realidade absoluta, o *sagrado*, que transcende este mundo, mas nele se manifesta e por isso o santifica e o torna real"[11]. O sagrado se manifesta, entra, portanto, no mundo dos fenômenos e é percebido pelo homem. Para indicar o ato de manifestação do sagrado, nosso autor propõe o uso de um termo específico, "hierofania". Em toda hierofania estão presentes três elementos: o objeto ou ser através do qual o sagrado se manifesta, a Realidade transcendente e o sagrado na sua função mediadora, que dá ao homem a possibilidade de entrar em relação com a Realidade transcendente. Além disso, ele também considera que o conjunto das hierofanias constitui o campo de estudo da história das religiões. A seu ver, o estudo dessa disciplina científica deve ocorrer sob três abordagens: histórica, no que diz respeito ao estudo dos documentos, fenomenológica, com a classificação dos fenômenos, e hermenêutica, com a elucidação da mensagem.

---

10. ELIADE, M. *Traité d'histoire des religions*. 6. ed. Paris: Payot, 1974, p. 47 [trad. it., *Trattato di storia delle religioni*. Org. de V. Vacca e G. Riccardo. Intr. de P. Angelini. 2. ed. Turim: Bollati Boringhieri, 1999] [trad. bras., *Tratado de história das religiões*. Trad. de Fernando Tomaz e Natália Nunes. São Paulo: Martins Fontes, 2008]. • ELIADE, M. *Le sacré et le profane*. Paris: Gallimard, 1965 [orig., *Das Heilige und das Profane* – Vom Wesen des Religiösen. Hamburgo: Rowohlt, 1957] [trad. it., *Il sacro e il profane*. Org. de E. Fadini. 3. ed. Turim: Boringhieri, 1984] [trad. bras., *O sagrado e o profano*. Trad. de Rogério Fernandes. São Paulo: Martins Fontes, 1992].

11. Ibid., p. 20.

O comportamento do *homo religiosus* se inscreve no comportamento geral do homem e portanto, de acordo com Eliade, "interessa a antropologia filosófica, a fenomenologia, a psicologia"[12]. Em outro lugar, o estudioso mostra que o homem se situa num mundo repleto de valores religiosos e que com a hermenêutica a história das religiões leva a um novo humanismo, uma vez que os significados religiosos fazem parte da história do espírito humano. Na mesma perspectiva vê a abertura para a antropologia filosófica[13]. Observamos que com seu destaque do comportamento do *homo religiosus* e com seu estudo do sagrado, do símbolo, do mito e do rito Mircea Eliade forneceu à antropologia religiosa elementos realmente essenciais.

A antropologia e o fato religioso

Num artigo da *Encyclopaedia universalis*, Roger Bastide procura apresentar uma síntese da problemática atual sobre a antropologia religiosa. Começa esboçando uma pequena tabela dos falsos problemas postos pelos pesquisadores e pelas escolas, e mostra que a antropologia religiosa é uma disciplina independente, distinta da etnologia, da sociologia das religiões e da história das religiões. Ela tem mais interesse no homem que na etnia. Seu papel consiste em compreender a simbologia do sagrado e em identificar as leis gerais do homem enquanto construtor de mundos simbólicos, ou seja, do *homo religiosus*. Trata-se, portanto, de evidenciar todo um âmbito da atividade simbólica do homem.

A antiga antropologia religiosa se preocupava antes de tudo com a origem e a natureza da religião. Ao contrário, trata-se de situar adequadamente o fato religioso sem englobá-lo nos fatos sociais, uma vez que a religião é um sistema que pode ser estudado em si mesmo e vinculado à atividade simbólica do homem, e este constitui o campo mais importante da nossa antropologia. Por outro lado, não se trata de cortar o religioso em pedacinhos, mas é necessário apreendê-lo na sua unidade viva, como uma atividade que se expressa através de diferentes modalidades. Na antropologia religiosa, um problema importante é o das mudanças e transformações. O

---

12. Ibid., p. 20.

13. ELIADE, M. *La nostalgie des origins*. Paris: Gallimard, 1971, p. 17-33; cf. p. 32-33 [orig., *The Quest* – History and Meaning in Religion. Chicago/Londres: The University of Chicago Press, 1969] [trad. it., *La nostalgia delle origini* – Storia e significato nella religione. Org. de A. Crespi Bortolini. 2. ed. Bréscia: Morcelliana, 1980].

autor observa que Eliade esclareceu a persistência dos arquétipos através das crises religiosas, de onde provém a importância do *homo religiosus* que muda, mesmo permanecendo. Assim, o tempo das instituições religiosas é um tempo "em câmera lenta" em relação ao tempo das outras instituições. O autor põe a questão do "campo da antropologia religiosa". Trata-se de toda a esfera do religioso. Não é fácil definir este campo, pois "o conjunto do cultural é quase coextensivo ao conjunto do religioso. Seja como for, o antropólogo deve saber que a esfera do sagrado é ampla e que é necessário evitar perder-se no estudo do irracional e da pura afetividade".

Depois deste breve panorama sobre as grandes etapas das pesquisas de antropologia religiosa, é tempo de sair do âmbito das teorias e de abordar um projeto inteiramente centrado no *homo religiosus* e em sua experiência do sagrado.

2 O surgimento de uma nova antropologia religiosa fundamental

Ao final deste percurso, que nos levou da antropologia bíblica aos nossos dias, queremos lançar um olhar retrospectivo aos três volumes dedicados à nova antropologia religiosa, de modo a esclarecer melhor os dados essenciais dessa disciplina[14]. Num importante artigo, Gilbert Durand, filósofo e antropólogo de Grenoble, realizou uma pesquisa aprofundada "sobre a história das ideias e o lugar das doutrinas e das teorizações nos campos culturais do nosso Ocidente"[15]. Partindo dos pressupostos agnósticos herdados do iluminismo e do positivismo, onipresentes no início do século XX, chega ao que chama "a revolução do novo espírito científico". Para fazer compreender de maneira mais adequada a grande mudança que se impôs a nós, contemporâneos, Durand cita os grandes congressos e convenções de Córdoba, de Fez, de Tsukuba, no Japão, de Washington e de Veneza, que tiveram grandes repercussões sobre o mundo científico[16]. Em segui-

---

14. Vols. II, III e IV da presente *Opera omnia*.

15. DURAND, G. "L'uomo religioso e i suoi simboli". In: RIES, J. (dir.). *Le origini e il problema dell'homo religiosus* – Vol. I do *Trattato di antropologia del sacro*. Milão: Jaca Book/Massimo, 1989, p. 71-119.

16. *Science et conscience: les deux lectures de l'univers* – Colloque de Cordoue. Paris: Stock, 1980. • *L'esprit et la Science* – Colloque de Fès. 2 vols. Paris: Albin Michel, 1985. • *Sciences et symbols: les vois de la connaissance* – Colloque de Tsukuba, Paris: Albin Michel, 1986. • *L'esprit et la Science* – Colloque de Washington. 2 vols. Paris: Albin Michel, 1985. • *Actes du Colloque de Venise*. Paris: Unesco, 1987. • *Déclaration de Venise* – La science face aux confins de la connaissance. Paris: Du Félin, 1987.

da, estende a sua investigação às ciências humanas e descreve "a nova hermenêutica científica", representada pelas publicações de Georges Dumézil, Carl Gustav Jung, Henri Corbin e Mircea Eliade. Nessa extraordinária concentração de saber descobre tanto uma nova hermenêutica simbólica como a plena restauração dos valores do *homo religiosus*. A seu ver, esses quatro estudiosos representam quatro dimensões do religioso *redivivus*: Jung, com a sua descoberta das imagens arquetípicas; Dumézil e a sua descoberta do sagrado constitutivo da sociedade; Corbin, que colocou em evidência a tipologia do sagrado e a função simbólica da alma; Eliade, que perscrutou o *homo religiosus* e sua esperança de um *illud tempus*. Assim marcada pela inegável perenidade do *homo religiosus*, nossa época pôde se preparar para a descoberta "de um novo espírito antropológico".

Durand é o autor de publicações importantes sobre o símbolo e sobre o mito. Ele observa que, neste âmbito, a maior parte das hermenêuticas modernas é reducionista. É o caso de Freud, de inúmeros sociólogos, de Lévi-Strauss e do "historicismo", que amalgama os fatos históricos numa totalidade que pretende dar um sentido à ação humana em detrimento de toda revelação trans-histórica. Mostra-se muito duro em relação ao erro de Bultmann, que rejeita como mitológica a vertente do Cosmos e da Criação. O acesso a uma experiência religiosa autêntica pressupõe o reconhecimento da função mais eminente do símbolo, sua função ontológica ou teofânica[17].

Agora vamos indicar sucintamente os sete elementos estruturais da nova antropologia religiosa, que estuda o *homo religiosus* como criador e utilizador do conjunto simbólico do sagrado e como portador das crenças religiosas que governam sua vida e seu comportamento.

O *homo religiosus*

Na décima edição do seu *Systema naturae* (2 vols., Estocolmo, 1758-1759), o naturalista sueco Carlos Lineu (1708-1778) iniciou uma pesquisa sobre a evolução das espécies, uma ciência à qual, em 1874, Haeckel deu o nome de filogê-

---

17. DURAND, G. *La galaxie de l'imaginaire*. Paris: Berg International, 1980. • DURAND, G. *Les structures anthropologiques de l'imaginaire*. Paris: Dunod, 1992 [trad. it., *Le strutture antropologiche dell'immaginario* – Introduzione all'archetipologia generale. Org. de E. Catalano. 2. ed. Bari: Dedalo, 1995]. • DURAND, G. *L'imagination symbolique*. Paris: PUF, 1969 [trad. it., *L'immaginazione simbolica*. Org. de G. Rossetto. Roma: Il Pensiero Scientifico, 1977].

nese e que inaugura o estudo da formação das espécies no decorrer da evolução. É criado o gênero *Homo* e se abre o caminho para a paleoantropologia. Paralelamente às descobertas arqueológicas teremos quatro grandes categorias: *Homo habilis*, *Homo erectus*, *Homo sapiens*, *Homo sapiens sapiens*. A maiúscula de *Homo* significa que se trata de quatro espécies sucessivas no desenvolvimento do gênero humano. As ciências humanas vão se dedicar às atividades do homem e tentar defini-las empregando conceitos extraídos do comportamento humano. Teremos um vocabulário latino convencional, cuja mostra é esta: *homo faber*, *homo viator*, *homo loquens*, *homo oeconomicus*, *homo politicus* etc. O conceito de *homo symbolicus* caracteriza o homem que, graças ao seu imaginário, é capaz de apreender o invisível a partir do visível: trata-se de uma faculdade especial, exteriorizada graças à sua criatividade cultural. O conceito de *homo religiosus* nos vem de Cícero, que no seu *De natura deorum* (2, 72) fala dos homens *religiosi*, *ex reelegendo*, do verbo *relegere*, que remete ao *mos majorum*. Este conceito tornou-se fundamental desde que Eliade dedicou um livro ao *homo religiosus*. Pelo fato de se tratar de conceitos que dizem respeito à atividade humana, *homo* é escrito com minúscula. Deve-se acrescentar que todos esses conceitos são operativos, por serem necessários para o discurso nas ciências humanas.

Baseando-se no patrimônio histórico e religioso da humanidade, evidenciado especialmente no decorrer do século XIX, Rudolf Otto distinguiu dois homens: de um lado, o homem natural que não compreende o sentido da salvação, e de outro, o homem que está no espírito e desfruta do despertar de uma disposição particular, que o torna apto a descobrir valores que escapam ao homem natural, valores que Otto resume com o termo *numinosum*, o divino. Numa abordagem análoga, baseada na história das religiões, Mircea Eliade examina o comportamento do homem e seu universo mental. Essa abordagem histórica leva-o a descobrir dois tipos de homem. Há, antes de tudo, o *homo religiosus*. Este, seja qual for o contexto histórico no qual está imerso, acredita na existência de uma realidade absoluta, o *sagrado*, que transcende este mundo, mas nele se manifesta e, assim fazendo, o santifica e o torna real. Tudo o que separa desta modalidade de existência revela o homem arreligioso, que rejeita toda transcendência, aceita a relatividade da "realidade" e chega a duvidar do sentido da existência. Desse modo, se reconhece como único sujeito e agente da História, realiza a si mesmo dessacralizando-se e dessacralizando o mundo[18].

Para descobrir e conhecer o *homo religiosus* é necessário retomar os seus passos mediante a história das religiões, cujo objetivo último, segundo Eliade, é "compreender e explicar aos outros o comportamento do *homo religiosus* e seu universo mental"[19]. Isso nos obriga a retomar o caminho do Homem, desde seus primeiros passos de *Homo habilis* até o momento em que, alguns milênios antes da nossa era, com a escrita nos revela o seu pensamento religioso, e depois a estudar tudo isso por todo o desenvolvimento das culturas históricas, até os nossos dias. Assim, descobrimos o *homo religiosus* do Neolítico, e em seguida o das grandes religiões da humanidade. Esse trabalho acontece comparando os fatos religiosos que pertencem às diversas culturas; desse modo, descobrimos os comportamentos e o pensamento do *homo religiosus*. Em sua pesquisa, Eliade recorre a diversos especialistas, entre os quais devem ser citados Georges Dumézil e Paul Ricoeur. Em Dumézil encontrou numerosos elementos úteis, provenientes do seu engenhosíssimo método comparativo genético, que Eliade utilizou na sua hermenêutica das culturas religiosas realizada à luz da hermenêutica de Paul Ricoeur. Graças a esse imenso trabalho conseguimos traçar os contornos do *homo religiosus* arcaico e pré-histórico e daquele das grandes religiões[20].

A expressão do sagrado e seu significado no decorrer da história da humanidade

Uma das mais antigas inscrições romanas foi encontrada em 1899 no Comitium, sobre o *Lapis niger*, no lugar denominado túmulo de Rômulo. No tronco da base de um marco miliário retangular figura o termo *sakros*, derivado do radical *sak-*, que está na origem de diversas formulações do sagrado na área das migrações indo-europeias. Do radical *sak-* e do termo *sakros* provêm *sacer* e *sanctus*,

---

18. ELIADE, M. *Le sacré et le profane*. Op. cit., p. 171-172.

19. Ibid., p. 137-138.

20. Cf. todas as discussões sobre o *homo religiosus* em: RIES, J. "Homo religiosus et expérience du sacré". In: MILLION, P. (org.). *Religiosités, religions et identités religieuses* – Colloque interdisciplinaire de Grenoble, 1994. Grenoble: Université de Grenoble, 1998, p. 171-190 [trad. it. apud RIES, J. *L'uomo e il sacro nella storia dell'umanità* – Vol. II da *Opera omnia*. Milão: Jaca Book, 2007, p. 337-354].

assim como o verbo *sancire* [sancionar], que significa "conferir validade, fazer com que alguma coisa se torne real". Consequentemente, o radical *sak-* diz respeito às estruturas fundamentais dos seres e das coisas. Partindo desse significado, graças ao método da semântica histórica e com a ajuda de mais de vinte especialistas, exploramos o sentido do sagrado nas grandes religiões[21].

Nosso estudo mostra que há cinco milênios o *homo religiosus* registrou em pedra, argila, papiro, madeira, pergaminho e em outros suportes a lembrança da sua experiência religiosa. Desse modo dispomos do vocabulário do sagrado, um fato imprescindível e uma descoberta surpreendente: o sagrado se encontra nas origens das religiões da humanidade[22]. Fomos além em nossas pesquisas. Dezenas de especialistas contribuíram no *Tratado de antropologia do sagrado*, uma obra que mostra que o *homo religiosus* criou para si um vocabulário e uma linguagem que lhe servem de instrumento mental e psicológico na descoberta e na expressão de uma lógica do sentido do cosmos e da vida, valendo-se de toda uma ordem simbólica e de diversos elementos do cosmos: luz, vento, água, raio, astros, sol, lua. A esse patrimônio simbólico do sagrado acrescenta-se uma extraordinária homogeneidade do sagrado na concepção e no pensamento dos crentes das diversas religiões[23].

O *homo religiosus* e sua experiência do sagrado

Vejamos o surgimento e a atividade do *homo religiosus*. Em reação às teses secularizantes de toda a corrente do *Aufklärung* e ao positivismo de Émile Durkheim e da sua escola, que vê no sagrado uma categoria sociológica e coletiva, reservatório dos sentimentos do grupo, Rudolf Otto investiga a vida religiosa da humanidade e descobre suas grandes etapas e seu extraordinário patrimônio (*Das Heilige*, 1917). Pouco a pouco, constata a unidade das disposições do espírito

---

21. RIES, J. (org.). *L'expression du sacré dans les grandes religions* – I: Proche-Orient ancient et traditions bibliques; II: Peuples indo-européens et asiatiques, hindouisme, bouddhisme, religion égyptienne, gnosticisme, islam; III: Mazdéisme, cultes isiaques, religion grecque, Nouveau Testament, vie de l'homo religiosus. Louvain-la-Neuve: Centre d'Histoire des Religions, 1978-1986.

22. RIES, J. *Il sacro nella storia religiosa dell'umanità*. Org. de F. Marano e L. Saibene. 3. ed. Milão: Jaca Book, 1995. • RIES, J. *Il senso del sacro nelle culture e nelle religioni*. Milão: Jaca Book, 2006.

23. RIES, J. (dir.) & SULLIVAN, L. (coord.). *Trattato di antropologia del sacro*. Milão: Jaca Book, 1989-2008, 10 vols., dos quais 9 já publicados, em coedição com Massimo, e alguns já traduzidos em quatro línguas: francês, inglês, espanhol e húngaro.

humano e se dedica à explicação do sagrado vivido por parte do homem. Mircea Eliade continua essa pesquisa, insistindo no fato de que o *homo religiosus* toma conhecimento do sagrado porque este se manifesta, se mostra como algo que é totalmente diferente do profano (hierofania), "totalmente outro", uma realidade que não pertence a este mundo. O homem religioso sente a necessidade de mergulhar periodicamente no tempo sagrado, que considera indestrutível. Para ele, a sacralidade se revela através das próprias estruturas do cosmos: a abóbada celeste, assim, o leva a compreender a força, a transcendência e a eternidade. Este homem assume no mundo uma modalidade específica de existência, com base nas suas crenças e na sua convicção da realidade e do valor do sagrado, descobertas graças às múltiplas hierofanias. Para o *homo religiosus*, o espaço não é homogêneo. Esta descoberta representa uma experiência fundamental. Para Eliade, toda hierofania provoca uma ruptura na homogeneidade do espaço e revela uma realidade absoluta. Trata-se de um valor existencial para o homem, já que implica a necessidade da consagração de um lugar, o que significa uma espécie de repetição da cosmogonia: a construção dos templos, das igrejas e a criação de lugares sagrados constituem uma verdadeira experiência religiosa do espaço. Para o *homo religiosus*, o cosmos está sempre repleto de um valor religioso, pois se apresenta com múltiplos aspectos do sagrado: existe e tem uma estrutura. A Terra se apresenta como nutriz universal. Os ritmos cósmicos manifestam a ordem, a harmonia, a permanência, a fecundidade. A sacralidade se revela através das próprias estruturas do cosmos, e de acordo com Eliade a simples contemplação da abóbada celeste desperta no homem religioso uma experiência religiosa. Com a própria modalidade do ser, o Céu revela a transcendência, a força, a eternidade. Estamos na presença de uma religiosidade cósmica. Eliade cita como exemplo a Montanha ornamentada de grutas, lugar de iniciação dos antigos taoistas, consideradas como lugares paradisíacos.

Os três itens intitulados "O *homo religiosus*", "A expressão do sagrado e seu significado no decorrer da história da humanidade" e "O *homo religiosus* e sua experiência do sagrado" constituem uma primeira vertente da nova antropologia religiosa exposta nos volumes II e III desta *Opera omnia*. Vejamos agora as três partes do volume IV, *As constantes do sagrado*, intituladas: "Símbolo", "Mito" e "Rito", segunda vertente da nossa antropologia[24].

---

24. Convém lembrar também a importância dos três volumes de ELIADE, M. *Histoire des croyances et des idées religieuses*: I. De l'âge de la pierre aux mystères d'Eleusis; II. De Gautama Bouddha

Homo religiosus, homo symbolicus

Em seus estudos, Gilbert Durand definiu o símbolo como a carteira de identidade do *Homo sapiens*. É um signo concreto, composto de um significante e um significado, uma representação que torna manifesto um sentido oculto. É, portanto, revelador de um mistério, de uma metade invisível que só aparece em transparência. A imaginação do homem é um dinamismo organizador e criador de homogeneidade na representação. Significante e significado encontram-se no interior desse dinamismo organizador. Um dado fundamental é o itinerário antropológico do qual dependem o homem e seu imaginário. Este último é submetido, por um lado, às pulsões subjetivas e assimiladoras da pessoa e, por outro, às intimações que vêm do ambiente cósmico e social. Há um vaivém permanente entre a pulsão subjetiva e o ambiente cósmico e social. É nesse itinerário antropológico que o símbolo assume o seu papel[25].

Isso nos leva a compreender que na experiência vivida do sagrado por parte do homem o símbolo exerce uma função de mediação em todas as hierofanias. Assim, Paul Ricoeur considera que o símbolo é decorrente de uma energia que lhe provém da manifestação de uma ligação entre o homem e o sagrado. Por isso o simbolismo religioso confere um sentido à existência humana, de algum modo uma "aura numinosa". Graças ao símbolo, o cosmos fala ao *homo religiosus* das realidades que o ligam aos "mistérios". O *Traité d'histoire des religions* de Mircea Eliade, projeto de toda a sua obra, é também um estudo fundamental sobre o símbolo e o simbolismo na vida do *homo religiosus*. O autor toma como ponto de partida a situação do homem no cosmos com a sua tomada de consciência neste universo, o que o leva a fazer descobertas fundamentais: abóbada celeste e regiões siderais com o sol, a lua e os astros. Assim, o céu revela a sua transcendência, a sua força e a sua sacralidade. É nessa contemplação que o símbolo se torna agente de revelação da Transcendência, da realidade celeste, da perenidade. Estas considerações mostram, afirma Eliade, que "o simbolismo é um dado imediato

---

au triomphe du christianisme; III. De Mahomet à l'âge des Réformes. Paris: Payot, 1976-1983 [trad. it., *Storia delle credenze e delle idee religiose*: I. Dall'età della pietra ai Misteri Eleusini; II. Da Gautama Buddha al trionfo del cristianesimo; III. Da Maometto all'età delle riforme. Florença: Sansoni, 1979-1983].

25. DURAND, G. *Les structures anthropologiques de l'imaginaire*. Op. cit. DURAND, G. *L'imagination symbolique*. Op. cit.

da consciência total, ou seja, do homem que se descobre como tal" (*Traité*, p. 47). Esse conceito de dado imediato da consciência encontra-se também em Bergson: trata-se de fenômenos simples que são capazes de levar alguém a se mover imediatamente pelo fato de irromperem em sua imaginação criadora. De acordo com Eliade, foi para o cosmos – céu, sol, lua, água, vegetação – que o homem primeiramente dirigiu o próprio olhar, descobrindo a sua condição humana e descobrindo o sagrado. É através da simbologia cósmica que falaram as hierofanias: simbolismo do centro, da montanha, da água. O simbolismo cósmico tornou-se, assim, a primeira linguagem da revelação.

O mito, sua linguagem e sua mensagem

A história das religiões nos leva a compreender que o mito é um relato que se refere a acontecimentos ocorridos na origem dos tempos e destinados a fundar a ação ritual dos homens de hoje e a instituir formas de pensamento e de ação. Consequentemente, o mito relata uma história sagrada, um evento primordial e exemplar para o comportamento do homem. Com sua função simbólica, o mito revela a ligação entre o homem e o sagrado. O ritual permite a reatualização do mito, uma volta às origens e à criação. Os mitos cosmogônicos revelam a criação do cosmos, do homem na própria condição humana e os princípios que governam o cosmos. Os mitos de origem levam a conhecer e justificam todas as situações novas e as diversas transformações que acontecem no cosmos: genealogias, mitos de cura, mitos da origem dos medicamentos. Os mitos de renovação dizem respeito à entronização dos reis, ao ano novo, ao retorno das estações, à regeneração do tempo e às diversas cerimônias de iniciação. Os mitos escatológicos estão orientados para eventos futuros: dilúvio, terremotos, desmoronamento de montanhas, catástrofes cósmicas, fim dos tempos. O mito é um instrumento mental a serviço do *homo religiosus* e é portador de uma linguagem relativa à condição humana.

De acordo com Eliade, que dedicou inúmeros estudos ao mito, o comportamento mítico regula as relações entre o homem e o sagrado. Apresentando modelos exemplares e repetindo o ato primordial, ele dá à ação humana sua autêntica eficácia, pois, graças ao arquétipo, o *homo religiosus* tem consciência de entrar em relação com a Transcendência. Acompanhando Eliade, nos distanciamos da teleologia neopositivista do mito proposta por Claude Lévi-Strauss, uma vez que esta não considera relevante a história dos povos. De fato, a abordagem com que o *homo religiosus* mergulha nos tesouros imemoriais das origens se explica através do "transconsciente", ao qual o homem tem acesso graças ao símbolo. A experiência da relação com o Transcendente postulado pelo mito exige uma dinâmica ao mesmo tempo real e simbólica, já que se trata de passar do tempo profano ao tempo sagrado das origens. Essa dinâmica é possível graças ao rito, através do qual o homem volta a se tornar contemporâneo do evento primordial. Separando um lugar, um território, um espaço, um templo do uso profano, o rito confere a eles sua realidade autêntica. É o sentido assumido por inumeráveis gestos de consagração dos espaços, dos objetos e das pessoas.

O rito na vida do *homo religiosus*

O termo "rito" é um dos termos arcaicos do vocabulário indo-europeu. Como outros vocábulos, ele se conservou nos grupos indo-iranianos e ítalo-célticos. A manutenção deste vocabulário religioso, fortemente ligado à organização social, a atos, a atitudes, a práticas religiosas, se explica com a ação de colégios sacerdotais, com seus rituais e sua liturgia. Assim, a palavra latina *credo*, o irlandês *cretim*, o gálico *credu*, o sânscrito *śrāddha* exprimem o ato de fé religioso. Essas palavras atravessaram os milênios.

O sentido mais antigo do termo "rito" encontra-se no *Ṛgveda* (X, 124, 5). Significa a ordem imanente do cosmos e é sinônimo de *dharma*, a lei fundamental, intrínseca à natureza. Vem daí o sentido da palavra *ritu*: o que deve ser feito em cada estação, em conexão com a lei da natureza. Essa noção de conformidade à ordem da natureza encontra-se na Índia e no Irã. Assim, a conformidade à ordem confere força ao sacrifício oferecido aos deuses.

Desse sentido, fundamentado na ordem cósmica, deriva o sentido de ordem religiosa e de ordem moral: a necessidade, a retidão, a verdade. A palavra *ritāvya* designa os tijolos do altar do fogo que simboliza o ano, a totalidade, a potência criadora que permite que o sacrificador "suba" aos céus. Tudo isso serve para indicar que o termo "rito" é um termo essencial do vocabulário dos povos indo-europeus.

Os ritos religiosos são essencialmente consagrações que têm a função principal de fazer a condição humana participar de um princípio que a ultrapassa e que a fundamenta: fazer com que a potência numinosa penetre na ordem humana. Os ritos têm lugar no tempo vivido pelo homem e na sua experiência vivida como uma realidade fundadora. Nos tempos mais arcaicos, até a nossa época, nas religiões de tradição oral e nas religiões do livro, o homem que realiza um rito faz um gesto que tem um sentido, do qual provém uma mensagem que vai além do próprio momento do seu cumprimento.

O *homo religiosus* é tanto histórico como trans-histórico. É com a pesquisa histórica que descobrimos o homem religioso nas suas diversas manifestações. Este homem assume no mundo uma modalidade específica de existência, que se expressa mediante um número considerável de formas religiosas. O homem religioso acredita no sagrado. Acredita numa realidade absoluta que transcende este mundo e que nele se manifesta como uma potência de ordem totalmente diferente em relação à ordem das forças naturais. Entre a realidade transcendente que se manifesta aos olhos do homem e sua vida, o sagrado assume um papel de intermediação. Na sua dimensão mediadora, o sagrado oferece ao homem a possibilidade de entrar em contato com o divino. Neste mundo, o homem vive uma experiência mediata do sobrenatural. Assim, o divino ou Realidade transcendente se manifesta num ser ou num objeto que ele reveste de sacralidade.

Na experiência religiosa do homem que entra em contato com o divino estão presentes três fatores: o símbolo, o mito e o rito. Eles constituem os elementos essenciais da linguagem do sagrado e da sua mediação. O símbolo consiste num ser, numa forma, num objeto que revelam ao homem a consciência e o conhecimento de dimensões que não são conhecidas de modo evidente. Acrescentemos que o símbolo pertence à essência da vida religiosa. O mito é um relato sagrado e exemplar, que fornece modelos ao comportamento humano. Entre os mitos de origem, a iniciação ocupa um lugar privilegiado, pois se trata de fazer do homem um homem novo. O rito tem lugar no interior de uma expressão simbólica que permite um contato vital com a Realidade transcendente. É um ato, pensado pelo espírito, decidido pela vontade e executado pelo corpo por meio de gestos e de palavras. Este ato se situa no interior de um conjunto hierofânico ligado à experiência mediata do sobrenatural.

O símbolo, o mito e o rito, constantes do sagrado, formam a segunda vertente da nossa nova antropologia religiosa. Fornecem ao *homo religiosus* os instrumentos necessários para fazer a experiência do sagrado.

Uma nova antropologia religiosa e a paleoantropologia

Os seis elementos da estrutura da antropologia religiosa que acabamos de esboçar levam em consideração o *homo religiosus* e sua atividade à luz de vestígios escritos e textos. Contudo, a antropologia religiosa não tem o direito de deixar em branco os milênios que vão do *Homo habilis*, que viveu há dois milhões de anos, até o homem do Neolítico. Para explorar os horizontes do homem arcaico mostra-se necessário esclarecer esses *tempora ignota*. Felizmente, no decorrer do último meio século, as descobertas arqueológicas, paleontológicas e paleoantropológicas trouxeram à luz documentos realmente extraordinários, que nos revelam em parte os segredos do *Homo habilis*, do *Homo erectus*, do *Homo sapiens* e do *Homo sapiens sapiens*[26].

Esta documentação, à qual nos referimos explicitamente, foi examinada no quadro de uma dupla pesquisa comparativa: a comparação tipológica de Mircea Eliade e a comparação genética de Georges Dumézil. Utilizando um caminho oposto à história, seguido por um paralelo a ela, este último método exige uma grande familiaridade com as descobertas recentes, mas tem a imensa vantagem, de um lado, de estudar o homem arcaico visto em meio à sua cultura e, de outro, de explicá-lo graças a uma boa hermenêutica dos primeiros documentos escritos de que dispomos.

Nos diferentes capítulos e nas diferentes seções dos três volumes, o estudo começa com referências ao homem arcaico. A insistência na atividade e na religiosidade do homem dos *tempora ignota* e algumas repetições deliberadas nos pareceram úteis para a adequada compreensão por parte do leitor desta documentação nova e recente. O destaque do comportamento do homem arcaico, seguido pela exposição do seu comportamento no interior das grandes civilizações, mostra a unidade do pensamento humano, mas também torna evidente o aumento da sua consciência no decorrer dos milênios. Se, como afirma Mircea Eliade, uma boa hermenêutica, na história das religiões, é capaz de criar um

---

26. COPPENS, Y. *La singe, L'Afrique et l'homme*. Paris: Fayard, 1983 [trad. it., *La scimmia, l'Africa e l'uomo*. Org. de C. Mattioli. 2. ed. Milão: Jaca Book, 1996]. • DE LUMLEY, H. *L'homme premier* – Préhistoire, évolution, culture. Paris: Odile Jacob, 1998. • DE LUMLEY, H. *La grande histoire des premiers hommes européens*, Paris: Odile Jacob, 1998. • FACCHINI, F. *Le origini dell'uomo*. Milão: Jaca Book, 1990. • FACCHINI, F. *Origini Dell'uomo ed evoluzione culturale* – Profili scientifici, filosofici, religiosi. Milão: Jaca Book, 2002. • CAUVIN, J. *Naissance des divinités, naissance de l'agriculture*. Paris: CNRS, 1994 [trad. it., *Nascita delle divinità e nascita dell'agricoltura*. Milão: Jaca Book, 1997].

novo humanismo, consideramos que ela também desemboca numa nova antropologia religiosa fundamental.

Chegamos assim ao final do *Epílogo*, que conclui os três volumes dedicados a uma tentativa de uma nova antropologia religiosa fundamental, precedida por duas importantes publicações coletivas: de um lado, o estudo aprofundado de *L'expression du sacré dans les grandes religions* e, de outro, o *Trattato di antropologia del sacro*[27] em dez volumes. Em nosso *Epílogo*, primeiro esboçamos brevemente o caminho percorrido pela antropologia bíblica, na perspectiva do homem criado por Deus a sua imagem e semelhança. Durante a antiguidade cristã e os séculos da Idade Média, a antropologia patrística e teológica continuou no mesmo percurso. O século XV anuncia uma grande reviravolta: em 1486, Pico della Mirandola faz afixar em todas as universidades da Itália as *Novecentas teses extraídas da sabedoria dos povos*, introduzidas por uma *oratio de dignitate hominis*. A seu ver, o homem é senhor sobre todas as criaturas, uma vez que o Criador o fez a sua imagem, e isso lhe permite exercer a sua liberdade, que garante a sua dignidade. Longamente desenvolvida e subjacente ao neoplatonismo de Marsilio Ficino, esta antropologia religiosa, em ruptura com toda uma série de posições medievais, situa-se no centro das pesquisas para os dois séculos do Renascimento italiano.

Graças à descoberta do prodigioso patrimônio religioso dos milênios da humanidade, a partir do século XIX surge uma nova disciplina, a ciência das religiões. Dois eminentes estudiosos, Nathan Söderblom e Rudolf Otto, mostram que o sagrado é o elemento fundamental presente em todas as religiões. Mircea Eliade valorizará a herança deles, além de dirigir a atenção para o *homo religiosus*, suas crenças e seu comportamento. Confere à história das religiões uma função cultural: tornar inteligível para o homem moderno o patrimônio religioso dos séculos. Com essa finalidade, traça três caminhos de pesquisa: o histórico, o fenomenológico e o hermenêutico. Ele considera que o fenômeno religioso é capaz de nos revelar alguns aspectos da condição humana, e isso nos abre um caminho antropológico que leva a um conhecimento mais profundo do homem.

Georges Dumézil dedicou a própria vida à investigação do pensamento indo-europeu. Seu método comparativo genético permitiu-lhe colocar em evidência as três funções que se encontram na origem desta civilização. Os importantes

---

27. Cf. notas 21 e 23 deste epílogo.

progressos realizados na descoberta e decodificação de novos documentos, os novos conhecimentos das doutrinas, das instituições, dos símbolos, dos mitos e dos ritos, as extraordinárias descobertas africanas sobre a origem do homem colocaram à nossa disposição uma documentação de impressionante riqueza. Portanto, se como escreveu Eliade a história das religiões é capaz de nos abrir para um novo humanismo, podemos afirmar sem hesitações que ela é a fonte de uma nova antropologia religiosa. Baseada no *homo religiosus* e em sua experiência milenar do sagrado, nossa tentativa nos permitiu, de um lado, chegar a uma nova antropologia religiosa fundamental e, de outro, abrir perspectivas novas para o estudo das antropologias específicas ou setoriais, como a antropologia brâmane, a antropologia budista, a antropologia indo-europeia, a antropologia grega e a antropologia islâmica.

Índice dos textos originais do presente volume

"Il senso del termine greco *mythos*". In: *Il mito e il suo significato*. Milão: Jaca Book (2005, p. 21-22), 15

"Il mito come spiegazione delle origini". In: *Le Religioni, le Origini*, 32, 1993, p. 123-126 (Milão: Jaca Book), 16-19

"Dal mitogramma al mito – La prima grande esperienza del sacro". In: *Il mito e il suo linguaggio*. Milão: Jaca Book (2005, p. 43-47), 20-23

"Le mythe et son message dans le comportement de l'homme des sociétés archaïques: Il mito e il suo messaggio nel comportamento dell'uomo delle società arcaiche". In: *Prehistoric Art and Religion, Valcamonica Symposium '79* – The intellectual expression of pre-historic man. Centro Camuno/Milão: Capo di Ponte/ Jaca Book (1983, p. 139-149), 23-28

"Pèlerinage et pensée mythique: Pellegrinaggio e pensiero mitico". In: CHÉLINI, J. & BRANTHOMME, H. *Histoire des pèlerinages non chrétiens* – Entre magique et sacré. Paris: Hachette (1987, p. 33-42), 39-46

"Il mito cosmogonico, fondamento di tutti i miti". In: *Il mito e il suo linguaggio*. Milão: Jaca Book (2005, p. 51-90), 46-51

"Miti della caduta". In: ELIADE, M. (dir.). *Enciclopedia Delle Religioni* [Ed. temática europeia]. Vol. 4. Org. de D. Cosi, L. Saibene e R. Scagno. Vol. 4. Milão: Jaca Book (1997, p. 84-97), 51-80

"L'antichità clássica – Il mondo greco e romano". In: *Il mito e il suo significato*. Milão: Jaca Book (2005, p. 31-59), 81-112

"L'antichità cristiana". In: *Il mito e il suo significato*. Milão: Jaca Book (2005, p. 61-84), 112-137

"Gli inizi della mitografia moderna – La ricerca del XIX secolo". In: *Il mito e il suo significato*. Milão: Jaca Book (2005, p. 111-129), 138-157

"Mito e Bibbia – La tesi di Rudolf Bultmann". In: *Il mito e il suo significato*. Milão: Jaca Book (2005, p. 133-147), 157-174

"Mito e psicanalisi". In: *Il mito e il suo significato*. Milão: Jaca Book (2005, p. 165-184), 174-195

"Miti, simbolismo e metodo strutturale". In: *Il mito e il suo significato*. Milão: Jaca Book (2005, p. 215-234), 196-217

"La ricerca di Mircea Eliade". In: *Il mito e il suo significato*. Milão: Jaca Book (2005, p. 236-256), 218-240

"Le mythe, son langage et son message: Il mito, il suo linguaggio e il suo messaggio". In: *Mythe et littérature* – Études réunies et présentées par E. Léonardy. Louvain-la-Neuve: Université de Louvain, 1994 (Recueil de travaux d'histoire et de philologie, 6e série, fasc. 47), 241-261

"Miti moderni fondatori di violenza". In: BALLARINO, A. & CEROLA, N. (orgs.). *L'ignoto genera paura, il mistero genera stupore* (Rimini, 2000, p. 88-93), 262-272

"Riti". In: FACHINI, F. *Paleontropologia e preistoria*. Milão: Jaca Book (1993, p. 418-420), 281-284

"Il rito e l'uomo". In: *Trattato di antropologia del sacro* – Vol. I: Le origini e il problema dell'homo religiosus. Milão: Jaca Book (1989, p. 56-58), 284-287

"Il rito nella vita dell'homo religiosus". In: *Le Religioni, le Origini*, 33, 1993, p. 127-132 (Milão: Jaca Book), 288-292

"Culti funerari arcaici: l'uomo di Neandertal e del Paleolitico superiore". In: *Le Religioni, le Origini*, 9, 1993, p. 30-33 (Milão: Jaca Book), 293-295

"Riti funerari del Neolitico". In: *Le Religioni, le Origini*, 15, 1993, p. 54-55 (Milão: Jaca Book), 295-297

"Le case sacralizzate e i santuari". In: *Le Religioni, le Origini*, 16, 1993, p. 58-59 (Milão: Jaca Book), 298-300

"Il culto delle dee neolitiche". In: *Le Religioni, le Origini*, 18, 1993, p. 66-67 (Milão: Jaca Book), 300-302

"Iscrizioni rupestri, menhir e culto astrale". In: *Le Religioni, le Origini*, 19, 1993, p. 68-72 (Milão: Jaca Book), 303-305

"Le religioni di tradizione orale, oggi". In: *Le Religioni, le Origini*, 35, 1993, p. 135-139 (Milão: Jaca Book), 306-309

"Mana, totem e tabu". In: *Le religioni, le Origini*, 5, 1993, p. 18-19 (Milão: Jaca Book), 309-312

"La 'magia' de la caccia". In: *Le religioni, le Origini*, 13, 1993, p. 46-47. Milão: Jaca Book, 313-315

"I primi utensili, il fuoco, i riti". In: *Le Religioni, le Origini*, 8, 1993, p. 26-27 (Milão: Jaca Book), 315s.

"Le strutture del comportamento religioso". In: *Le Religioni, le Origini*, 34, 1993, p. 134 (Milão: Jaca Book), 316-319

"I riti di iniziazione e il sacro". In: RIES, J. (org.). *I riti di iniziazione*. Milão: Jaca Book (1989, p. 25-33), 320-328

"L'uomo, il rito e l'iniziazione secondo Mircea Eliade". In: RIES, J. (org.). *I riti di iniziazione*. Milão: Jaca Book (1989, p. 13-24), 329-340

"I riti di iniziazione nella vita dell'uomo religioso". In: RIES, J. (org.). *I riti di iniziazione*. Milão: Jaca Book (1989, p. 219-223), 340-359

"Les rites d'initiation à lumière de l'histoire des religions: I riti di iniziazione alla luce della storia delle religioni". In: HOUSSIAU, A. (org.). *Le Baptême* – Entrée dans l'existence chrétienne. Bruxelas: Facultés Universitaires Saint-Louis, Bruxelas (1983, p. 19-34), 359-376

"Idolatria". In: ELIADE, M. (dir.). *Enciclopedia Delle Religioni*. Org. de D. Cosi, L. Saibene e R. Scagno – Vol. 2: *Il rito*. Ed. tematica europea. Milão: Jaca Book (1994, p. 258-267), 377-398

"La controversia sugli idoli, l'antropologia patristica e le origini dell'iconografia cristiana". In: CRIPPA, A. & ZIBAWI, M. (orgs.). *L'arte paleocristiana*. Milão: Jaca Book (1998, p. 9-16), 398-416

"Rites (querelles des): La controversia dei riti". In: *Catholicisme, encyclopédie*. Paris: Letouzey et Ané (1990, t. XII, col. 1.268-1.272; t. XIII, col. 1-3), 416-425

"Benedizione". In: ELIADE, M. (dir.). *Enciclopedia delle Religioni*. Org. de D. Cosi, L. Saibene e R. Scagno – Vol. 1: *Credenza religiosa*. Ed. tematica europea. Milão: Jaca Book (1993, p. 130-136), 426-440

"I terapeuti di Alessandria – Filosofia e guarigione dell'anima secondo Filone". In: *Atopon*. Vol. V. Roma (1997, p. 75-79), 441-445

"I riti di salute/salvezza nelle religioni del passato – Interferenze storico-religiose tra salute e salvezza". In: TERRIN, A.N. (org.). *Liturgia e terapia*. Pádua: Santa Giustina (1994, p. 36-53), 445-460

"La civiltà dell'Indo e la religione prevedica". In: *Le Religioni, le Origini*, 20, 1993, p. 74-75 (Milão: Jaca Book), 461-463

"La prière de Bēma dans l'Église de Mani: La preghiera di Bēma nella chiesa di Mani". In: LIMET, H. & RIES, J. (orgs.). *La expérience de la prière dans les grandes religions* – Actes du Colloque de Louvain-la-Neuve et Liège, 22-23 novembre (1978). Louvain-la-Neuve: Centre d'Histoire des Religions (1980, p. 375-390 ("Homo Religiosus" 5), 463-479

"Temps sacré et symbolique rituelle du pélerinage: Tempo sacro e simbologia rituale del pellegrinaggio". In: CELI, G. (org.). *Marche vers la Splendeur: ton Die marche avec toi* – Actes du 1er Congress Mondiale, Rome, 26-29 février 1992. Cidade do Vaticano (1992), 479-483

"Immortalità". In: ELIADE, M. (dir.). *Enciclopedia delle Religioni*. Org. de D. Cosi, L. Saibene e R. Scagno – Vol. 1, *Credenza religiosa*. Ed. tematica europea. Milão: Jaca Book (1993, p. 316-340), 484-539

"Vie et survie dans les civilisations orientales: introduction au thème d'une recherche – Vita e sopravvivenza nelle civiltà orientali: introduzione al tema di ricerca". In: THÉODORIDÈS, A.; NASTER, P. & RIES, J. (orgs.). *Vie et survie dans les civilisations orientales*. Lovaina: Peeters, 1983 (Coll. "Acta Orientalia Belgica" 3), 540-546

"Mort et survie selon les doctrines de Mani – Morte e sopravvivenza secondo le dottrine di Mani". In: RIES, J. (org.). *La mort selon la Bible, dans l'Antiquité classique et selon le manichéisme*. Louvain-la-Neuve: Centre d'Histoire des Religions, 1983, p. 136-164 (Coll. "Cerfaux-Lefort", 5), 546-562

Índice dos nomes e dos principais lugares

Abelardo 439

Abraão 233, 342, 382, 384, 391, 393, 434

Abraham, K. 273

Acharuparambil, D. 447n.

Adão 72, 75, 77s., 129, 407, 410, 531, 548, 564s.

Adônis 86

África 29, 51, 55, 57, 104, 180, 243, 256, 295s., 299, 306, 308s., 315, 344, 355, 368s., 394, 430s., 487-489, 492, 499

Afrodite 83, 85, 87, 106

Aghad, R. 130n.

Agni, rio indiano 227, 251, 365, 429, 448, 510, 512

Agostinho, santo 130, 133-137, 173, 237, 334, 380, 388-390, 395, 402-404, 411, 458n., 466, 550n., 557, 565

Ahura Mazdā 64s., 459, 465, 517s., 542, 544s.

Akbar, grão-mogol 418

Alarico 133, 388

Albânia 267s.

Alemanha 139, 150s., 158, 266s., 311, 567

Alexander, H.B. 497

Alexandre Magno 86, 95s., 351, 364, 402, 527

Alexandria 120, 122, 126, 128, 137, 404, 408, 410, 441, 454s., 460, 565

Alger, W.R. 537

Algério de Liège 439

Allah/Alá 354, 393, 437

Allberry, C.R.C. 463n., 466n., 551, 552n., 537n.

Allen, D. 273, 332n.

Alster, B. 561

Altamira (Espanha) 20, 244, 375

Altaner, B. 137

Amazônia 496s.

América 27, 205, 208, 210, 263, 306, 309s., 369, 418, 483, 495-497, 499, 563

Amigues, M. 561

Amós 383

An, deus sumério 47, 61

Anati, E. 47, 241n., 243n., 284, 302-305, 538

Anatólia 22, 282, 297, 299, 302, 486, 541

Aníbal 104

Antíoco I Epífanes 383, 433, 522

Antioquia 128

Antonino Pio, imperador 125, 400

Anúbis, deus egípcio 509

Apolo 83-85, 104, 106, 114, 117, 180, 353, 433, 523

Apsu, deus babilônico 60

Apuleio 389

Arábia 354

Ariès, P. 561

Aristides de Atenas 125, 128, 386

Aristóteles 94, 540-542

Arnóbio de Sicca 132s., 136, 388

Aron, R. 361n.

Ártemis 83

Asclépio de Epidauro 85, 87, 450-453, 460

Ásia 27, 74, 83, 86, 95, 98, 105, 140, 144, 243, 294-296, 346s., 399, 417, 421, 463, 483, 497-500, 558

Asmussen, J.P. 471n.

Aśoka, imperador budista 455

Assur 30, 227

Aśvin, deuses indianos 447s.

Atanásio de Alexandria 406, 409-411, 416, 565

Atena 89

Atenágoras 380, 386, 409

Atenas 82, 85, 88, 91, 125s., 451-453

Ática 82

Átis, deus trácio-frígio 85s.

Atum, deus egípcio 58s.

Augé, M. 563n.

Augusto → Otaviano Augusto

Austrália 56, 256, 308, 328, 366-369, 428, 430, 492-494, 499

Babilônia 45, 53, 60, 249, 256, 289, 457, 470, 477

Babut, D. 114-115n., 117n.

Bachelard, G. 317s.

Backaus, G. 160n.

Bagatti, P. 412n.

Bahrām I 466-468

Bang, W. 471n.

Bardenhewer, O. 137

Barguet, P. 560

Barnabé 124

Barth, K. 173s.

Barthélemy, J.D. 397

Barucq, A. 451n.

Basílides 438

Basílio de Cesareia 410

Bastide, R. 569

Baude, M. 156

Baudrillard, J. 561

Baumann, H. 79

Baumer, I. 397

Baur, F.C. 93n.

Bayet, J. 104, 106, 111

Bayle, P. 420

Baynes, N.H. 397

Beard, M. 111

Beaujeu, J. 401n.

Beier, U. 538

Benelli, G.C. 273

Bento XIV, papa 421s.

Beócia 82, 84, 89, 114

Berardino, A. de 564n.

Bergson, H.-L. 557

Bernard-Maitre, H. 416, 424s.

Berner, C. 273

Bernot, L. 243n.

Betz, H.D. 274

Bevan, E.R. 397

Bianchi, U. 273, 286n., 306, 440, 445n., 457n., 459n., 470n., 546n., 547n.

Bianu, Z. 538, 561

588

Biardeau, M. 324n., 447n.

Biblos 282, 297, 301

Biezais, H. 273

Binant, P. 282, 284

Blázquez, J.M. 111

Bleeker, C.J. 286n.

Bloch, R. 111

Böhlig, A. 458n., 551n.

Boissier, G. 111

Boll, F. 179

Bolle, K.W. 273

Bon, H. 561

Bonardel, F. 273

Bonaventura, A. di 11n.

Bonnefoy, Y. de 242n.

Borret, M. 400n.

Bósnia 267

Bousquet, F. 361n.

Bousset, W. 158, 161s.

Bouyer, L. 325n.

Boyce, M. 66, 79

Boyer, R. 250

Branthomme, H. 39n., 285n.

Braun, R. 407n.

Bréal, M. 152

Brehier, L. 124n., 423

Brelich, A. 273

Bremmer, J.N. 109

Bremond, A. 109

Bretanha 300, 305

Breton, S. 273

Breuil, H. 313s.

Brisson, L. 94s.

Brosses, C. 394

Bruit Zaidman, L. 109

Brunel, P. 242n., 250n., 274

Buda 70, 373, 454s., 460, 513s., 547, 555

Buffière, F. 107, 121

Bugge, S. 153

Bultmann, R. 141, 156-158, 160, 162-164, 166-171, 173s., 230, 234, 242, 259s., 274, 561, 571

Buonaiuti, E. 329

Burckhardt, J. 250

Burkert, W. 109

Caillois, R. 177n., 195, 274

Camarões 55, 491

Campenhausen, H. 397

Camps, G. 244n., 282, 284, 294s., 538

Cancik, H. 111

Cangh, J.M. 452n.

Caquot, A. 398

Carcopino, J. 111

Carlos Magno 515

Carrier, H. 563n.

Cartago 130, 407, 565

Casal, J.M. 48, 463

Cassandro, rei macedônio 95

Cassirer, E. 274

Castelli, E. 274

Çatal Hüyük (Anatólia) 22, 48, 282s., 297-301, 462, 486

Cauvin, J. 23, 48, 245, 282-284, 296-298, 301s., 580n.

Cayre, A.A. 137

Cazelles, H. 274

Cazenave, M. 274

Cazeneuve, J. 284n., 288, 290, 292, 324, 326, 360

Cazier, P. 274

Celi, G. 479n.

Celso 128s., 400, 404

Cerfaux, L. 546n.

César 104, 106, 516

Champdor, A. 561

Champeaux, J. 111

Charbonneaux, J. 109

Chauchard, P. 561

Chauvin, P. 109

Chelhod, J. 436, 440

Chélini, J. 29n., 285n.

China 51, 245, 315s., 418-421, 423s., 427, 446, 503-505

Chipre 302

Choisy, M. 538, 561

Christoffels, H. 397

Cibele 83, 86, 104, 396

Cícero 97-99, 107, 133s., 389, 528, 572

Cipriano, santo 387, 401

Cirillo, L. 458n.

Cirilo de Alexandria 406, 411, 565

Cirilo de Jerusalém 438

Clemente de Alexandria, santo 126-128, 380s., 386, 402s., 406, 408, 411, 413-416, 438, 565

Clemente de Roma 124, 400

Clemente XI, papa 420s.

Clemente XII, papa 421

Clerc, C. 397

Clifford, T. 455n.

Cochez, J. 120n.

Codrington, R. 309

Cohn, L. 122n.

Colleyn, J.P. 563n.

Comby, J. 407n.

Commelin, P. 242

Compostela 482

Comte, A. 150, 311, 542

Confúcio 342, 418, 421, 423, 505

Constâncio Cloro, imperador 265

Constantino, imperador 125, 133, 405, 412

Cook, J. 492

Coppens, J. 440

Coppens, Y. 243, 315s., 580n.

Corbin, H. 571

Core 84, 352, 379, 454

Costa do Marfim 55

Cothenet, E. 325n.

Couturat, L. 93n.

Creta 81, 83, 121, 302, 524, 527

Creuzer, G.F. 139, 143, 157, 255

Crippa, M.A. 412, 565n.

Cristo → Jesus Cristo

Cro-Magnon 294

Cross, F.L. 477n.

Cullmann, O. 413, 414n., 538

Cumont, F. 111, 113n., 527, 538, 561

Dahmen, P. 425

Dalley, S. 274

Dammann, E. 538

Daniélou, J. 410n., 412-416

Danúbio 296, 299, 432, 486

Daumas, F. 441n., 451n., 455n., 542

Décio, imperador 265

Decret, F. 547n.

Delacroix, S. 424s.

Delahoutre, M. 325n., 349s., 378

Delfos 82-85, 104, 114s., 117, 182

Delhaye, P. 425

Delos 82s., 85, 182

Delumeau, J. 399n.

De Martino, E. 274

Deméter 84, 352, 384, 454

De Napoli, G. 9n.

De Nobili, R. 418s.

Derchain, P. 450n.

De Rhodes, A. 419

Descamps, A. 521, 535

Descartes, R. 202

Des Places, E. 109

Detienne, M. 107, 109, 156, 274

Deuschelle, J. 93n.

Dexinger, F. 79

Diel, P. 177n., 187-189, 191-195

Di Nola, A.M. 274

Diocleciano, imperador 132s., 265, 388

Diodoro de Tarso 128

Diodoro Sículo 68, 97, 516

Diógenes 394

Dion, P.E. 406n., 565n.

Díon Crisóstomo 395

Dionísio de Halicarnasso 98, 106, 179

Dioniso 68s., 84-87, 104, 127, 182, 353, 432, 451, 453s., 523s.

Domiciano, imperador 264

Dordonha 20, 294

Drioton, E. 545

Drouzy, M. 407n.

Dubarle, A.M. 397

Duchemin, J. 156, 274

Duchesne-Guillemin, J. 440

Ducrot, O. 205n., 206n., 213n.

Duesberg, H. 397, 561

Dufour, X.L. 160n.

Dumézil, G. 11, 17, 41, 69, 99-101, 103, 107, 111, 208, 220, 242, 253, 263, 287, 317, 319, 322, 323n., 330s., 447n., 487, 509, 515s., 538, 541, 571, 573, 580s.

Dumortier, J. 109

Dunand, F. 508

Dunne, G.H. 425

Dupuis, C. 141

Durand, G. 242s., 246s., 250s., 253, 274s., 318, 570, 576

Durkheim, É. 150, 196, 242, 290, 311s., 317, 321, 324, 326, 360s., 563, 567, 574

Dyauh, deus ário 82, 100

Ea, deusa babilônica 60, 62

Edelstein, E.J. 452

Edelstein, L. 452

Edsman, C.-M. 538

Egito 17, 19, 22, 29s., 33s., 47, 51, 57, 59, 86, 95s., 105, 119-122, 127, 129, 140, 149, 221, 224s., 227s., 241, 245, 247, 251, 253, 256, 263s., 281, 289, 326, 334s., 365s., 376, 382, 384, 391, 395, 397, 402, 405, 415, 428, 441, 446, 449-451, 483, 487, 506, 523, 527, 537, 544, 553, 564

Ehrenreich, P. 154, 157, 184

Eichhorn, A. 160

El, deus sumério 48

Elagábalo, imperador 264

Elêusis 82, 84, 88, 146, 352s., 453

Eliade, M. 9, 11, 17s., 20s., 25-35, 37, 40-42, 48, 56, 79, 212, 218-222, 224, 226n., 229s., 234-240, 242, 244, 245n., 246-248, 249n., 251, 252n., 256n., 257-260, 273, 276, 285-287, 289s., 292, 306-209, 317s., 320n., 321-323, 326s., 328n., 329-340, 344, 346, 350, 358s., 364n., 365n., 366s., 369, 372n., 373s., 426, 440, 479, 484n., 487, 493s., 500, 504s., 512, 514, 523, 525, 538, 567-569, 571-573, 575-577, 580-582

Elias 383, 414, 521

Enki, deus sumério 47, 60s.

Enlil, deus sumério 47, 60s.

Epicteto 113

Eros 88

Espanha 20, 300

Ésquilo 85, 88, 93

Etiópia 315

Eufrates 22, 283, 296, 298, 301, 416, 432, 461

Eurípides 85, 394

Europa 20, 98, 143, 218, 234, 243, 260, 262, 270, 282s., 293, 295, 297, 299, 302, 304, 315s., 331, 421, 463, 486, 541

Eusébio 122, 125, 128

Evans-Pritchard, E. 306

Evans-Wentz, W.Y. 561

Evêmero 16, 24, 86, 95-98, 107, 113, 236, 241, 254, 389

Ezequiel 383, 414

Facchini, F. 243n., 281n., 284, 295, 316, 580n.

Fantino, J. 407n., 565n.

Farrel, S.E. 564n.

Feldmann, J. 80

Fenícia 29, 83, 86, 225

Festugière, A.J. 108s., 132, 452

Feuerbach, L. 149

Ficino, M. 581

Filliozat, J. 448n.

Fílon de Alexandria 122-124, 137, 380, 402, 408, 441-445, 455-457

Filoramo, G. 111

Finley, M. 156, 275

Fírmico Materno 68, 380, 387, 401

Fischer, A. 93n.

Fisichella, R. 564n.

Flávio Josefo 522

Flügel, G. 465n., 552n., 553n., 557n., 558n., 560

Forster, E. 93n.

França 20, 139s., 156, 282, 293s., 300, 303, 311, 313, 420, 487, 563, 567

Francisco Xavier 417

Frank-Duquesne, A. 561

Frankfort, H. 224

Frazer, J. 27, 80, 223, 248, 310-312

Freud, S. 174s., 178, 182, 186, 188, 198, 225-227, 310, 312, 333, 571

Friedl, A.J. 121n.

Fröbe-Kapteyn, O. 538

Frobenius, L. 154, 180, 184

Froidevaux, L.M. 407n.

Frontão de Cirta 400

Frutiger, P. 94, 108

Fugier, H. 111

Fustel de Coulanges, N.-D. 543

Gage, J. 111

Galério, imperador 265

Galloni, M. 403n.

Gana 56

Ganges 482

Garbini, G. 275

Garin, E. 9n.

Gay, P. 195

Geffré, C. 417

Gelin, A. 397

Gennep, A. 326

Gernet, J. 425

Ghalioungui, P. 450n.

Giblet, J. 356

Gilbert, M. 397

Gilbert, P. 275

Gillen, F.J. 493

Gimbutas, M. 284, 295, 302

Glaser, R. 177n.

Globet d'Alviella, E. 377, 397

Godin, A. 561

Goethe, J.W. 140, 142, 144, 254

Goetz, J. 377, 398

Gólgota 405

Gonda, J. 447n.

Goossens, W. 538

Gordiano, imperador 120

Görres, J. 143

Goyon, J.C. 366n., 553n.

Grabar, A. 411

Graf, F. 109

Graves, R. 108

Grécia 17, 27, 51, 66, 81, 83-86, 92, 95s., 106, 121, 140, 180s., 221, 231,

245, 247, 263, 302, 350s., 384-386, 396, 446, 480, 524, 527, 532, 537

Grégoire, F. 562

Gregório XV, papa 419

Gregório de Nissa 406, 410s., 416, 565

Gregório o Taumaturgo 128

Greisch, J. 284n.

Grelot, P. 564n.

Gressmann, H. 161

Griaule, M. 306

Grimal, P. 108s., 111, 275

Grimm, J. 144

Grossi, V. 564n.

Gruppe, O. 153

Gubernatis, A. de 157

Guiart, J. 538

Gunkel, H. 158, 160, 274

Guthrie, W.K.C. 374n., 524, 538

Habel, H. 326

Haçilar (Anatólia) 299

Haeckel, E.H. 571

Hägg, R. 109

Hamayon, R. 347s.

Hamman, A.G. 406n., 407, 410n., 565n.

Hani, J. 114n., 157, 275

Harapa 461, 463, 541

Harlez, C. de 331

Harnack, A. 137

Hartlich, C. 159n.

Hathor (Sechmut), deusa egípcia 58

Hayn, R. 141

Hécate 83

Hegel, G.W.F. 144

Heidegger, M. 158, 171

Heiler, F. 321, 539

Heissig, W. 539

Heitmüller, F. 158

Heliogábalo → Elagábalo

Heliópolis 58, 229, 264, 450

Hempel, J. 398

Henning, W. 471n.

Henninger, J. 274

Héracles 432

Heráclito 16, 91, 93, 113s., 121, 241, 394

Herbert, J. 181n.

Herder, J.G. 138-142, 158, 254

Hermas 124

Hermópolis 58s., 449

Herodes 468

Heródoto 98, 516, 537

Herrmann, W. 158

Hesíodo 16, 24, 27, 66-68, 83s., 86-94,
97, 112, 117, 120, 123, 126, 129, 136,
212, 225, 236, 241, 254, 351, 523

Heyne, C.G. 142, 159

Hilário de Poitiers 410s., 416, 565

Hipócrates 456

Hipólito de Roma 405

Hirzel, R. 93n.

Hitler, A. 151, 251, 266, 268

Holtz, T. 275

Homans, P. 195

Homero 16, 24, 83-85, 87-95, 97,
112-114, 117, 119s., 122s., 126, 136,
140s., 143, 176, 181, 186, 212, 236,
241, 254, 351, 374, 379, 523

Horácio 66

Hórus, deus egípcio 52, 264, 450s.

Hostie, R. 177n., 182n., 187n.

Houang, G. 455n.

Houssiau, A. 325n., 357, 359n.

Hoven, R. 562

Hubert, H. 312

Hübner, K. 275

Hugo de São Vítor 439

Huitzilopochtli, deus asteca 501

Hultkrantz, A. 309, 495

Humboldt, W. 141

Hume, D. 140

Huxley, J. 326

Ibn al-Kalbī 390

Inácio de Antioquia 124, 413, 438

Inácio de Loyola 417

Índia 17, 19, 27, 30, 51, 62, 95, 102s.,
127, 143s., 147-149, 151, 180s., 186,
225, 227, 231, 240, 245, 247, 251, 253,
256, 266, 281, 288, 329, 335-338, 349,
359n., 365, 373, 375, 396, 417-420,
425, 427, 429, 446-450, 454s., 461s.,
480, 482, 509-512, 527, 537, 541-545,
554n., 567-578

Indo 447, 461, 541

Indochina 54, 420

Inocêncio X, papa 419

Ionesco, N. 218

Irã 30, 64, 74, 86, 149, 227, 251, 289,
301, 337, 359, 365, 396, 427, 527, 531,
544, 578

Iraque 282, 294, 299, 486

Irineu de Lião 406-411, 414s., 565

Isaac 434

Isaías 384

Isambert, F. 287n.

Ísis 43, 86s., 118, 263, 388, 432, 450s., 454, 507s.

Ismael 391

Israel 20, 146, 232-234, 260, 263, 293, 356, 377s., 381-383, 391, 434-436, 444, 480, 520s., 534s.

Itália 98, 282, 293, 300, 302-304, 329, 453, 524, 566

Jackson, A.V.W. 557n.

Jacó 415, 434

Jakobson, R. 200, 203

Jâmblico 402

James, M.-F. 272

James, W. 539

Jankelevitch, V. 562

Janowski, B. 274

Janssens, Y. 452

Japão 51, 270, 417, 419, 423, 427, 570

Jarry, É. 424

Jaubert, A. 399n.

Javé 43, 73s., 229, 231s., 334, 381-383, 480, 521

Jeremias 383

Jeremias, A. 153

Jerusalém 30, 43, 227, 251, 289, 365, 482s.

Jesus Cristo 43, 70, 72s., 77, 124s., 136, 145, 147, 155, 158-160, 162, 165, 167s., 171s., 184, 187, 193, 219, 230-234, 255, 259-261, 266, 272, 287, 336, 357, 376, 380, 396, 398-400, 404-407, 410-416, 437-439, 449, 457, 464-466, 479-481, 530, 534-537, 547s., 552s., 556, 560, 564s.

João Crisóstomo 128

João Evangelista 161, 168, 172, 413

João Paulo II, papa 272, 424

Jonas, H. 71, 80, 158

Jordão 482

Josué 382

Jost, M. 109

Jucquois, G. 277

Juliano, imperador 389, 395, 402

Jung, C.G. 11, 24, 30s., 38, 42, 175s., 177n., 178-180, 182-184, 186s., 198, 227s., 240, 242, 250, 258, 275, 280, 331, 334, 571

Jungel, E. 274

Juno 104

Jouan, F. 275

Junker, H. 440

Júpiter 99-102, 105-107, 134, 264, 389

Justino, santo 125s., 128, 233, 379s., 400, 402-404, 406, 413-415

Kákosy, L. 80

Kanne, A. 141

Kant, I. 155, 158

Karambelkar, V.W. 449n.

Kees, H. 562

Keller, C.Q. 440

Kerényi, K. 38, 177s., 180s., 275, 452n.

King, J.H. 309

Kitagawa, J.M. 220, 273, 455n.

Klimkeit, H.J. 471n., 539, 562

Knipe, D.M. 448n.

Koenen, L. 473n.

König, F. 519, 562

Kosovo 267s., 272

Kozlowski, J.K. 284, 295

Kramer, S.N. 60, 80

Krappe, A.M. 242

Krause, M. 550n.

Kristeva, J. 195

Kṛṣṇa 512

Kung-tzū → Confúcio

Labarrière, P.-J. 361

Labriolle, P. de 137

Lactâncio 130, 133, 136, 387s., 401

Ladaria, L.F. 564n.

La Ferrassie 293s.

Lagrange, M.J. 374n.

Lambert, W.G. 80

Laming-Emperaire, A. 20, 244

Lang, A. 27, 154, 223, 248

Lao-tsé 342, 505

Laplace, J. 410n.

Larock, V. 242

Larousse, P. 543

Lascaux (França) 20s., 241, 244, 283, 286, 291, 313, 375

Latourelle, R. 564n.

La Vallée Poussin, L. de 514, 539

Lavedan, P. 108, 242

Lazzarini, R. 9n.

Leakey, L. 243n.

Lebbe, V. 423

Leclercq, H. 137, 405n., 414n.

Le Comte, padre 420

Lecoq, A. 471n.

Leeuw, G. 321, 440

Le Gall, J. 111

Le Glay, M. 111

Leglay, M. 431, 440

Le Gobien, padre 420

Le Goff, J. 274

Lehmann, Y. 110s.

Leloup, J.-Y. 441n., 455n.

Lemaitre, S. 539, 562

Lenoir, F. 276

Lenormant, F. 65

Lepenski Vir (Sérvia) 283, 299s., 302, 486

Lepp, I. 562

Leroi-Gourhan, A. 20-22, 244, 284, 314

Levaux, L. 425

Lévêque, P. 109

Lévi, S. 324n.

Lévi-Strauss, C. 17, 24s., 27, 38, 41, 196-216, 223s., 242, 248, 251n., 258, 263, 290, 306s., 310, 325, 361s., 563, 571, 577

Lévy-Bruhl, L. 27, 30-32, 34s., 38, 184, 202, 248, 314, 366

Liddell, H.G. 15n.

Liebeschuetz, J.H.W.G. 111

Lienhardt, R. 306

Limet, H. 17, 45n., 241n., 259n., 275, 286n., 291, 459n., 463n.

Lincoln, B. 275

Lineu, C. 571

Linke, B.M. 275

Lipps, G.F. 157

Littré, É. 543

Londres 218, 268, 330, 339

Long, C. 220

Lourdes 483

Louvain 269, 331

Louvel, F. 399n.

Lucas, evangelista 167, 398, 437

Luciano de Samósata 400, 404

Lucílio Balbo 97

Lumley, H. de 316, 580n.

Luneau, A. 249n., 344, 346, 440, 539

Lutero, M. 173

Macedônia 302

Macróbio 130

Madagáscar 57

Mainberger, G. 397

Maisonneuve, J. 284n.

Malamoud, C. 324n.

Malásia 27

Malet, A. 174

Malevez, F. 160n.

Malevez, L. 174

Mali 55

Malinowski, B. 27, 223, 248, 324, 360

Malta 300, 302

Mandouze, A. 136n., 380, 399n.

Manes 45s., 65, 70s., 73, 433, 454, 457-460, 463-477, 529, 547, 549s., 552, 554-557, 559s.

Maomé → Muhammad

Marçais, P. 355s.

Marchasson, Y. 325s.

Marcião 233, 457

Marc-Lipiansky, M. 205-207n., 213n.

Marco Aurélio 113

Marco Bruto 104

Marconi, M. 110

Marcos, evangelista 77, 167, 437

Marduque, deus babilônico 27, 61

Marett, R.R. 309

Margolin, J.C. 566n.

Marignac, A. de 95n.

Marino, A. 332n.

Marion, J.-L. 398

Marlé, R. 174, 274

Marrou, H.I. 401n.

Mars (Marte) 100-102

Martelet, G. 562

Martin, A. 354

Martinez-Pinna, J. 111

Marx, K. 144, 149, 237, 333, 361, 365, 375

Maspero, H. 506

Massignon, L. 534

Mateus, evangelista 77, 167, 535s.

Maury, A. de 151

Mauss, M. 196, 198, 203, 290, 312, 317, 321, 324, 361, 563

Maximiano, imperador 265

Máximo de Tiro 119, 129, 241, 395, 402

McGrath, W. 195

Mc Lennan, J.F. 311

Meca (A) 355, 390, 393, 481-483

Médici, Lourenço de 566

Medina 391

Medīnet Mādi 463, 465, 479, 530, 551s., 555, 559

Meiners, C. 141n.

Melitão de Sardes 126, 406

Mellart, J. 300

Memphis 58, 264, 449, 451

Ménard, J.E. 247n.

Meru, monte 228, 335

Meslin, M. 111, 285, 321n., 343

Mesopotâmia 29s., 61, 86, 95, 149, 225, 227s., 245, 251, 253, 281, 289, 301s., 335, 365, 427s., 446, 480, 487, 519s., 541

Metzger, H. 110

México 501

Micenas 83

Michel, A. 398

Michelet, J. 255

Mictlan, deus asteca 502

Miegge, G. 174

Millard, A.R. 80

Million, P. 573n.

Milosevich, S. 268

Minamiki, G. 424

Minúcio Félix 387s., 401, 404

Miquel, P. 441n., 455n.

Mireaux, E. 108

Mitra 87, 121, 132, 187, 286, 324, 327, 364, 388, 396, 400, 432, 483, 527s.

Mitrídates I Calínico 433

Moenjodaro 461, 541

Moisés 334, 342, 356, 391, 404, 444s.

Mondésert, C. 399n.

Montanari, E. 275

Montero, S. 111

Morales, J.-B. 419

Morenz, S. 449n.

Moreschini, C. 137

Moret, A. 450n.

Morin, E. 562

Moritz, K.P. 141n., 142

Mossay, J. 562

Motte, A. 351s., 523

Múcio Cévola 134

Muhammad 354, 391s., 531

Müller, F.M. 139, 151-153, 309, 428

Müller, K.O. 148

Munch, M.M. 156, 255n.

Mureybet (Médio Eufrates) 22, 283, 296, 298, 301, 462

Mussolini, B. 268

Nadīn an- 465, 531, 552-554, 557s., 560

Nag Hammadi 119

Nāsatya, deuses hindus 447

Naster, P. 539, 540n.

Navarete, padre 420

Nazaré 203, 398, 480

Neandertal 291, 293, 295, 486

Néftis, deusa egípcia 450, 507s.

Nergal, deus babilônico 61

Neuville, R. 293

Newman, J.H. 422

Niaux (França) 313

Nietzsche, F. 266, 333

Nigéria 55

Nilo 22, 47, 263, 289, 450, 482, 508, 537

Nilsson, M.P. 108, 110

Nínive 30, 227, 289

Niwano, N. 455n.

Noé 76, 78, 414, 429, 434

Norelli, E. 137

North, C.R. 378, 398

North, J. 111

Nougier, L.R. 22, 241n.

Nut, deusa egípcia 508

Nyberg, H.S. 518, 553n.

598

Oceania 51, 306, 308, 310, 368

Oepke, A. 561

Oi Adei, deus indochinês 54

Oldenberg, H. 152

Olduvai (Tanzânia) 315

Olimpo, monte 67s., 85-88, 90

Ong Ndu, deus indochinês 54

Oraison, M. 562

Orbe, A. 407n.

Orfeu 523, 537

Oriente Médio 48, 398, 402, 415

Oriente Próximo 17s., 20, 22s., 27-30, 47s., 70, 149, 179, 221, 225, 233, 240, 245, 247, 249, 253, 257, 283, 289s., 295, 298s., 301s., 384, 434, 462, 483, 486, 527, 541

Orígenes 122, 128-130, 230, 233, 259, 404, 406, 408-410, 416, 450s., 507-509, 523, 527, 537, 545, 565

Ortigues, E. 242

Oseias 382s.

Osíris 19, 34, 58, 86, 118, 228, 263s., 289, 326, 353, 366, 397

Otaviano Augusto 99, 104-106

Otto, E. 80

Otto, R. 175, 287, 317, 321, 422, 567s., 572, 574, 581

Otto, W.F. 110

Ovídio 66, 69, 178

Pachacamac, deus inca 503

Pachamama, deusa inca 503

Paléfato 97

Palestina 125, 282, 296s., 298, 301, 335, 383, 404, 415, 521

Panteno 126, 408

Paquistão 461

Papias 124

Paris 9, 156, 218, 330, 420, 566-568

Parker, R. 110

Parrot, A. 539

Paulo, apóstolo 77, 161s., 172, 266, 380, 385, 404, 406, 415, 438, 457, 472, 565

Paulo VI, papa 424

Pautigny, L. 400n.

Pedro, apóstolo 399

Peelman, A. 425

Pépin, J. 16, 95, 97n., 108, 114n., 120n., 123, 128, 129n., 132n., 241n., 254n., 276

Peterson, E. 414n.

Pettazzoni, R. 276, 308, 329, 331, 568

Pfannmuller, G. 539

Philonenko, M. 398

Piaget, J. 214n.

Picard, C. 110

Pichon, J.C. 187

Pico della Mirandola 9, 566, 581

Pigneau de Béhaine, padre 422

Pilos 82s.

Pinard de Boullaye, H. 346n.

Píndaro 85, 523

Pio XI, papa 423

Pio XII, papa 423

Pirenne-Delforge, V. 110

Pitágoras 118, 394, 403, 524s.

Piveteau, J. 315

Planty-Bonjour, G. 157

Platão 16, 66, 68, 85, 91-95, 112s., 118-120, 129, 135, 141, 171, 236, 241, 254, 334, 386, 389, 403, 405, 524-526

Plínio o Jovem 399

Ploeg, J.P.M. 522

Plotino 16, 112, 120, 129, 132, 241, 254

Plutarco 16, 114-119, 129, 178, 241, 254, 352-354, 395, 509, 537

Poliakov, L. 276

Policarpo de Esmirna 124

Polier, E. 143

Polier, L. 143

Polotsky, H.J. 551n.

Porfírio 16, 121s., 241, 254, 395, 402

Porte, D. 111

Poseidon 89, 91, 384

Possidônio 528

Poupard, P. 277, 325n.

Prajāpati, deus hindu 27, 62, 181, 510

Prat, F. 398

Préclin, É. 424

Preuss, H.D. 383, 398

Preuss, K.T. 539

Price, S. 110s.

Prigent, P. 413n.

Proclo 68, 121

Propércio 99

Ptah, deus egípcio 58, 264, 506s.

Ptolomeu I Sóter 86, 451

Puech, H.C. 137, 464, 465n., 466n., 478, 547n.

Qafzeh (Israel) 20, 291, 293

Quasten, J. 137, 399n., 400n., 401n., 403n., 409n., 410n.

Quênia 56

Quetzalcoatl, deus asteca 501

Quillet, A. 109

Quinet, E. 255

Quirinus (Quirino) 100-102

Qumrān 356, 413, 522

Rá, deus egípcio 58s., 228, 264, 506s., 545

Rad, G. 561

Radcliffe-Brown, A.R. 196

Radloff, W. 471n.

Ragon, M. 562n.

Rahner, H. 405n., 414n., 415s.

Ratzinger, J. 562

Refoulé, R.F. 407n.

Reifferscheid-Wisowa, A. 131n.

Reinach, S. 108, 311

Renan, E. 255

Renfrew, S. 302

Renou, L. 447n.

Réville, A. 152

Ricci, M. 417-419

Ricoeur, P. 10s., 17, 25s., 38s., 41, 69, 80, 195, 209, 214, 216, 239, 242, 248, 256n., 276, 321, 362, 573, 576

Ries, J. 11n., 17, 45n., 115n., 229n., 231n., 241n., 246n., 256n., 259n., 272n., 276, 286n., 287n., 317, 320n., 321n., 325n., 350n., 412n., 425n., 446n., 449n., 452n., 458n., 459n., 463n., 464n., 466n., 470n., 477s., 521, 535, 539, 540n., 546n., 547n., 549n., 550n., 552n., 558n., 564n., 566n., 570n., 573n.

Rift Valley (Etiópia) 243, 315

Ritschl, A. 155s., 158

Rivière, J.C. 253n.

Robert, F. 110

Robertson Smith, W. 311s.

Rocaries, A. 425

Rodegem, F. 345s.

Roldanus, J. 409n.

Roma 9, 30, 66, 99-104, 106s.,
119-121, 125s., 128, 130, 133s., 178-180,
228, 245-247, 263-266, 328-331, 384,
396, 400, 415, 419-423, 432, 446, 451,
527s., 566

Romênia 302

Roscher, W.H. 108

Roselli, A. 458n.

Rosenberg, A. 151, 266

Rost, L. 398

Rouche, M. 255n.

Rouffignac (França) 20, 241, 244, 291,
375

Rousseau, J.-J. 263

Roux, J.-P. 562

Rudhardt, J. 110

Ruggieri, M. 417

Rüpke, J. 111

Rússia 268, 282

Rydberg, A.V. 65, 152

Sabácio, deus frígio 432

Sabatier, A. 156

Sabbatucci, D. 112, 276

Sachs, W. 159n.

Saïd, S. 110

Santimamiñe (Espanha) 20

Sartre, J.-P. 202

Saturno 66, 181

Sauneron, S. 541

Sauser, E. 398

Saussure, F. de 196

Scarpi, P. 110

Schaden, E. 309

Scharbert, J. 440

Schebesta, P. 308

Scheid, J. 112

Scheler, M. 562

Schelling, F.W.J. 17, 139, 144-146,
157, 255, 276

Schiller, J.C.F. 139s., 143, 254s.

Schilling, R. 112

Schleiermacher, F.D.E. 93, 155, 158, 567

Schmidt, C. 458n., 551n.

Schmidt, W. 154s., 308s., 346

Schmithals, W. 174

Schneider-Berrenberg, R. 405n.

Schooyans, M. 269-272

Schuhl, P.M. 95

Schwartz, J. 385, 398

Schweitzer, A. 160n.

Scott, R. 15n.

Scott Littleton, C. 276

Séchan, L. 109

Sekhmet, deusa egípcia 451

Sêneca 113, 389, 394

Senegal 55

Septímio Severo 105, 128, 328

Serápide 86s., 451, 454

Sérvia 267-269, 299, 486

Seth, deus egípcio 52, 59, 262s.

Sevrin, J.M. 452n.

Sexto Empírico 97

Seznec, J. 254n.

Sfameni Gasparro, G. 110

Shakespeare, W. 139

Shiva, deus hindu 462, 481, 537

Shanidar (Iraque) 282, 294, 486

Silburn, L. 510, 539

Simon, E. 110, 112

Simon, M. 445n., 457n.

Simonetti, M. 409n.

Simrock, K. 152

Sinai, monte 44

Singh 350n.

Síria 87, 105, 120, 126, 282, 296-298, 432

Sironneau, J.-P. 273, 276

Sissa, G. 109

Skhul (Israel) 20

Sócrates 91-93, 117

Söderblom, N. 65, 80, 321, 422, 517, 538, 567s., 581

Sófocles 85, 88, 93

Soury, G. 117n.

Spencer, B. 493

Spencer, H. 154, 311

Sperber, D. 206n., 213n., 214

Spiller, L. 110

Spineto, N. 231n., 276

Srejovič, D. 299s.

Stählin, G. 276

Stark, J.A. 141n.

Stendhal, K. 539

Stephenson, G. 539

Stonehenge (Inglaterra) 305, 487

Strauss, D.F. 159

Strehlow, C. 493

Stutley, J. 323n.

Stutley, M. 323n.

Sullivan, L.E. 448n., 455n., 574n.

Suméria 47, 60, 241, 256, 263

Sundermann, W. 470n.

Susemihl, F. 93n.

Swiggers, P. 277

Tabor, monte 335

Taciano 125s., 403

Tales de Mileto 16, 91, 93

Tanzânia 315

Tardan-Masquelier, Y. 195, 276

Tardieu, M. 458n.

Tebas 67, 85, 127, 194

Teichmüller, G. 93n.

Teodoro de Mopsuéstia 128

Teodósio Magno, imperador 390

Teófilo de Antioquia 126, 406

Terrin, A.N. 445n.

Tertuliano 130s., 380, 387s., 390, 400-402, 407, 410s., 414-416, 438, 565

Théodoridès, A. 539, 540n.

Thomas, L.-V. 57, 80, 344-346, 440, 486, 489, 491, 539, 562

Thot, deus egípcio 58s., 289, 335, 396, 450s.

Tiele, C.P. 65, 160

T'ien (Shang-ti), deus chinês 504

Tigre 30, 251, 289, 334, 365

Tillich, P. 274

Tilliette, X. 157

Tito (Josip Broz) 268

Tlaloc, deus asteca 501s.

Tomás de Aquino, santo 173

Trajano, imperador 399

Tristan, F. 413-414n., 416

Troia 67, 87, 143

Troisfontaines, R. 562

Trubetzkoy, N.S. 203

Tucci, G. 329, 331, 515, 539

Turcan, R. 112, 272, 357, 401n.

Tylor, E.B. 153s.

Uganda 57

Ugarit 47

Uhland, L. 144

Urano 68, 88, 120

Uruk 519

Utu, deus sumério 61

Uzbequistão 294

Vale Camônica 291, 303s., 375, 430, 487, 541

Valeriano, imperador 265

Vandermeersch, B. 244n., 284, 293, 295

Varenne, J. 448n.

Varrão 100, 130-132, 134-137, 389, 395

Varuna, deus indo-ariano 324

Veios 104

Vendreyes, J. 323n., 359n.

Vênus 104, 106

Vermander, J.-M. 398, 401n.

Vernant, J.-P. 89, 108, 276

Vernière, Y. 114n., 116, 352-354

Vesta 105

Vico, G.B. 17, 138, 140, 157, 242, 254

Vidal, J. 255, 277, 287n., 317, 341-343, 412n.

Vielle, C. 277

Viena 174

Vierne, S. 275

Viracocha, deus inca 503

Virgílio 66, 133

Viṣṇu, deus hindu 182

Voltaire 420

Vries, J. de 242

Vuillemin, J. 562

Vulcano 103

Wach, J. 290, 325, 331, 358, 361

Wagner, R. 209

Walmann, H. 440

Waltzing, J.P. 401n.

Wartelle, A. 400n.

Weber, M. 290, 324, 361

Wehmeier, G. 440

Weilu, deus babilônico 61

Weiss, J. 158, 162, 168

Welcker, G. 141

Wendsland, P. 122n.

Wenzl, A. 539

Westermann, C. 440

Wette, W.M. de 159

Wheeler, R.E.M. 463

Widengren, G. 65s., 80, 518

Will, R. 398

Williams, W. 309

Windelband, W. 93n.

Winkler, H. 153

Wolff, T. 177n.

Wrede, W. 162

Wundt, W. 150, 154, 311s., 567

Wunenberger, J.J. 273

Xenócrates 118
Xenófanes 394

Yamamoto 423
Yvanoff, X. 277

Zabern, P. 463
Zaehner, R.C. 447n.
Zahan, D. 309, 490, 539

Zaire 55, 57
Zaratustra 70, 516-519, 527, 544, 547
Zenão 114, 394
Zeus 66-69, 82-84, 86-90, 96, 100, 106, 120, 122s., 181, 193, 206, 380, 384, 431s., 453, 524
Zibawi, M. 412, 565n.
Ziegler, J. 562
Zurique 175

Índice geral*

Sumário, 5

Introdução – A dimensão antropológica do sagrado, 9

Primeira parte
O mito

1 Em busca do sentido do mito, 15

  I – O sentido do termo grego *mythos**, 15

  II – O mito como explicação das origens*, 16

    1 Mito e mitografia, 16

    2 Natureza e função do mito, 17

    3 Mito e origens, 18

    4 O mito e sua mensagem, 19

    Referências, 20

  III – Do mitograma ao mito – A primeira grande experiência do sagrado*, 20

    Conclusões, 22

    Referências, 23

  IV – O mito e sua mensagem no comportamento do homem das sociedades arcaicas*, 23

    1 A natureza do mito: abordagens, 24

      Algumas orientações da pesquisa, 24

      A estrutura religiosa do mito, 25

    2 As categorias do mito, 26

      Os mitos cosmogônicos, 26

      Os mitos de origem, 28

      Os mitos de renovação, 28

      Os mitos escatológicos, 29

---

* Neste Índice geral, assim como no Sumário e na divisão em capítulos no interior do volume, os asteriscos indicam os escritos originais do autor, cuja fonte é explicitada em nota a cada texto e no Índice dos textos originais do presente volume.

3 A mensagem do mito, 29

    Mito e arquétipo, 30

    O mito transmite uma mensagem, 31

4 Mensagem mítica e comportamento humano, 33

    Modelo mítico e ação humana, 33

    Eficácia mítica e importância do ritual, 34

    Comportamento mítico e virtude criadora, 35

5 Síntese final, 36

Referências, 37

2 Os mitos cosmogônicos e os mitos da queda, 39

I – Peregrinação e pensamento mítico*, 39

    1 Tentativa de tipologia do mito, 40

    2 Linguagem e mensagem do mito, 41

        O mito é uma linguagem e uma mensagem, 41

        Mito, rito e símbolo, 42

        O mito do eterno retorno, 42

    3 Peregrinação e sagrado, 43

        O espaço sagrado, 43

        O tempo sagrado, 44

    4 Peregrinação e comportamento mítico, 46

II – O mito cosmogônico, fundamento de todos os mitos*, 46

    1 A montanha cósmica, 49

    2 Caos aquático e monstros, 49

    3 O céu *in illo tempore*, 50

    4 O ovo cósmico, 50

    5 O casal primordial, 51

III – Mitos da queda*, 51

    1 Pontos de vista sobre o mito da queda, 52

        Tempo histórico, 52

        Teogonia, 52

        Cosmogonia, 53

        Antropogonia, 53

    2 Religiões arcaicas e tradições orais, 54

3 Civilizações antigas, 57

    Egito, 57

    Suméria e Babilônia, 60

    Índia antiga, 62

    Irã antigo, 64

    Grécia antiga, 66

4 Religiões universais, 69

    Gnosticismo e maniqueísmo, 70

    Judaísmo, 73

    Cristianismo, 77

    Islamismo, 77

5 Conclusões, 78

Referências, 79

3 Mito, mitologia, mitografia, 81

I – A antiguidade clássica – O mundo grego e romano*, 81

    1 A religião grega – As grandes etapas, 81

        O período neolítico (4500-2600 a.C.), com influência anatoliana, 81

        A religião cretense, 81

        O período micênico, 82

        A religião dos dórios, 83

        A religião da cidade, 84

        A religião da Grécia clássica (séculos V-IV a.C.), 85

        A religião grega na época helenística, 86

    2 Os mitos gregos – Os testemunhos mais antigos: Homero e Hesíodo, 87

        Homero, 87

        Hesíodo, 88

        Homero e o problema dos mitos, 89

        Hesíodo, pensador religioso, 89

    3 A crítica filosófica, 91

        Os filósofos jônicos, 91

            Tales de Mileto (cerca de 640-548 a.C.), 91

            Heráclito de Éfeso (cerca de 540-480 a.C.), 91

        Sócrates, a sua Escola e Platão, 91

            Sócrates (470-399 a.C.), 91

Platão (428-347 a.C.), 92

Aristóteles (384-322 a.C.), 94

A crítica filosófica dos mitos: observações conclusivas, 94

4 O evemerismo: interpretação histórica dos mitos, 95

A influência de Alexandre Magno, 95

Evêmero, 96

A posição de Evêmero, 96

Paléfato e Diodoro Sículo, 97

5 A mitologia romana, 98

As origens e a religião etrusca, 98

A religião romana sob a monarquia (753-509 a.C.), 99

O significado da herança indo-europeia em Roma, 101

A religião romana sob a República (509-29 a.C.), 103

A religião romana sob o Império (29 a.C.-407 d.C.), 105

A pobreza da mitologia romana, 106

Referências indicativas, 107

II – A antiguidade cristã*, 112

1 Os filósofos neoplatônicos, 112

O neoplatonismo e sua posição em relação ao mito, 112

Heráclito o Retor, 113

Plutarco (50-120 d.C.), 114

Plutarco, os epicuristas e os estoicos, 114

A exegese alegórica de Plutarco, 115

A demonologia de Plutarco, 117

Máximo de Tiro, 119

Plotino (205-270 d.C.), 119

Porfírio, 121

2 Fílon de Alexandria, 122

3 Apologetas cristãos, 124

Os Padres Apostólicos, 124

Os apologetas cristãos, 124

4 Os Padres Gregos, 126

Clemente de Alexandria, 126

Orígenes, 128

5 Os Padres Latinos, 130

   Tertuliano (155-220 d.C.), 130

   Arnóbio de Sica († 320 d.C.), 132

   Lactâncio, 133

   Agostinho (354-430 d.C.), 133

6 Conclusões, 136

Referências patrísticas, 137

4 Mito, mitologia, mitografia e pensamento moderno, 138

  I – Os inícios da mitografia moderna – A pesquisa do século XIX*, 138

    1 Introdução, 138

    2 O romantismo, 139

      O fundador da mitografia romântica: J.G. Herder (1744-1803), 140

      As três correntes da mitografia romântica, 141

        A corrente romântica alegórica, 141

        A corrente romântica poética, 142

        A corrente romântica simbolista, 142

      Uma filosofia romântica do mito: Friedrich W.J. von Schelling, 144

        O mito contém uma verdade, 145

        O mito tem um sentido religioso, 145

        A mitologia constitui um todo, 145

        O mito ambivalente, 146

        A mitologia tem um conteúdo profético, 146

        A mitologia é um elemento da ironia da existência, 146

      Conclusões: as grandes teses do romantismo, 147

    3 A corrente histórica no século XIX, 148

      A reação contra o romantismo, 148

        Karl Otfried Müller (1797-1840), 148

      Os novos elementos em apoio à escola histórica, 149

        A pesquisa na história das religiões, 149

        A etnologia entra em cena, 149

        Um novo elemento se insere na pesquisa: o ateísmo, 149

        A filologia comparada entra numa nova era, 149

        O nascimento da sociologia, 150

4 A mitografia naturista: a mitologia, uma tentativa de explicação do universo, 150

Fontenelle, 150

Auguste Comte, 150

Alfred de Maury, 151

Wilhelm Mannhardt, 151

Friedrich Max Müller, 151

Outros expoentes, 152

5 Mitografia histórica comparada, 152

A reação contra a mitografia naturista, 152

A mitografia comparada: a teoria dos empréstimos, 153

6 A explicação etnológica, 153

Teoria do animismo, 153

Teoria do monoteísmo primitivo, 154

A tese do Padre Wilhelm Schmidt (1868-1954), 154

7 Nota sobre o positivismo religioso de Albrecht Ritschl (1822-1899), 155

Referências complementares, 156

II – Mito e Bíblia – A tese de Rudolf Bultmann*, 157

1 Mito e Bíblia no século XIX – A apresentação do problema, 158

A Escola romântica e a mitologia bíblica, 158

J.G. Herder (1744-1803), 158

C.G. Heyne (1729-1812), 159

David F. Strauss (1808-1874), 159

Wilhelm M. de Wette (1780-1849), 159

A Escola de História das Religiões (*Religionsgeschichtliche Schule*), 160

Albert Eichhorn (1856-1926), 160

Hermann Gunkel (1862-1932), 161

Hugo Gressmann (1877-1927), 161

Wilhelm Bousset (1865-1920), 161

William Wrede (1859-1906), 162

Johannes Weiss (1863-1914), 162

2 Mito e *kerygma* no Novo Testamento segundo Rudolf Bultmann: a mensagem no Novo Testamento, 163

A vida da mensagem, 163

Conteúdo e participação no conteúdo da mensagem, 164

A forma histórica da mensagem, 164

O homem e a mensagem, 164

A natureza da mensagem é o evento de Cristo, 165

Os dois momentos do evento de Cristo, 165

3 O mito no Novo Testamento, 166

A definição bultmanniana de mito, 166

O mito na Bíblia, 167

O mito no Novo Testamento, 167

4 A desmitologização do Novo Testamento, 169

Desmitologização negativa, 169

Os traços míticos do Novo Testamento segundo Bultmann, 169

A incompatibilidade do mundo científico e do mundo mítico, 170

Desmitologização positiva, 170

5 Um exemplo de desmitologização: a escatologia, 171

Escatologia mítica grega, 171

Escatologia mítica bíblica, 171

Desmitologização, 172

6 Conclusões, 173

Referências complementares, 174

III – Mito e psicanálise*, 174

1 Os mestres, 174

Sigmund Freud (1856-1939), 174

Carl Gustav Jung (1875-1961), 175

2 Abordagem psicológica do mito, 176

A abordagem psicológica, 176

Mito e mitologia segundo a psicanálise: definição e função do mito, 177

A definição do mito, 177

A função do mito, 177

3 As origens do mito segundo a psicanálise, 178

Mito e mitologia na fundação das cidades, 178

A fundação de Roma, 178

Mitos da criança divina, 180

O mito do deus menino: os dados, 180

Alguns mitologemas, 181

Exegese psicanalítica desses dados por parte de Jung, 182

    O arquétipo, 182

    Arquétipo e inconsciente individual, 183

    Arquétipo e inconsciente coletivo, 183

    A hipótese de Jung sobre a origem do mito, 184

O arquétipo do deus-criança segundo Jung, 184

    Análise psicológica do arquétipo da criança, 184

    Fenomenologia do arquétipo da criança, 185

4 O mito segundo Jung, 186

Uma tradução psicológica da mitologia grega, 187

    O problema, 188

    O método, 188

    A psicologia íntima da natureza humana, 189

    A tradução do sentido oculto dos mitos, 191

A tradução do símbolo mítico em linguagem psicológica, 192

    A luta contra a exaltação, 192

    A banalização, 194

Referências complementares, 195

IV – Mitos, simbolismo e método estrutural*, 196

1 Os princípios do método estrutural de Lévi-Strauss, 196

O fato social total ou a exigência da totalidade, 196

A prioridade lógica do todo sobre as partes, 196

Todo sistema traz em si mesmo a sua inteligibilidade, 197

A escolha da sincronia para o estudo das estruturas, 199

O estruturalismo é uma busca do semelhante no próprio interior do diferencial, 200

    Os resíduos diferenciais, 200

    A lógica binária, 200

    A lógica dialética, 201

Simbolismo e método etnológico, 201

    A abordagem etnológica, 201

    As reduções e suas condições, 202

    A exigência da totalização no método etnológico, 202

A aplicação do método estrutural à etnologia: a análise estrutural, 203

É uma análise real que parte do concreto, 203

Uma análise simplificadora, 203

Os princípios fundamentais da redução na análise simplificadora, 203

Uma análise explicativa: a síntese significante, 204

2 A explicação estrutural dos mitos, 205

As duas etapas da pesquisa de Lévi-Strauss, 205

Observações gerais, 205

A análise estrutural do mito, 206

3 A pesquisa mitográfica de Claude Lévi-Strauss, 208

A tetralogia, 208

"Le Cru et le cuit", 208

"Du Miel aux cendres", 209

"L'Origine des manières de table", 210

"L'Homme nu", 210

4 Mito e estruturalismo, 210

O problema da gênese dos mitos, 210

As críticas feitas a Lévi-Strauss, 211

Mito e espírito humano, 211

Mito e religião, 212

5 Algumas reflexões, 213

O problema da instrumentalização conceitual, 213

As contradições entre teoria e prática, 213

O caráter científico do estruturalismo de Lévi-Strauss, 213

Estrutura e hermenêutica, 214

6 Estruturalismo e simbolismo, 214

A eficácia simbólica segundo Lévi-Strauss, 215

Símbolo e método científico, 216

5 O mito e o sagrado no pensamento e na vida do homem religioso, 218

I – A pesquisa de Mircea Eliade*, 218

1 Mito e história das religiões – A pesquisa de Mircea Eliade, 218

2 Natureza, estrutura e função do mito, 221

As teses de Mircea Eliade, 221

Natureza do mito, 221

O conteúdo do mito, 222

Conhecimento do mito, 222

Funções dos mitos, 223

Como conteúdo, 223

O mito como conhecimento, 223

O mito, experiência do sagrado, 223

3 Classificação dos mitos, 223

Mitos cosmogônicos, 223

Mitos de origem, 224

Mitos de renovação, 224

Mitos escatológicos, 225

A escala dos valores, 225

4 Mito e arquétipo, 226

Arquétipos celestes, 227

O simbolismo do centro, 228

Modelo mítico e ação humana, 228

Refazer um ato inicial, 228

Tempo atual e arquétipo, 229

O mito confere à ação humana uma experiência do sagrado, 229

5 Mito e cristianismo, 230

O problema, 230

A formulação do problema de Eliade, 230

Mito e teofania, 232

O povo de Israel: um povo eleito, 232

A revelação monoteísta, 232

A fé de Abraão, 233

Mito, vida da Igreja e fé cristã, 233

Os Padres da Igreja, 233

O centro do mistério é Jesus Cristo, 234

O verdadeiro problema do mito e da Igreja, 234

6 A pesquisa de Mircea Eliade, 235

Fenomenologia e história, 235

Valorização das descobertas etnológicas, 236

Alguns aspectos da desmitologização, 236

Mito e mundo moderno, 237

Mito e pensamento coletivo: a pobreza dos mitos modernos, 237

Comportamento mítico do homem moderno, 238

Mitos modernos, 238

O valor religioso do mito, 238

7 Conclusões, 239

II – O mito, sua linguagem e sua mensagem*, 241

1 O *homo religiosus* e o mito, 242

O surgimento do *homo religiosus*, 242

"Homo erectus", "homo symbolicus", 243

"Homo religiosus", "Homo sapiens", 244

O "homo religiosus" do Neolítico, 245

A revolução da escrita, 245

O *homo religiosus* e o mito, 246

O sagrado e o símbolo, 246

O mito segundo Mircea Eliade e Paul Ricoeur, 247

Uma hierarquia dos mitos, 248

2 O mito, instrumento mental do *homo religiosus*, 250

Arquétipo e memória mítica, 250

Símbolo e memória mítica, 251

3 A mensagem do mito, 254

Tentativas de hermenêutica, 254

O mito e a condição humana, 255

O mito, mensagem para o *homo religiosus*, 257

O mito apresenta modelos exemplares para a ação humana, 257

O mito é normativo para o comportamento humano, 258

A experiência da relação com a transcendência postulada pelo mito, 259

Epílogo – Mitos modernos fundadores de violência*, 262

1 O mito e os mitos fundadores, 262

Os mitos e a mitologia, 262

Os mitos fundadores, 263

2 O mito fundador do culto imperial romano e a perseguição dos cristãos, 264

O culto imperial, 264

As perseguições, 265

3 O mito fundador nazista do homem ariano e a tragédia da perseguição dos judeus, 266

4 Os mitos fundadores dos nacionalismos e as guerras nos Bálcãs, 267

5 Os mitos fundadores do neoliberalismo e a opressão da pessoa humana, 269

6 Síntese e conclusões, 271

Referências, 272

Referências gerais sobre o mito, 273

Segunda parte
O rito

1 Sentido do rito, 281

   I – Ritos*, 281

      1 Ritos funerários, 282

      2 Ritos cultuais, 283

      Referências, 284

   II – O rito e o homem*, 284

      1 O rito na vida do *homo religiosus*, 284

        O rito e o *homo religiosus*, 284

        A iniciação na vida do *homo religiosus*, 286

      2 Conclusões, 287

   III – O rito na vida do *homo religiosus**, 288

      1 O rito e a condição humana, 288

      2 Rito, arquétipo e experiência do sagrado, 288

      3 Natureza e função dos ritos religiosos, 290

      Referências, 292

2 Ritos na vida do homem pré-histórico, 293

   I – Cultos funerários arcaicos: o homem de neandertal e do paleolítico superior*, 293

      Referências, 295

   II – Ritos funerários do Neolítico*, 295

      Referências, 298

   III – As casas sacralizadas e os santuários*, 298

      Referências, 300

IV – O culto das deusas neolíticas*, 300

   Referências, 303

V – Inscrições rupestres, menir e culto astral*, 303

   Referência, 305

VI – As religiões de tradição oral, hoje*, 306

   1 Os mitos e sua ritualização, 306

   2 Tradição oral e iniciação, 308

   3 O Ser supremo, 308

   Referências, 309

VII – Mana, totem e tabu*, 309

   1 O vocabulário, 309

   2 As teorias, 311

VIII – A "magia" da caça*, 313

IX – Os primeiros utensílios, o fogo, os ritos*, 315

   Referências, 316

X – As estruturas do comportamento religioso*, 316

   1 Imagem, símbolo e criatividade, 317

   2 Imaginário do homem e percurso antropológico, 318

   3 Herança e iniciação, 318

3 Ritos de iniciação, 320

  I – Os ritos de iniciação e o sagrado*, 320

    1 O sagrado, as hierofanias e a experiência religiosa, 321

    2 O rito e seu significado, 323

      Significado originário, 323

      Tentativas de definição do rito religioso, 324

      O rito na vida do *homo religiosus*, 325

    3 Os ritos de iniciação e a experiência religiosa, 326

      Uma tentativa de classificação, 326

      Elementos essenciais na estrutura dos ritos de iniciação, 327

    4 Conclusões, 328

  II – O homem, o rito e a iniciação segundo Mircea Eliade*, 329

    1 Uma brilhante carreira de historiador das religiões, 329

    2 O rito e o ritual, 333

      Arquétipos e repetição, 334

      Os ritos de iniciação, 336

III – Os ritos de iniciação na vida do homem religioso*, 340

    1 Problemas e métodos, 341

    2 A África e seus ritos, 344

    3 Xamanismo e iniciação, 346

    4 A iniciação no hinduísmo, 349

    5 Mistérios, iniciação, silêncio e segredo na religião grega, 350

    6 Ritos e rituais no islã, 354

    7 A iniciação entre os essênios – A iniciação cristã, 356

    8 O *homo religiosus* e os ritos de iniciação, 357

IV – Os ritos de iniciação à luz da história das religiões*, 359

    1 O rito na vida do homem religioso, 359

       Significado do termo "rito", 359

       Tentativas de definição do rito, 360

       O rito religioso visto pelo sociólogo e pelo estruturalista, 361

       O rito como fenômeno da experiência religiosa, 362

       O rito na vida do homem religioso, 362

    2 Elementos e estruturas dos ritos de iniciação, 364

       A referência a um arquétipo, 365

       Lugar sagrado e tempo primordial, 366

       Separação da mãe, 367

       Provas iniciáticas, 368

       Revelação dos mitos, 369

       A iniciação das meninas, 369

    3 Sentido dos ritos de iniciação, 370

       Morte iniciática, 370

       Novo nascimento, 372

       Criação do homem novo na Índia, 373

       Nascimento do homem novo na iniciação órfica, 374

    4 Conclusões, 375

4 Ritos e religiões não cristãs, 377

  I – Idolatria*, 377

    1 Semântica histórica, 379

    2 Idolatria e Escrituras judaicas, 381

       A proibição mosaica, 381

Culto idolátrico de Javé, 381

Idolatria como culto de falsos deuses, 382

3 Idolatria e cristianismo, 384

A herança bíblica, 385

Os apologetas e os Padres Gregos, 385

Os apologetas latinos, 387

Agostinho, 388

O cristianismo depois de Agostinho, 389

4 Idolatria e islamismo, 390

5 Idolatria e *homo religiosus*, 393

Referências, 397

II – A controvérsia sobre os ídolos, a antropologia patrística e as origens da iconografia cristã*, 398

1 Nascimento de um povo e o problema da arte – As primeiras comunidades em busca de um caminho, 398

2 Nascimento de uma antropologia cristã, 406

3 Simbolismo, sagrado e nascimento da arte cristã, 411

4 Conclusões, 415

III – A controvérsia dos ritos*, 416

1 A questão dos ritos chineses e malabáricos, 417

Os pioneiros da inculturação do Evangelho na Ásia, 417

As origens da controvérsia dos ritos no século XVII, 419

As controvérsias missionárias e as decisões romanas no século XVIII, 420

A lenta caminhada para uma nova visão, 422

Referências, 424

5 Ritos de bênção e de cura, 426

I – Bênção*, 426

1 Fenomenologia da bênção, 426

Poder, 427

Transferência, 427

Dons e favores, 428

2 Tipologia da bênção, 429

Religiões de povos com tradições orais, 429

Símbolos da mão direita, 431

Dexiōsis e bênção no mitraísmo e no maniqueísmo, 432

Poder da Palavra, 433

Bênção nas Escrituras judaicas, 434

Baraka entre os árabes e no Islã, 436

A bênção cristã, 437

3 Conclusões, 439

Referências, 440

II – Os terapeutas de Alexandria – Filosofia e cura da alma segundo Fílon*, 441

1 Os terapeutas, 441

2 Seu estilo de vida, 441

3 Sua vida religiosa, 442

4 A reunião comum do sétimo dia, 443

5 A assembleia solene do quinquagésimo dia, 443

6 Os terapeutas diante das doenças da civilização helenística, 444

III – Os ritos de saúde/salvação nas religiões do passado – Interferências histórico-religiosas entre saúde e salvação*, 445

1 Introdução, 445

2 Cultos antigos e terapia, 447

Salvação e saúde nas tradições védicas e brâmanes na Índia, 447

Vida, saúde e salvação no Egito faraônico e ptolemaico, 449

Cosmogonia e criação em ação, 449

As casas de vida, 450

Deuses e cultos curadores no Egito, 451

Os cultos de cura helenísticos, 451

O culto do deus curador Asclépio, 451

As religiões dos mistérios e dos deuses curadores do mundo helenístico, 453

3 Meditação, ritos e orações como método de cura e de libertação, 454

Buda e a libertação do homem, 454

Os terapeutas de Alexandria, 455

Os ritos gnósticos, cura e saúde da humanidade segundo o maniqueísmo, 457

4 Conclusões, 459

6 Ritos, rituais, cultos e peregrinações, 461

   I – A civilização do indo e a religião pré-védica*, 461

      Referências, 463

   II – A Oração de Bēma na Igreja de Manes*, 463

      1 Sentido da oração maniqueísta, 464

      2 A celebração da Paixão de Manes, 467

      3 Oração de Bēma e perdão dos pecados, 469

      4 Liturgia de Bēma e triunfo da gnose, 474

   III – Tempo sagrado e simbologia ritual da peregrinação*, 479

      1 O tempo sagrado da peregrinação, 479

      2 A simbologia ritual da peregrinação, 481

        A partida, 481

        O caminho, 482

        A água, 482

        Jejum, luz, sacrifício, 483

      7 Morte, imortalidade e culto dos mortos, 484

   I – Imortalidade*, 484

      1 O estudo das crenças populares, 485

      2 A época pré-histórica, 485

        Período mesolítico e neolítico, 486

        Os inícios do período histórico, 487

      3 Povos desprovidos de escrita, 487

        África Subsaariana, 487

        Austrália, 492

        As Américas, 495

        Ásia interior e populações ugro-fínicas, 497

        Síntese, 499

      4 Religiões mesoamericanas, 500

        Os astecas, 501

        Os maias, 502

        Os incas, 502

      5 Religiões da China, 503

      6 Antigo Egito, 506

7 Índia, 509

   Índia védica, 509

   Índia brâmane, 510

   Bhakti, 512

   Síntese, 512

8 Budismo, 513

9 Celtas, germanos, escandinavos, trácios e getas, 515

10 Antigas religiões iranianas, 516

11 Mesopotâmia, 519

12 As Sagradas Escrituras de Israel, 520

13 Os textos de Qumrān, 522

14 O mundo grego e romano, 523

   Orfismo, 523

   O pitagorismo antigo, 524

   Platão, 525

   Síntese, 527

15 O gnosticismo, 528

16 O maniqueísmo, 529

17 O islã, 531

   A antropogonia islâmica, 531

   O pós-morte, 532

   A ressurreição, 533

18 O cristianismo, 534

   A esperança na ressurreição, 534

   A vida futura da alma, 535

19 Conclusões, 536

Referências, 537

II – Vida e sobrevivência nas civilizações orientais – Introdução ao tema de uma pesquisa*, 540

1 A vida, 540

   Primeiros esboços de uma reflexão sobre a vida, 540

   A vida como manifestação e como animação, 541

   A vida como organização, 542

   A vida como desgaste, 543

2 A sobrevivência como vida para além do desgaste, 543

A noção de sobrevivência, 543

Modalidades de organização da sobrevivência, 544

III – Morte e sobrevivência segundo as doutrinas de manes*, 546

1 O contexto gnóstico da salvação no maniqueísmo, 547

Os dois reinos e seus mistérios, 547

Antropologia e moral maniqueias, 549

2 Morte e sobrevivência segundo a gnose maniqueia, 551

A morte do eleito, 552

Morte e sobrevivência do catecúmeno, 555

O catecúmeno perfeito, 555

Os demais catecúmenos, 556

A posição das fontes orientais, 557

A sorte dos pecadores, 558

Referências, 560

Epílogo – Uma nova antropologia religiosa fundamental, 563

1 A antropologia religiosa, 563

A antropologia bíblica, 564

A antropologia patrística, 565

Antropologia religiosa e humanismo, 566

A antropologia religiosa e o sagrado, 567

O *homo religiosus* e o sagrado segundo Mircea Eliade, 567

A antropologia e o fato religioso, 569

2 O surgimento de uma nova antropologia religiosa fundamental, 570

O *homo religiosus*, 571

A expressão do sagrado e seu significado no decorrer da história da humanidade, 573

O *homo religiosus* e sua experiência do sagrado, 574

Homo religiosus, homo symbolicus, 576

O mito, sua linguagem e sua mensagem, 577

O rito na vida do *homo religiosus*, 578

Uma nova antropologia religiosa e a paleoantropologia, 580

Índice dos textos originais do presente volume, 583

Índice dos nomes e dos principais lugares, 587

CULTURAL

Administração
Antropologia
Biografias
Comunicação
Dinâmicas e Jogos
Ecologia e Meio Ambiente
Educação e Pedagogia
Filosofia
História
Letras e Literatura
Obras de referência
Política
Psicologia
Saúde e Nutrição
Serviço Social e Trabalho
Sociologia

CATEQUÉTICO PASTORAL

Catequese
Geral
Crisma
Primeira Eucaristia

Pastoral
Geral
Sacramental
Familiar
Social
Ensino Religioso Escolar

TEOLÓGICO ESPIRITUAL

Biografias
Devocionários
Espiritualidade e Mística
Espiritualidade Mariana
Franciscanismo
Autoconhecimento
Liturgia
Obras de referência
Sagrada Escritura e Livros Apócrifos

Teologia
Bíblica
Histórica
Prática
Sistemática

REVISTAS

Concilium
Estudos Bíblicos
Grande Sinal
REB (Revista Eclesiástica Brasileira)

VOZES NOBILIS

Uma linha editorial especial, com importantes autores, alto valor agregado e qualidade superior.

PRODUTOS SAZONAIS

Folhinha do Sagrado Coração de Jesus
Calendário de mesa do Sagrado Coração de Jesus
Agenda do Sagrado Coração de Jesus
Almanaque Santo Antônio
Agendinha
Diário Vozes
Meditações para o dia a dia
Encontro diário com Deus
Guia Litúrgico

VOZES DE BOLSO

Obras clássicas de Ciências Humanas em formato de bolso.

CADASTRE-SE
www.vozes.com.br

EDITORA VOZES LTDA.
Rua Frei Luís, 100 – Centro – Cep 25689-900 – Petrópolis, RJ
Tel.: (24) 2233-9000 – Fax: (24) 2231-4676 – E-mail: vendas@vozes.com.br

UNIDADES NO BRASIL: Belo Horizonte, MG – Brasília, DF – Campinas, SP – Cuiabá, MT
Curitiba, PR – Fortaleza, CE – Goiânia, GO – Juiz de Fora, MG
Manaus, AM – Petrópolis, RJ – Porto Alegre, RS – Recife, PE – Rio de Janeiro, RJ
Salvador, BA – São Paulo, SP